བོད་རང་སྐྱོང་ལྗོངས་དབུ་བརྙེས་ནས་ལོ་ངོ་ལྔ་བཅུ་འཁོར་བ་དང་།
庆祝西藏自治区成立50周年
བོད་ལྗོངས་སྤྱི་ཚོགས་ཚན་རིག་ཁང་བཙུགས་ནས་ལོ་ངོ་སུམ་ཅུ་འཁོར་བར་རྟེན་འབྲེལ་ཞུ།།
暨西藏社科院建院30周年

献礼丛书

༄༅། །སྐལ་བཟང་ཡེ་ཤེས་ཀྱི་དཔྱད་རྩོམ་ཕྱོགས་བསྒྲིགས།

格桑益西论文集

བོད་ལྗོངས་བོད་ཡིག་དཔེ་རྙིང་དཔེ་སྐྲུན་ཁང་།
西藏藏文古籍出版社

图书在版编目(CIP)数据

格桑益西论文集 ：藏文 / 格桑益西著. －－ 拉萨 ：西藏藏文古籍出版社，2016.6 ISBN 978－7－80589－740－0 Ⅰ. ①格… Ⅱ. ①格… Ⅲ. ①社会科学－文集－藏语 Ⅳ. ①C53 中国版本图书馆 CIP 数据核字(2016)第 049806 号

格桑益西论文集

作　　者：格桑益西
责　　编：布穷　方晓玲
终　　审：布穷
出版单位：西藏藏文古籍出版社
发行单位：西藏自治区新华书店
印　　刷：西藏新华印刷厂
开　　本：787×960　1/16
印　　张：17.375
字　　数：200 千
版　　次：2017 年 10 月第 1 版
印　　次：2017 年 10 月第 1 次印刷
印　　数：01－1,000
书　　号：ISBN 978－7－80589－740－0
定　　价：30.00 元

　图书在版编目(CIP)数据

བོད་རང་སྐྱོང་ལྗོངས་དབུ་བརྙེས་ནས་ལོ་ངོ་༥༠དང་
བོད་ལྗོངས་སྤྱི་ཚོགས་ཚན་རིག་ཁང་བཙུགས་ནས་
ལོ་ངོ་༣༠འཁོར་བར་རྟེན་འབྲེལ་ཞུ་བའི་
ལེགས་སྐྱེས་དཔེ་ཚོགས།

སྤྱི་ཁྱབ་རྩོམ་སྒྲིག་པ།

པདྨ་རྣམ་རྒྱལ།

སྤྱི་ཁྱབ་རྩོམ་སྒྲིག་པ་གཞོན་པ།

ཁྲི་མིང་དོན། བསོད་ལྷུན།

རྩོམ་སྒྲིག་ཨུ་ཡོན།

འབྲོང་བུ་ཚེ་རིང་རྡོ་རྗེ། སྒྲོལ་མ་ལྷ་མོ། བུ་དུང་ལྷུ། དཔའ་སློ། ཕྲུའུ་ཅན། ཞུས་ཕྲུན་ཏྭ། ལན་ཀོ་ཏྭ། ཕང་ཁྲུན་དོན། ཚེ་རིང་ཕུན་ཚོགས། ཕང་ཐེ་ཡོན། མཚམས་གཅོད་སྒྲོལ་མ། མིག་དམར་ཚེ་རིང་། བུ་ཆུང་། བསོད་ནམས་ཆོས་རྒྱལ། སུན་ཤེན་ཤིན། སྟོབས་ཆེན། བསོད་ནམས་ཚེ་བརྟན།

རྩོམ་སྒྲིག་ཕུའི་ཀྲུའུ་རེན།

འབྲོང་བུ་ཚེ་རིང་རྡོ་རྗེ། དཔའ་སློ།

རྩོམ་སྒྲིག་ཕུའུ་ཀྲུའུ་རེན་གཞོན་པ།

ལན་ཀོ་ཏྭ། ཏོ་རྩུང་དབྱིང་། བསོད་ནམས་ཚེ་བརྟན།

རྩོམ་སྒྲིག་པ།

ལྷག་པ་ཚེ་རིང་། ཤིའུ་ཧྲུང་ཅིན། ཧ་ཀང་། བུ་ཁྱུང་དབང་འདུས། དབང་དྲག་རྡོ་རྗེ། ཡང་ཡ་ཕོའོ། དབྱིན་ཧྲའེ་ཡན། ཕང་ཞུན་ཤིང་། ཚེ་རིང་བདེ་སྐྱིད། ཤིའི་ཡ་ཅིན།

庆祝西藏自治区成立50周年
暨西藏社科院建院30周年
献礼丛书

作者简介

西藏社会科学院研究员格桑益西,1948 年生于拉萨市堆龙德庆县;1958 年入拉萨市第二小学就读;1963 年考入拉萨中学;1969 年应征入伍;1971 由部队选送到北京中央民族学院攻读翻译专业;1975 年任中国人民解放军西藏军区拉萨军分区政治部干事;1976 年转业到北京国家少数民族语文马列编译局工作;1978 年考入中央民族学院民语系攻读古典藏文文学专业硕士研究生,1981 年底毕业后分到西藏社会科学院从事研究、翻译工作。先后出版有文学评论集《贤者喜宴》、与原西藏民族学院合作编著的《西藏自治区政务志》、与人合作翻译的《西藏简明通史 – 松石宝串》(2006 年获首届中国藏学研究珠峰奖一等奖)、与人合作编著、翻译的《〈夏格巴的西藏政治史〉与西藏历史的本来面目》和译著《世界动物趣谈》等等。本人的科研情况收录在 1992 年由长春出版社出版的《当代中青年社会科学家辞典》、1993 年由西藏人民出版社出版的《专家风云录》等大型书中。1992 年西藏自治区人民政府授予“优秀专家”称号、1999 年国务院授予“国务院特殊津贴享受”荣誉称号、2014 年中国翻译协会授予“中国资深翻译家”荣誉称号。先后被邀请学者或中国藏学家名义出访过日本、意大利、美国、丹麦、加拿大、墨西哥、以澳大利亚、新西兰等国。

༄༅། །སྐྱི་ཚོགས་ཚན་རིག་དང་བོད་རིག་པའི་བྱ་གཞག་འཕེལ་རྒྱས་ཀྱི་ལོ་རྒྱུས་ཕྱིར་དྲན་དང་ཉམས་མྱོང་ཕྱོགས་བསྡོམས།

– བོད་རང་སྐྱོང་ལྗོངས་སྤྱི་ཚོགས་ཚན་རིག་ཁང་དབུ་བརྙེས་ནས་ལོ་ངོ་30འཁོར་བའི་སྐབས་སུ་བྲིས་པ།

སྤྱི་བཤད།

པདྨ་རྣམ་རྒྱལ། ཁྲི་མིང་རྟོན།

ལྗོངས་ཡོངས་ཀྱི་མི་རིགས་ཁག་གི་མི་དམངས་ཚང་མས་བོད་རང་སྐྱོང་ལྗོངས་དབུ་བརྙེས་ནས་ལོ་ངོ་50འཁོར་བར་དགའ་སྟོན་རྗེས་འབྲེལ་ཞུ་བའི་སྐབས་འདིར། བོད་ལྗོངས་སྤྱི་ཚོགས་ཚན་རིག་ཁང་ལ་ཡང་ལས་ཁུངས་བཙུགས་ནས་ལོ་ངོ་30འཁོར་བའི་རྗེས་འབྲེལ་གྱི་དུས་བཟང་ཞིག་ཐུག་ཡོད། དེའི་ཕྱིར། བོད་ལྗོངས་སྤྱི་ཚོགས་ཚན་རིག་ཁང་གིས་རྩོམ་སྒྲིག་པ་སྒྲིག་འཛུགས་ནན་ཏན་བྱས་ཏེ“བོད་རང་སྐྱོང་ལྗོངས་དབུ་བརྙེས་ནས་ལོ་ངོ་50དང་བོད་ལྗོངས་སྤྱི་ཚོགས་ཚན་རིག་ཁང་བཙུགས་ནས་ལོ་ངོ་30འཁོར་བར་རྗེས་འབྲེལ་ཞུ་བའི་ལེགས་སྐྱེས་དཔེ་ཚོགས་”ཞེས་པ་འདི་དཔེ་སྐྲུན་ཞུས་ཡོད། ལེགས་སྐྱེས་དཔེ་ཚོགས་འདིའི་ནང་ཆེད་མཁས་རྩོམ་པ་པོ་སྣེར་གྱི་དཔྱད་རྩོམ་ཕྱོགས་བསྒྲིགས་བྱས་པ་ཡོད་ལ། ཞིབ་འཇུག་ཚན་པ་སོ་སོའི་དང་དེ་བཞིན་འབྲེལ་ཡོད་ཆེད་དོན་སྣར་གྱི་དཔྱད་རྩོམ་དང་དཔྱད་ཡིག་ཕྱོགས་བསྒྲིགས་བྱས་པ་ཡང་ཚུད་ཡོད། འདི་ནི་བོད་ལྗོངས་སྤྱི་ཚོགས་ཚན་རིག་ཁང་གི་ལོ་ངོ་སུམ་ཅུའི་རིང་དང་ལྷག་པར་དུ་ཉེ་བའི་ལོ་དུས་ནང་ཐོབ་པའི་རིག་གཞུང་གྲུབ་འབྲས་ཁག་གཅིག་ཕྱོགས་བསྡུས་ཀྱིས་འགྲེམ་སྟོན་བྱས་པ་ཞིག་ཡིན། སྐབས་འདི་དང་བསྟུན་ནས་ང་ཚོས་ཀྱང་བོད་ལྗོངས་ལ་སྨོན་འདུན་བཟང་པོ་དང་བོད་ཀྱི་མཚན་ཉིད་རིག་པ་དང་སྤྱི་ཚོགས་ཚན་རིག་དེ་བཞིན་བོད་རིག་པ་བཅས་ཀྱི་བྱ་གཞག་ཁྱོན་ཡོངས་ལ་བཀྲ་ཤིས་སྨོན་འདུན་བཟང་པོ་ཞུ་རྒྱུ་

ཡིན། སྤྱི་ལོ1985ལོའི་ཟླ8པའི་ཚེས5ཉིན་བོད་ལྗོངས་སྤྱི་ཚོགས་ཚན་རིག་ཁང་དངོས་སུ་དབུ་བཙུགས་ཤིང་། ལོ་ངོ་སུམ་ཅུའི་རིང་། རང་སྐྱོང་ལྗོངས་ཏང་ཨུད་དང་སྲིད་གཞུང་གི་སྟོབས་ལྡན་དབུ་ཁྲིད་དང་། སྤྱི་ཚོགས་ཚན་རིག་ཁང་གི་རིམ་བྱུང་འགོ་ཁྲིད་ཚོགས་པའི་ཐུན་མོང་གི་འབད་བརྩོན་དང་། རྒྱ་ཆེའི་ལས་བཟོ་བ་ཡོངས་ཀྱི་ལྷོད་མེད་འབད་བརྩོན་བྱས་པ་བརྒྱུད། བོད་ལྗོངས་སྤྱི་ཚོགས་ཚན་རིག་ཁང་འདི་བཞིན་རྒྱལ་ཡོངས་དང་ཐ་ན་རྒྱལ་སྤྱིའི་ཐོག་ཤུགས་རྐྱེན་ཡོད་པའི་བོད་ཀྱི་མཚན་ཉིད་རིག་པ་དང་སྤྱི་ཚོགས་ཚན་རིག་ དེ་བཞིན་བོད་རིག་པ་བཅས་ཀྱི་སྐོར་ལ་ཞིབ་འཇུག་བྱེད་པའི་སྡེ་ཚན་ཞིག་ཏུ་འཕེལ་རྒྱས་བྱུང་ཡོད། ལོ་ངོ་སུམ་ཅུའི་རིང་། བོད་ལྗོངས་སྤྱི་ཚོགས་ཚན་རིག་ཁང་གི་མཚན་ཉིད་རིག་པ་དང་སྤྱི་ཚོགས་ཚན་རིག་ དེ་བཞིན་བོད་རིག་པ་བཅས་ཀྱི་ལས་སྒོ་ཁག་སྣ་གོན་གྱི་ལས་ཀ་ནས་ཁྱོན་ཡོངས་གོང་འཕེལ་དང་། རིག་ཚན་རྐྱང་པ་ནས་རིག་ཚན་སྣ་མང་དུ་སོང་བའི་བརྒྱུད་རིམ་ནང་ཞིབ་འཇུག་གི་དངོས་ཡོད་སྟོབས་ཤུགས་རྒྱུན་ཆད་མེད་པར་ཤུགས་ཆེར་ཕྱིན་པ་དང་། ཚན་ཞིབ་ཀྱི་ཆུ་ཚད་མཐོར་འདེགས་བྱུང་ནས་ཞིབ་འཇུག་གི་གྲུབ་འབྲས་སྣ་ཚོགས་གཅིག་མཇུག་གཉིས་མཐུད་ཀྱིས་ཐོན་ཡོད། དེས་བོད་ཀྱི་དཔལ་འབྱོར་སྤྱི་ཚོགས་གོང་འཕེལ་འགྲོ་བར་འབུལ་ འོས་པའི་ལེགས་སྐྱེས་ཕུལ་ཡོད་ལ། བོད་ཀྱི་མཚན་ཉིད་རིག་པ་དང་སྤྱི་ཚོགས་ཚན་རིག་ དེ་བཞིན་བོད་རིག་པའི་ཞིབ་འཇུག་བྱ་གཞག་གྲ་རྒྱས་གོང་འཕེལ་འགྲོ་བར་མཚར་སྡུག་ལྡན་པའི་ཐོག་ལྟེ་ཞིག་བཙུགས་ཡོད།

གཅིག

བོད་ལྗོངས་སྤྱི་ཚོགས་ཚན་རིག་ཁང་ནི་སྤྱི་ལོ1978ལོའི་ཟླ6པར་གྲབས་འཛུགས་བྱས་པ་དང་། སྒྱུར་བཅོས་སྒོ་དབྱེའི་དཔྱིད་རླུང་ཁྲོད་སྨྲ་གུ་འབུས་པ་ཞིག་ཡིན། གྲབས་འཛུགས་ནས་དངོས་སུ་དབུ་བཙུགས་པའི་བར་ལོ་ངོ་བདུན་འགོར་ཡོད། བོད་ལྗོངས་སྤྱི་ཚོགས་ཚན་རིག་ཁང་དབུ་བཙུགས་ནས་ད་བར་གྱི་ལོ་ངོ་སུམ་ཅུ་ནི། རྒྱལ་ཡོངས་ཁྱོན་དུ་སྒྱུར་བཅོས་སྒོ་དབྱེ་བྱེད་པ་དང་བསྟུན། འབད་བརྩོན་ཆེན་པོས་དུས་སྐབས་གསར་པའི་བོད་ཀྱི་ལས་དོན་སྐོར་གྱི་ཏང་གི་མཛད་ཕྱོགས་སྲིད་ཇུས་ལག་བསྟར་དོན་འཁྱོལ་དང་། འབད་བརྩོན་ཆེན་པོས་བོད་ཀྱི་ལས་དོན་ཁྱོན་ཡོངས་དང་ལྷག་པར་དུ་རང་སྐྱོང་ལྗོངས་ཏང་སྲིད་ཀྱི་

ལྡེ་བའི་ལས་ཀར་ཞབས་འདེགས་ཞུ་བའི་ལོ་སུམ་ཅུ་དང་། བོད་ཀྱི་དཔལ་འབྱོར་འཛུགས་སྐྲུན་དང་སྤྱི་ཚོགས་བརྟན་ལྷིང་། མི་རིགས་མཐུན་སྒྲིལ། མི་རིགས་ཁག་དབར་གྱི་འགྲོ་འོང་དང་སྤེལ་རེས། མཉམ་འདྲེས་བཅས་ཀྱི་སྐོར་ལ་ཞིབ་འཇུག་དང་དྲིལ་བསྒྲགས་ཀྱི་བགྱི་བ་དོན་དུ་གཉེར་བའི་ཁྲིད་དུ་གོང་འཕེལ་ཟམ་མི་ཆད་པར་སོང་བའི་ལོ་སུམ་ཅུ་དང་། ད་ལའི་སྐྱེ་ཕྲེང་བཅུ་བཞི་པའི་རྒྱ་ཚོགས་དང་ཁ་ཕྲལ་རིང་ལུགས་པའི་འདུ་ཤེས་བོད་ཀྱི་མཚན་ཉིད་རིག་པ་དང་སྤྱི་ཚོགས་ཚན་རིག དེ་བཞིན་བོད་རིག་པའི་ཁྱབ་ཁོངས་སུ་སེམ་འཛུལ་བྱེད་པར་མཐའ་གཅིག་ཏུ་བཀག་འགོག་དང་། ཁ་ཕྲལ་ལ་ངོ་རྒོལ། མེས་རྒྱལ་གྲུང་བུ་གཅིག་གྱུར་དང་མི་རིགས་མཐུན་སྒྲིལ་ལ་སྲུང་སྐྱོང་རྒྱུན་འཁྱོངས་བྱས་པའི་ལོ་སུམ་ཅུ་བཅས་ཡིན། བོད་ལྗོངས་སྤྱི་ཚོགས་ཚན་རིག་ཁང་བཙུགས་པ་ནས་བཟུང་། ལས་ཁུངས་འདིས་ཐོག་མཐའ་བར་གསུམ་དུ་ཀྲུང་གོའི་ཁྱད་ཆོས་ལྡན་པའི་སྤྱི་ཚོགས་རིང་ལུགས་ཀྱི་རླབས་ཆེན་དར་ཆ་མཐོན་པོར་བསྒྲེངས་བ་དང་། མར་ཁེ་སི་ལེ་ཉིན་རིང་ལུགས་དང་མའོ་ཙེ་ཏུང་དགོངས་པ། ཀྲུང་གོའི་ཁྱད་ཆོས་ལྡན་པའི་སྤྱི་ཚོགས་རིང་ལུགས་ཀྱི་རིགས་པའི་གཞུང་ལུགས་བཅས་ཀྱིས་མཛུབ་སྟོན་བྱས་ཏེ། ཏང་ཀྲུང་དབྱང་དང་རྒྱལ་སྲིད་སྤྱི་ཁྱབ་ཁང་། རང་སྐྱོང་ལྗོངས་ཏང་སྲིད་ཀྱིས་བརྩོན་གཞང་བའི་མཚན་ཉིད་རིག་པ་དང་སྤྱི་ཚོགས་ཚན་རིག་བྱ་གཞག་དར་རྒྱས་གོང་འཕེལ་གཏོང་དགོས་པའི་སྐོར་གྱི་བླང་བྱ་ལྟར། མཚན་ཉིད་རིག་པ་དང་སྤྱི་ཚོགས་ཚན་རིག དེ་བཞིན་བོད་རིག་པའི་ལས་དོན་གྱི་འགན་འཁྲི་ཁག་ནན་ཏན་གྱིས་ལྷག་པར་ཁུར་བ་དང་། ཡང་དག་པའི་ཚན་ཞིབ་ཀྱི་ཁ་ཕྱོགས་རྒྱུན་འཁྱོངས་དང་། ཡང་དག་པའི་རིག་གཞུང་གི་ལངས་ཕྱོགས་བརྟན་སྲུང་བྱས་པ། དེ་བཞིན་རང་སྐྱོང་ལྗོངས་ཏང་སྲིད་ཀྱི་ལྡེ་བའི་ལས་ཀར་དམིགས་པ་དང་བོད་ཀྱི་འཕེལ་རྒྱས་དང་བརྟན་ལྷིང་གི་ཁོར་ཡུག་ཆེན་མོར་ཞབས་འདེགས་ཞུ་ཕྱིར། དཀའ་སྤྱད་ལས་སྤེལ་དང་། རྟོག་ཞིབ་ཏུར་ཐག ལྟ་རྩེ་གཅིག་གིས་ཚན་རིག་ཞིབ་འཇུག ལག་གདང་སྤེལ་ནས་མདུན་དུ་སྐྱོད་པར་སྐུལ་མ་གཏོང་བ་སོགས་བྱས་ཡོད། སྤྱི་ཚོགས་ཚན་རིག་ཁང་བཙུགས་ནས་ལོ་ངོ་སུམ་ཅུའི་རིང་། མཚན་ཉིད་རིག་པ་དང་སྤྱི་ཚོགས་ཚན་རིག དེ་བཞིན་བོད་རིག་པའི་ཞིབ་འཇུག་བྱ་བས་ཏང་ཀྲུང་དབྱང་དང་རང་སྐྱོང་ལྗོངས་ཏང་ཨུད་ཀྱི་བཀོད་སྒྲིག་གི་རྗེས་སུ་དམ་པོར་འབྲངས་ཏེ། ཚན་རིག་དང་རིགས་པའི་གཞུང་ལུགས་ཀྱིས་དྲག་ཆས་སྤྲས་རྒྱུ་དང་། བོད་ཀྱི་དོན་དངོས་དང་ཟུང་འབྲེལ་བྱ་རྒྱུ

རྒྱུན་འགྲོངས་མཐའ་གཅིག་ཏུ་བྱས་པར་བརྟེན། ཐུལ་བྱུང་གི་གྲུབ་འབྲས་ཇི་སྙེད་ཅིག་ཐོན་ཡོད། ལོ་ངོ་སུམ་ཅུའི་རིང་། སྨྱི་ཚོགས་ཚན་རིག་ཁང་གིས་སྤྱི་ཕྱིར་རིག་གཞུང་ཆེད་རྩོམ་དཔེ་དེབ200ལྷག་ཙམ་དང་། རྩོམ་སྒྲིག་བྱས་པའི་དཔེ་དེབ300ལྷག་ཙམ། སྒྱུར་དེབ160ལྷག་ཙམ་དཔེ་སྐྲུན་འགྲེམ་སྤེལ་བྱས་ཡོད་ལ། རྒྱལ་ཡོངས་ཀྱི་རིག་གཞུང་དུས་དེབ་འདྲ་མིན་གྱི་ཐོག་ཏུ་རིག་གཞུང་དཔྱད་རྩོམ4000ལྷག་ཙམ་སྤེལ་ཡོད་པ་དང་། བརྟག་དཔྱད་སྙན་ཞུ500ལྷག་ཙམ་དང་རྒྱལ་ཁབ་སྤྱི་ཚོགས་ཚན་རིག་ཐེབས་རྩའི་ལས་གཞི42བཅས་ལེགས་སྒྲུབ་བྱས་ཡོད། དེ་དག་གི་ཁྲོད་ཀྱི་ཆེད་རྩོམ་དང་དཔྱད་རྩོམ་མི་ཉུང་བ་ཞིག་ལ"ལེགས་པོ་གཅིག་བྱས་པ་ལྔའི་ལས་གཞིའི"བྱ་དགའ་དང་། རྒྱལ་ཁབ་ཀྱི་དཔེ་དེབ་བྱ་དགའ། ཀྲུང་གོའི་བོད་རིག་པ་ཞིབ་འཇུག་གི་ཇོ་མོ་གླང་མའི་བྱ་དགའ་བཅས་ཐོབ་ཡོད་པ་དང་། ད་དུང་གྲུབ་འབྲས་གལ་ཆེན་ཁག་གཅིག་ལ་ཀྲུང་དབྱང་དང་རང་སྐྱོང་ལྗོངས་ཏང་སྲིད་དབུ་ཁྲིད་ཀྱི་གལ་ཆེའི་མཆན་འགོད་མཛུབ་སྟོན་ཐོབ་སྟེ་བོད་ཀྱི་བྱ་གཞག་ཁག་གོང་འཕེལ་ཡར་ཐོན་ཡོང་བར་རིག་གཞུང་ཐོག་ནས་གསལ་འགྲེལ་དང་རིགས་པའི་གཞུང་ལུགས་ཐོག་ནས་ཕྱོགས་བསྟོམས་བྱས་ཡོད།

བོད་ལྗོངས་སྤྱི་ཚོགས་ཚན་རིག་ཁང་གི་ལོ་ངོ་སུམ་ཅུའི་འཕེལ་རྒྱས་ལོ་རྒྱུས་ལ་ཕྱིར་མིག་བལྟས་ཚེ། ལས་ཁུངས་འདི་དབུ་བཙུགས་པ་ནས་ད་བར་ནང་ཁུལ་གྱི་ཚན་པ་ཁག་ལ་བཅོས་སྒྲིག་ཐེངས་འགའ་ཞིག་བྱས་པ་བརྒྱུད། ད་ལྟ་ལས་ཁུངས་འདིར་གཞུང་ལས་ཁང་དང་། སྲིད་དོན་མི་དོན་ཁྲུའུ། ཚན་ཞིབ་དོ་དམ་ཁྲུའུ་བཅས་འགན་ནུས་ཚན་པ་གསུམ་དང་། མར་ཁེ་སི་རིང་ལུགས་ཀྱི་རིགས་པའི་གཞུང་ལུགས་ཞིབ་འཇུག་ཐེའོ། མི་རིགས་ཞིབ་འཇུག་ཐེའོ། ཆོས་ལུགས་ཞིབ་འཇུག་ཐེའོ། གྲོང་གསེབ་དཔལ་འབྱོར་ཞིབ་འཇུག་ཐེའོ། དེང་རབས་བོད་ལྗོངས་ཞིབ་འཇུག་ཐེའོ། དཔལ་འབྱོར་འཐབ་རྩལ་ཞིབ་འཇུག་ཐེའོ། ཏ་ལའི་ལོ་མའི་དཔེ་ཆ་ཞིབ་འཇུག་ཐེའོ་བཅས་ཚན་རིག་ཞིབ་འཇུག་གི་ཚན་པ་བདུན། བོད་ལྗོངས་བོད་ཡིག་དཔེ་རྙིང་དཔེ་སྐྲུན་ཁང་དང་། 《བོད་ལྗོངས་ཞིབ་འཇུག》དུས་དེབ་རྩོམ་སྒྲིག་ཁང་། དཔྱད་ཡིག་ཆ་འཕྲིན་དོ་དམ་ཁྲུའུ་(དཔེ་མཛོད་ཁང་)བཅས་ཚན་ཞིབ་ཞོར་འདེགས་ཚན་པ་གསུམ་བཅས་བཙུགས་ཡོད། ཕྱོགས་མཚུངས་ད་དུང་བོད་ལྗོངས་སྤྱི་ཚོགས་ཚན་རིག་ཁང་ནི"བོད་ལྗོངས་བོད་རིག་པའི་ཞིབ་འཇུག་ལྟེ་གནས"དང་། "བོད་ལྗོངས་དཔལ་འབྱོར་སྤྱི

ཚོགས་འཕེལ་རྒྱས་ཞིབ་འཇུག་ལྟེ་གནས” “བོད་ལྗོངས《གླིང་སྒྲུང》ཞིབ་འཇུག་ལྟེ་གནས” བཅས་གཅིག་སྒྲིགས་ཡིན་པ་མ་ཟད། རང་སྐྱོང་ལྗོངས་བོད་ཡིག་དཔེ་སྐྲུན་ལས་དོན་འགོ་ཁྲིད་ཚོགས་ཆུང་གི་གཞུང་ལས་ཁང་དང་། 《གླིང་སྒྲུང》སྒྲུར་སྒྲིག་གཞུང་ལས་ཁང་། ཞིང་ཆེན་དང་ལྗོངས་གྲོང་ཁྱེར་དྲུག་གི་བོད་ཡིག་དཔེ་སྐྲུན་ལས་དོན་གྱི་མཐུན་སྒྲིར་འགོ་ཁྲིད་ཚོགས་ཆུང་གི་གཞུང་ལས་ཁང་བཅས་ཀྱང་བོད་ལྗོངས་སྤྱི་ཚོགས་ཚན་རིག་ཁང་ནང་བཙུགས་ཡོད། ད་ལྟ་ལས་ཁུངས་འདིར་མཐོ་རིམ་ཆེད་ལས་མི་སྣ37དང་འབྲིང་རིམ་ཆེད་ལས་མི་སྣ21 དམའ་རིམ་ཆེད་ལས་མི་སྣ13 དམིགས་བསལ་གདན་ཞུས་ཞིབ་འཇུག་པ18བཅས་ཡོད། ལོ་ངོ་སུམ་ཅུ་ལྷག་ཙམ་གྱི་འཕེལ་རྒྱས་བརྒྱུད། མིག་སྔར་བོད་ལྗོངས་སྤྱི་ཚོགས་ཚན་རིག་ཁང་ནི་རྩ་བའི་ཆ་ནས་མར་ཁེ་སི་རིང་ལུགས་རིགས་པའི་གཞུང་ལུགས་དང་ཀྲུང་གོའི་ཁྱད་ཆོས་ལྡན་པའི་སྤྱི་ཚོགས་རིང་ལུགས་ཀྱི་རིགས་པའི་གཞུང་ལུགས། དེང་རབས་སྤྱི་ཚོགས་གོང་འཕེལ་དང་བརྟན་ལྷིང་། དཔལ་འབྱོར་འཐབ་རྩལ། གྲོང་གསེབ་དཔལ་འབྱོར་དང་དམངས་འཚོ། ཁྲོམ་རའི་དཔལ་འབྱོར་རིག་པ། ཁྲིམས་ལུགས་རིག་པ། བོད་བརྒྱུད་ནང་བསྟན། ལོ་རྒྱུས་རིག་པ། མི་རིགས་སྲོལ་རིག སྐད་བརྡ་རིག་པ། ཚབ་སྲིད་རིག་པ། སྐྱེ་ཁམས་ཁོར་ཡུག་རིག་པ། མིའི་རིགས་རིག་པ། ཨེ་ཤེ་ཡ་ལྷོ་མའི་ས་མཐའི་འཐབ་རྩལ། 《གླིང་སྒྲུང》སྒྲུར་སྒྲིག བོད་སྨོད་ཨམ་བན་གྱི་ཆེད་དོན་ཞིབ་འཇུག་སོགས་དོན་དངོས་དང་སྲོལ་རྒྱུན་གྱི་ལས་ཀ་མཉམ་སྒྲུབ་དང་། རྨང་གཞི་དང་དངོས་སྤྱོད་ཀྱི་ལས་ཀ་མཉམ་འགྲོས། རིགས་པའི་གཞུང་ལུགས་དང་གྲོས་འདྲིའི་ལས་ཀ་ཟུང་འབྲེལ་བཅས་བྱེད་པའི་ཚན་ཞིབ་སྡེ་ཚན་ཞིག་ཏུ་འགྱུར་ཡོད། གོང་ཞུས་མི་སྣ་དག་དང་རིག་ཚན་སྣ་མང་ལ་ཞིབ་འཇུག་བྱེད་པའི་ལས་སྣེ་ཁག་གིས་བོད་ཀྱི་ཁྱད་ཆོས་ལྡན་པའི“བློ་མཛོད” གསར་པ་ཞིག་འཛུགས་རྒྱུར་མཚན་ཉིད་རིག་པ་དང་སྤྱི་ཚོགས་ཚན་རིག དེ་བཞིན་བོད་རིག་པའི་ཐད་ནས་རིག་སྟོབས་ཀྱི་རྒྱབ་སྐྱོར་བྱས་ཡོད།

གཉིས།

བོད་ལྗོངས་སྤྱི་ཚོགས་ཚན་རིག་ཁང་གིས་ལོ་ངོ་སུམ་ཅུའི་འཕེལ་རྒྱས་ནང་། ཐོག་མཐའ་བར་གསུམ་དུ་ཡང་དག་པའི་ཚན་ཞིབ་ཀྱི་ཁ་ཕྱོགས་དང་རིག་གཞུང་གི་ལངས་ཕྱོགས

བརྟན་སྒྲུང་མཐའ་གཅིག་ཏུ་བྱས་པ་དང་། ཐོག་མཐའ་བར་གསུམ་དུ་མར་ཁེ་སི་རིང་ལུགས་ཀྱིས་མཛུབ་ཁྲིད་བྱེད་རྒྱུ་རྒྱུན་འཁྱོངས་བྱས་ཏེ། རང་སྒྲུལ་དང་ནས་མར་ཁེ་སི་རིང་ལུགས་ཀྱི་ལངས་ཕྱོགས་དང་ལྟ་བ། ཐབས་ཤེས་བཅས་མཚན་ཉིད་རིག་པ་དང་སྤྱི་ཚོགས་ཚན་རིག་དེ་བཞིན་བོད་རིག་པའི་ཞིབ་འཇུག་གི་ལས་ཀའི་ཐོག་ལག་བསྟར་བྱས་ཡོད། དེ་ཡང་ཡིན་ཏེ། ལས་ཁུངས་འདིའི་རིམ་བྱུང་ཏང་ཨུད་དང་འགོ་ཁྲིད་ཚོགས་པས་དུས་དང་རྣམ་པ་ཀུན་ཏུ་ཚན་ཞིབ་ཀྱི་ལས་དོན་སྤེལ་སྐབས་ངེས་པར་དུ་མར་ཁེ་སི་རིང་ལུགས་ཀྱི་ལྟ་བ་དང་ཐབས་ཤེས་ནི་ཡིན་མིན་དབྱེ་འབྱེད་ཀྱི་ཚད་གཞིར་འཛིན་རྒྱུ་རྒྱུན་འཁྱོངས་བྱས་པ་དང་། མི་རིགས་ཁག་གི་མི་དམངས་རྣམས་ཐུན་མོང་ཐོག་མཐུན་སྒྲིལ་ཡར་བརྩོན་དང་ཐུན་མོང་ཐོག་དར་རྒྱས་གོང་འཕེལ་འགྲོ་བའི་བསམ་བློའི་རྨང་གཞི་སྲ་བརྟན་གཏོང་རྒྱུ་རུ་བའི་ཁ་ཕྱོགས་སུ་བཟུང་བས་ཡིན། བྱ་ཐབས་དེ་ནི་དེང་རབས་ཀྱི་གལ་ཆེའི་དངོས་ཡོད་གནད་དོན་སྐོར་ལ་ཞིབ་འཇུག་བྱེད་པའི་རིག་ཚན་ཁག་ལ་དམིགས་པ་མ་ཟད། སྲོལ་རྒྱུན་རིག་གནས་སྐོར་གྱི་རིག་ཚན་ཁག་ལའང་དེ་ལྟར་ཡིན། དཔེར་ན། ཆབ་སྲིད་ཚེ་བརྟན་ཕུན་ཚོགས་མཆོག་ནས་རྩོམ་འབྲི་གཙོ་སྐྱོང་གནང་བའི་ལོ་རྒྱུས་དེབ་ཐེར་《བོད་ཀྱི་ལོ་རྒྱུས་རགས་རིམ་གཡུ་ཡི་ཕྲེང་བ》ཞེས་པ་ནི་མར་ཁེ་སི་རིང་ལུགས་ཀྱིས་མཛུབ་ཁྲིད་བྱས་པ་དང་། རྫོད་སྒྲུབ་དངོས་གཙོ་རིང་ལུགས་དང་ལོ་རྒྱུས་དངོས་གཙོ་རིང་ལུགས་ཀྱི་ལྟ་བ་བེད་སྤྱོད་བྱས་པའི་གསུང་རྩོམ་དཔེ་མཚོན་ཅན་ཞིག་ཡིན་པ་ལྟ་བུའོ། སྤྱི་ལོ1989ལོར《བོད་ཀྱི་ལོ་རྒྱུས་རགས་རིམ་གཡུ་ཡི་ཕྲེང་བ》བོད་ཡིག་དཔར་མའི་སྟོད་ཆ་དཔར་སྐྲུན་འགྲེམ་སྤེལ་བྱས་པའི་མཛད་སྒོ་ཐོག་མར་ཚོགས་པ་དང་། མཛད་སྒོའི་ཐོག་བོད་རང་སྐྱོང་ལྗོངས་ཀྱི་ཏང་ཨུད་ཧྲུའུ་ཅི་ཧྲུའུ་ཅིན་ཐའོ་སྐྱུ་ངོ་མ་ཕེབས་ནས་བཀྲ་ཤིས་བདེ་ལེགས་ཞུས་པ་དང་སྦྲགས། གལ་ཆེའི་གསུང་བཤད་གནང་ཡོད། 《བོད་ཀྱི་ལོ་རྒྱུས་རགས་རིམ་གཡུ་ཡི་ཕྲེང་བ》དཔར་སྐྲུན་འགྲེམ་སྤེལ་བྱས་མ་ཐག་རྒྱལ་ཡོངས་ཀྱི་ལོ་རྒྱུས་རིག་པ་དང་བོད་རིག་པ། དཔེ་སྐྲུན་ཚན་པ་བཅས་ཀྱི་ཁྱབ་ཁོངས་སུ་ཚད་མཐོའི་མཐོང་ཆེན་ཐོབ་པ་དང་ཚུར་སྣང་ལན་ཆ་ཆེན་པོ་བྱུང་བ་མ་ཟད། སྤྱི་ལོ1993ལོར་རང་རྒྱལ་གྱི་དཔེ་སྐྲུན་ཁྱབ་ཁོངས་ཀྱི་བྱ་དགའ་མཐོ་ཤོས་རྒྱལ་ཁབ་དཔེ་དེབ་བྱ་དགའ་ཐོབ་ཡོད།

མར་ཁེ་སི་རིང་ལུགས་ཀྱི་མཛུབ་ཁྲིད་གནས་བབས་ལ་ཤུགས་སྣོན་བརྒྱབ་པ་དེས།

ལས་ཁུངས་འདིས་རང་འགུལ་ངང་ནས་མར་ཁེ་སི་རིང་ལུགས་ལ་ཞིབ་འཇུག་དང་དྲིལ་བསྒྲགས་བྱེད་པའི་གལ་ཆེའི་འགན་འཁྲི་འཁུར་རྒྱུར་སྐུལ་འདེད་བཏང་ཡོད། དེ་ཡང་སྤྱི་ལོ2008ལོའི་ཟླ7པའི་ཚེས24ཉིན། མར་ཁེ་སི་རིང་ལུགས་རིགས་པའི་གཞུང་ལུགས་ཞིབ་འཇུག་ཟློའི་ཡི་སྒྲ་བྱུང་བཀལ་བ་དང་སྒྲུགས་དངོས་སུ་དབུ་བརྙེས་པ་དང་། དེ་ནས་བཟུང་བོད་ལྗོངས་སྤྱི་ཚོགས་ཚན་རིག་ཁང་གིས་ཆེད་ལས་ཀྱི་དམིགས་བསལ་དགེ་མཚན་དང་མི་སྣའི་ཁྱད་ཆོས་འདོན་སྤེལ་གང་ལེགས་བྱས་ཏེ། ཀྲུང་གོའི་ཁྱད་ཆོས་ལྡན་པའི་སྤྱི་ཚོགས་རིང་ལུགས་ཀྱི་ལམ་བུ་འདི་བཞིན་བོད་དུ་ལག་ལེན་ལེགས་འགྲུབ་བྱུང་བར་འཆད་འགྲེལ་ཤུགས་ཆེ་བྱས་པ་དང་། མར་ཁེ་སི་རིང་ལུགས་ཀྱི་མེས་རྒྱལ་ལྟ་ཚུལ་དང་། མི་རིགས་ལྟ་ཚུལ། ཆོས་ལུགས་ལྟ་ཚུལ། རིག་གནས་ལྟ་ཚུལ། དེ་བཞིན་དངོས་གཙོ་སྨྲ་བ་དང་ལྷ་མེད་སྨྲ་བ་སོགས་ཀྱི་སྐོར་ལ་ཞིབ་འཇུག་བྱེད་རྒྱུར་ཤུགས་སྣོན་བརྒྱབ་པ། བསམ་བློའི་སྐོར་གྱི་རིགས་པའི་གཞུང་ལུགས་ཀྱི་གནད་དོན་གལ་ཆེན་དང་དངོས་ཡོད་ཀྱི་གནད་དོན་གལ་ཆེན། ལག་ལེན་ཐོག་གི་ཉམས་མྱོང་གལ་ཆེན་སོགས་འཚོལ་ཞིབ་བྱེད་རྒྱུར་ཤུགས་སྣོན་བརྒྱབ་པ། དེ་བཞིན་ཏ་ལའི་སྐྱེ་ཕྲེང་བཅུ་བཞིའི་རུ་ཚོགས་ཀྱི་ལོག་སྤྱོད་ངོ་བོར་ཐེར་འདོན་དགག་རྒྱག་གཏིང་ཟབ་བྱས་ཏེ། མི་རིགས་ཁག་གི་ལས་བྱེད་མང་ཚོགས་ཚང་མས་རང་འགུལ་ངང་ནས་ཁ་ཕྲལ་ལ་ངོ་རྒོལ་དང་། མེས་རྒྱལ་གུང་བུ་གཅིག་གྱུར་དང་མི་རིགས་མཐུན་སྒྲིལ་ལ་མཐའ་གཅིག་ཏུ་སྲུང་སྐྱོང་བྱེད་པར་སྣེ་སྟོན་གྱི་ནུས་པ་འདོན་སྤེལ་བྱས་པ་སོགས། བོད་ལྗོངས་སྤྱི་ཚོགས་ཚན་རིག་ཁང་འདི་བཞིན་རང་རྒྱལ་གྱི་མཐའ་མཚམས་མི་རིགས་ས་ཁུལ་དུ་མར་ཁེ་སི་རིང་ལུགས་རྒྱུན་འཛིན་དང་གོང་འཕེལ་གཏོང་བའི་འཐབ་ས་གལ་ཆེན་ཞིག་ཏུ་འགྱུར་ཡོད། དུས་མཚུངས་དུས་རབས་ལ་སྣེ་ཁྲིད་ཀྱི་ནུས་པ་ལྡན་པ་དང་ལོ་རྒྱུས་ཀྱི་ཚོད་འགམ་ཐེག་ཐུབ་པའི་ཞིབ་འཇུག་གི་གྲུབ་འབྲས་ཀྱང་འབོར་ཆེན་ཞིག་ཐོན་ཡོད་པ་དཔེར་ན། 《ཀྲུང་གོའི་ཕྱུགས་འདུན་མངོན་འགྱུར་ཡོང་བར་ངེས་པར་དུ་ཀྲུང་ཧྭ་མི་རིགས་ཁག་གི་མཐུན་སྒྲིལ་ཆེན་མོའི་སྟོབས་ཤུགས་གཅིག་ཏུ་སྒྲིལ་དགོས》ཞེས་པ་དང་། 《བོད་ཀྱི་མི་རིགས་ཁག་གི་མི་དམངས་ཀྱིས་རྒྱུན་ཆད་མེད་པར་ཀྲུང་གོའི་ཕྱུགས་འདུན་འཚོལ་སྙེག་བྱེད་པ》ཞེས་པ་ལྟ་བུ་ནི་ཀྲུང་དབྱང་དྲིལ་བསྒྲགས་པུའུ་ཡི་མར་ཁེ་སི་རིང་ལུགས་ཀྱི་ཞིབ་འཇུག་ལས་གཞི་ཞིག་ཡིན་པའི་ཆ་ནས་འོད་ཟེར་ཉིན་རེའི་ཚགས་པར་གྱི་འགོ་བརྗོད་དཔར་མའི་ཐོག་དང་བོད་ལྗོངས་ཉིན་རེའི་

ཚགས་པར་གྱི་གལ་ཆེའི་རིགས་གཞུང་དཔར་མའི་ཐོག་བཀོད་པས། རྒྱལ་ཡོངས་དང་ལྗོངས་ཡོངས་སུ་བག་ཆགས་བཟང་པོ་བཞག་ཡོད་པ་དང་། དེ་བཞིན《སྔོན་ཆད་དང་། ད་ལྟ། མ་འོངས་པ་བཅས་ཀྱི་བོད་ལྗོངས》ཞེས་པའི་དེབ་དེ་ནི་བོད་རྒྱ་ཡིག་རིགས་གཉིས་ཐོག་ནས་བྲིས་ཤིང་། དཔར་རིས་མང་པོ་བཀོད་ཡོད་པ་ཞིག་ཡིན། དེའི་ནང་དོན་ཐད་ཀོ་བདེ་རང་བཞིན་དང་ཤེས་བྱའི་རང་བཞིན། རྩེད་མཚར་རང་བཞིན་བཅས་ཤུགས་ཆེ་ཙམ་ལྡན་པས། ལྗོངས་ཡོངས་ཀྱི་ཀློག་པ་པོའི་དགའ་བསུ་དང་གདེང་འཇོག་ཡག་པོ་ཐོབ་ཡོད་པ་མ་ཟད། རྒྱལ་ཁབ་གསར་འགྱུར་དཔེ་སྐྲུན་སྤྱི་ཁྱབ་རྟའུ་ཡིས་ཀྱང་ཀོ་གུང་ཁྲིན་ཧྲང་དཔྱ་བརྐྱེས་ནས་ལོ་ངོ90དང་ལྷགས་ཕག་ལོའི་གསར་བརྗེ་བྱས་ནས་ལོ་ངོ100འཁོར་བར་དྲན་གསོ་ཞུ་བའི་གཙོ་གནད་དཔེ་དེབ་བརྒྱ་དམ་པའི་གྲས་སུ་བཙུག་ཡོད། མདོར་ན། མར་ཁེ་སི་རིང་ལུགས་སྐོར་གྱི་ཞིབ་འཇུག་གྲུབ་འབྲས་ཇེ་སྙེད་ཅིག་ཐོན་པ་དེར། དུས་སྐབས་གསར་པའི་ནང་རང་ལྗོངས་སུ་མར་ཁེ་སི་རིང་ལུགས་ཀྱི་རིགས་པའི་གཞུང་ལུགས་ཁྱབ་གདལ་གཏོང་བར་དོན་སྙིང་ཆེན་པོ་ལྡན་ཡོད།

གསུམ།

སྤྱི་ཚོགས་ཚན་རིག་ཁང་དབུ་བརྙེས་ནས་ལོ་ངོ་སུམ་ཅུའི་ནང་། ཐོག་མཐའ་བར་གསུམ་དུ་ལྟེ་བར་དམིགས་པ་དང་ཁྱོན་ཡོངས་ལ་ཞབས་འདེགས་ཞུ་རྒྱུ་རྒྱུན་འཁྱོངས་མཐའ་གཅིག་ཏུ་བྱས་ཏེ། "བློ་མཛོད་" དང་ "ཞབས་ཞུ་ཁང་" གི་གལ་ཆེའི་ནུས་པ་འདོན་སྤེལ་གང་ལེགས་བྱས་ཡོད། དེ་ཡང་རང་སྐྱོང་ལྗོངས་ཏང་ཨུད་ཀྱི་ལྟེ་བའི་ལས་ཀར་དམ་པོར་དམིགས་པ་དང་བོད་ཀྱི་འཕེལ་རྒྱས་བརྟན་ལྷིང་གི་ལས་དོན་ཁྱོན་ཡོངས་ལ་ཞབས་འདེགས་ཞུ་རྒྱུ་དེ་ནི་བོད་ལྗོངས་སྤྱི་ཚོགས་ཚན་རིག་ཁང་གི་རྐང་པ་འཛུགས་པའི་གཞི་རྟེན་ལྟ་བུ་ཡིན། ལོ་ངོ་སུམ་ཅུའི་རིང་། སྤྱི་ཚོགས་ཚན་རིག་ཁང་གི་རྒྱ་ཆེའི་ཚན་ཞིབ་མི་སྣས་འབད་པ་ཆེར་བསྐྱེད་ཀྱིས་ལྗོངས་ཡོངས་ཀྱི་སྒྱུར་བཅོས་དང་། འཕེལ་རྒྱས། བརྟན་ལྷིང་བཅས་ཀྱི་ནུབས་ཆེན་བྱ་གཞག་ནང་ཞུགས་ཏེ། སྤྱི་ཚོགས་ཚན་རིག་མི་སྣའི་ཆབ་སྲིད་ཐད་ཀྱི་ཚོར་བ་སྐྱེན་པ་དང་ཕྱོགས་བསམ་ཐད་ཀྱི་དད་སེམས་བརྟན་པ། རིག་གཞུང་ཐད་ཀྱི་ཤེས་བྱ་འཛོམས་པའི་ཆ་ནས་བོད་ལྗོངས་ལ་ཞབས་འདེགས་ཞུས་པ་དང་བོད་ལྗོངས་འཛུགས་སྐྲུན་བྱས་པས།

ཁོང་ཚོའི་ཚན་ཞིབ་གྲུབ་འབྲས་ཀྱིས་གྲོས་འདྲི་དང་རྗེས་འདོན་གྱི་ནུས་པ་གང་ལེགས་འདོན་སྤེལ་ཐུབ་པ་བྱུང་ཡོད་ལ། བོད་ཀྱི་སྤྱི་ཚོགས་དཔལ་འབྱོར་དང་རིག་གནས་དར་རྒྱས་གོང་འཕེལ་འགྲོ་བར་འབུལ་ཐོན་པའི་ལེགས་སྐྱེས་ཕུལ་ཡོད། སྤྱི་ཚོགས་ཚན་རིག་ཁང་གི་ཚན་ཞིབ་མི་སྣ་ཚང་མས་བོད་ཀྱི་དཔལ་འབྱོར་རྒྱུན་མཐུད་བདེ་ཐང་ངང་ནས་གོང་འཕེལ་དང་སྤྱི་ཚོགས་ཧྲིལ་པོ་བརྟན་ལྷིང་བཅས་ཡོང་རྒྱུར་སྐུལ་འདེད་གཏོང་བར་ཞབས་འདེགས་ཞུ་རྒྱུ་དེ་རྩ་བའི་ཁ་ཕྱོགས་སུ་བཟུང་བས། ཞིབ་འཇུག་གི་ཁྱབ་ཁོངས་ཁག་ནང་གྲུབ་འབྲས་གཡུར་དུ་ཟ་བ་ཐོབ་ཡོད། དེ་ཡང་དཔལ་འབྱོར་འཛུགས་སྐྲུན་བྱ་རྒྱུ་འཐབ་ས་གཙོ་བོར་འཛིན་པ་དང་། འབྱོར་འཕྲིན་བོད་ལྗོངས་འཛུགས་སྐྲུན་བྱ་རྒྱུར་ཞབས་འདེགས་ཞུ་བ། དཔལ་འབྱོར་འཛུགས་སྐྲུན་གོང་འཕེལ་གྱི་གོམ་སྟབས་མགྱོགས་སུ་གཏོང་བ་སོགས་ཀྱི་སྐོར་ལ། 《བོད་ཀྱི་དེང་རབས་ཅན་འཕེལ་རྒྱས་ཀྱི་འགྲོ་ལམ་སྐོར་ཞིབ་འཇུག》ཅེས་པ་དང་། 《བོད་ལྗོངས་འཕྲུར་མཆོང་ལྟ་བུའི་གོང་འཕེལ་གཏོང་བའི་སྐོར་ཞིབ་འཇུག》ཅེས་པ། 《སྤྱི་ཚོགས་རིང་ལུགས་ཀྱི་གྲོང་གསེབ་གསར་པ་འཛུགས་སྐྲུན་བྱེད་པར་སྐུལ་འདེད་གཏོང་བའི་སྐོར་ཞིབ་འཇུག》ཅེས་པ། 《ཀྲུང་གོའི་བོད་ལྗོངས་འཕེལ་རྒྱས་ཀྱི་སྙན་ཞུ》ཞེས་པའི་ལོ་འཁྱིལ་དེབ་ཐེར་སྟོན་པོ་དང་། 《བོད་ལྗོངས་གྲོང་གསེབ་འཕེལ་རྒྱས་ཀྱི་སྙན་ཞུ》ཞེས་པའི་ལོ་འཁྱིལ་དེབ་ཐེར་ལྟ་བུ་སོགས་གྲུབ་འབྲས་འབོར་ཆེན་ཞིག་ཐོན་ཡོད་ཅིང་། དེ་བཞིན་སྤྱི་ཚོགས་ངོ་དམ་སྐོར་གྱི་ཞིབ་འཇུག་བྱ་བ་དོན་དུ་གཉེར་ཏེ། ཞི་བདེའི་བོད་ལྗོངས་འཛུགས་སྐྲུན་གྱི་ལས་དོན་ལ་ཞབས་འདེགས་དང་། བོད་ལྗོངས་འདི་བཞིན་རྩ་བའི་ཆ་ནས་བརྟན་ལྷིང་དང་། ཡུན་རིང་བརྟན་ལྷིང་། ཁྱོན་ཡོངས་ནས་བརྟན་ལྷིང་ཡོང་བར་སྐུལ་འདེད་གཏོང་བ་སོགས་ཀྱི་སྐོར་ལ། 《བོད་ཀྱི་སྤྱི་ཚོགས་བརྟན་ལྷིང་ལ་སྐུལ་འདེད་གཏོང་བའི་བྱ་ཐབས་ཞིབ་འཇུག》ཅེས་པ་དང་། 《ལྷ་སའི་ཁྲིམས་སྐྱོང་བྱ་གཞག་འཕེལ་རྒྱས་ཀྱི་སྙན་ཞུ》(སྤྱི་ལོ2013དང2014)ཞེས་པ། 《བོད་ཀྱི་ཆོས་ལུགས་དང་སྤྱི་ཚོགས་གོང་འཕེལ་དབར་གྱི་འབྲེལ་བ་ཞིབ་འཇུག》ཅེས་པ་སོགས་གལ་འགངས་ཆེ་བའི་གྲུབ་འབྲས་ཐོན་ཡོད་པ། བོད་ཀྱི་རང་བྱུང་ཁོར་ཡུག་སྲུང་སྐྱོང་འཛུགས་སྐྲུན་བྱེད་པའི་ཐད་ཀྱི་ཞིབ་འཇུག་ལས་ཀར་ཤུགས་སྣོན་བརྒྱབ་སྟེ། མཛེས་པའི་བོད་ལྗོངས་འཛུགས་སྐྲུན་བྱེད་པའི་སྐོར་ལ། 《སྐྱེ་ཁམས་ཀྱི་བོད་ལྗོངས་དང་ཞི་མཐུན་གྱི་ས་མཐོ》ཞེས་པ་དང་། 《བོད་རང་སྐྱོང་ལྗོངས་ཀྱི་རང་བྱུང་

སྲུང་སྐྱོང་ཁྲུལ་སྤྱི་བཤད》ཅེས་པ། 《བོད་ཀྱི་སྐྱེ་ཁམས་སྐྱོང་གྲུབ་གསབ་སྤྲོད་ཀྱི་མ་ལག་ཞིབ་འཇུག》ཅེས་པ་སོགས་ཆེད་རྩོམ་དང་བརྟག་དཔྱད་སྙན་ཞུ་འདོན་སྤེལ་བྱས་ཡོད་པ། དེ་མིན་ཧུར་བརྩོན་ཆེན་པོས་སྤྱི་ཚོགས་གོང་འཕེལ་འགྲོ་བའི་ཆོས་ཉིད་འཚོལ་སྙེག་དང་མི་དམངས་ཀྱི་ཆེད་དུ་སྲིད་སྐྱོང་བར་ཞབས་འདེགས་ཞུ་བའི་སྐོར་ལ། 《རྒྱ་མའི་འཕོ་འགྱུར》ཞེས་པ་དང་། 《མོན་རྟ་དབང་ཁུལ་གྱི་ལོ་རྒྱུས་དང་ད་ལྟའི་གནས་ཚུལ》ཞེས་པ། 《བོད་ཀྱི་གྲོང་གསེབ་སྤྱི་ཚོགས་ཀྱི་ཁག་ཐེག་ལམ་ལུགས་ཞིབ་འཇུག》ཅེས་པ་སོགས་ཆེད་རྩོམ་དང་གལ་ཆེའི་གྲུབ་འབྲས་ཐོན་ཡོད།

བོད་ལྗོངས་སྤྱི་ཚོགས་ཚན་རིག་ཁང་གིས་གཙོ་གཉེར་བྱས་པའི《འཆར་འཕྲིན་གལ་ཆེན》ཞེས་པའི་དཔྱད་གཞིའི་ཡིག་རིགས་དེ་ནི2007ལོར་གསར་དུ་བཏོན་པ་ཞིག་ཡིན་པ་དང་། དེ་ནི་ལས་ཁུངས་འདིས་ཀྲུང་དབྱང་གི་འབྲེལ་ཡོད་ལས་ཁུངས་དང་རང་སྐྱོང་ལྗོངས་ཏང་སྲིད་དབུ་ཁྲིད་ལ་རྩིས་ཐག་གཅོད་རྒྱུར་ཞབས་ཞུ་མཁོ་འདོན་བྱེད་པའི་གལ་ཆེའི་དཔྱད་གཞིའི་ཡིག་རིགས་ཤིག་ཡིན། 《འཆར་འཕྲིན་གལ་ཆེན》གྱིས་ཀྲུང་དབྱང་གི་བོད་སྐྱོང་ཇུས་གཞིར་དམ་དུ་བསྟུན་པ་དང་། རང་སྐྱོང་ལྗོངས་ཏང་སྲིད་ཀྱི་ལྟེ་བའི་ལས་ཀར་ནན་དུ་དམིགས་པ། བོད་འབྲེལ་གནད་དོན་སྐོར་གྱི་གལ་ཆེའི་རིགས་པའི་གཞུང་ལུགས་དང་དངོས་ཡོད་གནད་དོན་ལ་དོ་སྣང་ཆེན་པོ་བྱས་པ། མི་དམངས་མང་ཚོགས་ཀྱིས་དོ་སྣང་བྱེད་པའི་སྤྱི་ཚོགས་གནད་དོན་དང་དཀའ་གནད་ལ་འཚོལ་ཞིབ་མཁས་པོ་བྱས་ཏེ། སྔ་ཕྱིར་རིན་ཐང་ལྡན་པའི་ཞིབ་འཇུག་གྲུབ་འབྲས་མང་པོ་ཞིག་འདོན་སྤེལ་བྱས་ཡོད། དེ་དག་གི་ཁྲོད་ལས་གྲུབ་འབྲས་ཁག་གཅིག་ནི་འབྲེལ་ཡོད་ཚན་པའི་རྩིས་ཐག་གཅོད་རྒྱུར་སྨན་པའི་རྩིས་འདྲི་དང་དཔྱད་གཞི་གལ་ཆེན་ཞིག་ཏུ་འགྱུར་ཡོད། ད་ལྟའི་བར《འཆར་འཕྲིན་གལ་ཆེན》འདོན་ཐེངས200ལྷག་ཙམ་ཟིན་པ་དེའི་ནང་གི་ཞིབ་འཇུག་སྙན་ཞུ30ལྷག་ཙམ་ལ་ཀྲུང་དབྱང་དབུ་ཁྲིད་དང་ཀྲུང་དབྱང་གི་འབྲེལ་ཡོད་པུའུ་ཀྲུད་ཚན་པ། དེ་བཞིན་རང་སྐྱོང་ལྗོངས་འབྲེལ་ཡོད་དབུ་ཁྲིད་བཅས་ཁྱོན་དབུ་ཁྲིད་བརྒྱ་ལྷག་ཙམ་གྱིས་མཆན་བཀོད་མཇུབ་སྟོན་གནང་ཡོད། 《འཆར་འཕྲིན་གལ་ཆེན》གྱིས་བོད་ཀྱི་དོན་དངོས་དང་དམ་དུ་སྦྲེལ་བ་དང་། དེའི་དམིགས་བསལ་རང་བཞིན་ཤུགས་ཆེ་བ། ལྷག་པར་དུ་དེའི་ནང་བཏོན་པའི་ལྟ་བ་དང་། སྲིད་ཇུས་སྐོར་གྱི་བསམ་འཆར་དག་ནི་དོན་དངོས་དང་མཐུན་པ། དཔྱད་གཞིའི་

རིན་ཐང་ལྡན་པ། ལག་ལེན་བྱེད་བདེ་བ་དང་ཆབས་ཅིག་རིགས་པའི་གཞུང་ལུགས་ཀྱི་ཚད་ངེས་ཅན་ཞིག་ཏུ་སླེབས་ཡོད་པར་བརྗེད། ཀྲུང་དབྱང་དབུ་ཁྲིད་དང་འབྲེལ་ཡོད་ཚན་པ། དེ་བཞིན་རང་སྐྱོང་ལྗོངས་དབུ་ཁྲིད་ཀྱིས་ཚད་མཐོའི་མཐོང་ཆེན་གནང་ཡོད།

དུས་མཚུངས། བོད་ལྗོངས་སྨྲི་ཚོགས་རིག་ཁང་གིས་ད་དུང་ཀྲུང་གོའི་བོད་རིག་པའི་ཞིབ་འཇུག་ལྟེ་གནས་སོགས་འབྲེལ་ཡོད་ཚན་པ་དང་མཉམ་འབྲེལ་གྱིས་རྒྱལ་ཁབ་རིམ་པ་དང་ལྗོངས་རིམ་པའི་སྲོལ་རྒྱུན་སྐོར་གྱི་ཞིབ་འཇུག་རྣམ་གྲངས་མང་པོ་ཞིག་གཉེར་ཡོད་པ་དཔེར་ན། བོད་ཀྱི་བཀས་བཀོད་རྒྱུད་འཛིན་ཞིང་བྲན་ལམ་ལུགས་ཀྱི་སྤྱི་ཚོགས་གནས་སྟངས་སྐོར་དང་། བོད་ཀྱི་གནའ་དེང་འགྲིམ་འགྲུལ་ལོ་རྒྱུས་སྐོར། རྫོང་ཁག་གི་གནས་ཚུལ་བརྟག་ཞིབ། བོད་ཀྱི་གནའ་རྫས་རྟོག་ཞིབ་དང་གནའ་རབས་ལོ་རྒྱུས་ཞིབ་འཇུག བོད་ཡིག་དཔེ་རྙིང་དང་བོད་ཀྱི་རིག་དངོས་འཚོལ་བསྡུ་དང་ལེགས་སྒྲིག ཞིབ་འཇུག་སྐོར། 《གླིང་སྒྲུང་》མྱུར་སྐྱོབ་དང་ཞིབ་འཇུག ལེགས་སྒྱུར་གྱི་དཔེ་རྙིང་（ཤིང་ཏ་ལའི་ལོ་མའི་དཔེ་ཆ）ལེགས་སྒྲིག་དང་ཡིག་སྒྱུར། ཞིབ་འཇུག་སྐོར། བོད་ཀྱི་མི་རིགས་རྩོམ་རིག་སྒྱུ་རྩལ་གྱི་ལེགས་བསྡུས་ཆེན་མོ་བཅུའི་སྐོར། དེ་བཞིན་བོད་ཀྱི་དགོན་སྡེར་བརྟག་ཞིབ་དང་བོད་ཀྱི་ཆོས་འབྱུང་དང་གྲུབ་མཐའི་ཞིབ་འཇུག བོད་བཅུད་ནང་བསྟན་གྱི་ལོ་རྒྱུས་དང་ད་ལྟའི་གནས་བབས། བོད་ཀྱི་བླ་སྲུལ་གྱི་ཡང་སྲིད་ལམ་ལུགས་སྐོར་སོགས་ལྟ་བུ་ཡིན། སྤྱི་ཕྱིར་རྣམ་གྲངས་དེ་དག་ལས་རིག་གཞུང་ཆེད་རྩོམ་དང་དེ་མིན་གྱི་གྲུབ་འབྲས་འབོར་ཆེན་ཞིག་དཔེ་སྐྲུན་བྱས་ཡོད་པ་དེ་དག་གིས་བོད་ཀྱི་སྲོལ་རྒྱུན་རིག་གནས་གོང་འཕེལ་མྱུར་སྐྱོབ་དང་། བཀས་བཀོད་རྒྱུད་འཛིན་ཞིང་བྲན་ལམ་ལུགས་ཀྱི་སྡུག་རྩུབ་འཐེར་འདོན་བྱེད་རྒྱུར་གལ་ཆེའི་ནུས་པ་ཐོན་ཡོད། ཉེ་བའི་ལོའི་ནང་། བོད་ལྗོངས་སྤྱི་ཚོགས་ཚན་རིག་ཁང་གིས་ཆོས་ལུགས་དང་སྤྱི་ཚོགས་རིང་ལུགས་ཀྱི་སྤྱི་ཚོགས་ཕན་ཚུན་མཐུན་ཐབས་ཡོང་གཞིར་དམིགས་ཏེ། སྤྱི་ཕྱིར་《བོད་ཀྱི་ཆོས་ལུགས་ཀྱི་དོན་དངོས་ལ་གཞིགས་ནས་ལམ་བུ་གསར་པ་འཚོལ་ཞིབ་བྱེད་པ》ཞེས་པ་དང་། 《བོད་ཀྱི་སྲོལ་རྒྱུན་རིག་གནས་དང་དེང་རབས་ཀྱི་སྲུང་སྐྱོབ་བྱེད་ཐབས》ཞེས་པ། 《བོད་བརྒྱུད་ནང་བསྟན་གྱིས་བོད་ཀྱི་སྤྱི་ཚོགས་དང་མཐུན་ཐབས་ཇི་ལྟར་བྱེད་དགོས་པའི་གནད་དོན་སྐོར》ཞེས་པ། 《བོད་བརྒྱུད་ནང་བསྟན་བླ་སྤྲུལ་གྱི་ཡང་སྲིད་ལམ་ལུགས་ལ་ཞིབ་འཇུག་བྱས་པའི་དཔྱད་ཡིག་ཕྱོགས་བསྒྲིགས》ཞེས་པ། 《པཎ་ཆེན་སྐུ་ཕྲེང་

རིམ་བྱོན་གྱི་རྣམ་ཐར》ཞེས་པ་སོགས་གལ་ཆེའི་གྲུབ་འབྲས་ཁག་གཅིག་བཏོན་ཡོད། དེ་དག་གིས་སྨྲ་ཚོགས་ཐོག་ཕན་འབྲས་བཟང་པོ་ཐོན་ཡོད་པ་མ་ཟད། སླད་ཕྱིན་སྒྱོལ་རྒྱུན་རིག་ཚན་གྱི་ལེགས་ཆ་འདོན་སྤེལ་དང་། སྨྲ་ཚོགས་བརྟན་སྙིང་དང་སྨྲ་ཚོགས་དོ་དམ་གྱི་ལས་ཀར་ཞབས་འདེགས་ཞུ་རྒྱུར་ཉམས་མྱོང་གསོག་འཛོག་བྱས་ཡོད།

བཞི།

བོད་ལྗོངས་འདི་བཞིན་བོད་རིག་པའི་ཕ་ཡུལ་ཡིན་པའི་ལེགས་ཆ་མངོན་གསལ་དོད་དུ་བཏང་བ་དང་། བོད་རིག་པས་ལོ་རྒྱུས་ཀྱི་ཤེས་རིག་རྒྱུན་འཛིན་དང་དངོས་ཡོད་ལ་ཞབས་འདེགས་ཞུ་རྒྱུ་རྒྱུན་འཁྱོངས། དེ་བཞིན་ཕུན་སུམ་ཚོགས་པའི་ལོ་རྒྱུས་དཔྱད་གཞིའི་ཡིག་རིགས་དང་ལུང་ཁུངས་བཙན་པའི་རིག་གཞུང་དཔྱད་གཞིའི་རྒྱུ་ཆས་དེང་རབས་ཀྱི་མཚན་ཉིད་རིག་པ་དང་སྨྲ་ཚོགས་ཚན་རིག དེ་བཞིན་བོད་རིག་པའི་བྱ་གཞག་ཁག་གོང་འཕེལ་འགྲོ་བར་རམ་འདེགས་བྱས་ཡོད། བོད་ལྗོངས་སྨྲ་ཚོགས་ཚན་རིག་ཁང་དབུ་བརྙེས་པའི་ཐོག་མའི་དུས་སུ། བོད་རིག་པའི་ཞིབ་འཇུག་དང་དེ་ཉིད་གོང་འཕེལ་གཏོང་ཕྱོགས་ཐད་དོ་སྣང་ཤུགས་ཆེ་ཙམ་བྱས་ཏེ། དེང་རབས་བོད་རིག་པའི་རིག་ཚན་གསར་འཛུགས་དང་། བོད་རིག་པའི་ཚད་ལྡན་ཡིག་ཆ་ལེགས་སྒྲིག་དང་ཞིབ་འཇུག བོད་རིག་པའི་ཆེད་གཉེར་དཔེ་སྐྲུན་ལས་ཁུངས་འཛུགས་སྐྲུན་སོགས་ཀྱི་ཐད་ལས་ཀ་འབོར་ཆེན་བསྒྲུབས་ཡོད། ལས་ཁུངས་འདི་ཉིད་གྲབས་འཛུགས་ཀྱི་ཐོག་མའི་དུས་སུ་གསར་འཛུགས་བྱས་པའི་མི་རིགས་ལོ་རྒྱུས་ཞིབ་འཇུག་ཟུར་འོ་དང་། ཆོས་ལུགས་མཚན་ཉིད་རིག་པ་ཞིབ་འཇུག་ཟུར་འོ། སྐད་ཡིག་རྩོམ་རིག་ཞིབ་འཇུག་ཟུར་འོ། བོད་རིག་པའི་དཔྱད་ཡིག་ལྟེ་གནས་བཅས་ཞིབ་འཇུག་ཚན་ཁག་བཞི་པོ་དེ་རྣམས་རྩ་བའི་ཆ་ནས་བོད་རིག་པའི་ཁྲབ་ཁོངས་སུ་གཏོགས་ཤིང་། གསར་དུ་བཏོད་པ་དང་ཡོངས་གྲགས་སུ་དཔེ་སྐྲུན་བྱས་པའི་བོད་རིག་པའི་རིག་གཞུང་ཆེད་དེབ་ཨང་དང་པོ《བོད་ལྗོངས་ཞིབ་འཇུག》དང་བོད་རིག་པའི་ཞིབ་འཇུག་དཔེ་སྐྲུན་ཁང་ཨང་དང་པོ་བོད་ལྗོངས་བོད་ཡིག་དཔེ་སྙིང་དཔེ་སྐྲུན་ཁང་གཉིས་ཀྱི་ལས་ཀ་ཡང་གཙོ་བོ་བོད་རིག་པའི་ཞིབ་འཇུག་བྱ་བ་ལ་ཞབས་ཞུ་བསྒྲུབ་རྒྱུ་དེ་ཡིན་གཤིས། སྤྱིར་གཞི་དེ་དག་གིས་དེ་སྔོན་ཀྱང་གོའི་བོད་རིག་པའི་རིག་ཚན་གཟེངས་སུ་ཐོན་ཐུབ་པར་སྐུལ་འདེད་ཀྱི་ནུས་པ་ཐོན་ཡོད་པ་མ་

ཟད། ཀྲུང་གོའི་བོད་རིག་པའི་ཞིབ་འཇུག་གི་རྨང་གཞི་འདིང་རྒྱུ་དང་གཏན་ཁེལ་ཡོང་རྒྱུར་འབྲུལ་དགོས་ངེས་ཀྱི་ལེགས་སྐྱེས་ཕུལ་ཡོད།

བོད་འབྲེལ་གནད་དོན་ཞིབ་འཇུག་སྐོར་གྱི་བོད་རིག་པའི་དཔྱད་ཡིག་དང་། དཔེ་ཉེར་ཡིག་ཆ་བཅས་བསྡུ་རུབ་དང་ལེགས་སྒྲིག་བྱེད་པའི་ལས་ཀར་གཡུར་ཟའི་གྲུབ་འབྲས་ཐོབ་ཡོད། དེ་ཡང་རྒྱ་ཡིག་གི་ཚད་ལྡན་ཡིག་ཆ་བསྡུ་རུབ་དང་། ལེགས་སྒྲིག་ཞིབ་འཇུག་བཅས་བྱེད་པའི་བརྒྱུད་རིམ་ནང་མར་ཁེ་སི་རིང་ལུགས་ཀྱི་ལོ་རྒྱུས་ལྟ་བ་དང་། ཀྲུང་དབྱང་སྲིད་གཞུང་རིམ་བྱོན་ནས་བོད་ལ་དོ་དམ་བྱས་པའི་སྐོར་གྱི་ལོ་རྒྱུས་ཚད་ལྡན་ཡིག་ཆ་དང་། དེ་བཞིན་བོད་ས་གནས་སྲིད་གཞུང་དང་ཀྲུང་དབྱང་སྲིད་གཞུང་དབར་གྱི་ཕན་ཚུན་འབྲེལ་གཏུགས་ཀྱི་ལོ་རྒྱུས་ཟིན་ཐོ་རྣམས་ཁུངས་བཙན་རྒྱབ་རྟེན་དུ་བཟུང་རྒྱུ་རྒྱུན་འཁྱོངས་བྱས་པ་དང་། ལོ་རྒྱུས་ཐོག་གི་མི་རིགས་ཁག་དབར་ཕན་ཚུན་འགྲོ་འོང་དང་། བརྗེ་རེས། མཉམ་འདྲེས་སྐོར་གྱི་ལོ་རྒྱུས་ཡིག་ཆ་རྣམས་ལེགས་སྒྲིག་དང་ཞིབ་འཇུག་གི་ནང་དོན་གཙོ་བོར་འཛིན་རྒྱུ་རྒྱུན་འཁྱོངས་བཅས་བྱས་ཡོད། རྩ་དོན་དེ་དག་གི་སྟེ་ཁྲིད་འོག བོད་ལྗོངས་སྤྱི་ཚོགས་ཚན་རིག་ཁང་གི་ཚད་ལྡན་ཡིག་ཆ་ལེགས་སྒྲིག་ཞིབ་འཇུག་ཚན་པས་སྤྱ་རྗེས་སུ་རྒྱལ་ཁབ་ཀྱི་ལོ་རྒྱུས་ཡིག་ཚགས་ཁང་ཨང་དང་པོ་དང་གཉིས་པ། རྒྱལ་ཁབ་དཔེ་མཛོད་ཁང་། ཀྲུང་དབྱང་མི་རིགས་སློབ་གྲྭ་ཆེན་མོའི་དཔེ་མཛོད་ཁང་། བོད་ལྗོངས་ཡིག་ཚགས་ལས་ཁུངས་སོགས་ཡིག་ཚགས་ཚན་པ་ཁག་བརྒྱུད་ནས་དབང་གྲགས་ཅན་གྱི་ལོ་རྒྱུས་དཔེ་ཉེར་གི་མ་དཔེ་འབོར་ཆེན་ཞིག་ལ་ལེགས་སྒྲིག་དང་དཔར་རྒྱག་གིས《བོད་ལྗོངས་ཞིབ་འཇུག་གི་དུས་དེབ་དཔེ་ཚོགས》ཞེས་པ་དང་། 《བོད་ལྗོངས་རིག་པའི་རྒྱ་ཡིག་དཔྱད་ཡིག་དཔེ་ཚོགས》ཞེས་པ། 《བོད་ལྗོངས་རིག་པའི་རྒྱ་ཡིག་དཔྱད་ཡིག་དཔར་མ་ཐོགས་བསྒྲིགས》ཞེས་པ། 《བོད་ལྗོངས་རིག་པའི་དཔྱད་ཡིག་དཔེ་ཚོགས་ཟུར་བསྒྲིགས》ཞེས་པ། 《བོད་ལྗོངས་རིག་པའི་དཔྱད་གཞིའི་དཔེ་ཚོགས》ཞེས་པ་སོགས་བོད་རིག་པའི་སྐོར་གྱི་རྒྱ་ཡིག་དཔྱད་ཡིག་དཔེ་ཚོགས་རབ་དང་རིམ་པ་རྩོམ་སྒྲིག་དང་དཔེ་སྐྲུན་བྱས་ཡོད། དེའི་སྐབས་དུང《ཆིང་རྒྱལ་རབས་ཀྱི་དངོས་དོན་འཁོད་པའི་ཁྲིད་ཀྱི་བོད་ཀྱི་ལོ་རྒྱུས་ཡིག་རིགས》ཞེས་པ་དང་། 《མིང་རྒྱལ་རབས་ཀྱི་དངོས་དོན་འཁོད་པའི་ཁྲིད་ཀྱི་བོད་ཀྱི་ལོ་རྒྱུས་ཡིག་རིགས》《ཧྲུན་གར་ཞི་འཇགས་སུ་གཏོང་བའི་ཐབས་ཇུས》《ཚ་བ་རོང་ཞི་འཇགས་སུ་གཏོང་བའི་

ཐབས་ཇུས》《ཚ་བ་རོང་གཉིས་ཞི་འཇགས་སུ་གཏོང་བའི་ཐབས་ཇུས》《དྲག་གནོན་དང་རོགས་སྐྱོར་གྱི་ལས་དོན་སྒྲུབ་སྟངས》《བོད་སྨན་ཨམ་བན་གྱི་སྙན་ཞུ》《ཆིང་རྒྱལ་རབས་སྐབས་ཀྱི་བོད་དོན་སྙན་ཞུ》《དབུས་གཙང་གི་ལོ་རྒྱུས》《བལ་པོའི་གནད་དོན་སྐོར་གྱི་གཏན་འབེབས་ཟིན་ཐོ་རགས་བསྡུས》《གོར་ཁའི་གནད་དོན་སྐོར་གྱི་གཏན་འབེབས་ཟིན་ཐོ་རགས་བསྡུས》《ཚ་བ་རོང་གི་སྐྱིད་གཞི》《ཚ་བ་རོང་གི་ཚོ་དྲུག》《བོད་ཀྱི་ལོ་རྒྱུས་མདོར་བསྟན》《གོང་མའི་རྒྱལ་རབས་ལས་བྱུང་བའི་བོད་དོན་གྱི་ཟིན་ཐོ་རགས་བསྡུས》《ཏའོ་མོའོ་ཞི་འཇགས་སུ་གཏོང་བའི་ཐབས་ཇུས》《བོད་ལྗོངས་ཡུལ་སྐོར་ཟིན་བྲིས》《ཁམས་ཀྱི་ཡུལ་སྐོར་ཟིན་ཐོ》《བོད་བསྐྱོད་ཟིན་ཐོ》《ལྷ་སའི་མཐོང་ཐོས་ཟིན་ཐོ》《བོད་ལྗོངས་རགས་བཤད》《བོད་ཀྱི་བྱུང་བརྗོད། དབུས་གཙང་བྱུང་བརྗོད་རགས་བསྡུས》《བོད་ཀྱི་ཆོས་འབྱུང་། བོད་ཀྱི་གྲྭ་བཙུན་གྱི་བྱུང་རབས་ཞིབ་འཇུག》《མཐོ་སྨད་ལོ་རྒྱུས་དཔྱད་ཡིག་ཀུན་གསལ་མེ་ལོང》《བོད་ཀྱི་རི་མོ་དང་ཤེ་ཀྲའོ་རི་མོ》《ནུབ་བསྐྱོད་ཟིན་ཐོ》《མིག་ཆུ་དང་ཁྲག་གི་ཟིན་ཐོ》《ཀྲུང་ཡེའི་སྐྱིད་གཞི》《ཆིང་རྒྱལ་རབས་ཀྱི་བོད་དོན་དཔྱད་ཡིག་བདམས་བསྒྲིགས》《མིན་གོའི་ལོ་དང་པོའི་སྐབས་ཀྱི་བོད་དོན་གློག་འཕྲིན》《དེང་རབས་ཁམས་བོད་ཀྱི་གལ་ཆེའི་དོན་ཆེན་སྐོར་གྱི་ལོ་རྒྱུས་དཔྱད་གཞིའི་རྒྱུ་ཆ་བདམས་བསྒྲིགས》སོགས་གནའ་རབས་དང་དེང་རབས་ཀྱི་བོད་རིག་པའི་སྐོར་གྱི་རྒྱ་ཡིག་དེབ་ཐེར་རིགས་མི་འདྲ་བ་བརྒྱ་ལ་ཉེ་བ་དང་དེབ་གྲངས་ཁྲི་ལ་ཉེ་བ་དཔེ་སྐྲུན་བྱས་ཡོད། གཞི་རྒྱ་ཆེ་བའི་བོད་རིག་པའི་སྐོར་གྱི་རྒྱ་ཡིག་དཔྱད་གཞིའི་ཡིག་ཆ་ལེགས་སྒྲིག་དང་སྒྱུར་སྐྱོབ་ཀྱི་ལས་གྲྭ་དེའི་ནང་། དཔུང་སྐྱེ་བཅོ་བརྒྱད་པའི་ཤེས་ཡོན་ཅན་རྣན་གྲས་ཁྲིན་ཙླ་ཅིན་གྱིས་རྒྱལ་ཁབ་དང་མི་རིགས་ལ་ལྷག་བསམ་རྣམ་དག་གིས་འགན་འཁུར་གནང་སྟེ། འབད་བརྩོན་ཆེར་བསྐྱེད་དང་ནུས་ཤུགས་ཡོད་རྒུས་རང་ཉིད་ཀྱི་ལུས་སྟོབས་དང་བློ་རིག་ཐམས་ཅད་བོད་རིག་པའི་ཞིབ་འཇུག་བྱ་གཞག་ལ་འབུལ་གནང་ཡོད་ཅིང་། ཁོང་གིས་སྐྱེ་ཁྲིད་གནང་བའི་རྒྱ་ཡིག་དཔྱད་ཡིག་སྒྱུར་སྐྱོབ་ལེགས་སྒྲིག་ཁང་གིས་སྤྱི་རྗེས་སུ་ལེགས་སྒྲིག་དཔེ་སྐྲུན་བྱས་པའི་ཀྲུང་དབྱང་སྲིད་གཞུང་རིམ་བྱོན་ནས་བོད་ལ་དོ་དམ་བྱས་པའི་སྐོར་གྱི་ཁྲིམས་སྲོལ་ལམ་ལུགས་དང་རྗེ་བཀོས་ཡི་གེ། དངོས་བཅར་ཟིན་ཐོ། དེ་བཞིན་ཚ་མེད་དུ་འགྲོ་ལ་ཉེ་བའི་དཔེ་རྒྱུན་དཀོན་རིགས་དང་གནའ་དཔེ་རྩ་ཆེན་སོགས་ནི་དུས་དེང་སང་ཡང་བོད་རིག་པའི་ཞིབ་

འཇུག་ལ་མི་ཐབས་མེད་པའི་རྩ་ཆེའི་ཡིག་ཆ་འབའ་ཞིག་ཡིན། དེར་ཏང་དང་རྒྱལ་ཁབ་ཀྱི་དབུ་ཁྲིད་ཅང་ཙེ་མིན་དང་། ཧུའུ་ཅིན་ཐའོ། ལིའི་ཏུས་ཧྲོན། ཁྲིན་ཁོན་ཡོན་བཅས་ཀྱི་གཙོས་མཐོང་ཆེན་པོ་དང་ཁས་ལེན་གང་ལེགས་ཐོབ་ཡོད། བོད་རིག་པའི་ཞིབ་འཇུག་སྐོར་གྱི་དཔྱད་གཞིའི་ཡིག་རིགས་མྱུར་སྐྱོབ་དང་ལེགས་སྒྲིག་བྱེད་པའི་ལས་གྲྭའི་ནང་། བོད་ཡིག་གི་དཔྱད་གཞིའི་ཡིག་རིགས་མྱུར་སྐྱོབ་དང་ལེགས་སྒྲིག་གི་ལས་དོན་ལའང་གཡུར་ཟའི་གྲུབ་འབྲས་ཐོབ་ཡོད་དེ། སྤྱི་རྗེས་སུ་བསྡུ་རུབ་དང་ལེགས་སྒྲིག་དཔེ་དེབ200ཙམ་བྱས་པར་ཡིག་འབྲུ་ཁྲི་སྟོང་ལ་ཉེ་བ་དང་། དེའི་ནང་གི་མི་ཤུང་བ་ཞིག་ནི་དཔེ་རྒྱུན་དཀོན་རིགས་དང་གནའ་དཔེ་རྩ་ཆེན་འབའ་ཞིག་ཡིན་ལ། ལ་ལ་ནི་ལག་བྲིས་མ་ཡིན། ལེགས་སྒྲིག་དང་དཔེ་སྐྲུན་བྱས་ཟིན་པའི་ཁོངས་སུ《ཀླངས་ཀྱི་པོ་ཏི་སེ་རུ་རྒྱས་པ》དང་། 《བསྟན་རྩིས་ཀུན་གསལ་ཉིན་བྱེད》《སྡོམ་གསུམ་རབ་དབྱེ》《སྙན་ངག་མེ་ལོང་གི་མཆན་འགྲེལ》《ལྡེའུ་ཆོས་འབྱུང》《ཚད་མ་རིག་པའི་གནད་བསྡུས》《མྱང་ཆོས་འབྱུང》《འཛམ་གླིང་སྤྱི་བཤད་དང་རྒྱས་བཤད》《བྱང་ཆུབ་ལམ་རིམ་ཆེན་མོའི་དོན་རྒྱ་ཆེར་བཤད་པ་མན་ངག་རིན་ཆེན་བང་མཛོད》སོགས་དེབ་རིགས་མི་འདྲ་བ75ཡོད་པར། ཁྱོན་དཔར་གྲངས་ཁྲི50ལྷག་ཙམ་ཟིན་གྱི་ཡོད།

བོད་རིག་པའི་ཞིབ་འཇུག་བྱ་གཞག་གི་འཕེལ་རྒྱས་ལ་འགག་སྒྲོལ་རང་བཞིན་གྱི་གྲུབ་འབྲས་ཐོབ་ཡོད་པ་ནི། ལོ་རྒྱུས་ཀྱི་བྱུང་བ་བརྗོད་པའི་སྙན་ངག《གེ་སར》སྒྲུང་གི་མྱུར་སྐྱོབ་དང་ལེགས་སྒྲིག སྲུང་སྐྱོབ་བཅས་ཀྱི་ལས་ཀའི་ཐད་ནས་བརྗོད་ན། སྤྱི་རྗེས་སུ་སྒྲུང་མཁན་གྱིས་འཆད་ཀྱིར་གནང་བའི་སྒྲུང་དཔེ་བརྒྱ་ལྷག་ཙམ་སྒྲ་ཕབ་དང་སྒྲུང་དེབ60ལྷག་ཙམ་ལེགས་སྒྲིག་བྱས་ཡོད་པ་མ་ཟད། དཔར་མ་རྙིང་པ་དང་ལག་བྲིས་དཔར་མ74ཙམ་ཡང་འཚོལ་བསྡུ་བྱས་ཡོད། 《སྒྲུང་མཁན་བསམ་གྲུབ་ཀྱིས་འཆད་ཀྱིར་གནང་བའི་གླིང་སྒྲུང》དཔེ་ཚོགས་ཀྱིས་འཛམ་གླིང་ཐོག་བྱུང་བརྗོད་སྙན་ངག་རིང་ཤོས་ཀྱི་ཟིན་ཐོ་བཏོད་ཅིང་། དཔེ་ཚོགས་དེར་བསྡོམས་པས་སྒྲུང་སྣ45ལ་དཔེ་གྲངས48ཡོད་པ་ལས། མིག་སྔར་སྒྲུང་དེབ་གྲངས43ལེགས་སྒྲིག་དཔེ་སྐྲུན་ཟིན་པ་མ་ཟད། དཔེ་ཚོགས་དེ་ཉིད་རྒྱ་ཡིག་ལ་བསྒྱུར་རྒྱུའི་ལས་འགོ་ཡང་ཚུགས་ཟིན་ཡོད། དེ་བཞིན་མི་རིགས་རིག་གནས་དང་ལོ་རྒྱུས་ཀྱི་ལས་ཀའི་ངོས་ནས་བརྗོད་ན། སྤྱི་རྗེས་སུ《གཉའ་པ་རིམ་བྱོན་གྱི་མཛད་རྣམ》དང་། 《བོད་ཀྱི

བཙན་པོ་བཙུ》《སུ་རྒྱལ་བོད་ཀྱི་རྗེ་བཀོས་ཡི་གེ་དག་བཤེར་དང་མཚན་འགྲེལ》《ལོ་རྒྱུས་ལས་གྲུབ་པའི་གོང་བུ་གཅིག་གྱུར》(བོད་ཡིག་དང་རྒྱ་ཡིག)བཅས་དང་། ལྷག་པར་དུ《བོད་ལྗོངས་ཀྱི་ལོ་བརྒྱའི་ལོ་རྒྱུས་ཞིབ་འཇུག》དང་། 《བོད་ལྗོངས་ཀྱི་ལོ་བརྒྱའི་ལོ་རྒྱུས་དཔྱད་གཞིའི་ཡིག་རིགས་བདམས་བསྒྲིགས》《ཆུ་གླང་ལོའི(སྤྱི་ལོ1793)བོད་ཀྱི་བཀའ་ཤག་ཚོང་ལམ་ནས་བསྟུས་པའི་གཞུང་ཡིག་འགྱུར་མ་བདམས་བསྒྲིགས》སོགས་གལ་ཆེའི་ཆེད་རྩོམ(བསྒྱུར་བ་དང་རྩོམ་འབྲི་བྱས་པ་ཚུད)འབོར་ཆེན་ཞིག་ལེགས་འགྲུབ་བྱུང་ཡོད་པ། བོད་ཀྱི་སྐད་ཡིག་དང་རྩོམ་རིག་གི་སྐོར་ནས་བརྗོད་ན། སྔ་རྗེས་སུ《སྙན་ངག་རིག་པ་སྤྱི་བཤད》དང《བོད་རིགས་ཀྱི་སྒྲ་དབྱངས་རིག་པ་སྤྱི་བཤད》སོགས་བརྩམས་དེབ10ལྷག་ཙམ་ལེགས་འགྲུབ་བྱུང་ཡོད་པ། ཆོས་ལུགས་ཞིབ་འཇུག་གི་ཐད་ལ། སྔ་རྗེས་སུ《བོན་ཆོས་རིག་གནས་ཚིག་མཛོད་ཆེན་མོ》དང་། 《འབྲས་སྤུངས་དཀར་ཆག》《ལྷ་སའི་དགོན་ཐོ》《རྙིང་མ་བའི་གྲུབ་མཐའ་སྤྱི་བཤད》《བཀའ་བརྒྱུད་པའི་གྲུབ་མཐའ་སྤྱི་བཤད》《ས་སྐྱ་པའི་གྲུབ་མཐའ་སྤྱི་བཤད》《གནས་ཆུང་དགོན》《ཁྲ་འབྲུག་དགོན་པའི་དཀར་ཆག》སོགས་བརྩམས་དེབ20ལྷག་ཙམ་ལེགས་འགྲུབ་བྱུང་ཡོད་པ། དེ་མིན་དམངས་སྲོལ་རིག་པ་དང་མིའི་རིགས་རིག་པ། རང་ལྗོངས་ཀྱི་མི་འབོར་ཉུང་ཉུང་བའི་མི་རིགས་སོགས་ཀྱི་སྐོར་ལ་ཞིབ་འཇུག་བྱས་པའི་ལས་ཀར་ཡང་གྲུབ་འབྲས་གྱ་នོམ་པ་ཐོབ་ཡོད་པ། དེ་བཞིན་རང་ལྗོངས་ཀྱི་ཏ་ལའི་ལོ་མའི་དཔེ་ཆ་ཞིབ་འཇུག་དང་སྲུང་སྐྱོབ་ཀྱི་ལས་དོན་ལ་ཡང་འགག་སྒྲོལ་རང་བཞིན་གྱི་འཕེལ་རྒྱས་བྱུང་ཡོད་དེ། ལོ་ངོ་དྲུག་ཙམ་གྱི་འབད་བརྩོན་བརྒྱུད། རང་ལྗོངས་ཀྱི་ཏ་ལའི་ལོ་མའི་དཔེ་ཆ་བྲིས་མ་སྲུང་སྐྱོབ་དང་། བསྡུ་ རུབ། ལེགས་སྒྲིག དཀར་ཆག་བཟོ་བ། དཔར་ལེན་པ་སོགས་ཀྱི་ལས་དོན་སྣ་ཀུན་ནས་སྤེལ་ཏེ། རྩ་བའི་ཆ་ནས་རང་ལྗོངས་ཀྱི་ཏ་ལའི་ལོ་མའི་དཔེ་ཆ་བྲིས་མའི་ད་ལྟའི་གནས་ཚུལ་ཤེས་རྟོགས་བྱུང་ཡོད་ལ། དེ་ཉིད་ཇི་ལྟར་སྲུང་སྐྱོབ་བྱེད་དགོས་པའི་སྲོལ་ཡིག་གཏན་འབེབས་བྱས་པ་དང་། 《བོད་རང་སྐྱོང་ལྗོངས་ཀྱིས་གཅེས་ཉར་བྱས་པའི་ཏ་ལའི་ལོ་མའི་དཔེ་ཆ་སྤྱིའི་དཀར་ཆག》ཅེས་དང《བོད་རང་སྐྱོང་ལྗོངས་ཀྱིས་གཅེས་ཉར་བྱས་པའི་ཏ་ལའི་ལོ་མའི་དཔེ་ཆའི་དཔར་མ་ཀུན་འདུས》ཞེས་པ་རྩོམ་འབྲི་བྱས་ཡོད། ཞང་གཞིའི་དེའི་སྟེང་རྒྱལ་ཡོངས་སུ་ཐོག་མར་ཡིན་པའི་ཏ་ལའི་ལོ་མའི་དཔེ་ཆ་ཞིབ་འཇུག་ཟུར་ཁང་ཞེས་པའི་ལས་ཁུངས་གསར་དུ་བཙུགས་ཏེ།

རྒྱལ་ཡོངས་ཁྱོན་དུ་ཐོག་མར་ཡིན་པའི་ཏ་ལའི་ལོ་མའི་དཔེ་ཆ་ཞིབ་འཇུག་སྐོར་གྱི་ཚེད་འདོན་དུས་དེབ་《བོད་ཀྱི་ཏ་ལའི་ལོ་མའི་དཔེ་ཆ་ཞིབ་འཇུག》(རྒྱ་ཡིག བོད་ཡིག་དཔར་མ་) ཅེས་པ་དཔེ་སྐྲུན་བྱས་ཡོད།

དེ་ཙམ་མ་ཟད། ད་དུང་བོད་ལྗོངས་སྤྱི་ཚོགས་ཚན་རིག་ཁང་ལ་ཀྲུང་གོའི་དེང་རབས་བོད་རིག་པའི་ཞིབ་འཇུག་གི་འཕེལ་རྒྱས་ཐད་ལ་ཡང་གྲུབ་འབྲས་གསར་པ་ཐོབ་ཡོད་པ་དཔེར་ན། ཆབ་སྲིད་ཆེ་བརྟན་ཕུན་ཚོགས་དང་དུང་དཀར་བློ་བཟང་འཕྲིན་ལས་རྣམ་གཉིས་ཀྱིས་གཙོས་རིམ་བྱོན་མཁས་དབང་ཚོས་མར་ཁེ་སི་རིང་ལུགས་མཛུབ་ཁྲིད་དུ་བྱེད་རྒྱུ་རྒྱུན་འཛིན་ངས་དང་། རྫོད་སྒྲུབ་དངོས་གཙོ་རིང་ལུགས་དང་ལོ་རྒྱུས་དངོས་གཙོ་རིང་ལུགས་ཀྱི་ཞིབ་འཇུག་བྱ་ཐབས་ལག་ལེན་དུ་བསྟར་བ། དེང་རབས་ཚན་རིག་ལག་རྩལ་ལ་བརྟེན་པ་སོགས་ཀྱིས་བོད་རིག་པའི་ཞིབ་འཇུག་བྱ་བ་འདི་བཞིན་སྤར་བས་ཚན་རིག་གི་རང་བཞིན་དང་། གཏན་ཚོགས་ཀྱི་རང་བཞིན། གཟབ་ནན་གྱི་རང་བཞིན་ལྡན་པར་འགྱུར་ཡོད། དེས་བོད་ལྗོངས་འདི་ཉིད་བོད་རིག་པའི་ཕ་ཡུལ་ཡིན་པའི་གནས་བབས་གཏན་ཁེལ་དང་། ཁ་ཕྱལ་ལ་ངོ་རྒོལ་དང་མེས་རྒྱལ་གཅིག་གྱུར་ལ་སྲུང་སྐྱོང་བཅས་བྱེད་རྒྱུར་ལེགས་སྐྱེས་ཕུལ་ཡོད།

ལྔ།

སྔ་མོ་ཕྱི་ནས་སྤྱི་ཚོགས་ཚན་རིག་ཁང་གཉེར་རྒྱུ་རྒྱུན་འཛིན་ངས་བྱས་པ་དང་། མི་རིགས་ཁག་དབར་རིག་གཞུང་སྤེལ་རེས་བྱེད་པའི་ལས་ཀར་ཤུགས་སྣོན་བརྒྱབ་པ། རྒྱལ་སྤྱིའི་ཐོག་བོད་རིག་པའི་རིག་གཞུང་གི་སྐད་ཆ་ཤོད་དབང་རག་ཐབས་ཀྱི་ལས་ཀར་འབད་བརྩོན་བྱས་པ་བཅས་ཀྱིས། རྒྱལ་ནང་དང་རྒྱལ་སྤྱིའི་ཐོག་རིག་གཞུང་གི་ཤུགས་རྐྱེན་རྒྱུན་ཆད་མེད་པར་ཤུགས་ཆེར་སོང་ཡོད། སྤྱི་ཚོགས་ཚན་རིག་ཁང་དབུ་བཙུགས་རྗེས་ཀྱི་ཐོག་མའི་དུས་སུ། རྒྱལ་ཡོངས་ཀྱི་རིག་གཞུང་ཞིབ་འཇུག་ཚན་པ་ཁག་གི་ཤུགས་ཆེའི་རྒྱབ་སྐྱོར་དང་རོགས་རམ་ཐོབ་ཡོད་པ་དཔེར་ན། བོད་ལྗོངས་སྤྱི་ཚོགས་ཚན་རིག་ཁང་ནང་ད་ལྟའི་བར་ཉར་ཚགས་བྱས་ཡོད་པའི་དཔེ་ཆ་དང་དེང་རབས་ཚན་རིག་ཞིབ་འཇུག་སྐོར་གྱི་དཔྱད་གཞིའི་རྒྱུ་ཆ་འབོར་ཆེན་དེ་དག་ནང་ནས་མང་པོ་ཞིག་ནི་རྒྱལ་ཡོངས་ཀྱི་འབྲེལ་ཡོད་རིག

གཞུང་ཚན་པའི་རྒྱབ་སྐྱོར་ལ་བརྟེན་ནས་བྱུང་བ་དང་། རིག་གཞུང་ཞིབ་འཇུག་གི་ཉམས་མྱོང་ཁག་གཅིག་ཀྱང་རྒྱལ་ཡོངས་ཀྱི་འབྲེལ་ཡོད་རིག་གཞུང་ཚན་པ་དང་ཚན་ཞིབ་མི་སྣའི་བརྒྱུད་སྤྲོད་དང་རོགས་རམ་ལས་བྱུང་བ་ཞིག་ཡིན། དེ་བཞིན་སྤྱི་ཚོགས་ཚན་རིག་ཁང་འཕེལ་རྒྱས་འགྲོ་བའི་བརྒྱུད་རིམ་ནང་ཀྲུང་གོ་སྤྱི་ཚོགས་ཚན་རིག་ཁང་དང་། ཀྲུང་གོ་བོད་རིག་པའི་ཞིབ་འཇུག་ལྟེ་གནས། རྒྱལ་ཁབ་ཡིག་ཚགས་ཁང་། རྒྱལ་ཁབ་དཔེ་མཛོད་ཁང་། ཀྲུང་དབྱང་མི་རིགས་སློབ་གྲྭ་ཆེན་མོ། རྒྱལ་ཁབ་མི་རིགས་ཆོས་དོན་ཨུ་ལྷན་གྱི་ཚན་ཞིབ་ལས་ཁུངས་སོགས་ཀྱིས་ངེད་བོད་ལྗོངས་སྤྱི་ཚོགས་ཚན་རིག་ཁང་འཕེལ་རྒྱས་འགྲོ་བར་ཚད་གཞི་མི་འདྲ་བའི་རྒྱབ་སྐྱོར་དང་རོགས་རམ་བྱས་ཡོད་པ་དང་། འབྲེལ་ཡོད་ཞིང་ཆེན་དང་ལྗོངས། གྲོང་ཁྱེར། ལས་རིགས་གཅིག་པའི་སྤྱི་ཚོགས་ཚན་རིག་ཁང་སོགས་ཀྱིས་རྒྱ་ཁྱབ་དང་ནས་ང་ཚོ་དང་ལས་དོན་སྤེལ་རེས་དང་མཉམ་ལས་བྱས་ཡོད། དེ་དག་ཐམས་ཅད་ཀྱིས་བོད་ལྗོངས་སྤྱི་ཚོགས་ཚན་རིག་ཁང་གཉེར་སྐྱོང་གི་ཆུ་ཚད་མཐོར་འདེགས་ཡོང་བར་སྐུལ་འདེད་བཏང་ཡོད་པ་ལྟ་བུའོ། ལྗོངས་ནང་ཁུལ་དུ། ང་ཚོས་ཕྱིར་བསྐྱོད་རྒྱུ་དང་སྤྱི་ཚོགས་ཀྱི་ལག་ལེན་དངོས་ནང་ཞུགས་རྒྱུའི་བསམ་བློ་རྒྱུན་འཁྱོངས་དང་། སྤྱི་ཚོགས་དང་དཔལ་འབྱོར་གྱི་ལག་ལེན་དངོས་ཀྱི་ཁྱབ་ཁོངས་དང་འབྲེལ་བ་རྒྱ་ཁྱབ་ཏུ་སྤེལ་རྒྱུ་རྒྱུན་འཁྱོངས་བྱས་ཡོད། མིག་སྔར། ང་ཚོས་ལྗོངས་ཡོངས་ཀྱི་དཔེ་སྟོན་ཏུ་རུང་བའི་གྲོང་གསེབ་ལྟ་ཞིབ་ས་ཚིགས་གསར་འཛུགས་བྱས་ཟིན་པ་དང་ཕྱོགས་མཚུངས། ཚན་པ་ཁག་དབར་མཉམ་ལས་བྱེད་ཤུགས་ཆེར་གཏོང་རྒྱུ་གནད་དུ་བཟུང་སྟེ། ལྗོངས་ཐད་གཏོགས་ཚན་པ་དང་ལྗོངས་ཡོངས་ཀྱི་གྲོང་ཁྱེར་དང་ས་གནས། རྫོང་བཅས་རིམ་ཁག་སྲིད་གཞུང་། ཁེ་ལས་བཅས་ལ་ཐབས་ཇུས་བློ་འདྲི་མཁོ་འདོན་བྱེད་པའི་ཆ་ནས་ལས་ཁུངས་མི་འདྲ་བ་དང་ཚན་པ་མི་འདྲ་བའི་དབར་གྱི་མཉམ་ལས་འགག་སྒྲོལ་གྱི་ལས་ཀར་ཤུགས་སྣོན་བརྒྱབ་པ་དང་ལས་ཁུངས་མི་འདྲ་བའི་དབར་གལ་ཆེའི་ཆེད་དོན་ཞིབ་འཇུག་གི་ལས་གཞི་སྤེལ་ཡོད། དེས་བོད་ལྗོངས་སྤྱི་ཚོགས་ཚན་རིག་ཁང་གི་རིག་གཞུང་ཞིབ་འཇུག་དང་བློ་འདྲིའི་སྟེགས་བུ་རྒྱ་ཆེར་འགྲོ་བར་སྐུལ་འདེད་བཏང་ཡོད་པ་མ་ཟད། ལྗོངས་ནང་ཁུལ་དུ་བོད་ལྗོངས་སྤྱི་ཚོགས་ཚན་རིག་ཁང་གི་བག་ཆགས་གཏིང་ཟབ་ཏུ་ཕྱིན་ཡོད། མཉམ་གཉེར་མཉམ་སྐྱབ་ཀྱི་ལས་ཀར་སྐུལ་སྤེལ་གཏོང་རྒྱུ་དེ་ལས་ཀའི་སྙེ་མོར་བཟུང་སྟེ། སྤྱི་ཚོགས་ཚན་རིག་ཞིབ་འཇུག་ལས་ཁུངས་ཁག་དབར་ཕན་ཚུན་ཉམས

སྐྱོང་སྤེལ་རེས་དང་མཉམ་ལས་བྱེད་ཤུགས་ཆེ་རུ་བཏང་བས། སྔོ་མོ་ཁྲི་ནས་སྤྱི་ཚོགས་ཚན་རིག་ཁང་གཉེར་བའི་རྣམ་པ་དང་ནང་དོན་ཕུན་སུམ་ཚོགས་སུ་སོང་བ་དང་། བོད་ལྗོངས་སྤྱི་ཚོགས་ཚན་རིག་ཁང་དང་ལྗོངས་ཁྲི་ནང་གི་སྤྱི་ཚོགས་ཚན་རིག་ཞིབ་འཇུག་ལས་ཁུངས། དེ་བཞིན་སློབ་གྲྭ་ཆེ་ཁག་དབར་འབྲེལ་གཏུགས་མཉམ་ལས་བྱེད་པར་ཤུགས་སྣོན་ཐེབས་པ་མ་ཟད། བོད་ལྗོངས་སྤྱི་ཚོགས་ཚན་རིག་ཁང་གི་ཞིབ་འཇུག་ཚུ་ཚད་མཐོར་འདེགས་སུ་སོང་བ་དང་རིག་གཞུང་གི་ཤུགས་རྐྱེན་ཡང་ཆེ་རུ་སོང་ཡོད། དཔེར་ན། བོད་ལྗོངས་སྤྱི་ཚོགས་ཚན་རིག་ཁང་གིས་འགན་ཁུར་ནས་རྩོམ་འབྲི་བྱས་པའི་རྒྱལ་ཁབ་སྤྱི་ཚོགས་ཚན་རིག་གི་ཐེབས་རྩའི་ལས་གཞི་གལ་ཆེན《བོད་ལྗོངས་ཀྱི་ལོ་བརྒྱའི་ལོ་རྒྱུས་ཞིབ་འཇུག》(སྟོད་ཆ། བར་ཆ། སྨད་ཆ་གསུམ་ལ་བསྡོམས་པས་ཡིག་འབྲུ་ཁྲི140ཙམ་ཡོད་)ཅེས་པ་དེ་ནི་སྔོ་མོ་ཁྲི་ནས་སྤྱི་ཚོགས་ཚན་རིག་ཁང་གཉེར་བའི་གྲུབ་འབྲས་ཀྱི་ཉིང་བཅུད་ཅིག་ཡིན་ཞིང་། དེ་ནི་ཀྲུང་གོ་སྤྱི་ཚོགས་ཚན་རིག་ཁང་ཚན་ཞིབ་དོ་དམ་ཅུད“ནུབ་རྒྱུད་རྣམ་གྲངས་གཞུང་ལས་ཁང་”གིས་ཕུལ་བྱུང་གྲུབ་འབྲས་ཤིག་ཡིན་པའི་ཆེད་སྔོམ་བཞག་ཡོད། བོད་ལྗོངས་སྤྱི་ཚོགས་ཚན་རིག་ཁང་གིས་རྒྱལ་ནང་གི་རིགས་གཅིག་མཁས་དབང་ཚོ་དང་མཉམ་དུ་ཞིབ་འཇུག་གི་ལས་ཀ་སྤེལ་བ་མ་ཟད། ད་དུང་འཛམ་གླིང་ཐོག་གི་གྲགས་ཅན་བོད་རིག་པའི་ཞིབ་འཇུག་ཚན་པ་དང་བོད་རིག་པའི་མཁས་དབང་རྣམ་པ་དང་དུས་ཡུན་རིང་པོའི་མཉམ་ལས་ཀྱང་བྱས་ཡོད། ལོ་ངོ30ལྷག་ཙམ་གྱི་རིང་ལ། བོད་ལྗོངས་སྤྱི་ཚོགས་ཚན་རིག་ཁང་གིས་རྒྱལ་ཁབ་དང་ས་ཁུལ20ལྷག་ཙམ་གྱི་རིག་གཞུང་ཚན་པའི་དབར་དཔེ་དེབ་བརྗེ་རེས་ཀྱི་འབྲེལ་བ་བཙུགས་ཡོད་པ་མ་ཟད། ཧ་རྦད་སློབ་ཆེན་དང་། ཕུ་ཅེ་ཉི་ཡ་སློབ་ཆེན། ཧ་ཧྥེང་ཧྥུན་སློབ་ཆེན། ཉེའུ་ཅིང་སློབ་ཆེན། ཅན་ཆའོ་སློབ་ཆེན། པའོ་གླིང་མཐོ་རིམ་ཞིབ་འཇུག་གླིང་། ཨའོ་ཧི་ལི་སྤྱི་ཚོགས་ཚན་རིག་ཁང་སོགས་ཕྱི་རྒྱལ་གྱི་གྲགས་ཅན་སློབ་ཆེན་དང་ཞིབ་འཇུག་ཚན་པ་ཁག་དབར་མཉམ་འབྲེལ་ཐོག་ནས་རིག་གཞུང་ཞིབ་འཇུག་གི་ལས་ཀ་གཉེར་ཡོད། རྒྱལ་སྤྱིའི་ཐོག་ཏུ་མཉམ་ལས་ཀྱི་ཁྱབ་ཁོངས་རྒྱུན་ཆད་མེད་པར་གཞི་རྒྱ་ཆེ་རུ་སོང་བ་དང་། ནང་དོན་ཉིན་བཞིན་ཕུན་སུམ་ཇེ་ཚོགས་སུ་སོང་བ། ཕན་འབྲས་སྟར་བས་མངོན་གསལ་དོད་དུ་སོང་བ་བཅས་ཀྱིས་རང་རེའི་ཕུལ་བྱུང་གི་མི་སྣ་དང་ཕུལ་བྱུང་གི་གྲུབ་འབྲས་རྣམས་འཛམ་གླིང་གར་སྟེགས་ཀྱི་སྟེང་དུ་བསྐྱོད་རྒྱུར་སྐུལ་འདེད་བཏང་ཡོད། རིགས་གཅིག་མཁས་དབང་སྐོར་

ཞིག་དང་ཕྱི་རྒྱལ་གྱི་བོད་རིག་པའི་མཁས་པས་མཉམ་དུ་གཞལ་ཆེའི་རིག་གཞུང་ཆེད་རྩོམ་དང་དཔྱད་རྩོམ་མི་ཉུང་བ་ཞིག་རྩོམ་འབྲི་གནང་ཡོད་པ་དེས། རྒྱལ་སྤྱིའི་ཐོག་བོད་ལྗོངས་སྤྱི་ཚོགས་ཚན་རིག་ཁང་གི་མིང་གྲགས་ཤུགས་ཆེར་སོང་ནས་རྒྱལ་ཁབ་ཀྱི་བོད་དོན་ཕྱི་ཕྱོགས་སུ་དྲིལ་བསྒྲགས་བྱེད་པའི་ལས་དོན་ལ་གཞལ་ཆེའི་ལེགས་སྐྱེས་ཕུལ་ཡོད། ལོ་ངོ་སུམ་ཅུའི་རིང་། བོད་ལྗོངས་སྤྱི་ཚོགས་ཚན་རིག་ཁང་གི་མཁས་དབང་དང་ཞིབ་འཇུག་པ་བཅས་མི་ཐེངས200ལྷག་ཙམ་གྱིས་ཕྱི་རྒྱལ་དུ་བསྐྱོད་ནས་འཚམས་འདྲི་དང་། སློབ་ཁྲིད། སློབ་སྦྱོང་བཅས་བྱས་པ་མ་ཟད། རྒྱལ་སྤྱིའི་བོད་རིག་པའི་རིག་གཞུང་བགྲོ་གླེང་ཚོགས་འདུ་ཅི་རིགས་ཀྱི་ནང་ཐེ་ཞུགས་བྱས་ཡོད། བོད་ལྗོངས་སྤྱི་ཚོགས་ཚན་རིག་ཁང་གི་མཁས་དབང་དང་ཞིབ་འཇུག་པ་ཚོས་སྐབས་དྲུག་པ་ནས་བཅུ་གསུམ་བར་གྱི་རྒྱལ་སྤྱིའི་བོད་རིག་པའི་བགྲོ་གླེང་ཚོགས་འདུ་དང་དེ་མིན་གྱི་རྒྱལ་སྤྱིའི་རིག་གཞུང་བགྲོ་གླེང་ཚོགས་འདུ་ཆེ་ཕྲ་ཅི་རིགས་ཀྱི་ཐོག་ཏུ་ཕུལ་བའི་རིག་གཞུང་དཔྱད་རྩོམ་བརྒྱ་ལ་ཉེ་བ་ཕལ་ཆེར་ཚོགས་འདུའི་དཔྱད་རྩོམ་ཕྱོགས་བསྒྲིགས་ནང་བསྡུས་ཡོད། བོད་ལྗོངས་སྤྱི་ཚོགས་ཚན་རིག་ཁང་བཙུགས་པ་ནས་བཟུང་། ལས་ཁུངས་འདིས་འབྲེལ་ཡོད་བོད་ཀྱི་ལོ་རྒྱུས་དང་། སྐད་ཡིག རྩོམ་རིག མི་རིགས། ཆོས་ལུགས། མཚན་ཉིད་རིག་པ་སོགས་རིག་ཚན་ཀྲུང་མ་ངམ་ཡང་ན་རིག་ཚན་མང་བའི་རིག་གཞུང་བགྲོ་གླེང་དང་། དེ་བཞིན་རྒྱལ་ཡོངས་རང་བཞིན་དང་རྒྱལ་སྤྱི་རང་བཞིན་གྱི་རིག་གཞུང་བགྲོ་གླེང་ཚོགས་འདུ་ཆེ་འབྲིང་ཆུང་གསུམ་བཅས་ཐེངས་གྲངས50ལྷག་ཙམ་གཉེར་སྐྱོང་ངམ་རམ་འདེགས་གཉེར་སྐྱོང་བྱས་ཡོད།

དྲུག

ཏང་གི་འགོ་ཁྲིད་རྒྱུན་འཁྱོངས་སྟོད་མེད་དང་། མཚན་ཉིད་རིག་པ་དང་སྤྱི་ཚོགས་ཚན་རིག དེ་བཞིན་བོད་རིག་པའི་བྱ་གཞག་བཅས་ཀྱི་ཏང་གཤིས་ཀྱི་རྩ་དོན་དང་ཆབ་སྲིད་ཀྱི་ངོ་བོ་རྒྱུན་འཁྱོངས་སྟོད་མེད་བྱས་ཡོད། ཏང་གིས་སྤྱི་ཚོགས་ཚན་རིག་དང་བོད་རིག་པའི་ལས་དོན་ལ་འགོ་ཁྲིད་བྱ་རྒྱུ་དེ་ནི། མཚན་ཉིད་རིག་པ་དང་སྤྱི་ཚོགས་ཚན་རིག་གི་བྱ་གཞག་དར་རྒྱས་གོང་འཕེལ་འགྲོ་བར་སྐུལ་འདེད་གཏོང་བའི་ཆབ་སྲིད་ཀྱི་འགན་ལེན་དང་རྩ་འཛུགས་ཀྱི་འགན་ལེན་ཞིག་ཡིན། རང་སྐྱོང་ལྗོངས་སྤྱི་ཚོགས་ཚན་རིག་ཁང་བཙུགས་ནས་ལོ་ངོ་སུམ་ཅུའི་

རེད། དུས་གཏན་དུ་རང་སྐྱོང་ལྗོངས་ཏང་ཨུད་ཀྱི་སྟོབས་ལྡན་འགོ་ཁྲིད་འོག་ལས་དོན་ཁག་སྤེལ་བ་དང་། དུས་གཏན་དུ་མཚན་ཉིད་རིག་པ་དང་སྤྱི་ཚོགས་ཚན་རིག་གི་ནུས་མེད་ཏང་ཡིན་པ་དང་། ཏང་དང་མི་དམངས་ཀྱི་བྱ་གཞག་ལ་ཞབས་འདེགས་ཞུ་བའི་ཏང་གཉིས་རྩ་དོན་བཅས་རྒྱུན་འཛིན་བྱས་ཡོད། ཚན་རིག་ཞིབ་འཇུག་བྱེད་པའི་བརྒྱུད་རིམ་ནང་ཏང་གཉིས་དང་མི་དམངས་ཀྱི་རང་བཞིན་ཚད་མཐོའི་གཅིག་གྱུར་ཡོང་རྒྱུ་རྒྱུན་འཛིན་བྱས་ཏེ། ཏང་གི་ལམ་ཕྱོགས་དང་མཛད་ཕྱོགས། སྲིད་ཇུས་རྣམས་མཚན་ཉིད་རིག་པ་དང་སྤྱི་ཚོགས་ཚན་རིག་དེ་བཞིན་བོད་རིག་པའི་ཞིབ་འཇུག་གི་ལས་ཀའི་ཁྲིད་ལག་ལེན་བསྟར་བ་དང་། ཏང་གི་འདུན་པ་དང་མི་དམངས་ཀྱི་དགོས་མཁོ་ཚན་ཞིབ་ཀྱི་འབྲས་བུར་འགྱུར་ནས། སླར་ཡང་ཏང་དང་མི་དམངས་ཀྱི་བྱ་གཞག་ལ་རིག་སྟོབས་ཀྱི་རྒྱབ་སྐྱོར་བྱས་ཡོད། བོད་ལྗོངས་སྤྱི་ཚོགས་ཚན་རིག་ཁང་གྲབས་འཛུགས་དང་དངོས་སུ་བཙུགས་པ་ནས་ད་བར། རང་སྐྱོང་ལྗོངས་ཀྱི་རིམ་བྱུང་ཏང་ཨུད་དང་སྲིད་གཞུང་ནས་མཚན་ཉིད་རིག་པ་དང་སྤྱི་ཚོགས་ཚན་རིག དེ་བཞིན་བོད་རིག་པའི་བྱ་གཞག་འཕེལ་རྒྱས་ཐད་ལ་ཚད་མཐོའི་མཐོང་ཆེན་དང་། སྤྱི་ཚོགས་ཚན་རིག་དང་བོད་རིག་པའི་ཁྱབ་ཁོངས་ཀྱི་གཏིང་རུམ་དུ་གནས་པའི་གནད་དོན་ལ་མཐོང་ཆེན་གནང་ཡོད། དཔེར་ན་རང་སྐྱོང་ལྗོངས་ཏང་སྲིད་ཀྱི་དབུ་ཁྲིད་གཙོ་བོས་སྤྱི་ཚོགས་ཚན་རིག་དང་བོད་རིག་པའི་ཞིབ་འཇུག་ལས་དོན་སྐོར་ལ་རྟག་ཏུ་བཀའ་འདྲི་གནང་བ་དང་། རང་སྐྱོང་ལྗོངས་ཏང་ཨུད་ཀྱི་རིམ་བྱོན་ཧྲུའུ་ཅི་དབྱིན་ཧྥ་ཐང་དང་། འུ་ཅིན་ཧྭ། ཧུའུ་ཅིན་ཐའོ། ཁྲིན་ཀུད་ཡོན། ཀོ་ཅིན་ལུང་། ཡང་ཁྲོན་ཐང་། ཀྲང་ཆིང་ལི། ཁྲིན་ཆོན་གོ་བཅས་ཀྱིས་ཡང་ན་སྤྱི་ཚོགས་ཚན་རིག་ཁང་དུ་ངོ་ཕེབས་ཀྱིས་ལས་དོན་ལ་མཇུབ་ཁྲིད་དང་། ཡང་ན་སྤྱི་ཚོགས་ཚན་རིག་ཁང་གི་ཤེས་ཡོན་ཅན་ལ་ངོ་ཕེབས་འཚམས་འདྲི། ཡང་ན་སྤྱི་ཚོགས་ཚན་རིག་དང་བོད་རིག་པའི་ཁྱབ་ཁོངས་ནང་འཕྲད་པའི་གནད་དོན་ལ་གལ་ཆེའི་མཆན་འགོད་མཇུབ་སྟོན་བཅས་གནང་ཡོད་པ་ལྟ་བུ་ཡིན། སྤྱི་ལོ2012ལོའི་ཟླ8པར། རང་སྐྱོང་ལྗོངས་ཏང་ཨུད་ཀྱི་ཐུགས་ཁུར་དང་རྒྱབ་སྐྱོར་ཆེ་བཞེས་འོག སྤྱི་ཚོགས་ཚན་རིག་ཁང་གི་རྨང་གཞིའི་སྟེང་བོད་རང་སྐྱོང་ལྗོངས་མཚན་ཉིད་རིག་པ་དང་སྤྱི་ཚོགས་ཚན་རིག་ལས་རིགས་ལྡན་ཚོགས་ཞེས་པའི་ལས་ཁུངས་ཀྱི་སྒོ་བྱང་བཀལ་བ་དང་སྦྲགས་དབུ་བརྙེས་པ་རེད། དེས་ལྗོངས་ཡོངས་ཀྱི་མཚན་ཉིད་རིག་པ་དང་སྤྱི་ཚོགས་ཚན་རིག་གི་སྟོབས་ཤུགས་གཅིག་སྒྲིལ་དང་། སྒྲིག་འཛུགས། སྟོམས་སྒྲིག་བཅས་བྱེད

པའི་ལས་ཀའི་ཐད་རྩ་འཛུགས་ཀྱི་འགན་ལེན་མགོ་འདོན་བྱས་ཡོད། གང་ལྟར་རང་སྐྱོང་ལྗོངས་ཏང་ཨུད་ཀྱི་སྟོབས་ལྡན་འགྱུར་མེད་ཀྱི་དབུ་ཁྲིད་གནང་བ་དེས། མཚན་ཉིད་རིག་པ་དང་སྤྱི་ཚོགས་ཚན་རིག དེ་བཞིན་བོད་རིག་པའི་བྱ་གཞག་གི་འཕེལ་རྒྱས་ཁ་ཕྱོགས་འགན་ལེན་བྱུང་ཡོད།

རང་སྐྱོང་ལྗོངས་ཏང་ཨུད་ཀྱི་དབུ་ཁྲིད་འོག བོད་ལྗོངས་སྤྱི་ཚོགས་ཚན་རིག་ཁང་གི་རིམ་བྱུང་ཏང་ཨུད་ཀྱིས་ཏང་གི་འཛུགས་སྐྲུན་དང་ཏང་སྲོལ་སྲིད་གཙང་འཛུགས་སྐྲུན་གྱི་ལས་ཀར་ཚད་མཐོའི་མཐོང་ཆེན་བྱས་ཏེ་རིམ་ཁག་འགོ་ཁྲིད་ལས་བྱེད་པ་དང་ཚན་ཞིབ་མི་སྣའི་བསམ་བློའི་ཆུ་ཚད་དང་ཆབ་སྲིད་ཀྱི་བྱང་ཚད་ཟམ་མི་ཆད་པར་མཐོར་འདེགས་བཏང་བ་དང་། སྤྱི་ཚོགས་ཚན་རིག་ཁང་འཕེལ་རྒྱས་འགྲོ་བའི་སྣེ་ཁྲིད་ཀྱི་ནུས་པ་དང་སྒྲུལ་ཤུགས་ཀྱི་ནུས་པར་ཤུགས་སྣོན། ཚན་རིག་གི་ཐབས་ཇུས་དང་དམངས་འཚོའི་ཐབས་ཇུས། ལམ་ལུགས་ཅན་གྱི་འཛུགས་སྐྲུན་བཅས་ཀྱི་ནུས་པར་ཤུགས་སྣོན། གཅིག་གྱུར་གྱི་མཐུན་སྒྲིར་དང་བརྟན་ལྷིང་སྲུང་སྐྱོང་གི་ནུས་པར་ཤུགས་སྣོན། དཔྱད་ཞིབ་སྣེ་ཁྲིད་ལེགས་པོ་དང་རིག་གཞུང་ལྟ་བ་གསོ་སྐྱོང་བྱ་རྒྱུའི་ནུས་པར་ཤུགས་སྣོན་བཅས་བརྒྱབ་ཡོད་ཅིང་། དེ་བཞིན་ཏང་ཡོན་དཔྱད་ཞིབ་ཁག་གི་བསམ་བློ་འཛུགས་སྐྲུན་དང་རྩ་འཛུགས་འཛུགས་སྐྲུན། སྒྲིད་སྲོལ་འཛུགས་སྐྲུན་བཅས་ཀྱི་ཐད་ལ་དམ་འཛིན་ནན་ཏན་དང་། ཚན་ཞིབ་མི་སྣའི་དཔྱད་ཞིབ་འཛུགས་སྐྲུན་ཐད་ལ་དམ་འཛིན་ནན་ཏན་བཅས་བྱས་ཏེ། དུས་བབ་གསར་པའི་ཏང་འཛུགས་ལས་དོན་གྱིས་མཚན་ཉིད་རིག་པ་དང་སྤྱི་ཚོགས་ཚན་རིག་ཞིབ་འཇུག་གི་སྒྲིག་གཞིའི་ཟུངས་ནུས་ལ་སྣེ་ཁྲིད་བྱ་རྒྱུ་ཟམ་མི་ཆད་པར་འཚོལ་ཞིབ་དང་། ཚན་ཞིབ་ལས་དོན་ཁྲིད་ཏང་གི་སྤུའུ་ཡི་དམག་འཐབ་མཁར་རྫོང་གི་ནུས་པ་འདོན་སྤེལ་བྱེད་པའི་སྒྲིག་གཞི་བཙུགས་པ་དང་འཐུས་ཚང་དུ་བཏང་ཡོད། ཏང་འཛུགས་སྐྱོང་གི་ལས་ཀར་དམ་འཛིན་བྱས་པ་དང་དུས་མཚུངས་ལས་ཁུངས་ཀྱི་ལམ་ལུགས་འཛུགས་བཟོའི་ལས་ཀར་ཡང་ཤུགས་སྣོན་ཟམ་མི་ཆད་པར་བརྒྱབ་ཡོད། དེ་ཡང་ཚན་ཞིབ་ལས་དོན་ཁྲིད་ཐོན་པའི་གནས་ཚུལ་གསར་པ་དང་ཁྱད་ཆོས་གསར་པར་གཞིགས་ཏེ། ཚན་ཞིབ་སྒྲིག་འཛུགས་ཀྱི་དོ་དམ། མི་དོན་དང་ཤེས་ལྡན་མི་སྣའི་དོ་དམ། ནོར་དོན་དོ་དམ། དེ་བཞིན་ཚན་ཞིབ་རམ་འདེགས་ཀྱི་ལས་དོན། རྒྱབ་ཕྱོགས་ཞབས་འདེགས་ཀྱི་ལས་དོན་སོགས་ཀྱི་ལམ་ལུགས་རྒྱུན་ཆད་མེད་

པར་འཕྲུས་ཚང་དུ་བཏང་བས། ལམ་ལུགས་ཀྱིས་མི་དང་། དབང་ཆ། གྲོན་དངུལ། ལས་དོན་བཅས་ལ་དོ་དམ་བྱེད་པའི་རྣམ་པ་བཟང་པོ་ཞིག་ཆགས་ཡོད། སྔོངས་ཡོངས་སུ་དམངས་བརྟན་དམངས་ཕན་གྱི་ལས་དོན་སྤེལ་སྐབས་སྤྱི་ཚོགས་ཚན་རིག་ཁང་གི་གྲོང་ཚོར་བཅའ་སྡོད་ཀྱི་ལས་དོན་ཐད་ལའང་ཡོན་ཏང་ཞུད་ཀྱི་སྣེ་ཁྲིད་འོག་གཡུར་ཟའི་གྲུབ་འབྲས་ཐོབ་ཡོད་ལ། གྲོང་ཚོར་བཅའ་སྡོད་ཀྱི་ལས་དོན་ཉ་ཁག་དང་མི་སྣེར་ལ་གཟེངས་བསྟོད་མི་འདྲ་བ་མང་པོ་ཐོབ་ཡོད་པ་དང་། ས་གནས་དེ་གའི་རྩ་འཛུགས་དང་མང་ཚོགས་ཀྱི་དགའ་བསུ་ཐོབ་ཡོད།

དེ་དང་ཕྱོགས་མཚུངས། བོད་ལྗོངས་སྤྱི་ཚོགས་ཚན་རིག་ཁང་གི་རྨང་གཞིའི་སྒྲིག་བཀོད་འཛུགས་སྐྲུན་ཡང་འཕྲུས་སྒོ་རྗེ་ཚང་དུ་སོང་ཡོད་དེ། དེ་ཡང་ལས་ཁུངས་འདི་ཐོག་མར་འཛུགས་སྐབས་ས་རྗོད་འདམ་རྫབ་ཐོག་ཏུ་སྟབས་བདེའི་ལས་ཤག་བསྐྲུན་པ་ནས་འགོ་བརྩམས་ཏེ་ད་ལྟ་ཚན་ཞིབ་ཐོག་བརྩེགས་ཁང་དང་ཕྱོགས་བསྡུས་ཐོག་བརྩེགས་ཁང་། ཆེད་ལས་མཁས་པའི་ཐོག་བརྩེགས་ཁང་། ལས་མིའི་སྡོད་ཁང་བཅས་རིགས་འདྲ་མིན་གྱི་རྨང་གཞིའི་སྒྲིག་བཀོད་ཆ་ཚང་ཡོད་པས། མཁྲིགས་ཆས་ཀྱི་སྒྲིག་བཀོད་ཀྱི་རྣམ་པར་འཕེལ་རྒྱས་ཆེན་པོ་བྱུང་ཡོད། "ལོ་ཚན་བཅུ་གཉིས་པའི" རིང་བསྐྲུན་པའི་"བོད་ལྗོངས་སྤྱི་ཚོགས་ཚན་རིག་ཁང་གི་ནུས་པ་མང་བའི་དཔེ་མཛོད་ཁང་ཆེན" དེ་ཉིད་ནི་དེང་རབས་ཚན་རྩལ་དང་རིག་གཞུང་ཆ་འཕྲིན། གློག་རྡུལ་ཅན་གྱི་ཚན་རིག་ལག་རྩལ་མཐོ་བའི་སྟེགས་བུ་དང་རིག་གཞུང་གནས་འཕྲིན་ལྟ་ཀློག་དང་བསྡུ་ཉར། དེང་རབས་ཅན་གྱི་དཔེ་དེབ་ཉར་ཚགས་དང་ལྟ་ཀློག རིག་གཞུང་དཔྱད་ཡིག་དཔར་སྐྲུན། རྒྱལ་ཁབ་ཕྱི་ནང་དབར་རིག་གཞུང་སྤེལ་རེས་དང་ཞིབ་འཇུག་བྱེད་པའི་གཞི་རྒྱ་ཆེ་བའི་རིག་གཞུང་དཔྱད་ཡིག་དང་གནས་འཕྲིན། ཆ་འཕྲིན། ལྟ་ཀློག་ཞིབ་འཇུག སྤེལ་རེས་བཅས་བྱེད་པའི་ཕྱོགས་བསྡུས་ལྟེ་གནས་ཤིག་ཡིན། དཔེ་མཛོད་ཁང་ཆེན་བསྐྲུན་ཟིན་རྗེས་དེར་དཔེ་དེབ་ཁྲི་བརྒྱ་ལྷག་ཙམ་ཉར་ཚགས་ཐུབ་རྒྱུ་དང་། གློག་རྡུལ་དཔེ་དེབ་དང་གློག་རྡུལ་ཡིག་ཆ་ཁག་ཁྲི་སྟོང་ལ་ཉེ་བ་སྒྲོན་མེད་ངང་ཉར་ཚགས་ཐུབ་རྒྱུ་ཡིན་པས། དེས་དེང་རབས་ཅན་གྱི་དཔེ་དེབ་རིགས་འདྲ་མིན་ཉར་ཚགས་བྱེད་པའི་དགོས་མཁོ་སྐོང་ཐུབ། དཔེ་མཛོད་ཁང་ཆེན་དེ་ཉིད་སྤྱི་ཚོགས་ཚན་རིག་གི་ཡིག་ཚགས་གཞི་འཛིན་གྲངས་མཛོད་དང་། བོད་རིག་པའི་ཡིག་ཚགས་གཞི་འཛིན་གྲངས་

མཛོད། སྤྱི་ཚོགས་ཚན་རིག་གི་ཞིབ་འཇུག་གྲུབ་འབྲས་ཀྱི་གཞི་འཛིན་གྲངས་མཛོད། སྤྱི་ཚོགས་ཚན་རིག་གི་རིགས་གཅིག་མཁས་པའི་གཞི་འཛིན་གྲངས་མཛོད། མཛོད་ཉར་དཔྱད་གཞིའི་གཞི་འཛིན་གྲངས་མཛོད། སྤྱི་ཚོགས་ཚན་རིག་གི་（མི་ཚུལ་）དུས་དེབ་ཀྱི་གཞི་འཛིན་གྲངས་མཛོད་སོགས་ཆ་ཚང་བའི་དེང་རབས་ཚན་ཞིབ་ཀྱི་རིག་གཞུང་སྤེལ་རེས་དང་སྤྱོད་སྒོ་ཆེ་བའི་མ་ལག་ཅིག་ཏུ་འགྱུར་རྒྱུ་དང་ཚན་ཞིབ་ལས་དོན་ལ་ཞབས་འདེགས་ཞུ་བའི་ནུས་ལྡན་གྱི་དེང་རབས་རིག་གཞུང་དང་ཚན་རྩལ་ཐོན་ཁུངས་ཀྱི་མཛོད་ཁང་ཞིག་ཏུ་འགྱུར་རྒྱུ་རེད།

བདུན།

མཚན་ཉིད་རིག་པ་དང་སྤྱི་ཚོགས་ཚན་རིག དེ་བཞིན་བོད་རིག་པའི་བྱ་གཞག་འཕེལ་རྒྱས་སོང་བ་དེ་ནི་བོད་རང་སྐྱོང་ལྗོངས་བཙུགས་ནས་ལོ་ངོ་50འཁོར་ཚུན་གྱི་བོད་ཀྱི་སྤྱི་ཚོགས་ཡར་རྒྱས་དང་བྱ་གཞག་ཁག་འཕེལ་རྒྱས་བྱུང་བའི་བསྡུས་རིས་ལྟ་བུ་ཞིག་ཡིན། ང་ཚོར་ཐོབ་པའི་གྲུབ་འབྲས་མཐའ་དག་ནི་ཏང་ཀྲུང་དབྱང་གི་བྱམས་བརྩེའི་ཐུགས་ཁུར་དང་། བོད་རང་སྐྱོང་ལྗོངས་ཏང་སྲིད་ཀྱི་བློ་བརྟན་འགྱུར་མེད་ཀྱི་འགོ་ཁྲིད་དང་ཚད་མཐོའི་མཐོང་ཆེན། ཀྲུང་གོ་སྤྱི་ཚོགས་ཚན་རིག་ཁང་གི་སྒེར་སེམས་མེད་པའི་རོགས་སྐྱོར། དེ་བཞིན་ལས་ཁུངས་འདིའི་ལས་བྱེད་ལས་བཟོ་དང་རྒྱ་ཆེའི་ཚན་ཞིབ་ལས་དོན་པ་ཡོངས་ཀྱི་གསར་གཏོད་ཡར་བརྩོན་དང་སྒེར་སེམས་མེད་པའི་ལེགས་སྐྱེས་བཅས་ལས་བྱུང་བ་ཞིག་ཡིན། ལོ་ངོ་སུམ་ཅུའི་རིང་གི་འཕེལ་རྒྱས་ཀྱི་བརྒྱུད་རིམ་དང་ཐོབ་པའི་གྲུབ་འབྲས་ཁག་ལ་ཕྱོགས་བསྡོམས་བྱས་ན། དེའི་ནང་ལོ་རྒྱུས་ཀྱི་བསླབ་བྱ་ཡོད་ལ། དེ་བས་མི་རབས་རྗེས་མས་མིག་ལྟོས་སུ་འོས་པའི་ལོ་རྒྱུས་ཀྱི་ཉམས་མྱོང་ཡང་ཡོད།

གཅིག ངེས་པར་དུ་མར་ལེ་སི་རིང་ལུགས་ཀྱི་མཛུབ་ཁྲིད་གནས་བབས་རྒྱུན་འཁྱོངས་བྱེད་དགོས། མར་ལེ་སི་རིང་ལུགས་ཀྱིས་མཛུབ་ཁྲིད་བྱ་རྒྱུ་ནི་རང་རེའི་མཚན་ཉིད་རིག་པ་དང་སྤྱི་ཚོགས་ཚན་རིག དེ་བཞིན་བོད་རིག་པའི་ཞིབ་འཇུག་ཐད་ཆེས་མངོན་གསལ་དོད་པའི་ཁྱད་ཆོས་ཤིག་ཡིན། མཚན་ཉིད་རིག་པ་དང་སྤྱི་ཚོགས་ཚན་རིག དེ་བཞིན་བོད་རིག་པའི་ཁྲོད་ཀྱི་རིག་ཚན་ཁག་མང་པོར་འདུ་ཤེས་འཛིན་སྟངས་ཀྱི་ངོ་བོ་དང་ཆབ་སྲིད་ཀྱི་ངོ་བོ། དོན་དངོས་ཀྱི་ངོ་བོ་བཅས་ཤུགས་ཆེར་ལྡན་ཡོད་ཅིང་། ང་ཚོས་མར་ལེ་སི་རིང་ལུགས་དང་

མའོ་ཙེ་ཏུང་དགོངས་པ། ཏེང་ཞའོ་ཕིང་གི་རིགས་པའི་གཞུང་ལུགས། "མཚོན་བྱེད་གསུམ"ཀྱི་གལ་ཆེའི་དགོངས་པ་དང་ཚན་རིག་གི་འཕེལ་རྒྱས་ལྟ་བ་བཅས་ནི་སྲོག་ཤིང་གི་ལྟ་བ་དང་མཛུབ་ཁྲིད་ཀྱི་བསམ་བློར་འཛིན་རྒྱུ་རྒྱུན་འཁྱོངས་བྱེད་པ་དང་ཆབས་ཅིག མར་ཁེ་སི་རིང་ལུགས་ཀྱིས་ཚན་ཞིབ་ལ་མཛུབ་ཁྲིད་བྱེད་པའི་ནུས་པ་ཟམ་མི་ཆད་པར་མཐོར་འདེགས་ཀྱིས་ཏང་དང་བོད་ཀྱི་མི་རིགས་ཁག་གི་མི་དམངས་ཀྱི་ལངས་ཕྱོགས་ཐོག་ལངས་ནས་བོད་ཀྱི་མི་རིགས་ཁག་གི་མི་དམངས་ཀྱི་ཁེ་ཕན་ཆེད་དུ"འཕོད་སྐྱལ"བྱེད་པ་དང་། ཀྲུང་གོའི་ཁྱད་ཆོས་དང་བོད་ཀྱི་དམིགས་བསལ་ཁྱད་ཆོས་ལྡན་པའི་འཕེལ་རྒྱས་ཀྱི་ལམ་བུར་སྐྱོད་ཆེད་རིགས་པའི་གཞུང་ལུགས་ཀྱི་རྒྱབ་སྐྱོར་མགོ་འདྲེན་བྱེད་དགོས། མར་ཁེ་སི་རིང་ལུགས་ཀྱི་མཛུབ་ཁྲིད་གནས་བབས་སྲ་བརྟན་དུ་གཏོང་རྒྱུ་དེ་ཡང་དེའི་ཚིག་གྲུབ་དང་ཚིག་སྣ་རེ་གཉིས་སྦྱུད་ནས་ད་ལྟའི་གསོན་པོའི་འཚོ་བར་འགྲེལ་བརྗོད་བྱེད་པ་ཞིག་མིན་ལ། མར་ཁེ་སི་རིང་ལུགས་དེ་ཉིད་རྟགས་ཐམ་ཞིག་ཏུ་འཛིན་པར་བྱེད་པ་ཡང་མིན་པར། བོད་ཀྱི་དོན་དངོས་དང་ཟུང་འབྲེལ་གྱིས་དེའི་ཚན་རིག་གི་འཇིག་རྟེན་ལྟ་བ་དང་བྱ་ཐབས་རྒྱུས་ལོན་བྱས་ཐོག དེ་ཉིད་མཚན་ཉིད་རིག་པ་དང་སྤྱི་ཚོགས་ཚན་རིག དེ་བཞིན་བོད་རིག་པའི་ཞིབ་འཇུག་གི་མཛུབ་ཁྲིད་དུ་འཛིན་པ་དང་། ཚན་རིག་དང་མཐུན་པའི་རིགས་པའི་གཞུང་ལུགས་ཀྱིས་བསམ་བློར་དྲག་ཆས་སྤྲས་པ་དང་ལག་ལེན་ལ་ཞིབ་བཤེར་བྱེད་པ་མ་ཟད། དེ་དག་ཚན་ཞིབ་ཀྱི་གྲུབ་འབྲས་སུ་འགྱུར་བ་བྱས་ནས་བོད་ཀྱི་འཕེལ་རྒྱས་དང་བརྟན་ལྷིང་ལ་ཞབས་འདེགས་དེ་བས་ལེགས་པ་ཞུ་རྒྱུ་དེ་ཡིན།

གཉིས། ངེས་པར་དུ་དུས་རབས་ཀྱི་རྗེས་སུ་སྙེག་པ་དང་ལག་ལེན་དངོས་ནང་རྩ་བ་ཚུགས་པ་བྱེད་དགོས། མིག་སྔར་བོད་ལྗོངས་འདི་བཞིན"དྲག་ལྡན་བོད་ལྗོངས"འཛུགས་སྐྲུན་བྱ་རྒྱུར་སྐུལ་འདེད་གཏོང་བའི་སྐབས་དང་། ཁྱོན་ཡོངས་ནས་འབྱོར་འབྲིང་སྤྱི་ཚོགས་འཛུགས་སྐྲུན་བྱེད་ཆེད་འབད་འཐབ་བྱེད་པའི་འགག་རྩའི་དུས་སྐབས་ཤིག་ཡིན་གཤིས། སྤྱི་ཚོགས་ཚན་རིག་ཞིབ་འཇུག་གིས་ངེས་པར་དུ་ཀྲུང་གོའི་ཁྱད་ཆོས་དང་བོད་ཀྱི་དམིགས་བསལ་ཁྱད་ཆོས་ལྡན་པའི་འཕེལ་རྒྱས་ཀྱི་ལམ་བུར་བསྐྱོད་རྒྱུར་ཞབས་འདེགས་ཞུ་དགོས་ཤིང་། བོད་ཀྱི་འཕེལ་རྒྱས་དང་བརྟན་ལྷིང་ཁྲོད་ཀྱི་ཁྱོན་ཡོངས་རང་བཞིན་གྱི་གལ་ཆེའི་གནད་དོན་ལ་དོ་སྣང་དང་ཞིབ་འཇུག་བྱེད་པ་དང་། རང་ལྗོངས་ཀྱི་དཔལ་འབྱོར་འཛུགས་

སྐྱུན་དང་ཆབ་སྲིད་འཛུགས་སྐྲུན། རིག་གནས་འཛུགས་སྐྲུན། སྤྱི་ཚོགས་འཛུགས་སྐྲུན་དང་དེ་བཞིན་འབྱུང་ཁམས་ཤེས་དཔལ་འཛུགས་སྐྲུན་ཁྲིད་ཀྱི་རིགས་པའི་གཞུང་ལུགས་དང་ལག་ལེན་གྱི་གནད་དོན་ལ་དོ་སྣང་དང་ཞིབ་འཇུག་བྱེད་པ། དཔལ་འབྱོར་སྤྱི་ཚོགས་འཕེལ་རྒྱས་ཁྲིད་ད་དུང་ཐག་གཅོད་ཐུབ་མེད་པའི་ཀུན་གྱིས་དོ་འཁུར་བྱེད་པའི་གནད་དོན་དང་དཀའ་གནད་སོགས་ལ་དོ་སྣང་དང་ཞིབ་འཇུག་བྱེད་དགོས། ཀྲུང་གོའི་ཁྱད་ཆོས་ལྡན་པའི་སྤྱི་ཚོགས་རིང་ལུགས་ཀྱི་རླབས་ཆེན་ལག་ལེན་གྱིས་མཚན་ཉིད་རིག་པ་དང་སྤྱི་ཚོགས་ཚན་རིག་དེ་བཞིན་བོད་རིག་པ་བཅས་ལ་མདུན་ལམ་ཆེན་པོ་མངའ་བའི་རྒྱ་ཆེའི་གར་སྟེགས་ཤིག་མགོ་འདོན་བྱས་ཡོད་ལ། མཚན་ཉིད་རིག་པ་དང་སྤྱི་ཚོགས་ཚན་རིག་ཞིབ་འཇུག་གི་བྱ་གཞག་ལ་བསམ་དངོས་གཉིས་ཐད་ཀྱི་ཆུ་རྒྱུན་དང་རྒྱུ་ཆ་རྫོགས་མཐའ་མེད་པ་མགོ་འདོན་བྱས་ཡོད་པས། སྤྱི་ཚོགས་ཚན་རིག་ཁང་གི་ཚན་ཞིབ་ལས་དོན་པས་ཚད་མཐོའི་རང་འགུལ་དང་སྤྲོ་སེམས་འཁོལ་པོས་འཚོབ་དང་ལག་ལེན་དངོས་ནང་ཟབ་ཞུགས་བྱས་ནས་དུས་རབས་འཕེལ་རྒྱས་ཀྱི་གོམ་སྟབས་ཀྱི་རྗེས་སྙེག་ཐུབ་པ་བྱེད་དགོས།

གསུམ། ངེས་པར་དུ་ལྟེ་བར་དམིགས་པ་དང་ཁྲོན་ཡོངས་ལ་ཞབས་འདེགས་ཞུ་བ། རིགས་པའི་གཞུང་ལུགས་དང་དངོས་ཡོད་ཀྱི་གནད་དོན་ཆེ་ཁག་ཚན་རིག་ཞིབ་འཇུག་བྱ་ཡུལ་གཙོ་བོར་འཛིན་རྒྱུ་བཅས་ནམ་ཡང་རྒྱུན་འཁྱོངས་བྱེད་དགོས། འཛམ་གླིང་གི་གནས་ཚུལ་དང་རྒྱལ་ཁབ་ཀྱི་གནས་ཚུལ། ཧྲང་གི་གནས་ཚུལ། རང་ལྗོངས་ཀྱི་གནས་ཚུལ་བཅས་ལ་རྒྱུས་ལོན་གནད་དུ་འཕིགས་པ་ཡོང་བ་བྱེད་དགོས་པ་དང་། མར་ཁེ་སི་རིང་ལུགས་ཀྱི་འཇིག་རྟེན་ལྟ་བ་དང་བྱ་ཐབས་སྤྱད་ནས་ཀྲུང་དབྱང་གི་གལ་ཆེའི་ཐབས་ཇུས་བཀོད་སྒྲིག་དང་ལྷག་པར་དུ་སྤྱི་ཁྱབ་ཧྲུའུ་ཅི་ཞིས་ཅིང་ཕིང་གི་གལ་ཆེའི་གསུང་བཤད་རབ་དང་རིམ་པའི་དགོངས་དོན་ལག་བསྟར་དོན་འཁྱོལ་བྱ་རྒྱུར་དམ་དུ་དམིགས་པ་དང་། "རྒྱལ་ཁབ་སྐྱོང་དགོས་ན་ངེས་པར་དུ་མཐའ་མཚམས་སྐྱོང་དགོས་པ་དང་། མཐའ་མཚམས་སྐྱོང་དགོས་ན་སྔོན་ལ་བོད་ལྗོངས་བརྟན་ལྟེང་དགོས" པའི་གལ་ཆེའི་འཐབ་ཇུས་དགོངས་དོན་ལ་དམ་དུ་དམིགས་པ། ཁྲོན་ཡོངས་ནས་སྒྱུར་བཅོས་གཏིང་ཟབ་དང་། ཁྲོན་ཡོངས་ནས་འགྱུར་འབྲིང་སྤྱི་ཚོགས་འཛུགས་སྐྲུན། ཁྲོན་ཡོངས་ནས་ཁྲིམས་ལ་བརྟེན་ནས་རྒྱལ་ཁབ་སྐྱོང་བ་དང་ཁྲིམས་ལ་བརྟེན་ནས་བོད་ལྗོངས་སྐྱོང་བའི་གལ་ཆེའི་ལས་འགན་ཁག་ལ་དམ་དུ

དམིགས་ཏེ། བོད་ཀྱི་འཕེལ་རྒྱས་དང་བརྟན་ལྷིང་ཁྲིད་འཕྲུལ་དུ་ལན་འདེབས་དགོས་པ་དང་འཕྲུལ་དུ་ཐག་གཅོད་དགོས་པའི་གལ་ཆེའི་རིགས་པའི་གཞུང་ལུགས་དང་དོན་དངོས་ཀྱི་གནད་དོན་ལ་ཞིབ་འཇུག་གཏིང་ཟབ་བྱེད་དགོས། མིག་སྔར་ཀྱང་དབྱང་ཚབ་སྲིད་ཇུས་ཀྱི་ཚོགས་འདུའི་ནང་དོན་ཏེ། "གོམ་གང་མདུན་སྤོས་ཀྱིས་བོད་ཀྱི་སྤྱི་ཚོགས་འཕེལ་རྒྱས་དང་ཡུན་རིང་བདེ་འཁོད་ཀྱི་ལས་ཀ་གཉེར་དགོས" པའི་སྙིང་དོན་ལག་བསྟར་དོན་འཁྱོལ་གཏིང་ཟབ་བྱས་ནས་རིག་གཞུང་གི་ཐོག་ནས་བོད་ཀྱི་དཔལ་འབྱོར་སྤྱི་ཚོགས་འཕེལ་རྒྱས་ཁྲིད་ཀྱི་ཡོངས་ཁྱབ་རང་བཞིན་དང་། སྔ་བལྟས་ཕྱི་བསམ་གྱི་རང་བཞིན། འཐབ་རྩུས་རང་བཞིན། ཕྱོགས་བསྡུས་རང་བཞིན་བཅས་ཀྱི་གནད་དོན་ལ་ཞིབ་འཇུག་དང་། རྒྱལ་ཁབ་ཕྱི་ནང་དང་ལྗོངས་ཕྱི་ནང་དུ་ཡོངས་ཁྱབ་ཀྱིས་དོ་སྣང་བྱེད་པའི་གནད་དོན་དང་དཀའ་གནད་ཁག་ལ་ཞིབ་འཇུག་བྱེད་དགོས།

བཞི། ངེས་པར་དུ་རིག་ཚན་གྱི་འཛུགས་སྐྲུན་ལ་ཚད་མཐོའི་མཐོང་ཆེན་བྱེད་དགོས། རིག་ཚན་འཛུགས་སྐྲུན་བྱ་རྒྱུ་ནི་མཚན་ཉིད་རིག་པ་དང་སྤྱི་ཚོགས་ཚན་རིག དེ་བཞིན་བོད་རིག་པའི་བྱ་གཞག་འཕེལ་རྒྱས་འགྲོ་བའི་རྨང་གཞི་དང་འགྲུལ་ཤུགས་ཤིག་ཡིན་ཞིང་། རྨང་གཞིའི་རིག་ཚན་འཛུགས་སྐྲུན་དང་རྨང་གཞིའི་རིགས་པའི་གཞུང་ལུགས་ཀྱི་ཞིབ་འཇུག་ལས་ཀར་ཤུགས་སྣོན་བརྒྱབ་སྟེ། དེ་ཉིད་"ཚད་མཐོའི་རིག་མཛོད་"ལ་མེད་དུ་མི་རུང་བའི་རམ་འདེགས་ཀྱི་ཆ་རྐྱེན་ཞིག་ཏུ་འཛིན་དགོས་པ་དང་། ངེས་པར་དུ་རྨང་གཞིའི་རིག་ཚན་དང་དངོས་སྤྱོད་རིག་ཚན་གཉིས་པོ་གལ་ཆེ་མཉམ་བརྩི་དང་། རྨང་གཞིའི་རིགས་པའི་གཞུང་ལུགས་ཀྱི་ཞིབ་འཇུག་དང་དངོས་སྤྱོད་ཐབས་རྩུས་ཀྱི་ཞིབ་འཇུག་གཉིས་ཟུང་དུ་སྦྲེལ་བའི་བྱེད་ཐབས་རྒྱུན་འཁྱོངས་བྱེད་དགོས་ལ། འབད་བརྩོན་ཆེན་པོས་འཛམ་གླིང་རིག་གཞུང་འཕེལ་རྒྱས་ཀྱི་མདུན་སར་ལྟ་བ་དང་དེང་རབས་ཀྲུང་གོའི་རིག་གཞུང་གི་དོན་དངོས་སྟེང་དུ་རྐང་པ་འཛུགས་དགོས་པ། དེ་བཞིན་རིག་ཚན་གསར་པ་དང་བོད་ཀྱི་དངོས་ཡོད་རིག་ཚན་གལ་ཆེན་གྱི་འཛུགས་སྐྲུན་ལ་ཤུགས་སྣོན་ཆེན་པོ་རྒྱག་པ་དང་། བོད་རིག་པ་དང་ལྷོ་ཨེ་ཤི་ཡའི་གཙོ་བོའི་རིག་ཚན་གྱི་འཛུགས་སྐྲུན་ལ་ཤུགས་སྣོན་ཆེན་པོ་རྒྱག་པ་བཅས་བྱས་ཏེ། རམ་འདེགས་ཀྱི་ནུས་པ་ལྡན་ཞིང་མཐའ་མཚམས་མི་རིགས་ས་ཁུལ་དང་མཚོ་བོད་མཐོ་སྒང་གི་ཁྱད་ཆོས་དང་མཐུན་པ། ད་ཡོད་ཀྱི་དོན་སྙིང་དང་འཕེལ་རྒྱས་ཀྱི་མདུན་ལམ་བཟང་པོ་ལྡན་

པའི་གསར་དར་རིག་ཚན་དང་མཉམ་འབྲེལ་རིག་ཚན། ཁྱད་པར་རིག་གནས་ཀྱི་རིན་ཐང་ཆེན་པོ་ལྡན་པའི་"དར་རྒྱུན་ཆད་པའི་རིག་ཚན་"དང་ཆད་ལ་ཉེ་བའི་རིག་ཚན་བཅས་ཚང་བའི་རྣམ་པ་ཆགས་པ་བྱེད་དགོས་ཤིང་། འབད་བརྩོན་ཆེན་པོས་རྒྱལ་ནང་དང་རྒྱལ་སྤྱིའི་རིག་གཞུང་གི་གཙོ་གནད་མངོན་ཐུབ་པ་དང་། རིག་གཞུང་གི་འཕེལ་རྒྱས་ཆོས་ཉིད་དང་མཐུན་པ། བོད་ཀྱི་དཔལ་འབྱོར་འཕེལ་རྒྱས་ལ་མཁོ་བ་བཅས་ཀྱི་རིག་ཚན་མ་ལག་ཅིག་ཆགས་པ་བྱེད་དགོས།

ལྔ། ངེས་པར་དུ་ཚན་ཞིབ་ཤེས་ལྡན་མི་སྣ་དང་དོ་དམ་མི་སྣའི་དཔུང་ཁག་གི་འཛུགས་སྐྲུན་ལ་ཚད་མཐོའི་མཐོང་ཆེན་བྱེད་དགོས། དེ་ཡང་ཆབ་སྲིད་ཐོག་བློ་རྩེ་བརྟན་པ་དང་རིག་གཞུང་གི་བྱུང་ཚད་མཐོ་ཞིང་ཤེས་རྒྱ་ཆེ་བ། རིག་གཞུང་གི་སྤྱོད་ལམ་བཟང་བ། དེང་རབས་ཚན་ཞིབ་དོ་དམ་གྱི་ཆུ་ཚད་དང་ཞབས་ཞུའི་འཛིན་ཐང་ལྡན་པའི་ཚན་ཞིབ་ཤེས་ལྡན་མི་སྣའི་དཔུང་ཁག་དང་དོ་དམ་མི་སྣའི་དཔུང་ཁག་ཅིག་འཛུགས་སྐྲུན་བྱེད་དགོས་དང་། འབད་བརྩོན་ཆེན་པོས་མར་ཁེ་སི་རིང་ལུགས་ཀྱི་རྩ་བའི་རིགས་པའི་གཞུང་ལུགས་ཀྱི་རྨང་གཞི་བརྟན་ཞིང་འཛམ་གླིང་གི་གནས་ཚུལ་དང་། རྒྱལ་ཁབ་ཀྱི་གནས་ཚུལ། ཏང་གི་གནས་ཚུལ། རང་ལྗོངས་ཀྱི་གནས་ཚུལ་བཅས་ལ་རྒྱུས་མངའ་ཐུབ་ཅིང་རིགས་པའི་གཞུང་ལུགས་ཀྱི་གསར་གཏོད་ནུས་པ་ལྡན་པའི་རིགས་པའི་གཞུང་ལུགས་མཁས་ཅན་དང་རིག་གཞུང་གི་རྩེར་སོན་ཤེས་ལྡན་མི་སྣ་འབོར་ཆེན་ཞིག་གསོ་སྐྱོང་བྱས་ཏེ། གནའ་དེང་གི་རིག་གཞུང་ལ་བྱུང་ཆ་ཆེ་ཞིང་ཀུན་ཁྱབ་ཀྱི་རིག་གནས་ལ་རྒྱུས་མངའ་ཆེ་བ། རིག་ཚན་ལས་བརྒལ་བའི་ཞིབ་འཇུག་ལ་མཁས་པའི་སྣ་འདུས་ཅན་གྱི་མི་སྣ་གསར་དུ་ཐོན་པ་བྱེད་དགོས་པ་དང་། མར་ཁེ་སི་རིང་ལུགས་ཀྱི་ལངས་ཕྱོགས་དང་ལྟ་ཚུལ། བྱ་ཐབས་བཅས་སྤྱད་ནས་བོད་ཀྱི་འཕེལ་རྒྱས་བརྟན་ལྷིང་ཁྲིད་ཀྱི་གལ་ཆེའི་རིགས་པའི་གཞུང་ལུགས་དང་དངོས་ཡོད་གནད་དོན་གྱི་ཁ་གཏད་འཛལ་ཐབས་ལ་དཔྱད་ཞིབ་དང་ལན་འདེབས་ཐུབ་མཁན་གྱི་ཞིབ་འཇུག་མི་སྣ་གསོ་སྐྱོང་དང་། མཐོང་རྒྱ་ཆེ་ཞིང་མིག་རྒྱང་རིང་བ། རྒྱལ་སྤྱིའི་རིག་གཞུང་སྤེལ་རེས་ཁྲིད་ཐད་ཀར་སྐད་ཆ་ཤོད་རེས་ཐུབ་པ་དང་སྐད་ཆ་ཤོད་དབང་བརྩོན་ལེན་ཐུབ་མཁན་གྱི་རིག་གཞུང་ཤེས་ལྡན་མི་སྣ་གསོ་སྐྱོང་། དོ་དམ་བྱེད་མཁས་ཤིང་འགན་འཁྲིའི་བསམ་པ་དང་ཞབས་ཞུའི་བསམ་པ་ལྡན་པའི་དོ་དམ་མི་སྣ་གསོ་སྐྱོང་བཅས་བྱེད་དགོས།

དྲུག བློ་བརྟན་འགྱུར་མེད་ཀྱི་སྒོ་ནས་ཁ་བྲལ་ལ་ངོ་རྒོལ་དང་བོད་རིག་པའི་ཞིབ་འཇུག་གི་མ་སྐྱུལ་དང་ལེན་གྱི་དབང་ཆ་དམ་པོར་བཟུང་ནས་རྒྱལ་སྤྱིའི་ཀྲུང་གོར་ངོ་རྒོར་བྱེད་མཁན་གྱི་སྟོབས་ཤུགས་དང་ཧྥ་ལའི་སྐྱེ་ཕྲེང་བཅུ་བཞི་པའི་རུ་ཚོགས་ཀྱིས་མཚན་ཉིད་རིག་པ་དང་སྤྱི་ཚོགས་ཚན་རིག དེ་བཞིན་བོད་རིག་པའི་ཁྱབ་ཁོངས་ལ་སེམ་འཛུལ་བྱ་རྒྱུར་ངེས་པར་དུ་ངོགས་ཟློན་བྱེད་དགོས། ལོ་མང་རིང་མཚན་ཉིད་རིག་པ་དང་སྤྱི་ཚོགས་ཚན་རིག དེ་བཞིན་བོད་རིག་པའི་ཁྱབ་ཁོངས་ནི་ག་དུས་ཡིན་ཡང་ང་ཚོ་དང་ཧྥ་ལའི་སྐྱེ་ཕྲེང་བཅུ་བཞི་པའི་རུ་ཚོགས་དབར་འཐབ་རྩོད་བྱེད་པའི་གལ་ཆེའི་འཐབ་ས་ཞིག་ཡིན་པ་དང་། ལྷག་པར་དུ་བོད་རིག་པའི་ཁྱབ་ཁོངས་ཀྱི་འགྲན་རྩོད་ནི་ཧ་ཅང་རྣོ་ངར་ཆེ་བ་ཞིག་ཡིན། དུས་ཡུན་རིང་པོའི་ནང་ཧྥ་ལའི་སྐྱེ་ཕྲེང་བཅུ་བཞི་པའི་རུ་ཚོགས་ཀྱིས་ནུས་ཤུགས་ཡོད་ཚད་རྒྱ་རྩལ་སྤྲུགས་ཀྱིས"བོད་ཀྱི་རིག་གནས་རྩ་མེད་དུ་སོང་བར་སྨྲ་བ"དང"ཆོས་ལུགས་རྩ་མེད་སུ་སོང་བར་སྨྲ་བ"གང་སར་ཁྱབ་བསྒྲགས་བྱེད་ཅིང་། རྒྱལ་སྤྱིའི་ཀྲུང་གོར་ངོ་རྒོལ་བྱེད་པའི་སྟོབས་ཤུགས་ཀྱིས་ཧྥ་ལའི་སྐྱེ་ཕྲེང་བཅུ་བཞི་པའི་རུ་ཚོགས་ཀྱི་གཏམ་འཆལ་དང་མགོ་སྐོར་སླུ་བྲིད་ལ་ཉན་འཛོམ་བྱེད་པ་ཕུད། ད་དུང་གང་ཐུབ་ཅི་ཐུབ་ཀྱིས་བོད་རིག་པའི་ཞིབ་འཇུག་གི་ཁྱབ་ཁོངས་སུ་དཀྲུག་མདའ་དཀྲུག་བཟོ་བ་དང་། དེ་དག་གི"སྒྲུབ་བྱེད"མང་དག་ཅིག་ནི་བོད་རིག་པའི་ཞིབ་འཇུག་གི་གྲུབ་འབྲས་སུ་གྲགས་པ་དེ་དག་ལས་བྱུང་བ་ཞིག་ཡིན། རྒྱལ་ཁབ་ཕྱི་ཡི་བོད་རིག་པའི་ཞིབ་འཇུག་པ་འགའ་རེས་ཆེད་མངགས་རྒྱལ་སྤྱིའི་དགྲ་འཛིན་སྟོབས་ཤུགས་ཀྱིས་རང་རྒྱལ་གྱི་ནང་སྲིད་ལ་ཐེ་ཇུས་བྱེད་པར་བོད་རིག་པའི་ཞིབ་འཇུག་ལས་བྱུང་བར་གྲགས་པའི་སྒྲུབ་བྱེད་མགོ་འདོན་བྱས་ཏེ་འཛམ་གླིང་ཐོག་གི་བོད་ལ་ཤེས་རྟོགས་མེད་པའི་མི་རྣམས་མགོ་འཐོམས་སུ་བཅུག་ནས་རང་རྒྱལ་གྱི་རྒྱལ་སྤྱིའི་ཐོག་གི་སྣང་བརྙན་ལ་གནོད་འཚེ་གཏོང་གི་ཡོད། དེར་བརྟེན། ང་ཚོས་གཡོ་འགྲུལ་སྤུ་ཙམ་མེད་པའི་སྒོ་ནས་ཁ་བྲལ་ལ་ངོ་རྒོལ་བྱ་རྒྱུ་རྒྱུན་འཁྱོངས་དང་། བོད་རིག་པའི་ཞིབ་འཇུག་གི་མ་སྐྱུལ་དང་ལེན་གྱི་དབང་ཆ་རང་ཉིད་ཀྱི་ལག་ཏུ་དམ་པོར་བཟུང་ནས་རང་རྒྱལ་གྱི་ཕྱི་འབྲེལ་དང་ཕྱི་བསྒྲགས་ཀྱི་ལས་དོན་ལ་རྒྱབ་སྐྱོར་བྱེད་དགོས།

བདུན། སློ་མོ་ཕྱི་ནས་ལས་ཁུངས་གཉེར་བའི་རྩ་དོན་ལུ་མཐུད་ནས་རྒྱུན་འཁྱོངས་བྱས་ཏེ་ཞིང་ཆེན་དང་རང་སྐྱོང་ལྗོངས། གྲོང་ཁྱེར། མི་རིགས་ཁག་དབར་གྱི་རིག་གཞུང་མཉམ་ལས་དང་སྤེལ་རེས་ཀྱི་ལས་ཀར་ངེས་པར་དུ་ཤུགས་སྣོན་རྒྱག་དགོས། དེ་ཡང་ལས་དོན་སོགས

སྤེལ་རེས་བྱེད་པའི་སྒྲིག་གཞིའི་ཟུང་ནུས་གསར་གཏོད་དང་བསམ་བློར་བཅིངས་འགྲོལ། འདུ་ཤེས་གསར་བརྗེས། དེ་བཞིན་སྔོ་བཀག་གི་འདུ་ཤེས་དང་ས་ཁོངས་ཀྱི་འདུ་ཤེས་དོར་ནས"ཕྱི་ལ་སྐྱོད་པ"དང་"གདན་འདྲེན་ཞུ་བའི"རྣམ་པའི་ཐོག་ནས་རིག་གཞུང་སྤེལ་རེས་དང་རིག་གཞུང་ལས་དོན་པའི་དབར་འགྲོ་འོང་འབྲེལ་གཏུགས་བྱེད་དགོས་པ་དང་། ཁེངས་སྐྱུང་གི་རྣམ་འགྱུར་དང་གཟབ་ནན་གྱི་སློབ་སྦྱོང་ཐོག་ནས་ལྗོངས་ཕྱི་ནང་དང་རྒྱལ་ཁབ་ཕྱི་ནང་གི་རིག་གཞུང་ཞིབ་འཇུག་གི་ཉམས་མྱོང་ལེགས་པོ་དང་གྲུབ་འབྲས་ལེགས་པོ་ཁག་ལ་སློབ་སྦྱོང་བྱས་ཏེ་སྤྱི་ཚོགས་ཚན་རིག་ཁང་གི་བྱ་གཞག་འཕེལ་རྒྱས་དང་ཚན་ཞིབ་ཀྱི་ཆུ་ཚད་མཐོར་འདེགས་གཏོང་དགོས། "ཕྱོགས་བཞི་མཚམས་བརྒྱད"ནས་ཤེས་ལྡན་མི་སྣ་འདེམ་སྒྲུག་བྱེད་པའི་རྩ་དོན་རྒྱུན་འཁྱོངས་བྱས་ནས་ད་ཡོད་ཀྱི་ཤེས་ལྡན་མི་སྣ་བདེ་སྐྱོང་ལེགས་པོ་བྱེད་པ་དང་ཕྱོགས་མཚུངས། ཁེངས་སྐྱུང་གི་སྒོ་ནས་ལྗོངས་ཕྱིའི་རིགས་འདྲ་མིན་གྱི་ཤེས་ལྡན་མི་སྣ་སྐོང་འདྲེན་བྱེད་པ་དང་། འཛམ་ཛུབ་ཟུང་འབྲེལ་དང་ཤེས་ལྡན་མི་སྣ་སྐོང་འདྲེན་བྱེད་པའི་བྱ་ཐབས་སྤྱད་དེ་མཚན་ཉིད་རིག་པ་དང་སྤྱི་ཚོགས་ཚན་རིག དེ་བཞིན་བོད་རིག་པའི་བྱ་གཞག་ལ་ལེགས་སྐྱེས་འབུལ་ཐུབ་མཁན་དང་། རིག་ཚན་སྣེ་ཁྲིད་ཀྱི་མི་སྣའི་འགན་འཁྲི་འཁུར་ཐུབ་མཁན་གྱི་རིག་ཚན་ཁག་གི་ཤེས་ལྡན་མི་སྣ་ཡིན་ཅོ། ས་ཁོངས་དང་མི་རིགས། ཆེད་ལས་བཅས་ཀྱི་ཚད་འགག་མེད་པར་ང་ཚོས་ཁོག་ཡངས་དཀྱིལ་ཆེ་དང་ལྷག་བསམ་ཟོལ་མེད། སྤྱི་སེམས་འཁོལ་པོའི་སྒོ་ནས་བསུ་བ་ཞུ་དགོས།

བརྒྱད། ཧང་གེས་མཚན་ཉིད་རིག་པ་དང་སྤྱི་ཚོགས་ཚན་རིག དེ་བཞིན་བོད་རིག་པའི་ལས་དོན་ལ་འགོ་ཁྲིད་བྱ་རྒྱུ་ངེས་པར་དུ་རྒྱུན་འཁྱོངས་བྱེད་དགོས། ཀྲུང་གོ་གུང་ཁྲན་ཏང་མེད་ན་ཀྲུང་གོ་གསར་པ་མེད་པ་དང་ཀྲུང་གོ་གུང་ཁྲན་ཏང་མེད་ན་སྤྱི་ཚོགས་རིང་ལུགས་ཀྱི་བོད་ལྗོངས་གསར་པ་ཡང་མེད། དེ་ནི་བོད་མི་དམངས་ཚུད་པའི་ཀྲུང་གོའི་མི་དམངས་ཁྱོན་ཡོངས་ཀྱིས་ལོ་ངོ་བརྒྱ་ཕྲག་རིང་གི་ལག་ལེན་ཁྲོད་ནས་ཐོབ་པའི་ཚན་རིག་གི་ཆོད་སྡོམ་ཞིག་ཡིན། ཧང་གེས་མཚན་ཉིད་རིག་པ་དང་སྤྱི་ཚོགས་ཚན་རིག དེ་བཞིན་བོད་རིག་པའི་ལས་དོན་ལ་འགོ་ཁྲིད་བྱ་རྒྱུ་རྒྱུན་འཁྱོངས་བྱེད་པ་ནི་སེམས་ཐག་གཙང་བཅད་ཀྱིས་ཞེས་ཅིང་ཕེང་གེས་སྤྱི་ཁྱབ་རྒྱུ་ཙི་གནང་བའི་ཧང་ཀྲུང་དབྱང་དང་ཚད་མཐོའི་གཅིག་གྱུར་བྱེད་པ་ཞིག་ཡིན་པ་དང་། སེམས་ཐག་གཙང་བཅད་ཀྱིས་རང་སྐྱོང་ལྗོངས་ཧང་ཨུད་ཀྱི་མཛུབ་ཁྲིད་

དང་བཀོད་སྒྲིག་ལ་ཉན་འཛོག་བྱས་ཏེ་གལ་ཆེའི་ཆབ་སྲིད་རྩ་དོན་དང་གལ་ཆེའི་ལངས་ཕྱོགས་རང་བཞིན་གྱི་གནད་དོན་ཁག་དུས་ཐོག་ཏུ་རང་སྐྱོང་ལྗོངས་ཧྲང་ཞུད་ལ་སྙན་སེང་ཞུ་རྒྱུ་དེ་ཡིན། དེར་བརྟེན་ཧྲང་གྲུང་དབྱང་དང་རང་སྐྱོང་ལྗོངས་ཧྲང་ཞུད་ཀྱི་འབྲེལ་ཡོད་དགོངས་དོན་ཁག་སྤྱི་ཚོགས་ཚན་རིག་ཁང་གི་ཚན་ཞིབ་གྲུབ་འབྲས་སུ་འགྱུར་ཏེ་ཧྲང་གི་ལྟེ་བའི་ལས་དོན་དང་ཧྲང་གི་བྱ་གཞག་ལ་ཞབས་འདེགས་ཞུ་དགོས། ཡོན་ཧྲང་ཞུད་ཀྱིས་མཚན་ཉིད་རིག་པ་དང་སྤྱི་ཚོགས་ཚན་རིག དེ་བཞིན་བོད་རིག་པའི་ལས་དོན་ལ་འགོ་ཁྲིད་བྱེད་པའི་འགན་འཁྲི་ཐག་ཏུ་ཁུར་ཏེ་ཚད་མཐོའི་འགན་འཁུར་གྱི་སྙིང་སྟོབས་བཅངས་ཏེ་རང་སྐྱོང་ལྗོངས་ཧྲང་ཞུད་ཀྱི་སེམས་ཁྲལ་སེལ་རོགས་དང་འགན་འཁྲི་འཁུར་རོགས་བྱས་ནས་ཧྲང་གི་ལམ་ཕྱོགས་དང་བྱེད་ཕྱོགས། སྲིད་ཇུས་ཁག་དང་། ལྷག་པར་དུ་དུས་རབས་གསར་པའི་ཧྲང་གི་བོད་ཀྱི་ལས་དོན་སྐོར་གྱི་མཛད་ཕྱོགས་སྲིད་ཇུས་ཆེ་ཁག་རྣམས་མཚན་ཉིད་རིག་པ་དང་སྤྱི་ཚོགས་ཚན་རིག དེ་བཞིན་བོད་རིག་པའི་ཞིབ་འཇུག་གི་ལས་དོན་ཁྲིད་ལག་བསྟར་དོན་འཁྱོལ་ཡོང་བར་འགན་ལེན་བྱས་ཏེ་སྤྱི་ཚོགས་ཚན་རིག་ཁང་གི་མཚན་ཉིད་རིག་པ་དང་སྤྱི་ཚོགས་ཚན་རིག དེ་བཞིན་བོད་རིག་པའི་བྱ་གཞག་དེ་བཞིན་ནམ་ཡང་ཧྲང་གི་གཟིགས་སྐྱོང་ཐུགས་ཁུར་དང་དབུ་ཁྲིད་འོག་གྲ་རྒྱས་གོང་འཕེལ་ཡོང་བ་བྱེད་དགོས།

སྔར་སོང་ལ་ཕྱིར་མིག་བལྟས་ན་མི་སེམས་འགུལ་བ་དང་ཕྱིན་འབྱུང་ལ་རྒྱང་ལྟ་བྱས་ན་ཡིད་ཆེས་ཀྱིས་ཁེངས་ཡོད། ཀྲུང་དབྱང་ཆབ་སྲིད་ཅུད་ཀྱིས་བོད་ཀྱི་ལས་དོན་སྐོར་ལ་ཞིབ་འཇུག་བྱེད་པའི་ཚོགས་འདུ་སྐོར་འཚོགས་བྱས་པ་དང་བསྟུན། བོད་ལྗོངས་འདི་བཞིན་ལོ་རྒྱུས་འཕེལ་རྒྱས་ཀྱི་དུས་རིམ་གསར་པ་ཞིག་ཏུ་བསྐྱོད་རྒྱུ་ཡིན་པ་དང་། མཚན་ཉིད་རིག་པ་དང་སྤྱི་ཚོགས་ཚན་རིག དེ་བཞིན་བོད་རིག་པའི་བྱ་གཞག་ལའང་རྣམ་པ་གསར་པ་དེའི་འོག་ཏུ་འཕེལ་རྒྱས་ཀྱི་གོ་སྐབས་གསར་པ་ཞིག་ཐོབ་ངེས་ཡིན། ང་ཚོས་ཕྱོགས་ཡོངས་ནས་ཀྲུང་དབྱང་དང་བོད་རང་སྐྱོང་ལྗོངས་ཧྲང་ཞུད་ཀྱི་དགོངས་དོན་རབ་དང་རིམ་པ་ལག་བསྟར་དོན་འཁྱོལ་དང་། ཀྲུང་གོའི་ཁྱད་ཆོས་ལྡན་པའི་རྣམ་པ་གསར་པའི་རིག་མཛོད་འཛུགས་སྐྲུན་ལ་ཤུགས་སྣོན་རྒྱག་དགོས་སྐོར་གྱི་ཀྲུང་དབྱང་གི་དགོངས་འཆར་དང་རང་སྐྱོང་ལྗོངས་ཧྲང་ཞུད་ཀྱི་ལག་བསྟར་བསམ་འཆར་བཅས་ལག་བསྟར་དོན་འཁྱོལ་བྱེད་པ་དང་། ཧུར་བརྩོན་ཆེན་པོས་ཀྲུང་གོའི་ཁྱད་ཆོས་དང་བོད་ཀྱི་དམིགས་བསལ་ཁྱད་ཆོས་ལྡན་པའི་

རྣམ་པ་གསར་པའི་རིག་མཛོད་འཛུགས་སྐྲུན་གྱི་ལམ་བུ་འཚོལ་ཞིབ་ཀྱིས་འགྲོར་ཕྱུག་དང་ཞི་མཐུན། བདེ་སྐྱིད། ཁྲིམས་སྐྱོང་། ཤེས་དཔལ། མཛེས་སྡུག་བཅས་ལྡན་པའི་སྤྱི་ཚོགས་རིང་ལུགས་ཀྱི་བོད་ལྗོངས་གསར་པ་འཛུགས་སྐྲུན་བྱ་ཆེད་རིག་སྟོབས་ཀྱི་འདེགས་སྐྱོར་མཐོ་འདོན་ཧུར་ཐག་བྱེད་དགོས་པ་དང་། རང་ལྗོངས་ཀྱི་མཚན་ཉིད་རིག་པ་དང་སྤྱི་ཚོགས་ཚན་རིག དེ་བཞིན་བོད་རིག་པའི་ཞིབ་འཇུག་བྱ་གཞག་ཁྲ་རྒྱས་གོང་འཕེལ་ཡོང་རྒྱུར་ལེགས་སྐྱེས་སྤྲར་བས་ཆེ་བ་འབུལ་དགོས། །

2015. 8. 15

社会科学和藏学发展的历史回顾与经验总结

——写在西藏自治区社会科学院成立30周年之际

（总序）

白玛朗杰　车明怀

在全区各族人民喜庆西藏自治区成立50周年之际，自治区社会科学院也迎来了建院30周年庆典。为此，我院精心组织编辑出版了这套“庆祝西藏自治区成立50周年暨西藏社科院建院30周年献礼丛书”。其中既有专家学者的个人学术文集，也有各研究所及相关专题的论文和资料汇编，是对我院30年来特别是近年来学术成果的一次集中展示，藉此也表达我们对西藏的美好祝福和西藏哲学社会科学与藏学事业的美好祝愿。1985年8月5日，西藏自治区社会科学院正式成立。30年来，在自治区党委政府的坚强领导下，经过历届院领导班子的共同努力，通过全院上下的不懈奋斗，西藏社科院已经发展成为全国乃至国际上有影响的哲学社会科学和藏学研究机构。30年来，我院的哲学社会科学和藏学事业从筹建到全面发展、从学科单一到多学科并举，研究实力不断增强，科研水平大幅提高，各类成果陆续问世，为西藏经济社会发展作出了应有的贡献，书写了西藏哲学社会科学和藏学研究事业繁荣发展的瑰丽篇章。

一

西藏社科院最早筹组于1978年6月，孕育于改革开放的春风之中，从筹备到成立经历了7年时间。西藏社科院成立的30年是伴随着全国改革开放、积极贯彻落实党在新时期关于西藏工作大政方针、积极服务于西藏工作大局特别是自治区党委政府中心工作的30年；是致力于西藏经济建设、社会稳定、民族团结、各民族交往交流交融的研究及宣传而不断发展进步的30年；是坚决抵制十四世达赖集团及其分裂主义意识向哲学社会科学和藏学领域里渗透、坚持反对分裂、维护祖国统一和民族团结的30年。自建院以来，西藏社科院始终不渝地高举中国特色社会主义伟大旗帜，以马克思列宁主义、毛泽东思想和中国特色社会主义理论为指导，坚决按照党中央国务院、自治区党委政府关于繁荣发展哲学社会科学的要求，认真履行哲学社会科学和藏学工作的各项职责，坚持正确的科研方向，牢牢把握正确的学术导向，围绕自治区党委政府中心工作，服务西藏发展稳定大局，艰苦创业、积极探索、潜心科学研究、携手砥砺前行。建院30年来，哲学社会科学和藏学研究紧跟党中央、西藏自治区党委的部署，坚持科学理论的武装，坚持与西藏的实际相结合，涌现出一批批优秀成果。30年来，全院共完成学术专著200余部、编著300余部、译著160余部；在全国各类学术期刊上发表学术论文4000余篇，研究报告500余篇，立项国家社科基金项目42项。一批专著和论文获得 "五个一"工程、国家图书奖、藏学研究珠峰奖；一批重大成果得到了中央领导和自治区党委政府领导的重要批示，为西藏各项事业的发展进步提供学术诠释和理论总结。

回眸西藏社会科学院30年的发展历程，从建院到现在，各研究部门经过几次改革、撤建，形成了院办公室、政工人事处和科研管理处3个职能部门；马克思主义理论研究所、民族研究所、宗教研究所、农村经济研究所、当代西藏研究所、经济战略研究所、贝叶经研究所等7个科学研究所；西藏藏文古籍出版社、院刊编辑部、文献信息管理处（图书馆）等3个科研辅助部门。此外还赋予了西藏社科院"西藏藏学研究中心"、"西藏经济社会发展研究中心"、"西藏《格萨尔》研究中心"，自治区藏文古籍工作领导小组办公室、《格萨尔》抢救办公室、六省区市藏文古籍工作协作领导小组办公室的职能。现在全院共有高级专业技术人员37名、中级专业技术人员21名、初级以下专业技术人员13名，院特聘研究员、特邀研究员18名。经过30多年的发展，西藏社科院基本上形成了马克思主义理论和中国特色社会主义理论、当代社会发展与稳定、经济战略、农村经济与民生、市场经济学、法学、藏传佛教、历史学、民族文学、语言学、政治学、法学、生态环境学、人类学、南亚地缘战略、《格萨尔》抢救、驻藏大臣专题研究等现实与传统并举、基础与应用同步、理论与咨询结合的学科架构，这些人才和多学科研究为建立具有西藏特点的新型智库提供来自哲学社会科学和藏学的支持。

二

西藏社会科学院发展的30年，始终不渝地坚持正确科研方向和学术导向，始终坚持以马克思主义为指导，自觉将马克思主义的立场、观点、方法贯穿到哲学社会科学和藏学研究工作中。我院历届党委及院领导班子一直坚持科研工作必须以马克思主义的立场、观点作为判断是非的标准，以筑牢各族人民共同团结奋斗、共同繁荣发展的思想基础为发展方向。这一要求不仅针对当代重大现实问题学科，而且涵盖了传统学科。恰白·次旦平措先生主持撰写的历史著作《西藏通史——松石宝串》就是以马克思主义为指导，运用辩证唯物主义和历史唯物主义的范例。1989年，该书藏文版第一册举行首发式，时任西藏自治区党委书记的胡锦涛亲临首发式，表示祝贺并发表了重要讲话。此书一经面世就在全国史学界、藏学界、出版界引起了巨大的反响，并于1993年荣获我国出版界最高奖——国家图书奖。

加强马克思主义的指导地位，推动了我院自觉地担负起研究和传播马克思主义的重要责任。2008年7月24日，马克思主义理论研究所正式挂牌成立。自此，我院充分发挥专业特长和人才优势，不断加强对中国特色社会主义道路在西藏成功实践的阐释，加强对马克思主义祖国观、民族观、宗教观、文化观和唯物论、无神论研究，加强对重大思想理论问题、重大现实问题、重大实践经验的探讨，深入揭批十四世达赖集团的反动本质，引导各族干部群众自觉反对分裂、坚决维护祖国统一和民族团结，成为在我国边疆民族地区坚持和发展马克思主义的重要阵地。推出了一批对时代有引领作用、经得起历史检验的研究成果。《实现中国梦必须凝聚中华各民族大团结的力量》《西藏各族人民对中国梦的不懈追求》作为中央宣传部马克思主义研究工程，以光明日报头版通栏标题和西藏日报重要理论版面予以刊载，在全国、全区产生了重要的影响；《西藏的昨天、今天、明天》一书采用藏汉文两种文字并附有大量插图，由于其较强的通俗性、知识性和趣味性，受到全区广大读者的欢迎和好评，并被国家新闻出版总署列为纪念中国共产党成立90周年、辛亥革命100周年百种重点图书。一批批马克思主义研究成果的问世，对于新时期在我区传播和弘扬马克思主义理论具有非常重要的意义。

三

社科院成立30年来，始终不渝地坚持围绕中心和服务大局，充分发挥“思想库、服务部”的重要作用。紧紧围绕自治区党委的中心工作和服务西藏发展稳定的大局，是西藏社科院的立根之本。30年来，我院广大科研人员积极投身全区改革发展稳定的伟大事业中，以社科人的政治敏锐性、理想信念的坚定性和丰厚的学术积累服务西藏、建设西藏。使科研成果发挥了应有的咨询、参谋作用，为西藏社会经济文化的繁荣发展作出了应有的贡献。全院科研人员把服务于促进经济持续健康发展和社会大局稳定作为主攻方向，在各个研究领域取得了突出的成就。聚焦经济建设主战场，服务小康西藏建设，加快经济建设发展步伐。推出《西藏现代化发展道路研究》《西藏跨越式发展研究》《推进社会主义新农村建设研究》《中国西藏发展报告》蓝皮书系列和《西藏农村发展报告》绿皮书系列等一大批成果。开展社会管理研究，服务和谐西藏建设，推进西藏基本稳定、长期稳定、全面稳定。推出《推进西藏地区社会稳定对策研究》《拉萨法治发展报告》(2013、2014)《西藏宗教与社会发展关系研究》等重要成果。加强西藏自然环境保护建设研究，服务美丽西藏建设。推出《生态西藏和谐高原》《西藏自治区自然保护区概况》《西藏生态补偿机制研究》等专著和调研报告。积极探索社会发展规律，服务执政为民，推出《甲玛沟的变迁》《门达旺地区历史与现状》和《西藏农村社会保障制度研究》等专著和重大成果。

由西藏社科院主办的《要情》始创于2007年，是我院为中央有关部门及自治区党委政府决策提供服务的成果要报。《要情》紧贴中央治藏方略，紧紧围绕自治区党委政府中心工作，密切关注涉藏的重大理论和现实问题，善于捕捉人民群众关心的社会热点和难点，先后推出了一批有分量的研究成果，有的已转化为有关部门所采纳的决策咨询和重要借鉴。截至目前，社科院《要情》共刊发200余期，其中有30多篇研究报告得到中央领导、中央有关部委和自治区有关领导等100多人次批示。因为《要情》紧密结合西藏实际，针对性强，提出的观点和政策建议具有现实性、参考性、可操作性，同时又有一定的理论深度，得到了中央领导、有关部门和自治区领导的高度重视。

与此同时，社会科学院还与中国藏学研究中心等有关单位合作，承担了许多国家级和自治区级传统研究课题，如西藏封建农奴制度社会形态，西藏古近代交通史，西藏县情调查，西藏考古与西藏古代史研究，藏文古籍和西藏文物的收集、整理及研究，《格萨尔》的抢救及研究，梵文古籍（贝叶经）整理、翻译及研究，西藏民族文艺十大集成，西藏寺院调查，西藏宗教源流与教派研究，西藏佛教的沿革与现状，西藏活佛转世制度，等等，陆续出版了大量的学术专著和成果，这些项目对西藏传统文化的发展与抢救、对揭露封建农奴制度起到了重要作用。近年来，我院出于引导宗教与社会主义社会相适应的考虑，陆续推出了《立足西藏宗教的实际寻找新的出路》《藏族传统文化与现代保护》《藏传佛教如何与西藏的社会相适应问题》《藏传佛教活佛转世制度研究资料汇编》《历辈班禅大师传记》等一批重大成果，取得了良好的社会效益，为今后发挥传统学科的优势、服务于社会稳定和社会管理提供了经验。

四

突出西藏作为藏学故乡的优势地位，坚持藏学传承历史文明和服务于现实，以丰富的历史典籍和科学有据的学术资料支撑当代哲学社会科学和藏学事业的发展。西藏社科院成立之初，就曾一度侧重于藏学的研究与发展，在中国当代藏学学科构建、藏学文献资料整理与研究、藏学专门出版机构建设等方面做了大量的工作。筹备之初所设立的4个研究部门，即民族历史研究所、宗教哲学研究所、语言文学研究所和藏学资料中心基本上属于藏学的范畴，所创办的第一个公开出版的藏学学术专刊《西藏研究》、第一个藏学研究出版社——西藏藏文古籍出版社也是主要为藏学研究服务的。这些设置曾推动了中国藏学学科脱颖而出，为中国藏学研究的奠基和确立作出了应有的贡献。

涉藏研究的藏学典籍及古籍资料收集整理获得了丰硕成果。在汉文文献收集整理研究中，坚持马克思主义历史观，坚持以历代中央政府管理西藏的历史文献及西藏地方政府与中央政府互动的历史记录为权威科学依据；坚持历史上各民族的交往交流交融的历史典籍为主要整理研究内容。在这些原则的主导下，我院文献整理研究部门先后从国家第一、二历史档案馆、国家图书馆、中央民族大学图书馆、西藏档案馆等馆藏部门整理、印制了大量的权威原典历史古籍，编撰出版了《西藏研究丛刊》《西藏学汉文文献丛书》《西藏学汉文文献汇刻》《西藏学文献丛书别辑》《西藏学参考丛书》等一系列藏学汉文文献丛书。包括：《清实录藏族史料》《明实录藏族史料》《平定准噶尔方略》《平定金川方略》《平定两金川方略》《镇抚事宜》《驻藏大臣奏疏》《清代藏事奏牍》《卫藏通志》《钦定巴勒布纪略》《钦定廓尔喀纪略》《金川案》《金川六种》《西藏史大纲》《皇朝藩部要略》《亲征平定朔漠方略》《西藏纪游》《康輶纪行》《使藏纪程》《拉萨见闻记》《西藏纪要》《西藏志、卫藏通志》《西藏宗教源流考、番僧源流考》《通鉴吐蕃史料》《西藏图考、西招图考》《西征纪略》《泣血辑存》《钟颖疑案》《清代藏事辑要》《民元藏事电稿》《近代康藏重大事件史料选编》等数百种古代和近代藏学汉文典籍,数万册图书。在这一浩大的藏学汉文文献整理、抢救工程中,老十八军知识分子陈家琎以对国家和民族高度负责的精神,宵旰忧劳、殚精竭虑,把自己的全部精力和智慧贡献给藏学研究事业,他带领一批学人抢救、整理的汉文文献所陆续收集出版的包括历代中央政府管理藏事的典章文牍、金石文字、实录方略及濒于失传的孤本和善本等至今仍是藏学研究不可或缺的珍贵文献,曾得到了党和国家领导人江泽民、胡锦涛、李瑞环、陈奎元的高度重视与充分肯定。在藏学研究文献的抢救与整理工程中,藏文文献也取得了重大成就,先后共收集整理书籍200部、数千万字,其中不少属于珍本、孤本和善本,有的还是手抄本。已经整理出版的有《朗氏家族史》《历算论典月轮》《三律仪论说自注》《诗镜注释妙音戏海》《弟吴宗教源流》《因明学汇集》《显密经库正文及其要义》《娘氏宗教源流》《世界广论及总论》《佛历年鉴及五明论略述》等75种50万印册。

藏学研究事业的发展取得了突破性进展。在《格萨尔》史诗的抢救、整理和保护上,先后录制艺人说唱本百余部,整理60多部,收集旧版本、手抄本74部。创造了世界上最长史诗的诗行记录——《<格萨尔>艺人桑珠说唱本》丛书,该丛书共计45部48册,目前已经整理出版了43册,并已经启动该丛书的藏译汉工程。在民族文化和历史方面,先后完成《历代噶玛巴传》《吐蕃十赞普》《吐蕃碑铭校注》《历史造就的统一体》(藏汉),特别是《西藏百年史研究》《西藏百年史史料选辑》《水牛年(乾隆五十八年)西藏噶厦商上所收公文译辑》等一大批重要专(译、编)著。在藏语言文学方面,先后完成《诗学概论》《藏族声韵学概论》等10余部著述。在宗教研究方面,完成《苯教文化大词典》《哲蚌寺志》《拉萨市辖寺庙简志》《宁玛派综论》《噶举派综论》《萨迦派综论》《乃琼寺》《昌珠寺志》等20余部著述。此外在民俗学、人类学和西藏人口较少民族方面也取得了一批丰硕的成果。我区的贝叶经研究保护工作也取得突破性进展。经过6年多的努力，全面开展了我区境内贝叶经写本的保护、收集、整理、编目和影印工作，基本摸清了西藏贝叶经写本现状，制定了保护章程，编写了《西藏自治区珍藏贝叶经总目录》《西藏自治区珍藏贝叶经影印大全》，并在此工作基础上成立了全国首家贝叶经研究所，出版了全国首家专门的贝叶经研究杂志《西藏贝叶经研究》（藏、汉文版）。

不仅如此，我院在中国当代藏学研究的发展上也取得了新的成就。以恰白·次旦平措和东噶·洛桑赤列为代表的几代学人，坚持以马克思主义为指导，运用辩证唯物主义和历史唯物主义的研究方法，借助现代科学技术手段，使得藏学研究更具有科学性、逻辑性和严谨性，为确立西藏作为藏学故乡的地位，为反对分裂、维护祖国统一作出了贡献。

五

坚持开放办院，加强与各民族的学术交往交流，积极致力于赢得国际藏学学术话语权的工作，国内国际学术影响力不断增强。社科院建院之初，就得到了全国各学术研究机构的大力支持和帮助，至今西藏社科院的大量藏书和现代科研资料，很大一部分得益于全国有关学术机构的支援，一些学术研究的经验得益于全国有关学术机构及科研人员的传授和帮助，在社科院发展过程里，中国社科院、中国藏学研究中心、国家档案馆、国家图书馆、中央民族大学、国家民委科研机构等对我院的发展都给予了不同程度的支持和帮助，有关省区市和兄弟社科院与我们广泛开展交流与合作，促进了我们的办院水平的提高。在区内，我们坚持走出去、投身到社会实践中的理念，与社会、经济实践领域广泛联系。目前，我院已经建立了能够示范全区的农村观察点。同时我们以强化部门联合为切入点，通过为区直单位、全区市地县各级政府和企业提供决策咨询，来加强不同单位、不同部门的合作攻关，实施跨单位重大专项研究，进而推动拓展西藏社科院学术研究和咨询平台，强化了我院在区内的影响力。以推进协同联合为突破口，大力加强社科研究机构之间的交流与合作，拓展了开放办院的形式和内涵，加强了西藏社科院与区内外社会科学研究机构和高校的联系和交流，提升了自身的研究水平，扩大了学术影响。如我院承担的国家社科基金重大委托项目《西藏百年史研究》（上、中、下，共140万字），就是开门办院的成果结晶，该项重大课题被中国社科院科研局“西部项目办”鉴定为优秀成果。我院不仅与国内专家学者共同开展课题研究，同时还与世界知名藏学研究机构和藏学家进行了长期的交流合作。30 年来,我院与 20 多个国家和地区的学术机构建有图书交换关系,并与哈佛大学、弗吉尼亚大学、华盛顿大学、牛津大学、剑桥大学、柏林高级研究院、奥地利科学院等国外一些著名大学、科研机构合作进行学术研究。国际交流的范围不断扩大、内容日益丰富、成效更加显著,推动了优秀人才和优秀成果走向世界。一批专家与国外藏学家共同合作完成了一批重要的学术著作和论文,提高了西藏社科院的国际知名度,为国家的涉藏外宣工作作出了重要贡献。30 年来,西藏社科院专家学者近 200 多人次出国访问、讲学、学习,参加各种国际藏学学术会议。在第六届至第十三届国际藏学会和其他各种国际大型学术会议上,西藏社科院的专家学者提交的近百篇学术论文均被收入会议的论文集中。建院以来,西藏社科院举办和参与举办有关西藏历史、语言、文学、民族、宗教、哲学等单学科或多学科的学术讨论会,以及全国性、国际性的其他大、中型学术会议 50 多次。

六

始终不渝地坚持党的领导,坚持哲学社会科学和藏学事业的党性原则和政治属性。党对社会科学和藏学工作的领导,是推进哲学社会科学事业发展、繁荣的政治保障和组织保障。自治区社科院成立 30 年来,始终在自治区党委的坚强领导下开展工作,始终坚持哲学社会科学姓党、为党和人民的事业服务的党性原则,在科学研究中坚持党性和人民性的高度统一,把党的路线、方针、政策贯彻到哲学社会科学和藏学研究中,把党的意志、人民的需要化作科研成果,转过来为党和人民的事业提供智力支持。从筹备建院至今,自治区历届党委政府高度重视哲学社会科学和藏学事业的发展,重视社科及藏学领域的深层次问题,自治区党委政府主要领导经常过问社会科学和藏学研究工作,自治区历届党委书记阴法唐、伍精华、胡锦涛、陈奎元、郭金龙、杨传堂、张庆黎、陈全国或莅临社科院指导工作,或亲自看望社科院的知识分子,或对社科、藏学领域遇到的问题作出重要批示。2012 年 8 月,在自治区党委的关心和支持下,在社科院的基础上挂牌成立了自治区哲学社会科学界联合会,为凝聚、组织、协调全区哲学社会科学力量提供了组织保障。自治区党委的坚强领导,保证了哲学社会科学和藏学事业的发展方向。

在自治区党委的领导下,历届院党委高度重视党的建设和党风廉政建设,不断提升各级领导干部和科研人员的思想水平和政治素质,增强引领社科院发展的能力和动力,增强科学决策、民主决策和制度化建设的能力,增强统筹协调、维护稳定的能力，增强带好队伍、培育学术精神的能力。切实抓好党员队伍的思想建设、组织建设和作风建设，切实抓好科学研究的人才队伍的建设，不断探索新时期党建工作引领哲学社会科学研究的体制机制，建立健全党支部在科研工作中发挥战斗堡垒作用的机制。在抓好党的建设的同时，我院制度建设不断加强。面对科研工作的新情况、新特点，科研组织管理、人事人才管理、财务管理、科辅工作、后勤服务等主要方面的制度不断完善，形成了以制度管人、管权、管钱、管事的良好局面。在全区强基础惠民生工作中，我院驻村工作在院党委的带领下取得了优异的成就，驻村工作队及个人获得多项表彰，受到了当地组织和群众的欢迎。

与此同时，西藏社科院的基础设施建设也不断完善。从建院时期在荒沼泽地上搭建的简易楼房开始，到现在科研楼、综合楼、专家楼和家属区各种基础设施齐备，硬件设施建设得到了快速发展。“十二五”期间上马建设的“西藏社科藏学多功能图书楼”将建成集现代科技、学术信息、电子化高科技平台、学术情报调阅与搜集；现代化图书收藏、调阅、学术资料复制；国内外学术交流、研究的大型学术资料、情报、信息、阅研、交流中心。建成后的图书楼能够藏书上百万册，无害保存电子图书、文件上千万件，可满足现代化的各类藏书条件，形成社科文献数据库、藏学文献数据库、社科成果数据库、社科专家数据库、馆藏资料数据库、社科（人文）期刊数据库等支撑的现代科研的学术交流和应用系统，形成服务科研工作强有力的现代学术、科技资源库。

七

哲学社会科学和藏学事业的发展是西藏自治区成立50年来社会进步和各项事业发展的一个缩影；我们取得的所有成绩，应归功于党中央的深切关怀，归功于自治区党委政府的坚强领导和高度重视，归功于中国社科院的无私援助，归功于全院干部职工和广大科研工作者的开拓进取、无私奉献。总结30年的发展历程和点滴成绩，既有一些历史教训，更有供后人借鉴的历史经验。

（一）必须坚持马克思主义的指导地位。马克思主义指导是我院哲学社会科学和藏学研究最鲜明的特色。哲学社会科学和藏学中的许多学科带有强烈的意识形态属性、政治属性和现实属性。我们坚持把马克思主义、毛泽东思想、邓小平理论、“三个代表”重要思想和科学发展观作为核心理念和指导思想，并不断提高运用马克思主义指导科研的能力，站在党和西藏各族人民的立场上，为西藏各族人民利益“鼓与呼”，为走中国特色西藏特点的发展路子提供理论支持。坚定马克思主义的指导地位，并不是要照本宣科、生搬硬套一些词句来剪裁活生生的现实，也不是把马克思主义当作标签，而是结合西藏实际掌握其科学的世界观和方法论，作为哲学社会科学和藏学研究的指南，以科学的理论武装头脑、检验实践，并将其转化为科研成果，更好地为西藏的发展和稳定服务。

（二）必须紧跟时代、植根实践。当前西藏正处于推进“六个西藏”建设，为全面建成小康社会而奋斗的关键时期，社会科学研究必须服务于走中国特色西藏特点的发展路子；关注和研究西藏发展和稳定中具有全局性的重大问题；关注和研究我区经济建设、政治建设、文化建设、社会建设以及生态文明建设中的理论与实践问题；关注和研究经济社会发展中亟待解决的热点难点问题等。中国特色社会主义的伟大实践，为哲学社会科学和藏学提供了大有作为的广阔舞台，为哲学社会科学研究提供了取之不竭的精神和物质源泉及素材。我院科研工作者要以高度的自觉和真挚的热情去拥抱生活、拥抱实践，以跟上时代发展的脚步。

（三）必须始终坚持围绕中心、服务大局，以重大理论和现实问题为科研主攻方向。要准确把握世情、国情、党情、区情，运用马克思主义世界观、方法论，紧紧围绕贯彻落实中央重大决策部署特别是习近平总书记系列重要讲话精神；围绕“治国必治边、治边先稳藏”的重大战略思想；围绕全面深化改革、全面建成小康社会、全面推进依法治国、依法治藏的重大任务，深入研究西藏发展和稳定中亟待回答和解决的重大理论和现实问题，当前要深入贯彻落实中央政治局会议关于“进一步推进西藏经济社会发展和长治久安工作”的精神，从学术的角度研究西藏经济社会发展中的全局性、前瞻性、战略性、综合性问题，国内外、区内外普遍关注的热点难点问题。

（四）必须高度重视学科建设。学科建设是哲学社会科学和藏学事业发展的基础和动力，要加强基础学科建设和基础理论研究，将其作为高端智库不可或缺的支撑条件。必须坚持基础学科与应用学科并重、基础理论研究与应用对策研究并举方针，努力瞄准世界学术发展前沿，立足当代中国学术实际，大力加强新型学科和西藏重大现实学科建设，大力加强藏学、南亚前沿学科建设，形成具有支撑作用和符合边疆民族地区、青藏高原特点、具有重要现实意义和良好发展前景的新兴学科、交叉学科，具有重要文化价值的“绝学”和濒危学科，努力构建展现国内、国际学术前沿、符合学术发展规律、适应西藏经济社会发展需要的学科体系。

（五）必须高度重视科研人才和管理队伍建设。要建设一支政治上坚定、学术造诣精湛、学术学养功底深厚、学术品行端正、具有现代科研管理水平和服务能力的科研人才队伍和管理队伍，努力造就一批马克思主义基本理论功底扎实，熟悉世情、国情、党情、区情，具有理论创新能力的理论家和高端学术人才，推出一批博古通今、学贯中西、善于开展跨学科研究的复合型人才，培养一批能够运用马克思主义立场、观点、方法分析解答西藏发展稳定中重大理论和现实问题的对策性研究人才，培育一批具有国际视野和世界眼光、能够在国际交流中直接对话、有实力争取话语权的学术英才；培养一批善于管理、具有责任意识和服务意识的管理人才。

（六）必须坚定不移地反对分裂，牢牢掌握藏学研究的主动权，警惕国际反华势力和十四世达赖集团向哲学社会科学和藏学领域的渗透。多年来，哲学社会科学和藏学领域一直是我们与十四世达赖集团斗争的重要领域，特别是藏学领域的博弈非常激烈。长期以来，十四世达赖集团拼命宣扬“西藏文化毁灭论”、“ 宗教毁灭论”，而国际反华势力除偏听十四世达赖集团的造谣和蛊惑外，也极力在藏学领域兴风作浪，许多的“凭信”是来自于一些所谓的藏学研究的成果。有些境外藏学研究者专门为国际敌对势力干涉我国内政寻找所谓藏学研究根据，借以迷惑世界上对西藏不了解的人，进而损害我国在国际上的形象。所以，我们要毫不动摇地坚持反对分裂，把藏学研究主动权牢牢地掌握在我们手中，为我国外交、外宣工作提供支持。

（七）必须继续秉持开门办院的原则，加强与各省区市、各民族的学术合作与交流。要创新交流体制机制，解放思想，更新观念，破除封闭意识和地域观念，采取“走出去”、“请进来”的学术交流、学者交往形式，以谦虚的态度、严谨的学风学习区内外、国内外学术研究的好经验、好成果，推进我院的事业发展 ，提升我院的科研水平。要坚持“五湖四海”选拔人才的原则，在使用好现有人才的同时虚心引进区外各类人才，采取柔性引进和刚性引进相结合的办法，凡是对哲学社会科学和藏学事业有建树，能够担起学科带头人责任的各学科人才，将不限地域、不限民族、不限专业，我们都将以宽广的胸怀和真挚的诚意予以热情欢迎。

（八）必须坚持党对哲学社会科学和藏学工作的领导。没有共产党就没有新中国，没有中国共产党也就没有社会主义新西藏，这是包括西藏人民在内的全中国人民从几十年的实践中得出的科学结论。坚持党对哲学社会科学和藏学工作的领导，就是要坚决同以习近平为总书记的党中央保持高度一致，就是要坚决听从自治区党委的指挥和安排，重大政治原则和重大方向性问题要及时向自治区党委汇报。要把党中央、自治区党委的有关精神转化为社科院的科研成果，服务于党的中心工作和党的事业。院党委要切实担负起对哲学社会科学和藏学工作的领导责任，以高度负责的精神为自治区党委分忧担责，保证党的路线、方针、政策特别是新时期党的西藏工作大政方针贯彻于哲学社会科学和藏学研究的工作中，使我院哲学社会科学和藏学事业永远在党的关怀、关心、领导下繁荣发展。

回顾过去心潮澎湃，展望未来信心百倍。随着中央政治局研究西藏工作会议的召开，西藏将进入一个新的历史发展时期，哲学社会科学和藏学研究事业也将在这一大好形势下迎来新的发展机遇。我们将全面贯彻落实中央及自治区党委的一系列精神，贯彻落实中央关于加强中国特色新型智库建设的意见和自治区党委的实施意见，积极探索中国特色西藏特点新型智库建设之路，努力为建设富裕和谐幸福法治文明美丽的社会主义新西藏提供广泛的智力支撑，为繁荣发展我区哲学社会科学和藏学研究事业作出新的更大的贡献。

2015.8.15

སྔོན་འགྲོའི་གཏམ།

སྤྱི་ལོ་༡༩༧༨ལོར་ཁོ་པ་ཀྲུང་གོའི་གྲངས་ཉུང་མི་རིགས་སྐད་ཡིག་གི་མ་ལའི་གསུང་རྩོམ་རྩོམ་སྒྱུར་ཁང་ནས་ཉམས་ཚོད་དང་ཀྲུང་དབྱང་མི་རིགས་སློབ་གྲྭ་ཆེན་མོའི་གྲངས་ཉུང་མི་རིགས་སྐད་ཡིག་ཚན་པའི་གནའ་བོའི་བོད་ཡིག་ཆེད་སྦྱོང་གི་རྒྱུགས་སྤྲོད་མིང་འགོད་བྱས་པ་དང་། སྔ་ཧེང་དུ་རྒྱུགས་སྤྲོད་ཐེངས་གཉིས་བྱས་པའི་རྗེས་རྒྱུགས་སྤྲོད་པ་མི་གྲངས་༤༨ཡོད་པའི་ནང་ནས་ཁོ་པ་ཡང་༤པའི་ནང་གོང་དུ་ཚུད་སྐབས་རིག་གསར་རྗེས་ཐོག་མར་བསྡུས་པའི་རྒྱུགས་ཐོག་མར་བསྡུས་པའི་ཧྲའོ་ཧྲེ་ཞིབ་འཇུག་སློབ་མར་ཚུད།

ལོ་གསུམ་ཡུན་གྱི་སློབ་སྦྱོང་བྱེད་པའི་ནང་མཁས་དབང་དུང་དཀར་བློ་བཟང་འཕྲིན་ལས་མཆོག་དང་། བློ་བཟང་ཆོས་འཕྲོར། སྐལ་བཟང་འགྱུར་མེད། ཏུང་ཅིན་ཧྥ། གན་ཡུས་ཧྲང་། ཧྥང་ཡའོ། ཧྥང་ཧྲུ་རིང་བཅས་བོད་རིག་པའི་དགེ་རྒན་ཆེན་མོ་དག་གིས་ཁོ་པོར་བོད་རིག་པའི་ཐད་ཀྱི་ཤེས་བྱ་གང་ས་ཅི་ཐད་ནས་གནང་བར་བརྟེན་བོད་རིག་པའི་ཞིབ་འཇུག་ལ་མཁོ་བའི་དགོས་ངེས་ཀྱི་རྨང་གཞི་བཏིང་ཐུབ་པ་བྱུང་བས་ལོ་ངོ་སུམ་ཅུ་ལྷག་རིང་གི་ཞིབ་འཇུག་ལས་ཀའི་ནང་བརྗོད་ལས་འདས་པའི་ཕན་པ་ཆེན་པོ་ཐོབ་བྱུང་།

སྤྱི་ལོ་༡༩༨༡ལོར་སློབ་ཐོན་རྗེས་ཁོ་བོའི་ལས་ཁུངས་ཀྱིས་རྐྱེན་པས་གུས་པ་ཉིད་ཁྲིན་ཆེང་དབྱིངས་དང་། དོན་གྲུབ་རྒྱལ། ང་ཕོད་འཇིགས་མེད་སོགས་སློབ་གྲོགས་དང་མཉམ་དུ་ལས་གནས་སུ་བསྐྱོད་མ་ཐུབ་པར་ལོ་ཕྱེད་ཙམ་རིང་རྒྱལ་ཁབ་ཕྱི་ནང་གི་སྒྲུང་དེབ་བལྟས་ནས་དུས་བསྐྱལ་ཐབས་བྱས་པ་ཡིན། མཐར་སྤྱི་ལོ་༡༩༨༢ལོའི་ལོ་སྟོད་དུ་ཁོ་བོའི་རེ་འདོད་བཞིན་སྐབས་དེ་དུས་འཛུགས་རྒྱུའི་སྔ་གོན་བྱེད་བཞིན་པའི་བོད་ལྗོངས་སྤྱི་ཚོགས་ཚན་རིག་ཁང་ལ་ལས་བགོས་བྱས་སྐབས་ཁོ་བོའི་ཞིབ་འཇུག་གི་ལས་ཀའང་སྐབས་དེ་དུས་ཙམ་ནས་འགོ་ཚུགས་པ་ཡིན། ཁོ་བོའི་སློབ་ཐོན་ཆེད་རྩོམ《གཞོན་ནུ་ཟླ་མེད་གཏམ་རྒྱུད་ཀྱི་བརྗོད་བྱ་གཙོ་བོ་དང་སྒྱུ་རྩལ་སྐོར་གླེང་བ》བྱ་བའི་ཤུག་བྲིས་ངན་པ་དེའི་ནང་དུས་རབས་༡༨པའི་ནང་བརྩམས་གནང་མཛད་པའི་བོད་ཀྱི་རྩོམ་རིག་ལོ་རྒྱུས་ཐོག་གི་སྙིང་རྩོམ་རིང་གྲས་ཨང་དང་པོ་དེར་ཙུང་རྒྱུས་པའི་ངང་ཐོག་མར་དཔྱད་གླེང་བྱས་ཡོད་སྐབས་མི་རྣམས་ལ་ངོ་སྤང་

བྱུང་ནས་ཆེད་རྩོམ་རིང་པོ་དེ་ཀྱང་དབྱང་མི་རིགས་སློབ་གྲྭ་ཆེན་མོའི་དཔེ་མཛོད་ཁང་དུ་ཉར་ཚགས་བྱས་པ་མ་ཟད། 《མཚོ་སྔོན་སློབ་གསོའི》དུས་དེབ་ཐོག་བརྒྱུད་བཀོད་བྱས་པ་དང་། བོད་ལྗོངས་མི་དམངས་ཀུན་ཁྱབ་ལྟུང་འཕྲིན་ལས་ཁུངས་ཀྱི་བོད་སྐད་ལེ་ཚན་ནང་ལོ་མང་བརྒྱུད་གཏོང་ཐེངས་མང་བྱས། དུས་དེ་ནས་བཟུང་ཕོ་བོའི་ནུས་པར་གཞིགས་པའི་བོད་ཡིག་གི་རྩོམ་རིག་དཔྱད་སྒྲིང་དང་གནའ་བོའི་ལོ་རྒྱུས་ཐད་ཀྱི་རྒྱ་ཡིག་དཔྱད་རྩོམ་འགའ་སྤེལ་བ་བརྒྱུད་ནས་བོད་རིག་ཞིབ་འཇུག་སྒོ་མོ་ཆེའི་ཐེམ་པ་བརྒལ་བའི་ཚུལ་དུ་བྱས། དེ་རིང་བཀྲ་ཤིས་པ་ཞིག་ལ་བོད་ལྗོངས་སྤྱི་ཚོགས་ཚན་རིག་ཁང་གི་དབུ་ཁྲིད་ཀྱི་ཐུགས་ཁུར་ཟབ་བཞེས་འོག་ལྗོངས་ཕྱི་ནང་གི་དུས་དེབ་ཁག་ཏུ་སྤེལ་བའི་ཆེད་རྩོམ་དག་བསྡུ་རུབ་དང་པར་སྐྲུན་བྱ་རྒྱུ་བྱུང་བའི་གོ་སྐབས་ཐོབ་པ་དང་། སྦྲགས་བོད་རིག་པའི་ཞིབ་འཇུག་ལས་རིགས་གཅིག་པའི་སྐྱོན་བརྗོད་ཡོ་བསྲང་ཡོང་བའི་གོ་སྐབས་ཀྱང་ཐོབ་བྱུང་བས་ངས་ཆེད་རྩོམ་ཕྱོགས་བསྡུས་པར་སྐྲུན་བྱེད་པར་རྒྱབ་སྐྱོར་གནང་མཁན་གྱི་བོད་ལྗོངས་སྤྱི་ཚོགས་ཚན་རིག་ཁང་གི་དབུ་ཁྲིད་དང་། ཚན་རིག་ཞིབ་འཇུག་དོ་དམ་ཁང་གི་དབུ་འཛིན་ལས་བྱ་ཡོངས། དེ་བཞིན་ལས་ཀ་དེར་ཐུགས་ཁུར་གནང་མཁན་སློབ་དཔོན་དང་། ནང་མི། ལས་རིགས་གཅིག་པ། གྲོགས་པོ་བཅས་ལ་ལྷག་བསམ་ཟོལ་མེད་ཀྱིས་ཐུགས་རྗེ་ཆེ་ཞུ་རྒྱུ་ཡིན། ད་དུང་བོད་ལྗོངས་སྤྱི་ཚོགས་ཚན་རིག་ཁང་གི་ལས་གྲོགས་ཟླ་བ་བུ་ཁྲིད་ནས་ལས་བྲེལ་ལ་མ་འཛེམས་པར་ཕོ་བོའི་རྩོམ་ཡིག་དང་བསྒྱུར་ཡིག་དག་དཀའ་ཚེགས་བཟོད་བསྲན་གྱིས་གློག་འཕྲུལ་ནང་བླུགས་པར་སྙིང་ཐག་པ་ནས་ཐུགས་རྗེ་ཆེ་ཞུ་རྒྱུ་ཡིན།

དེབ་ཆུང་འདིའི་ནང་བསྡུ་རུབ་བྱས་པའི་རྩོམ་ཡིག ༡༣ཡོད་པའི་ཁྲོད་རྩོམ་རིག་དཔྱད་ཞིབ་ཀྱི་བོད་ཡིག་རྩོམ་ཡིག ༡༡ཡོད་པ་སྟེ། ད་དུང་རྒྱ་ཡིག་ཐོག་ནས་བྲིས་པའི་《མཚོ་བོད་ས་མཐོའི་ཐོག་མིའི་རིགས་བྱུང་ཚུལ་དང་བོད་མི་རིགས་ཆགས་གྲུབ་གོང་འཕེལ་གི་ལོ་རྒྱུས་ལ་དཔྱད་པ》ཞེས་བྱ་བ་དང་། བོད་ཡིག་ནས་རྒྱ་ཡིག་ཏུ་སྒྲ་ཕབ་བྱས་པ《དྲིན་གྱི་སློབ་དཔོན་མཁྱེན་རབ་ནོར་བུའི་ལོ་རྒྱུས་རགས་སྒྲིང》བྱ་བ་གཉིས་ཚབ་མཚོན་གྱི་རང་བཞིན་ལྡན་གཞིས་འདིར་བསྡུས་པ་བཅས།

སྐལ་བཟང་ཡེ་ཤེས་ནས་སྤྱི་ལོ2015ཟླ11ཚེས16ལ།

2015. 11. 16

前 言

1978 年，我从中国少数民族语文马列编译局试探性地报名考入中央民族学院少数民族语文系古典藏文专业，经初试和复试，我从 48 名考生中考进了前 4 名，幸运地成了“文革”以后第一批攻读硕士学位的藏族学生之一。在校三年学习期间，东噶·洛桑赤列、洛桑群觉、格桑居冕、佟锦华、耿予方、王尧、王辅仁等知名藏学家从藏学的各个角度教授我藏学知识，奠定了我从事藏学研究必须具备的基础，使我在以后 30 多年的研究工作中受益非浅

1981 年研究生毕业后，因工作单位的关系我没能跟我的同学陈庆英、端智嘉和阿沛·晋美一起奔赴新的工作岗位，在学校里看中外小说耗去了约半年的时间。1982 年初，我终于实现了自己的意愿，把我分到了当时筹备阶段的西藏社会科学院，开始了我的藏学研究工作。我的毕业论文《论雄努达美故事的思想性和艺术特色》一文第一次对 18 世纪问世的藏族文学史上的第一部长篇小说进行了较全面地批评，引起了各方面的注意，中央民族学院图书馆收藏、《青海教育》杂志转载；西藏人民广播电台藏文节目多年播放多次。从那时起尽我所能地撰写了一些文学评论文章和有关藏族远古历史方面的汉文文章，算是我已跨进了藏学研究的大门。今天感到非常庆幸的是在西藏社会科学院领导的关心下分散发表在区内外报刊杂志上的文章现在有机会汇集起来出版，同时也得到了藏学界同行的批评指教的一个机会，因此我要向支持本论文集出版的院领导和科研处等有关部门的领导及工作人员，以及关心此事的师长、家人、同行和朋友表示真诚的感谢。同时感谢西藏社科院同仁达娃普赤耗费时间和精力的录入工作。

这里汇集的 13 篇文章中 11 篇是藏文文学评论文章，而《青藏高原上人类起源及藏民族形成发展历史考》和《恩师钦绕诺布传略》作为我的汉文文章与翻译文章的代表性收入的。

格桑益西

于 2015 年 11 月 16 日

དཀར་ཆག
目　录

༄༅། །བོད་རིགས་ཀྱི་རྩོམ་རིག་ལོ་རྒྱུས་ཐོག་གི་དུས་རབས་གསར་པ་ཞིག

藏族文学史上的新时代

[བརྗོད་ཚིག་གཙོ་བོ།] བོད་ཀྱི་རྩོམ་རིག དུས་རབས་གསར་པ།

[ནང་དོན་གནད་བསྡུས།] སྤྱི་ལོ1980ལོར་《བོད་ཀྱི་རྩོམ་རིག་སྒྱུ་རྩལ》གསར་བསྐྲུན་བྱས་ནས་ལོ་ངོ་གསུམ་ཙམ་ལས་སོང་མེད་ནའང་དུས་དེབ་དེའི་ཐོག་སྤེལ་བའི་གསར་རྩོམ་གཏམ་རྒྱུད་ཇེ་མང་དུ་འགྲོ་ཚུལ་དང་། བོད་རིགས་རྩོམ་པ་པོའི་དཔུང་ཁག་རྒྱ་བསྐྱེད་དུ་ཕྱིན་ཚུལ། རྩོམ་རིག་གི་ནང་དོན་ཕུན་སུམ་ཚོགས་པོ་ཡོད་ཚུལ་སོགས་ལ་ཞིབ་འཇུག་དང་འབྲེལ་བོད་ཀྱི་རྩོམ་རིག་ལོ་རྒྱུས་དངོས་ལ་བསྟོས་ནས་དེ་རིང་བོད་ཀྱི་རྩོམ་རིག་དེ་ལོ་རྒྱུས་ཀྱི་དུས་རབ་གསར་པ་ཞིག་ལ་སླེབས་པ་ཁུངས་སྐྱེལ་བྱས་ཡོད།

[关键词]藏族文学;新时代

[摘　要]通过对1980年《西藏文艺》创刊仅仅三年里该刊上发表的藏文文学作品越来越多、藏族作家队伍不断壮大、作品内容更加丰富等藏文文学创作发展的实际进行研究,充分揭示了新的历史时期藏族文学翻开新的一页的客观事实,进而体现了党的民族文化政策的正确性。

འཛམ་གླིང་གི་ས་མཐོ་སྟེ་ཇོ་མོ་གླང་མའི་གཙུག་རྒྱན་གྱིས་མཛེས་པའི་རང་ཅག་གངས་ཅན་གྱི་ལྗོངས་འདིར་སྔོན་བྱོན་མཁས་དབང་རྣམས་ཀྱིས་བརྩམས་པའི་ལོ་རྒྱུས་དེབ་ཐེར་དང་། ཆོས་འབྱུང་། རྣམ་ཐར། སྐར་རྩིས། སྨན་གཞུང་། རྩེ་རིག་ལ་སོགས་བཀའ་རྩོམ་འཛད་མཐའ་མེད་པ་ཞིག་མཆིས་པ་རྣམས་དེ་སྔ་"ལོ་བཅུའི་ཟང་ཟིང་"རིང་མེད་ཙམ་དུ

གྱུར་པ་མ་ཟད། གནོད་བྱེད་དུག་སྔའི་ཕུང་པོར་བརྩིས་ཏེ་ཤིན་ཏུ་ཉམས་དམས་པར་བྱས་པ་རྣམས་ཀྱང་ཨུ་ཚང་འཛོམས་གྲོས་ཚོགས་ཐེངས་གསུམ་པ་འཚོགས་རྗེས་རིམ་པས་པར་བསྐྱུན་འགྲེམ་སྤེལ་བྱས་དང་བྱེད་བཞིན་ཡོད་པར་མ་ཚད། ད་དུང་དམངས་ཁྲོད་དུ་དར་ཁྱབ་ཆེ་ཞིང་འཛམ་གླིང་ན་སྙན་གྲགས་ཀྱི་བ་དན་གཡོ་བའི་གླིང་རྗེ་གེ་སར་རྒྱལ་པོའི་སྙན་སྒྲུང་ལག་དང་། རྒྱ་ཆེའི་བོད་རིགས་མི་དམངས་ཀྱིས་དུས་ཡུན་རིང་པོའི་ཐོན་སྐྱེད་ངལ་རྩོལ་ནང་གསར་གཏོད་བྱས་པའི་བུ་རམ་འོ་མ་སྦྲང་རྩིའི་རོ་བཅུད་ལྡན་པ་ལྷ་བུའི་དམངས་གླུ་དང་གཏམ་དཔེ་སོགས་འཇོད་མེད་ཆུ་བོའི་རྒྱུན་དང་མཚུངས་པ་རྣམས་ད་ཆ་འབྲེལ་ཡོད་མི་སྣས་བསྡུ་རུབ་ཐོག་ཕྱོགས་སྒྲིག་པར་སྐྲུན་བྱེད་མུས་ཡིན་ཞིང་། ལྷག་དོན་གངས་ལྗོངས་ཀྱི་ལོ་རྒྱུས་རྙིང་པའི་ཐོག་བྱུང་སྔོན་མེད་པའི《བོད་ཀྱི་རྩོམ་རིག་སྒྱུ་རྩལ》ཞེས་པའི་བོད་ཡིག་གི་དུས་དེབ་དེ་སྨུག་རྩ་རྒྱས་པ་བཞིན་ནོར་འཛིན་མཛེས་པའི་རྒྱན་དུ་ཐོན་པས་ཤེས་རིག་གི་ལོ་རྒྱུས་ཡུན་རིང་ལྡན་པ་དང་རིག་པའི་གནས་ཀྱི་གཞུང་ལུགས་དང་བསྟན་བཅོས་སོགས་བརྗོད་ཀྱིས་མི་ལངས་པ་མངའ་བའི་བོད་རིགས་མི་དམངས་ཁྲོད་ཀྱི་རྩོམ་པ་པོའི་རྩོམ་འབྲིའི་བྱ་བར་སྐུལ་འདེད་བྱུང་ནས་རྩོམ་འབྲིའི་ཁྱད་ནུས་ཕན་ཚུན་འགྲན་པ་ལྟར་དགེ་མཚན་ལྡན་པའི་རྩོམ་རིག་གི་རྩོམ་ཡིག་གཅིག་ལས་གཅིག་ལྷག་པ་མང་དག་ཅིག་སྤེལ་ཡོད་པ་དེ་ཆོས་བོད་ཀྱི་གཙུག་ལག་རྒྱ་མཚོ་ཆེན་པོའི་ནང་དོན་རྒྱ་ཆེ་ཞིང་གཏིང་ཟབ་པ། བྱེ་བྲག་ཏུ་ཕྱེ་ན་ཏ་ཙང་མང་པོ་ཡོད་པས་གཞན་དྲིང་མི་འཇོག་པ་ཞིག་ཡིན་མོད། སྒྱུ་རྩལ་གྱི་རྩོམ་རིག་ཐད་ཕྱུན་སུམ་ཚོགས་པོ་རང་མེད་པའི་ཞན་ཆའི་ཕྱོགས་དེ་ནུས་ལྡན་གྱིས་ཁ་གསབ་བྱས་པ་དང་དར་རྒྱས་ཕུན་སུམ་ཚོགས་པ་ཡོང་རྒྱུར་ཕན་ནུས་ཆེན་པོ་ཐོན་ཡོད། བོད་ཀྱི་རིག་གནས་ཐད་མི་ཚོར་དགའ་བ་སྐྱེ་འོས་པའི་རྣམ་པ་བཟང་པོ་ཐོན་པ་དེ་ནི་བོད་ཀྱི་ཞིང་ལས་དང་འབྲོག་ལས་གཙོ་བོར་གྱུར་པའི་འཐབ་ཕྱོགས་ཁག་གི་ཐོག་ཏུ་ཐོབ་པའི་གྲུབ་འབྲས་དང་འདྲ་བར་ཏང་གི་མི་རིགས་སྲིད་ཇུས་ཀྱི་རྒྱལ་ཁ་ཆྭབས་པོ་ཆེ་ཞིག་ཡིན།

དཔྱིད་ཀྱི་དྲོད་རླུང་རབ་ཏུ་ལྡང་བ་ལས།

ནོར་འཛིན་ལང་ཚོ་སྔོ་ལྗང་རྒྱན་གྱིས་སྤྲས།
ཏང་གི་ཡང་དག་མཛད་ཕྱོགས་སྲིད་ཇུས་ཀྱིས།
བོད་ལྗོངས་ཀུན་དགའི་དཔལ་གྱིས་ཡོངས་སུ་བཀང་།

དེ་ལྟར་སྟོན་འགྲོའི་གཏམ་གྱིས་བསུས་ནས་སྐབས་དོན་བརྗོད་བྱའི་གཙོ་བོ་《བོད་ཀྱི་རྩོམ་རིག་སྒྱུ་རྩལ》བོད་ཡིག་དུས་དེབ་པར་དུ་བསྒྲུན་པས་བོད་རིགས་ཀྱི་རྩོམ་རིག་དེ་ལ་ལོ་རྒྱུས་ཀྱི་དུས་རབས་གསར་པ་ཞིག་ལ་སླེབས་པའི་སྐོར་གླེང་བར་བྱའོ།

དང་པོ།

《བོད་ཀྱི་རྩོམ་རིག་སྒྱུ་རྩལ》བོད་ཡིག་དུས་དེབ་དེ་གསར་དུ་བསྒྲུན་པ་ལས་བོད་རིགས་ཀྱི་རིག་རྩལ་རྩོམ་རིག་འཕེལ་རྒྱས་སྐོར་གླེང་བར་དང་ཐོག་ང་ཚོས་དུས་དེབ་དེ་གསར་སྐྲུན་བྱས་ཚུན་ནས་བཟུང་རྩོམ་པ་པོའི་མི་གྲངས་འཕར་སྣོན་བྱུང་ཚུལ་དང་། ད་ཆ་རྩོམ་པ་པོའི་དཔུང་ཁག་གི་རྒྱ་ཁྱོན་གང་འདྲ་ཞིག་ཡོད་པའི་སྐོར་ལ་བརྟག་དཔྱད་ཞིབ་འཇུག་རགས་ཙམ་བྱས་པ་བརྒྱུད་ནས་གནད་དོན་དེར་ཁུངས་སྐྱེལ་ར་སྤྲོད་བྱེད་རྒྱུར་དགོས་པ་ཤིན་ཏུ་ཆེ་བར་མཐོང་། གང་ལགས་ཟེར་ན་མི་དང་རྩོམ་རིག་གི་འབྲེལ་བ་ནི་མིས་སྒྱུ་རྩལ་རྩོམ་རིག་གསར་རྩོམ་བྱས་པ་དང་། སྒྱུ་རྩལ་རྩོམ་རིག་མི་རང་ལ་བརྟེན་ནས་བྱུང་བའི་ཕྱིར་རོ།

དེ་སྔ་བོད་ཀྱི་དཔེ་ཆ་ཕལ་མོ་ཆེ་དགོན་སྡེ་ཁག་ལ་ཡོད་པ་དང་། མཁས་པ་གྲགས་ཅན་མང་ཆེ་བའང་དགོན་སྡེ་ཁག་ཏུ་བྱུང་བའི་བླ་མ་དགེ་བཤེས་ཤ་སྟག་ཡིན། སྤྱི་ལོ1959ལོར་བོད་དུ་དམངས་གཙོའི་བཅོས་བསྒྱུར་བྱེད་སྐབས་མི་དམངས་སྲིད་གཞུང་ནས་བོད་ཀྱི་གནའ་ཤུལ་རིག་གནས་ལ་སྲུང་སྐྱོབ་བྱེད་རྒྱུའི་མཛད་ཕྱོགས་ལག་བསྟར་གྱིས་གནའ་ཤུལ་རིག་གཞུང་དཔེ་ཆར་འབྲེལ་ཡོད་ཚད་པས་དགོས་ངེས་ཀྱི་སྲུང་སྐྱོབ་བྱས་ཡོད་ཀྱང་། རྒྱལ་འཕྲུང་དམངས་གནོད་ཀྱི་“རིག་གནས་གསར་བརྗེའི”ནང་དཔེ་ཆ་རྣམས་ཆོས་དཔེར་བརྩིས་ཏེ་ག་སྙོགས་ཆུང་ངུར་བྱས་སྐབས་ཧྲལ་ཧྲུལ་དུ་ཕྱིན་པ་དང་། ཐ་ན་རྙིང་གཞིར་བརྩིས་ནས་མེར་བསྲེགས་བཏང་བ་བཅས་ཀྱིས་ཕྱིན་ཆད་མིང་ཙམ་ཡང་མི་གྲགས་པའི་ཚད་དུ་སླེབས་པའི་

ཉེན་ཁ་ཆེན་པོ་བྱུང་ཞིང་། སྐབས་དེར་ཧྲང་གི་མི་རིགས་སྲིད་ཇུས་ལག་བསྟར་དོན་འཁྱོལ་མ་བྱུང་བས་བོད་ལ་ལས་དོན་སྒྲུབ་མཁན་རྒྱ་རིགས་བློ་མཐུན་གྱིས་བོད་ཡིག་སྦྱོང་རྒྱུ་ཕར་བཞག་བོད་རིགས་ཀྱིས་ཀྱང་བོད་ཡིག་སྦྱང་འདོད་མེད་པར་བརྟེན་བོད་ཀྱི་རིག་གནས་ཉམས་རྒུད་ཤུགས་ཆེན་ཕྱིན་ནས་བོད་རིགས་རྩོམ་པ་པོས་བོད་ཀྱི་སྐད་ཡིག་ཐོག་ནས་བྲིས་པའི་རྩོམ་ཡིག་མཐོང་རྒྱུ་ནི་བརྒྱ་ལམ་ཙམ་ཡིན། སྤྱི་ལོ1975ལོའི་ཡས་མས་སུ་སུའེ་ཧེན་རྒྱལ་ཁབ་ཀྱི་ཡིན་པའི་རྩོམ་པ་པོ་ཞིག་ལྷ་སར་ཕེབས་ནས་འབྲེལ་ཡོད་ཚན་པར་བོད་རིགས་ཀྱིས་བྲིས་པའི་ཉེ་ལམ་གྱི་རྩོམ་རིག་གི་རྩོམ་ཡིག་ངོ་སྤྲོད་གནང་རྒྱུའི་རེ་འདུན་ཞུས་ཀྱང་སྒྱུ་རྩལ་གྱི་རྩོམ་རིག་བརྩམས་སྦྱོང་ཡོད་པའི་བོད་རིགས་རྩོམ་པ་པོ་གཅིག་ཀྱང་བཏོན་རྒྱུ་མེད་པ་དང་། སྤྱི་ལོ1979ལོར《བོད་ཀྱི་རྩོམ་རིག་སྒྱུ་རྩལ》བོད་ཡིག་དུས་དེབ་པར་སྐྲུན་བྱེད་རྒྱུའི་གྲ་སྒྲིག་བྱེད་སྐབས་རྩོམ་སྒྲིག་ཁང་གི་བློ་མཐུན་ཚོས་བོད་རིགས་མཁས་པའི་སར་རིག་རྩལ་རྩོམ་ཡིག་ཡོད་ན་འགྲེམ་སྤེལ་གནང་རྒྱུ་དང་། མེད་ན་གསར་རྩོམ་གནང་རྒྱུའི་སྐུལ་ལྕག་ཐེངས་མང་ཞུ་བར་བསྐྱོད་ཀྱང་འབྲས་བུ་ཆེ་རིགས་མ་ཐོབ་པས་སྤྱི་ལོ1980ལོར《བོད་ཀྱི་རྩོམ་རིག་སྒྱུ་རྩལ》བོད་ཡིག་དུས་དེབ་ཐོག་མར་པར་དུ་སྐྲུན་སྐབས་སྒྱུ་རྩལ་རྩོམ་རིག་ཕལ་མོ་ཆེ་ནི་རྒྱ་ཡིག་ནས་བསྒྱུར་བའི་གཏམ་རྒྱུད་དང་། གཏམ་དཔེ་ཕྱོགས་བསྒྲིགས། བོད་ཀྱི་གནའ་བོའི་སྒྱུ་རྩལ་རྩོམ་རིག་ཆུ་ཤིང་བསྟན་བཅོས། ཚངས་དབྱངས་རྒྱ་མཚོའི་མགུར་གླུ། ཨུན་ཁྲིང་གོང་ཇོའི་སྐོར་སོགས་ཡིན་པ་ལས་དཔལ་འབྱོར་གྱིས་བརྩམས་པའི《མི་ཧྲོག་ལྷུམ་རྣའི་ནང་གི་ཟླན་ཀ》ཞེས་པ་དེང་སྐབས་ཀྱི་མིའི་བསམ་སྦྱོར་བཟང་ངན་ཅི་རིགས་གསོན་ཉམས་དོད་པོའི་སྒོ་ནས་མཚོན་པའི་གཏམ་རྒྱུད་དང་། བསོད་ཆོས་བརྩམས་པའི《གསེར་འཛིག་དང་དཔལ་སྐྱིད》ཅེས་པ་འདས་ཟིན་པའི་ལོ་རྒྱུས་ཀྱི་རྣམ་པ་སྣང་ཡང་མི་ཚོའི་མིག་ལམ་དུ་འདྲེན་པའི་འཁྲབ་གཞུང་སོགས་རིག་རྩལ་རྩོམ་ཡིག་ཤིན་ཏུ་ཉུང་ཉུང་དེ་ལྟ་བུ་ཙམ་ལས་དེ་མིན་རིག་རྩལ་རྩོམ་རིག་གི་འབྱུང་ཁུངས་ཀྱང་ཧ་ཅང་དཀོན་སྟབས་ལོ་རྗེས་པོར་དུས་དེབ་བཞི་ལས་དཔར་སྐྲུན་བྱེད་ཐུབ་མེད། སྤྱི་ལོ1980ལོའི་དུས་དེབ་བཞིའི་ནང་ཁྱོན་བསྡོམས་རྩོམ་ཡིག་བཞི་

བཅུ་ཞེ་བརྒྱད་བཀོད་ཡོད་པའི་ནང་རྒྱ་ཡིག་ནས་བསྒྱུར་བའི་རྩོམ་ཡིག་བཅོ་ལྔ་ཡོད་པས་རྩོམ་ཡིག་ཡོངས་ཀྱི་བརྒྱ་ཆ་སོ་གཅིག་ཚག་བརྒྱད་ཟིན་པ་དང་། གཏམ་དཔེ་དང་དམངས་གཞས། དམངས་ཁྲོད་ཀྱི་སྒྲུང་གཏམ། གནའ་བོའི་རྩོམ་ཡིག་སོགས་ཕྱོགས་བསྒྲིགས་འདེམས་བསྡུས་བྱས་པས་གསར་དུ་བརྩམས་པའི་རྩོམ་ཡིག་གིས་སྤྱི་གྲངས་ཀྱི་བརྒྱ་ཆ་སོ་དྲུག་ལྷག་ཙམ་ལས་ཟིན་མེད་པ་དང་། དེའི་ཁྲོད་ནས་ཀ་བཤད་དང་སྙན་ཚིག་གཉིས་ཀྱི་ཁ་གྲངས་བཅུ་གཅིག་ཕྲིས་ཚེ་གཏམ་རྒྱུད་ལ་སོགས་པའི་རྩོམ་ཡིག་ཁག་དྲུག་ལས་མེད་སྐབས་རྩོམ་ཡིག་གི་སྤྱིའི་གྲངས་འབོར་གྱི་བརྒྱ་ཆ་བཅུ་གཉིས་ཚག་བདུན་ཙམ་ལས་ཟིན་མི་ཐུབ། གོང་དུ་འཁོད་པའི་གནས་ཚུལ་གྱི་ཐོག་ནས་དོན་དག་གཉིས་གསལ་སྟོན་བྱས་པ་སྟེ་གཅིག་ནས་ལོ་བཅུའི་ཟང་ཟིང་རིང་"མི་བཞི་ཤོག་ཁག"གིས་ཏང་གི་མི་རིགས་སྲིད་ཇུས་སྒོ་ཀུན་ནས་གཏོར་བཤིག་བཏང་སྟེ་བོད་ཀྱི་རིག་གནས་དེ་རིག་གནས་ཀྱི་རིགས་སུ་མ་བརྩིས་པར་སྣང་ཚུང་ཚད་མེད་བྱས་པ་དང་། བར་ཆད་བརྗོད་ལས་འདས་པ་ཞིག་བཟོས་པའི་རྐྱེན་གྱིས་བོད་ཀྱི་རིག་གནས་སྤྱི་དང་། ལྷག་པར་བོད་ཀྱི་སྒྱུ་རྩལ་རྩོམ་རིག་ཐད་དར་འཕེལ་འགྲོ་རྒྱུ་ལྟ་ཅི་ཉམས་རྒུད་ཆེན་པོ་བྱུང་བ་དང་། གཅིག་ཤོས་ནས་སྤྱི་ལོ1980ལོའི་《བོད་ཀྱི་རྩོམ་རིག་སྒྱུ་རྩལ》ཐོག་གསར་རྩོམ་གྱི་རྩོམ་ཡིག་མང་པོ་མེད་ནའང་གང་ལྟར་ཏང་གི་སྐབས་བཅུ་གཅིག་པའི་ཀྲུང་ཨུ་ཚང་འཛོམས་གྲོས་ཚོགས་ཐེངས་གསུམ་པའི་དགོངས་དོན་དང་། ལྷག་དོན་དུ་བོད་ཀྱི་ལས་དོན་སྐོར་གྱི་ཀྲུང་དབྱང་གི་ཡིག་ཆ་ཨང་སོ་གཅིག་པའི་དགོངས་དོན་རྣམས་རིམ་བཞིན་དོན་འཁྱོལ་མཛད་པར་བརྟེན་སྐམ་ལ་ཁད་ཀྱི་རྩི་ཤིང་ཆུ་དང་འཕྲད་པ་ལྟར་བོད་ཀྱི་རིག་གནས་ཡང་བསྐྱར་འཕེལ་འགྲོ་ཚུགས་པ་མཚོན་ཐུབ། ང་ཚོས་ལོ་རྒྱུས་ཀྱི་གནས་ཚུལ་དངོས་ལ་གཞིགས་ནས་ཕྱོགས་བསྡོམས་བྱས་ན་ཏང་ཀྲུང་དབྱང་གི་ཡང་དག་པའི་སྲིད་ཇུས་རྣམས་ཇི་མ་ཇི་བཞིན་དོན་ཐོག་ཏུ་འཁྱོལ་ཐུབ་མིན་དེ་ནི་མི་རིགས་གང་ཞིག་གི་དཔལ་འབྱོར་དང་རིག་གནས་སོགས་གང་ཅི་དར་རྒྱས་ཅི་ཡོང་ལ་ཐུག་པའི་འགག་རྩ་ཡིན། དེའི་ཐད་"མི་བཞི་ཤོག་ཁག"ཐལ་བའི་རྡུལ་དུ་བརླགས་རྗེས་ཀྱི་བོད་ལྗོངས་ཀྱི་གནས་ཚུལ་དངོས་ཀྱི་ཐོག་ནས་ར

སྤྲོད་བྱེད་ཐུབ། རང་རིགས་ཀྱི་སྐད་ཡིག་ཏུ་བསྒྱུར་བའི་མི་རིགས་གཞན་གྱི་རྩོམ་རིག་གིས་བསིལ་ལྗོངས་ཀྱི་འབྲུམས་ཀླས་གཙུག་ལག་ནོར་བུའི་བང་མཛོད་ཕྱུར་འགེངས་ཡོང་རྒྱུར་ཕན་ནུས་ལྡན་ན་ཡང་། དེས་བོད་ཀྱི་ཁྱད་ཆོས་ལྡན་པའི་མི་རིགས་རང་ཉིད་ཀྱི་རིག་རྩལ་རྩོམ་ཡིག་གི་འཕེལ་ཕྱོགས་མཚོན་མི་ཐུབ། མི་རིགས་རང་གི་འཕེལ་ཕྱོགས་མཚོན་བྱེད་ནི་མི་རིགས་དེ་རང་གི་རྩོམ་པ་པོའི་རིག་རྩོམ་ཡིན་པས་མི་རིགས་རང་ཉིད་ཀྱི་རྩོམ་པ་པོ་གང་མང་ཞིག་སྐྱེད་སྲིང་ཡོང་བ་བྱེད་རྒྱུ་དང་། ལྷག་དོན་དུ་མི་རིགས་དེ་ཉིད་ཀྱི་སྐད་ཡིག་ལ་བརྟེན་ནས་རྩོམ་འབྲི་བ་རྒྱུ་དར་སྤེལ་ཤུགས་ཆེན་བཏང་ནས་རྩོམ་རིག་བྱ་གཞག་གོང་འཕེལ་ལེགས་པོ་ཡོང་བ་བྱེད་དགོས། དེའི་ཐད་བོད་ཀྱི་མི་ཚོར་དགའ་བ་སྐྱེ་འོས་པའི་འགྱུར་བ་ཆེན་པོ་ཞིག་ཡོང་བཞིན་ཡོད་པ་ང་ཚོས《བོད་ཀྱི་རྩོམ་རིག་སྒྱུ་རྩལ》བོད་ཡིག་དུས་དེབ་གསར་དུ་བསྐྲུན་པ་ནས་ད་བར་ལོ་ངོ་གསུམ་ཙམ་རིང་གི་གནས་ཚུལ་དངོས་ལས་མཐོང་ཐུབ། སྤྱི་ལོ1981ལོའི《བོད་ཀྱི་རྩོམ་རིག་སྒྱུ་རྩལ》བོད་ཡིག་དུས་དེབ་ཐོག་ཁྲིན་བསྡོམས་རྩོམ་ཡིག་དྲུག་ཅུ་རེ་བདུན་སྤེལ་བའི་ནང་བསྒྱུར་རྩོམ་གསུམ་ལས་མེད་པས་སྤྱི་གྲངས་ཀྱི་བརྒྱ་ཆ་བཞི་དང་ཚག་བཞི་ཙམ་ལས་ཟིན་མེད་པ་དང་། སྙན་ཚིག་དང་། ཀ་བཤད། སྒྲུང་གཏམ། དཔྱད་རྩོམ་སོགས་བོད་ཡིག་ཐོག་ནས་གསར་དུ་བརྩམས་པའི་སྒྱུ་རྩལ་རྩོམ་ཡིག་ལྔ་བཅུ་ང་གསུམ་ཡོད་པས་སྤྱི་གྲངས་ཀྱི་བརྒྱ་ཆ་བདུན་ཅུ་བདུན་དགུ་དང་ཚག་གཅིག་ཙམ་ཟིན་ཡོད་པ་ནི་སྤྱི་ལོ1980ལོ་ལས་བརྒྱ་ཆ་བཞི་བཅུ་བཞི་གསུམ་ཙམ་འཕར་སྣོན་བྱུང་ཡོད། ལྷག་པར་གཏམ་རྒྱུད་ཀྱི་རྩོམ་སྲོལ་སྲུད་ནས་བོད་ཀྱི་རྣམ་པ་མཚོན་པར་བྱེད་པའི་སྒྱུ་རྩལ་རྩོམ་ཡིག་མང་དུ་སོང་བ་མ་ཟད། གནའ་བོའི་རིག་གནས་ལ་ཞིབ་འཇུག་གི་དཔྱད་བརྗོད་རྩོམ་ཡིག་རྩོམ་འབྲི་མཛད་མཁན་ཡང་ཇེ་མང་དུ་ཕྱིན་ནས་སྤྱི་ལོ1982ལོའི་ལོ་མཇུག་བར་ལ་བོད་ཡིག་དུས་དེབ་ཀྱི་རྩོམ་སྒྲིག་ཁང་དུ་རྩོམ་རིག་འབུལ་མཁན་མི་གྲངས་བརྒྱ་ལྷག་ཙམ་ཡོད་པ་དང་། དེའི་ཁྲོད་དུ་ཡོན་ཏན་གྱིས་ཕུལ་དུ་ཕྱུག་པའི་རྒན་རབས་དང་། གོམས་འགྲོས་སྦྱོང་ལུས་ཡིན་པའི་བློ་གསར་གཞོན་ནུ། ཐོན་སྐྱེད་ངལ་རྩོལ་གྱི་འཐབ་ཕྱོགས་དང་པོར་གནས་པའི་ཞིང་པ་དང་

འཕྲོག་པ། ནམ་འཕང་གཅོད་པའི་གཞོག་རྩལ་སློབ་མཁན་དགེ་རྒན། རྗེས་སུ་ལུས་འདོད་མེད་པའི་བུད་མེད་སོགས་ཡོད་པས་རྒྱ་ཁྱབ་ཀྱི་མང་ཚོགས་རང་བཞིན་ལྡན་པ་དང་། སྒྱུ་རྩལ་རྩོམ་ཡིག་གི་ནང་དོན་དང་རྣམ་པའི་ཐད་རྣམ་བཀྲའི་འཇའ་ཚོན་འདྲེན་བྱེད་ཀྱི་ཡུལ་དུ་གསལ་བ་ཇི་བཞིན་གློག་པ་པོའི་ཡིད་དབང་ཅིག་ཅར་འཕྲོག་པའི་ནུས་པ་ལྡན། ད་ཆ་དུས་དེབ་དེ་བོད་ལྗོངས་ཙམ་དུ་མ་ཟད། མཚོ་སྔོན། ཀན་སུའུ། སི་ཁྲོན། ཡུན་ནན་སོགས་ཞིང་ཆེན་གཞན་དག་ཁག་ལའང་འགྲེམས་སྤེལ་བྱེད་མུས་ཡིན་པ་དང་། མངགས་ཉོ་གནང་མཁན་གྱི་མི་གྲངས་ཀྱང་ལོ་རེར་མང་དུ་འགྲོ་བཞིན་ཡོད། རྩོམ་པ་པོའི་དཔུང་ཁག་རྒྱ་ཆེར་འགྲོ་བ་དང་སྤྲགས་དུས་དེབ་དཔར་གྲངས་ཀྱང་མང་དུ་སོང་བ་དང་། ནམ་དུས་རེར་དཔར་བའི་དུས་དེབ་ཆ་ཚང་དཔར་ནས་ལོ་རེར་དུས་དེབ་དྲུག་བར་འགྲེམས་སྤེལ་བྱེད་བཞིན་ཡོད།

《བོད་ཀྱི་རྩོམ་རིག་སྒྱུ་རྩལ》བོད་ཡིག་དུས་དེབ་འདོན་འགོ་ཚུགས་པ་ནས་ད་ལྟའི་བར་དུས་ཡུན་ལོ་ངོ་གསུམ་ཙམ་ལས་མ་འདས་མོད། རྩོམ་རིག་སྒྱུ་རྩལ་གྱི་བྱ་གཞག་འཕེལ་རྒྱས་འགྲོ་རྒྱུར་སྐུལ་སྤེལ་བྱུང་བ་དང་། རྩོམ་པ་པོའི་དཔུང་ཁག་ལོ་རེ་བཞིན་རྒྱ་བསྐྱེད་དུ་འགྲོ་བའི་དོན་དངོས་ཀྱི་ཐོག་ནས་བོད་རིགས་ཀྱི་རྩོམ་རིག་དེ་ལོ་རྒྱུས་ཀྱི་དུས་རབས་གསར་པ་ཞིག་ཏུ་སླེབས་བཞིན་ཡོད་ཅེས་ང་ཚོས་སྤོབས་པ་ཆེན་པོས་བརྗོད་ཆོག་གོ།

འབྲུམས་ཟླས་གཙུག་ལག་རིག་པའི་སྙིང་མོས་ཚལ།
ཏང་གི་ཉི་འོད་གྲུ་ཆར་གྱིས་བསྐྱངས་པས།
སྨྱུག་འཛིན་འཁྲི་ཤིང་གཞོན་ནུའི་ལང་ཚོ་ལས།
སྣ་རྩོམ་རྣམ་བཀྲའི་མེ་ཏོག་ཅི་ཡང་བཞད།

གཉིས་པ།

རིག་རྩལ་རྩོམ་རིག་གི་ནང་དོན་དང་རྣམ་པ་གཉིས་ནི་གཅིག་ཤོས་གཅིག་ལ་བརྟེན་དགོས་པ་དང་། ནང་དོན་མེད་པའི་རྣམ་པ་དང་། རྣམ་པར་བརྟེན་མི་དགོས་པའི་ནང་དོན་ནི་ཡེ་ནས་མེད་སྟབས་དེ་གཉིས་གོང་བུ་གཅིག་གྱུར་བ་ཞིག་ཡིན་མོད། ཅུང་ཟད་གོ་བདེ

བ་དང་ཁ་གསལ་ཡོང་ཆེད་འདིར་ཁོ་བོས་ནང་དོན་དང་རྣམ་པ་སོ་སོར་ཕྱེས་ནས་བརྗོད་པར་བྱ།

བོད་འདིར་སྔ་དུས་རྩོམ་རིག་གི་དཔེ་ཆ་མི་ཉུང་བ་ཞིག་ཡོད་ཀྱང་དེ་ཚོ་ནི་དགོན་སྡེ་ཁག་དང་དབང་སྒྱུར་གྲལ་རིམ་ཁྲོད་ཀྱི་མཁས་པ་ཁག་གཅིག་གིས་བརྩམས་པའི་སྟབས་ཀྱིས་ནང་དོན་ཕལ་མོ་ཆེ་སངས་རྒྱས་ཆོས་ལུགས་ཀྱི་སྐོར་ཡིན་པ་དང་། སངས་རྒྱས་ཆོས་ལུགས་ལ་བརྟེན་ནས་གནས་ལུས་ཀྱི་ལམ་ལུགས་སྲུང་སྐྱོབ་དང་སྲ་བརྟན་གཏོང་རྒྱུ་དམིགས་ཡུལ་དུ་བཟུང་བ་ཞིག་ཡིན་པ་མ་ཟད། འཚོ་བ་དངོས་ཀྱི་སྣང་ཚུལ་མཚོན་པར་བྱེད་པའི་རྩོམ་རིག་ཁག་གཅིག་ཡོད་པའི་དབང་དུ་བཏང་ཡང་དེ་དག་ཕལ་མོ་ཆེ་རྒྱལ་པོ་དང་། བློན་པོ། རྒྱལ་སྲས་ཕོ་མོ་སོགས་ཀྱི་གཏམ་རྒྱུད་ཤ་སྟག་ཡིན་པས་ཡོན་ཏན་དུ་མས་ཕྱུག་པའི་བདག་ཉིད་ཅན་མི་དམངས་ཀྱི་བསམ་པ་དང་སྤྱོད་བཟང་མཚོན་པར་བྱས་པའི་རྩོམ་ནི་ཤིན་ཏུ་ཉུང་ངུར་ཟད། མི་སེར་དང་ཉམ་ཐག་བྲན་གཡོག་ཚོའི་གནས་བབ་དང་འཚོ་བའི་སྣང་ཚུལ་དང་། རྒྱལ་པོ་ངན་པ་དག་གིས་འབངས་ཏིལ་བཞིན་འཚིར་བར་བྱེད་པའི་བཙན་པོར་སྤྱོད་པའི་ངང་ཚུལ་མཚོན་པར་བྱེད་པའི་རྩོམ་རིག་འགའ་ཞིག་ཡོད་མོད། སྐབས་དེའི་སྤྱི་ཚོགས་ཀྱི་ངོ་བོ་དབང་བའི་ལམ་ལུགས་ཀྱིས་ཐག་བཅད་པའི་འོག་རིག་རྩལ་གྱིས་གང་བསྒྲུབ་པར་བྱ་བའི་དམིགས་ཡུལ་ནི་མཐར་གཏུགས་ན་སྐབས་དེའི་ཆབ་སྲིད་ལམ་ལུགས་ལ་ཞབས་འདེགས་ཞུ་རྒྱུ་དེ་རང་ཡིན། ད་དུང་དབང་སྒྱུར་པའི་ཁྲོད་ཀྱི་མཁས་པ་ཁག་གཅིག་གིས་རང་གི་བློ་གྲོས་ཀྱི་རྩལ་དང་རྩོམ་གྱི་སྒྱུ་རྩལ་དེ་གཞན་ལས་ཆེས་ཁྱད་པར་འཕགས་པའི་གོ་འཕང་དུ་འཛོག་ཕྱིར་རམ། ཁྱད་རྩལ་ངོམ་པའི་ཆེད་དུ་མངོན་བརྗོད་ལ་སོགས་གོ་དཀའ་བའི་མིང་བརྡས་བཅིངས་པའི་རྩོམ་ཡིག་འབྲི་རྒྱུར་དགའ་བ་ལས་སྐབས་དེའི་སྤྱི་ཚོགས་ཀྱི་དོན་དངོས་མཚོན་ཕྱིར་བྲིས་པ་མིན་པས་ན་སྤྱི་ཚོགས་ཀྱི་དོན་སྙིང་ལྡན་པ་དང་དུས་རབས་ཀྱི་རྣམ་པ་གསལ་བར་མཚོན་པའི་བྱེད་ལས་ནི་སྐབས་གཞན་དུ་འཕྱན་པར་གྱུར། འོན་ཀྱང་དེང་དུས་ཀྱི་བོད་ཀྱི་རིག་རྩོམ་འདི་རིགས་ནི་མི་དམངས་ཀྱི་བསམ་བློ་ཆབ་སྲིད་དང་འཚོ་བའི་རྣམ་པ་གསར་པ་གང་ཞིག་དང་

དུས་རབས་ཀྱི་དཔལ་དུ་དར་བའི་སྙིང་སྟོབས་བཅས་དང་ཡོངས་སུ་གཅིག་གྱུར་ཡིན་པའི་དངོས་གཟུགས་དེ་ས་ས་མཐོའི་ཁྱོན་འདིར་བཀྲག་མདངས་ལྷག་མེར་འཚེར་བཞིན་ཡོད། ད་པན་ལོ་ངོ་གསུམ་གྱི་རིང་ལ《བོད་ཀྱི་རྩོམ་རིག་སྒྱུ་རྩལ》བོད་ཡིག་དུས་དེབ་ཐོག་སྤེལ་བའི་སྙན་རྩོམ་དང་། གཏམ་རྒྱུད། འཐོལ་རྩོམ། འབེལ་གཏམ། འཁྲབ་གཞུང་། ཀ་བཤད་ལ་སོགས་པའི་ནང་དཀར་ཆུའི་དྲི་ཞིམ་ལྡང་བའི་འབྲོག་པའི་འཚོ་བ་དང་། གྲོ་ནས་སྲན་གསུམ་ལ་སོགས་པའི་ལོ་འབྲས་བཟང་པོས་སྐྲོ་བ་རབ་ཏུ་བརྟས་པའི་སོ་ནམ་པའི་འཚོ་བ། བརླགས་ཟིན་པའི་བཀས་བཀོད་རྒྱུད་འཛིན་ཞིང་བྲན་ལམ་ལུགས་ཀྱི་ནག་ཉེས། སྤྱི་ཚོགས་རིང་ལུགས་ཀྱི་ཁྱད་འཕགས་རང་བཞིན། བོད་རྒྱ་མི་རིགས་དབར་གྱི་མཐུན་སྒྲིལ་མཛའ་སེམས། འཕྲོད་བསྟེན་སློབ་གསོའི་བྱ་གཞག་ཡར་ངོའི་ཟླ་ལྟར་འཕེལ་བའི་རྣམ་པ། ཚན་རིག་ཤེས་བྱར་བརྟེན་ནས་གནའ་བོའི་རྩོམ་རིག་ལ་བརྟག་དཔྱད་ཞིབ་འཇུག་གིས་དེ་དང་དེའི་སྐོར་གྱི་ཤེས་བྱ་ངོ་སྤྲོད་བྱེད་པ་སོགས་ནང་དོན་ཕུན་སུམ་ཚོགས་པའི་ཚད་དུ་མཆིས། འདིར་གསལ་བཤད་བྱེད་དགོས་པ་ཞིག་ལ་བཀས་བཀོད་རྒྱུད་འཛིན་ཞིང་བྲན་ལམ་ལུགས་ཀྱི་དུས་སྐབས་ལས་ཐོན་པའི་རིག་རྩོམ་གྱི་བརྗོད་བྱ་དང་སྤྱི་ཚོགས་རིང་ལུགས་ཀྱི་ལམ་ལུགས་འོག་ནས་ཐོན་པའི་རིག་རྩོམ་གྱི་བརྗོད་བྱ་གཉིས་ཚོད་བསྡུར་བྱས་ན་དེ་རིང་གི་རིག་རྩོམ་གོང་དུ་འཕེལ་ཚུལ་བརྗོད་པ་དེ་ཡང་བརྗོད་བྱའི་ནང་དོན་རྒྱ་ཆེ་ཆུང་དང་། གཏིང་ཟབ་ལོས། སྤྱི་ཚོགས་ཀྱི་འཚོ་བ་དངོས་མཚོན་མིན། ད་ཡོད་དང་འབྲེལ་བ་དམ་སྡོད་སོགས་ལ་གཞིགས་ནས་བརྗོད་པ་ལས་འདས་ཟིན་པའི་དུས་རབས་སོ་སོའི་ནང་གི་མཁས་པ་དག་གིས་དེང་དུས་ཀྱི་འཚོ་བ་དང་མི་རྣམས་ཀྱི་བསམ་བློའི་རྣམ་པ་མཚོན་པར་བྱས་མི་འདུག་ཅེས་བཤད་པ་ག་ལ་ཡིན། ཚང་མས་མཁྱེན་གསལ་ལྟར་ད་ལྟའི་དུས་རབས་ཀྱི་མིས་ལོ་རྒྱུས་ཀྱི་གནས་ཚུལ་རྣམས་རིག་རྩོམ་གྱི་རྣམ་པའི་ཐོག་ནས་སྣར་ཡང་མི་རྣམས་ཀྱི་བློ་ངོར་འཆར་ཐུབ་པའི་ནུས་པ་དང་ཆ་རྐྱེན་ཡོད་མོད། གནའ་བོའི་མི་རྣམས་ཀྱིས་ད་ལྟའི་དུས་རབས་ཀྱི་རྣམ་པ་འདི་སྐབས་དེ་དུས་མཚོན་པ་བྱེད་ཐབས་བྲལ་བས་ད་ཡོད་གནའ་ཤུལ་རིག་རྩོམ་ལ་ཚུལ་བཞིན་མིན་པའི་དཔྱད་

བརྗོད་བྱས་ན་དེ་ནི་ཁུངས་ལུང་མེད་པའི་གཏམ་དུ་འགྱུར་བ་སྨོས་ཅི་དགོས།

འོ་ན་ད་ལྟའི་དུས་རབས་འདིའི་རྣམ་པ་མཚོན་པའི་རིག་རྩོམ་གྱི་ནང་དོན་རྒྱ་ཆེ་བ་དང་གཏིང་ཟབ་པའི་ཚུལ་ཇི་ལྟར་ལགས་སམ་ཞེ་ན། དེ་ཐད་ང་ཚོས《བོད་ཀྱི་རྩོམ་རིག་སྒྱུ་རྩལ》བོད་ཡིག་དུས་དེབ་ཐོག་གི་རྩོམ་ཡིག་ཁག་གཅིག་དཔེ་མཚོན་དུ་བྱས་ནས་དེ་ཚོའི་ནང་དོན་རགས་རིམ་ཙམ་ཞུས་ཚེ་གསལ་པོར་རྟོགས་ཐུབ། དེ་ཡང་གཏམ་བརྗོད་ཟློས་གར་གྱི་འཕྲབ་གཞུང་《གསེར་འཛིག་དང་དཔལ་སྐྱིད》དང་། 《བུ་མོ་སྤུན་གསུམ་གྱི་རྣམ་ཐར》《གཙུག་གཡུ》སོགས་ཀྱི་གཏམ་རྒྱུད་ནི་བཀས་བཀོད་རྒྱུད་འཛིན་ཞིང་བྲན་ལམ་ལུགས་འོག་གི་གནས་ཚུལ་བརྩམ་བྱར་བྱས་ནས་དོན་རྐྱེན་དང་། བྱ་བ། མི་བཅས་མི་འདྲ་བའི་ཐོག་ནས་ཞིང་བྲན་བདག་པོ་དང་ཞིང་བྲན་དབར་དབང་བའི་ལམ་ལུགས་ཀྱིས་ཐག་བཅད་པའི་ཐོན་སྐྱེད་ཀྱི་འབྲེལ་བ་དང་། ཞིང་བྲན་བདག་པོའི་ཉེས་སྤྱོད། ཞིང་བྲན་བདག་པོའི་མནར་གཅོད་དུ་མས་གཙེས་པའི་ཞིང་བྲན་རྣམས་ཀྱི་བཟོད་པར་དཀའ་བའི་སྡུག་བསྔལ་གྱི་འཚོ་བ་དང་ཁོང་ཚོའི་ཕུགས་རེ་བཅས་མཚོན་པར་བྱས་ཡོད་སྐབས། ཀན་རབས་རྣམས་ཀྱིས་སྔར་གྱི་སྡུག་བསྔལ་མ་བརྗེད་པར་སྤྱི་ཚོགས་རིང་ལུགས་ཀྱི་ལམ་ལུགས་དང་གུང་ཁྲན་ཏང་ལ་དགའ་ཞེན་གྱི་བསམ་པ་རང་ཤུགས་སུ་སྐྱེ་ཆེར་འགྲོ་བའི་སྐུལ་ལྕག་དང་། ན་གཞོན་རྣམས་ཀྱིས་སྔོན་མའི་སྤྱི་ཚོགས་དེའི་ངོ་བོ་ཤེས་རྟོགས་གསལ་པོ་བྱུང་ནས་ཏང་ནི་དྲིན་ཆེན་པ་མ་ལས་ཀྱང་ལྷག་པ་དང་། སྤྱི་ཚོགས་རིང་ལུགས་ཀྱི་ལམ་ལུགས་ནི་བོད་རིགས་མི་དམངས་རྣམས་སླར་ཡང་སྡུག་བསྔལ་གྱི་འཚོ་བ་སྐྱེལ་མི་དགོས་པའི་འགན་ལེན་ཡིན་པའི་བསམ་པའི་གོ་རྟོགས་རྒྱས་པར་བྱེད་པ་བཅས་ཀྱི་ཐད་ལ་འགངས་ཆེའི་ནུས་པ་ཐོན་གྱི་ཡོད་པས་མ་ཟད། སྤྱི་ཚོགས་རྙིང་པའི་ལམ་ལུགས་དེ་ཙམ་གྱི་གདུག་རྩུབ་ཆེན་པོ་རང་མེད་འདྲ་བའི་བསམ་བློ་འཆང་མཁན་གྱི་མི་དེ་ཚོར་སྙིང་རྗེ་མེད་པའི་སུན་འབྱིན་བྱས་ཡོད་དོ། 《སྤོ་བོ་དབྱངས་ཅན་དཔལ་མོའི་མིང་འགྲེལ》དང་། 《སྡུག་བསྔལ་གྱི་མིག་ཆུ》《ཆབ་ཆ་རྩྭ་ཐང་གི་བཀྲ་ཤིས་སྒྲུ་སྒྲ》《འཇུར་ཏ་སྤེན་ཚེ》《བུ་ཚེ་རིང་ལ་གཤིན་པོའི་འདས་མཆོད་ཐེངས་གསུམ་བྱས་པ》

སོགས་ཀྱི་གཏམ་རྒྱུད་ནང་སྤྱི་བོ་དབྱངས་ཅན་དཔལ་མོ་ལྷ་བུའི་བྲན་གཡོག་ནི་བཀས་བཀོད་རྒྱུད་འཛིན་ཞིང་བྲན་ལམ་ལུགས་འོག་བུ་ལ་བུ་མོའི་མིང་བཏགས་ནས་བུ་མོར་བརྩིས་དགོས་པ་བྱུང་བ་ཡིན་ཡང་ད་ཆ་རང་གི་བཟའ་ཟླ་བུ་ཕྲུག་དང་མཉམ་དུ་སྡང་བ་སྐྱིད་ཅིང་མཉེས་གཤིན་པའི་ངང་ཚེ་སྨད་ཀྱི་འཚོ་བ་སྐྱེལ་བཞིན་ཡོད་པ་དང་། སྔོན་ཆད་འབྲོར་ལྡན་དབང་ཕྱུར་པའི་བྲན་བཀོལ་བྱ་ཡུལ་དུ་གྱུར་པའི་སློབ་ཚེ་ནི་ཊང་པ་སྐྱོབ་བྱེད་འཇུར་ཏ་ཆ་གཅིག་གི་མཐོང་ལམ་མེད་ཅིང་། ཚོང་ཟོག་ལྷ་བུར་རང་དགར་སྟེར་འཚོང་བྱེད་པ་དེ་ད་ཆ་རང་ལུས་རང་དབང་ཐོབ་ནས་འཚོ་བ་སྐྱིད་ཅིང་རྒྱགས་པ་སྐྱེལ་བཞིན་ཡོད་པ། གཞིས་བདག་གི་མནར་གཅོད་དྲག་པོའི་འོག་བུ་གསོན་བྲལ་ཀྱི་སྣ་ནས་སྤྲང་འཁྱམས་སུ་གྱུར་པའི་བུ་ཚེ་རིང་ཏང་གི་ཉི་འོད་སྤྲང་ཆར་ཟེམ་བུའི་གསོ་སྐྱོང་འོག་རིག་གནས་ཀྱི་ཤེས་ཡོན་ལྡན་པའི་མི་དམངས་བཅིངས་འགྲོལ་དམག་གི་དམག་དཔོན་ཞིག་ཏུ་གྱུར་པ་སོགས་ཀྱི་དོན་དངོས་བཅས་ཀྱི་ཐོག་ནས་སྤྱི་ཚོགས་རྙིང་པ་དང་སྤྱི་ཚོགས་གསར་པའི་ནང་གི་རྒྱ་ཆེའི་མི་དམངས་ཀྱི་གནས་བབ་མི་འདྲ་བ་གཉིས་བསྟུར་བའི་ཤུགས་ལས་བཀས་བཀོད་རྒྱུད་འཛིན་ཞིང་བྲན་ལམ་ལུགས་ཀྱི་སྤྱི་ཚོགས་ནང་རྒྱ་ཆེའི་ཞིང་བྲན་རྣམས་ལ་བདེ་བའི་གོ་སྐབས་ཕྲ་མོ་ཙམ་ཡང་མེད་པ་དང་། སྤྱི་ཚོགས་རིང་ལུགས་ཀྱི་ལམ་ལུགས་ནི་མི་དམངས་ཀྱི་བདེ་སྡུག་ལ་བསམ་གཞིགས་བྱེད་པ་དང་མི་དམངས་རང་གི་རྩ་བའི་ཁེ་ཕན་སྲུང་སྐྱོབ་བྱེད་པའི་ལམ་ལུགས་ཤིག་ཡིན་པའི་བསྙོན་མེད་ཀྱི་བདེན་དོན་གསལ་སྟོན་དང་། སྒྲིགས་ རླབས་ཆེན་གུང་ཁྲན་ཏང་དང་སྤྱི་ཚོགས་རིང་ལུགས་ཀྱི་ཁྱད་འཕགས་རང་བཞིན་ལ་སྐད་གསང་མཐོན་པོས་བསྟོད་སྨྲ་ཕུལ་ཡོད། གཏམ་རྒྱུད་གསར་རྩོམ་ནང་འདུས་ཟིན་པའི་ལོ་ཟླའི་ནང་གི་དོན་རྐྱེན་དང་མི་རྣམས་ཀྱི་བསམ་པའི་འཕོར་ཕྱོགས་ཀྱི་རྣམ་པ་ཅི་རིགས་པ་རྣམས་མཚོན་བྱའི་མི་སྣ་དག་གི་གཟུགས་བརྙན་གྱི་རྣམ་པའི་ཐོག་ནས་མངོན་པ་བྱས་ཏེ་མི་རྣམས་ལ་ཕན་ནུས་ལྡན་པའི་བསླབ་བྱ་བྱས་པ་ནི་གལ་འགངས་ཆེན་པོ་ཞིག་རེད་ལ། ད་ལྟའི་དུས་རབས་ཀྱི་གོམ་བགྲོས་དང་ཡང་གཅིག་མཚུངས་སུ་བྱེད་པ་དང་། དེ་རིང་གི་མིའི་བསམ་པའི་རྣམ་པ་གསར་པ་དང་། བྱ་བ་གསར་པ། སྤྱི་

ཚོགས་ནང་གི་དགེ་སྐྱོན་སོགས་གཏམ་རྒྱུད་ལས་ཇི་བཞིན་མཚོན་པ་བྱེད་རྒྱུ་དེ་ནི་དེ་བས་གལ་འགངས་ཆེན་པོ་ཡིན་པ་མ་ཟད། ཏང་གི་ཀྲུང་ཡུ་ཚང་འཛོམས་གྲོས་ཚོགས་ཐེངས་གསུམ་པའི་རྗེས་ཀྱི་དུས་རབས་གསར་པའི་རིག་རྩོམ་གྱི་དམིགས་བསལ་ཁྱད་ཆོས་སམ་འགྲོ་ཕྱོགས་གསར་པ་ཞིག་ཀྱང་ཡིན། དུས་རབས་གསར་པས་རྒྱལ་ཡོངས་ཀྱི་ཁྱོན་ལ་བསྟན་པ་དང་འདྲ་བར་རང་རེའི་བོད་ཀྱི་རིག་རྩོམ་གྱི་བརྗོད་བྱར་ནང་དོན་ཕུན་སུམ་ཚོགས་པོ་ཞིག་བསྟན་ཡོད་ཅིང་། བོད་རིགས་རྩོམ་པ་པོ་རྣམས་ཀྱིས་དུས་རབས་ཀྱི་མི་སྣ་གསར་པའི་གཟུགས་བརྙན་བཀོད་པ་བརྒྱུད་རྒྱ་ཆེའི་མང་ཚོགས་ཀྱི་སྤྱི་ཚོགས་རིང་ལུགས་ཀྱི་ཧུར་བརྩོན་རང་བཞིན་དང་། ཁོང་ཚོས་དེང་རབས་ཅན་བཞི་འཛུགས་སྐྲུན་བྱེད་པའི་ནང་ལོ་རྒྱུས་ཀྱི་རང་བཞིན་ལྡན་པའི་བྱ་གཞག་གསར་གཏོད་བྱེད་པར་སྐུལ་ལྕག་བྱེད་རྒྱུ་དང་དར་སྤེལ་གཏོང་རྒྱུ་དམིགས་ཡུལ་དུ་བཟུང་པས་མི་རྣམས་ཀྱི་བློ་ཡིད་འཕྲོག་པར་ནུས་པའི་ཉམས་འགྱུར་གྱི་ཐོག་ནས་ཕུན་སུམ་ཚོགས་པའི་སྤྱི་ཚོགས་ཀྱི་འཚོ་བ་དང་། མདུན་དུ་སྐྱོད་བཞིན་པའི་དུས་རབས་ཀྱི་རེ་བ་དང་ལོ་རྒྱུས་གོང་འཕེལ་འགྲོ་བའི་འཕེལ་ཕྱོགས་མངོན་པ་སོགས་ཀྱི་གཏམ་རྒྱུད་མི་ཉུང་བ་ཞིག་བརྩམས་ནས་འགྲེམས་སྤེལ་བྱས་ཡོད། 《ཆར་ཤུལ་གྱི་ནགས་ཚལ》དང་། 《མི་ཏོག་ལྷམ་རྣའི་ནང་གི་ཀླན་ཀ》《གྲོ་སོ་ཕྱེ་མར་བསྒྲིགས་པའི་ཆག་སྒོ》《ཇོ་མགོན་གྱི་གནས་ཚང》《དགའ་སྐྱིལ་ཞུ་བ》《ཟ་སྒོ་ཟ་མཁན》《བུ་མོ་སྐལ་བཟང་དང་ཁོང་གི་རག་སྐྱོགས》སོགས་ཀྱི་གཏམ་རྒྱུད་དང་འཁྲབ་གཞུང་གིས་ཕྱོགས་མི་འདྲ་བའི་སྒོ་ནས“མི་བཞི་ཤོག་ཁག”གི་ཛ་ལང་གི་སྤྱོད་པར་དགག་པ་བརྒྱབ་པ་དང་། ལོ་པ་ཚོའི་གཡོན་ཐལ་ལམ་ཕྱོགས་ཀྱིས་ཏང་གི་མི་རིགས་སྲིད་ཇུས་གཏོར་བཤིག་བཏང་ནས་མི་སེམས་འཁྲུག་པར་བྱས་པའི་ནག་ཉེས་ཐེར་འདོན་བྱས་པ། ཏང་གི་མི་རིགས་སྲིད་ཇུས་སླར་ཡང་བོད་མི་དམངས་ཀྱི་ཁྲོད་དུ་དོན་འཁྱོལ་བྱུང་བའི་རྗེས་སྣང་ལྗོངས་གང་སར་རྣམ་པ་གསར་པས་ཁེངས་ནས་ཡོད་པ། རྒྱ་ཆེ་བའི་མི་དམངས་ཀྱིས་དེང་རབས་ཅན་བཞི་མངོན་དུ་འགྱུར་བའི་སླད་རྩོལ་བ་མ་ལྷོད་པར་འབད་འཐབ་བྱེད་བཞིན་ཡོད་པ་མངོན་གསལ་དུ་བསྟན་པ་དང་སྒྲུགས་རང་ཕན་གཞན་གནོད་ཀྱི་

བྱ་བ་སྒྲུབ་མཁན་དང་། གཙམ་གསག་དཀྱོར་འཁྱིན་ལ་བརྟེན་ནས་རང་དོན་སྒྲུབ་མཁན་དང་། ཡང་ན་ལྷགས་ཕྱོགས་ལ་གཞིགས་ནས་རང་དྲུས་སྒྲུབ་པའི་གཡོ་སྒྱུད། རྒྱས་སྤྲོས་མཚོར་སྣེག་དང་རྩེ་དགའི་གཡེང་བས་དུས་འདའ་བར་གྱུར་ཏེ་རྒྱལ་ཁབ་དང་བོད་ལྗོངས་གསར་པ་འཛུགས་སྐྲུན་བྱ་རྒྱུར་ཕན་པའི་སློབ་སྦྱོང་དང་ལས་ཀར་འབད་འཐབ་བྱ་རྒྱུ་ལྟ་ཅི་བསམ་མནོ་ཙམ་ཡང་མི་གཏོང་བའི་ཚུལ་མིན་རིགས་ལ་སུན་འཁྱིན་དང་དྲན་བརྡ་ཡང་བཏང་ཡོད། གཞན་ཡང་《དགའ་སྐྱིལ་ཞུ་བ》ཞེས་པའི་བརྩམས་སྒྲུང་གིས་རང་ཡུལ་ལ་ཕྱིར་ལོག་བྱེད་མཁན་རྒྱ་རིགས་བློ་མཐུན་ཀན་གྲས་ཤིག་ལ་སྐྱིལ་མ་ཞུ་ཚུལ་གྱི་ཐོག་ནས་བོད་རྒྱ་མི་རིགས་དབར་ཁ་བྲལ་ཐབས་མེད་པའི་བརྩེ་སེམས་མཚོན་པ་བྱས་ཡོད། བོད་ཞི་བས་བཅིངས་བཀྲོལ་ཐོབ་ནས་ད་ལྟའི་བར་ལོ་ངོ་སུམ་ཅུ་ཙམ་འདས་ཟིན་པའི་ནང་དུ་ཏང་གི་མི་རིགས་འདྲ་མཉམ་དང་མི་རིགས་མཐུན་སྒྲིལ་གྱི་ཡང་དག་སྲིད་ཇུས་ཀྱི་སྣེ་ཁྲིད་འོག་བོད་རྒྱ་མི་རིགས་གཉིས་པོ་བོད་གསར་འཛུགས་སྐྲུན་བྱེད་པའི་ཐུན་མོང་གི་དམིགས་ཡུལ་སྒྲུབ་པའི་འཐབ་རྩོད་ནང་ལྷག་བསམ་ཟོལ་མེད་ཀྱི་བརྩེ་གདུང་ཟབ་མོ་ཞིག་ཆགས་ཡོད་པའི་གནས་ཚུལ་ནི་རང་རེའི་ལྗོངས་ཀྱི་རྩོམ་རིག་པས་བརྩམས་བྱའི་ནང་དོན་རྒྱ་ཆེ་ཞིང་གལ་འགངས་ཆེ་བ་ཞིག་ཡིན་ནའང་དེ་སྐོར་མཚོན་པའི་རིག་རྩོམ་གཏམ་རྒྱུད་མང་པོ་མེད་པས་ཕྱིས་ནས་རང་ལྗོངས་ཀྱི་རྩོམ་རིག་པ་ཚོས་དེའི་ཐད་ལ་མཐོང་ཆེན་གནང་ན་རྒྱ་རིགས་ནི་གྲངས་ཉུང་མི་རིགས་དང་ཁ་བྲལ་ཐབས་མེད་པ་དང་། གྲངས་ཉུང་མི་རིགས་ཀྱང་རྒྱ་རིགས་དང་ཁ་བྲལ་ཐབས་མེད་པའི་བསམ་པ་དེ་རྩོམ་རིག་སྒྱུ་རྩལ་གྱི་རྣམ་པའི་ཐོག་ནས་ཁྱབ་སྤེལ་བྱས་པ་བརྒྱུད་མི་རྣམས་ཀྱི་སྙིང་དབུས་སུ་བག་ཆགས་ཟབ་མོ་ཞིག་འཇོག་ཐབས་བྱེད་དགོས་པ་ཤིན་ཏུ་གལ་ཆེའོ། རང་རེའི་མི་རིགས་ཀྱི་རྩོམ་རིག་པས་སྤྱི་ཚོགས་རིང་ལུགས་ཀྱི་སྤྱི་ཚོགས་ནང་བསམ་བློ་བཟང་ངན་དབར་གྱི་འཐབ་རྩོད་རྡོ་ངར་ཆེན་པོ་གནས་ཡོད་པ་དང་། ཆབ་སྲིད་བསམ་བློའི་ལས་དོན་ལྟོད་གཡེངས་སུ་བཏང་ན་མི་བཟང་པོའང་ངན་པར་འགྱུར་སྲིད་ཅིང་། གལ་ཏེ་ཆབ་སྲིད་བསམ་བློའི་ལས་དོན་ལ་དམ་འཛིན་ཡག་པོ་བྱས་ན་ངན་པ་ཡང་ཤོར་དུ་གྱུར་པའི་མི་

གང་ཞིག་ཀྱང་བཟང་པོར་འགྱུར་སྲིད་པའི་ཆོས་ཉིད་ལ་ངོས་འཛིན་གང་ལེགས་དང་དོ་སྣང་ཆེན་པོ་བྱེད་དགོས། 《བཀྲ་ཤིས་པའི་ཉི་མ》དང་《སུ་ལ་ཁག་དཀྲི་བཞག་དགོས》《ནོར་བུ》སོགས་ཀྱི་གཏམ་རྒྱུད་ནང་ཚུལ་བཞིན་མ་ཡིན་པའི་ལམ་ལ་འཇུག་པའི་དོན་དངོས་འདི་དང་དེ་ཞེས་བྱ་བ་བཀོད་ཡོད། ན་གཞོན་བྱིས་པ་རྣམས་ནི་མེས་རྒྱལ་མི་དམངས་ཀྱི་ཕྱིས་ཀྱི་རེ་བ་བཅོལ་ས་ཡིན་པ་དང་། གསར་བརྗེའི་ཤུལ་འཛིན་མཁན་ཡིན་པས་ཁོང་ཚོ་ཡང་དག་པའི་འགྲོ་ལམ་ཐོག་བསམ་སྤྱོད་སྐྱོན་བྲལ་ངང་འཚར་ལོངས་དང་མདུན་སྐྱོད་ཡོང་བར་ཁྱིམ་བདག་ཕ་མ་རྣམས་དང་སློབ་གྲྭའི་དགེ་རྒན་རྣམས་ཀྱིས་གཙོ་བོར་བྱས་པའི་སྤྱི་ཚོགས་ཡོངས་ཀྱིས་དོ་འཁུར་ཧ་ཅང་ཆེན་པོ་བྱེད་དགོས་པ་དང་། གུང་ཁྲན་རིང་ལུགས་ཀྱི་བསམ་བློའི་སློབ་གསོ་ནན་ཏན་དུ་བྱེད་དགོས་པའི་རེ་བ་འདོན་རྒྱུ་འདི་ནི་སྤྱི་ཚོགས་ཡོངས་ཁྱབ་ལ་ཕན་པ་ཆེ་བ་དང་དངོས་ཡོད་ཀྱི་དོན་སྙིང་ལྡན་པ་ཞིག་ཡིན།

ང་ཚོས་འདིར་དམིགས་སུ་བཀར་ནས་བརྗོད་དགོས་པ་ཞིག་ནི་རང་རེས་ད་ལྟ་སྤྱོད་བཞིན་པའི་བོད་ཀྱི་ཡི་གེའི་སྲོལ་དེ་དར་བ་ནས་ད་བར་ལོ་ཆིག་སྟོང་གསུམ་བརྒྱ་ལྷག་ཙམ་སོང་བའི་རིང་ལ་རིམ་བྱུང་མཁས་པ་རྣམས་ཀྱིས་བརྩམས་བསྒྱུར་མཛད་པའི་རིན་ཐང་བྲལ་བའི་དཔེ་ཆ་བགྲངས་ཀྱིས་མི་ལངས་པ་ཡོད་པ་དེ་ཚོར་ལྟོས་ན་འདིའི་མཁས་པ་དང་རྒྱལ་ཁབ་ཕྱི་ནང་གི་མཁས་པ་དུ་མས་ཞིབ་འཇུག་བརྟག་དཔྱད་བྱས་ནས་ཆེད་རྩོམ་ཧ་སྙེད་སྤེལ་ཡོད་ཀྱང་རྩོམ་རིག་སྒྱུ་རྩལ་གྱི་ཐད་མི་རིགས་ཀྱི་ཁྱད་ཆོས་གང་དང་གང་ལྡན་པའི་སྐོར་བོད་རིགས་རང་གི་ཁྲོད་ནས་བརྩམས་པའི་ཆེད་རྩོམ་དཔྱད་བརྗོད་ཀྱི་རྩོམ་ཡིག་སྟོན་ཚད་ཏ་ལམ་མེད་པར་སྣམ། འོན་ཀྱང་དེ་རིང་དེ་ལྟར་མ་ཡིན་པར་རྣམ་པ་གསར་པའི་འགོ་ཚུགས་ནས《ཁ་ཆེ་པ་ལུའི་བསླབ་བྱ་དངོས་གྲུབ་ཆུ་མིག་ཅེས་བྱ་བར་དཔྱེ་ཞིབ་ཀྱི་ལྟ་ཚུལ་རགས་རིམ་ཙམ་གླེང་བ》དང་། 《བོད་ལྗོངས་གཙུག་ལག་ངོ་མཚར་འདབ་བརྒྱའི་མེ་ཏོག་གཞོན་ནུ་ཟླ་མེད་ཀྱི་གཏམ་རྒྱུད》ཅེས་པ་སོགས་བོད་ཀྱི་རྩོམ་རིག་གི་རྩོམ་ཡིག་བྱེ་བྲག་པ་ཞིག་གི་བརྗོད་བྱ་དང་སྒྱུ་རྩལ་གྱི་ཐད་ལེགས་ཉེས་བཟང་ངན་གྱི་ཁྱད་པར་གང་ཞུགས་པར་རིགས་པའི་གཞུང་ལུགས་ཀྱི་ཐོག་

ནས་དབྱེ་ཞིབ་ཕྲ་མོ་བྱས་པའི་དཔྱད་གཏམ་དང་། 《བོད་ཀྱི་རིག་གཞུང་རྩོམ་རིག་གི་རྩོམ་སྲོལ་འཕེལ་རིམ་དང་ཁྱད་ཆོས་སྐོར་གྱི་བཤད་པ་མདོར་བསྡུས》དང་། 《བོད་ཀྱི་སྙན་ངག་དར་རྒྱུན་དང་སྙན་རྩོམ་ལ་ཚིག་རྒྱན་སྦྱོར་ཚུལ་རགས་བསྡུས་བཤད་པ》《དམངས་ཁྲོད་གླུ་གཞས་སྐོར་གྱི་དཔྱད་གླེང་རགས་པ》སོགས་བོད་ཀྱི་དམངས་ཁྲོད་རྩོམ་རིག་དང་ཡིག་ཐོག་རྩོམ་རིག་དར་ཚུལ་དང་འཕེལ་རིམ། ཁྱད་ཆོས་བཅས་ལ་གོ་རིམ་ལྡན་ཞིང་མ་ལག་ཆ་ཚང་བའི་སྒོ་ནས་རྒྱས་གླེང་མཛད་པའི་ཆེད་རྩོམ་མི་ཉུང་བ་ཞིག་ཐོན་དང་ཐོན་བཞིན་ཡོད་པ་དེ་ཆོས་བོད་ཀྱི་སྤྱི་ཚོགས་ཚན་རིག་ཞིབ་འཇུག་གི་ཤེས་བྱ་གསར་པ་ཐོབ་རྒྱུར་རིན་ཐང་བསྟན་པ་དང་། སྐྱིགས་དོར་བཅུད་ལེན་གྱི་སྒོ་ནས་གནའ་རབས་རྩོམ་རིག་གི་ལེགས་ཆའི་རྩོམ་སྲོལ་སྤྱོད་དེ་སྟར་ལས་ལྷག་པའི་སྒོ་ནས་དེང་དུས་ཀྱི་རྩོམ་རིག་གསར་རྩོམ་ལ་ཞབས་འདེགས་ཞུ་བའི་ནུས་པ་ཆེས་ཆེར་འདོན་གྱི་ཡོད། 《བོད་ཀྱི་རྩོམ་རིག་སྒྲུ་རྩལ》བོད་ཡིག་དུས་དེབ་ཐོག《སྣ་ཐ་དང་ཐམ་ཁའི་རྩོད་གླེང》ཞེས་པ་སོགས་རྩོམ་རིག་གི་ཐོག་ནས་ཚན་རིག་ཤེས་བྱ་ཁྱབ་གདལ་གཏོང་བའི་སྒྲུང་རྩོམ་དང་། 《གཞོན་ནུའི་ལང་ཚོ་ཆུད་ཟོས་གཏོང་མི་ཉན》ཞེས་པ་སོགས་ཡོན་ཏན་སློབ་པར་སྐུལ་བའི་འབེལ་གཏམ། ཏང་དང་བོད་ལྗོངས་གསར་པར་བསྔགས་པའི་སྙན་ངག་དང་ཀ་བཤད། སྐྱིད་བསྡུད་ལྡན་པའི་དམངས་གཞས་སོགས་ནང་དོན་ཕུན་སུམ་ཚོགས་པའི་རྩོམ་ཡིག་མང་དུ་མཆིས་པ་རྣམས་འདིར་རེ་རེ་བཞིན་གླེང་མི་དགོས་པར་དཔེ་མཚོན་ཙམ་བརྗོད་པས་འཐུས་པར་བྱས་པ་ཡིན་ནོ།

ཉེ་ལམ་ལོ་ཤས་ནང་བོད་རིགས་རྩོམ་རིག་པའི་དཔུང་ཁག་རྒྱ་བསྐྱེད་དུ་ཕྱིན་པ་དང་། དེ་ཚོའི་ན་ཚོད་དང་མཐོང་ཐོས། ལས་རིགས། སྤྱི་ཚོགས་ཀྱི་སྡོད་བ་སོགས་མི་འདྲ་བའི་དབང་གིས་རྩོམ་རིག་གི་བརྗོད་བྱར་ཡང་འཐབ་ཕྱོགས་གང་ས་ཅི་ཐད་ཀྱི་སྐོར་འཁོད་ཡོད་པ་དང་། རྩོམ་རིག་པའི་ཆབ་སྲིད་བསམ་བློའི་ཁ་ཕྱོགས་ཡང་དག་ཡིན་པ། རྩོམ་རིག་རྩོམ་ཡིག་གི་ནང་དོན་རྫ་བའི་ཆ་ནས་སྨིན་བྲལ་ཡིན་པ་བཅས་ཀྱིས་བོད་རིགས་ཀྱི་རྩོམ་རིག་དེ་ལོ་རྒྱུས་ཀྱི་དུས་རབས་གསར་པ་ཞིག་ལ་སླེབས་ཡོད་པ་གསལ་པོར་མཚོན་པ་ཡིན་ཞེས་སྨྲ་བར་སྤོབས།

གསུམ་པ།

འོད་ཟེར་རབ་ཏུ་འཚེར་བའི་རིན་པོ་ཆེའི་རྒྱན་གྱིས་ལང་ཚོ་ལེགས་པར་བརྒྱན་ཞིང་འཛོམ་སྒྲིག་གི་ཉམས་འགྱུར་ཅི་དང་ཅི་ཡང་སྟོན་པའི་གར་མཁན་མས་གཟིགས་མོ་བ་རྣམས་ཀྱི་ཡིད་དབང་ཅིག་ཅར་འཕྲོག་པར་བྱེད་པའི་བྱེད་ལས་དང་གཉིས་སུ་མེད་པའི་《བོད་ཀྱི་རྩོམ་རིག་སྒྱུ་རྩལ》གྱི་རྩོམ་ཡིག་གི་རྣམ་གྲངས་དེ་དང་དེ་དག་གིས་མི་རིགས་རང་ཉིད་ཀྱི་ཐུན་མོང་མ་ཡིན་པའི་རྩོམ་སྲོལ་གྱི་ཉམས་འགྱུར་ཁྱད་ཆོས་གང་ལེགས་མཚོན་པའི་རྗེས་སུ་རྐང་འགྲོས་འགྱུར་བ་མ་ཟད། དཔེར་བྱ་ འོས་པའི་ཕྱུན་ལྷའི་མི་རིགས་གཞན་གྱི་རྩོམ་སྲོལ་ལ་ཡང་སློབ་སྦྱོང་བྱས་ནས་སྐད་ངག་གཞུང་ལུགས་ཀྱི་སྲོལ་ལྟར་རྒྱན་སྦྱོར་བྱས་པ་ཅི་དང་ཅི། ཀ་ལི་སུམ་ཅུས་འགོ་བྲངས་པའི་སྐད་རྩོམ་ཀ་བཤད་དེ་དང་དེ། ཕན་ཚུན་གྲོས་མོལ་གྱི་བྱ་རིམ་བསྟན་པའི་འབེལ་གཏམ་མང་དག བདེ་སྐྱིད་དང་མངོན་བརྗོད་ཀྱིས་མ་བཅིངས་པའི་འབོལ་རྩོམ་ཇི་སྙེད། དཔེ་དོན་སྦྱར་ཏེ་མཚོན་པར་བྱས་པའི་ལེགས་བཤད་འགའ་དང་འགའ། རི་དྭགས་དང་། འདབ་ཆགས། སྐྱེ་དངོས་སྣ་ཚོགས་མིའི་མཚན་ཉིད་ཀྱི་གཟུགས་སུ་བཀོད་ནས་སེམས་ལྡན་དང་འདྲ་བའི་ཀུན་སློང་གི་བདག་ཉིད་ཅན་དུ་བྱས་ཏེ་དེ་དག་མི་དང་མི་ནང་བཞིན་ཕན་ཚུན་ཇི་ལྟར་སྨྲ་བར་བྱེད་པའི་རབ་བཏགས་འཆར་ཡན་གྱི་གཏམ་རྒྱུད་མང་པོ། བྱ་བའི་འཕེལ་རིམ་ལྟར་རམ་ཡང་ན་བྱ་བའི་འཕེལ་རིམ་གྱི་ཐུ་ཕྱི་གོ་ལྡོག་སྟེ་བྲིས་པའི་བརྩམས་སྒྲུང་སོགས་མདོར་ན་བརྗོད་བྱའི་དོན་ལ་གཞིགས་ཏེ་རྩོམ་རིག་སྒྱུ་རྩལ་གྱི་རྣམ་པ་གང་ལ་དེ་འཚམ་གྱི་སྒོ་ནས་བོད་ཀྱི་སྒྱུ་ཚོགས་འཕོ་འགྱུར་དང་། བོད་རྒྱ་མི་རིགས་དཔྱུང་པ་མཉམ་གཤིབ་ཀྱི་སྒོ་ནས་བོད་གསར་འཛུགས་སྐྱུན་བྱེད་པའི་འཐབ་རྩོད་ལ་ཐོབ་པའི་གཡུར་ཟའི་འབྲས་བུ། ཏང་གི་ཡང་དག་མཛད་ཕྱོགས་ཀྱི་འོད་ཟེར། སྤྱི་ཚོགས་རིང་ལུགས་ཀྱི་ཁྱད་འཕགས་རང་བཞིན། དུས་རབས་གསར་པ་དང་འདིའི་ནང་གི་བོད་རིགས་མི་དམངས་ཀྱི་རྣམ་པ་གསར་པ་དང་འཚོ་བ་གསར་པ་བཅས་དགོས་པ་གཙོ་བོ་དེ་དག་ཇི་བཞིན་མཚོན་པར་བྱས་པ་མ་ཟད། དུས་བབ་བཟང་པོའི་འོག་ཏུའང་གནས་ མུས་ཀྱི་ཚུལ་བཞིན་མ་ཡིན་པའི་མི་

དང་བྱ་བ་དག་རྣམ་པ་ཅི་རིགས་པའི་སྒོ་ནས་དངོས་ཡོད་གཞིར་བཞག་སྟེ་དེ་ཉིད་ཀྱི་ངོ་བོ་རབ་ཏུ་མཚོན་པ་བྱས་ཡོད།

བོད་རྒྱལ་སྐྱང་དར་མའི་དུས་སྐབས་སུ་བོད་ཀྱི་རིག་གནས་སྤྱི་ལ་ཉམས་རྒུད་ཆེན་པོ་རློས་མི་དཔོག་པ་ཞིག་བྱུང་བ་དང་མཚུངས་པའི་རིག་པའི་གནས་མཐའ་དག་རྨིག་མེད་ཀྱི་ཚད་དུ་རྩ་བརླགས་གཏོང་བའི་ལོ་བརྒྱའི་ཟང་ཟིང་གི་དུས་སྐབས་ངན་པ་དེ་ཡོལ་རྗེས་དང་། ལྷག་ཏུ་ཀྲུང་ཧྲུ་ཚང་འཛོམས་གྲོས་ཚོགས་ཐེངས་གསུམ་པ་འཚོགས་རྗེས་ཆར་རྗེས་སྨྱུང་ཤ་རྡོལ་བ་ལྟར་གཏམ་རྒྱུད་རྩོམ་རིག་པ་མང་པོ་དུས་གཅིག་ཏུ་ཐོན་པ་འདི་འདྲ་བོད་ཀྱི་རྩོམ་རིག་ལོ་རྒྱུས་ཐོག་བྱུང་སྔོང་མེད་ཅེས་ང་ཚོས་སྤོབས་པ་ཆེན་པོས་བཤད་ཆོག་པ་ཡིན། ང་ཚོས《བོད་ཀྱི་རྩོམ་རིག་སྒྱུ་རྩལ》བོད་ཡིག་དུས་དེབ་ཐོག་བཀོད་པའི་གསར་རྩོམ་གཏམ་རྒྱུད་ཁག་གཅིག་ནི་བཅད་ལྷུག་སྤེལ་མའི་རྩོམ་སྲོལ་སྲྱུད་པ་མ་ཟད། མཚོན་བྱའི་མི་སྣ་པན་ཚུན་གྱི་གཏམ་གླེང་སྐད་ངག་ཚིགས་བཅད་ཀྱི་ལམ་ནས་དྲངས་པ་སོགས་རང་རང་གི་རྩོམ་གྱི་ཉམས་འགྱུར་ཇི་ཡོད་བསྟན་ཏེ་སྤྱི་ཚོགས་རིང་ལུགས་ཀྱི་བསམ་པའི་དཔལ་ཡོན་དར་སྤེལ་དང་རིག་གནས་ཀྱི་འཇུགས་སྐྲུན་ལ་ཞབས་འདེགས་ཞུས་ཡོད་པ་དེ་མཐོང་ཐུབ་པ་མ་ཟད། ཀ་བཤད་དང་དམངས་ཁྲོད་ཀྱི་གཏམ་དཔེ་དང་། ཡང་ན་དམངས་ཁྲོད་དུ་དར་ཁྱབ་ཆེ་ཞིང་གོ་དོན་ཟབ་མོ་ལྡན་པའི་དམངས་གཞས་རྩོམ་སྲོལ་གྱི་རྣམ་པ་དེ་སྐོར་སྤྱད་ནས་རང་གིས་བརྗོད་པར་འདོད་པའི་དོན་གང་ཡིན་པ་དེ་དག་ཆ་ཚང་བར་མཚོན་པར་བྱས་པའི་རྩོམ་འབྲིའི་རྣམ་པ་ཞིག་ཀྱང་ཐོན་ཡོད་པ་དེ་བས་ཀྱང་གསལ་པོར་མཐོང་ཐུབ། གནའ་བོའི་རྩོམ་སྲོལ་གྱི་རྣམ་པ་དང་དེང་སྐབས་གསར་དུ་དར་བའི་རྩོམ་སྲོལ་གྱི་རྣམ་པ་གང་ཞིག་སྤྱད་ཀྱང་རུང་། དེས་མཚོན་པར་བྱེད་དགོས་པའི་ཐུན་མོང་མ་ཡིན་པའི་བྱ་དངོས་ཀྱི་ནང་དོན་རྣམས་གཏིང་ཟབ་དང་གསར་གཏོད་རང་བཞིན་ལྡན་པ། མངོན་མཚན་ཆེན་པོའི་སྟོབས་ཀྱིས་མཚོན་པར་བྱས་ཡོད་མེད་དང་། རྩོད་བྱེད་ཀྱི་ཚིག་སྦྱོར་སྐད་འཇེབས་ལྡན་ཞིང་གྱ་གྱུའི་བཀྲོད་པ་ཅན་དུ་གྱུར་བའི་རྟོག་འཛིང་གི་སྒོ་དུ་མ་ནས་འཛོམས་པའི་གཤིས་ལུགས་དེ་དག་རིག་འཕྲུལ་གྱི་སྒྱུ་རྩལ

ཉམས་འགྱུར་ཆེས་ཆེར་ལྡན་པའི་སྒོ་ནས་ཀློག་པ་པོ་ཚོར་དགའ་སྤྲོའི་སྣང་བ་མངོན་སུམ་དུ་སྐྱེར་ནུས་པ་ཞིག་བྱུང་མིན་དང་། མི་ཚོར་འབད་འཐབ་ཡང་བསྐྱེད་ཀྱི་དཔའ་སེམས་སྐྱེ་བར་སྐུལ་འདེད་གཏོང་བའི་ནུས་པ་ཐོན་ཐུབ་པ་ཞིག་དགོས་པ་དེ་དོན་ཐོག་ཏུ་འཁྱོལ་བ་བྱུང་ཡོད་མེད་བཅས་ནི་ང་ཚོས་གཏམ་རྒྱུད་རྩོམ་རིག་གི་རིན་ཐང་ཆེ་ཆུང་གང་ཞིག་ཏུ་འགྱུར་བའི་འབྱེད་ཚོས་ཀྱི་ཚད་གཞིར་བྱེད་པས་འདི་ནི་སྐབས་གང་དུའང་དོ་སྣང་བྱེད་ཡུལ་གཙོ་བོ་ཡིན་པ་སྨོས་ཅི་དགོས།

《མེ་ཏོག་ལྡུམ་ར་འི་ནང་གི་སྐྱན་ཀ》དང་《ཆར་ཤུལ་གྱི་ནགས་ཚལ》ཞེས་པའི་གཏམ་རྒྱུད་ཀྱིས་ནི་སྐྱེ་དངོས་མེ་ཏོག་དང་། སྤང་ཆེན་དང་སྤྲེའུ། རི་བོང་། ཕ་མོ། སྤྱང་ཀི་སོགས་རི་དྭགས་དང་གཅན་གཟན་སོགས་མི་ཉིད་མཚོན་པ་ལྟར་གྱི་ཕན་ཚུན་བརྗོད་པའི་བདག་ཉིད་ཅན་དུ་བྱས་པ་བརྒྱུད་ཚུལ་མིན་ཉེས་སྤྱོད་ཅན་གྱི་སྐྱེ་བོ་ཞུང་ཤས་དེ་ཚོར་ཟུར་ཟའི་མདའ་མཚོན་གཏད་དུ་བསྟུན་ནས་དེང་རབས་ཅན་བཞི་མངོན་འགྱུར་བའི་འགལ་རྐྱེན་གྱི་ཆ་དེ་རིགས་ངེས་པར་སེལ་དགོས་པའི་བསམ་བློ་གོ་རིམ་ལྡན་ཞིང་། དངོས་ཡོད་དང་འབྲེལ་ཆགས་པ། རྣམ་པ་མཛེས་ལ་ཚགས་དམ་པའི་སྒོ་ནས་མཚོན་ཡོད་སྟབས། སྤྱི་ཚོགས་ཀྱི་ཆ་ཤས་སུ་གྱུར་པའི་མི་འདྲ་མིན་སྣ་ཚོགས་ཀྱི་གཟུགས་བརྙན་དེ་དག་ཀློག་པ་པོའི་མིག་ལམ་དུ་ཁྲ་ལྷམ་མེར་མཐོང་བ་ལྟ་བུའི་ཚོར་བ་སྐྱེ་རུ་འཇུག་པ་དང་། བསམ་བློའི་འཚོ་བཅུད་ཕུན་སུམ་ཚོགས་སུ་གཏོང་བའི་སྒྱུ་རྩལ་གྱི་ནུས་པ་ཆེས་ཆེར་ཐོན་ཡོད། གཞན་ཡང་《ནོར་བུ》དང་། 《སུ་ལ་ཁག་དཀྲི་བཞག་དགོས》ཞེས་པ་སོགས་པའི་གཏམ་རྒྱུད་ཀྱིས་ཡ་རབས་ཚུལ་ལྡན་གྱི་ན་གཞོན་བྱིས་པ་ལ་ལ་མི་གཙང་འདམ་རྫབ་ཀྱི་ནང་དུ་ལྷུང་བའི་སྤྱི་ཚོགས་ཀྱི་རྒྱུ་རྐྱེན་ནི་དཔེར་ན་ནོར་བུ་དང་མིག་དམར་གྱི་ཕ་མས་རང་གི་བུ་ཕྲུག་གང་དགའ་ཅི་འདོད་བྱེད་དུ་བཅུག་སྟེ་ལྷང་དོར་འཇུག་ལྡོག་གི་བསླབ་བྱའི་ཚིག་ཟུར་ཡང་མི་འདོན་པར་བག་གཡེང་རྒྱ་ཡན་དུ་གཏོང་བ་དང་། ཡང་ན་ཕ་མའི་ཚུལ་མིན་གྱི་བྱ་སྤྱོད་ངན་པས་བུ་ཕྲུག་ཀྱང་ཞར་ལ་བསླད་ནས་བྱ་སྤྱོད་ངན་ཚབས་ཆེན་པོར་ཇི་ལྟར་གྱུར་བའི་ཚུལ་གྱི་རྒྱུད་རིམ་ཞིབ་ཅིང་ཕྲ་བའི་

ངང་བཀོད་དེ་མི་རྣམས་ཀྱིས་དེའི་ཐད་ལ་སྣང་ཚུང་གཏན་ནས་བྱེད་མི་རུང་བའི་གནད་འགག་དང་དགོས་དོན་ནན་པོས་བསྟན་པ་དེ་དག་གི་རྩོམ་ལུགས་ནི་བསྔགས་པར་འོས་པ་དང་བསམ་བློའི་དཔལ་ཡོན་དར་བར་བྱེད་པའི་དགེ་མཚན་ལྡན་པ་ཞིག་ཡིན། བོད་རིགས་ཀྱི་ལོ་རྒྱུས་ཀྱི་དམིགས་བསལ་ཁྱད་ཆོས་ནི་ལོ་རྒྱུས་དེ་སངས་རྒྱས་ཆོས་ལུགས་དང་འབྲེལ་བ་དམ་པོར་ཡོད་པ་དེ་ཡིན། དེའི་དབང་གིས་རང་ཅག་བོད་རིགས་ཀྱི་སྒྱུ་རྩལ་རྩོམ་རིག་མང་པོར་ཆོས་ལུགས་ཀྱི་ནང་དོན་དངོས་དང་བརྒྱུད་པ་ཅི་རིགས་ཀྱི་སྒོ་ནས་འབྲེལ་ཡོད་སྐབས་ཏང་གི་ཆོས་ལུགས་སྲིད་ཇུས་དང་མཐུན་པ་དང་། མི་རྣམས་ཀྱི་ཡིད་ལ་བཟུགས་ཆེ་བའི་ཐབས་ལམ་སྤྱད་དེ་ལོ་རྒྱུས་ཀྱི་དོན་དངོས་དྲངས་ནས་རྙོངས་འཕྲུལ་གྱིས་མིའི་བསམ་བློར་བསླད་སྐྱོན་གཏོང་བའི་ཚུལ་དང་། དབང་སྒྱུར་གྲལ་རིམ་གྱིས་མི་རྣམས་ཀྱི་རྙོངས་འཕྲུལ་བེད་སྤྱད་དེ་རྒྱ་ཆེའི་མི་དམངས་ལ་བཙོར་གནོན་ཚད་མེད་བྱས་པའི་ཚུལ་འབད་པས་མཚོན་པར་བྱེད་པ་དང་མཚོན་མཁས་པོ་བྱས་པ་བརྒྱུད་མི་རྣམས་ཀྱི་གོ་རྟོགས་སད་དེ་ཚན་རིག་ལ་དགའ་ཞེན་བྱེད་པའི་བསམ་བློ་འཛུགས་པར་བྱེད་པ་འདི་ནི་རང་རེ་བོད་རིགས་རྩོམ་རིག་མཁན་རྣམས་ཀྱི་ཕྲག་པར་འབབ་པའི་དཀའ་ཚོགས་ཆེ་བའི་འོས་འགན་ཡིན། ད་ཕན་དུས་ཐུང་ལོ་གསུམ་ཙམ་ནང་རང་རེའི་བོད་རིགས་རྩོམ་པ་པོས་དཀའ་ཚོགས་ཆེ་བའི་འོས་འགན་དེ་དང་དུ་བླངས་ནས་དཔྱད་ཞིབ་དང་འབྲེལ་བའི་སྒོ་ནས་རྙོངས་འཕྲུལ་གྱི་ལྟ་བར་སུན་འབྱིན་བྱེད་པའི་གཏམ་རྒྱུད་མི་ཉུང་བ་ཞིག་བརྩམས་ཡོད་པ་དེ་ནི་སྤྲོ་བ་ཆེན་པོས་དགའ་འབོད་བྱེད་འོས་པ་ཞིག་རེད། རྙོངས་འཕྲུལ་ལ་བློ་ཕུག་གཏད་ཀྱང་རེ་བ་ཆུ་ཡི་ལྦུ་བ་བཞིན་དུ་ཡལ་བའི་ནང་དོན་མཚོན་པའི་གཏམ་རྒྱུད་ཇི་སྙེད་ཅིག་བརྩམས་ཡོད་པའི་ནང་ནས་རེབ་གོང་རྡོ་རྗེ་ཚེ་བརྟན་གྱིས་བརྩམས་པའི་《སྡུག་བསྔལ་གྱི་མིག་ཆུ》ཞེས་པའི་གཏམ་རྒྱུད་དེའི་རྩོམ་སྟངས་ཀྱི་རྣམ་པའི་ཐད་ལ་དམིགས་བསལ་གྱི་ཁྱད་ཆོས་ལྡན་ཡོད། རྩོམ་པ་པོས《སྡུག་བསྔལ་གྱི་མིག་ཆུ》ཞེས་པའི་གཏམ་རྒྱུད་ནང་ཆོས་ལུགས་ཀྱི་ཉེས་སྐྱོན་ཐད་ཀར་བརྗོད་མེད་ལ་ཆོས་ལུགས་ཀྱི་ཉེས་པ་འདི་དང་སྐྱོན་ཆ་འདི་ཡིན་པའི་སྐོར་བརྩམ་བྱའི་མི་སྣ་དག་གི་བསམ་སྦྱོར་དང་སློང་

སོལ་གང་གི་ཐད་ནས་ཀྱང་ཐད་ཀར་མཚོན་པ་ཐུབ་མེད་སོད། རྩོམ་པ་པོས་མ་ཕྱུའུ་ཕང་གིས་མི་རིགས་ཁག་ལ་སྟེར་བའི་སྡུག་བསྔལ་བཟོད་པར་དཀའ་བ་དེ་རིགས་བུ་ཚུང་བཀྲ་ཤིས་ཀྱི་ཁྱིམ་ཚང་གཅིག་རང་གི་ཐོག་ནས་གཅིག་སྡུད་དུ་མཚོན་པ་ཐུབ་ཡོད་ཅིང་། བུ་ཚུང་བཀྲ་ཤིས་ཀྱི་ཕ་མར་དཀའ་སྡུག་ཇི་སྙེད་བྱུང་ཡང་ལྷ་བླ་མ་དཀོན་མཆོག་ལ་ཁག་དགེ་བྱེད་རྒྱུ་ཕར་བཞག་ད་དུང་དད་སེམས་རབ་ཏུ་བཅངས་ནས་རེ་གཏད་རྒྱུན་བཅོལ་བྱེད་པའི་ཚུལ་དང་། ཚེ་སྔོན་ལས་ངན་བསགས་པས་ཚེ་འདིར་སྡུག་བསྔལ་ཚད་མེད་མྱོང་དགོས་བྱུང་ཞེས་སྡུག་བསྔལ་མྱོང་དགོས་པ་ནི་ལས་དབང་ཡིན་པར་ངོས་འཛིན་བྱེད་པའི་བསམ་པ། རྣམ་ཤེས་འདྲེན་ན་ནོར་གྱི་འབུལ་བ་གྱ་ནོམ་པ་དགོས། འབུལ་བ་མེད་ན་ཕན་ཐོགས་ཕྲན་ཙམ་ཡང་མི་ཡོང་བ་སྔོན་ཚད་བླ་མས་གསུང་མྱོང་བ་ཡིན་ཞེས་པའི་ཁུངས་མེད་ཀྱི་གཏམ་ལ་ཡིད་ཆེས་བྱེད་པ་སོགས་ནི་སྐབས་དེ་དུས་བོད་རིགས་གནས་བཅའི་ཡུལ་གྱི་སྲོལ་ལུགས་དང་མཐུན་པ་དང་། སྤྱི་ཚོགས་ཀྱི་གནས་ཚུལ་དངོས་དང་མི་རྣམས་ཀྱི་བསམ་པའི་གཏད་ཕྱོགས་དང་འགལ་འཛོལ་མེད་པར་བྲིས་ནས་བཀྲ་ཤིས་ལྷ་བུའི་ཉམ་ཐག་དབུལ་ཕོངས་ཚོར་ལྷ་བླ་མ་དཀོན་མཆོག་གིས་བསྐྱབས་པའི་དཔེ་མེད་ལ་ཡོད་ཀྱང་མི་སྲིད་པའི་བདེན་དོན་མཚོན་པའི་རྟེང་དུ་“བདག་ཁྱིམ་མི་རབས་དུ་མའི་སྙིང་ནོར་འདི། བཙན་པོས་འཕྲོག་དུས་ལག་ནས་མ་ཤོར་ཞིང་། ཕྱུག་པོའི་གསེར་གྱིས་བསླུས་ཀྱང་འཚོང་བ་མིན། དབུལ་འབངས་བདེ་ལ་འགོད་མཁས་དམག་དཔོན་མཆོག ཁྱེད་ལ་བདག་གིས་འབུལ་ལོ་བཞེས་རོགས་མཛོད། ཕྱིན་ཆད་ཐུགས་རྗེས་ཡང་ཡང་སྐྱོང་བར་འཚལ་”ཞེས་ཏང་དང་མའོ་ཀྲུའུ་ཞིས་མངགས་གཏོང་མཛད་པའི་བཅིངས་འགྲོལ་དམག་གིས་བོད་འབངས་རྣམས་སྡུག་བསྔལ་གྱི་རྒྱ་མཚོ་ལས་བསྐྱབས་ནས་བདེ་སྐྱིད་རང་དབང་ཐྲད་པར་བརྟེན་བཀྲ་ཤིས་ལ་སེམས་འགུལ་ཆེན་པོ་ཐེབས་ཏེ་མ་སྐྱུལ་རང་སོས་ཀྱིས་སྙིང་ནོར་ལྷ་རྫས་བཅིངས་འགྲོལ་དམག་ལ་འབུལ་བའི་དམིགས་བསལ་གྱི་དོན་དེའི་སྐོར་ཞིབ་པར་བྲིས་ཡོད། གཏམ་རྒྱུད་དེས་མི་རྣམས་ཀྱི་བློ་ཡིད་སྟོངས་སུ་འཇུག་བྱེད་ཆོས་ལུགས་ཀྱི་ཉེས་སྐྱོན་རྣམས་རྩོམ་རིག་སྒྱུ་རྩལ་གྱི་ཐོག་ནས་མཚོན་པ་ཐུབ་ནས་དགག་པ་རྒྱག་པ་དང་མི་

རྣམས་ལ་གོ་བསྐྱོན་སློབ་གསོའི་ནུས་པ་ཐོན་པ་བྱེད་པའི་ཐད་དགེ་མཚན་ལྡན་པའི་རྩོམ་ལུས་ཀྱི་རྣམ་པ་གསར་པ་ཞིག་གཏོད་ཡོད། རྩོམ་རིག་གི་ནང་དོན་དང་རྣམ་པ་གཉིས་དམ་པོར་འབྲེལ་མེད་ན་ནང་དོན་ཤིན་ཏུ་ཡག་ལ་མཚོན་སྣང་ས་ཀྱི་རྣམ་པ་ལེགས་པོ་མེད་པ་དང་། མཚོན་སྣང་ས་ཀྱི་རྣམ་པ་ཤིན་ཏུ་ལེགས་པོ་ཡོད་ཀྱང་ནང་དོན་དེ་ཙམ་མེད་པའི་སྒྱུ་རྩལ་གཏམ་རྒྱུད་ཀྱིས་ལོ་རྒྱུས་ཀྱི་ཚོད་བགམ་ཐེགས་ཐུབ་པ་ཡོང་མི་སྲིད། དེས་ན་ཁོ་བོས《བོད་ཀྱི་རྩོམ་རིག་སྒྱུ་རྩལ》དུས་དེབ་ཐོག་གི་བརྗོད་བྱའི་ནང་དོན་བཟང་ལ་རྩོམ་རྩལ་ལེགས་པ། ཉམས་འགྱུར་ལྡན་སུམ་ཚོགས་པོའི་སྒོ་ནས་མཚོན་པར་བྱས་པའི་གཏམ་རྒྱུད་ལ་དཔྱེ་ཞིབ་རགས་རིམ་ཙམ་བྱས་ནས་བོད་རིགས་ཀྱི་རྩོམ་རིག་སྒྱུ་རྩལ་གྱི་ལོ་རྒྱུས་ཐོག་རྩོམ་སྲོལ་གྱི་རྣམ་པ་གསར་པ་ཞིག་ཐོན་དང་ཐོན་བཞིན་ཡོད་པ་མཚོན་ཐབས་བྱས་པའོ། སྤྱིར་གཏམ་རྒྱུད་ཀྱིས་འཕྲུ་སར་རང་གིས་ཀྱང་འཕྲུ་བ་དང་། གཏམ་རྒྱུད་ཀྱིས་བསྟུགས་སར་རང་གིས་ཀྱང་བསྟུགས་དགོས་པའི་གཅིག་མཐུན་གྱི་བསམ་པ་ཡོང་རྒྱུར་ཐེ་ཚོམ་མི་འཚལ། འོན་ཀྱང་《སྤྲོ་བོ་དབྱངས་ཅན་དཔལ་མོའི་མིང་འགྲེལ》དང་《རྣ་ཐང་གང་སར་རང་ཁྱིམ་ཡོད》ཅེས་པའི་གཏམ་རྒྱུད་ཀྱིས་ནི་བརྗོད་བྱའི་ནང་དོན་འབུར་དུ་ཐོན་པ་བྱས་མེད་ལ། ཆ་བསྟུ་ཡ་བསྟུ་དང་འཚོ་བ་འདྲ་ཤུས་བྱས་ཡོད་པས་དེ་ཙམ་རོ་བྲོ་བའི་དངོས་པོ་མེད་པ་ལྟ་བུ་ཞིག་འདུག་སྙམ། དཔེར་ན《སྤྲོ་བོ་དབྱངས་ཅན་དཔལ་མོའི་མིང་འགྲེལ》ཞེས་པའི་གཏམ་རྒྱུད་ནང་བུ་ལ་བུ་མོའི་མིང་འདོགས་དགོས་པའི་རྒྱུ་མཚན་འབྲེལ་ཆགས་མེད་པ་དང་། ལོ་རྗེ་དྲུག་ཅུ་ཙམ་གྱི་སྤྱི་ཚོགས་འགོ་གྱུར་ཧ་རེ་ཧོ་རེའི་ངང་བྲིས་ནས་བརྗོད་བྱའི་ནང་དོན་གསལ་སྟོན་མ་ཐུབ་པ་དང་། ཆོས་ལུགས་ཀྱི་ཉེས་སྐྱོན་འདོན་བྱེད་པའི་ཐད་ལ་ཆོས་འབག་གྱོན་པའི་སྤྲུལ་སྐུ་ཟེར་བ་སོགས་སྐབས་དང་མི་འཚམ་པའི་ཐ་སྙད་ཀྱང་སྤྱད་ཡོད་པ་དང་། 《རྣ་ཐང་གང་སར་རང་ཁྱིམ་ཡོད》ཅེས་པའི་གཏམ་རྒྱུད་ནང་ཏྲང་ས་འཁོར་ལ་བསྟད་ནས་ཕྱོགས་ལ་ཐོན་སྐྱོད་བྱེད་སྐབས་གཉིད་ཡུར་ཚུལ་དང་། ཏྲང་ས་འཁོར་ལ་སྐྱོན་ཤོར་ཚུལ། བབས་ཚུགས་སུ་སླེབས་རྗེས་ཟ་མ་ཟོས་ཚུལ། ཉལ་ཚུལ། ལངས་ཚུལ་སོགས་མིའི་འཚོ་བའི་ནང་ཏག་པར་མཐོང་རྒྱུ

ཡོད་པའི་སྣང་ཚུལ་སྤྱིར་བཏང་པ་དག་གཏམ་རྒྱུད་ཀྱི་བརྗོད་བྱ་གཙོ་བོར་གཞིགས་ནས་འཕྲི་བསྲུ་མ་བྱས་པར་བཀོད་སྐབས་སྤྱི་ཚོགས་རིང་ལུགས་ཀྱི་ལམ་ལུགས་འོག་མི་དང་མིའི་དབར་མཛའ་མཐུན་གྱི་འབྲེལ་བ་གསར་པ་གསར་རྐྱང་ཞིག་ཆགས་ཡོད་པ་མཚོན་པར་བྱེད་པའི་རྩོམ་པ་པོའི་འདུན་པ་བཟང་པོ་དེ་གསལ་པོར་མངོན་ཐུབ་པ་ཞིག་བྱུང་མེད། རྩོམ་རིག་གཏམ་རྒྱུད་ནི་འཚོ་བས་བསྟན་པའི་སྣང་ཚུལ་བྲིས་པ་བརྒྱུད་ནས་བརྗོད་འདོད་ཀྱི་དོན་གང་ཞིག་གསལ་སྟོན་བྱེད་རྒྱུ་དེ་ཡིན་པ་སྨོས་མ་དགོས་ཀྱང་། འཚོ་བའི་སྣང་ཚུལ་འདོར་ལེན་མེད་པར་འདྲ་བཤུས་བྱེད་པ་ནི་རྩོམ་རིག་སྒྱུ་རྩལ་གྱི་རིགས་སུ་གཏོགས་པ་ཞིག་ག་ལ་ཡིན། ད་དུང་གཏམ་རྒྱུད་ལ་ལའི་ནང་གཟུགས་ཅན་གྱི་སྒོ་ནས་མཚོན་པ་བྱེད་དགོས་པའི་མི་དང་བྱ་བ་རྣམས་འབོད་ཚིག་དང་། ཕྱོགས་བསྡོམས་ངོ་སྤྲོད་ལྟ་བུས་འཐུས་པར་བྱས་པ་དེ་རིགས་ཀྱང་རྩོམ་རིག་སྒྱུ་རྩལ་གྱི་ངོས་ནས་བཤད་ན་ཞན་ཆ་ཡིན་པས་རྒྱ་ཆེའི་རྩོམ་པ་པོ་དང་། ལྷག་དོན་དུ་རྩོམ་འབྲིའི་ཐད་གོང་གསལ་གྱི་ཞན་ཆ་གནས་པའི་རྩོམ་པ་པོ་སུ་དང་སུ་ཞིག་ཡིན་རུང་རྩོམ་འབྲིའི་ཐབས་ཚུལ་ལེགས་བཅོས་ཡོང་རྒྱུར་དོ་སྣང་མཛད་གལ་ཆེ། བོད་རིགས་ཀྱི་རྩོམ་རིག་སྒྱུ་རྩལ་ལ་དཔྱད་ཞིབ་བྱེད་མཁན་ཞིག་གི་ངོས་ནས་བཤད་ན་མི་རིགས་རང་ཉིད་ཀྱི་རྩོམ་རིག་སྒྱུ་རྩལ་གྱི་བྱ་གཞག་ཡར་ངོའི་ཟླ་ལྟར་གོང་འཕེལ་ཡོང་ཕྱིར་རང་རང་ནུས་པར་དཔགས་པའི་ལེགས་སྐྱེས་འབུལ་ཐུབ་ན་དེ་ནི་སེམས་གསོ་ཆེ་ཤོས་ཡིན་ལ་དྲིན་ཆེན་ཏང་དང་མི་དམངས་ཀྱིས་ཐོག་མཐའ་བར་གསུམ་དུ་རབ་ཏུ་བསྐྱངས་པ་དང་། སློབ་གྲྭ་ཆེ་འབྲིང་ཆུང་གི་གུས་པའི་བཀའ་དྲིན་ཅན་གྱི་དགེ་རྒན་སློབ་དཔོན་དང་སློབ་གྲོགས་ཚོའི་རོགས་སྐྱོར་རེ་སྨོན་དག་ཆུད་བཟོས་སུ་མ་ཕྱིན་པའི་རྟགས་མཚན་ཡང་ཡིན་པས་ཁོ་བོས《བོད་ཀྱི་རྩོམ་རིག་སྒྱུ་རྩལ》བོད་ཡིག་དུས་དེབ་གཞི་ལ་བཟུང་ནས་བོད་རིགས་ཀྱི་རྩོམ་པ་པོའི་དཔུང་ཁག་རྒྱ་བསྐྱེད་དུ་ཕྱིན་ཚུལ་དང་། གསར་རྩོམ་གཏམ་རྒྱུད་ཇི་མང་དུ་འགྲོ་ཚུལ། ནང་དོན་ཕུན་སུམ་ཚོགས་པོ་ཡོད་ལུགས་བཅས་ཀྱི་སྐོར་བྲིས་པ་བརྒྱུད་བོད་རིགས་ཀྱི་རྩོམ་རིག་དེ་ལོ་རྒྱུས་ཀྱི་དུས་རབས་གསར་པ་ཞིག་ལ་སླེབས་པ་ངོ་སྤྲོད་ཞུ་བ་དང་ཆབས་ཅིག་གསར་རྩོམ་གཏམ་རྒྱུད་ལ་གནས་པའི་ཞན་

ཆའི་ཕྱོགས་འགར་ཡང་རང་ཉིད་ཀྱི་ལྟ་ཚུལ་ཐོལ་མེད་དུ་སྤེལ་བ་འདི་ལ་འགལ་འབྲུལ་ཅེ་མཆིས་གཟིགས་པ་པོ་རྣམས་ཀྱིས་དགོངས་འཆར་ལྷུག་སྤྲོལ་ཡོད་པ་ཞུ།

རྩོམ་ཡིག་འདི་《བོད་ལྗོངས་ཞིབ་འཇུག》1983ལོའི་དེབ་གསུམ་པར་འཀོད།

༧༡ །དར་བཞིན་པའི་བོད་ཀྱི་རྩོམ་རིག་དཔྱད་གཏམ་སྐོར་གླེང་བ།

论发展中的藏族文学评论

[བརྡ་ཆད་གཙོ་བོ།] དར་རྒྱས། དཔྱད་གཏམ།

[ནང་དོན་གནད་བསྡུས།] བོད་ཀྱི་རིམ་བྱོན་མཁས་དབང་གིས་རང་རེ་མི་རབས་ཕྱི་མར་ཤུལ་དུ་འཇོག་གནང་མཛད་པའི་རྩོམ་རིག་ཏ་ཅང་ཕུན་སུམ་ཚོགས་པོ་ཡོད་མོས། དཔྱད་གླེང་གི་རྩོམ་རིག་ནི་ཤིན་ཏུ་ཉུང་ཉུང་ཡིན་པ་དང་། ཏང་གི་ཚང་འཛོམས་གྲོས་ཚོགས་ཐེངས་གསུམ་པའི་རྗེས་གཞན་དར་ཤེས་ལྡན་པ་འཚར་ལོངས་བྱུང་ནས་ཕྱོགས་གང་ཐད་ཀྱི་དཔྱད་བརྗར་གྱི་རྩོམ་རིག་འབོར་ཆེན་ཐོན་པའི་རྣམ་པ་གཉིས་ཚོད་བསྡུར་བརྒྱུད་ཆར་ཤུལ་ཀྱི་སྨྱུག་རྩ་རྒྱས་པ་ཇི་བཞིན་གོང་དུ་འཕེལ་བའི་དེ་རིང་གི་དཔྱད་གཏམ་རྩོམ་རིག་སྐོར་རབ་ཏུ་མཚོན་པ་བྱས་ཡོད།

[关键词]发展;评论

[摘　要]藏族贤哲们为我们留下了非常丰富的文学佳作,相对而言,文学批评有些滞后,没有跟上藏族文学发展的步伐。本文通过与党的三中全会以后藏族知识分子不断涌现,助推文学创作的文学评论文章更加丰富的事实比较研究,展示了今天藏族文学评论如同雨后春笋般蓬勃发展的历史。

གཅིག

བོད་ཞི་བའི་བཅིངས་འགྲོལ་ཐོབ་པ་ནི་བོད་ཀྱི་ལོ་རྒྱུས་སམ་ཐ་ན་ཀྲུང་གོའི་ལོ་རྒྱུས་ཐོག་ཏུ་ཡང་དོན་སྙིང་ཤིན་ཏུ་ཆེ་བའི་སྤྱི་ཚོགས་ཀྱི་འཕོ་འགྱུར་ཆེན་པོ་ཞིག་ཡིན་ཞིང་། དུས་དེ་ནས་བཟུང་བཀས་བཀོད་རྒྱུད་འཛིན་ཞིང་བྲན་ལམ་ལུགས་ནང་མི་རབས་ནས་མི་རབས་བར་མ་མཐར་ཡོད་དགོས་པའི་མིའི་རང་དབང་ཤོར་བ་དང་། རང་ཉིད་ཀྱི་ལས་དབང་ལ་

རང་གིས་ཁ་ལོ་བྱེད་དབང་མེད་པའི་རྒྱ་ཆེའི་ཞིང་བྲན་ངལ་རྩོལ་པ་རྣམས་མགོ་བོ་འདེགས་འགོ་ཚུགས་པ་དང་སྨྲུགས་འཛམ་གླིང་སྤྱིའི་སྤྱི་ཚོགས་འཕེལ་ཕྱོགས་དང་རྒྱུད་ཐག་ཇེ་རིང་དུ་འགྲོ་བཞིན་པའི་བོད་ཀྱི་རྗེས་ལུས་ཀྱི་རྣམ་པར་ཡང་འཕོ་འགྱུར་གསར་པ་ཞིག་འགྲོ་འགོ་ཚུགས་པ་རེད།

ལོ་ངོ་བཞི་བཅུ་ནི་གཞི་ཀང་ལོ་རྒྱུས་ཀྱི་དུས་ཡུན་རིང་པོའི་ཁྲོད་དུ་ཆ་ཤས་དང་ཆ་ཤས་ཀྱི་ཡང་ཆར་གྱུར་པའི་དུས་ཐུང་ཞིག་ཡིན་མོད། འོན་ཀྱང་དུས་ཐུང་དེའི་ནང་གཙོང་ནད་ཀྱིས་མནར་བ་ལས་ལུས་སྟོབས་ཉམས་ཤིང་ཀོས་ཐག་ཤ་རིད་ཅན་གྱི་གནས་སྐབས་སུ་གྱུར་བའི་མི་ཞིག་ལ་སྨེས་དབང་དུ་བདུད་རྩིའི་ཟེགས་མས་བྱིན་གྱིས་བརླབས་ཏེ་ལུས་སྟོབས་རྒྱས་ཤིང་བྱད་བཞིན་དཀར་ལ་བཀྲག་མདངས་དང་ལྡན་པར་གྱུར་བ་ཇི་བཞིན་རྗེས་ལུས་དང་། ཉམ་ཐག་ སྐྱིགཡའི་གནས་སུ་ལྷུངས་པའི་དེ་སྔའི་བོད་ཀྱི་སྤྱི་ཚོགས་ཀྱི་རྣམ་པ་དེ་ཏང་གི་སྲིད་ཇུས་ཆར་ཟེམ་བུ་དང་དྲོད་ལྡན་ཉི་འོད་ཀྱིས་བསྐྱངས་པའི་དྲིན་ལས་ལོ་རྒྱུས་ཀྱི་གཏམ་གླེང་དུ་སོང་བ་དང་། བོད་ཀྱི་སྤྱི་ཚོགས་ལ་སྐྱེས་སྟོབས་དཔལ་འབར་བའི་འགྱུལ་ཤུགས་ཞུགས་སྟབས། བོད་ལྗོངས་ས་མཐོའི་སྟེང་གི་ཞིང་འབྲོག་ཐོན་སྐྱེད་དང་། སློབ་གསོའི་བྱ་གཞག རིག་གནས་ཚན་རིག་གི་བྱ་གཞག འཕྲིམ་འགྲུལ་གློག་འཕྲུལ་གྱི་བྱ་གཞག་སོགས་ལ་མི་རྣམས་ཡིད་ཀྱི་སྨྲོ་བ་དབང་མེད་དུ་བརྟས་དགོས་པའི་གྲུབ་འབྲས་ཐོབ་དང་ཐོབ་མུས་རེད། དེ་ལྟ་བུའི་གཡུར་ཟའི་འབྲས་བུ་ཆ་ཡོངས་ནས་མངོན་ཐབས་ཀྱི་སྒུག་བྲིས་བགྲིས་སྤྱིབས་ཁོ་བོར་མ་མཆིས་ཏུང་། ཆུ་གཏེར་ལས་སྐྱ་རྫེས་བླངས་པའི་ཆུ་ཐིགས་ཇི་བཞིན་ཡར་ངོའི་ཟླ་ལྟར་འཕེལ་བཞིན་པའི་བོད་ཀྱི་བྱ་གཞག་ཁག་ནང་ནས་མི་མང་དག་གཅིག་གིས་དོ་སྣང་དེ་ཙམ་མི་བྱེད་པ་དང་། གསོགས་ཆེར་འཛིན་གྱི་མེད་ནའང་བོད་ཀྱི་སྤྱི་ཚོགས་དེ་སྔར་དང་མི་འདྲ་བའི་གྲ་རྒྱས་ཕུན་ཚོགས་ཀྱི་ཚད་གཞི་གང་འདྲ་ཞིག་ལ་སླེབས་ཡོད་མེད་ཤུགས་ལས་མཚོན་ནུས་པའི་རྩོམ་རིག་སྒྱུ་རྩལ་ཁྲོད་ཀྱི་བོད་རིགས་ཀྱི་རྩོམ་རིག་དཔྱད་གླེང་འཕེལ་རྒྱས་ཕྱིན་ཚུལ་སྐོར་ཀྲུང་པ་གླེང་བ་བརྒྱུད་དེ་བོད་ཞི་བའི་བཅིངས་འགྲོལ་ཐོབ་རྗེས་བོད་ཀྱི་སྤྱི་ཚོགས་ལ་གནམ་ས་བླ་འོག

ཏུ་གྱུར་པའི་འཕོ་འགྱུར་ཆེན་པོ་བྱུང་ཡོད་པ་རང་བཞིན་དང་མངོན་པ་བྱ་རྒྱུའི་ངལ་བ་ལྷུར་ལེན་བྱས་སོ།

དེ་རིང་གི་བོད་ཀྱི་རྩོམ་རིག་དཔྱད་གཏམ་ནི་སྔོན་མའི་ཤུལ་རྗེས་དང་རྨང་གཞི་ཡེ་ནས་མེད་པར་གསར་དུ་ཐོན་པའི་རིག་གནས་ཀྱི་རིགས་གཅིག་རེད་ཅེས་བརྗོད་ན་ཐལ་ཆ་ཆེ་བའི་སྐྱོན་ཆར་ངེས། འོན་ཀྱང་རྨང་གཞི་ཏ་ཙང་ཞན་པོ་ཞིག་གི་ངོས་ནས་དར་བའི་རིག་གཞུང་གི་རིགས་གཅིག་ཡིན་པར་ངོས་འཛིན་བྱས་ཚེ་དོན་དངོས་དང་མཐུན་པར་སེམས། རང་མི་རིགས་ཀྱི་རིག་གནས་ལ་ཤ་ཚ་དང་ཞེན་ཆགས་མེད་པ་ནི་དགོས་ངེས་ཀྱི་མི་རིགས་ཀྱི་ལ་རྒྱ་ཤོར་བ་དང་། སོ་རྒྱུས་ཀྱི་དོན་དངོས་ལ་བརྩི་འཇོག་མི་བྱེད་པའི་སྤྱོད་ཚུལ་ཞིག་ཡིན་པ་གོར་མ་ཆག་ལ། སྔར་དོར་གྱི་བློ་གྲོས་དང་ལེགས་ཉེས་ཀྱི་ཞིབ་དཔྱོད་གང་ཡང་མེད་པར་རྙིང་ཞེན་གྱི་དྲ་བའི་ནང་ཞུགས་ཏེ་བློ་སྒོ་འབྱེད་འདོད་མི་བྱེད་པ་དེ་ཡང་མི་རིགས་ཀྱི་རིག་གནས་ཤུལ་འཛིན་དང་དར་སྤེལ་གཏོང་རྒྱུར་ཕན་ནུས་ཀྱི་དགེ་མཚན་ལྡན་པ་ཞིག་ཙ་བ་ནས་ཡིན་མི་སྲིད། དེས་ན་བདེན་པ་བདེན་ཐུབ་ཀྱིས་བརྗོད་ཚེ་རང་རེ་བོད་རིགས་ལ་གཞན་དྲིང་མི་འཇོག་པའི་རིག་གཞུང་དཔེ་དེབ་བརྗོད་ཀྱིས་མི་ལང་བ་ཞིག་ཡོད་པའི་ཁྲོད་དུ་རྩོམ་རིག་བརྩམས་དེབ་ཀྱི་གྲངས་ཚད་ཀྱང་མི་ཉུང་བ་ཞིག་ཡོད་ནའང་། དེ་རིང་ལྟ་བུའི་རྩོམ་རིག་སྒྱུ་རྩལ་གྱི་འཕེལ་རིམ་དང་། འཕོ་འགྱུར་བྱུང་ཚུལ། དུས་སྐབས་གང་ཞིག་གི་རྩོམ་རིག་རྣམ་པ་དང་། རྩོམ་རིག་གིས་སྤྱི་ཚོགས་ལ་སྟེར་བའི་བཟང་ངན་མི་འདྲ་བའི་ནུས་པའི་སྐོར། དེ་བཞིན་རྩོམ་རིག་བརྩམས་སྒྲུང་རྐྱང་པ་དང་། རྩོམ་པ་པོའི་སྐོར་སོགས་ལ་ཞིབ་དཔྱོད་ཀྱིས་དཔྱད་གཏམ་སྤེལ་བའི་རྩོམ་རིག་ཤིག་ད་ཕན་རང་གིས་མཐོང་ཐོས་མ་བྱུང་སྟབས། སྔོན་བྱུང་མཁས་པ་དག་གིས་རིག་གཞུང་དཔེ་དེབ་གྲངས་ལས་འདས་པ་གསར་སྐྲུན་མཛད་ཡོད་ཀྱང་། རྩོམ་རིག་སྒྱུ་རྩལ་གྱི་དཔྱད་གཏམ་ཐད་བག་ལ་ཞ་བས་རྨང་གཞི་ཞན་པ་དང་། མ་ལག་ཆ་ཚང་བ་ཞིག་སྒྲུབ་ཐུབ་མེད་པ་དེ་གསལ་པོར་མངོན་ཐུབ། དེང་སྐབས་དར་བཞིན་པའི་རྩོམ་རིག་སྒྱུ་རྩལ་སྐོར་གྱི་དཔྱད་སྒྲོམ་རྩོམ་རིག་གིས་ཕྱོགས་གཅིག་ནས་སྟར་མེད་ཞན་ཆའི་ཁ་གསབ་བྱུང་སྟེ་མི་

རིགས་རང་ཉིད་ཀྱི་རིག་གཞུང་སྤྱི་བྱེ་ལྡུ་མཐུད་གྲ་རྒྱས་ཡོང་རྒྱུར་ཕན་འབྲས་ལྡན་པའི་ནུས་པ་ཐོན་བཞིན་ཡོད་ལ། ཕྱོགས་གཞན་ཞིག་ནས་བོད་རིག་པའི་ཁྲིད་ཀྱི་སྙན་རྩོམ་དང་། སྒྲུང་གཏམ། འབོལ་རྩོམ། ལྷུག་རྩོམ་སོགས་སྒྱུ་རྩལ་རང་བཞིན་གྱི་རྩོམ་རིག་དར་རྒྱས་ཆེན་པོ་འགྲོ་བཞིན་པའི་དོན་དངོས་དེའང་རང་ཤུགས་ཀྱིས་མཚོན་གྱི་ཡོད་པ་རེད། གང་ལྟར་ཟེར་ན་སྒྱུ་རྩལ་རང་བཞིན་ལྡན་པའི་རྩོམ་རིག་དར་རྒྱས་ཕུན་སུམ་ཚོགས་པོ་ཡོད་མེད་ནི་རྩོམ་རིག་དཔྱད་སློང་དར་རྒྱས་ཡོང་མིན་གྱི་འགག་རྩར་ཐུག་པའི་རྨང་གཞི་དང་། ཆ་རྐྱེན་ཡིན་ཞིང་། གལ་ཏེ་རྩོམ་རིག་རྣམ་པ་ཀུ་དོག་པ་དང་། ནང་དོན་ཁྲབ་ཁོངས་ཆུང་བ། གྲངས་ཚད་ཉུང་བ་བཅས་ཡིན་ན་དཔྱད་སློང་གི་གཞི་རྒྱུ་ཀུ་དོག་པོར་འགྱུར་རྒྱུ་ཡིན་པས་དར་རྒྱས་ནི་དེ་བས་ཀྱང་བརྗོད་ཐབས་བྲལ་བའི་རྐྱེན་གྱིས་སོ།

གཉིས།

དེང་སྐབས་བོད་རིགས་ཀྱི་སྒྱུ་རྩལ་རྩོམ་རིག་ཆར་ཤུལ་གྱི་སྨྱུག་ཙ་རྒྱས་པ་ཇི་བཞིན་དར་རྒྱས་ཆེན་པོ་འགྲོ་བཞིན་ཡོད་པའི་གནས་ཚུལ་དངོས་དེ་དང་། མི་རིགས་གཞན་གྱི་དཔྱད་སློང་བྱ་གཞག་ཕན་ཚུན་དཔྱད་བསྡུར་བྱས་ཆེ། བོད་ཡིག་གི་དཔྱད་སློང་རྩོམ་རིག་ད་དུང་རྗེས་སུ་ལུས་ཡོད་པ་སྨོས་མི་དགོས་ཀྱང་། རང་རེའི་མི་རིགས་ཀྱི་རྩོམ་རིག་ལོ་རྒྱུས་ཐོག་གི་དཔྱད་སློང་རྣམ་པ་དང་། ཏང་གི་སྐབས་བཅུ་གཅིག་པའི་ཚང་འཛོམས་གྲོས་ཚོགས་ཐེངས་གསུམ་པའི་རྗེས་ཀྱི་རྩོམ་རིག་དཔྱད་སློང་གི་སྟོང་ཆ་ཆེན་པོ་དེ་ཚོར་སེམས་ན། དེ་རིང་གི་རྩོམ་རིག་དཔྱད་སློང་བྱ་གཞག་དེ་མི་སེམས་འགུལ་དགོས་པའི་ཡར་རྒྱས་ཆེན་པོ་ཕྱིན་ཡོད་པ་ཀྱུན་ལྡན་དེ་ཐད་གཟིགས་གློག་སྣང་ཆེན་མཛད་མཁན་ཡོད་དོ་ཅོག་གིས་མཁྱེན་གསལ་རེད།

རིམ་བྱོན་དྲན་པའི་དབང་པོ་མང་པོས་ཕུན་སུམ་ཚོགས་པའི་དྲན་རྟོག་དང་། རྨད་བྱུང་ངོ་མཚར་ཆེ་བའི་རྩོམ་རིག་སྒྱུ་རྩལ་ལ་བརྟེན་ནས《རྗེ་བཙུན་མི་ལའི་རྣམ་མགུར》དང་། 《མི་དབང་པོ་ལྷའི་རྟོགས་བརྗོད》སོགས་གྲགས་ཅན་མི་སྣའི་ལོ་རྒྱུས་རྣམ་ཐར་དང་། 《གཞོན་ནུ་ཟླ་མེད་ཀྱི་གཏམ་རྒྱུད》དང་། 《གཞོན་ནུ་དྲུག་གི་རྟོགས་བརྗོད》སོགས་སྙན་

འཇེབས་ཀྱི་བརྩམས་སྒྲུང་རིང་ཐུང་སྣ་ཚོགས། 《བྱ་མགྲིན་སྔོན་ཟླ་བའི་རྟོགས་བརྗོད》དང་། 《བྱ་སྤྲེལ་གཏམ་རྒྱུད》སོགས་རབ་བཏགས་ཀྱིས་བརྒྱན་པའི་བརྩམས་སྒྲུང་། 《སྣང་ས་འོད་འབུམ》དང་། 《རྒྱ་བཟའ་བལ་བཟའ》སོགས་ཡིག་རྫོངས་བས་ཀྱང་སྒྲུང་གི་གོ་དོན་ཆ་ཚང་ཤེས་པའི་ལྷ་མོའི་འཁྲབ་གཞུང་ལ་སོགས་པ་བརྩམས་པ་གང་ཞིག་གིས་ཀློག་པ་པོའི་ཡིད་ཀྱི་དང་བ་དབང་མེད་དུ་འཕྲོག་ནུས་ཤིང་། དེ་དག་ཐོན་པ་ནས་ད་ལྟའི་བར་སྤྱི་ཚོགས་ལ་འགོ་འགྱུར་ཆེ་ཐག་ཆོད་ཕྱིན་ཡོད་པ་དང་སྦྲགས་མི་རྣམས་ཀྱི་བསམ་པའི་འདུ་ཤེས་འཛིན་སྟངས་ཀྱི་ཚད་གཞིའང་གསར་པ་ཞིག་ལ་སླེབས་ཡོད་ཀྱང་ད་དུང་ཞེན་ལོག་གི་བསམ་པ་ཏིལ་འབྲུ་ཙམ་མི་འཆར་བར་བལྟ་ཀློག་བྱེད་རྒྱུར་དགའ་པོ་བྱེད་ཀྱི་ཡོད། མ་གཞི་བྱས་ན་རྩོམ་རིག་དེ་ཚོར་ལོ་རྒྱུས་དང་། སྤྱི་ཚོགས་ཀྱི་རྣམ་པ། མཛེས་རྩལ་རིག་པ་སོགས་ཀྱི་ཐད་ཞིབ་འཇུག་དཔྱད་བརྗོད་བྱེད་རྒྱུའི་རིན་ཐང་དེ་རིང་ཙམ་མ་ཡིན་པར་བརྩམས་དེབ་དེ་ཚོ་ཐོན་པའི་དུས་དེ་ནས་བཟུང་ལྡན་ཡོད་ཙང་། སྐབས་དེ་དུས་སྒྱུ་རྩལ་རྩོམ་རིག་དེ་ཚོ་རིག་གནས་པའི་ཁྲོད་དུ་གོ་བབ་དམའ་བ་དང་། རྩོམ་པ་པོས་གང་དྲན་དེ་བྲིས་ཀྱིས་སྤྲོ་བ་བསྐྱེད་ཆེད་ཡིན་པ་ཙམ་ལས། གཞན་གྱི་དོན་སྙིང་ཆེན་པོ་མེད་པའི་ཡོངས་སུ་རྩིས་སྟབས་ཞིབ་འཇུག་དཔྱད་བརྗོད་གནང་མཁན་མ་བྱུང་བས་དམིགས་སུ་བཀར་བའི་དཔྱད་བརྗོད་རྩོམ་ཡིག་ནི་དེ་བས་ཉིན་མོའི་སྐར་མ་དང་གཉིས་སུ་མེད། ཐ་ན་རིག་གནས་པའི་ཁྲོད་དུ་དར་སོ་ཤིན་ཏུ་ཆེ་བ་དང་། བོད་ཀྱི་སྐད་ངག་ལ་ཤན་ཤུགས་ཆེས་ཆེར་ཐེབས་ཡོད་པའི་རྒྱ་གར་གྱི་སྐད་ངག་མཁས་ཅན་དབྱུག་པ་ཅན་གྱི་སྐད་གཞུང་སྐོར་《དབྱངས་ཅན་དགྱེས་པའི་རོལ་མཚོ》དང་། 《རྒྱན་གྱི་བསྟན་བཅོས་དབྱངས་ཅན་ངག་གི་རོལ་མཚོ》དང་། 《སྐད་ངག་གི་བསྟན་བཅོས་ཆེན་པོ་མེ་ལོང་ལ་འཇུག་པའི་ཤན་སྦྱར་དཔེའི་དགོངས་རྒྱན》སོགས་གྲགས་ཅན་གྱི་བརྩམས་དེབ་མི་ཉུང་བ་ཞིག་ཡོད་ནའང་། དེ་དག་ཚང་མའི་ནང་དོན་གཙོ་བོ་ནི་དབྱུག་པ་ཅན་གྱི་སྐད་གཞུང་《མེ་ལོང》མའི་རྩ་བར་མཚན་འགྲེལ་དང་སྦྲགས་འདྲ་མཚུངས་ཀྱི་དཔེར་བརྗོད་བཀོད་པ་ཤ་སྟག་ཡིན་པ་ལས། རིགས་པའི་གཞུང་ལུགས་ཐོག་

ནས་དཔྱད་བརྗོད་གཏམ་སྒྲིང་བྱས་པའི་བསྟན་བཅོས་ཀྱི་ཁོངས་སུ་གཏོགས་པ་ཞིག་མ་ཡིན། བསྟན་བཅོས་དེ་དག་གི་ནང་རྩོམ་པ་པོ་སོ་སོས་བཅངས་པའི་མི་མཐུན་པའི་ལྟ་བའི་ཐད་ནས་ལ་ལས་སྙན་ངག་ནི་སྒྲ་རིག་པའི་ཁོངས་སུ་འཇོག་དགོས་པ་དང་། ལ་ལས་ངག་བཟོ་ཡིན་ཕྱིན་བཟོ་རིག་པའི་ཁོངས་སུ་འཇོག་དགོས་པ། གཟུགས་ཀྱི་དབྱེ་བ་དམིགས་པའི་སྐབས་ལ་ལས"བརྗོད་བྱ་སྡེ་བཞི་བསྡུས་པའི་དོན་རྣམས་སྤྲོག་དང་། རྗོད་བྱེད་ཀྱི་ཚིགས་བཅད་ལྷུག་སྤེལ་གསུམ་ལུས་དང་། དོན་རྒྱན་སྒྲ་རྒྱན་གབ་ཚིགས་རྣམས་རྒྱན་དུ་བསྟན་ནོ"ཞེས་དང་། ཡང་ལ་ལས"སྙན་ངག་ལ་བསྡུས་ན་ལུས་དང་རྒྱན་གཉིས། ལུས་ནི་འདོད་པའི་དོན་སྒྲུབ་པར་བྱེད་པ་ཡིན་ལ། རྒྱན་ནི་མཛེས་པར་བྱེད་པའི་ཚིག་དང་དཔེ་ལ་སོགས་པའི་སྦྱོར་བ་ཁྱད་པར་ཅན་ནོ"ཞེས་པ་སོགས་ཁ་ཅིག་གིས་ལུས་སྤྲོག་རྒྱན་གསུམ་དུ་དབྱེ་བར་འདོད་པ་དང་། ཡང་ཁ་ཅིག་གིས་ལུས་རྒྱན་གཉིས་སུ་འདོད་པ་བཅས་མཚན་འགྲེལ་གྱི་ཞར་ཞོར་དུ་རགས་རིམ་ཙམ་སྒྲིང་བ་ལས་ཆེད་དམིགས་ཞིབ་ཕྲའི་སྒོ་ནས་སྒྲིང་བ་མེད། བོད་ཀྱི་རྩོམ་རིག་ལ་དེ་ལྟ་བུའི་རྩོམ་འབྲིའི་རྣམ་པ་ཤན་ཞུགས་ཆེ་ཐག་ཆོད་ཅིག་ཐེབས་ཡོད་ལ། རིག་གནས་པའི་ཁྲོད་དུ་དར་སྤྲོལ་ཆེན་པོ་ཡོད་པའི་རིག་པར་ཞིབ་འཇུག་གི་ཚད་དེ་འདྲ་ཙམ་ལས་མེད་ན་དམངས་ཁྲོད་དུ་ཡོད་པའི་འབྲུམས་གླུས་ངག་རྒྱུན་རྩོམ་རིག་བསྒྲུ་རྒྱབ་དཔྱད་བརྗོད་ཀྱི་ལོ་རྒྱུས་ནི་དེ་བས་བརྗོད་ཐབས་བྲལ་བ་ཞིག་རེད།

སྔོན་ཆད་དང་བསྡུར་ན་དེ་རིང་གསར་དུ་ཐོན་པའི་རྩོམ་རིག་ནི་གཙོ་བོ་ད་ལྟའི་སྤྱི་ཚོགས་ཀྱི་འཚོ་བ་དངོས་རྨང་གཞིར་བྱས་ནས་བརྩམས་པ་ཡིན་པས། གློག་པ་པོར་རང་ཉིད་དང་རང་གི་ཁོར་ཡུག་ཏུ་བྱུང་དང་འབྱུང་བཞིན་པའི་དངོས་ཡོད་འཚོ་བའི་མྱོང་ཚོར་ཟབ་མོ་ཞིག་སྙེར་གྱི་ཡོད་ལ། རྩོམ་རིག་དང་འཚོ་བ་དངོས་ཀྱི་བར་ཐག་ཐུང་དུ་ཕྱིན་པའམ་ཡང་ན་ཉ་ཆུ་ལྟ་བུ་ཁ་བྲལ་ཐབས་མེད་པར་དམ་པོར་ཟུང་དུ་སྦྲེལ་ཡོད་སྟབས། མི་རྣམས་ཀྱིས་རྩོམ་རིག་ལ་འཛིན་པའི་རྒྱུན་སྲོལ་ལྟ་བར་འཕོ་འགྱུར་ཆེན་པོ་ཕྱིན་པས་རང་ཉིད་ཀྱི་འཚོ་བའི་ཉམས་མྱོང་དང་། མཐོང་ཐོས་དྲན་གསུམ་གྱི་ཐོག་ནས་རྩོམ་རིག་ནང་མཚོན་པའི་བྱ་བ་དོན

རྒྱན་དག་ལ་རྟོག་དཔྱོད་ཀྱི་བློ་སྒོ་ཡངས་བར་ཕྱེ་སྟེ་དཔྱད་བརྗོད་ཀྱི་ཀུན་སློང་ཞིག་རང་ཤུགས་སུ་འཕེལ་ཡོང་བ་དང་། ལྷག་པར་ལོ་བཞི་བཅུའི་ནང་བོད་ཀྱི་སློབ་གསོའི་བྱ་གཞག་ལ་གཡུར་ཟའི་འབྲས་བུ་ཐོབ་ནས་ཡིག་རྙིང་ས་ཀྱི་གྲངས་འབོར་ལོ་རེ་བཞིན་ཉུང་དུ་འགྲོ་བ་དང་། ཤེས་ལྡན་མི་སྣའི་དཔུང་ཁག་ལོ་རེ་བཞིན་རྒྱ་སྐྱེད་འགྲོ་བཞིན་ཡོད་པས་བོད་ཀྱི་རྩོམ་རིག་དཔྱད་བརྗོད་བྱ་གཞག་ལ་བོད་རིགས་ཀྱི་རྩོམ་རིག་ལོ་རྒྱུས་ཐོག་བྱུང་མྱོང་མེད་པའི་འཕེལ་རྒྱས་ཕྱིན་ཡོད། ཧང་གི་སྐབས་བཅུ་གཅིག་པའི་ཚང་འཛོམས་གྲོས་ཚོགས་ཐེངས་གསུམ་པའི་རྗེས་《བོད་ཀྱི་རྩོམ་རིག་སྙན་རྩལ》སོགས་དུས་དེབ་མི་ཉུང་བ་ཞིག་གསར་དུ་བཏོན་པ་དང་སྦྲགས་རྩོམ་རིག་དཔྱད་གླེང་གི་སྒོ་མོའང་དབྱེ་འགོ་ཚུགས་ཤིང་། ད་ཕན་དུས་ཐུང་ལོ་བཅུ་ལྷག་ཙམ་རིང་བོད་ཡིག་གི་དུས་དེབ་ཐོག་བློ་སྒོ་ཡངས་པའི་ཚད་ལྡན་གྱི་དཔྱད་བརྡར་རྩོམ་ཡིག་འབོར་ཆེན་སྤེལ་ཡོད་པའི་ནང་《རྗེ་བཙུན་མི་ལའི་རྣམ་མགུར》དང་། 《མི་དབང་པོ་ལྷའི་རྟོགས་བརྗོད》སོགས་སྙན་རྩལ་གྱི་གྱི་ལིང་རྟ་ལ་རབ་ཏུ་བསྐྱོན་ནས་མཚོན་པའི་ལོ་རྒྱུས་རྣམ་ཐར་དང་། 《གཞོན་ནུ་ཟླ་མེད་ཀྱི་གཏམ་རྒྱུད》དང་། 《བྱ་མགྲིན་སྔོན་ཟླ་བའི་རྟོགས་བརྗོད》《གཞོན་ནུ་དྲུག་གི་རྟོགས་བརྗོད》སོགས་མི་ཕྱེད་ལྷ་ཕྱེད་ཀྱི་བརྩམས་སྒྲུང་རིང་ཐུང་སྣ་ཚོགས། 《བྱ་སྤྲེལ་གཏམ་རྒྱུད》ལ་སོགས་དུད་འགྲོ། སྲེར་ཆགས། འདབ་ཆགས་སོགས་མིའི་ཚུལ་དུ་བྱས་ནས་བརྩམས་པའི་རབ་བཏགས་ཀྱི་བརྩམས་སྒྲུང་། དེ་བཞིན《གླིང་རྗེ་གེ་སར་རྒྱལ་པོའི་སྒྲུང》སོགས་བོད་ཀྱི་ལོ་རྒྱུས་དང་། སྐད་ཡིག ཡུལ་སྲོལ་གོམས་གཤིས། ཆོས་ལུགས། སེམས་ཁམས། རྩོམ་རིག་སྙན་རྩལ་གྱི་རྣམ་པ། འབངས་མི་སེར་གྱི་གནས་བབ། ཞི་སྡང་ངམ་ཡིད་རངས་ཀྱི་བསམ་པ་གསལ་ལེ་ཕྲ་ལེར་མངོན་པའི་རིན་ཐང་ཆེས་ཆེར་ལྡན་པའི་དམངས་ཁྲོད་སྒྲུང་གཏམ། གཞན་ཡང་《ཆར་ཤུལ་གྱི་ནགས་ཚལ》དང་། 《བུ་མོ་སྤུན་གསུམ》《མེ་ཏོག་ལྡུམ་ར་འི་ནང་གི་གླུན་ཀ》《གཙུག་གཡུ》ལ་སོགས་པ་ཉེ་ལམ་གསར་དུ་ཐོན་པའི་སྙན་རྩལ་རྩོམ་རིག་བཅས་གནའ་དེང་རྩོམ་རིག་གི་ཕྱོགས་གང་ཅིའི་ཐད་ཀྱི་ནང་དོན་ཚད་ཡོད་ལ། དཔྱད་གླེང་གི་བྱ་གཞག་དེ་སྔོག་ཆོས་ཡོངས་སུ་རྫོགས་པའི་ལུས་ཕྲམ

ཞིག་ལོ་ན་སོན་བཞིན་སྐྱེ་བོ་ཀུན་གྱི་བརྟན་པ་འཁྲུག་ཆེར་འགྲོ་བ་ཇི་བཞིན་མི་རྣམས་ཀྱི་འདྲེན་བྱེད་ལམ་དུ་བཀྲག་མདངས་འཚེར་འཚེར་འགྲོ་བཞིན་ཡོད་པ་རེད།

བོད་ཞི་བས་བཅིངས་འགྲོལ་ཐོབ་རྗེས་ཀྱི་ལོ་བཞི་བཅུའི་ནང་བོད་ལྗོངས་འདི་ཉིད་ཕྱི་ཕྱོགས་དང་འབྲེལ་ལམ་འགག་གས་ཤིང་མི་རྣམས་ཀྱི་མཐོང་རྒྱ་གུ་དོག་པོར་གྱུར་པའི་རྣམ་པར་རིམ་པས་འགྱུར་བ་བྱུང་སྟེ། ཕྱོགས་གང་ཅིའི་རིགས་གཞུང་སྤེལ་རེས་ཀྱི་བྱེད་སྒོ་རྒྱ་ཆེར་སོང་ཡོད་པ་དེས་མི་ཚོའི་མཐོང་རྒྱ་ཆེ་རུ་འགྲོ་རྒྱུ་དང་། ཤེས་བྱ་ཕུན་སུམ་ཚོགས་སུ་འགྲོ་རྒྱུར་ཕན་ནུས་ཐོན་ཡོད་ལ། མི་རིགས་ཀྱི་ཤེས་ལྡན་མི་སྣ་ཁག་གྲས་དང་། གསར་སྐྱེས་ཀྱི་ཤེས་ལྡན་པ་དར་གཞོན་ཚོས་ཕྱོགས་མང་རིགས་གཞུང་གི་གནས་ལ་འཇུག་འདོད་ཀྱི་རེ་བ་སྐྱེམ་པ་ཆུ་འདོད་ལྟར་ཇི་ཆེར་འཕེལ་བཞིན་ཡོད་པས། སྤྱིལ་རྒྱུན་གྱི་རིགས་གཞུང་ལ་དཔྱད་བརྗོད་དང་། དེང་སྐབས་ཀྱི་རིག་གནས་གསར་པར་སློབ་སྦྱོང་དང་ཞིབ་བསྡུར་བྱེད་པའི་ཀུན་སློང་ངང་གིས་སྐྱེ་བ་མ་ཟད། རང་མི་རིགས་ཀྱི་རྩོམ་རིག་སྒྱུ་རྩལ་ཚུད་པའི་རིགས་གཞུང་ལ་དཔྱད་བརྡར་བྱེད་དགོས་ངེས་ཡིན་པའི་ངོས་འཛིན་གསར་པ་ཞིག་ཐོབ་པའི་སྐུལ་སློང་འོག ཞིབ་འཇུག་དཔྱད་བརྡར་གྱི་རྩོམ་རིག་ཀྱང་མང་ནས་མང་དུ་འཕེལ་བཞིན་ཡོད་པ་དང་། ལྷག་པར་དུ་རྩོམ་རིག་སྒྱུ་རྩལ་ཐད་ཀྱི་དཔྱད་ཞིབ་རྩོམ་རིག་གི་གྲངས་ཚད་དེ་བས་འཕར་ཤུགས་ཆེ་བའི་ཁར། སྤུས་ཚད་ཀྱང་གོང་མཐོར་འགྲོ་བཞིན་ཡོད་པ་རེད། རྩོམ་རིག་དཔྱད་གཏམ་པའི་དཔུང་ཁག་གྲས་སུ་དེང་རབས་ཀྱི་ཤེས་བྱའི་ཟེགས་མ་ཐོབ་པའི་གཞོན་དར་སྐད་གཉིས་སམ་སྐད་གསུམ་སྨྲ་བའི་རིག་གནས་པ་ཡོད་ལ། གྲགས་ཅན་གྱི་བོད་རིག་པ་མཁས་ཅན་ནམ་མི་རིགས་ཀྱི་ཤེས་ལྡན་པ་བགྲེས་གྲས་ཡོད་པ་དང་། གོང་དབུ་འཛིན་གྱི་གནས་སུ་བཞུགས་པའི་དཔོན་རིགས་ཡོད་ལ། སྤྱིར་བཏང་གི་མང་ཚོགས་དཀྱུས་གྲས་ཀྱང་ཡོད་པ་རེད། ཆེད་ལས་དཔྱད་གཏམ་པའི་ཁར་ལས་ཞོར་དཔྱད་གཏམ་པའི་འབོར་གྲངས་ཀྱང་ངེས་ཅན་ཞིག་ཟིན་ཡོད་པ་དེ་དག་རིག་གནས་དར་ཤུགས་ཆེ་བ་དང་། ཤེས་ལྡན་མི་སྣ་འཛོམས་པའི་ལྟེ་གནས་གྲོང་ཁྱེར་ཙམ་དུ་མ་ཟད། ད་དུང་གྲོང་བརྡལ་དང་རྫོང་ཁག་སོགས་ལའང་ཁ་གྲམ་

ནས་ཡོད་པ་བཅས་རྩོམ་རིག་དཔྱད་གཏམ་གྱི་དཔུང་ལག་ནི་སྐྱེ་སྟོབས་ལྡན་པའི་སྒོ་ནས་འཚར་ལོངས་འབྱུང་བཞིན་ཡོད་པ་མཚོན་ཐུབ།

གསུམ།

རིམ་ཕྱིན་མཁས་དབང་དག་གི་རྩོམ་སྲོལ་དང་། རྩོམ་རྩལ། རྩོམ་རིག་གི་བརྗོད་བྱ། ཁྱད་ཆོས་སོ་སོར་བློ་ཡིད་ཕྲ་མོས་ཞིབ་འཇུག་དཔྱད་བརྟར་བྱས་པ་བརྒྱུད་རང་མི་རིགས་ཀྱི་རྩོམ་རིག་གི་དགེ་མཚན་ཤུལ་འཛིན་དང་དར་སྤེལ་བཏང་སྟེ་དེང་རབས་ཀྱི་རྩོམ་རིག་གོང་འཕེལ་གཏོང་རྒྱུ་དང་། དེང་སྐབས་རྩོམ་རིག་གི་ལེགས་ཉེས་བཟང་ངན་སོགས་ལ་བློ་ཁྲིས་ཀྱིས་བླང་དོར་ཞིབ་དཔྱོད་བྱས་པ་བརྒྱུད་བོད་མི་རིགས་ཀྱི་རྩོམ་རིག་དེ་ཕྱུན་བླའི་མི་རིགས་དང་། འཛམ་གླིང་རྩོམ་རིག་ཁྲིད་དུ་ངོ་གནོང་མི་དགོས་པའི་གནས་བབ་ཏུ་སླེབས་པ་བྱ་རྒྱུར་རྩོམ་རིག་དཔྱད་གཏམ་པས་ངལ་བ་ལྷུར་ལེན་བྱས་ཡོད་ལ། ཕན་ལྡན་གྱི་བཟང་འབྲས་ཀྱང་ཐོན་ཡོད་པ་རེད།

བོད་མི་རིགས་འདིར་ སྔར་ནས་རྩོམ་རིག་གི་ནང་དོན་ཁྱབ་ཆེ་བ་དང་། མཚོན་སྟངས་ཀྱི་རྣམ་པ་ཕུན་སུམ་ཚོགས་པོ་ཞིག་ཡོད་ནའང་། རྩོམ་རིག་མང་པོ་ཞིག་སྐབས་དེའི་ཆོས་སྲིད་ཀྱི་དགོས་མཁོ་དང་མི་འཚམ་པའི་རྐྱེན་གྱིས་དཔེ་གཞུང་གཞན་དང་འདྲ་བར་པར་ཤིང་དུ་འཁོད་ནས་ཕྱོགས་བཞིར་དར་ཁྱབ་འགྲོ་བའི་སྐལ་བ་ཡོངས་སུ་ཆད་དེ་རྣབ་རབས་རེ་ཟུང་གི་གསུང་སྒྲོས་ཙམ་དུ་གྱུར་སྟབས། མི་རབས་ཕྱི་མ་རྣམས་ཀྱིས་དེ་ཚོའི་རོ་བཅུད་མྱོང་བའི་གོ་སྐབས་ལྟ་ཞིག་ཐ་ན་མིང་ཙམ་ཡང་ཐོས་དབང་མེད་པའི་གནས་སུ་གྱུར་ཡོད། འོན་ཀྱང་རྩོམ་རིག་དེ་ཚོར་མི་ཕལ་མོ་ཆེའི་ཡིད་ཀྱི་སྒྲོ་བ་འཕེལ་ཐུབ་པའི་སྒྱུ་རྩལ་གྱི་རང་བཞིན་ལྡན་པ་དང་། སྐབས་དེའི་མུན་ནག་ཕྱོགས་ལ་གནད་འཕིགས་ཟུར་ཟའི་ནང་དོན་ལྡན་པས། རྩོམ་ཡིག་ཐོན་མ་ཐག་ཉེ་འཁོར་གྱི་མི་རྣམས་ཀྱིས་ལྷ་ཀློག་བཤུ་འབྲི་བྱས་པ་བརྒྱུད་རིམ་བཞིན་དར་ཁྱབ་ཏུ་སོང་ཞིང་། ད་ལྟའི་བར་རྣབ་རབས་འགའི་ངག་རྒྱུན་དུ་གནས་ཐུབ་ཙམ་བྱུང་སྟེ་དེའི་ཁྲིད་ཁག་གཅིག་བསྡུ་རུབ་ཐུབ་པ་མ་ཟད། དཔྱད་གཏམ་པས་དཔྱད་བརྟར་བྱས་པ་བརྒྱུད་རྒྱུ་

ཆེའི་ཀློག་པ་པོར་ངོ་སྤྲོད་མཚམས་སྦྱོར་ཐུབ་པ་བྱུང་ཡོད། 《བོད་ཀྱི་ཉེ་དུས་ཀྱི་གྲགས་ཅན་སྙན་ངག་པ་ཤེལ་གླིང་མི་འགྱུར་ལྷུན་གྲུབ་ཀྱི་སྙན་ངག་རྩོམ་ལུས་སྐོར་ཅུང་ཟད་གླེང་བ》དང་། 《ཀ་ལེབ་དྲུང་ཡིག་དང་ཁོང་གིས་སེར་བྱེས་གྲྭ་ཚང་གི་ཕྱག་མཛོད་བཀྲ་ཤིས་ལ་འཕྲོ་བའི་ཀ་བཤད་སྐོར་གླེང་བ》ཞེས་པ་སོགས་དཔེ་མཚོན་ཙམ་དུ་དྲངས་ནས་བརྗོད་ན། དཔྱད་གཏམ་དེ་ཚོས་རིང་མིན་བོད་ཀྱི་རྩོམ་རིག་ལོ་རྒྱུས་ཀྱི་གར་སྟེགས་ཐོག་ནས་རྨེག་མེད་དུ་འགྲོ་ལ་ཁད་པའི་རྩོམ་རིག་མྱུར་སྐྱོབ་ཀྱིས་མི་རབས་ཕྱི་མས་མེས་པོའི་སྒྱུ་རྩལ་རྩོམ་རིག་གི་དཔལ་ཡོན་ལོངས་སྤྱོད་ཐུབ་རྒྱུ་དང་། རྒྱ་ཆེའི་ཀློག་པ་པོས་དཔྱད་བརྡར་གྱི་རྩོམ་ཡིག་དེ་ཚོ་གཟིགས་ཀློག་གནང་བ་བརྒྱུད་རང་རེའི་རྩོམ་རིག་གི་ལོ་རྒྱུས་དང་། ཆད་དུ་བྱུང་བའི་རྩོམ་རྩལ་སོགས་ཕྱོགས་ཡོངས་ནས་གསལ་རྟོགས་ཐུབ་རྒྱུ། ལྷག་དོན་དེ་རིང་གི་རྩོམ་རིག་གསར་རྩོམ་བྱ་གཞག་ལ་འབད་འབུངས་མཛད་མཁན་དག་གིས་གནའ་ཤུལ་རྩོམ་རིག་གི་སྙིང་བཅུད་བླངས་ཏེ་སྤྱི་ཚོགས་རིང་ལུགས་བོད་ལྗོངས་ཀྱི་རྩོམ་རིག་གསར་པ་སྤུས་ལེགས་ངང་དར་སྤེལ་དང་། དེང་སྐབས་ཀྱི་སྤྱི་ཚོགས་ཀྱི་རྣམ་པ་དང་། འཚོ་བ། མི་རྣམས་ཀྱི་རེ་འདོད། ཕུགས་བསམ་སོགས་ཀྱི་ཐད་ལ་འགུགས་ཤུགས་འགྲན་ཟླ་བྲལ་བའི་མེས་པོའི་རྩོམ་རིག་རྩོམ་རྩལ་ཇི་བཞིན་མཚོན་ཐུབ་པ་བྱ་རྒྱུ་བཅས་ཀྱི་ཐད་ཕན་ནུས་ཆེན་པོ་ཐོན་གྱི་ཡོད་པ་རེད། ཡང་《ཀ་བཤད་རྩོམ་རིག་སྐོར་ཅུང་ཟད་གླེང་བ》ཞེས་པ་སོགས་ཀྱིས་གོང་སྨོས་དཔྱད་གཏམ་དང་མི་འདྲ་བར་ཕྱོགས་གཞན་ཞིག་ནས་མི་རྣམས་ཀྱི་བློ་སྒོ་འབྱེད་པའི་ནུས་པ་ཐོན་གྱི་ཡོད། ཀ་ལི་ཕྲེང་བསྒྲིགས་ཀྱི་ཀ་བཤད་ནི་བོད་མི་རིགས་ཀྱི་དམིགས་བསལ་ཁྱད་ཆོས་ལྡན་པའི་རྩོམ་རིག་རྣམ་པ་ཞིག་ཡིན་པ་དང་། དམངས་ཁྲོད་དུ་འང་ཁྱབ་ཆེན་པོ་ཡོད་པས་རྩོམ་རིག་དེའི་སྤྱིར་བཏང་གི་རྣམ་པ་མི་ཤེས་མཁན་ཏ་ལམ་ཉུང་ཤས་ཙམ་རེད། འོན་ཏེ་ཀ་བཤད་རྩོམ་ལུགས་ཀྱི་རྣམ་པ་ཚ་ཚང་བའི་སྒོ་ནས་ཁོང་དུ་ཆུད་པ་ཉུང་བའི་ཁར། ནང་དོན་དང་རྣམ་པ་གཉིས་ཟུང་འབྲེལ་མཁས་པོས་བརྗོད་བྱའི་དོན་སྙན་འཇེབས་སྒྱུ་རྩལ་གྱིས་རབ་ཏུ་མཚོན་ནུས་པ་ནི་དེ་བས་དཀོན་པོ་ཞིག་རེད། 《ཀ་བཤད་རྩོམ་རིག་སྐོར་ཅུང་ཟད་གླེང་བ》ཞེས་པའི་དཔྱད་

གཏམ་གྱིས་ཀ་བཤད་རྩོམ་ལུགས་ཀྱི་རྣམ་པ་ཙུང་ཞིབ་ཅིང་ཕྲ་བའི་སྒོ་ནས་ངོ་སྤྲོད་མཚམས་སྦྱོར་བྱས་པ་མ་ཟད། ཀ་བཤད་རྩོམ་རིག་གི་བྱེད་ལས་ནང་ངེས་པར་དུ་དོ་ནན་བྱེད་དགོས་པའི་ཆོས་ཉིད་ཐད་རྒྱས་བཤད་རྒྱས་སྤྲོད་བྱས་ཡོད་པ་མ་ཟད། ཀ་བཤད་ལ་རྣམ་པ་མི་འདྲ་བ་གང་དང་གང་ཡོད་པ་ཤེས་རྟོགས་ཐུབ་པ་ཙམ་མ་ཡིན་པར་ཚིག་དོན་འབྲེལ་མི་ཐུབ་བཞིན་དུ་ཀ་མད་ཀྱི་གོ་རིམ་འཁྲིག་ཙམ་ཕོན་དོན་དུ་གཉེར་ནས་ཨ་འཐས་ཨུ་ཚུགས་ཀྱིས་བཙུག་པའི་ཀ་བཤད་རིགས་སྤངས་ཏེ་སྟར་ནས་ཚད་མཐོའི་རྩོམ་རིག་སྒྱུ་རྩལ་གྱི་རང་བཞིན་ལྡན་པའི་རྩོམ་ལུགས་ཀྱི་རྣམ་པ་དེ་ཡང་དག་པའི་སྒོ་ནས་བེད་སྤྱོད་དེ་སྔོན་སྔོངས་ཀྱི་རྩོམ་རིག་གསར་རྩོམ་གྱི་བྱ་གཞག་ཐོལ་པོའི་ཆུ་ཚད་གོང་མཐོར་གཏོང་རྒྱུར་གཞལ་བྱའི་ཡུལ་ལས་འདས་པའི་ཕན་ཡོན་བསྐྱུན་ཡོད། ད་ཕན་ལོ་ངོ་བཅུ་ལྷག་ཙམ་གྱི་རྩོམ་རིག་དཔྱད་བརྗོད་ཀྱི་འཕེལ་རིམ་ལ་ཕྱི་མིག་ལྟ་སྐབས་གནའ་ཤུལ་རྩོམ་རིག་ལ་དཔྱད་བརྟར་བྱས་པ་བརྒྱུད་དེང་སྐབས་ཀྱི་གསར་རྩོམ་ལ་སྐུལ་འདེད་གཏོང་བའི་དཔྱད་གླེང་རྩོམ་རིག་ཡིད་ཆེས་དགོས་པ་མང་པོ་ཐོན་ཡོད་པ་སྟེད། རྩོམ་རིག་གསར་རྩོམ་ལ་སྐབས་འཕྲལ་དཔྱད་བརྗོད་མཛད་པའི་རྩོམ་རིག་གི་གྲངས་ཚད་ཀྱང་མང་དུ་འགྲོ་བཞིན་ཡོད་པ་དེ་ནི་ཁ་བ་རི་པའི་མི་ཚང་མས་སྤྲོ་བ་ཆེན་པོ་བྱེད་དགོས་པའི་བྱ་བ་བཟང་པོ་ཞིག་རེད་སྙམ།

གནའ་ཤུལ་རྩོམ་རིག་ལ་དཔྱད་བརྟར་བྱས་པའི་རྩོམ་གྱི་རིགས་དང་། ཡང་ན་དེང་སྐབས་ཀྱི་རྩོམ་རིག་གསར་རྩོམ་ལ་སྐབས་འཕྲལ་ཞིབ་འཇུག་དཔྱད་བརྗོད་བྱས་པའི་རྩོམ་རིག་གང་ཡིན་དེ་དག་ཕལ་མོ་ཆེས་ཁྲིན་པའི་སྦལ་པ་ཇི་བཞིན་མཐོང་རྒྱ་ཆུང་བ་དང་། བསམ་བློ་གུ་དོག་པོས་དཔྱད་ཡུལ་དུ་གྱུར་པའི་རྩོམ་རིག་གང་དེ་ཕོན་གླེང་ཐུབ་ཙམ་མ་ཡིན་པར་གླེང་བྱའི་རྩོམ་རིག་དང་འབྲེལ་བའི་མི་རིགས་རང་ཉིད་དང་། གཞན་མི་རིགས། ཕྱིའི་རྒྱལ་ཁབ་ཀྱི་ཚད་མར་གྱུར་པའི་རྩོམ་རིག་དང་། དཔྱད་བརྟར་རིགས་གཞུང་སོགས་དང་ཟུང་དུ་འབྲེལ་ཏེ་དཔྱད་པའི་རྩོམ་རིག་གི་ཁྱད་ཆོས་དང་། བརྗོད་བྱ། རྩོམ་རྩལ། ཕན་ནུས། རྩོམ་རིག་གི་འཕེལ་ཕྱོགས། ཆོས་ཉིད་སོགས་ལ་བློ་རིག་ཕྲ་མོས་ཞིབ་འཇུག་དཔྱད་བརྟར

གྱིས་རྩོམ་རིག་ལ་བློ་རིག་ཕྲ་མོས་ཞིབ་འཇུག་དཔྱད་བརྗར་གྱིས་རྩོམ་རིག་རྒྱུ་རྩལ་གྱི་རིགས་པའི་གཞུང་ལུགས་ཀྱི་མཐོ་ཚད་ནང་གདེང་འཛོག་བྱས་ཡོད་པ་དེ་ཚོ་ནི་དེ་རིང་རྩོམ་རིག་དཔྱད་གཏམ་ལ་ལྡན་པའི་ཐུན་མོང་གི་ཁྱད་ཆོས་ཤིག་རེད། གཞན་ཡང་དེང་སྐབས་ཀྱི་རྩོམ་རིག་དཔྱད་གཏམ་ལ་རྒྱ་ཁྱབ་ཀྱི་ཤེས་བྱའི་རང་བཞིན་ལྡན་ཡོད་པ་དང་། དཔྱད་གཏམ་རྩོམ་རིག་གི་རྟོག་དཔྱོད་དང་ཟབ་འཇུག་གི་ཚད་གཞིའང་ངེས་ཅན་ཞིག་ཏུ་སླེབས་ཡོད་པ་བཅས་ཀྱིས་རྒྱ་ཆེའི་སློག་པ་པོར་རྩོམ་རིག་སྒྱུ་རྩལ་གྱི་རོ་བཅུད་ཉམས་ལེན་བྱ་རྒྱུར་བློ་རྩལ་འདོན་པ་དང་། རྩོམ་རིག་གསར་རྩོམ་གྱི་བྱ་གཞག་ལ་སྣེ་འཁྲིད་ཀྱི་ནུས་པ་ཐོན་ཤུགས་རྒྱ་ཆེར་འགྲོ་བའི་ཐོག་ནས། སྔད་ཕྱིན་རང་རེའི་རྩོམ་རིག་གི་དཔྱད་གཏམ་བྱ་གཞག་དེ་དེ་བས་འཕེལ་རིམ་གསར་པ་ཞིག་གི་ཐོག་ཏུ་བསྐྱོད་རྒྱུའི་རྟགས་མཚན་བཟང་པོ་ཐོན་ཡོད།

བཞི།

དེང་སྐབས་ཀྱི་རྩོམ་རིག་གསར་རྩོམ་ནི་གནའ་ཤུལ་རྩོམ་རིག་ལས་གསར་རྩོམ་གྱི་ནང་དོན་ཁྱབ་ཆེ་ལ། འཚོ་བ་དངོས་དང་འབྲེལ་ཤུགས་ཆེ་ཞིང་། རྩོམ་སྟངས་ཀྱི་རྣམ་པ་སོགས་ཀྱི་ཐད་ལའང་འཕོ་འགྱུར་ཆེ་ཐག་ཆོད་ཕྱིན་མོད། འོན་ཀྱང་དེ་རིང་རྩོམ་རིག་ལ་སྐྱེ་སྟོབས་ཀྱི་དཔལ་འབར་བའི་ཁྲག་རྣོན་གསར་པ་ཅི་འདྲ་བ་ཞུགས་ནས་དར་རྒྱས་ཆེན་པོ་གང་འདྲ་སོང་ཡོད་ནའང་གནའ་ཤུལ་རྩོམ་རིག་གི་རྨང་གཞི་དང་ཁ་བྲལ་ཐབས་མེད་པ་གསར་རྩོམ་དག་ལས་ར་སྤྲོད་ཁུངས་བཙན་ཐུབ་པས། རྒྱུན་སྲོལ་རྩོམ་རིག་གི་དགེ་མཚན་ཤུལ་འཛིན་དང་། རྩོམ་རིག་གསར་རྩོམ་གྱི་བྱ་བ་དར་སྤེལ་གཏོང་རྒྱ་གཉིས་ཀྱི་འབྲེལ་བ་ཐག་གཅོད་ཡང་དག་པ་ཡོང་ཐབས་བྱ་རྒྱུ་ནི་རྩོམ་རིག་དཔྱད་བརྗར་མཁན་གྱི་ཕྲག་ཐོག་ཏུ་བབས་པའི་འོས་འགན་བསྒྱུར་ཐབས་བྲལ་བ་ཞིག་རེད། སྔར་ནས་དར་བའི་བོད་ཀྱི་རིག་གནས་སྤྱིའི་ངོས་ནས་བརྗོད་ན་མི་རིགས་གཞན་པའི་རིག་གནས་དང་། ལྷག་དོན་དུ་རྒྱ་གར་གྱི་རིག་གཞུང་བསྟན་བཅོས་མང་པོ་བོད་ཡིག་ཏུ་སྒྲ་སྒྱུར་བྱས་པ་བརྒྱུད་བོད་ཀྱི་རིག་གནས་ལ་ཤན་ཤུགས་ཆེན་པོ་ཐེབས་ཡོད་པ་བོད་ཀྱི་རིགས་གཞུང་བསྟན་བཅོས་སྤྱི་དང་། ཡང་སྒོས་སུ《གཞོན་ནུ་ཟླ་མེད་

ཀྱི་གཏམ་རྒྱུད》དང་། 《ས་སྐྱ་ལེགས་བཤད》སོགས་གྲགས་ཅན་རྩོམ་རིག་དེ་ཚོ་ནི་རང་རེའི་མེད་པོ་ཆེས་སྤྲོ་འཚུབས་མིའི་ལད་མོ་བྱེད་པའི་ངང་ཚུལ་དོར་དེ་མི་རིགས་རང་ཉིད་ཀྱི་རྩོམ་སྒྲོལ་གྱི་གཞི་རྒྱུན་གཙོར་བཟུང་ཐོག་གཞན་མི་རིགས་ཀྱི་རྩོམ་རིག་གི་ལེགས་ཆ་བསྡུ་ནུབ་ཀྱིས་བོད་མི་རིགས་ཀྱི་རྩོམ་རིག་གི་ཁྱད་ཆོས་ལྡན་ཞིང་། རིག་གནས་ཆུ་ཚད་མཐོ་དམན་བར་གསུམ་ཚང་མས་དགའ་དགུ་ཡིད་རངས་བྱེད་པའི་མི་རིགས་ཀྱི་རྩོམ་རིག་འབྲུལ་བ་མེད་པ་ཞིག་ཡིན་པའང་གསལ་པོར་མཐོང་ཐུབ་པས། ཤན་ཞུགས་འབྱུང་སའི་རྩོམ་རིག་དང་བོད་མི་རང་ཉིད་ཀྱི་རྩོམ་རིག་སྙིང་སྲིང་གི་གནས་བབ་འགོག་རིན་ཐང་དེ་བས་ཆེན་པོ་ལྡན་ཡོད་ལ། རྒྱང་རིང་གི་ལོ་རྒྱུས་དོན་སྙིང་ཡང་ཆེས་ཆེར་ལྡན་ཡོད།

དེང་སྐབས་བོད་རིགས་ཁྲོད་སྐད་གཉིས་སྨྲ་བའི་མི་སྣའི་ཁ་གྲངས་གོང་འཕེལ་འགྲོ་བཞིན་ཡོད་པ་དང་། རྫོང་ཡན་ཆད་ཀྱི་གྲོང་བརྡལ་དང་གྲོང་ཁྱེར་དུ་སྐད་ཡིག་གཉིས་མཉམ་སྤྱོད་བྱེད་པའི་གནས་ཚུལ་འོག་བོད་མི་རིགས་ཀྱི་རྩོམ་སྒྲོལ་གྱི་དམིགས་བསལ་ཁྱད་ཆོས་མངོན་གསལ་དོད་པོས་འབུར་དུ་ཐོན་པ་བྱེད་དགོས་ན་ငེས་པར་དུ་རྩོམ་རིག་ཞིབ་བསྡུར་གྱི་བྱ་གཞག་ལ་ཤུགས་སྣོན་རྒྱག་དགོས་པ་ནི་གལ་འགངས་ཆེ་བའི་དོན་གནད་ཅིག་རེད། དེའི་ཐད་བོད་རང་དུ་སྟེར་དཔེ་མེད་པའི་ཁར་རྒྱལ་ནང་དུའང་འཕེལ་རྒྱས་དེ་ཙམ་མེད་ནུང་ཉེ་ལམ་བོད་ཡིག་གི་དུས་དེབ་ཁག་ཏུ་རྩོམ་རིག་ཞིབ་བསྡུར་གྱི་རྩོམ་ཡིག་ཁག་གཅིག་སྤེལ་ཡོད་པ་དེ་ཚོའི་ཐོག་ནས་རྩོམ་རིག་དཔྱད་གླེང་གི་སྒོ་མོ་དབྱེ་འགོ་ཚུགས་པ་ཞིག་ཡིན་པ་མངོན་ཡོད། གཞན་ཡང་དེང་སྐབས་རྒྱ་མི་རིགས་ཀྱི་རྩོམ་རིག་གི་ཤན་ཞུགས་འོག་འདྲ་བཤུས་ལྷ་བུའི་སྣན་རྩོམ་ཁག་གཅིག་ཐོན་ཡོད་པར་ཡང་དཔྱད་གཏམ་པས་རང་དགར་མ་བཞག་པར《དེང་སྐབས་སྙན་ངག་གི་རྩོམ་ཚུལ་ལ་རགས་ཙམ་དཔྱད་པ》ཞེས་པ་དང་། 《རང་མོས་སྙན་ངག་གི་དགེ་སྐྱོན་སྐོར་གླེང་》ཞེས་དང་། 《རང་མོས་སྙན་ངག་གི་དགེ་སྐྱོན་སྐོར་རྩོད་གླེང་》ཞེས་པ་སོགས་ཀྱི་དཔྱད་གཏམ་སྤེལ་ཏེ་གཞན་དཔེ་བླངས་ནས་བཙམས་པའི་གསར་དར་རྩོམ་རིག་ལ་ཕྱོགས་མི་འདྲ་བའི་སྒོ་ནས་དབྱེ་ཞིབ་བྱས་པ་བརྒྱུད་གསར་རྩོམ་པས་རྩོམ་བརྩལ་གྱི་རྗེས་

འབྲང་ས་པ་ཞིག་བྱེད་རྒྱུ་མེད་པའི་བླངས་ཆ་ཟབ་མོ་བརྗོད་ཡོད་པ་བཅས་ཀྱི་ཐོག་ནས་ཀྱང་རང་རེའི་ལྗོངས་ཀྱི་རྩོམ་རིག་དཔྱད་གཏམ་བྱ་གཞག་དེ་ཁྱོན་ཡོངས་ནས་གཏིང་ཟབ་ཀྱི་ཕྱོགས་སུ་འཕེལ་རྒྱས་འགྲོ་ཐུབ་ཡིན་པ་མཚོན་ཐུབ།

དེར་དམིགས་སུ་བཀར་ནས་བརྗོད་དགོས་པ་ཞིག་ནི་རང་རེའི་མི་རིགས་ཀྱི་ཁྲོད་དུ་མི་ཉུང་ཤས་ཤིག་གིས་རྙིང་ཞེན་གྱི་བསམ་བློ་བཅངས་ཏེ་གནའ་ཤུལ་གྱི་རིགས་གཞུང་བསྟན་བཙོས་ཡོད་དོ་ཅོག་ཚང་མ་ཚད་ལྡན་དྲི་བྲལ་ཤ་སྟག་ཡིན་པར་རློམ་ཞིང་། གལ་ཏེ་དེའི་མ་འགྲིག་མ་དག་པའི་ཆར་རང་རང་གི་ལྟ་བ་གསལ་བརྗོད་བྱས་ཚེ་ཧ་ལམ་མི་རིགས་ཀྱི་ལ་རྒྱ་ཤོར་བའི་ཐ་ཤལ་པ་ཞིག་ཡིན་པ་ལྟ་བུའི་ལྟ་ཚུལ་བཟུང་སྟེ། གནས་ལུགས་གང་ལའང་བརྟེན་མི་དགོས་པ་དང་། མངོན་སྒྲིག་ཅི་རིགས་ཀྱི་ཐབས་ལམ་བརྒྱུད་དེ་དབུགས་སུབ་གཏོང་ཐབས་བྱེད་ཀྱི་ཡོད་ནའང་། ད་ཆ་བློ་རིགས་གསལ་བའི་དཔྱད་གཏམ་པ་མང་པོས་བཀག་རྒྱ་དེ་རིགས་ལ་མ་འཇེམས་པར་མི་རིགས་ཀྱི་རྩོམ་རིག་གསར་རྩོམ་ཡར་ངོའི་ཟླ་བཞིན་འཕྲུས་ཚང་འཕེལ་རྒྱས་ཡོང་ཕྱིར་ཞིབ་འཇུག་བླང་དོར་གྱི་ངལ་བ་དང་དུ་བླངས་པ་ལས་ཐོབ་པའི་འཆར་སྒོ་སྣ་ཚོགས་བློ་རྒྱ་ཆེན་པོས་སྤེལ་བཞིན་ཡོད་པ་དཔྱད་བརྡར་རྩོམ་ཡིག་ཐོག་ནས་མཚོན་གྱི་ཡོད་པ་དང་། ཐ་ན་རྒྱུན་འཛུགས་ཀྱི་མཁས་དབང་འགའི་ལྟ་བ་དང་མི་མཐུན་པའི་ལྟ་བ་གསར་པའང་བརྗོད་ཡོད་པ་དཔེར་ན། ཟུར་མཁར་བ་བློ་གྲོས་རྒྱ་མཚོ་མཆོག་ནས་སྔོན་དངགས་ཀྱི་སྡོག་སྐོར་ཕྲེང་སྐབས"སྡོག་གི་དབང་པོས་མ་བཟུང་བའི། མི་རོ་བཟང་ཡང་སུ་ཞིག་ལེན"ཞེས་གོ་དོན་ཟབ་མོ་ཞུགས་པའི་གདམ་ངག་བསྟན་པ་དེ་ལ་མཁས་གཞན་འགས་རྒྱ་གར་མཁས་པའི་གསུང་རྒྱུན་དང་འགལ་བ་དང་། གསོ་བ་རིག་པའི་བག་ཆགས་མཐུ་བརྟས་པས་དེ་ལྟར་གྱི་འཆལ་གཏམ་བྱུང་བ་རེད་ཅེས་ཁྱུངས་བཙན་གྱི་རྒྱུན་མཚན་མ་དྲངས་པར་ཕྱོགས་རེ་བའི་དགོངས་ཚུལ་སྒོ་ནས་མཐའ་གཅིག་ཏུ་བཀློག་པའི་ཚུལ་དེ་ལོ་ངོ་དུ་མའི་རིང་ཡང་དག་པའི་ལྟ་བ་ཞིག་ཏུ་བརྩིས་ཡོད་ནའང་། ད་ཆ་དེ་ལྟ་བུའི་དཔྱད་ཕྲེང་མགོ་རྟིང་སློག་ནས"ཕ་རོལ་ཀློག་མཁན་གྱི་ཡིད་སེམས་འགུལ་བ་དང་དེ་ཚོའི་བསམ་བློ་ལེགས་པའི་

ལམ་དུ་དགྲི་བར་བྱ་རྒྱུ་སོགས་ཀྱི་སློབ་གསོའི་ནུས་པ་ཐོན་ཕྱིར་” “རྩོམ་རིག་སྨན་ངག་” ལ་ “འགྲུལ་སྐྱོད་ཀྱི་རང་བཞིན་” དང་“ གསོན་པོའི་རང་བཞིན་” ལྡན་ཡོད་པས། “ཤིང་རྟ་དང་གཞལ་མེད་ཁང་སོགས་བེམ་པོ་འགྲུལ་སྐྱོད་མི་ཤེས་པ་ཞིག་དཔེ་མཚོན་དུ་བཀོད་པ་ནི་མཁས་པ་ཆེན་པོ་དག་གི་གསུང་གི་གྲས་སུ་བགྲང་བར་དཀའོ་” ①ཞེས་རྒྱུ་མཚན་དང་ལྡན་པ་དང་། ནོ་ངར་ལྡན་པའི་ཡོ་བསྲང་གི་ལྟ་བ་གསར་པ་བཏོན་པ་ནི་ལོ་རྒྱུས་ཐོག་རྒྱུན་འཛུགས་ཀྱི་ལྟ་བ་འགར་མི་མཐུན་པའི་ཕྱོགས་ནས་ཞིབ་འཇུག་བྱས་ཏེ་དཔྱད་གླེང་སྤེལ་བའི་སྐོར་དཔེ་མཚོན་ཙམ་དུ་དྲངས་པ་དེ་ལས་རང་རེའི་ལྷོངས་ཀྱི་རྩོམ་རིག་དཔྱད་གཏམ་བྱ་གཞག་དེ་“ མེ་ཏོག་མཉམ་བཞད་” དང་“ མཁས་བརྒྱ་འགྲན་གླེང་” གི་རྣམ་པ་འཁྲུག་པོ་ཞིག་འཕྱུར་བཞིན་ཡོད་པ་མཚོན་པ་མིན་ནམ།

༣།

གནའ་བོའི་རྩོམ་རིག་དང་། ཡང་ན་དེང་སྐབས་ཀྱི་རྩོམ་རིག་གསར་རྩོམ་གང་ཡིན་ཡང་འཚོ་བའི་མཚོན་མདངས་བཀྲ་ཆེ་ཆུང་གི་ཁྱད་པར་ལས་འཚོ་བ་དངོས་དང་འབྲེལ་བ་ཡེ་ནས་མེད་པའི་རྩོམ་རིག་ནི་ཡོད་མི་སྲིད་པ་དང་། སྒྱུ་རྩལ་རྩོམ་རིག་ཚང་མ་སྤྱི་ཚོགས་ཀྱིས་རྩོམ་པ་པོར་སྟེར་བའི་དཀའ་སྡང་གི་ཚོར་སྣང་མཚོན་པ་ཤ་སྟག་ཡིན་པས་དུས་སྐབས་སོ་སོའི་སྤྱི་ཚོགས་ཀྱི་འཚོ་བ་ནི་རྩོམ་རིག་ཡོད་དོ་ཅོག་གི་སྲོག་ཤིང་དུ་གྱུར་པ་ཞིག་ཡིན་ན་དཔྱད་ཞིབ་བྱ་ཡུལ་དུ་གྱུར་པའི་རྩོམ་རིག་དེ་སྤྱི་ཚོགས་ཀྱི་འཚོ་བའི་ཆེ་ཤེལ་འོག་ཏུ་བཞག་ནས་ཞིབ་འཇུག་དཔྱད་བརྟར་བྱེད་དགོས་པ་ཡིན། དེ་ནི་རྩོམ་རིག་དཔྱད་གཏམ་གྱི་བྱ་གཞག་དེ་ཡང་དག་པའི་འགྲོ་ལམ་ཐོག་ཏུ་འཕེལ་རྒྱས་འགྲོ་ཐུབ་མིན་དང་། རྩོམ་རིག་དཔྱད་གཏམ་གྱིས་སྤྱི་ཚོགས་རིང་ལུགས་ཀྱི་བསམ་པའི་དཔལ་ཡོན་འཛུགས་སྐྲུན་བྱེད་པའི་ནང་དགེ་མཚན་ལྡན་པའི་ནུས་པ་ཐོན་ཐུབ་མིན་གྱི་འགག་རྩར་ཐུག་པའི་གནད་དོན་གལ་འགངས་ཆེན་པོ་ཞིག

① 1984ལོའི་《མཚོ་སྔོན་སློབ་གསོ》དུས་དེབ་བཞི་པའི་ཤོག་གྲངས་17ལ་གསལ།

རེད། འོ་ན་རང་རེའི་ལོ་ན་ཕྲ་བའི་དཔྱད་གཏམ་གྱི་དཔུང་ཁག་དེས་བསམ་བློའི་ལམ་ཕྱོགས་སམ་བསམ་བློའི་ཁྱེར་སོ་གང་འདྲ་ཞིག་མཐའ་འཁྱོངས་བྱེད་ཀྱི་ཡོད་དམ་ཟེར་ན་ང་ཚོས་ད་བར་འགྲེམས་སྤེལ་བྱས་པའི་རྩོམ་རིག་དཔྱད་གཏམ་གྱི་རྩོམ་ཡིག་ཁག་ལ་ལྟ་སྐོག་ཉམས་གཞིགས་བྱེད་སྐབས་རང་རེའི་ སྔོངས་ཀྱི་དཔྱད་གཏམ་པས་ལོ་རྒྱུས་དངོས་གཙོ་སྨྲ་བ་དང་། དངོས་གཙོ་རྩོད་སྒྲུབ་ཀྱི་ལྟ་བའི་རྨང་གཞིའི་སྟེང་བཙུགས་པའི་མ་ཁེ་སེ་རིང་ལུགས་ཀྱི་རྩོམ་རིག་སྒྱུ་རྩལ་གྱི་རིགས་པའི་གཞུང་ལུགས་རྒྱུན་འཁྱོངས་བྱེད་ཀྱི་ཡོད་པ་དེ་གསལ་པོར་མཐོང་ཐུབ། རྒྱ་ཆེའི་དཔྱད་གཏམ་པས་མ་ཁེ་སེ་རིང་ལུགས་ཀྱི་ལོ་རྒྱུས་དངོས་གཙོ་སྨྲ་བ་དང་། དངོས་གཙོ་རྩོད་སྒྲུབ་ཀྱི་འཇིག་རྟེན་ལྟ་བའི་ཐོག་ནས་མིའི་རིགས་ཀྱི་སྤྱི་ཚོགས་ལ་དབྱེ་ཞིབ་དང་། མིའི་རིགས་ཀྱི་སྤྱི་ཚོགས་ནང་གི་རྩོམ་རིག་སྒྱུ་རྩལ་ལ་དབྱེ་ཞིབ་ཀྱིས་སྤྱི་ཚོགས་ཀྱི་འཕེལ་རྒྱས་དང་རྩོམ་རིག་སྒྱུ་རྩལ་གྱི་འཕེལ་རྒྱས་དབར་གྱི་འབྲེལ་བའི་སྐོར་གསལ་བཤད་དང་། དཔལ་འབྱོར་རྨང་གཞི་དང་། ཚོས་ལུགས། སྤྱི་ཚོགས་ཀྱི་བསམ་པའི་རླབས་རྒྱུན་ཅི་རིགས་ཀྱིས་རྩོམ་རིག་སྒྱུ་རྩལ་ལ་ཤུགས་རྐྱེན་གང་དང་གང་སྟེར་གྱི་ཡོད་མིན་འཚོལ་ཞིབ་ཀྱིས་བོད་ཀྱི་རྩོམ་རིག་དཔྱད་བརྟར་བྱ་བཞག་དེ་བདེན་པ་བདེན་ཐུབ་དང་། སྒོ་བསྐོན་བློ་འགུག་གི་ནུས་པ་ལྡན་པའི་ངང་གཏིང་ཟབ་ཀྱི་ཕྱོགས་སུ་སྤེལ་ཐབས་ལ་འབད་འབུངས་ཏུར་སྐྱོད་བྱེད་བཞིན་ཡོད་ལ་འབྲས་བུའང་མངོན་གསལ་དོད་པོ་ཐོབ་ཡོད། ལྷག་པར་དུ་གནའ་བོའི་རྩོམ་རིག་སྐོར་གྱི་དཔྱད་གཏམ་ལ་གཞིགས་ན་དུས་སྐབས་ངེས་ཅན་གྱི་ལོ་རྒྱུས་དང་སྤྱི་ཚོགས་དེའི་གནས་ཚུལ་འོག་ཏུ་བཞག་ནས་ཞིབ་འཇུག་དཔྱད་བརྗོད་བྱེད་པ་ལས། དེ་རིང་གི་སྤྱི་ཚོགས་ཀྱི་རྣམ་པ་དང་། མི་རྣམས་ཀྱི་བསམ་པའི་རེ་འདོད་དང་མཐོང་རྒྱ་གཞིར་བཟུང་དཔྱད་ཞིབ་མི་བྱེད་པ་དང་། དེང་སྐབས་ཀྱི་རྩོམ་རིག་གསར་རྩོམ་ལ་ཞིབ་འཇུག་དཔྱད་སྒྲིང་བྱེད་སྐབས་སྤྱི་ཚོགས་ཀྱི་རྣམ་པ་དང་འཕེལ་རྒྱས། ཏང་གི་རྩོམ་རིག་སྒྱུ་རྩལ་ཐད་འཛིན་པའི་སྲིད་ཇུས་དང་། ལམ་ཕྱོགས། རྩོམ་རིག་གི་ངོ་བོ་དང་དམིགས་ཡུལ། སྐད་ཡིག་དང་སྒྲིག་གཞིའི་སྒྱུ་རྩལ་སོགས་ཕྱོགས་གང་ཅིའི་ཐད་ནས་ཞིབ་འཇུག་བྱས་པ་བརྒྱུད་ལེགས་ཉེས་ཕན་

གཞོད་གསལ་རྗེན་དུ་མངོན་པ་བྱེད་ཀྱི་ཡོད་པ་ལས་བསྟོད་ཚིག་གི་ཕྲེང་བ་བསྒར་བསྒྲིགས་དང་། ཡང་ན་ཁུངས་མེད་བབ་ཅོལ་གྱི་གཏམ་ཚོགས་བང་བསྒྲིགས་ཀྱིས་དཔྱད་གཏམ་གྱི་ཚུལ་དུ་སྤེལ་ཐབས་བྱེད་པ་ཞིག་མིན་ན། རང་རེའི་དཔྱད་གཏམ་བྱ་གཞག་དེ་དགེ་མཚན་ལྡན་པ་དང་། ཚན་རིག་དང་མཐུན་པ། མ་ལག་ཆ་ཚང་བ། ཞན་ཆ་དོར་ནས་འཐུས་ཚང་གི་ཕྱོགས་སུ་བརྟེགས་ནས་སྨྲ་བར་རིགས་སོ།

རྩོམ་ཡིག་འདི་《བོད་ལྗོངས་ཞིབ་འཇུག》1991ལོའི་དེབ་གཉིས་པར་འཁོད།

༧༢། །དངོས་ཡོད་མཚོན་པའི་གཏམ་རྒྱུད་བཟང་པོ་ཞིག

——《ཆར་ཤུལ་གྱི་ནགས་ཚལ》ཞེས་པའི་གཏམ་རྒྱུད་ཐད་དུ་དཔྱད་པའི་གཏམ།

评反映现实的好小说《雨后森林》

[བརྡ་ཆད་གཙོ་བོ།] དངོས་ཡོད། མཚོན་པ། བརྩམས་སྒྲུང་།

[ནང་དོན་གནད་བསྡུས།] 1982ལོར་《བོད་ཀྱི་རྩོམ་རིག་སྒྱུ་རྩལ》དུས་དེབ་ཐོག་སྤེལ་བའི་《ཆར་ཤུལ་གྱི་ནགས་ཚལ》ནི་གླང་ཆེན་ལ་སོགས་པས་ཆར་ཤུལ་རྗེས་གྲོག་རྒྱལ་དུ་སོང་བའི་རང་གནས་ནགས་ཚལ་སླར་གསོ་བྱེད་པའི་བརྒྱུད་རིམ་ཁྲོད་སེམས་ཅན་སོ་སོས་འཛིན་པའི་རྣམ་འགྱུར་ཐོག་ནས"མི་བཞི་ཤོག་ཁག"ཐལ་པའི་རྡུལ་དུ་བརླག་རྗེས་རང་ཡུལ་གསར་པ་ཞིག་འཛུགས་སྐྲུན་བྱེད་པའི་ནང་མི་སོ་སོའི་ངོས་འཛིན་དང་ལྟ་བ་ཅི་རིགས་ཡོད་པ་མཚོན་པའི་བརྩམས་སྒྲུང་ཐུང་ངུ་ཞིག་ཡིན་པ་དེར་ད་ཡོད་ཀྱི་དོན་སྙིང་ཅི་ལྡན་ཡོད་པའི་སྐོར་གླེང་ཐབས་བྱས་པ་ཞིག་ཡིན་ནོ།

[关键词]现实;反映;小说

[摘　要]1982 年,笔名为朗卓(后来得知作者为拉巴平措先生)的在《西藏文艺》上发表了一篇名为《雨后森林》的拟人化藏文短篇小说。小说以精湛的文笔抒写了大象等动物在暴雨后重建家园过程中的不同态度,以此来暗示粉碎“四人帮”后重建国家的战斗中哪些态度和精神值得弘扬,哪些应摈弃。本文就该小说所具有的现实意义进行了探讨。

སྤྱི་ལོ1982ལོའི་《བོད་ཀྱི་རྩོམ་རིག་སྒྱུ་རྩལ》དུས་དེབ་གསུམ་པའི་ཐོག་མཚན་ཚབ་ཏུ་རྣམ་གྲོལ་བྱ་བའི་རྩོམ་པ་པོས་ཨུ་རུ་སུའི་གྲགས་ཅན་རྩོམ་པ་པོ་ཀའོ་ཨར་ཅེ་ཡིས་བརྩམས་པའི་《རྒྱ་མཚོའི་ཆུ་སྐྱར》ཞེས་པ་དང་། རང་མི་རིགས་ཀྱི་ཁྲོད་ནས་བརྩམས་པའི་《བྱ་སྤྲེལ་གཏམ་རྒྱུད》ཀྱི་རྩོམ་སྲོལ་སྤྱད་དེ་《ཆར་ཤུལ་གྱི་ནགས་ཚལ》ཞེས་པའི་གཏམ་རྒྱུད་ཐད་དུ

ཞིག་སྤེལ་གནང་བའི་ནང་གཤིས་རྒྱུད་དུལ་བའི་སྣང་ཆེན་ཀུན་དགའ་དང་། བློ་རིག་བཀྲ་བའི་སྤྲེའུ་དཔལ་ལྡན། རྫོགས་ཆར་གྱིས་ཁེངས་པའི་རི་བོང་བློ་བཟང་། དེ་བཞིན་དང་དོན་ཁོ་ནར་གཡེངས་པའི་ཕ་མོ་ལྷ་མཛེས། བྱ་བར་མ་བརྩོན་པའི་ཁ་པོ་ཆེ་སྤྱང་ཀི་ངག་དབང་སོགས་ཀུན་སྤྱོད་དང་ངང་ཚུལ་མི་འདྲ་བའི་གཟུགས་སྐྱན་བཀོད་ཡོད་པ་རྣམས་ལས་དྲག་ཆར་ཆུང་འཚུབ་ཀྱིས་ཤིང་སྡོང་རིང་བ་རྣམས་སྐེད་བཅག་བཏང་། སྡོམ་པ་རྣམས་ས་སྟེང་དུ་འགྱེལ་བརྡུག ཡལ་ག་ཕྲ་བ་རྣམས་ཧྲུག་ཆག་ཏུ་བཏང་། སྡོམ་པ་རྣམས་རྒྱང་རིང་དུ་འཕངས། ལོ་མ་ཆེ་བ་རྣམས་ས་ལ་བཀྲམས། ཆུང་བ་རྣམས་རླུང་གིས་འཁྱེར། ཁྲ་འཚེལ་མེ་ཏོག་རྣམས་རྩེག་མེད་དུ་བརྩམས། སྤང་གཤོངས་བདེ་མོ་རྣམས་ཆུ་ཉིག་གིས་ཁེངས། སྤང་རྩྭ་རྣམས་འདམ་རྫབ་ཀྱི་དཀྱིལ་དུ་བསྣུབ་པ་བཅས་ཞིང་ཀུན་གྱི་ཡིད་དབང་ཅིག་ཅར་འཕྲོག་པར་ནུས་པའི་རང་ཡུལ་སྐྱིད་ཚལ་ཉམས་ཉེས་གེགས་སྐྱོན་བྱུང་བ་སེལ་བའི་བྱ་བར་འཛིན་པའི་རྣམ་པ་ཡང་དག་མིན་སྣ་རིགས་བྱུང་ཞིང་། ཕན་ཚུན་དབར་བསམ་བློའི་འཐབ་རྩོད་དྲག་པོ་བྱུང་ཚུལ་དང་། འཐབ་རྩོད་བྱས་པ་བརྒྱུད་བསམ་བློ་དང་བྱ་སྤྱོད་ཡང་དག་མིན་གྱི་དབྱེ་འབྱེད་གསལ་པོ་བྱུང་ནས་མཐུན་སྒྲིལ་ལ་ཤུགས་སྣོན་ཐེབས་པ་དང་། རང་རང་སོ་སོའི་ནུས་པ་ཅི་ཡོད་འདོན་སྤེལ་གང་ལེགས་ཀྱིས་ལས་ཀར་ཞུགས་མཐར་ཉམས་རྒྱུད་དུ་བཏང་བའི་རང་ཡུལ་སྐྱར་ཡང་ཉམས་དགའ་བར་བསྐྱར་འཛུགས་བྱེད་ཐུབ་པ་བྱུང་བ་གསོན་ཉམས་དོད་པོའི་སྒོ་ནས་བྲིས་ཡོད་པ་རེད།

རྩོམ་པ་པོས་སྣང་ཆེན་དང་སྤྲེའུ་སོགས་སྲོག་ཆགས་ཀྱིས་ཆར་ཆུང་དྲག་པོས་ཉམས་ཉེས་སུ་བཏང་བའི་རང་ཡུལ་སྐྱིད་ཚལ་ཉམས་གསོ་བྱས་ཚུལ་དཔེར་བླངས་ནས་དོན་དངོས་ཐོག"མི་བཞི་ཤོག་ཁག"གིས་ཚུལ་མིན་གྱི་བྱ་བ་མཐའ་གཅིག་ཏུ་སྤེལ་ཏེ་བཀོད་ལེགས་ཀྱི་ཁང་བཟང་གོག་ཧྲུལ་དུ་བཏང་བ་ཇི་བཞིན་དུ་གྱུར་པའི་རང་རེའི་བོད་ལྗོངས་འདི་ཉིད་མཐུན་སྒྲིལ་དང་། ཕྱུག་པོ། ཤེས་རིག་བཅས་ལྡན་པའི་ཕ་ཡུལ་གསར་པ་ཞིག་ལ་འཛུགས་སྐྲུན་བྱེད་པ་དང་། རང་རེའི་མེས་པོའི་རྒྱལ་ཁབ་ཀྱི་རྗེས་ལུས་ཀྱི་རྣམ་པ་མྱུར་ཚད་མགྱོགས་

པོའི་ངང་བསྒྱུར་བཅོས་བཏང་ནས་དེང་རབས་ཅན་བཞི་མིག་ལམ་དུ་མངོན་སུམ་སྒྱུར་པ་བྱེད་རྒྱུ་དེ་ནི་རྒྱལ་འབངས་ཡོངས་ཀྱི་རྩ་བའི་ཁེ་ཕན་དང་འབྲེལ་བ་དམ་ཟབ་ཡོད་གཞིས། ཚང་མས་ཤེས་བྱ་ཡོན་ཏན་དང་། ནུས་པ་ཅི་ཡོད་འདོན་སྤེལ་གང་ལེགས་ཀྱིས་ཀླབས་ཆེན་གྱི་འཛུགས་སྐྲུན་བྱ་གཞག་ནང་ཞུགས་དགོས་པ་ལས། གཡོ་ཟོལ་གྱི་རྣམ་པ་འཛིན་པ་དང་། ཡང་ན་རང་དང་འབྲེལ་མེད་དུ་རྩིས་ནས་གཡོལ་ཐབས་བྱེད་པ། ཡང་ན་སླུ་ལྐེ་ཁོ་ན་བསྐྱལ་བ་ལས་ལག་ལེན་དངོས་ཀྱི་ནང་མི་ཞུགས་པ་སོགས་ཀྱི་བསམ་བློ་དང་སྤྱོད་ཚུལ་ཡོངས་སུ་སྤང་དགོས་པ་དང་། རང་རེའི་མེས་རྒྱལ་འདི་ཉིད་འཛམ་གླིང་ཐོག་སྔོན་ཐོན་གྱི་རྒྱལ་ཁབ་ཅིག་ཏུ་སྐྲུན་པའི་འཐབ་རྩོད་ནང་འགལ་འདུ་སྣ་རིགས་བྱུང་སྲིད་རྒྱུ་ཡིན་ན། ང་ཚོས་སྟབས་བདེའི་ཐབས་ཤེས་ལ་བརྟེན་ནས་ཐག་གཅོད་མ་བྱས་པར། མར་ཁེ་སེ་རིང་ལུགས་ཀྱི་ལྟ་བ་དང་ཐབས་ཤེས་སྤྱད་དེ་འགལ་བ་རྣམས་ཡང་དག་པའི་སྒོ་ནས་ཐག་གཅོད་བྱས་པ་བརྒྱུད་སྔོན་ཐོན་གྱི་བསམ་བློ་དང་སྤྱོད་ཚུལ་དར་སྤེལ་དང་སྒྲིད་ལུག་གི་ཕྱོགས་རྣམས་ཕུར་བསྐྱོན་གྱི་ཕྱོགས་སུ་འགྱུར་བ་བྱས་ནས་མཐུན་སྒྲིལ་རྗོག་རྩ་གཅིག་སྒྲིལ་གྱིས་རང་རེའི་དམིགས་ཡུལ་བསྒྲུབ་དགོས་པ་དང་བསྒྲུབ་ཀྱང་ཐུབ་པ་ཞིག་ཡིན་པའི་གོ་དོན་ཟབ་མོ་བསྟན་ཡོད་པས་ང་ཚོས《ཆར་ཤུལ་གྱི་ནགས་ཚལ》ཞེས་པའི་གཏམ་རྒྱུས་དེར་གོ་དོན་གཙོ་བོ་ནི་"རིག་གནས་གསར་བརྗེ་ཆེན་པོའི་"རྗེས་ཀྱི་མེས་རྒྱལ་དང་། བྱེ་བྲག་ཏུ་"རིག་གནས་གསར་བརྗེ་ཆེན་པོའི་"རྗེས་ཀྱི་བོད་ལྗོངས་ལ་བྱ་བ་རེད་ཅེས་པརྗོད་ན་གཏམ་རྒྱུད་ཀྱི་རྩོམ་པ་པོའི་དང་པོའི་དགོངས་དོན་དང་མཐུན་པར་སྣམ།

རང་རེའི་ཏང་གིས"མི་བཞི་ཤོག་ཁག"ཐལ་བའི་རྗེས་སུ་བརླགས་རྗེས་ཏང་ཡོངས་དང་རྒྱལ་ཡོངས་མི་དམངས་ཀྱི་ཐོག་ཏུ་བབས་པའི་ལས་འགན་གཙོ་བོ་ནི་"མི་བཞི་ཤོག་ཁག"གི་དུག་རྒྱུན་གཙང་སེལ་བྱེད་པ་དང་། བསམ་བློའི་སློབ་སྟོན་ཐོག་གི་ཟིང་བཅོས་ཡོ་བསྲང་བྱས་ནས་སྤྱི་ཚོགས་རིང་ལུགས་ཀྱི་དངོས་པོའི་དཔལ་ཡོན་འཛུགས་སྐྲུན་བྱེད་པའི་མཐོ་ཀླབས་གསར་པ་ཞིག་བསླང་དགོས་པར་གཞིགས་ནས་ཏང་གི་སྐབས་བཅུ་གཅིག་པའི་ཀྲུང་ཨུ

ཚང་འཛོམས་གྲོས་ཚོགས་ཐེངས་གསུམ་པ་སྐོང་ཚོགས་གནང་ནས་རང་རེའི་བསམ་པའི་སློབ་སྟོན་གྱི་མཛད་ཕྱོགས་དང་། དཔལ་འཁོར་འཛུགས་སྐྲུན་གྱི་མཛད་ཕྱོགས་ལ་རྒྱལ་ཁབ་ཀྱི་གནས་ཚུལ་དངོས་དང་མཐུན་པའི་གཏན་འབེབས་གསར་པ་གནང་བ་དང་། རྒྱལ་ཡོངས་ཀྱི་ལས་ཀའི་ལྟེ་གནས་དེ་དེང་རབས་ཅན་བཞི་མངོན་པར་འགྱུར་བའི་འཛུགས་སྐྲུན་ཐོག་ཏུ་སྤྱུར་པ་རེད། ཟིལ་ཉམས་འགྲན་ཟླ་བྲལ་བའི་ཏང་གི་མཛད་ཕྱོགས་སྲིད་ཇུས་དེ་དག་དཔྱིད་ཀྱི་རྡོད་རླུང་ས་གཞིར་ལྷང་བ་བཞིན་མི་རྣམས་ཀྱི་སེམས་པ་ཚ་ཆིལ་ཆིལ་བྱས་ནས་སྤྲོ་བ་ལྷག་པར་བརྟས་པར་གྱུར་བ་དང་། དེ་རྣམས་ལ་ཡིད་ཆེས་ཀྱི་སེམས་ཤུགས་བརྟན་པོ་བཅངས་ནས་རང་རང་གི་ནུས་མཐུ་ཅི་ཡོད་རང་འཁྲིའི་ལས་ཀའི་ཐོག་ལ་ཕུལ་སྟབས་ལོ་ཤས་ནང་འཐབ་ཕྱོགས་སོ་སོར་གྲུབ་འབྲས་ཆེན་པོ་ཐོབ་པའི་སྙན་འཛེབས་འཕྲིན་བཟང་ཕྱོགས་བཞིར་བསྒྲགས་བཞིན་ཡོད། འོན་ཀྱང་“མི་བཞི་ཤོག་ཁག”གི་བསམ་པའི་ལྕགས་སྒྲོག་གིས་དུས་ཡུན་རིང་པོའི་ནང་མི་རྣམས་ཀྱི་བསམ་པ་དམ་པོར་བཅིངས་པའི་རྐྱེན་གྱིས་མི་ལ་ལར་དུག་རྒྱུན་ཐོག་ཆེ་བས་དུས་བབས་གསར་པ་དེའི་འོག་ཏུའང་ད་དུང་གཏམ་རྒྱུད་ནང་གི་ཕྱུང་གི་ངག་དབང་ཇི་བཞིན་རང་གི་ལས་ལ་མ་བརྩོན་པའི་ཁར་གཞན་བྱས་ལ་སྨྲ་མཆུ་མང་བ་དང་། ཞྭ་བསྐོན་པར་དང་བ། ཁ་ཕོ་ཆེ་ཁོ་ནས་འཚོ་ཐབས་བྱེད་པའི་ངང་ཚུལ་འཛིན་ནས་སྡོད་པ་དང་། རང་རེའི་རྒྱལ་ཁབ་ཀྱི་འདས་ཟིན་པའི་ལོ་རྒྱུས་གནས་ཚུལ་གྱིས་རྐྱེན་པས་མི་ལ་ལས་ལག་བསྟར་བྱེད་མུས་ཀྱི་ཏང་གི་ཡང་དག་པའི་མཛད་ཕྱོགས་སྲིད་ཇུས་ཀྱི་རྒྱུན་འཁྱོངས་རང་བཞིན་ལ་གཏམ་རྒྱུད་ནང་གི་རི་བོང་བློ་བཟང་ལྟར་དོགས་ཆར་གྱི་བསམ་བློ་བཅངས་ནས་སྡོད་པ། ཡང་ལ་ལ་ནི་རང་རྒྱལ་གྱི་ཕྱི་འབྲེལ་གྱི་སྒོ་མོ་ཆེ་ཆེར་ཕྱེ་ནས་སྟོན་ཐོན་གྱི་ཚན་རིག་ལག་རྩལ་ནང་འདྲེན་བྱེད་པའི་དུས་སྐབས་དང་སྤྲགས་རྒྱལ་ནང་དུ་དར་བའི་འཁྱོར་ལྷན་གྲལ་རིམ་གྱི་རུལ་སུངས་བསམ་པར་སྲེད་ནས་གཏམ་རྒྱུད་ནང་གི་ཕ་མོ་ལྷ་མཛེས་ལྟར་རྒྱུས་སྤྲོས་གཟབ་མཆོར་བྱེད་རྒྱུ་དང་རྩེ་དགར་གཡེངས་ནས་དུས་འདའ་བ་སོགས་ཀྱི་གནས་ཚུལ་འདྲ་མིན་སྣ་ཚོགས་གནས་ཡོད་པ་དེ་ཚོས་མྱུར་ཚད་མགྱོགས་པའི་ངང་ནས་རང་རེའི་མེས་

རྒྱལ་དང་ ཕ་ཡུལ་འཛུགས་སྐྱོན་བྱེད་པར་བཀག་འགོག་གི་ནུས་པ་ཐོན་གྱི་ཡོད་པ་རེད། 《ཆར་ཤུལ་གྱི་ནགས་ཚལ》ཞེས་པའི་གཏམ་རྒྱུད་དེའི་རྩོམ་པ་པོས་ཏག་ཏག་ཏང་གི་ཀྲུང་ཨུ་ཚང་འཛོམས་གྲོས་ཚོགས་ཐེངས་གསུམ་པའི་རྗེས་ཀྱི་རང་རེའི་ལྗོངས་ཀྱི་སྤྱི་ཚོགས་ཀྱི་འཚོ་བ་དངོས་གཙོ་བོར་འཛིན་ནས་རང་གི་གཏམ་རྒྱུད་ནང་དུ་དེའི་ཟུར་ཆ་གཅིག་སྒྱུ་རྩལ་གྱི་གཟུགས་སུ་བཀོད་ནས་མཚོན་པར་བྱས་པ་ཙམ་མ་ཟད། ལས་ལ་བརྩོན་ཞིང་གཤིས་རྒྱུད་དྲང་བའི་སླང་ཆེན་དང་སྤྲེའུ་གཉིས་དང་། ཁ་ཞོ་ཆེ་ཞིང་བརླང་པོའི་སྤྱོད་པ་འཛིན་མཁན་སྤྱང་ཀིས་རི་བོང་དང་ཕ་མོར་འཛིན་པའི་ལྷ་བ་དང་བྱ་སྤྱོད་ལས་འབྲས་བུ་བཟང་ངན་གཉིས་ཐོབ་པའི་ཐོག་ནས་སྔོན་ཐོན་གྱི་བསམ་བློ་དང་བྱ་བ་ལ་སྐད་གསང་མཐོན་པོས་བསྟོད་བསྔགས་བླངས་པ་དང་། བསམ་བློ་དང་བྱ་སྤྱོད་ངན་པར་དགག་པ་ནན་པོ་བརྒྱབ་པ་དང་ སྒྲགས། ཡང་མ་དག་པའི་བསམ་བློ་དང་བྱ་སྤྱོད་ལ་ང་ཚོས་མར་ཁེ་སེ་རིང་ལུགས་ཀྱི་དགོངས་པའི་རྩ་དོན་གཞིར་བཟུང་གིས་ངང་རྒྱུད་རིང་པོས་སློབ་གསོ་གཏོང་བ་དང་། རང་གིས་མིག་དཔེ་བཟང་སྟོན་གྱིས་མིའི་བློ་འགུགས་ཐབས་བྱས་ནས་སྤྱིད་ལུག་གི་ཕྱོགས་རྣམས་དགེ་མཚན་གྱི་རང་བཞིན་ལྡན་པའི་ཕྱུར་བརྩོན་གྱི་ཕྱོགས་སུ་འགྱུར་བ་བྱེད་དགོས་པའི་འདོད་ཚུལ་བཟང་པོ་བསྟན་ཡོད་པ་དེ་ཆེ་ནི་ད་ཡོད་ཀྱི་དོན་སྙིང་ལྡན་པ་ཞིག་རེད།

དེང་སྐབས་བློ་མཐུན་རེ་འགས་ལོ་རབས་དྲུག་ཅུའི་མིག་རྒྱང་གིས་ལོ་རབས་བརྒྱད་ཅུའི་གཞོན་ནུའི་འཚོ་བ་ལ་བལྟ་བ་དང་། གཞོན་ནུས་གཟབ་སྤྲོས་དྲག་ཙམ་སྤྲས་ནའང་མཐོང་སྣང་མི་བྱེད་པའི་ཁར། བསྙིང་ཚིག་བརླང་པོས་ཟུར་ཟ་འཕྱ་སྨོད་བྱེད་པ་མ་ཟད། མཐའ་ན་གཞོན་ནུའི་ཕྱི་ཚུལ་ལེགས་ཉེས་དབྱེ་འབྱེད་ཀྱི་ཚད་མར་འཛིན་གྱི་འདུག་ན། དེ་བས་ཀྱང་《ཆར་ཤུལ་གྱི་ནགས་ཚལ》ནང་གི་སླང་ཆེན་དང་སྤྲེའུ་ལ་སློབ་སྦྱོང་བྱས་ནས་རང་གི་ཡང་དག་མིན་པའི་སྤྱོད་ཚུལ་ལེགས་བཅོས་དང་ སྤང་བྱ་བྱེད་དགོས་པ་འདུག ང་ཚོ་གཞོན་ནུའི་ཁྲོད་དུ་ལང་ཚོས་སྙེམས་པའི་སྐྱེ་ཕྲན་པོ་མོའི་སྒྲ་ལ་སྒྲ་དཀར་དང་འདྲ་བར་ངན་པ་ལངས་ཤོར་ཏུ་སོང་བའི་ཉུང་ཤས་ཡོད་མོད། འོན་ཀྱང་གཞོན་ནུ་ཕལ་མོ་ཆེ་བ་ནི་ཏང་གི

བྱམས་བརྩེའི་གསོ་སྐྱོང་དང་། སློབ་གྲྭ་དང་ཁྱིམ་བདག ས་ཁུལ་དང་རིམ་པ་ཁག་གི་སྒྲིག་འཛུགས་ཀྱི་ངོ་འཁུར་སློབ་གསོ་ཐོབ་མྱོང་མཁན་ཡིན་པས་བསམ་བློའི་གོ་རྟོགས་མཐོ་ཙམ་ཡོད་པ་དང་ལས་ལ་བརྩོན་ཞིང་སློབ་སྦྱོང་ལ་འབད་པ་ཆེ་བ། སྤྱི་ཚོགས་ཀྱི་སྒྲིག་ཁྲིམས་ལ་སྲུང་བརྩི་ཞུ་བའི་རང་འགུལ་ཡོད་ན་ཁོང་ཚོས་དང་དོད་ཆེ་ཙམ་བྱེད་པ་དང་ལས་སེང་གི་དུས་སུ་སྐབས་རེ་སྒྲོ་སྐྱིད་བྱེད་པར་ཟུར་ཟ་འཕྱ་སྨོད་བྱེད་དགོས་པའི་གནས་ལུགས་མེད་ལ། ངན་པ་ལངས་ཤོར་དུ་སོང་བའི་གཞོན་ནུར་ཀྱང་ཚིག་མཚོན་ཁོ་ན་མ་བཏབ་པར་ངང་རྒྱུད་རིང་པོས་སློབ་གསོ་གཏོང་བ་དང་། བདེན་པ་བདེན་ཐུབ་དང་གནས་ལུགས་དྲངས་ནས་བློ་འགུགས་བྱེད་དགོས་པ་རེད། དེ་ལྟར་བྱུང་ན་གཏམ་རྒྱུད་ནང་གསལ་བའི་རི་བོང་བློ་བཟང་དང་ཕ་མོ་ལྷ་མཛེས་ལྟར་གཞོན་ནུ་དེ་ཚོས་ནོར་འཁྲུལ་ལ་ངོས་འཛིན་གསལ་པོ་ཐུབ་རྒྱུ་དང་རིག་པ་བསྒྲིམས་ནས་རང་ཉིད་ཀྱི་ནུས་སྟོབས་ཡོད་ཚད་སྤྱི་ཚོགས་རིང་ལུགས་ཀྱི་དེང་རབས་ཅན་དུ་འགྱུར་རྒྱུའི་འཛུགས་སྐྲུན་གྱི་རྣམ་པ་གསར་པ་ཞིག་སྒོ་ཀུན་ནས་གཏོད་པའི་རླབས་ཆེན་བྱ་གཞག་ལ་འབུལ་ངེས་ཡིན།

གཏམ་རྒྱུད་ནང་མིའི་ཚུལ་དུ་བཀོད་པའི་གླང་ཆེན་དང་སྤྲེའུ་སོགས་སྲོག་ཆགས་ལ་ལྡན་པའི་ཁྱད་ཆོས་ཞིབ་ཚགས་ངང་བྲིས་ནས་ཕྱི་རོལ་ཡུལ་དུ་གནས་པའི་སྲོག་ཆགས་ཀྱི་སྣང་བརྙན་དང་མཐུན་པ་བྱེད་རྒྱུ་དང་། སྲོག་ཆགས་ཀྱི་བྱ་སྤྱོད་དང་ལབ་གླེང་བརྒྱུད་རང་གིས་བརྗོད་པར་འདོད་པའི་དོན་རྣམས་མ་ལུས་པ་མཚོན་པ་བྱེད་རྒྱུ་གཉིས་ཟུང་འབྲེལ་ལེགས་པོ་བྱས་སྟབས། ཀློག་པ་པོས་ཀློག་པའི་ཚེ་ཕྱོགས་ཤིག་ནས་གླང་ཆེན་དང་། སྤྲེའུ། རི་བོང་། ཕ་མོ། སྲུང་གི་སོགས་ཀྱི་གཟུགས་བརྙན་མིག་ལམ་དུ་གསལ་ཆེ་ལེར་རྒྱུ་བ་ལྟ་བུའི་འཆར་སྣང་སྐྱེ་བ་དང་། ཅིག་ཤོས་ནས་བསམ་བློའི་འཚོ་བཅུད་ཀྱི་རོ་མྱོང་རྒྱུ་ཡོད་པའི་སྒྱུ་རྩལ་གྱི་ནུས་མཐུ་ཐོན་ཡོད་ཅིང་། གཏམ་རྒྱུད་ཀྱི་རྩོམ་པ་པོས《གཞོན་ནུ་ཟླ་མེད་ཀྱི་གཏམ་རྒྱུད》དང《ས་སྐྱ་ལེགས་བཤད》ལ་སོགས་པའི་གནའ་བོའི་སྒྱུ་རྩལ་རྩོམ་རིག་གི་དགེ་མཚན་རྣམས་སློབ་སྦྱོང་དང་བེད་སྤྱོད་དེ་དེང་སྐབས་ཀྱི་རྣམ་པ་མཚོན་པ་དང་། སྣན་ཞིང་འཇེབས་ལ་གོ་བདེ

བའི་བརྗོད་དང་། "དྲང་པོ་བཤད་ན་སྐྱེ་བོ་མི་དགའ་ཟེར། དཔྱུག་པ་འཁྱེར་ན་ཁྱི་རྒན་མི་དགའ་ཟེར།" བ་དང་། "སྐྱིད་པས་ལྟས་མ་མ་ལྟད་ན། འཆི་མེད་དགུ་བསྐྱིལ་ག་ནས་ཡོང་།" བྱ་བ་སོགས་དམངས་ཁྲོད་དུ་དར་ཁྱབ་ཆེ་བའི་གཏམ་དཔེ་སྤྱོད་ནས་ཡང་འཚོའི་དཔལ་འབར་བའི་གཏམ་རྒྱུད་ཀྱི་ལུས་རབ་ཏུ་སྤྲོད་པས་མི་རྣམས་ཀྱི་ཡིད་དབང་འཕྲོག་གི་ཡོད།

མདོར་ན་གཞའ་བཟང་དེང་སྐྱིད་དང་རབ་བརྟགས་ཀྱི་སྒོ་ནས་དངོས་ཡོད་མཚོན་པའི་གཏམ་རྒྱུད་དེས་མི་རིགས་རང་གི་རི་མོའི་ལམ་ནས་སྤྱི་ཚོགས་རིང་ལུགས་ཀྱི་བོད་ལྗོངས་གསར་པའི་དངོས་ཡོད་རྣམ་པ་མཚོན་པའི་གཏམ་རྒྱུད་གསར་རྩོམ་བྱེད་རྒྱུར་སྐུལ་མ་ཐེབས་ནས་བོད་ཀྱི་རྩོམ་རིག་སྒྱུ་རྩལ་གྱི་རྣམ་པ་གྲ་རྒྱས་ཕུན་སུམ་ཚོགས་སུ་འགྲོ་རྒྱུ་རེད་ཅེས་མི་རང་ག་བ་ཁོ་བོ་ལྟ་བུས་དམ་པའི་རྩོམ་ལ་ཚད་འབེབས་བྱས་པ་ཚུལ་མིན་གྱི་སྤྱོད་པར་འགྲོ་ཉེན་ཆེ་ནའང་། དེ་ལྟར་གྱི་གཏམ་རྒྱུད་མང་ཙམ་གསར་རྩོམ་འགྲེམ་སྤེལ་ཡོང་རྒྱུ་དང་བདག་དང་བདག་འདྲ་བ་ཡེ་ཤེས་རྩོམ་གཏམ་རྒྱུད་དེའི་དོན་སྙིང་བཅུད་ལེན་ལ་ཕན་པའི་བྱ་བ་ཕྲན་བུ་བསྒྲུབ་སྙམ་པའི་ལྷག་བསམ་འགོག་མེད་དུ་བྱུང་རྐྱེན། བརྟག་ཁྲོལ་གྱི་སྨུག་གྲིབ་ངན་པ་འདི་ཕུལ་ལོ།

རྩོམ་ཡིག་འདི་《བོད་ཀྱི་རྩོམ་རིག་སྒྱུ་རྩལ》1985ལོའི་དུས་དེབ་སྟེང་འཀོད།

༧༡། ལྷ་སྨོན་ཡེ་ཤེས་ཚུལ་ཁྲིམས་དང་ཁོང་གི་རྩོམ་རིག་སྐོར་གླེང་བ།

论拉梅·益西楚成及其文学

[བརྡ་ཆད་གཙོ་བོ།] ལྷ་སྨོན་ཡེ་ཤེས་ཚུལ་ཁྲིམས། རྩོམ་རིག

[ནང་དོན་གནད་བསྡུས།]《ལྷ་སྨོན་ཡེ་ཤེས་ཚུལ་ཁྲིམས་དང་ཁོང་གི་རྩོམ་རིག་སྐོར་གླེང་བ》ཞེས་བྱ་བའི་དཔྱད་རྩོམ་དེའི་ནང་པཎ་ཆེན་སྐུ་ཕྲེང་དགུ་པ་མཆོག་གི་མཚན་ཞབས་ལྷ་སྨོན་ཡེ་ཤེས་ཚུལ་ཁྲིམས་མཆོག་སྐུ་ན་བརྒྱད་ཙམ་ནས་ཞིམ་མངར་ཕུན་སུམ་ཚོགས་པའི་ཁྱིམ་ཚང་གི་འཚོ་བར་ཞེན་མ་ཆགས་པར་དཀའ་ཐུབ་ཀྱི་བརྟུལ་བཞུགས་ནམ་ཡང་མ་གཡེལ་བསྟེན་འགྲུས་ཀྱི་ཕ་རོལ་ཏུ་སོན་པའི་མཐར་འཛིག་རྟེན་པ་ཀུན་གྱིས་གུས་པར་འོས་པའི་རྟོགས་པའི་དབང་ཕྱུག་གི་གོ་འཕང་རྙེད་པའི་རྣད་བྱུང་ལོ་རྒྱུས་དང་དེ་བཞིན་ཁོང་གིས་བརྩམས་གནང་མཛད་པའི་རྩོམ་རིག་ཁག་ཅིག་གི་དམིགས་བསལ་ཁྱད་ཆོས་ངོ་སྤྲོད་ཞུས་ཡོད།

[关键词]拉梅·益西楚成;文学作品

[摘　要]《论拉梅·益西楚成与他的作品》一文探讨了后来成为九世班禅侍从的拉梅·益西楚成从八岁开始放弃家庭的优越生活条件,踏上艰辛的求学道路,并以坚定的意志克服求学道路上遇到的各种困难,最终成为一代博学多才的著名学者的历史,以及他的部分作品的艺术特色。

《སྐྱ་སེང་བུ་ལྷའི་རྟོགས་བརྗོད》དང་། 《དགེ་སྦྱོང་གཞོན་ནུ་དང་ནགས་ལྷ་སྒེག་མོའི་འབེལ་གཏམ་མཁས་པ་བཞད་པའི་སྒྲ་དབྱངས》ཞེས་པ་ནི་དེང་རབས་ཀྱི་མཁས་པ་ཆེན་པོ་ལྷ་རྗེ་སྨོན་སྐྱིད་ཡེ་ཤེས་ཚུལ་ཁྲིམས་(1913 ~ 1977)ནས་བརྩམས་གནང་མཛད་པ་དང་། ད་ལམ་རང་རེའི་མིག་ལམ་དུ་མངོན་སུམ་དུ་རྒྱུ་བའི་ངོ་མཚར་སྣང་བྱུང་གི་རྩོམ་རིག་

ཁག་གཉིས་རེད། ལྷ་སྒྲོན་ཡེ་ཤེས་ཚུལ་ཁྲིམས་མཆོག་ནས་ད་དུང་སྙན་ངག་ཚོགས་བཅད་ཀྱི་ལམ་དུ་དྲངས་པའི་《རྗེ་བཙུན་མི་ལའི་རྟོགས་བརྗོད》ལ་སོགས་པ་རྩོམ་རིག་མང་དག་ཅིག་བརྩམས་གནང་མཛད་ཡོད་ནའང་ཁག་ཅིག་ནི་འདྲི་ཀླུང་ལྷག་པར་ལྷང་བའི་དུས་རབས་ནང་ཤུལ་ལྷག་ཙམ་ཡང་མེད་པར་སོང་བ་དང་། ཐོག་མཐའ་བར་གསུམ་དུ་རྒྱལ་གཅེས་པ་ཞིག་ཡིན་པའི་དམ་པ་ཁོང་ཉིད་ཀྱང་རང་རིགས་ཀྱི་སེར་སྐྱའི་མཁས་པ་མང་པོ་དང་འདྲ་བར་འདྲི་ལག་ནག་པོའི་མནར་གཅོད་ཀྱི་འོག་སྤྱི་ལོ1977ལོར་ཁོང་ཁྲོ་དང་ཡིད་སྣང་སྐྱོ་ཤས་ཆེ་བའི་ངང་མི་ཡུལ་འཇིག་རྟེན་དང་བྲལ་ནས་རྒྱལ་གཅེས་ཀྱི་མི་སྣ་དེ་ཉིད་ལ་མངའ་བའི་ཁྱད་དུ་འཕགས་པའི་རྩོམ་རྩལ་གྱིས་སྤྱི་ཚོགས་རིང་ལུགས་ཀྱི་བོད་ལྗོངས་གསར་པའི་རྩོམ་རིག་བྱ་གཞག་གོང་དུ་འཕེལ་བར་ཞབས་འདེགས་ཞུ་བསམས་པའི་ཐུགས་འདུན་བཟང་པོ་དེ་མ་འགྲུབ་པ་ནི་ཁ་བ་རི་པའི་རྩོམ་རིག་བྱ་གཞག་གི་ངོས་ནས་བརྗོད་ན་གསབ་ཐབས་མེད་པའི་གྱོང་གུན་ཚབ་ཆེན་ཕོག་པ་ཞིག་རེད།

ལྷ་སྒྲོན་ཡེ་ཤེས་ཚུལ་ཁྲིམས་མཆོག་ནས་བརྩམས་པའི་《རྗེ་བཙུན་མི་ལའི་རྟོགས་བརྗོད》ནི་ཁོང་གི་ལྷུགས་རྩོམ་ཡོད་དོ་ཅོག་ནང་གི་ཆེས་ཕུལ་དུ་བྱུང་བ་ཞིག་ཡིན་པ་ཁོང་ཉིད་ཙམ་མ་ཟད། གཟིགས་སློག་གནང་མཁན་གྱིས་ཀྱང་དེ་ལྟར་ངོས་འཛིན་གནང་གི་འདུག ངོ་སྤྲོད་ལྟར་ན་ལྷུགས་རྩོམ་དེ་གཙོ་བོ་རྗེ་བཙུན་མི་ལ་རས་པའི་རྣམ་ཐར་ལ་གཞིགས་ནས་བརྩམས་ཀྱང་ནང་དོན་དེ་རང་གི་ཚད་འཛིན་འོག་མ་ཚུད་པ་དང་། རྩོམ་ལུགས་སྙན་ངག་གི་ལམ་ནས་དྲངས་ཀྱང་མངོན་བརྗོད་དང་བརྡ་སྤྲོད་སོགས་མི་ཕལ་མོ་ཆེ་ཡིས་བལྟ་ཀློག་བྱེད་པར་ངལ་བ་ཆེན་པོ་སྟེར་བའི་མཁྲེགས་ཚིག་གིས་བསྡམས་མེད་པས་བཀའ་རྩོམ་དེར་སྤྱོད་བྱའི་གོ་དོན་ཟབ་མོ་ཡོད་སྲིད་པ་ཕུད། བལྟ་ཀློག་གི་རྒྱུ་ཁྱབ་རང་བཞིན་ལྡན་པའི་དམིགས་བསལ་གྱི་ཁྱད་ཆོས་ལྡན་ཡོད་པར་གདོན་མི་ཟ། རྒན་རབས་འགས་མགོ་འདོན་མཛད་པ་ལྟར་ལྷུགས་རྩོམ་དེ་རང་གི་མཇུག་བྱང་དུ“གལ་ཏེ་འདི་ཡང་མ་གོ་ན། རང་ཉིད་ལྷག་པར་བླུན་པའི་སྐྱོན། རྟོག་པའི་ཆུ་ལ་ཟླ་བའི་གཟུགས། མེད་ཀྱང་ཟླ་བའི་སྐྱོན་མ་ཡིན”ཞེས་

འཁོད་ཡོད་པའི་ཐོག་ནས་བཀའ་རྩོམ་དེ་དངོས་སུ་བལྟ་ཀློག་བྱེད་པའི་བསྐལ་བ་ཚད་གྱུར་ནའང་ད་ཙང་གོ་བདེའི་ངང་ནས་བྲིས་ཡོད་པ་གསལ་པོར་ཤེས་ཐུབ། ཚང་མས་མཁྱེན་གསལ་ལྟར་སྔོན་ཆད་ཀྱི་མཁས་པ་རྣམ་པས་བརྩམས་པའི་རྩོམ་རིག་དཔེ་དེབ་མང་པོ་ཞིག་ནི་མཁས་པ་ནང་ཁུལ་དུ་གཟིགས་ཀློག་མཛད་ནས་གོ་དོན་ཇི་བཞིན་རྟོགས་ཐུབ་པ་ཙམ་ལས་མང་ཚོགས་ཁྲོད་ཀྱི་ཡི་གེ་ཕྲན་བུ་ཤེས་མཁན་གྱིས་ཀྱང་ནང་དོན་ཇི་བཞིན་རྟོགས་ཐུབ་པ་ད་ཙང་དཀའ་བ་མཐོང་ཚོས་ཤིག་ཡིན། མཁས་པ་རྣམ་པས་རྩོམ་རིག་གང་འདྲ་ཞིག་རྩོམ་པའི་དུས་སུའང་མི་ཕལ་མོ་ཆེ་ཡི་རིག་གནས་ཀྱི་གནས་ཚད་ལ་གཞིགས་ནས་རྩོམ་མཁན་ནི་ད་ཙང་ཉུང་ཉུང་ཡིན་པས་རིག་གནས་དང་རྒྱ་ཆེའི་མང་ཚོགས་བར་གྱི་རྒྱང་ཐག་དེ་བས་རིང་དུ་འགྲོ་ཡི་ཡོད། དོན་སྙིང་དེ་འདྲ་ཞིག་གི་ཆ་ནས་བརྗོད་ན་ལྷ་སྨོན་ཡེ་ཤེས་ཚུལ་ཁྲིམས་མཆོག་ནས་རྒྱུན་སྲོལ་ངན་པའི་བཀག་སྡོམ་ཐག་རྒྱ་རྩིས་མེད་དུ་བཏང་སྟེ་རིག་གནས་དང་མང་ཚོགས་དབར་གྱི་བར་ཐག་ཐུང་དུ་གཏོང་ཐབས་ཀྱི་བྱ་བ་བཟང་པོ་ཞིག་ལྷུར་ལེན་མཛད་པ་དེ་ནི་སྔ་ཕྱི་གང་དུའང་དགེ་མཚན་མེད་པ་གཏན་ནས་ཀྱང་མིན། གལ་ཏེ《རྗེ་བཙུན་མི་ལ་རས་པའི་རྟོགས་བརྗོད》ལྟ་བུའི་རྩོམ་དེབ་ཅིག་དེ་རིང་ཡང་ང་ཚོའི་མིག་ཡུལ་དུ་མངོན་པར་འགྱུར་ཚེ་ད་ར་གཞོན་རྩོམ་རིག་པ་ཚོས་ཇི་ལྟར་བྱས་ནས་འབུར་དུ་ཐོན་པའི་རྩོམ་རིག་གི་རྣམ་པ་གསར་པ་ཞིག་གཏོད་པར་ཕན་ལྷན་གྱི་ནུས་པ་ཐོན་ངེས་རེད་ཀྱང་བཀའ་རྩོམ་དེ་ནི་སྐབས་དེ་དུས་སྲིད་དབང་གི་གོ་འཕང་ཆེས་མཐོ་ཤོས་གྲས་སུ་གནས་པའི་ཟུར་ཁང་པ་དབང་ཆེན་དགེ་ལེགས་ཀྱིས་ཤིང་པར་བསྐོ་རྒྱུ་ཡིན་ཞེས་ཁས་འཆེས་ཐོག་ཆེད་མངགས་གཙང་ནས་གཡར་ལེན་བྱས་རུང་། པར་གཞིར་བསྐོ་རྒྱུ་ཕར་བཞག་མཐར་ཐུག་མ་དཔེ་ཡང་ཕྱིར་སློག་མ་བྱས་སྟབས། ད་ལྟ་མིང་གི་ཤུལ་ལྷག་ཙམ་མ་གཏོགས་དངོས་གཞི་བཙལ་རྙེད་བྱ་ཐབས་ནི་ཉིན་མོའི་སྐར་མ་དང་གཉིས་སུ་མེད་པས་ཕོ་བོས་ཀྱང་འདིར་ལྟག་སྩོམ་དེའི་སྐོར་རྒྱས་བཤད་རྒྱས་སྤྲོང་བྱས་པ་བརྒྱུད་ལྷ་སྨོན་ཡེ་ཤེས་ཚུལ་ཁྲིམས་ནི་དེང་རབས་མཁས་པ་ཆེན་པོའི་མཚན་སྙན་ལྡན་པའི་རྩོམ་རིག་མཁས་ཅན་ཞིག་ཡིན་པར་ར་སྤྲོད་མཚམས་སྦྱོར་ཞུ་ཐུབ་པའི་སྤོབས་པ་མེད། འོན་

ཏེ་ད་ལམ་རང་རེའི་འདྲེན་བྱེད་དབང་པོའི་སྤྱོད་ཡུལ་དུ་མངོན་སུམ་དུ་རྒྱུ་བའི་སྙན་འཛེཔས་ལྟགས་རྩོམ་གཉིས་ཀྱི་ཐོག་ནས་ཁོང་ནི་གྲགས་སྙན་ཐོབ་པའི་རྩོམ་རིག་མཁས་ཅན་པ་ཞིག་ཡིན་པ་ཡིད་རྟོན་རུང་བའི་མཚམས་སྦྱོར་ངོ་སྤྲོད་ཞུ་ཐུབ་པ་ཡིན།

འོ་ན་ཁོང་ནི་རིག་གནས་ཀྱི་ཆ་ཐམས་ཅད་མངའ་བརྙེས་པར་གྱུར་ནས་སྐྱེ་བོ་དག་གིས་དགའ་གུས་ཡིད་སྨོན་བྱེད་པའི་མཁས་པའི་མཚན་སྙན་ཐོབ་པའི་རྒྱུ་མཚན་ཅི་ཡིན་ཞེ་ན་འདི་ནི"མཁས་པ་སློབ་པའི་དུས་ན་སྡུག བདེ་བར་འདོད་ལ་མཁས་མི་སྲིད། བདེ་བ་ཆུང་ལ་ཆགས་པ་དེས། ཆེན་པོའི་བདེ་བ་ཐོབ་མི་སྲིད"ཅེས་མཁས་པའི་ཡང་རྩེར་སོན་པའི་ས་སྐྱ་པཎྜི་ཏ་ཀུན་དགའ་རྒྱལ་མཚན་མཆོག་གིས་གསུངས་པ་བཞིན་ལྷ་སྨན་ཡེ་ཤེས་ཚུལ་ཁྲིམས་མཆོག་དགུང་ལོ་བརྒྱད་ལ་སོན་སྐབས་རང་ཡུལ་ལྷ་རྩེ་ཞོལ་འབར་ཁང་དུ་དགེ་རྒན་བློ་བཟང་དོན་ཡོད་བསྟེན་ནས་བོད་ཡིག་རིག་གནས་སྦྱོང་འགོ་ཚུགས་པ་ནས་བཟུང་སྟ་ཕྱིར་བགྲུས་ལྷུན་དགོན་པ་དང་། རྒྱང་ཡོན་མོ་ལུང་རི་ཁྲོད། སེར་ར་དགོན་པ་སོགས་སུ་ཕེབས་ཏེ་བགྲུས་ལྷུན་ཡིག་ཚང་ལས་ཁུངས་ཀྱི་འགོ་འཛིན་དོམ་པོ་བ་མཁྱེན་རབ་དབང་ཕྱུག་ཞུ་བ་དང་། སྲི་ལུང་དགེ་བཤེས་རྣམ་རྒྱལ་ལགས། དཀྱིལ་ཁང་དཀའ་ཆེན་འགྱུར་མེད། རྒྱང་དགེ་ཡོང་ཡེ་ཤེས་ལྷུན་གྲུབ། ལྷ་ཆོས་དགེ་བཤེས་ཚུལ་ཁྲིམས། སེར་བྱེས་དགེ་བཤེས་ལྷུན་གྲུབ་བརྩོན་འགྲུས(དགའ་ལྡན་ཁྲི་ཐོག་བཅུ་བཞི་པ)དང་། དགེ་བཤེས་བྱམས་པ་མཐའ་ཡས་སོགས་སྐབས་དེ་དུས་ཀྱི་མཁས་པ་མང་པོའི་ཞབས་ལ་བཏུགས་ཏེ་བློ་རྩེ་གཅིག་སྒྲིམ་གྱིས་རིག་གནས་སློབ་གཉེར་གནང་ནས་མི་ཚེ་གཅིག་གི་རྩ་ཆེ་ཤོས་སུ་གྱུར་པའི་གཞོན་ནུའི་ལང་ཚོ་བག་མེད་གཡེང་བའི་ལམ་དུ་སྐད་ཅིག་ཀྱང་མ་སོང་བར་མཛད་སྟབས་མཐར་གྱིས《ཧེ་བཙུན་མི་ལ་རས་པའི་རྟོགས་བརྗོད》དང་། 《སྐྱ་སེང་བུ་ལྡིའི་རྟོགས་བརྗོད》ལ་སོགས་པ་མི་རྣམས་ཀྱི་ཡིད་ཀྱི་དབང་པོའི་རང་བཞིན་ཅིག་ཅར་དུ་འཕྲོག་པར་ནུས་པའི་ལྟགས་རྩོམ་གསར་གཏོད་གནང་བའི་མཐུ་མངའ་བར་གྱུར།

ཡིག་རིགས་གང་རུང་གི་རིག་གནས་ཞིག་མཐར་ཕྱིན་པ་སྦྱངས་ནས་དེ་རྟོགས་ཐུབ་པ

དང་ཐོགས་པ་མེད་པར་སྤྱོད་ཐུབ་པའི་མཐུ་རྩལ་ཞིག་ཐོབ་འདོད་ན་ངེས་པར་དུ་དཀའ་ངལ་ཁྱད་དུ་གསོད་པ་དང་སྡུག་སྦྱོང་མྱོང་ཐུབ་པའི་སྙིང་རུས་ངེས་པར་དུ་ལྡན་དགོས་པ་ཞིག་ཡིན། ལྷག་དོན་དུ་ལྷ་སྨན་ཡེ་ཤེས་ཚུལ་ཁྲིམས་ལྟ་བུ་ཞིམ་མངར་ར་བཅུད་ལྡན་པའི་འཚོ་བ་སྤུན་ཚོགས་ཀྱི་མཐུན་རྐྱེན་མ་ཚང་བ་མེད་པའི་ཁྱིམ་ཚང་ནང་ནས་འཚར་ལོངས་བྱུང་བའི་གཞོན་ནུ་ཞིག་གི་ངོས་ནས་བརྗོད་ན་དེ་ལྟ་བུའི་བྱ་བ་དང་བསམ་གཞིར་རྒྱུ་ནི་ལས་སླ་མོ་ཞིག་ག་ལ་ཡིན་ཁར། ལོ་ནས་ལོ་བསྟུད་དེ་རྒྱུན་འཁྱོངས་བྱེད་ཐུབ་པ་ནི་དེ་བས་ཀྱང་དཀའ་མོ་ཞིག་རེད། འོན་ཀྱང་ལྷ་སྨན་ཡེ་ཤེས་ཚུལ་ཁྲིམས་མཆོག་ནས་ཏག་ཏག་དཀའ་ཚེགས་ཀྱི་ལམ་བུ་དེའི་ཐོག་ཏུ་བསྐྱོད་པ་མ་ཟད། ངལ་དུབ་ཅི་འདྲ་བྱུང་ཡང་དེ་ལས་རྣམ་པར་རྒྱལ་ཐབས་མཛད་པ་མ་གཏོགས་ཡིད་མུག་པ་དང་འཁྱོད་གདུང་གི་སྒོ་ནས་ཕྱི་བཤོལ་མཛད་མེད་ལ། སེར་ར་དགོན་པ་སོགས་ལ་སློབ་གཉེར་གནང་བའི་དུས་གྲྭ་ཤག་དཀྱུས་མ་ནག་ཁུང་ཁང་མིག་གཅིག་གི་ནང་རང་ཉིད་གཅིག་པུར་ཇ་རྐྱང་ སྤགས་རྐྱང་གི་འཚོ་བ་ངན་ངོན་ཞིག་སྐྱེལ་དགོས་པའི་སྐབས་སུའང་སློབ་གཉེར་གྱི་བྱ་བར་ལེ་ལོ་དང་ཞེ་ཁྲེལ་གནང་རྒྱུ་ཕར་བཞག སྐབས་དེ་དུས་ལྷ་སར་རྟག་བཞུགས་ཁོང་གི་ཨ་ཞང་གཙང་མདའ་ཚབ་སྟེལ་བ་འཇིགས་མེད་ཀུན་དགའ་དང་། དཀའ་བྲུང་སྨོན་གླིང་འཇམ་དབྱངས་རྒྱལ་མཚན་གཉིས་ཀྱིས་གཙོས་ཉེ་གཉེན་སྐུ་དྲག་གི་ཁྱིམ་ཚང་མི་ཉུང་བ་ཞིག་ཡོད་པ་དེ་ཚོས་ཁོང་གིས་འཚོ་ཐབས་ཆག་ངན་ངོན་ཞིག་སྐྱེལ་ལུགས་ལ་གཟིགས་རྗེས་མ་བཟོད་པར་གང་དགོས་རོགས་རམ་གནང་ཡང་ཡེ་ནས་མ་བཞེས་པའི་ཁར། ཐ་ན་ལྷ་སར་ཟླ་ཤས་ནང་ཐེངས་རེ་སྐྱ་བསང་དུ་ཕེབས་དགོས་ཞེས་ནན་ཏན་གསུངས་ཀྱང་དུས་ཚོད་ཆུད་བཟོད་སུ་དོགས་ནས་ཁས་མ་བླངས་པར་རང་རྟོགས་ཀྱིས་གཡེང་བ་མཐའ་དག་སྤངས་ཏེ་འབད་འབུངས་ཆེན་པོས་སློབ་གཉེར་ལ་གཅིག་ཏུ་བརྩོན་ནས་བཞུགས་སྟབས། ཁོང་གི་སྦྱང་འབྲས་རིམ་བཞིན་སྨིན་རྒྱས་སུ་སོང་ནས་མཁས་པའི་སྙན་གྲགས་བ་དན་ལྷུང་དང་འགྲོགས་པའི་ཙན་དན་དྲི་ངད་ལྟར་ཕྱོགས་མཚམས་གང་སར་རང་བཞིན་གྱིས་ཁྱབ་པ་དང་སྲུགས་སྤྱར་ལམ་རིག་གནས་ཤེས་བྱ་ལ་གཞིགས་ནས་སེར་ར་བླ་སྤྱིའི་བྲུང་ཡིག་འདེམས་

བསྒྲེ་བྱེད་སྐབས་ཁོང་དགུང་ལོ་ཉི་ཤུ་ཙམ་ལས་སོན་མེད་ནའང་ཡོན་ཚད་གཞན་ལས་མངོན་པར་མཐོ་བ་ཡོད་ཕྱིར་བླ་སྤྱིའི་དབྱིན་ཡིག་གི་འོས་བབ་གླེང་བ་དང་བྲལ་བའི་སྒོ་ནས་ཁོང་རང་ལ་ཐོབ་མོད། འོན་ཀྱང་ཁོང་ནི་ཐོག་མ་སློབ་གཉེར་གནང་བ་ནས་བཟུང་རིག་གནས་གསར་སྤྱོད་གནང་རྒྱུ་དང་ཆོས་གཤའ་མ་ཞིག་གནང་རྒྱུའི་འདུན་པ་འབའ་ཞིག་ལས་གྲགས་པ་དོན་དུ་གཉེར་བ་དང་། ཆབ་སྲིད་ཀྱི་གར་སྟེགས་ཐོག་འཛེགས་སྣད་དཔོན་གནས་དོན་དུ་གཉེར་བའི་ཐུགས་བསམ་ཡེ་ནས་མེད་གཤིས། ཁོང་གིས་ཕ་མ་ཐུགས་འཕྲད་ལ་སོགས་པའི་བསྙད་བཏགས་ཏེ་གཙང་ཕྱོགས་སུ་གསང་ཐེབས་གནང་ནས་དབྱིན་ཡིག་གི་ལས་འགན་ལ་གཡོལ་ཞིང་ཕུ་མཐུད་ནས་ཉ་མོ་རྒྱ་མཚོར་འཛུལ་པར་སྤྲོ་བ་དང་དོན་མཐུན་ནོར་ལ་ཐམ་ཆེ་བ་ཇི་བཞིན་དུ་འབྱམས་ཀླས་རིག་པའི་གཙུག་ལག་རྒྱ་མཚོའི་དཔལ་ལ་ངོམ་མེད་ལོངས་སུ་སྤྱོད་རྒྱུར་ཆོག་ཤེས་དང་བྲལ་བའི་ངང་འབད་པར་མཛད་པའི་ངོ་མཚར་རྨད་དུ་བྱུང་བའི་ལོ་རྒྱུས་དེ་འདྲ་ཡོད་པ་བསམ་བཞིན་དུ་རང་རེའི་ཡིད་མཚོར་དུས་རབས་བཅོ་བརྒྱད་པའི་མཁས་དབང་ཚེ་རིང་དབང་རྒྱལ་གྱིས་སློབ་གཉེར་བརྩོན་ཆེད་དུ་དབུ་སྐྲ་བསིལ་བའི་ཡུན་ཙམ་ཡང་བློས་གཏོང་མ་འདོད་པར་མཐར་དབུ་སྐྲ་ཕྱིང་པར་གྱུར་པ་དང་། རྗེ་བཙུན་མི་ལས་བཀྲེས་གདུང་གིས་སྐུ་ལུས་ཀྱི་མདངས་ཡོངས་སུ་ཉམས་པར་གྱུར་ཀྱང་དཀའ་ཐུབ་ཀྱི་བརྟུལ་བཞུགས་ལས་ནམ་ཡང་མི་གཡེལ་བརྩོན་འགྲུས་ཀྱི་ཕ་རོལ་དུ་སོན་པའི་མཐར་འཛིག་རྟེན་པ་ཀུན་གྱིས་གྲུས་པར་འོས་པའི་རྟོགས་པའི་དབང་ཕྱུག་གི་གོ་འཕང་རྙེད་པའི་རྨད་བྱུང་ལོ་རྒྱུས་ཀྱང་ལྷམ་མེ་ལྷམ་ངེར་འཆར་སྲིད་པ་མ་ཟད། རིག་གནས་ཀུན་གསལ་གྱི་དཔེ་དེབ་རིན་གྱིས་ཉོ་ཐུབ་པ་ཡིན་ནའང་། དེ་དབང་དུ་བསྒྱུར་བའི་རང་དབང་ནི་དཀའ་སྤྱད་འབད་འབུངས་ཁོ་ན་ལས་རིན་གྱིས་ཉོ་ཐབས་བྲལ་བའི་འགྱུལ་མེད་བདེན་དོན་ཞིག་ཤེས་པར་གྱུར་ཏོ།

ལྷ་སྨོན་ཡེ་ཤེས་ཚུལ་ཁྲིམས་མཆོག་ནས་གཞོན་ནུའི་ལང་ཚོ་དོན་སྙིང་པོ་མེད་པའི་བག་མེད་ཀྱི་ལམ་དུ་མ་བཏང་བར་དཀའ་སྤྱད་འབད་འབུངས་ཀྱིས་སློབ་གཉེར་མཛད་པ་མ་ཟད། སྦྱང་འབྲས་ཀྱང་གཡུར་དུ་ཟ་བ་ཐོབ་ཚུལ་དང་། ཕྱག་དཔེ་མང་པོ་གཟིགས་ཞིབ་གནང་ནས

《སྐྱ་སེང་བུ་ལྷའི་རྟོགས་བརྗོད》དང་། 《དགེ་སློང་གཞོན་ནུ་དང་ནགས་ལྷ་སྨེག་མོའི་འབེལ་གཏམ་མཁས་པ་བཞད་པའི་སྒྲ་དབྱངས》བཅས་སྒྱུ་རྩལ་གྱི་རྣམ་པ་རབ་ཏུ་སྨིན་པའི་ལྷུགས་རྩོམ་གྱི་རྩོམ་རྩལ་ལ་གཞིགས་ན་ཁོང་ནི་རྩོམ་རིག་ཐད་ཐོགས་པ་མེད་པའི་མཁྱེན་རབ་དང་ལྡན་པ་ཞིག་ཡིན་ནའང་། ཁོང་གི་རྩོམ་རིག་གོང་གསལ་གཉིས་ལས《རྗེ་བཙུན་མི་ལ་རས་པའི་རྟོགས་བརྗོད》དང་ཆབ་ཤོག ཡུལ་ལྗོངས་ཀྱི་མཛེས་པ། དགོན་གནས་ཀྱི་བཤད་པ་མཆོན་པ་བཅས་ད་ལམ་ཤུལ་མེད་དུ་སོང་བའི་ལྷུགས་རྩོམ་ཁག་ཅིག་ཕུད་པའི་བཀའ་རྩོམ་གཞན་མ་ཡོད་པ་ད་ལྟའི་བར་དུ་གོ་ཐོས་མ་བྱུང་བས་ཕྱིས་སུ་ཁོང་གིས་མུ་མཐུད་བཀའ་རྩོམ་གནང་རྒྱུའི་ཐད་གཞན་རྐྱེན་བར་ཆད་ཅིག་ཅི་ནས་ཀྱང་བྱུང་ཡོད་པ་ནི་གདོན་མི་ཟ་བ་ཞིག་རེད། འོན་ཀྱང་ཕོ་བོས་ཚིག་ཐག་ཆོད་པ་དང་དཔང་རྟགས་བཙན་པོའི་སྒོ་ནས་རྐྱེན་འདི་འདྲ་ཞིག་གི་དབང་གིས་ཁོང་གི་གསར་རྩོམ་བྱ་གཞག་རིམ་བཞིན་འཕེལ་མེད་རང་སོར་གནས་པ་རེད་ཅེས་ཞུ་བའི་སྤོབས་པ་མེད་ཀྱང་ང་ཚོས་ཁོང་གི་ལོ་རྒྱུས་འཕེལ་རིམ་ནང་གི་བྱ་བ་འགག་ལ་ཞིབ་རྟོག་བྱས་ན་ཕལ་ཆེར་ཡིད་བརྟན་རུང་བའི་རྒྱུ་མཚན་དྲངས་ཐུབ་པ་ཡིན།

སྤྱི་ལོ1920ལོའི་ཡས་མས་སུ་བཀའ་ཤག་སྲིད་གཞུང་དང་བཀྲ་ཤིས་ལྷུན་པོ་བླ་བྲང་དབར་འགལ་རྐྱེན་བྱུང་སྐབས་པཎ་ཆེན་སྐུ་ཕྲེང་དགུ་པ་ཆོས་ཀྱི་ཉི་མ་སྤྱི་ལོ1922ལོར་མེས་རྒྱལ་ནང་སར་ཕེབས་དགོས་བྱུང་ནས་ལོ་མང་སོང་རྗེས་པཎ་ཆེན་སྐུ་ཕྲེང་གོང་མས་ལྷ་སྨན་ཡེ་ཤེས་ཚུལ་ཁྲིམས་ཀྱི་ཡབ་ལ་ལྷ་རབ་ཁྱེད་རང་ཡོང་ཐུབ་ན་དང་། གལ་ཏེ་ངོ་འཁྱེར་མ་ཐུབ་ན་བུ་དྲག་པ་ཞིག་ཞབས་ཞུར་ངེས་གཏོང་དགོས་པའི་བཀའ་ཡིག་འཁྱེར་པར་བརྟེན་ཤིང་ཁྱི་ལོ་སྟེ་སྤྱི་ལོ1934ལོར་ལྷ་སྨན་ཡེ་ཤེས་ཚུལ་ཁྲིམས་མཆོག་མེས་རྒྱལ་ནང་སར་ཕེབས་པ་དང་། དད་གུས་ཆེན་པོས་པཎ་ཆེན་མཆོག་གི་མཚན་ཞབས་སོགས་ཞབས་འབྲིང་གི་བྱ་བ་མཐའ་དག་ལེགས་པར་བསྒྲུབས་ཤིང་རྣམ་ཀུན་ཆོས་སྤྱོད་དང་། རིག་པའི་གནས་ལ་ཐུགས་གཞོལ་བ་ལས། ཆང་རག་དང་། ཐ་མི་ཁ། བུད་མེད་ལ་རྩེད་གཡེམ་སོགས་ཀྱི་དྲི་མས་མ་འགོས་པ་མཛད་ནས་བཞུགས་པ་མ་ཟད། བཀའ་རྩོམ་ཕལ་མོ་ཆེའང་སྐབས་དེ་དུས་སུ་བརྩམས་པར་

མཛད། འོན་ཀྱང་སྤྱི་ལོ1937ལོར་པཎ་ཆེན་སྐུ་ཕྲེང་དགུ་པ་ཆོས་ཀྱི་ཉི་མ་སྐུ་མྱ་ངན་ལས་འདས་རྗེས་བོད་ཀྱི་བསམ་པའི་བརྟེན་ཡུལ་ཕོར་ཞིག་ཏུ་སོང་བ་ལྟ་བུར་གྱུར་པ་དང་། ཆོས་གཤའ་མ་ཞིག་བྱེད་འདོད་པའི་དང་པོའི་ཕྱུགས་བསམ་ལའང་གཡོ་འགྱུལ་ཆེན་པོ་ཞིག་ཐེབས་པ་མ་ཟད། ཤིས་ཁམས་སུ་བཅའ་སྡུང་གོ་མིན་ཏང་དམག་དཔུང་གི་དཔོན་ངན་རེ་འགས་པཎ་ཆེན་བཞུགས་སྐར་གྱི་རྩ་ཆེའི་ནོར་ལ་བརྐབ་སེམས་འཆང་ནས་གདུང་འབུལ་འདས་མཆོད་དང་བསྟུན་སྐད་འཚོལ་འདྲ་མིན་ཅི་རིགས་པ་སྤེལ་མཐར་པཎ་ཆེན་བཞུགས་སྐར་དང་གོ་མིན་ཏང་དམག་དཔུང་དབར་འཁྲུག་བཙོམ་དང་འཁྲུག་བཙོམ་ལ་རྐོལ་བའི་དམག་འཁྲུག་བྱུང་བ་བརྒྱུད་སྒོ་གསུམ་བསྣམས་ནས་བཞུགས་པའི་ལྷ་སྨན་ཡེ་ཤེས་ཚུལ་ཁྲིམས་མཆོག་གི་འཇིག་རྟེན་ལྟ་བ་ལའང་འགྱུར་བ་གཏིང་ཟབ་ཐེབས་ནས་སྲིད་ཀྱི་ཐད་དོ་སྣང་ཆེས་ཆེར་གནང་གི་ཡོད་པ་ནི་བོད་གིས་གཉེན་ཉེ་རྣམས་ལ《དམངས་གསུམ་རིང་ལུགས》བྱ་བའི་དཔེ་དེབ་བསྒྱུར་གནང་མཛད་པ་དང་སྦྲགས། སྐུ་མཆེད་ཏན་གྲས་ཀྱིས་ཆབ་སྲིད་ལ་དོ་སྣང་གནང་དགོས་པའི་བསླབ་བྱ་མཚོན་པའི་ཕྲིངས་ཡིག་བསྲིངས་ཡོད་པ་ལས་ར་སྤྲོད་ཐུབ། བོད་ཀྱི་འཚོ་བ་སྐྱིལ་སྟངས་དང་། བསམ་བློའི་ཁྲིར་སོ་ལ་འགྱུར་བ་བྱུང་རྗེས་བཀའ་རྩོམ་གནང་རྒྱུའི་ཐད་སྒྲོ་བ་ཏད་དེ་ཉམས་ཏེ་ཕྲུག་ལས་དེ་བར་མཚམས་བཞག་པ་རེད་དམ་ཞེ་ན་དེ་ལྟར་ཡང་མིན། བོད་ཞི་བས་བཅིངས་འགྲོལ་ཐོབ་རྗེས་བོད་བཀྲ་ཤིས་ལྷུན་པོར་ཕྱིར་ལོག་གནང་རྗེས་བོམ་དུས་སུ་དེ་སྔའི་བཀའ་རྩོམ་ལ་འཕྲི་སྣོན་བཟོ་བཅོས་དང་འབྲེལ་པར་བཀོ་ཡང་གནང་ཡོད་པ་རེད། ཡིན་ནའང་བཀའ་རྩོམ་གཞན་པ་གསར་རྩོམ་གནང་བའི་ལོ་རྒྱུས་ཀོ་ཐོས་མ་བྱུང་ལ། བོད་གིས་བཀྲ་ཤིས་ལྷུན་པོའི་ཛ་སག་གི་འགན་བཞེས་གནང་ཚུན་འགན་འཁྲིའི་ལས་ཀ་དང་། ལྷག་དོན་དུ་དཀར་ནག་གོ་ལོག་གི་རིག་གནས་གསར་བརྗེ་ཆེན་པོའི་དབང་གིས་སྐུ་གཞོན་ནུའི་དུས་སུ་ངལ་དུབ་ཆེན་པོས་དོན་དུ་གཉེར་བ་མ་ཟད། བོད་མི་རིགས་ཀྱི་བསམ་པའི་དཔལ་ཡོན་བྱ་གཞག་ཐད་དེ་བས་ལེགས་སྐྱེས་ཆེ་བ་འབུལ་ཐུབ་པའི་རིག་པའི་གནས་ཚད་ཡོད་ནའང་དེ་སྒུ་མཐུད་འདོན་སྤེལ་གནང་མ་ཐུབ་པ་ནི་ང་ཚོས་ཡིད་

ཕམ་ཆེན་པོ་བྱེད་དགོས་པའི་གནས་ཞིག་རེད་མོད། འགལ་འདུས་ཁེངས་པའི་སྤྱི་ཚོགས་ནང་མ་འདོད་ཐོག་ཏུ་བབས་པ་ཡོང་སྲིད་པ་དང་། འགྱུར་བ་གོང་འཕེལ་ཆེ་བའི་སྤྱི་ཚོགས་དེར་སྐྱེ་བོའི་བསམ་བློ་དང་འཚོ་བ་སོགས་ཀྱི་ངང་ཚུལ་ཡང་འགྱུར་བའི་མི་མངོན་པའི་སྟོབས་ཤུགས་ཡོད་སྐབས་ང་ཚོས་ཀྱང་ཁོང་གི་སྙ་ཕྱིའི་གྱུར་བ་འབྱུང་རྒྱ་དང་། ཕྱིས་སུ་བཀའ་རྩོམ་ཐད་སྒྲོ་བ་མི་འཕེལ་བའི་རྒྱུ་མཚན་ངང་གིས་རྟོགས་ཐུབ་པས་ཁོང་ལ་འཁང་ར་བྱེད་པའི་རྒྱུ་མཚན་ཧ་ལ་འབྲུ་ཙམ་ཡང་མེད་དོ།

ད་ལྟ་རང་རེའི་འདྲེན་བྱེད་ལམ་དུ་མངོན་སུམ་རྒྱུ་བ་དང་། རྩོམ་རིག་སྒྱུ་རྩལ་གྱིས་རབ་ཏུ་སྤུད་པའི་《སྐྱ་སེང་བུ་ལྟའི་རྟོགས་བརྗོད》ཅེས་པ་དང་། 《དགེ་སྦྱོང་གཞོན་ནུ་དང་ནགས་ལྷ་སྨེག་མོའི་འབེལ་གཏམ་མཁས་པ་བཞད་པའི་སྒྲ་དབྱངས》ཞེས་པ་དེ་གཉིས་ནི་དེང་རབས་ཀྱི་མཁས་མཆོག་ལྷ་སྔོན་ཡེ་ཤེས་ཚུལ་ཁྲིམས་སྐུ་ངོ་མས་པཎ་ཆེན་སྐུ་ཐོག་གོང་མའི་ཞབས་འབྲིང་མཛད་སྐབས་མཆོ་སྔོན་ཞིང་ཆེན་གྱི་སའི་ལྟེ་བ་ཟི་ལིང་མཁར་དང་། རྗེ་ཙོང་ཁ་པའི་འཁྲུངས་ཡུལ་རྗེ་སྐུ་འབུམ་དུ་སྔ་ཕྱིར་བརྩམས་འབྲི་གནང་བ་མ་ཟད། ཕྱིས་སུ་གཞིས་རྩེར་ཕྱིར་ལོག་མཛད་རྗེས་བརྗོད་པར་འདོད་པའི་དོན་གྱི་གཙོ་ཕལ་ལ་གཞིགས་ནས་སླར་ཡང་འཕྲི་སྣོན་ལེགས་བཅོས་ཐོག་གཏན་ལ་ཕབ་པ་ཞིག་རེད། བཀའ་རྩོམ་དེ་གཉིས་ལ་ཐུན་མོང་གི་ཁྱད་ཆོས་རང་བཞིན་ལྡན་ཡོད་ལ་ཐ་དད་དུ་གྱུར་པའི་ཆ་འང་ཡོད་པ་དཔེར་ན། རྩོམ་ལུགས་ཀྱི་རྣམ་པའི་ཐོག་ནས་བརྗོད་ན་བཀའ་རྩོམ་དེ་གཉིས་ཀའི་བརྗོད་བྱའི་དོན་སྙིང་པོ་སྙན་ངག་མེ་ལོང་མའི་གཞུང་གཞིར་བཟུང་གིས་མཚོན་པར་བྱས་ཡོད་པ་དང་། བརྗོད་བྱའི་དོན་གྱི་ཐད་གཅིག་ནི་ནང་པ་སངས་རྒྱས་ཆོས་ལུགས་ཀྱི་སྲོལ་གཏོད་མཁན་ཤཱཀྱ་ཐུབ་པ་འཇིག་རྟེན་དུ་མ་ཕེབས་གོང་གི་ལོ་ངོ་ཉི་སྟོང་ལ་ཉེ་བའི་དུས་སུ་རྒྱ་གར་དུ་བྱུང་བའི་སྐྱ་སེང་གི་ལོ་རྒྱུས་གཞིར་བཟུང་ནས་བརྩམས་འབྲི་གནང་བ་དང་། གཅིག་ཤོས་ནི་རང་ཉིད་ཀྱི་འཆར་སྣང་གཞིར་བཟུང་ཐོག་ནང་བསྟན་ཆོས་ཀྱི་དོན་འབྲེལ་ནས་བརྩམས་པ་ཞིག་ཡིན་པས་ཐད་དེ་ཐ་དད་དུ་གྱུར་བ་ཡིན།

《སྐྱ་སེང་བུ་ལྷའི་རྟོགས་བརྗོད》ཅེས་པའི་ནང་གི་སྐྱ་སེང་བུ་ལྷ་བྱ་བ་ནི་སྤྱི་ལོའི་སྔོན་གྱི་ལོ་ངོ་ཉི་སྟོང་ལ་ཉེ་བའི་དུས་བྱུང་བའི་རྒྱ་གར་གྱི་རིག་བྱེད་གཏམ་རྒྱུད་ཅིག་ཡིན་པ་དང་། ལོ་རྒྱུས་དེ་ནི་འཛམ་གླིང་དུ་སྙན་གྲགས་ཆེ་བའི་རྒྱ་གར་གྱི་ལོ་རྒྱུས་སྙན་རྩོམ་རིང་པོ《མ་ཧཱ་བྷཱ་ར་ཏ》ཞེས་པའི་སྙིང་གི་གཙོ་བོའི་མི་སྣ་ཡིན། 《མ་ཧཱ་བྷཱ་ར་ཏ》ཞེས་པའི་ལོ་རྒྱུས་སྙན་རྩོམ་རིང་པོ་དེ་བོད་ཡིག་ཐོག་ཏུ་བསྒྱུར་ཡོད་པའི་སྐོར་ད་ཕན་མཐོང་ཐོས་གང་ཡང་མ་བྱུང་ལ། རིམ་བྱོན་ལོ་ཙཱ་བ་རྣམ་པས་བོད་དུ་དར་བའི་གྲུབ་མཐའི་ཁྱད་ཆོས་དང་དགོས་མཁོར་གཞིགས་ནས་རྒྱ་གཞུང་འདམ་ག་ཡོད་པའི་ཐོག་ནས་བསྒྱུར་ཡོད་ན་སྙན་རྩོམ་དེ་ནི་བསྒྱུར་མི་སྲིད་པ་ཞིག་རེད། འོན་ཀྱང་ཤཱཀྱ་ཐུབ་པའི་རྗེས་སུ་རྒྱ་གར་དུ་བྱོན་པའི་མཁས་པ་མང་པོས་རང་ཉིད་ཀྱིས་དད་ཞེན་ཆེན་པོ་བྱེད་པའི་ནང་པ་སངས་རྒྱས་ཀྱི་ཆོས་ལུགས་དེ་གྲུབ་མཐའ་གཞན་ལས་མངོན་དུ་འཕགས་པ་དང་། ཐུལ་དུ་བྱུང་བ། ཡང་དག་འཁྲུལ་བ་མེད་པ་ཞིག་ཡིན་པ་གཟིངས་སུ་ཐོན་པའི་ཆེད་དུ་གྲུབ་མཐའ་གཞན་གྱི་དཔེ་དེབ་ནང་དུ་འཁོད་པའི་དཔེ་དོན་མང་པོ་དང་སྦྱར་ནས་སངས་རྒྱས་ཀྱི་བསྟན་པར་བསྟོད་པའི་སྙན་རྩོམ་འབོར་ཆེན་བརྩམས་ཡོད་པ་དེ་དག་གི་ཁྲོད་ནས་ཁག་ཅིག་བོད་ཡིག་ཏུ་བསྒྱུར་ཡོད་པ་དང་། འཕགས་བོད་ཀྱི་མཁས་པ་ལ་ལས་བོད་ཀྱི་རྗེ་བོ་དང་རྒྱ་གར་བའི་རིགས་གཉིས་ཀེ་དུའི་འབྲེལ་བ་ཡོད་པ་བསྒྲུབ་བྱར་གཞིགས་ནས་སྒྲུབ་བྱེད་དུ་བོད་རྗེའི་ཐོག་མ་གཉའ་ཁྲི་བཙན་པོ་ནི་རྒྱལ་པོ་ཤར་བར་བུ་ཕྲུན་མཆེད་སྐྱ་སེང་དང་དམག་བརྒྱ་པ་གཉིས་བྱུང་སྦྱོང་བ་ལས་དམག་བརྒྱ་རྒྱུད་པའི་རིགས་སུ་གཏོགས་པའི་སྐོར་བོད་ཀྱི་དེབ་ཐེར་ཁག་གཅིག་གི་ནང་སྣང་ཞིང་འཇེབས་པའི་སྒྲུང་གཏམ་དང་སྦྲགས་ནས་བྲིས་ཡོད་པ་དང་། བོད་ཀྱི་ལོ་རྒྱུས་དེབ་ཐེར་ཕལ་མོ་ཆེ་ཡི་ནང་སྤྱི་ལོའི་སྔོན་གྱི་རྒྱ་གར་ལོ་རྒྱུས་དྲངས་པའི་སྐབས་སྐྱ་སེང་ནི་རྒྱ་གར་གྱི་ལོ་རྒྱུས་མི་སྣ་གལ་ཆེན་ཞིག་ཡིན་སྟབས་ཅི་ནས་ཀྱང་དྲངས་དགོས་པ་བཅས་ལ་བརྟེན་པས་སྐྱ་སེང་གི་ལོ་རྒྱུས་རགས་རིམ་བོད་ཡིག་དེབ་ཐེར་ཁག་ཅིག་ནང་ནས་རྟོགས་ཐུབ་པ་ཡིན། 《བཀའ་ཆེམས་ཀ་ཁོལ་མ》དང་། 《ཁྱད་པར་འཕགས་བསྟོད་དང་ལྷ་ལས་ཕུལ་བྱུང་གི་རྩ་འགྲེལ》བཅས་ནི་སྐྱ

སེང་གེ་ལོ་རྒྱུས་འཁོད་པའི་བོད་ཡིག་གི་དཔེ་དེབ་རྙིང་ཤོས་ཀྱི་གྲས་ཡིན་པ་དང་། སྐྱ་སེང་བུ་ལྷའི་ལོ་རྒྱུས་ནི་《སསྐྱ་ལེགས་བཤད》ནང་གི་"སློ་དང་བརྩོན་འགྲུས་ཡོད་གྱུར་ན། དེ་ཡིས་སྒྲུབ་པར་མི་ནུས་གང་། དགྲ་ངན་དཔུང་ཚོགས་བཅུ་གཉིས་པོ། སྐྱ་སེང་བུ་ཡིས་བཅོམ་ཞེས་ཐོས" ཞེས་པའི་ཚིག་འགྲེལ་གྱི་སྐབས་སུ་གསལ་པོར་བཀོད་ཡོད་པ་མཐོང་། གོང་གསལ་གྱི་གནས་ཚུལ་དག་ལ་གཞིགས་ན་ལྷ་སྨོན་ཡེ་ཤེས་ཚུལ་ཁྲིམས་ཀྱིས《སྐྱ་སེང་བུ་ལྷའི་རྟོགས་བརྗོད》བྱ་བའི་སྣན་རྩོམ་གཏམ་རྒྱུད་དེ་རྩོམ་འབྲི་གནང་སྐབས་ཀྱི་གཞི་འཛིན་ས་གཙོ་བོ་ནི《སསྐྱ་ལེགས་བཤད་ཀྱི་རྩ་འགྲེལ》ནང་དུ་གསལ་བའི་སྐྱ་སེང་བུ་ལྷའི་ལོ་རྒྱུས་དེ་རང་ཡིན་པ་གོར་མ་ཆག འོན་ཏེ་ཁོང་གིས་གོང་སྨྲས་ཀྱི་དེབ་ཐེར་ཁག་ཏུ་འཁོད་པའི་སྐྱ་སེང་དང་སྐྱ་སེང་བུ་ལྷའི་ལོ་རྒྱུས་རྣམས་ཕྱོགས་སྒྲིག་ཙམ་དང་། ཡང་ན་བསྒྱུར་བཅོ་ཙུང་ཟད་དང་བཅས་འདྲ་བཤུས་བྱས་ནས་རང་ཉིད་ཀྱི་རྩོམ་རིག་ལ་ངོམས་པ་ནི་ཡེ་ནས་མིན། སྐྱ་སེང་བུ་ལྷའི་ལོ་རྒྱུས་ཆ་ཚང་བ་དང་ཙུང་རྒྱས་པ་འཁོད་པའི《སསྐྱ་ལེགས་བཤད་ཀྱི་རྩ་འགྲེལ》ནང་དུའང་གཙོ་བོར་ཚིག་ལྷུག་ཐོག་ནས་བྲིས་ཡོད་ལ། ལོ་རྒྱུས་ཀྱི་བྱ་དངོས་འཕེལ་བའི་དུས་རིམ་ཧ་ཅང་བར་བརྒྱལ་ཆེ་བ་ཡོད་པ་མ་ཟད། མིའི་བྱ་སྤྱོད་ཇི་སྙེད་སྤེལ་ཡུལ་ཁོར་ཡུག་དང་། དགྲ་ངན་ཏེ་འཐབ་དཀའ་སོགས་དང་གཡུལ་ངོར་བརྟན་པ་སོགས་ཏེ་སྐྱ་སེང་བུ་ལྷ་བཅས་དཔའ་ཀྱི་གཡུལ་འགྱེད་ཀྱི་གླེང་ཆེན་པོ་ཧ་ལམ་བྲིས་མེད་པ་དང་། ཡང་ན་སློག་པ་པོ་ཚོས་ཤེས་རྟོགས་ཐུབ་ཙམ་གྱི་ཚིག་འབྲུ་ལས་བྲིས་མེད་པ་ཡིན། ལྷ་སྨོན་ཡེ་ཤེས་ཚུལ་ཁྲིམས་མཆོག་ནས་སྐྱ་སེང་བུ་ལྷའི་ལོ་རྒྱུས་གང་འཁོད་པ་མི་ཉམས་སོར་བཞག་སྟེང་ཚིག་ལྷུག་སྙན་ངག་ཏུ་བསྒྱུར་བ་དང་། དུས་རིམ་བར་བརྒྱལ་ཆེ་ས་དང་། བྱ་དངོས་རབ་རིབ་ཙམ་ལས་བྲིས་མེད་པའི་མཚམས་སུ་ཡངས་ཤིང་རྒྱ་ཆེ་བའི་མཆར་ཡན་གྱི་སྒྱུ་རྩལ་སྤྱད་དེ་ལོ་རྒྱུས་ཀྱི་གོང་འོག་འཕེལ་རིམ་དང་འོས་ཤིང་འཚམ་པ་དང་། ཞིན་ཏུ་འབྲེལ་ཆགས་ཀྱི་སྒོ་ནས་ཁ་སྐོང་རྒྱ་ཆེ་གནང་ཡོད་པ་མ་ཟད། བྱ་དངོས་འཕེལ་རིམ་གྱི་རྣམ་པ་ཀློག་པ་པོའི་མིག་ལམ་དུ་མངོན་སུམ་གསོན་རྗེན་དུ་རྒྱུ་བའི་ཚོར་བ་ཟབ་མོ་ཞིག་སྟེར་ནུས་པའི་སྨོན་འཕྲི་མཛད་ཡོད་པ་དཔེར་ན། རྒྱལ་

པོ་སྐྱ་སེང་བཙུན་མོ་གཉིས་དང་བཅས་ནགས་སུ་བདེན་པ་བསྟེན་དུ་སོང་བའི་སྐོར་འབྲོག་མའི་གླུང་གི་ནང་དུ"དེའི་ཚེ་རྒྱལ་བུ་སྐྱ་སེང་ལ་བུ་མེད་དེ། རྒྱལ་སྲིད་རང་གི་ནུ་བོ་ཡུལ་འཁོར་སྐྱོང་སྤྱང་ལ་བྱིན་ཏེ། བཙུན་མོ་ལྷ་མོ་གྲི་ན་དང་ཀོན་ཏི་གཉིས་དང་གྲོགས་ཏེ་ནགས་སུ་སྐྱེ་བསང་ས་དང་བདེན་པ་བསྟེན་དུ་སོང་ངོ་"ཞེས་ནགས་སུ་བསྐྱོད་ཚུལ་ཙམ་ལས་བསྐྱོད་ཡུལ་གྱི་ས་ཆ་དེའི་བཀོད་པ་མཛེས་སྡུག་ཐད་མི་རྣམས་སྤྲོ་བ་འཕེལ་བ་དང་། ཡང་ན་ངག་ཚ་བ་དང་ཡིད་སྨུན་པའི་སྣང་བ་ཞིག་དབང་མེད་འཆར་བ་གང་འདྲ་ཡོད་མེད་མི་གསལ་བས་གང་ཞིག་ཀློག་པ་པོས་མཚམས་དེར་སླེབས་པའི་སྐབས་སུ་ཡང་སྙིང་ཡུལ་གང་འདྲ་ཞིག་ཡོད་དམ་བསམས་པའི་ཡིད་རྙོངས་ཀྱི་གནས་སུ་གྱུར་འཇུག་གི་ཡོད། ཡིན་ནའང《སྐྱ་སེང་བུ་ལྡིའི་རྟོགས་བརྗོད》ནང"བརྒྱད་ཐགས་སུ་བཏགས་འདྲའི་ནེའུ་གསེང་མར། པདྨ་ཨུཏྤལ་འདབ་སྟོང་བཞད་པའི་དབུས། ཟེའུ་འབྲུ་དཀར་པོའི་སོ་ཕྲེང་འཛུམས་ལྡབས་ཀྱིས། མི་བདག་ཅྱོན་པ་ལེགས་ཞེས་སྨྲ་བ་བཞིན། མེ་ཏོག་དྲ་བས་ཁེབས་པའི་མཚེའུ་དང་། གཡུ་ཡི་ལྗོན་པའི་འདབ་ལ་གནས་པ་ཡི། གཉིས་སྐྱེས་མཁྲིན་པ་ཀྱུག་ནས་བལྟ་བ་ནི། ནགས་འདབས་ཉམས་དགའི་དཔལ་ལ་སྲིད་པ་འདྲ"ཞེས་དང་། "འཁྲི་ཤིང་གཞོན་ནུའི་ལག་པ་རབ་བརྐྱངས་ཏེ། ཪོ་བརྒྱའི་བཅུད་ལྡན་མདངས་བཟང་འབྲས་བུའི་ཚོགས། ཐུབ་པ་དག་དང་གཉེར་མའི་གདོང་ཅན་ལ། རྣམ་དག་སྦྱིན་པའི་ཁོག་ལག་ཡངས་པོར་གྲོལ"ཞེས་པ་ཡུལ་གྱི་མཛེས་སྡུག་བཀོད་པ་འབྲོག་མའི་གླུང་གི་སྟེ་ཕྱི་དང་འཚམ་པ་སྒྲོ་འདོགས་ཀྱི་སྒོ་ནས་སྔོན་འཕྲི་མཛད་ཡོད་སྟབས། རང་ཅག་རྣམས་ཀྱིས་ཡིད་མི་ཚིམ་པའི་སྐབས་དེ་ཡོངས་སུ་ཡལ་ཏེ་གཏམ་རྒྱུད་ནང་གི་མི་སྣའི་གནས་བབ་ཆེད་དུ་དགའ་ལྷང་ལྷང་དང་། ཡང་ན་སྐྱོ་ལྷང་ལྷང་བྱེད་དགོས་པའི་སྒྱུ་རྩལ་གྱི་ནུས་པ་ཆེས་ཆེར་ཐོན་གྱི་ཡོད། 《སྐྱ་སེང་བུ་ལྡིའི་རྟོགས་བརྗོད》ནང་དུ་ད་དུང་དཔྱ་ཟླ་གསུམ་བཀྲེ་བའི་སྐོར་ཡང་སྟབས་བདེ་སླ་བཅོས་སྐྱོན་གྱིས་མ་སྨུགས་པར"ཏ་སླང་ཤིང་ཏ་ཤང་ཐང་གིས། འཛིན་མའི་ཁྱོན་ཀུན་དོག་པོར་བྱས། ཉ་མཚོན་མེ་ལྕེ་འབར་བ་ཡི། བར་སྣང་ཡངས་པའི་གོ་སྐབས་འགྲོགས། ……རྡོ་ངར་རལ་

ཁྲིའི་སེར་བས་ཀྱང་། སྐྱེ་བོའི་སྙིང་ལ་འཇིགས་པ་བྱིན། འཇིགས་མེད་དཔའ་བོའི་ཁྲོ་ཚོགས་དག སྟང་མིག་ཡོན་པོར་སྒྱུར་ཞིང་མཆོང་། སྟར་མའི་ལུས་ཀྱི་ཡལ་ག་ལས། མཚོན་ཆའི་ལོ་མ་ཅི་ཡང་བྲུལ་” ཞེས་པ་ལ་སོགས་པོ་ལང་ཟང་ཟིང་ཆེ་བའི་གཡུལ་གྱི་རྣམ་པ་དང་། ཡན་ལག་བཞི་ལྡན་གྱི་དཔུང་ཚོགས་རྒྱ་ཆེ་བ། དཔའ་བོ་དང་སྟར་མའི་ངང་ཚུལ་ལ་སོགས་པ་གོ་བདེའི་དཔེ་དང་འགྲོགས་ནས་ཁ་སྐོན་རྒྱ་ཆེར་མཛད་ཡོད། མདོར་ན། ལྷ་སློན་ཡེ་ཤེས་ཚུལ་ཁྲིམས་མཆོག་ནས་སྐྱ་སེང་བུ་ལྷའི་ལོ་རྒྱུས་ལ་སླན་ངག་མེ་ལོང་མའི་གཞུང་དང་མཐུན་པའི་སྒོ་ནས་གང་ལ་དེ་འཚམ་གྱིས་བར་འཇུག་སྐོན་འཕྲི་ལེགས་པར་བྱས་ནས་བོད་མི་རིགས་ཀྱི་རྩོམ་རིག་རྣམ་པ་ཞིག་ཏུ་གསར་སྐྲུན་བྱས་ཡོད་པ་རེད།

རྒྱ་གཞུང་ནས་བསྒྱུར་བའི་བོད་ཡིག་དཔེ་དེབ་ནང་རྒྱ་གར་གྱི་ལོ་རྒྱུས་མི་སྣ་མང་པོའི་སྒྲུང་གཏམ་ཡོད་པའི་ཁྲོད་ནས་ལྷ་སློན་ཡེ་ཤེས་ཚུལ་ཁྲིམས་མཆོག་གིས་རྟོག་འཛིང་ཆེ་བའི་སྐྱ་སེང་བུ་ལྷའི་ལོ་རྒྱུས་དེ་རྨང་གཞིར་བཟུང་ནས་གཏམ་རྒྱུད་ཐུང་ངུ《སྐྱ་སེང་བུ་ལྷའི་རྟོགས་བརྗོད》བྱ་བ་དེ་གསར་རྩོམ་གནང་དགོས་དོན་གང་ཡིན་པའི་སྐོར་ངེས་པའི་ཚིག་གི་ཐོག་ནས་བརྗོད་པའི་སྤྱོབས་པ་མེད་ནའང་། ཁོང་ཉིད་པཎ་ཆེན་སྐུ་ཐོག་གོང་མའི་ཞབས་འབྲིང་དུ་བསྐྱོད་པའི་རྗེས་ཡུལ་གྱུར་གྱི་འཚོ་བ་ཞིག་སྐྱེལ་དགོས་བྱུང་བ་དང་། བྱ་ལས་གང་གི་ཐད་གཞན་གྱི་ཚོད་འཛིན་འོག་ཚུད་དགོས་པ། ལྷག་དོན་དུ་པཎ་ཆེན་མཆོག་ཡུལ་གཞན་དུ་ཕེབས་དགོས་པའི་རྒྱུ་རྐྱེན་ཞུ་འབོད་ཇི་ལྟར་བྱས་ཀྱང་ཡ་ལན་ཐག་གཅོད་མ་བྱུང་བ་སོགས་ཡིད་སྐྱང་སྐྱོ་དགོས་པའི་གནས་ཚུལ་རབ་དང་རིམ་པ་འཕྲད་སྐབས་ཐབས་ཟད་ཞུ་ཐུག་ནས་ཉིད་ཀྱི་ཁོང་ཁྲོ་དང་ཡིད་བསུན་བྱུང་ཚུལ་རྣམས་སྐྱ་སེང་བུ་ལྷ་ལ་བྱུང་བའི་གནས་ཚུལ་ཐོག་ནས་མཚོན་པ་བྱས་ཡོད་པ་དང་། པཎ་ཆེན་མཆོག་ཡུལ་གྱུར་དགོས་པའི་ཚུལ་མིན་གྱི་རྐྱེན་དེ་སྐྱ་སེང་བུ་ལྷ་དང་འདྲ་བར་མཐར་ཐུག་ཐག་ཆོད་གསལ་པོ་ཡོང་རྒྱུ་ཡིན་པའི་ཡིད་ཆེས་བརྟན་པོ་ཞིག་ཀྱང་ཤུགས་ལས་མཚོན་པར་བྱས་ཡོད་སྙམ།

《སྐྱ་སེང་བུ་ལྷའི་རྟོགས་བརྗོད》ནི་དམ་པའི་ཆོས་ཀྱི་ལོ་རྒྱུས་དང་འབྲེལ་བ་གང་ཡང་

མེད་པའི་ཧྲ་ར་ཏ་ཞེས་པ་ཨུ་རྒྱན་ཀྱི་སྟོན་པའི་གཞུང་ལུགས་ནང་གི་ལོ་རྒྱུས་གཙོ་བོ་བྱས་ནས་བྲིས་པ་ཞིག་ཡིན། དེ་ལས་བཟློག་སྟེ་《དགེ་སློང་གཞོན་ནུ་དང་ནག་ལྷ་སྙིག་མོའི་འཕེལ་གཏམ་མཁས་པ་བཤད་པའི་སྒྲ་དབྱངས》ཞེས་པ་ནི་ལྷའི་བུ་མོས་མིའི་བུ་མོར་སྤྲུལ་ནས་ནགས་གསེབ་ཏུ་སྒྲོ་བསངས་ལ་འགྲོ་བའི་དགེ་སློང་གཞོན་ནུར་ཉམས་ཚོད་ལེན་པ་དང་། དགེ་སློང་གཞོན་ནུས་ནང་བསྟན་ཆོས་ཀྱི་རྩ་བ་དང་དགེ་སློང་གིས་སྲུང་དགོས་པའི་འདུལ་ཁྲིམས། འདི་ཕྱི་གཉིས་ཀྱི་ལས་རྒྱུ་འབྲས་སོགས་རྒྱུ་མཚན་དུ་བྱས་ནས་སྙིག་མོའི་བསླུ་སེམས་བཟློག་པའི་རྣམ་པའི་ཐོག་ནས་བརྩམས་ཡོད་པ་རེད། སྐབས་གཞི་སྐབས་བདེ་ནའང་སྣན་འཇེབས་ལྡན་པའི་གཏམ་རྒྱུད་དེའི་ནང་རྩོམ་པ་པོ་ཉིད་ཀྱིས་ཆོས་གཤའ་མ་ཞིག་བྱེད་བསམ་པའི་ཐོག་མའི་བསམ་བློ་དེ་སྤྱི་ཚོགས་ཀྱིས་སྟེར་བའི་ཤུགས་རྐྱེན་ཐེག་མ་ཐུབ་པར་མཐའ་མ་ནང་རྐྱེན་དང་ཕྱི་རྐྱེན་གཉིས་འཛོམས་ཀྱིས་འཇིག་རྟེན་སྐྱ་བོའི་འཚོ་བར་བཞུགས་འདོད་པའི་འཆར་སྒོ་ཞིག་བྱུང་ཚུལ་སྐོར་ཐད་ཀར་མཚོན་པ་བྱས་མེད་ནའང་། ཕྱིས་སུ་ཁོང་ཉིད་སྐྱ་བོར་བབས་ནས་སླར་ཡང་སྨན་འཕྲི་ལེགས་བཅོས་ཐོག་གཞི་ནས་གཏན་འཁེལ་བྱས་པའི་དེ་རིང་གི་གཏམ་རྒྱུད་དེའི་མཐའ་མའི་འབྲས་བུའང་དགེ་སློང་གཞོན་ནུའི་འགྱུར་མེད་དད་ཞེན་གྱི་བསམ་བློ་དེ་རྣམ་པར་རྒྱལ་བའི་སྒོ་ནས་ཕྲིས་ཡོད་པ་དེ་ནི་དོན་དངོས་ཐོག་དགེ་སློང་གི་ཚུལ་དུ་བཞུགས་བཞིན་པའི་དར་གཞོན་བཙུན་པ་རྣམས་ཀྱིས་མིག་ལྟོས་ངན་པ་སྤངས་ནས་བློ་རྩ་བརྟན་པོས་ཡང་དག་ཚུལ་ཁྲིམས་སྲུང་དགོས་པའི་གླེང་བྱ་བརྗོད་པ་དང་། རང་ཉིད་ཀྱིས་དེ་ལྟ་བུའི་བྱ་བ་ལྟར་ལེན་རྒྱུན་འཁྱོངས་མ་ཐུབ་པར་འགྱོད་པ་གནང་གི་ཡོད་པ་མཚོན་ཤས་ཆེ་སྙམ། གལ་ཏེ་འཚོ་བའི་རྣམ་པ་ཇི་བཞིན་སྨན་འཕྲི་ལེགས་བཅོས་བྱས་ན་གཏམ་རྒྱུད་དེའང་ཤིང་པར་དུ་བཀོས་ནས་ད་ལྟའི་བར་དར་ཐུབ་པ་ནི་བརྗོད་དཀའ་བ་ཞིག་ཡིན་པ་སྐབས་དེ་དུས་བོད་མི་ཕལ་མོ་ཆེ་ཡི་བསམ་པའི་འདུ་ཤེས་འཛིན་སྟངས་ལ་རག་ལས་ཡོད་པས་སོ།

མདོར་ན་ལྷ་སྨན་ཡེ་ཤེས་ཚུལ་ཁྲིམས་མཆོག་ནས《སྐྱ་སེང་བུ་ལྡིའི་རྟོགས་བརྗོད》

དང་། 《དགེ་སྦྱོང་གཞོན་ནུ་དང་ནགས་ལྷ་སྣེག་མོའི་འབེལ་གཏམ་མཁས་པ་བཞད་པའི་སྒྲ་དབྱངས》ཞེས་པ་དེ་གཉིས་ནི་སྙན་གཞུང་དང་མཐུན་པའི་སྒོ་ནས་གཏམ་རྒྱུད་ནང་གི་མི་སྣའི་ངང་ཚུལ་དང་། བྱ་བའི་འཕེལ་རིམ། འགལ་འདུའི་རྣམ་པ། ཡུལ་གྱི་བཀོད་པ་སོགས་གསོན་ཉམས་དོད་པོས་བྲིས་ཡོད་པ་དང་། ལྷག་དོན་《སྐྱེ་སེང་ཁྱུ་ལྡེའི་རྟོགས་བརྗོད》ལྟ་བུ་ལོ་རྒྱུས་རྒྱུང་ཐག་རིང་བ་དང་། མི་སྣ་མང་ལ་ངང་ཚུལ་མི་འདྲ་བ། འགལ་འདུའི་རྣམ་པ་རྙོག་འཛིང་ཆེ་བ། ཡུལ་དུས་ཀྱི་འགྱུར་བ་འཕོ་འགྱུར་ཆེ་བ་སོགས་གང་ཡོད་ནའང་། རྩོམ་པ་པོ་ཉིད་ལ་མངའ་བའི་ཟབ་ཡངས་ཆེ་བའི་འཆར་ཡན་གྱི་ཐུགས་རྩལ་དང་། ཡང་རྩེར་སོན་པའི་རྩོམ་རིག་སྒྲུ་རྩལ་གྱི་ནུས་མཐུ། མཁྱེན་རྒྱ་ཆེ་བའི་ལུགས་གཉིས་ཀྱི་ཤེས་བྱ་བཅས་བཀོལ་སྤྱོད་གང་ལེགས་ཐོག་ནས་གོ་རིམ་ལྡན་པ་དང་། ཚགས་དམ་པ། མཐུད་མཚམས་ལེགས་པ། ཀློག་པ་པོར་གོ་འཛོལ་འཁྲུལ་བ་སྐྱེར་བའི་སྐྱོན་གྱིས་དབེན་པའི་ངང་ནས་མཚོན་པར་བྱས་ཡོད་སྟབས། གཏམ་རྒྱུད་དེ་གཉིས་ལ་སྒྱོང་བྱ་སྒྱུ་རྩལ་གྱི་རོ་བཅུད་ལྷག་པར་ལྡན་ཡོད་པ་མ་ཟད། མི་རིགས་རང་ཉིད་ཀྱི་སྐད་ངག་རྩོམ་སྲོལ་བརྒྱུད་ནས་དེ་རིང་གི་སྤྱི་ཚོགས་འཚོ་བ་མཚོན་པའི་རྩོམ་རིག་གསར་རྩོམ་གྱི་ལས་དོན་གཉེར་མཁན་དག་གི་ངོས་ནས་བརྗོད་ན་དེ་བས་དཔྱད་གཞིའི་རིན་ཐང་ཆེས་ཆེར་ལྡན་པ་ཞིག་ཡིན་ནོ།

《དཔྱད་བརྗོད་མཁས་པ་འཇུམ་ཤོར》ལས་བཏུས།

༄༅། །ཀ་ལེབ་དྲུང་ཡིག་དང་ཁོང་གིས་སེར་བྱེས་གྲྭ་ཚང་གི་ཕྱག་མཛོད་བཀྲ་ཤིས་ལ་འཕྱ་བའི་ཀ་བཤད་སྐོར་གླེང་བ།

论嘎列仲益与他对色拉寺结札仓管家扎西的讽刺嵌字诗

[བརྗ་ཆད་གཙོ་བོ།] ཀ་ལེབ་དྲུང་ཡིག ཀ་བཤད།

[ནང་དོན་གནད་བསྡུས།] རྩོམ་འདིའི་ནང་མཚན་ངོ་མར་པདྨ་རྡོ་རྗེ་དང་ཡོངས་གྲགས་སུ་ཀ་ལེབ་དྲུང་ཡིག་བྱ་བ་ཉེ་རབས་ཀྱི་མཁས་པའི་དབང་པོ་ཁོང་གི་མཛད་རྣམ་དང་། ཀ་བཤད་ཀྱི་ཐོག་ནས་སྐབས་དེ་དུས་ཀྱི་དབང་སྒྱུར་པ་སེར་སྐྱའི་ཁྲོད་སེར་བྱེས་གྲྭ་ཚང་གི་ཕྱག་མཛོད་བཀྲ་ཤིས་ལྟ་བུ་ཚུལ་མིན་བརླང་པོར་སྤྱོད་པ་དག་ལ་ཟུར་ཟའི་ཚིག་མཚོན་གནད་དུ་འཕིགས་པ་བསྟུན་ཡོད་པའི་སྐོར་གླེང་བརྗོད་བྱས་ཡོད།

[关键词]嘎列仲益;嵌字诗

[摘　要]本论文论证了近代著名藏族学者——白玛多吉,通称为嘎列仲益的成长历史,以及他用藏文嵌字诗以犀利的笔触敢于讽刺和揭露当时披着袈裟到处敛财的色拉寺结札仓管家扎西等人的丑恶嘴脸,鲜明和强烈地发出了广大人民群众欲发出又不敢发出的心声的事实。

གངས་ཅན་གནས་བཙུ་རིག་པའི་དབང་ཕྱུག་སེར་སྐྱའི་ཁྲོད།
ཀ་ལེབ་དྲུང་ཡིག་མཚན་སྙན་རྫ་ཇ་གྲགས་གྱུར་ཀྱང་།
ངན་སྤྲོལ་ཕྱོགས་རིས་ཀྱིས་བསླད་ཁྲིད་འཕགས་བཀའ་རྩོམ་དག

ཀྱི་ཏུད་མིང་གི་ཤུལ་ལྷག་ཙམ་གྱུར་ཡོད་རེ་སྐྱོ།

ཀུན་རབས་མཁྱེན་བརྩེའི་ཟློལ་མེད་སྐྱུལ་མའི་འོག
པད་མ་རྡོ་རྗེའི་མཛད་པའི་ཆ་ཤས་དང་།
ལྷུགས་རྩོམ་རྒྱ་མཚོ་ཤུལ་ལུས་ཆུ་ཐིགས་ཙམ།
འབད་པས་འཚོལ་ཞིང་བརྗོད་ཕྱིར་ཏུང་ཟད་འབུངས།

ཞེས་སྨྲན་པའི་སྔོན་འགྲོའི་ངག་གིས་མདུན་བསུས་ནས་འདིར་བརྗོད་པར་འདོད་པའི་དོན་གཙོ་བོ་ནི་ཉེ་རབས་ཀྱི་གངས་ཅན་རིག་པའི་དབང་ཕྱུག་སེར་སྐྱ་མང་པོའི་ཁྲིད་ནས་ག་ལེབ་དྲུང་ཡིག་གི་མཚན་སྨྲན་དཔྱར་གྱི་ཛ་ཛ་ཛེ་བཞིན་ཕྱོགས་བཅུར་དིར་དིར་དུ་གྲགས་ཀྱང་ཁོང་གི་ཐུན་མོང་མ་ཡིན་པའི་ལྷུགས་རྩོམ་ནང་སྤྱིར་དབང་སྒྱུར་པ་སེར་སྐྱའི་ཁྲིད་ཚུལ་མེན་བརླང་པོར་སྤྱོད་པ་དག་ལ་ཟུར་ཟའི་ཚིག་མཚོན་གནད་དུ་འཕེགས་པ་བསྟུན་ཡོད་པ་དང་། ལྷག་དོན་དུ་པ་ལོ་བཅད་དེ་ལུས་བསྒྱུར་གྱིས་དགོན་པའི་ནང་དུ་ཞུགས་ཀྱང་། འཇིག་རྟེན་ཁྲིམ་པ་ལས་ཀྱང་སྡིག་ལྟུང་ལ་ཧམ་པའི་ལྟོགས་ཚུབ་ཀྱི་རྒྱལ་འགོང་ཕྱུག་མཛོད་བཀྲ་ཤིས་ལྷ་བུའི་གདོང་རིས་ངན་པ་དམར་རྗེན་དུ་བཤམས་ནས་དགག་པ་ཚ་ནན་བརྒྱབ་ཡོད་སྐབས། སྐབས་དེའི་ཆབ་སྲིད་ལམ་ལུགས་ཀྱི་དགོས་མཁོ་དང་རྒྱབ་འགལ་དུ་སོང་བ་དང་། སྐབས་དེ་དུས་དགོན་སྡེ་ཁག་གི་བླ་ཆེན་དག་གི་མཛད་འཕྲིན་བཀོད་པའི་རྣམ་ཐར་དང་། ལྷག་དོན་དུ་ཉ་གར་འདེགས་པ་དང་འབོ་བྲེར་བཤར་ཚུལ་བཀོད་པའི་རྩོམ་རིག་སོགས་དོན་ལ་ཕན་ཐོགས་གང་ཡང་མེད་པའི་རྩེས་ཁྲ་ལྷ་བུར་ཡང་མཐོང་ཆེན་བྱེད་པ་ལས། སྐྱ་བོའི་མཁས་དབང་རྣམས་པས་མཛད་པའི་གསོན་ཉམས་ལྡན་ཞིང་འཚོ་བ་དངོས་རབ་ཏུ་གསལ་བའི་བཀའ་རྩོམ་མང་པོ་སྣང་ཆུང་དང་ཡང་ན་རྩིས་མེད་དུ་གཏོང་གི་ཡོད་གཤིས། དེ་རིགས་ཤིང་དཔར་དུ་འཕོད་དབང་བྲལ་ཞིང་བདག་སྲུས་མེད་པས་བོར་བརླག་ཏུ་སོང་། ལམ་ལུགས་ངན་པ་དེའི་འོག་གི་ཕྱོགས་རིས་དེས་འོད་སྟོང་འཕྲོ་བའི་མེས་རྒྱལ་རིག་མཛོད་ཀྱི་གྲུབ་ཆ་གལ་

ཆེ་ཤོས་ཀྱི་གྲས་སུ་གྱུར་པའི་སྨན་སྤྱོངས་རིག་པའི་བྱ་གཞག་ལ་གཞལ་བྱའི་ཡུལ་ལས་འདས་པའི་ཕྱོང་གུན་ཚབས་ཆེན་བཏང་བར་ད་ལྟ་མི་རྣམས་ཀྱིས་ཡིད་ཕམ་སྐྱོ་ཤས་ཆེན་པོ་བྱེད་ཀྱི་ཡོད།

སྐྱོམ་ལས་པ་ཁོ་བོ་ལྟ་བུས་སྔར་བྱུང་འདས་ཟིན་པའི་སྨན་སྤྱོངས་ཀྱི་མཁས་དབང་རྣམ་པའི་རྩ་ཆེའི་ལྷུགས་རྩོམ་དང་ལོ་རྒྱུས་གང་གི་ཐད་ལའང་རྒྱུས་མངའ་རགས་རིམ་ཙམ་ལས་མེད་བཞིན་དུ་ད་དུང་དེ་ལྟ་བུའི་སྙིང་གཞི་ཞིག་དང་བསླུར་ལེན་བྱས་ཀྱང་མི་རྣམས་ཀྱི་རྣོ་ཁ་ཆེམ་པ་ཡོང་རྒྱུ་ཤིན་ཏུ་དཀའ་མོད། འོན་ཀྱང་ད་ལྟ་བཞུགས་པའི་བགྲེས་སོང་མཁས་པ་ལ་ལའི་སྐུལ་མ་དང་། གྲོགས་དན། ང་སྤྲོད་སོགས་ཀྱི་རོགས་སྐྱོར་ཐོབ་པར་བརྟེན་ཁོ་བོས་ཉེ་རབས་ཀྱི་མཁས་དབང་དེང་རི་བ་ཀ་དྲུང་པད་མ་རྡོ་རྗེའི་མཛད་པའི་ཆ་ཤས་དང་། ཤུལ་ལྷག་ཏུ་གྱུར་པའི་ལྷུགས་རྩོམ་གྱི་དུམ་བུ་ཚུན་ཆད་འཚོལ་ཞིབ་བྱས་ཏེ་འབྱུང་འགྱུར་ཁོང་གི་མཚན་སྙན་དང་ཤུལ་ལུས་ཀྱི་ལྷུགས་རྩོམ་རྣམས་ལོ་ཟླ་འདས་པ་དང་སྨུགས་མིང་མེད་ཀྱི་གནས་སུ་གྱུར་བར་ནམ་ཞར་གནས་ཐུབ་པ་དང་དེ་རིང་བོད་མི་རིགས་ཀྱི་ཁྱད་ཆོས་ལྡན་པའི་རྩོམ་རིག་བྱ་གཞག་གོང་འཕེལ་གཏོང་རྒྱུར་ཕན་ལྡན་གྱི་ནུས་པ་ཆེས་ཆེར་ཐོན་པའི་སླད་དུ་འབད་བརྩོན་བྱེད་དགོས་པ་ནི་འོས་སུ་བབས་པ་ཞིག་རེད་སྙམ་བརྟུན་སེམས་ཆེན་པོས་བྱས་པ་འདིར་འབྱུངས་སོ།

གཅིག

མཚན་ངོ་མར་པདྨ་རྡོ་རྗེ་དང་ཡོངས་གྲགས་སུ་ཀ་ལེབ་དྲུང་ཡིག་བྱ་བ་ཁོང་ནི་སྤྱི་ལོ1860ལོའི་སྔ་རྟིང་དུ་ད་ལྟའི་གཞིས་རྩེ་ས་ཁུལ་གྱི་དེང་རི་རྫོང་ཁོངས་ཀྱ་ར་ཞེས་པར་སྐུ་འཁྲུངས་པ་དང་། འོབས་ཚོད་ལྟར་ན་སྤྱི་ལོ1935ལོའི་གོང་ཙམ་དུ་སྐུ་འདས་པར་ངེས། ཁོང་གིས་ཕ་རི་རྫོ་མོའི་རི་གཤམ་དུ་ཡོད་པའི་ཀ་ལེབ་བྱ་བའི་དགོན་སྡེ་ཞིག་གི་དྲུང་ཡིག་མཛད་མྱོང་བ་དང་། དགོན་སྡེ་དེར་སྔ་ཕྱིར་བྱུང་བའི་དྲུང་ཡིག་གི་ཁྲོད་ནས་ཁོང་ནི་ཤེས་བྱ་

ཡོན་ཏན་ལ་མངའ་བརྙེས་པ་གཞན་ལས་ལྷག་པ་ཡོད་སྐབས་ཀ་ལེབ་དྲུང་ཡིག་བྱ་བའི་ཡོངས་གྲགས་ཀྱི་མཚན་དེ་ཐུང་། ཀ་ལེབ་དགོན་དང་འབངས་དབར་ལ་སྐྱིད་གཞི་ཆེན་པོ་ཞིག་བྱུང་བའི་རྐྱེན་བྱས་དམ་པ་ཉིད་དྲུང་ཡིག་དགོངས་ཞུ་གནང་སྟེ་དིང་རི་ལ་ཕྱིར་ལོག་མཛད་སྐད་དང་། དིང་རིར་ཕྱིར་ལོག་མཛད་རྗེས་ལྷ་རྩེ་དང་ངམ་རིང་སོགས་སྟོད་ཁུལ་གྱི་དུད་ཚང་འབྲིང་དྲག་གིས་གདན་ཞུས་ལྟར་ཁྱིམ་པ་དེ་ཚོའི་བུ་ཕྲུག་ལ་རིགས་གཞུང་སློབ་ཁྲིད་ཀྱི་བྱ་བ་གཉེར་ནས་བཞུགས་པ་དང་། ཁོང་གི་འབྲུངས་ཡུལ་ཀུར་གྲོང་ཚོན་ཡིན་གཤིས་ཀུར་དགེ་རྒན་ཞེས་ཀྱང་གྲགས། ཁོང་ཉིད་འཚོ་ཞིང་གཞིས་པའི་རིང་དིང་རི་སེང་བྲག་སྤྲུལ་སྐུ་དང་། སྐྱིད་རོང་བྲག་དཀར་སྤྲུལ་སྐུ། བན་འབྲོག་ཆུ་བཟང་སྤྲུལ་སྐུ། ས་སྐྱའི་དྲུང་ཡིག་ཆེན་མོ་སྐུ་མདུན་བྱང་སྟོབ། སྐྱེར་ཤེར་དཀར་གླིང་པའི་གྲུས་མགོན་པོ་དབང་ཕྱུག་སོགས་ད་ལྟ་འདས་གྲོངས་སོང་ཡང་སྐན་གྲགས་ཀྱི་པ་དན་མི་ཡུལ་ས་སྟེང་དུ་གཡོ་མུས་ཡིན་པའི་མཁས་པ་མང་པོ་དང་། དེང་སྐབས་འཚོ་ཞིང་གཞིས་པའི་སློབ་དཔོན་རྡོ་རྗེ་རྒྱལ་པོ་དང་། དགེ་རྒྱས་པ་བསྟན་འཛིན་རྡོ་རྗེ་སོགས་སློབ་མ་ཇི་སྙེད་ཅིག་ལ་སློབ་ཁྲིད་མཛད་ནས་བོད་རིག་པའི་གནས་ལ་ཤེས་ཚད་ཤིན་ཏུ་མཐོ་བའི་མི་སྣ་གསོ་སྐྱོང་བྱ་རྒྱུའི་ཐད་བསྒྲུབ་ཏུ་མེད་པའི་མཛད་རྗེས་བཞག་ཡོད་པ་མ་ཟད། སྐབས་དེ་དུས་ཀྱི་སྤྱི་ཚོགས་ལས་ཐོན་པའི་བྱ་ངན་དང་སྤྱོད་ངན། དཔོན་ངན་ལ་སོགས་པར་ཟུར་ཟའི་བཞད་ཚིག་རྙོ་ངར་ལྡན་པ་དང་། དམ་པ་གང་གིས་དེ་ཚོར་འཛིན་པའི་སྣང་སེམས་གསལ་པོར་མཚོན་པའི་ཀ་བཤད་སོགས་མང་པོ་ཞིག་བརྩམས་ཡོད། ཁོང་གིས་སྐུ་ཚེའི་རིང་བརྩམས་པའི་བཀའ་རྩོམ་ཁྱད་དུ་འཕགས་པ་འབོར་ཆེན་ཞིག་ཡོད་པའི་ཁྲོད་ནས་ད་ལྟ་མཐོང་རྒྱུ་ཡོད་པ་ནི་ཁུ་ནུ་བསྟན་འཛིན་རྒྱལ་མཚན་ལ་སུམ་རྟགས་སྐོར་དགག་པ་དང་དགག་ལན་གནང་བའི་ལེ་ཚན་ཆ་ཚང་ཞིག་བོད་ལྗོངས་ཡིག་ཚགས་ལས་ཁུངས་དང་པེ་ཅིན་མི་རིགས་དཔེ་སྐྲུན་ཁང་གི་སློབ་དཔོན་རྡོ་རྗེ་རྒྱལ་པོ་སོགས་ནས་ཉར་ཚགས་གནང་ཡོད་པ་དེ་ཙམ་ལས་དེ་ཕྱིངས་ཤིང་པར་དུ་འཁོད་མ་ཐུབ་སྐབས་དུས་འགྱུར་ སྟེ་ཕྱི་དང་བཅས་གར་སོང་ཆ་མེད་དུ་གྱུར་པ་དང་། ད་ལྟ་ཁོ་བོའི་ལག་ཏུ་སོན་པ་སེར་ཕྲེས་གྲྭ

ཚང་གི་ཕྱག་མཛོད་བཀྲ་ཤིས་དཔེ་མཚོན་དུ་བྱས་ནས་དབང་སྒྱུར་པར་འཕྲུ་བའི་ཀ་བཤད་དེའང་བོད་ལྗོངས་སྲིད་གྲོས་ཀྱི་ཨུ་ཡོན་སྐུ་ཞབས་ཕྲན་རྩ་ཧྭ་མཁྱེན་རྒྱལ་པོ་ལགས་ནས་ཆུང་དུས་སློང་ཡིག་གི་ཀ་དཔེ་གནང་ནས་ཐུགས་ལ་ངེས་པ་རྣམས་ཉེ་ཆར་ཡིག་ལམ་དུ་དྲངས་ཏེ་ཁོ་བོར་གནང་བ་ཞིག་ཡིན་པ་ལས་མ་དཔེ་ངོ་མ་དང་པར་མར་གསལ་བ་ནས་དྲངས་པ་སོགས་ཡེ་ནས་མེད། སྐུ་ཞབས་ཧྭ་མཁྱེན་རྒྱལ་པོས་ཀ་བཤད་དེ་ཐུགས་ལ་ངེས་པ་དེའང་གསལ་ཕྱེད་ཀ་ནས་ཡ་བར་མ་གཏོགས་ར་ལ་ཤ་ས་དང་། ཧ་ཨ་བཅས་སྡེ་པ་ཕྱེད་དང་གཉིས་ཀྱི་སྙན་རྩོམ་ཐུགས་དྲན་གསོས་མ་ཐུབ་པས་ཁོ་བོར་ཡང་དེ་ཙམ་གྱི་རོ་བཅུད་མྱོང་བའི་གོ་སྐབས་ལས་མ་ཤར་ཏོ།

ཉེ་རབས་ཀྱི་མཁས་དབང་ཀ་ལེབ་དྲུང་ཡིག་གི་རིན་ཐང་ལྡབ་རྩོམ་ཕལ་མོ་ཆེར་པར་བསྐོས་ཀྱི་དབང་ཐང་མ་ཐོབ་ཀྱང་ལྡབ་རྩོམ་དེ་དག་ལ་ལྡན་པའི་ཐུན་མོང་མིན་པའི་ཁྱད་འཕགས་ཀྱི་རྩོམ་རྩལ་དང་། སྒྲོང་བྱང་ཟབ་མོ་ལྡན་པའི་བསམ་པའི་གོ་དོན། དོན་རྐྱེན་གཅིག་ལ་དམིགས་ནས་ཡོངས་ཁྱབ་ཀྱི་གནས་ཚུལ་མཚོན་ཐུབ་པའི་ནུས་མཐུ་བཅས་ཀྱིས་གཟིགས་སྐལ་ཡོད་མཁན་གྱི་ཡིད་ཀྱི་བརྟན་པ་དབང་མེད་ཅིག་ཙར་དུ་འཁྲོག་ནས་གཅིག་ལ་གཅིག་བརྒྱུད་ཀྱིས་ལྡབ་རྩོམ་ཁག་ཅིག་ཁྱབ་ཆེར་སོང་བ་དང་། ད་ལྟའི་བར་དུའང་ཀུན་རབས་མང་པོས་ཁོང་གི་སྐོར་གསུང་རྒྱུ་ཡོད་པ་ཙམ་དུ་མ་ཟད། ཐ་ན་ཁོང་གི་ལྡབ་རྩོམ་ལ་ལའི་ནང་གི་ཚིག་བཅད་ཐོར་བུ་རེ་ཟུང་ཡང་བརྗེད་དུ་ཕངས་པའི་ངག་སྒྱུར་ཐུབ་ཀྱི་ཡོད་པ་དེ་ལས་བོད་ཀྱི་རིག་གནས་རྩིས་པོའི་ནང་སྐྱ་བོའི་རྩོམ་པ་པོས་ཕུལ་བའི་ལེགས་སྐྱེས་དང་དེས་བཟུང་བའི་གནས་བབ་སྣང་མེད་དུ་གཏོང་ཐབས་མེད་པ་མཚོན་ཞིང་། གལ་ཏེ་ཚུལ་མིན་ལོག་ལྟའི་སྒོ་ནས་དམིགས་བསལ་གྱི་ཁྱད་ཆོས་ལྡན་པའི་སྐྱ་བོའི་རྩོམ་རིག་གི་རིན་ཐང་ནག་སུབ་གཏོང་བ་ནི་ཚུལ་དང་མི་མཐུན་པ་དང་དོན་མེད་ངལ་དུབ་ཆེ་བ་ཙམ་ཞིག་ཡིན་པ་ཧ་ཅང་གསལ་པོར་མཐོང་ཐུབ།

ཟུར་བསྟན་ལེབ་མཐོང་གི་དཔེ་ལྟར་ཁོ་བོས་མཁས་མཆོག་དེའི་སྙན་རྩོམ་ཐོར་བུའི་ཆ་

ཤེས་ཙམ་སྟབས་ལེགས་ཀྱིས་ལག་ཏུ་སོན་པ་འགོ་མཇུག་མ་ཚང་ཡང་འདིར་རེ་ཟུང་དྲངས་ནས་ཁོང་ལ་ཐུན་མོང་མ་ཡིན་པའི་རྩོམ་རྩལ་མངའ་བ་དང་། ཁོང་གིས་སྐབས་དེ་དུས་ཀྱི་སྤྱི་ཚོགས་ནང་ཡོངས་ཁྱབ་ཏུ་གནས་མུས་ཡིན་པའི་བྱ་དངོས་ཐད་འཛིན་པའི་ཆགས་སྣང་གི་ལྟ་བ། མཆོག་ཉིད་ཀྱི་ལྷག་བསམ་གཤིས་རྒྱུད་སོགས་ང་ཚོས་གསལ་རྟོགས་བྱེད་ཐུབ། དཔེར་ན་ཁོང་ལ་ཁ་སྤྱིན་ནམ་ཀོ་སྤྱིན་ཞིག་རེ་བའི་སྤྲིངས་ཡིག་ཅིག་འགྱུར་བའི་ནང་ཁ་སྤྱིན་ལ་ཁ་སྤྲིན་ཞེས་ཡིག་ནོར་ཐེབས་པ་གཟིགས་སྐབས་ཁོང་གིས་སྨང་མེད་དུ་མ་བཏང་བར་ཕྱོགས་གཅིག་ནས་རེ་མཁན་གྱི་དངོས་པོའི་རེ་བ་སྐོང་བ་དང་། ཕྱོགས་གཉིས་ནས་ཡིག་ནོར་པོ་བསྒྲུང་ཆེད“སྤྲ་ལ་ར་བཏགས་ནམ་མཁའི་སྤྲིན། དེ་འབྱུང་བ་ཡིན་པས་ངས་མི་ཟེན། སྤྱིན་ཀོ་སྤྱིན་དགོས་ན་འདི་ན་ཡོད།” ཅེས་བཞད་གད་སྤྲོ་ཉམས་སྐྱེ་བའི་སྒོ་ནས་ཕན་གྲོགས་མཛད་ཡོད་པ་རེད། ཡང་དཔེར་ན་སྤྲིངས་ཡིག་ཅིག་གི་ནང་དུ་ན་སོ་གཞོན་པའི་གཞོན་ལ་སྟོན་འཇུག་བ་སྦྱར་ཡོད་པས་ཁོང་གིས“གཞོན་ལ་བ་ཡི་སྟོན་འཇུག་སྦྱར། དེ་ལྟར་བ་ལ་དང་གྱུར་ན། རྟོད་ཐག་བརྒྱབ་ནས་གསོ་ཚགས་ཀྱིས། གསོལ་མར་བཞུགས་ཤིང་ཕན་ཐོགས་ཡོང་” ཞེས་ཇི་ལྟར་མིན་པ་མཁས་པ་ཞིག་གིས་ནད་གཞི་དྲག་པོས་མནར་བའི་ནད་པར་སྨན་བཅོས་གནང་དུ་འཁེལ་བ་བྱེད་པ་ཇི་བཞིན་ཡི་གེའི་བཟ་དག་གི་ཤེས་བྱ་དབེན་པའི་སྐྱེ་བོར་ཟུར་ཟའི་སྣང་ངོ་ལྟར་དོན་ལ་ཇོ་ཐོགས་པའི་རོགས་རམ་མཛད་ཀྱི་ཡོད། དབང་ཤུགས་ལ་བརྟེན་ནས་རང་སྣང་གང་དྲན་བྱེད་མཁན་ལ་ཁོང་གིས་དེ་བས་ཕག་གསོད་ཀྱི་ཤ་པ་ལྟར་སྣང་ཟུག་བཅངས་ནས་རྣོ་དབལ་ལྡན་པའི་རྩོམ་ཡིག་གི་མཚོན་གྱིས་ཕ་རོལ་པོ་བཅོམ་གྱི་ཡོད་པ་དཔེར་ན་སྤྱི་ལོ1923ལོར་པཎ་ཆེན་སྐུ་ཕྲེང་དགུ་པ་ཆོས་ཀྱི་ཉི་མ་གསང་བའི་སྒོ་ནས་པེ་ཅིང་དུ་ཕེབས་རྗེས་བཀྲས་ལྷུན་བླ་བྲང་ཁོངས་གཙུང་རི་བོ་ཆེ་དགོན་པའི་བདག་དབང་ཛ་རོང་ཕུ་བླ་བྲང་གིས་བཙན་བཟུང་བྱས་པའི་གནས་ཚུལ་ལ་གཞིགས་ནས“ག་རེ་ཀོ་རེའི་དགོན་གནས་འཛིན་སྐྱོང་ཁྲིམ་ཆུང་སྤངས་ཏེ་ཁྲིམ་ཆེན་བརྟེན། ……ཉ་གར་འདེགས་དང་ཐེར་བཤར་བའི་རྣམ་ཐར་པུ་ཏི་ས་མ་ཡ། ……” ཞེས་ཆོས་པའི་ཆ་ལུགས་འཆང་ཡང་བྱ་ལས་

ཆོས་ཀྱི་སྙིང་པོ་དང་འགལ་མཁན་གྱི་སྙིང་ལ་བཟོད་སླག་བྲལ་བའི་ན་ཟུག་དྲག་པོ་སྟེར་བྱེད་བཙ་ཚིག་གི་རྣོ་མཚོན་གནད་དུ་འཕིགས་པ་འཕངས་པའི་ལྷུགས་རྩོམ་ཡང་ཡོད་པའི་གསུང་རྒྱུན་འདུག དེ་མིན་དབྱིན་ཇིས་བོད་ལ་མ་དུང་བཙན་འཛུལ་བྱས་པར་རྩོལ་བའི་ཀ་བཤད་ལ་སོགས་པ་ཆགས་སྣང་གི་བསམ་བློ་རབ་ཏུ་གསལ་བ་དང་། ལོ་རྒྱུས་ཀྱི་རིན་ཐང་ལྡན་པའི་ལྷུགས་རྩོམ་མང་དག་ཅིག་མཛད་ཡོད་གསུངས་ཀྱང་ད་ཆ་བཙལ་རྙེད་ཐུབ་པ་བརྒྱ་ལམ་ཙམ་ཡིན་པས་དེ་ནི་བློ་ཕམ་ཆེན་པོ་བྱེད་དགོས་པ་ཞིག་ལས་མ་འདས་སོ།

གཉིས།

འདིར་གླེང་བྱ་གཙོ་བོར་གྱུར་པ་ནི་གཤམ་གསལ་གྱི་ཀ་བཤད་འདི་ཡིན་ཏེ། མཁས་དབང་ཀ་ལེབ་དྲུང་ཡིག་གིས་སེར་བྱེས་གྲྭ་ཚང་གི་ཕྱག་མཛོད་བཀྲ་ཤིས་འཚོ་གནས་སྐབས་ཀྱི་གནས་ཚུལ་གཞིར་བཟུང་ནས་བྲིས་གནང་མཛད་པ་ཞིག་ཡིན་ཕྱིར། སྔོན་ལ་ཕྱག་མཛོད་བཀྲ་ཤིས་ཟེར་བའི་མི་དེའི་གནས་ཚུལ་གང་རྟོགས་པ་རགས་རིམ་ཙམ་གསལ་བཀོད་བྱས་ན་ཀ་བཤད་འདིའི་སྙིང་དོན་གོ་བ་ལེན་རྒྱུར་ཐད་ཀའི་ཕན་ནུས་ཐོན་རྒྱུ་རེད་སྙམ།

སེར་བྱེས་གྲྭ་ཚང་གི་ཕྱག་མཛོད་བཀྲ་ཤིས་ནི་དེང་གི་གཞིས་རྩེ་ས་ཁུལ་ལྷ་རྩེ་རྫོང་ཕུན་ཚོགས་གླིང་ཆུད་ཁོངས་ཀྱི་བྲག་སྣ་རུ་སྐྱེས། ཁོ་པས་སེར་བྱེས་གྲྭ་ཚང་གི་ཕྱག་མཛོད་བྱེད་རིང་སྟོད་ཁུལ་དུ་སྐྱིད་གྲོང་འཕགས་པ་ལྷ་ཁང་དང་། རྫོང་དགའ་འཕེལ་རྒྱས་གླིང་སོགས་སེར་བྱེས་གྲྭ་ཚང་གི་དགོན་ལག་དང་རྫོང་ཁག་མང་པོ་ཡོད་པར་བདག་དབང་འཛིན་པའི་སྐབས་དང་བསྟུན་ཏེ་བཙན་ཤུགས་དབང་ཆ་གང་ཡོད་སྤྱད་ནས་འབངས་ཀྱི་ས་ནས་ཁྲལ་བུན་བསྡུ་འགྲུག་དང་འུ་ལག་བསྐུལ་སྤྱོད་སོགས་ཁུལ་དེ་གའི་འབངས་མི་ལ་ཡ་ང་བའི་མནར་གཅོད་ཚད་མེད་བཏང་བ་མ་ཟད། ཁོ་པ་རང་ཉིད་ཁྲག་འཐིབ་སྲིན་བུ་ཇི་བཞིན་འབངས་མིའི་རྡུལ་ཁྲག་ལས་བྱུང་བའི་ལོངས་སྤྱོད་ལ་བརྟེན་ནས་འགྱུར་པ་ཆེས་ཆེར་རྒྱས། མཐའ་མ་ཁོ་པར་བད་ཀན་གྱི་ནད་གཞི་དྲག་པོ་ཞིག་གིས་ཟིན་ནས་རིན་བྲལ་ནོར་བུ་གསེར་དངུལ་སོགས་བསགས་པའི་དངོས་པོར་མིག་ཧིག་ཧིག་ལྟ་བ་ཙམ་ལས་སྤྱོད་དབང་ཡོངས་སུ་ཤོར། ཞིམ་

མངར་ཛ་ཆང་ལ་སོགས་པ་བཟའ་བཏུང་ཅི་རིགས་བསྟར་བསྒྲིགས་བྱས་ཀྱང་དང་ག་དང་བྲལ། མཐར་ཉ་མོ་ལྷུགས་ཀྱུས་བཟུང་བ་དང་འདྲ་བར་སྡུག་བསྔལ་དངངས་སྐྲག་ཚད་མེད་ཀྱི་གཡང་གཟར་ལྷུང་ངོ་།

གསུམ།

ཕྱག་མཛོད་བཀྲ་ཤིས་དཔལ་མཚོན་དུ་བྱས་ཏེ་སྙན་འཇེབས་ཚིག་གི་ཕྲེང་བར་བབརྒྱུད་ནས་དབང་སྒྱུར་པ་རྣམས་ལ་ཐ་ཚིག་བསྒྲགས་པའི་ཀ་བཤད་ནི་འདི་ལྟར་ཡིན།

ཀ་མེད་མི་ལུས་ཐོབ་ཀྱང་སྟོང་ཟད་དུ་གཏོང་བ།

ཁ་སང་ཕྱག་མཛོད་བཀྲ་ཤིས་ཀྱི་རྣམ་ཐར་ལ་གཟིགས་དང་།

ག་ཚོད་སྡིག་ལྷུང་བསགས་མིན་ཐམས་ཅད་ཀྱི་མཁྱེན་གསལ།

ང་རྒྱལ་ཁ་པོ་ཅན་ཚོ་བསམ་བློ་རེ་ཐོངས་དང་།

ཅ་ལག་ཕྱི་ནང་ནོར་རྫས་རྫ་རི་ལྟར་སྤུངས་ཀྱང་།

ཆ་ཙམ་འཁྱེར་དབང་མེད་པའི་སྣང་ཚུལ་འདི་སྐྱོ་བྱུང་།

ཇ་ཆང་མདུན་དུ་བསྒྲིགས་ཀྱང་དང་ཁ་ནི་མི་འདུག

ཉ་མོ་ལྷུགས་ཀྱུས་བཟུང་འདྲའི་སྡུག་བསྔལ་ལ་གཟིགས་དང་།

ཏ་ནོར་ར་ལུག་རྩྭ་ལེན་ཚོང་སྐོར་དང་ཞིང་འདེབས།

ཐ་མ་གཉིས་ཕུང་དམྱལ་བའི་གཏིང་རྡོ་ལ་གཟིགས་དང་།

ད་ལན་ནོར་གསོག་ཐུགས་བྲེལ་ཆེ་ཙམ་ཞིག་མ་གཏོགས།

ན་ཕུགས་གཤིན་རྗེའི་རྩེབ་རྡོར་འགྲོ་ཁུངས་ནི་མི་འདུག

པ་ཡོ་བཅད་དེ་ལུས་བསྐྱུར་གྲྭ་ཚང་དུ་ཞུགས་ཀྱང་།

ཕ་རོལ་ཁྱིམ་པ་ལས་ཀྱང་སྡིག་ལྷུང་ལ་བརྩམས་པ།

བ་བེར་ཡ་མེད་ཤཱཀྱ་ཐུབ་པ་ཡི་རྐང་འདྲེན།

མ་དག་ལས་ངན་དེ་འདྲ་སྙིགས་དུས་ཀྱི་རང་རྟགས།

ཙ་ཚེར་མིང་བཏགས་ཁྲི་ལུད་དར་གོས་ཀྱིས་བསྐུམས་པ།

ཚ་གྲང་དབྱེ་བ་མི་ཤེས་སྟོགས་ཚུབ་ཀྱི་རྒྱལ་འགོང་།

ཛ་ཛོར་ནོར་བལྟས་བཀའ་ཁྲིམས་ཆུ་བསྐྱུར་གྱི་དཔོན་པོ།

ཝ་བཞིན་འཛོལ་འཛོལ་འདི་དག་སྣང་བར་རང་མ་སོང་།

ཞ་མོ་ཟུར་གྱོན་རྟ་ལྕུག་ནམ་མཁའ་ལ་འཕྱུར་བའི།

ཟ་འདྲི་སྐར་མ་རྐུབ་ཀྱོག་མི་སེར་གྱི་སེག་རྡར།

འ་ལད་དེ་ཚོར་ཡོན་ཏན་དྲི་མ་ཙམ་མེད་ཀྱང་།

ཡ་མེད་མིག་ལོག་རྫིག་རྫིག་གད་མོ་རང་ཤོར་བྱུང་། འདིར་ངེས་པར་དུ་གསལ་བཤད་ཞིག་བྱེད་དགོས་པ་ནི་གོང་དུ་ཞུས་ཟིན་པ་ལྟར་སྐུ་ཞབས་རྟ་མགྲིན་རྒྱལ་པོ་ལགས་ཀྱིས་ཀ་བཤད་དེ་ཐུགས་ལ་ངེས་པ་དེའང་གསལ་བྱེད་ཀ་ནས་ཡ་བར་མ་གཏོགས་ར་ལ་ཤ་ས་དང་། ཏ་ཨ་བཅས་སྔེ་པ་ཕྱེད་དང་གཉིས་ཀྱི་སྔོན་རྗེས་ཐུགས་དྲན་གསོས་མ་ཐུབ་པས་ཁོ་བོར་ཡང་དེ་ཙམ་གྱི་རོ་བཅུད་སྨྱོང་བའི་གོ་སྐབས་མ་ཐོབ་ཀྱང་སྟབས་ལེགས་པ་ཞིག་ལ་ཁོ་བོའི་སྲུག་ཁྲིས་ངན་པ་འདི་དུས་དེབ་ཐོག་སྤེལ་བའི་རྗེས་བོད་ཀྱི་རིག་གནས་ལ་ཞེན་པའི་གཞིས་རྩེ་གྲོང་ཁྱེར་ཞ་ལུ་སློབ་ཆུང་གི་དགེ་རྒན་མིག་ཚེ་ལགས་ནས་གསལ་བྱེད་ར་ནས་ཨ་བར་གྱི་ཀ་བཤད་དག་ཡིག་ཐོག་ནས་ཁོ་བོར་མཁོ་འདོན་གནང་བྱུང་བས་དེ་རིང་གི་སྐབས་དང་བསྟུན་ཏེ་གཤམ་དུ་ཁ་སྐོང་གི་ཚུལ་དུ་ཇི་བཞིན་བཀོད་ནས་རྒྱ་ཆེའི་ཀློག་པ་པོས་ཀ་ལིབ་དྲུང་ཡིག་གི་ཀ་བཤད་རྩོམ་པོའི་ཉམས་སྟབས་གཟིགས་ཞིབ་སྣང་སྤྱིན་ལམ་དུ་འབུལ་རྒྱུ་དང་སྦྲགས་ཉེ་ཚར་གོ་ཐོས་ལྟར་ན་རྒན་མིག་ཚེ་ལགས་སྐུ་འདས་ཟིན་པས་ཁོ་བོས་འདིར་ལྷག་བསམ་ཟོལ་མེད་སྨོས་ཁོང་ལ་དྲན་གསོ་ཞུ་རྒྱུ་ཡིན་ནོ།

ར་བཟི་བསྐྱུར་འགོང་སྤྱོད་ངན་པ་ལང་ལས་རྩིང་།

ལ་ཉུར་མི་འཐེན་མཛོ་ཁལ་ར་འགེལ་གྱི་སྐྱུལ་གཅེས།

ཤ་ཟ་དམག་ལ་ཆས་འདྲའི་ལྟོགས་རླུང་ལ་གཟིགས་དང་།
ས་སྙིང་གཤིན་རྗེའི་གཤེད་མ་ལྷག་པ་དང་འདྲ་བྱུང་།
ཏ་ཙང་འཇིག་པའི་དམྱལ་ཁམས་བཙོ་བརྒྱད་ལ་འགྲོ་དུས་
ཨ་ཚ་ཨ་ཚུ་མེད་པར་དཔུང་གཤེད་དེ་ངོམས་ཤིག

བཞི།

གོང་གསལ་གྱི་ཀ་བཤད་དེ་ནི་མཁས་དབང་ཀ་ལེབ་དྲུང་ཡིག་གིས་སེར་བྱེས་གྲྭ་ཚང་གི་ཕྱག་མཛོད་བཀྲ་ཤིས་ཀྱིས་ཚོགས་རིང་མི་དམངས་ལ་བཤུ་གཞོག་གི་བྱ་ངན་འབབ་ཞིག་གིས་དུས་འདའ་བ་དང་། མཐའ་མ་བད་ཀན་གྱི་ནད་དྲག་པོས་མནར་ནས་མདུན་དུ་ཞིམ་མངར་བཟའ་བཏུང་ཅི་རིགས་བསྟར་ཕྲེང་བསྒྲིགས་ཀྱང་སྤྱོད་པའི་དབང་ནུས་ཤོར་ཏེ་སྡུག་བསྔལ་བཟོད་གླགས་མེད་པ་སྨྱོང་དགོས་བྱུང་བའི་གནས་ཚུལ་རྩོམ་གཞིར་བཀོད་ནས་མང་ཚོགས་ཀྱི་མགོ་ཐོག་ཏུ་ཚུལ་མིན་གྱི་ཐྲོ་གར་འཁྲབ་མཁན་སེར་སྐྱ་དབང་འཛིན་པ་རྣམས་ཀྱི་སྤྱོད་ངན་ཐེར་འདོན་གྱི་ཆེད་དུ་བརྩམས་གནང་མཛད་པ་ཞིག་ཡིན། ཀ་བཤད་དེའི་ནང་དུ་མཁས་དབང་མཆོག་ནས་མགོ་ཡི་པ་ལོ་བཅད། སྐྱ་ཆས་ཕུད་ནས་དུར་སྒྲིག་གི་གོས་གྱོན། ལག་ཏུ་ཕྲེང་བ་འབྲས་མེད་བཅངས། ཁ་ནས་དགེ་སྦྱོར་གཟུངས་སྔགས་བར་མེད་སྐྱོར། ཁྱིམ་ནས་ཁྱིམ་མེད་པར་རབ་ཏུ་བྱུང་ནས་དགེ་འདུན་གྱི་གྲས་སུ་ཞུགས་པའི་ཚུལ་དུ་གྱུར་ཀྱང་ནང་བློ་ལྟད་དྲན་འཕྲུལ་གྱི་ངན་རྟུས་མི་ཚང་བ་མེད་པ་རྩོམ་མཁན་དང་། དེ་བཞིན་འབངས་མི་སེར་ལ་གནོད་ཅིང་འཚེ་བ། རྒྱུ་ནོར་ལོངས་སྤྱོད་ལ་ལྟོགས་ཚབ་ཀྱི་རྒྱལ་འགོང་ལྟར་འདོད་རྔམ་ཆེ་བའི་ཕྱག་མཛོད་བཀྲ་ཤིས་ཀྱི་ནག་ཉེས་སྦ་གསང་མེད་པ་དམར་རྗེན་དུ་བཏོན་པ་མ་ཟད། དེའི་ཐོག་ནས་སྐབས་དེ་དུས་ཀྱི་མཐོ་རིམ་དབང་སྒྱུར་ཤོག་ཁག་ནི་གཞན་རྒྱུ་ལ་བརྣབ་སེམས་ཆེ་བ་དང་། རང་རྒྱུ་ལ་སེར་སྣ་ཆེ་བའི་ཁྲག་འཇིབ་སྲིན་བུའི་ངོ་བོ་མི་རྣམས་ཀྱི་མིག་ལམ་དུ་འཛོམ་ཟོན་གང་ཡང་མེད་པར་དམར་ཆིལ་ལེར་བཤམས་པ་དང་། སྨྲགས་མི་ཆེན་སྐྱ་དྲག་ཁྲིད་དུ་རང་ཉིད་གོས་དར་གྱིས་ལུས་བསྐུམས་པས་དུས་ཀྱི་ཚ་གྲང་ས་ཇི་ཡིན་ཙམ་ཡང་མི་ཤེས་པར་

བླུན་ཞིང་རྨོངས་ཀྱང་དམངས་ཀྱི་ནོར་རྫས་མཐོང་དུས་གང་ལའང་མ་ལྟོས་པར་ཧམ་ཟ་ཧམ་འཕྲོག་བྱེད་མཁན་ཤེས་ཡོན་ཅི་ཡང་མེད་ཀྱང་ད་དུང་རྫིག་ཉམས་སྟོན་ཏེ་མགོ་ནག་མི་ཡི་ནང་ན་ང་མིན་སུ་ཡིན་སྙམ་པའི་ཧམ་སྤྱོད་འཛིན་མཁན་དཔོན་ངན་རྣམས་དང་དེའི་རྒྱུགས་ཕྱིར་འཕྲོ་སྙོད་བྱུར་ཟ་སྙིང་ཚིམ་པ་བྱས་ནས་དེ་ཚོའི་ངོ་གདོང་ཚ་འཕྲུར་འཕྲུར་བྱེད་དགོས་པ་ཞིག་བཟོས་ཡོད།

མཁས་དབང་ཀ་ལིབ་དྲུང་ཡིག་མཆོག་ཀྱང་ཆོས་ལུགས་ཀྱིས་མི་ཕལ་མོ་ཆེའི་བསམ་པར་དབང་སྒྱུར་བའི་དམིགས་བསལ་དུས་སྐབས་ཀྱི་ནང་འཚོ་བ་ཞིག་ཡིན་སྟབས་ནང་བསྟན་ཆོས་ལ་དད་ཆེན་མེད་པ་ཡེ་ནས་མིན། འོན་ཀྱང་ཁོང་གིས་པ་ལོ་བཅད་དེ་ལུས་སྒྱུར་གྲྭ་ཚང་དུ་ཞུགས་པའི་སེར་མོ་བ་དག་གི་བྱ་སྤྱོད་ལ་ལེགས་ཉེས་དབྱེ་འབྱེད་མེད་པར་རྫོངས་བརྒྱལ་ཁོ་ནས་དང་ཞེན་མ་མཛད་པར་བརྩོན་པ་དྲག་ཞན་ཀུན་གྱིས་སྲུང་དགོས་པའི་ཚུལ་ཁྲིམས་སྲུང་རྒྱ་ཕར་བཞག་འཇིག་རྟེན་པའི་སྲུང་བྱ་མི་ཆོས་གཙང་མ་བཅུ་དྲུག་ཙམ་ཡང་མི་སྲུང་མཁན་མཐོ་རིམ་སེར་མོ་བ་ཕྱག་མཛོད་བཀྲ་ཤིས་ལྷ་བུ་རྣམས་ལ་སྙིང་ཁོང་ཧུས་པའི་གཏིང་ནས་ཞེ་ཁྲེལ་འཁོན་འཛིན་གནང་བ་མ་ཟད་བྱ་སྤྱོད་ངོ་མའི་ཐོག་ནས་ངོ་རྒོལ་མཐར་ཕྱིན་པ་མཛད་དེ་ནང་བསྟན་ཆོས་ཀྱི་ཚུལ་ཁྲིམས་ལ་སྐྱོན་གྱིས་མི་སྨྲགས་པར་ནམ་ཡང་དྭངས་གཙང་ཡོང་བ་དང་། དགེ་འདུན་པའི་མཚན་སྙན་དང་ནང་བསྟན་ཆོས་ལུགས་ཀྱི་སྲོལ་གཏོད་མཛད་པོ་ཤཱཀྱ་ཐུབ་པ་ཡི་མཚན་སྙན་སྲུང་སྐྱོབ་བྱ་རྒྱུའི་རེ་འདུན་མཚོན་གྱི་ཡོད་ལ། མིང་དོན་མི་མཚུངས་པའི་སེར་མོ་བ་དེ་རིགས་དགེ་འདུན་གྱི་ཀུན་དགའ་ར་བ་ནས་ཕྱིར་འབུད་བྱ་འོས་པ་ལས་གྲུས་བཀུར་དང་སེམས་བྱེད་རིན་ཐང་ཙམ་མེད་པ་ཞིག་ཡིན་པའི་དགོངས་པ་དེ་མངོན་གསལ་དོད་པོས་ལྷུགས་རྩོམ་ནང་གསལ་བརྗོད་མཛད་ཡོད། ཀ་བཤད་དེའི་ནང་འཁོར་བར་ཡིད་འབྱུང་བའི་བསམ་བློའི་ཤན་ཤུགས་ཡོད་པ་དང་། ཕ་རོལ་ཕྱིམ་པ་ལས་ཀྱང་སྡིག་ལྡུང་ལ་ཛམ་པ་ཞེས་པའི་ཚིག་རྐང་དེ་ལས་ཁོང་གིས་ཆོས་ལུགས་ཀྱི་ལྟ་བ་གཞིར་བཟུང་ནས་ཕྱིམ་ལས་ཀྱང་སྡིག་ལྡུང་ལ་ཛམ་པ་ཞེས་པའི་ཚིག་རྐང་དེ་ལས་ཁོང་གིས་ཆོས་ལུགས་ཀྱི་ལྟ་བ་གཞིར་

བཟུང་ནས་ཁྲིམས་པ་སྟེ་འཇིག་རྟེན་གསར་སྐྲུན་བྱེད་མཁན་གྱི་རྒྱ་ཆེའི་བའི་ངལ་རྩོལ་པ་རྣམས་ཚུད་པའི་སྐྱ་བོའི་རིགས་རྣམས་སྡིག་ལྷུང་ལ་ཐམ་པ་ཤ་སྟག་ཡིན་པར་ངོས་འཛིན་ནས་གསུངས་པ་ལྟར་སྣང་བའི་དགེ་མཚན་མེད་པའི་ལྟ་བ་དེར་གཞིགས་ནས་ང་ཚོས་ལོ་རྒྱུས་ཀྱི་གནས་ཚུལ་དངོས་དང་། སྐབས་དེའི་སྤྱི་ཚོགས་ཀྱི་གནས་བབས་དངོས་ལ་ལྟོས་མེད་ཀྱིས་ཁོང་གི་མཛད་རྗེས་རྩིས་མེད་དུ་བཏང་ན་རང་རེའི་ཁྲང་གིས་ཐོག་མཐའ་བར་གསུམ་དུ་རྒྱུན་འཁྱོངས་གནང་བའི་བདེན་པ་བདེན་ཐུབ་ཀྱི་བསམ་པའི་ལམ་ཕྱོགས་དང་། ལོ་རྒྱུས་དངོས་གཙོ་སྨྲ་བའི་ལྟ་བ་དང་ཐད་དེ་རྒྱབ་འགལ་དུ་འགྲོ་བ་མ་ཟད། དོན་དངོས་ཐོག་ཁུའང་མཁས་དབང་སུ་ཡིན་རུང་སྐབས་དེའི་ལོ་རྒྱུས་ཀྱི་ཚོད་འཛིན་དང་། སྐབས་དེའི་སྤྱི་ཚོགས་ཀྱི་བསམ་པའི་འཁོར་ཕྱོགས་ཀྱི་ཤན་ཤུགས་འོག་བསམ་བློའི་འཁྱེར་སོ་དང་བརྗོད་ཚུལ་དེ་ལྟ་བུ་ལྟགས་རྩོམ་ནང་དུ་མི་མངོན་པ་ཡོང་མི་སྲིད་ལ། དེ་ཙམ་ཞིག་གིས་བདེན་པའི་འོད་སྣང་རབ་ཏུ་བཀྲ་བའི་ལྟགས་རྩོམ་དེའི་དགེ་མཚན་ལ་སྐྱོན་འདོགས་བྱེད་ག་ལ་རུང་། ལྷག་དོན་དུ་ཟུར་ཟའི་ཀ་བཤད་དེ་མཛད་པ་པོ་མཁས་དབང་ཉིད་ཀྱང་སྐུ་ཚེ་དེའི་རིང་ཕ་རོལ་ཁྲིམས་པའི་འཚོ་བ་རང་ལ་བཞུགས་པ་ཞིག་ཡིན་སྟབས་ཡང་སྙིང་བསམ་སྦྱོར་ངན་རྩུབ་དང་ལྡན་པ་ངལ་རྩོལ་པ་རྣམས་ཡིན་དང་ཡང་ན་དབང་སྒྱུར་གྲལ་རིམ་པ་ཁུང་ཤས་ཤིག་ཡིན་པ་སྤྱི་ཚོགས་ཀྱི་འཚོ་བ་དངོས་ཀྱི་ནང་ནས་མྱོང་ཚོར་ཟབ་མོ་བྱུང་ཡོད་ལ་བཀའ་རྩོམ་རྩིལ་པོའི་ནང་དོན་ལ་གཞིགས་ནའང་སྡིག་ལྷུང་ལ་ཐམ་པ་ཟེར་བ་ནི་མི་སེར་གྱི་གཤེད་མ་དེ་ཚོར་དམིགས་པ་ཡིན་པ་ལས་ཉམས་ཐག་དབུལ་ཕོངས་པ་རྣམས་མིན་པ་ཧ་ཅང་གསལ་པོར་མངོན།

བོད་ཀྱི་མངའ་བདག་ཆེན་པོ་གསུམ་གྱི་ཡ་རྒྱལ་དགོན་སྟེའི་མཐོ་རིམ་དབང་སྒྱུར་པས་འགྲོ་བ་རིགས་དྲུག་སེམས་ཅན་ཐམས་ཅད་སྡུག་བསྔལ་ལས་སྒྲོལ་བའི་བྱང་ཆུབ་ཀྱི་སེམས་བཅངས་ཏེ་རང་ཉིད་ཀྱིས་བདག་བཟུང་བྱས་པའི་ས་ཞིང་རྣམས་རང་གི་དབང་འོག་ཏུ་འདུས་པའི་འབངས་མིར་བགོས་སྲུད་དང་། རང་གི་བཀོལ་སྤྱོད་བྱེད་པའི་བྲན་གཡོག་རྣམས་ལ་རང་ལུས་རང་དབང་གི་མིའི་དབང་ཆ་ཙམ་སྲུད་པའི་ལོ་རྒྱུས་མེད་པ་ནི་སྐབས་དེ་

དུས་ཆོས་གཞིས་ཀྱི་ཡོངས་སུ་ཚུད་པའི་ཞིང་བྲན་རྣམས་ཀྱིས་མཁྱེན་གསལ་ཡིན་ནའང་། ཆོས་བཤད་ཀྱི་ནུས་མཐུས་སེམས་པ་སྔོངས་པ་དང་། དབང་སྒྱུར་པའི་དྲག་ཤུགས་ཀྱིས་མགོ་གནོན་བྱས་པར་བརྟེན་ཡོང་ཆོས་རང་ཉིད་ཀྱི་གནས་བབས་ལ་བསྒྱུར་བཅོས་ཐུབ་བུ་བྱེད་ཐབས་ཀྱི་བསམ་བློ་ཙམ་གཏོང་མི་ནུས་པའི་གནས་ཚུལ་འོག མཁས་དབང་ཡོང་གེས་ཉམས་ཐག་མི་སེར་གྱི་ཕྱོགས་སུ་ལངས་ཏེ་སྐྱ་སེར་མཐོ་རིམ་དང་དབང་གྱུར་པའི་ནག་ཉེས་ཐེར་འདོན་དང་། ཞིང་བྲན་རྣམས་ལ་གདུང་སེམས་མཉམ་སྐྱེ་དང་། ཕོ་པ་ཚོའི་མགྲིན་ཚབ་མཛད་དེ་ཡོག་ནང་གི་འབོད་སྒྲ་སྒྲོག་ཐོད་པ་དེ་ནི་ཅི་ནས་ཀྱང་ལས་སླ་པོ་ཞིག་ག་ལ་ཡིན། ཡོང་གེས་བདེན་པའི་ཆེད་དུ་མུན་ནག་དང་ཞུམ་མེད་འཐབ་རྩོད་བྱེད་ཐོད་པའི་སྙིང་སྟོབས་ལ་ང་ཆོས་མི་རབས་ཕྲེང་བརྒྱུད་ཀྱིས་བསྔགས་བརྗོད་བྱེད་འོས་པ་ཞིག་ཀྱང་ཡིན།

མཁས་དབང་ཀ་ལིབ་དྭང་ཡིག་ནི་སྟོད་ཁུལ་གྲོང་གསེབ་ཏུ་གནས་ངེས་གཏན་མེད་པར་སློབ་ཁྲིད་ཀྱི་བྱ་བ་གཉེར་ནས་དེ་ལས་ཐོབ་པའི་སྐྱ་ཡོན་གྱིས་འཚོ་བ་ངན་ངོན་ཙམ་ལ་བརྟེན་གནང་མཁན་གྱི་འགྱུར་ཆུང་གྲལ་རིམ་གྱི་ཤེས་ལྡན་མི་སྣ་ཞིག་ཡིན། ཡོང་ཉིད་གཅིག་ནས་དབང་ཐང་གང་ཡང་མེད་པའི་འགྱུར་ཆུང་གྲལ་རིམ་པ་ཞིག་ཡིན་གཤིས་རྣམ་ཀུན་ནས་འབངས་མི་སེར་དང་འབྲེལ་གཏུགས་དམ་པོ་ཡོད་པ་དང་། གཉིས་ནས་ཡོང་ཉིད་ཤེས་བྱ་ཡོན་ཏན་ལ་མངའ་བརྙེས་པའི་མཁས་པ་ཆེན་པོ་ཞིག་ཡིན་ཕྱིར་མཐོ་རིམ་སྤྱི་ཚོགས་ཀྱི་མི་སྣ་དང་ཡང་འབྲེལ་བ་ངེས་ཅན་ཞིག་ཡོང་གི་ཡོད་པའི་ནང་གཤམ་འོག་མི་སེར་གྱི་ཉམས་ཐག་དབུལ་ཕོངས་ཀྱི་འཚོ་བ་དང་གོང་རིམ་དབང་སྒྱུར་པའི་བག་མེད་ལོངས་སུ་སྤྱོད་པའི་འཚོ་བ་སོགས་སྤྱི་ཚོགས་དེའི་སྣང་ཚུལ་གསལ་པོར་རྟོགས་ནས་ཆགས་སྡང་སྐྱེས་སྟབས་སྐབས་འཛེབས་དང་ལྡན་པའི་ཟུར་ཟའི་ཀ་བཤད་དེའི་ནང་ཕྱག་མཛོད་བཀྲ་ཤིས་དཔེ་མཚོན་དུ་བླངས་ནས་བརླང་སྤྱོད་ལ་དགའ་བ་ཕྱག་མཛོད་བཀྲ་ཤིས་དང་གཉིས་སུ་མེད་པ་དག་དང་། ནོར་ལོངས་སྤྱོད་ཀྱིས་མདུན་དུ་བཀའ་ཁྲིམས་དང་ཚུལ་ཁྲིམས་ཆུ་ལ་བསྒྱུར་མཁན། བརྟབ་སེམས་ཆེ་བ་ལྟོགས་འཚུབ་རྒྱལ་འགོང་གི་ངོ་བྲྙ། འབངས་མི་སེར་ལ་སེག་ཧར་ཇི་བཞིན་རྩུབ་སྤྱོད་ཆེ་བའི་

ངང་མི་ལུས་ཀྱི་རྫུལ་ཁྲག་ཐིག་པ་འཛིབ་པར་བྱེད་པོ་དབང་སྒྱུར་བའི་རང་གཤིས་ངན་པ་མི་རྣམས་ཀྱི་མིག་ལམ་དུ་དམར་རྗེན་དུ་བཤམས་ནས་དེ་ཚོར་མིང་རྩ་ཆེན་ཇི་ཙམ་བཏགས་ཀྱང་དོན་དངོས་ཐོག་དར་གོས་ཀྱིས་བསྐུམས་པའི་ཁྱི་ལུད་ལྟར་མི་གཤིས་ཏིལ་འབྲུ་ཙམ་མེད་པ་དང་། ཁོ་ཚོའི་རྗེས་འབྲང་པ་ཚོ་ཡང་རྗེག་རྗེག་གི་ཉམས་ཅི་རིགས་སྟོན་ཀྱང་དོན་ལ་ཟ་འདྲེ་སྐར་མ་རྐུབ་ཀྱོག་ཤ་སྟག་ཡིན་ཞེས་འབབས་མི་སེར་གྱིས་ཐོས་ན་སྙིང་དབུས་ནས་དགའ་བའི་སྣང་བ་ཤར་ཏེ་ཡིད་ཚིམ་པ་དང་། དཔོན་ངན་གྱིས་ཐོས་ན་ཁོང་ཁྲོའི་མེ་ལྕེ་རབ་ཏུ་འབར་བ་བྱེད་པའི་ཟུར་ཟའི་བརྡ་ཚིག་ཐོག་ནས་འཕྱ་ལད་དང་ཁྱད་གསོད་བཞད་གས་སྒྲོག་པ་ཞིག་མཛད་དེ་འབབས་མི་སེར་གྱི་སྡུག་བསྔལ་ཐོག་ཏུ་རང་ཉིད་ཀྱི་བདེ་སྐྱིད་བཙུགས་ནས་ཉེན་མཚན་མེད་པར་ཇ་ཆང་ཤ་ སྣག་ནང་དུས་འདའ་བ་ལས་འབབས་མི་སེར་གྱི་བདེ་སྡུག་དང་།། བོད་ཀྱི་སྤྱི་ཚོགས་དར་རྒུད་ལ་རང་གིས་བསམ་གཞིགས་ཕྲན་བུ་ཙམ་བྱེད་རྒྱུ་པར་བཞག་བོད་ཀྱི་དར་རྒུད་ལ་ངོ་འཁུར་བྱེད་མཁན་བློ་ལྡན་མི་སྣར་གནོད་འཚེ་སྐྱེལ་བའི་སྤྱོད་ངན་འཛིན་མཁན་དབང་སྒྱུར་པར་སྣང་སེམས་དང་། འབབས་མི་སེར་ལ་གདུང་སེམས་མཉམ་སྐྱེ་བྱེད་པའི་ལྷད་མེད་ས་ལེ་སྦྲམ་བཞིན་གྱི་ཐུགས་སེམས་རབ་ཏུ་མཆོན་ཡོད། སྐབས་དེ་དུས་ཀྱི་ངན་རྐུ་ཚང་བའི་ལམ་ལུགས་ནང་འཁྱོར་པ་དབང་ཐང་དང་རྒྱབ་རྟེན་ཅི་ཡང་མེད་པའི་མཁས་དབང་པད་མ་རྡོ་རྗེ་མཆོག་ནས་དཔོན་ངན་རིང་ལུགས་ལ་ངོ་རྒོལ་མཛད་པ་དེ་ནི་ཐད་ཀར་ཆོས་སྲིད་ཟུང་འབྲེལ་གི་ལམ་ལུགས་རང་ལ་ཕོག་ཐུག་བཏང་བ་ཞིག་ཡིན་གཤིས། རང་གི་སྐྱུ་སྲོག་ལ་གནོད་རྐྱེན་ཡོང་བའི་ཉེན་ཁའང་ལོས་ཡོད། འོན་ཀྱང་ཁོང་གིས་གདུག་རྩུབ་ཀྱི་ཁྲིམས་གཅོད་འཕོག་རྒྱུའི་ཉེན་ཁ་ལ་ཇི་མི་སྙམ་པར་དམངས་དོན་གྱི་ཆེད་དུ་བདེན་པ་རྒྱུན་འཁྱོངས་གནང་བ་དེ་ནི་སྐབས་དེ་དུས་ཀྱི་ངོས་ནས་བརྗོད་ན་བླ་ན་མེད་པའི་སྤྱོད་བཟང་མཐོང་དཀོན་པ་ཞིག་ཡིན་ལ། ཁོང་གིས་སྤྱི་ཚོགས་ཀྱི་དངོས་ཡོད་ལ་གཏུགས་ནས་ཆོས་སྲིད་ཟུང་འབྲེལ་ལམ་ལུགས་ལས་ཐོན་པའི་ཉེས་སྐྱོན་དྲངས་ཏེ་ཟུར་ཟ་མཛད་པའི་བཀའ་རྩོམ་དེ་ལ་ལོ་རྒྱུས་ཀྱི་དོན་སྙིང་གཏིང་ཟབ་ལྡན་པ་མ་ཟད། ད་ཡོད་ཀྱི་སློབ་གསོའི་ནུས་པའང་ཆེས་

ཚེར་ལྡན་པ་ཞིག་ཡིན།

༢།

མཁས་དབང་ཀ་ལིབ་དྲང་ཡིག་མཆོག་ནས་ཁྱད་འཕགས་ཀྱི་རང་བཞིན་ལྡན་པའི་རྩོམ་རྩལ་སྒྱུད་དེ་བརྩམས་གནང་མཛད་པའི་བཀའ་རྩོམ་དེས་མཚོན་པར་བྱེད་པའི་བརྗོད་བྱའི་དོན་རྒྱ་ཆེ་ལ་གཏིང་ཟབ་པ་རྣམས་གང་གིས་ཐོས་ན་དེ་ཡི་ཡིད་དབང་འཕྲོག་པའི་སྙན་ཚིག་གི་ཉམས་འགྱུར་ལྡན་པའི་ལམ་ནས་དྲངས་ཡོད་སྐབས་དུས་རབས་ཕྱེད་ལྷག་ཙམ་འདས་ཟིན་པའི་རྗེས་ཀྱི་དེ་རིང་ཡང་ཡུལ་ལུང་མི་འདྲ་བའི་ཀླུན་གྲས་མང་པོས་པར་མ་དང་བྲིས་མ་གང་ཡང་མེད་ཀྱང་ཁོང་གི་བཀའ་རྩོམ་དེ་ངག་ལམ་ནས་འདྲེན་རྒྱུ་ཡོད་པས་དེའི་ཤུགས་རྐྱེན་ཐེབས་ཆེ་ཆུང་ཅི་འདྲ་ཡིན་སྐོར་ཁོ་བོས་གསལ་བཤད་མ་བྱས་ཀྱང་ཧ་ཅང་མངོན་གསལ་དོན་ཐག་ཆོད་ཡིན།

བཀའ་རྩོམ་དེ་ནི་རང་ཅག་བོད་མི་རིགས་རང་ལས་ཡིག་ལྡན་མི་རིགས་གཞན་ལ་མེད་པའི་དམིགས་བསལ་གྱི་ཁྱད་ཆོས་ཀ་ལིའི་ཕྲེང་བ་སྟར་དུ་བསྒྲིགས་པའི་རྩོམ་ལུགས་ཀྱི་རྣམ་པའི་ཐོག་ནས་བརྩམས་པ་ཞིག་ཡིན། བོད་ཡིག་གི་ཕྱི་མོ་གསལ་བྱེད་ཀྱི་ཡི་གེའི་གོ་རིམ་ལྟར་བརྩམས་པའི་ཀ་བཤད་དེར་གོང་འོག་གྲིམ་སྦྱོར་འཚམ་པ་དང་མཐུད་མཚམས་ལེགས་པ། གོ་དོན་ཟབ་ལ་ཚིག་རྫོབ་མེད་པ། བསྟོད་ཡུལ་གཟེངས་སུ་ཐོན་པ། འཕྱ་ཡུལ་ཉམས་དམའ་བར་བྱེད་པ། བསླུགས་ན་གཡོ་སྒྱུ་རླུང་གིས་དེད་པ་ཇི་བཞིན་ངག་ལམ་ནས་བདེ་བླག་ངང་བརྗོད་བདེ་བ་སོགས་ཀྱི་དགེ་མཚན་ལྡན་པ་འདི་ལྟ་བུ་རྩོམ་འབྲི་བྱ་རྒྱུ་དེ་བས་དཀའ་ངལ་ཆེ་བ་ཞིག་ཡིན། མཁས་མཆོག་ཀ་ལིབ་དྲང་ཡིག་གི་བཀའ་རྩོམ་དེར་གང་ཞིག་ཀློག་པ་པོས་བཀླགས་པའི་ཚེ་མི་རྣམས་ཧ་ལས་ཤིང་ངོ་མཚར་བའི་ཉམས་རྩལ་ཐོག་ནས་སྦྱོང་ཚའི་རོ་བཅུད་ཟབ་མོ་སྟེར་བའི་ནུས་པ་དང་ལྡན་ཡོད་པ་ལས་ཆ་འཕྲུ་ཡ་སྒྲིག་དང་ཡ་མ་གཟུགས་ཀྱི་འཆར་སྣང་སྟེར་བའི་སྐྱོན་དང་བྲལ་བའི་ཁར། གཏམ་རྒྱུད་ནང་དུ་མ་གཏོགས་ཇི་མ་ཇི་བཞིན་མངོན་པར་བྱེད་མི་ནུས་པའི་གཟུགས་བརྙན་གསོན་ཉམས་ལྡན་པའང་ཤོང་ཚད་ཀྱི་

ཚད་བཀག་ཤིན་ཏུ་དམ་པའི་ཁོར་ཡུག་གི་སྐབས་རྩོམ་དེའི་ནང་མངོན་སུམ་གསོན་རྗེན་ལྟར་མཚོན་པར་གནང་ཡོད་གཤིས། ད་ལྟ་མི་རྣམས་ཀྱིས་ཀ་བཤད་དེ་སློག་ཚེ་སྤྱི་ཚོགས་སྙིང་པའི་ནང་རྩ་ཆེར་མིང་བཏགས་ཤིང་རིགས་ནུས་མཐོན་པོར་སློམས་པའི་དབང་སྒྱུར་པ་དེ་ཚོའི་བརྗིད་ཉམས་དང་ཁེངས་དྲེགས་སྟོན་པའི་ངང་ཚུལ་དང་། མ་ནུང་ཐ་ཤལ་གྱི་བྱ་ལུགས་བྱེད་སྟངས། ཚིག་ཤེས་ཀྱི་དྲི་མ་ཙམ་མེད་པའི་ཧམ་སེམས། མི་ཆོས་དང་བྲལ་བའི་གདུག་རྩུབ་ཞེ་གནག་གི་བརླང་སྤྱོད། ངན་གཡོ་དྲན་འཕྲུལ་གྱི་གཡོ་ངན་སོགས་ཏ་ལམ་རང་རང་གི་མིག་ལམ་དུ་མངོན་སུམ་རྒྱུ་བ་ཇི་བཞིན་འཆར་སྣང་ཟབ་མོ་སྐྱེ་བཞིན་ངན་རྒྱུ་ཚང་བའི་ཞིང་བྲན་ལམ་ལུགས་དང་། ལམ་ལུགས་དེ་སྲུང་སྐྱོང་བྱེད་མཁན་དབང་སྒྱུར་པར་འགོད་འགྲུས་བྱེད་པའི་བསམ་བློ་ལྷབ་བརྒྱ་འཕེལ་ཏེ་དེ་རིང་ལས་ལ་བརྩོན་པའི་མི་ཚང་མ་ཕྱུག་པོའི་འགྲོ་ལམ་སྟེང་དུ་བསྐྱོད་ཐུབ་པའི་སྤྱི་ཚོགས་རིང་ལུགས་ཀྱི་ལམ་ལུགས་ལ་སྤྲར་བས་དགའ་སེམས་སྐྱེ་རྒྱུའི་ཉམས་རྩལ་ལྡན་ཡོད།

ཀ་དྲུང་པད་མ་རྡོ་རྗེ་ནི་བོད་ཀྱི་རིག་གནས་ལ་རང་བྱུན་ཚུད་པའི་མཁས་པ་ཆེན་པོ་ཞིག་ཡིན་ནའང་བརྩ་ཚིག་སྙིང་པ་དང་མངོན་བརྗོད་ལ་སོགས་སྤྱིར་བཏང་ཡི་གེ་འབྲི་སློག་ཤེས་མཁན་ཀྱིས་ཀྱང་གོ་བ་ལོན་པར་དཀའ་ཚེགས་ཤིན་ཏུ་ཆེ་བའི་རྩོམ་སྲོལ་གྱི་ཐག་རྒྱའི་ནང་མ་ཚུད་པར་རྒྱ་ཆེའི་ངལ་རྩོལ་པ་རྣམས་ཀྱི་ཁྲོད་ནས་གསོན་ཉམས་ལྡན་ཞིང་དོན་གྱི་རྡོ་ཁ་དྲིལ་བའི་ཁ་རྒྱུན་གཏམ་དཔེ་དང་། གཞས་གླུ་ཚིག་ཚོན་པོ་དག་བསྡུ་ལེན་ཐོག་རང་གི་བཀའ་རྩོམ་ནང་དུ་སྤྱད་ཕྱིར་ཁོང་གི་བཀའ་རྩོམ་དེ་ཐོས་ན་ཡིག་ལོང་བ་ཚོས་ཀྱང་བཀའ་རྩོམ་དེའི་བརྗོད་བྱའི་དོན་རྣམས་ཚང་ལ་མ་ནོར་བར་རང་བཞིན་དུ་རྟོགས་ཐུབ་པས་བཀའ་རྩོམ་དེར་ཐུན་མོང་མ་ཡིན་པའི་རྩོམ་རྩལ་དང་རྒྱ་ཁྱབ་ཀྱི་མང་ཚོགས་རང་བཞིན་ལྡན་ཡོད། ལྷག་དོན་དུ་མི་སེར་གྱི་སེག་རྫར་དེ་ཚེ་ཞིང་བྲན་ལམ་ལུགས་ཀྱི་སྲུང་སྐྱོབ་འོག་ང་རྒྱལ་ཁ་ཕོ་ག་ཚོད་ཆེ་ཡང་མཁས་དབང་མཆོག་ནས་འཕངས་པའི་ཟུར་ཟའི་བཟ་ཚིག་ཕྱུ་གྲིའི་རྣོ་དབལ་དང་གཉིས་སུ་མེད་པའི་ཉག་ཕྲན་དེ་འཕོག་མ་ཐག་རེ་ཞིག་ཙི་བྱ་གཏོལ་བྲལ་གྱི་གནས་སུ་གྱུར་བ་དང་། ཁྲི་

མགོ་མི་ལུས་ལ་སྦྱར་བའི་རང་ཉམས་འཆལ་ལེ་འཚོལ་ལེ་སྣ་ཁོམ་མེད་པར་ཅག་གེར་མངོན་པར་བྱེད་པའི་སྒྱུ་རྩལ་དང་ལྡན་ཡོད་ན་བཀའ་རྩོམ་དེ་ཁ་བ་ཅན་པའི་རྩོམ་རིག་ཁྱད་ཁྱད་འཕགས་རང་བཞིན་ལྡན་པའི་ཕྱུལ་བྱུང་གི་རྩོམ་རིག་ཅིག་མིན་ན་ཅི། དེ་ལྟར་དབང་སྒྱུར་གྲལ་རིམ་ལ་དམིགས་སུ་བཀར་ནས་ཟུར་ཟ་འཕྱ་སྨོད་གནད་དུ་འཁེལ་བ་བྱས་པའི་བཀའ་རྩོམ་དེ་རིགས་ཇི་ཙམ་ཡོད་སྐོར་བོད་ཀྱི་རིག་པར་མངའ་བརྙེས་པའི་མཁས་པ་རྣམས་ཀྱིས་མཁྱེན་གསལ་ལགས་ན་སྙན་རྩོམ་ཀ་བཤད་དེའི་དོན་སྙིང་རིན་ཐང་ཆེ་ཆུང་དང་བོད་ཀྱི་རྩོམ་རིག་ལོ་རྒྱུས་ཐོག་བཟུང་འོས་པའི་གནས་གཞི་གལ་ཆེ་ཆུང་གང་འདྲ་ཡིན་པའང་ཤུགས་ཀྱིས་རྟོགས་ཐུབ།

མཁས་དབང་ཀ་ལེབ་དྲུང་ཡིག་སྐུ་གཤེགས་ནས་དུས་རབས་ཕྱེད་ལྷག་ཙམ་འདས་ཟིན། འོན་ཀྱང་ཁོང་གིས་སྡུག་བསྔལ་གྱི་ཁུང་བུར་ཚུད་པའི་བོད་འབངས་མི་སེར་ལ་གདུང་སེམས་རབ་ཏུ་བཅངས་ཏེ་བརྩམས་གནང་མཛད་པའི་སྙན་འཇེབས་ཀྱི་ཀ་བཤད་དེ་ཉིད་ལ་ཐུན་མོང་མ་ཡིན་པའི་ཁྱད་འཕགས་ཀྱི་དམིགས་བསལ་ཁྱད་ཆོས་ལྡན་པར་བརྟེན་ནས་ཉམས་མེད་ད་ལྟའི་བར་དུ་མི་རྣམས་ཀྱི་བློ་ཡིད་ནང་གནས་ཏེ་འབངས་ཀྱི་བློ་ཡིད་ཚིམ་པ་དང་། དབང་སྒྱུར་པར་ཟུག་གཟེར་སྟེར་བའི་སྤྱི་ཚོགས་ཀྱི་ནུས་པ་ཆེས་ཆེར་ཐོན་ཡོད་ལ་དེ་རིང་ཡང་བྱེད་བཟང་ལ་བསྟོད་བསྔགས་དང་། བྱེད་ངན་ལ་ངོ་རྒོལ་བྱས་ནས་དུས་རབས་གསར་པའི་ནང་དཔལ་ཡོན་གཉིས་འཛུགས་སྐྲུན་བྱེད་པའི་དམིགས་ཚད་མངོན་དུ་འགྱུར་བའི་ཐབས་ཆེན་བྱ་གཞག་ནང་གལ་ཆེའི་ནུས་པ་ཐོན་རྒྱུ་མ་ཟད། མཁས་དབང་ཁོང་གིས་རང་སྲོག་ལ་མ་ལྟོས་པར་བདེན་པ་རྒྱུན་འཁྱོངས་ཀྱིས་མུན་ནག་ངན་པའི་ཕྱོགས་ལ་འཐབ་རྩོད་བྱེད་ཐོད་པའི་སྙིང་སྟོབས་ཀྱིས་དེ་རིང་མི་དམས་ཀྱི་དབང་ཆས་མི་དམངས་རང་གི་ཁེ་ཕན་ལ་ཞབས་འདེགས་ཞུ་བ་དང་། དེང་རབས་ཅན་བཞིའི་འཛུགས་སྐྲུན་ཐད་བཀག་རྒྱ་གནོད་འཚེའི་ཤན་ཤུགས་ངན་པ་ཐོན་པའི་བསམ་སྦྱོར་ཏེ་གསལ་པོར་བརྗོད་ན་ཏང་དང་མི་དམངས་ཀྱིས་སྤྲད་པའི་དབང་ཆ་སྤྱད་དེ་རང་དོན་སྒྲུབ་མཁན་གཙང་སེལ་བྱེད་པ་དང་། སྤྱི་ཚོགས་རིང་

ལུགས་ཀྱི་ལམ་ལུགས་དང་། ཐུན་མོང་ཕྱུག་པོའི་འགྲོ་ལམ་ཐོག་ཏུ་བསྐྱོད་པའི་རྩ་དོན་སྲུང་སྐྱོབ་བྱེད་པའི་འཐབ་རྩོད་ནང་དགེ་མཚན་ལྡན་པའི་ནུས་པ་ཐོན་རྒྱུ་ཡིན་པ་བཅས་ནི་གོར་མ་ཆགས་སྙམ་མོ། ད་རེས་ལོ་བོའི་རྩོམ་འདི་འབྲི་སྐབས་སྐུ་ཞབས་ཕྲན་རྩ་ཧ་མགྲིན་རྒྱལ་པོ་དང་། སྐུ་ཞབས་དགེ་རྒྱས་པ་བསྟན་འཛིན་རྡོ་རྗེ་རྣམ་གཉིས་ནས་ལྷག་བསམ་ཟོལ་མེད་ཀྱི་རོགས་དན་གནང་བའི་འོག་ལོ་བོའི་བློ་གྲོས་ཀྱི་མཐུས་ཇི་ལྟར་ནུས་པ་བཞིན་མཁས་དབང་ཀ་ལེབ་དྲུང་ཡིག་དང་ཁོང་གིས་སེར་བྱེས་ཟྭ་ཚང་གི་ཕྱག་མཛོད་བཀྲ་ཤིས་ལ་འབྱུ་བའི་ཀ་བཤད་སྐོར་ཅུང་ཟད་གླེང་བར་མ་དག་མ་འགྲིག་པའི་ཆ་ཡོད་ངེས་པས་དེར་ཡོ་བསྲང་དགོངས་འཆར་ལྷུག་སྟོལ་དང་། མཁས་དབང་པད་མ་རྡོ་རྗེའི་མཛད་པ་དང་ལྷུགས་རྩོམ་བསྟུ་རུབ་བྱེད་རྒྱུར་སློབ་སྟོན་རོགས་སྐྱོར་ཡོང་བའི་རེ་སྨོན་ཞུ།

རྩོམ་ཡིག་འདི་《བོད་ལྗོངས་ཞིབ་འཇུག》1986ལོའི་དེབ་གཉིས་པར་འཁོད།

༧༡། །གླིང་སྒྲུང་གི་རྩོམ་ལུས་ཆགས་གྲུབ་ཐུབ་པའི་དུས་རབས་སྐོར་དཔྱད་པ།

《格萨尔王传》文体形成的年代考

[བརྡ་ཆད་གཙོ་བོ།] གེ་སར། རྩོམ་ལུས། ཆགས་གྲུབ།

[ནང་དོན་གནད་བསྡུས།] རྩོམ་འདིའི་ནང་བོད་བཙན་པོའི་དུས་འགོ་ནས་བཟུང་དུས་རབས་རིམ་བྱུང་གི་གནའ་བོའི་སྙན་ཚིག་གི་རྣམ་པ་མགུར་དང་གླིང་སྒྲུང་ནང་གི་མགུར་གླུ་གཉིས་ཕན་ཚུན་ཞིབ་བསྡུར་བྱས་པ་བརྒྱུད་དེ་རིང་རང་རེའི་འདྲེན་བྱེད་ལམ་དུ་རྒྱུ་བའི་གླིང་སྒྲུང་གི་རྩོམ་ལུས་དེ་དུས་རབས་བཅུ་གཅིག་པའི་ཕྱི་རོལ་དུ་མིན་པ་ར་སྤྲོད་ཀྱི་ཚུལ་དུ་རགས་གླེང་བྱས་ཡོད།

[关键词]格萨尔;文体;形成

[摘　要]本文就历代吐蕃赞普时期以来的道情歌词与《格萨尔王传》中的道情歌词经过比较研究,提出了今天展现在人们眼前的《格萨尔王传》的文体形成于公元11世纪之后的观点。

གཅིག

འཛམ་གླིང་ས་ཕྱོགས་ཀུན་ཏུ་སྙན་གྲགས་ཀྱི་བ་དན་རིང་དུ་གཡོ་བའི་《གླིང་གེ་སར་རྒྱལ་པོའི་སྒྲུང་》ནི་ས་ཁོངས་རྒྱ་ཆེ་བའི་ས་མཐོའི་འཛོམ་མའི་སྟེང་གནས་བཅའ་བའི་བོད་རིགས་རང་གི་ཁྲིད་ནས་ལོ་རྒྱུས་ཀྱི་གོམ་སྟབས་དང་བསྟུན་ནས་རིམ་པས་དར་ཞིང་འཕྲུས་ཚང་དུ་སོང་བའི་ས་སྐྱེས་རྡོ་སྐྱེས་ཀྱི་ལོ་རྒྱུས་སྙན་རྩོམ་ཞིག་ཡིན་པ་གོར་མ་ཆག འོན་ཀྱང་སྔོངས་ཕྱི་ནང་དང་རྒྱལ་ཁབ་ཕྱི་ནང་གི་ཞིབ་འཇུག་མཛད་མཁན་ཚོས《གླིང་གེ་སར་རྒྱལ་པོའི་སྒྲུང་》ལ་ཞིབ་འཇུག་གནང་སྐབས་རང་སོ་སོའི་གཞི་འཛིན་ས་དང་། ཞིབ་འཇུག་གི་ཕྱོགས་མི་འདྲ་བའི་རྐྱེན་གྱིས་གེ་སར་ཞེས་བྱ་བ་དེ་སྒྲུང་ནང་གི་གཙོ་བོའི་གཟུགས་བརྙན་དུ་བཀོད་པ་དེ་དངོས་སུ་བྱུང་སྨྱོང་བའི་ལོ་རྒྱུས་མི་སྣ་ཞིག་ཡིན་པ་དང་། ཡང་ན་དོན་རྐྱེན་དང་

མི་ན་ངེས་ཅན་ཞིག་ལ་དམིགས་མཐར་འཆར་ཡན་རྒྱ་སྐྱིད་ཀྱི་སྒྱུ་འཕྲུལ་ལ་བརྟེན་ནས་རྟོགས་བཟོ་བྱས་པ་ཞིག་ཡིན་པའི་བཞེད་པ་མི་འདྲ་བ་ཡོད། དེ་བཞིན《གླིང་གེ་སར་རྒྱལ་པོའི་སྒྲུང》དེ་ཉིད་ནམ་ཞིག་དར་འགོ་ཚུགས་པའི་ཐད་ལའང་ལ་ལས་གླིང་སྒྲུང་ནང་ལྗོ་འདུལ་བྱང་འཐབ་ཀྱི་གཡུལ་འགྱེད་དྲག་པོ་དུ་མ་བྱས་པ་བརྒྱུད་གེ་སར་གྱིས་མཐའ་འཁོར་གྱི་རྫོང་ངམ་རྒྱལ་ཕྲན་རྣམས་དབང་དུ་འདུས་ནས་གཅིག་གྱུར་བཟོས་པའི་ནང་དོན་དངོས་དང་མཛངས་ཀྱི་རྒྱལ་པོ་སྲོང་བཙན་སྒམ་པོས་ཕ་མེས་ཀྱི་མཛད་འཕྲིན་ཤུལ་འཛིན་གྱིས་བོད་ཁམས་ཀྱི་ཆོ་པ་ཁག་གྲིམ་པོའི་བློ་དང་སྟོབས་ལྡན་དཔུང་གིས་བཏུལ་ནས་བོད་རྒྱལ་ཁབ་ཆེན་པོ་བཙུགས་པའི་ལོ་རྒྱུས་ཀྱི་དོན་དངོས་གཉིས་ཟུང་དུ་འབྲེལ་ནས་བརྩམས་པ་ཞིག་ཡིན་པས《གླིང་གེ་སར་རྒྱལ་པོའི་སྒྲུང》ནི་སྲོང་བཙན་སྒམ་པོའི་རྗེས་ཙམ་ནས་དར་འགོ་ཚུགས་པར་བཞེད་པ་དང་། ལ་ལས་བཙན་པོའི་གདུང་རྒྱུད་མཐའ་མ་དར་མ་འུ་དུམ་བཙན་ལྷ་ལུང་དཔལ་རྡོ་རྗེས་དགྲོངས་རྗེས་བོད་ཁམས་དེ་སིལ་བུར་ཐོར་བའི་གནས་ཚུལ་འོག་མི་རྣམས་ཀྱི་བསམ་པར་བཙན་པོའི་དུས་རབས་ཀྱི་གཅིག་གྱུར་ཞི་བདེའི་སྤྱི་ཚོགས་ཀྱི་རྣམ་པ་སླར་ཡང་ཐོན་ན་ཅི་མ་རུང་སྙམ་པའི་བསམ་འདུན་འགོག་ཏུ་མེད་པ་ཞིག་འཕྱུར་བས་ཡོ་ལང་ཟང་ཟིང་གི་རྐྱེན་དུ་འགྲོ་བའི་རྒྱལ་ཕྲན་ཚོ་པ་ཁག་འདུལ་མཁན་གྱི་དཔའ་བོའི་གཟུགས་བརྙན་མཚོན་པའི་གླིང་སྒྲུང་དེ་དར་འགོ་ཚུགས་པར་བཞེད་པ། ཡང་ལ་ལས་ཆོས་ལུགས་གྲུབ་མཐའ་ཁག་ནང་ནས་རྙིང་མ་བའི་གཞུང་ལུགས་ཀྱིས《གླིང་གེ་སར་རྒྱལ་པོའི་སྒྲུང》ལ་ཤན་ཤུགས་ཆེ་ཙམ་སྤྲད་ཡོད་པ་དང་། རྙིང་མ་བའི་སྲོལ་གཏོད་མཁན་པོ་སློབ་དཔོན་པདྨ་འབྱུང་གནས་དང་གླིང་སྒྲུང་གཉིས་འབྲེལ་བ་དམ་ཟབ་ཡོད་པའི་དོན་དངོས་ལ་གཞིགས་ནས《གླིང་གེ་སར་རྒྱལ་པོའི་སྒྲུང》ནི་དུས་རབས་དགུ་པའི་དུས་མཇུག་དང་ཡང་ན་དུས་རབས་བཅུ་པའི་ནང་དར་འགོ་ཚུགས་པར་བཞེད་པ་སོགས་ངོས་འཛིན་གནང་སྟངས་མི་འདྲ་བ་དུ་མ་ཡོད་པར་གླིང་སྒྲུང་གི་ཤེས་བྱས་དཔེན་ཞིང་ཞིབ་འཇུག་བློ་རྩལ་དམན་པ་ཁོ་བོ་ལྟ་བུས་རྟ་མཆོག་བང་རྩལ་འགྲན་པའི་མདུན་སར་བོང་བུའི་འདུར་རྒྱུགས་ཀྱི་དཔེ་ལྟར་མཁས་པའི་བཞེད་པ་

དང་མི་མཐུན་པའི་རང་གི་ལྟ་སྣང་གསར་པ་ཁྱེར་ལྡན་སྒྲ་བ་འོས་སུ་མི་ཆེ་ཡང་རྣམ་ཀུན་གནད་དོན་འདི་སྐོར་ངོ་སྣང་ཙུང་ཟད་བགྱིས་པ་དང་འབྲེལ་ཡོད་དཔྱད་ཡིག་འཆོལ་བའི་སྐབས་བདེར་བསྟུན་ནས་གླིང་སྒྲུང་གི་རྩོམ་ལུས་དེ་ལྟ་བུ་ཞིག་ཆགས་གྲུབ་བྱུང་བའི་དུས་རབས་སྔ་ཕྱོགས་དུས་ཇི་ཙམ་ལ་ཡིན་པའི་སྐོར་གླེང་བའི་སྤོབས་པ་ཕྲན་བུ་སྐྱེས་ནས་འདིར《ད་ལྟའི་གླིང་སྒྲུང་གི་རྩོམ་ལུས་ཆགས་གྲུབ་བྱུང་བའི་དུས་རབས་སྐོར་དཔྱད་པ》ཞེས་འགོ་བརྗོད་དུ་འགོད་པར་ཐལ་བ་བཞད་གད་ཀྱི་ཡུལ་དུ་སོང་ཡང་ངལ་བ་དང་དུ་བླངས་པ་ལགས་སོ།

《གླིང་གེ་སར་རྒྱལ་པོའི་སྒྲུང》ནི་མང་ཚོགས་ཀྱི་བློ་གྲོས་མཐུ་རྩལ་ལས་བསྐྲུན་པའི་ལོ་རྒྱུས་སྙན་རྩོམ་ཞིག་ཡིན་པས་རྩོམ་པ་པོས་བརྩམས་པའི་སྒྲུང་དེབ་ལྟ་བུ་ལོ་ཤས་སམ་ཡང་ན་ལོ་བཅུ་ཕྲག་ནང་ཆགས་གྲུབ་ཐུབ་པ་ཞིག་མ་ཡིན་པར་མི་རབས་མང་པོ་བརྒྱུད་ནས་རིམ་བཞིན་འཕྲུས་ཚང་བྱུང་བ་དང་། སྙིག་གཞི་ངེས་ཅན་ཞིག་ལ་གཏན་ལ་འགེལ་ཐུབ་པ། རྩོམ་ལུས་ཀྱི་རྣམ་པ་ངེས་ཅན་ཞིག་གཏན་ཆགས་བྱུང་བའི་ཐོག་ནང་དོན་ཐད་ཕྱིས་ཀྱི་སྒྲུང་མཁན་དང་གླིང་སྒྲུང་བརྩེས་སྒྲིག་མཛད་མཁན་མཁས་པ་ཚོས་རང་ཉིད་ཀྱི་མཐོང་ཐོས་འཆར་སྣང་ལ་བརྟེན་ནས་ཞར་དང་ཞོར་ལ་ཁ་སྐོང་མཛད་པ་ཞིག་ཡིན་ན་ང་ཚོས་གླིང་སྒྲུང་ནང་ནས་མངོན་པའི་བྱ་བ་དོན་རྐྱེན་འགའ་རེར་གཞི་བཟུང་སྟེ་གླིང་སྒྲུང་དེ་དང་། དེའི་རྩོམ་ལུས་དུས་རབས་དེ་འདྲ་ཞིག་ནང་ཆགས་གྲུབ་བྱུང་བའི་བརྡར་ཤ་ཁ་ཚོན་གཅོད་པ་སྟ་ཐལ་ལམ་ཡང་ན་ཕྱི་ཐལ་ཕྱོར་བའི་སྐྱོན་གྱིས་སྨྲགས་རྒྱུ་ཡིན་པ་གླིང་སྒྲུང་གི་དཔེ་དེབ་རེ་ཟུང་ལ་གཟིགས་ཞྒྱིག་མཛད་ན་ཏ་ཙང་གསལ་པོར་རྟོགས་ཐུབ། འོ་ན་ད་ལྟ་རང་རེའི་འདྲེན་བྱེད་ཀྱི་ལམ་དུ་མངོན་སུམ་གསོན་རྗེན་དུ་མཆིས་པའི་གླིང་སྒྲུང་རྩོམ་ལུས་དང་། གཏེར་མ་བྱ་བའི་ལོ་རྒྱུས་དེབ་ཐེར། ཆེས་སྔ་ཕྱོགས་ཀྱི་མི་སྣའི་རྣམ་ཐར། ཏུན་ཧོང་ནས་ཐོན་པའི་བཙན་པོའི་དུས་ཀྱི་ཡིག་རྙིང་སོགས་ཕན་ཚུན་ཞིབ་བསྡུར་དང་། བོད་ཀྱི་ཆེས་གནའ་བོའི་སྐད་ཚིག་གི་རྣམ་པ་མགུར་དང་གླིང་སྒྲུང་ནང་གི་མགུར་གཉིས་དཔྱད་བསྡུར། གླིང་སྒྲུང་ནང་གི་མགུར་མ་དང་དུས་རབས་བཅུ་གཅིག་དང་བཅུ་གཉིས་པའི་ནང་གཏེར་བཏོན་བྱས་པའི་དེབ་ཐེར་ཁྲོད་ཀྱི་མགུར་མ་

ཕན་ཚུན་ཞིབ་བསྡུར། སྐད་དང་སྐད་དོད་རི་མོ་ཡི་གེ་བཅས་ཀྱི་འཕེལ་རིམ་ནང་ཐུན་མོང་གི་ཆོས་ཉིད་དང་མི་མཐུན་པའི་ཁྱད་པར་ལ་ཉམས་ཞིབ་དང་། དེ་བཞིན་འབྲེལ་ཡོད་ཀྱི་ལོ་རྒྱུས་ལ་དཔྱད་ཞིབ་བཅས་བྱས་ནས་གླིང་སྒྲུང་གི་རྩོམ་ལུས་རྣམ་པ་འདི་ལྟ་བུ་ཞིག་དུས་རབས་དེ་འདྲ་ཞིག་གི་ནང་ནས་བཟུང་ད་གཟོད་གཞི་ནས་ཆགས་གྲུབ་བྱུང་བའི་ངེས་པ་འཚོལ་རྟེན་ཐུབ་པ་མ་ཟད། འཛམ་རྟེན་མི་ཡུལ་གྱི་སྤྱི་ཚོགས་འདིར་འཕེལ་འགྲིབ་གང་འདྲ་བྱུང་ཡོད་ནའང་བོད་མི་རིགས་ཀྱི་ལོ་རྒྱུས་སྔོན་རྩོམ་རིང་མོ་དེའི་ངོ་མཚར་རྨད་དུ་བྱུང་བའི་རྩོམ་ལུས་ཀྱི་གཞི་རྐང་དེ་ད་ལྟའི་བར་རྒྱུན་བསྲིངས་བྱུང་ཡོད་པ་རྒྱུ་མཚན་དང་ལྡན་པའི་སྒོ་ནས་རང་ཤུགས་སུ་རྟོགས་ཐུབ་སྙམ།

གཉིས།

འཛམ་རྟེན་འདིའི་ཐོག་འགྲོ་བ་མིའི་རིགས་ཀྱི་སྤྱི་ཚོགས་ཆགས་པ་ནས་ད་ལྟའི་བར་བྱུང་བའི་འཕོ་འགྱུར་གྱི་བརྒྱུད་རིམ་ནི་མི་རྣམས་ཀྱིས་བརྗོད་ལས་འདས་པའི་ཡུལ་ཞིག་རེད། འོན་ཀྱང་སྤྱི་ཚོགས་ཀྱི་འཕོ་འགྱུར་ཚང་མ་མིའི་རིགས་ཀྱི་ཤེས་རིག་གི་བློ་གྲོས་ཡག་ཐོག་ཡག་བརྩེགས་སུ་འཕེལ་འགྲོ་བ་དང་། རང་བྱུང་ཁམས་ལས་རྣམ་པར་རྒྱལ་བའི་ནུས་མཐུ་ཇེ་ཆེ་ཇེ་རྒྱས་སུ་འགྲོ་བ། ལག་ལེན་དངོས་ལས་ཐོབ་པའི་ཉམས་མྱོང་ཕུན་སུམ་ཚོགས་སུ་འགྲོ་བ་སོགས་དང་ཐད་ཀའི་འབྲེལ་བ་དམ་པོ་མེད་པ་མིན་ལ། མི་རྣམས་ཀྱི་བྱེད་སྒོའི་ཁྱབ་ཁོངས་རྒྱ་ཆེར་སོང་བ་དང་། སྤྱི་ཚོགས་ཀྱི་འཚོ་བའི་རྣམ་པ་གྲ་རྒྱས་སུ་འགྲོ་བ་དང་སྦྲགས་སྐད་དང་ཡི་གེའི་བརྗོད་བྱའང་དུས་མཚུངས་སུ་ཕུན་སུམ་ཚོགས་སུ་ཕྱིན་ནས་མི་རྣམས་ཀྱི་བསམ་པ་མཚོན་ནུས་གྲུ་དོག་པོ་ཞིག་ནས་ཡངས་ཤིང་རྒྱ་ཆེར་འཕེལ་ཞིང་། བསམ་པ་མཚོན་ནུས་ལ་མཁོ་བའི་བརྡ་ཆད་མིང་ཚིག་ཤུང་བ་ནས་མང་བར་འགྱུར་རྒྱུ་ཡིན་པ་དེས་སྔོན་གྱི་བཀོད་པ་སྤྱི་དང་། ཡང་སྒོས་སུ་མི་རྣམས་ཀྱི་འདོད་བློ་རེ་འདུན་མཚོན་པའི་རྩོམ་རིག་གི་ནང་དོན་དང་། རྩོམ་ལུས་ཀྱི་རྣམ་པ། རྗོད་བྱེད་ཚིག་གི་སྒྲ་རྩལ་སོགས་ལ་ཤུགས་རྐྱེན་ནམ་སྐུལ་ཤུགས་ཆེ་ཐག་ཚད་མི་སྲིད་པ་ག་ལ་སྲིད། དེ་མཚུངས་དུས་ཡུན་རིང་པོའི་ནང་རིམ་པས་སྒྲུང་གི་སྒྲོམ་གཞི་

ཆུང་ཆུང་ཞིག་ནས་དེ་རིང་ལྟ་བུ་འཛམ་གླིང་གི་ལོ་རྒྱུས་སྙན་རྩོམ་ཁྲོད་ནས་ཆེས་རིང་ཤོས་དང་། ཆེས་རླབས་པོ་ཆེ་ཤོས་སུ་གྱུར་པའི་《གླིང་གེ་སར་རྒྱལ་པོའི་སྒྲུང་》ལ་དེ་ལྟར་གྱི་ཤུགས་རྐྱེན་དྲག་པོ་ཐེབས་སྲིད་པ་མགུར་མའི་རྣམ་པ་གཅིག་འདྲ་ཡིན་རུང་གླིང་སྒྲུང་གི་མགུར་དང་མི་འདྲ་བར་ཚིག་གོ་དཀའ་བ། ད་ལྟའི་མི་རྣམས་ཀྱི་ངོས་ནས་བརྗོད་ན་བརྡ་རྙིང་གིས་རབ་ཏུ་བཅིངས་པའི་ཏུན་ཧོང་གི་ཡིག་ཆའི་ཁྲོད་ནས་མགུར་གོ་བདེ་ཤོས་ཤིག་དྲངས་འགྱུར་ནའང་སྐད་ཡིག་གི་འགྱུར་བ་ཙམ་མ་ཟད། གླིང་སྒྲུང་གི་རྩོམ་ལུས་དེ་ལྟ་བུ་ཞིག་སྐབས་དེ་དུས་ཆགས་གྲུབ་ཐུབ་པའི་སྐད་དང་ཡི་གེའི་རྨང་གཞི་མེད་པ་ཧ་ཅང་གསལ་པོར་རྟོགས་ཐུབ།

ཏུན་ཧོང་གི་ཡིག་ཆ་རྙིང་པའི་ནང་བཙན་པོ་སྟག་བུ་སྙ་གཟིགས་(བཙན་པོ་སྤུ་རྒྱལ་)དུས་སུ་མྱང་དབས་མནོན་གསུམ་ཟིང་པོ་རྗེ་ལ་བློ་ལོག་སྟེ་སྤུ་རྒྱལ་སྟག་བུར་ངོ་བལྟ་བྱེད་འདོད་ནས་མཁར་ཕྱིང་བ་སྟག་རྩེར་བསྐྱོད་དེ་ཉིན་མོ་ཕག་ཚལ་བྱ་བའི་ནགས་གསེབ་ཏུ་ཡིབ་ནས་བསྡད། མཚན་མོ་ཕྱིང་བར་ཕྱིན་ནས་གསང་གྲོས་མནའ་ཚིག་འཛོག་པའི་སྐབས་སྐད་ཚུལ་ཡར་ལུང་གི་འབངས་མི་རྣམས་ཀྱིས་མཐོང་ནས་གཞས་ཚིག་མགུར་མའི་དབྱངས་དང་ལྡན་པའི་དང་“མྱི་བཟང་ནི་ཧ་བཟང་ཤིག་ཉིན་ཞིང་ནི་ཕག་ཚལ་ན་མཚན་ཞིང་ནི་ཕྱིང་བར་མཆིའ། དགྲ་འམ་ནི་ཞིང་ཅེའུ” ཞེས་དཔྱད་པ་བཏང་བའི་ཚིག་འབྲུའི་དོན་དག་ད་ལྟའི་མི་རྣམས་ཀྱི་ངོས་ནས་བརྗོད་ན་གོ་དོན་ཧ་ཅང་རྟོགས་དཀའ་བའི་བརྡ་རྙིང་གིས་བཅིངས་པ་ཞིག་ཡིན་ནའང་སྐབས་དེའི་དུས་ཀྱི་མིའི་ངོས་ནས་བརྗོད་ན་ཕལ་སྐད་ཕལ་རྒྱུན་ཞིག་རེད། གལ་ཏེ་ཡར་ལུང་གི་འབངས་མིས་གཞས་ཚིག་ཐོག་ནས་དཔྱད་པའི་གཏམ་དེ་ད་ལྟའི་སྐད་དང་མཐུན་པའི་ངང་ནས་བསྒྱུར་ན་མི་ཧྲག་ཧ་བཟང་ཞོན་པ་འགའ། ཉིན་བཞིན་ཕག་ཚལ་ནགས་སུ་ཡིབ། མཚན་བཞིན་ཕྱིང་བ་སྟག་རྩེར་འགྲོ། དགྲ་བོ་ཡིན་ནམ་གཉེན་ཅི་ཨང་།② ཞེས་པའི་དོན་ཡིན་པའི་ཚིག་འབྲུ་ཉིད་ཀྱིས་དོན་ཅི་ཞིག་གསལ་སྟོན་བྱེད་ཀྱི་ཡོད་པ་རྟོགས་མི་བདེ་བ་ཡེ་ནས་མེད། གལ་སྲིད་གླིང་སྒྲུང་གི་སྐད་ཆ་དང་བཙན་པོའི་དུས་ཀྱི་ཕལ་སྐད་གཉིས

དབར་མཚམས་གསལ་པོ་དེ་འདྲ་མེད་པར་མཐུན་ཆ་ཆེ་ཙམ་ཡོད་ཀྱུར་ན་གླིང་སྒྲུང་གི་རྩོམ་ལུས་དེ་དུས་སྟ་མོ་ཞིག་ནས་ཆགས་གྲུབ་ཐུབ་པར་ངོས་འཛིན་ཚོག་ཀྱང་བཙན་པོའི་དུས་ཀྱི་འབངས་མིའི་ངག་ལས་བྱུང་བའི་མགུར་ཚིག་ཕྱི་མོ་དང་། མང་ཚོགས་ཀྱི་ཕལ་སྐད་རང་བཞིན་ཆེས་ཆེར་ཞུགས་པའི་གླིང་སྒྲུང་གི་སྐད་ཡིག་གཉིས་བར་བཏྲ་སྙིང་གིས་བཅིངས་པའི་ཡིག་སྐད་དང་ཡིག་རྙིངས་བས་ཐོས་ཀྱང་གོ་དོན་ངང་གིས་རྟོགས་ཐུབ་པའི་ཕལ་སྐད་ལྟ་བུའི་ཁྱད་པར་ཡོད་ན《གླིང་གེ་སར་རྒྱལ་པོའི་སྒྲུང》གི་རྩོམ་ལུས་དེ་དུས་སྟ་མོ་ཞིག་ལ་ཆགས་གྲུབ་མི་སྲིད་པ་སྐད་རང་གི་ཐོག་ནས་ར་སྤྲོད་ཐུབ་པ་མ་ཟད། ཡི་གེའི་མཚོན་ནུས་ཐོག་ནས་ཀྱང་གསལ་བཤད་བྱེད་ཐུབ་པ་ཡིན།

《གླིང་གེ་སར་རྒྱལ་པོའི་སྒྲུང》ནི་ཚིག་སྦྱོར་ལེགས་ལ་སྙན་འཇེབས་ལྡན་པ་དང་། སྒྲིག་གཞིའི་བཀོད་པ་མཛེས་ལ་འགལ་འདུའི་འཕེལ་རིམ་གྱི་གྱུར་རྙོག་འཛིང་ཆེ་བ། གོང་འོག་ཚགས་དམ་ལ་མང་ཚོགས་ཀྱི་རང་བཞིན་ལྡན་པ་བཅས་ཀྱི་རྩོམ་རིག་སྒྱུ་རྩལ་གྱི་རྣམ་པ་རབ་ཏུ་མངོན་པའི་སྒྲུང་དེབ་ལྷབས་པོ་ཆེ་ཞིག་ཡིན་པ་མ་ཟད། ནང་དོན་ཐད་བོད་རིགས་ཀྱི་སྤྱི་ཚོགས་དང་། གོམས་སྲོལ། སེམས་ཁམས། སྐད་ཡིག རྩོམ་རིག ལོ་རྒྱུས། ཆོས་ལུགས་སོགས་མ་ཚང་པ་མེད་པས་བོད་རིགས་པའི་ཤེས་བྱ་སྣ་འཛོམས་ཀྱི་དཔེ་དེབ་ལྷབས་པོ་ཆེ་ཞིག་ཀྱང་ཡིན། དེ་ལྟ་བུའི་རྩོམ་རིག་སྒྱུ་རྩལ་གྱི་ཡང་རྩེར་སོན་པ་དང་། ཁ་བ་རི་པའི་ཕྱོགས་ཡོངས་ཀྱི་རྣམ་པ་མཚོན་པའི་སྒྲུང་ཞིག་འགྲུབ་པར་ཐོག་མར་དེའི་རྩོམ་ལུས་འགྲུབ་དགོས་པ་དང་། སྤྱི་ཚོགས་གོང་དུ་འཕེལ་བ་དང་། སྐད་ཀྱི་གྲུབ་ཆ་དར་རྒྱས་ཕུན་ཚོགས་སུ་ཕྱིན་པའི་ཐོག་དེ་འདྲའི་རྩོམ་ལུས་གྲུབ་རྗེས་དེ་ཡིག་ལམ་ནས་མཚོན་པར་ནུས་པའི་ཡི་གེའི་ཚད་གཞི་མཐོན་པོ་ཞིག་ལ་སླེབས་དགོས་པ་ཡིན། དེས་ན་ཡི་གེའི་མཚོན་སྟངས་ཀྱི་ཚད་གཞི་མཐོན་པོ་ཞིག་ལ་མ་སླེབས་པ་དང་། རྗོད་བྱེད་ཚིག་གི་བརྡ་ཆད་གྲ་རྒྱས་སུ་ཕྱིན་ནས་སྤྱི་ཚོགས་རྫིལ་པོའི་ཕྱོགས་གང་ཅིའི་ཐད་ཀྱི་དགོས་མཁོ་ཁ་སྐོང་མ་ཐུབ་པའི་སྔ་རོལ་དུ་ཡིག་ལམ་དུ་དྲངས་ཐུབ་རྒྱུ་ཤིན་ཏུ་ནས་དཀའ་མོ་མེད། ང་ཚོས་གཞམ་དུ་ཏུན་ཧོང་གི་ཡིག་རྙིང་ནང་

གི་དུམ་བུ་གཅིག་དང་བཙན་པོ་སྲོང་བཙན་སྒམ་པོའི་དུས་བཅམས་ནས་དུས་རབས་བཅུ་གཅིག་པའི་ནང་གཏེར་བཏོན་བྱས་སྐད་ཀྱང་དོན་དུ་རྩོམ་པ་པོས་རང་རྩོམ་གྱི་རིན་ཐང་མཐོ་རུ་གཏོང་རྒྱུ་དང་། དེབ་ཐེར་ཆོས་འབྱུང་ཁྲིད་ནས་དཔེ་མཚོན་ཚད་མ་ཞིག་ཏུ་འགྱུར་ཆེད་དུ་གཏེར་མ་ཡིན་ཁུལ་གྱི་མི་རྣམས་སྤྱན་ལམ་དུ་དྲངས་ཀྱང་རྩོམ་ལུགས་དང་། སྡེབ་སྦྱོར། བརྡ་ཆད། ཡི་གེའི་གཟུགས། རྒྱན་ཚིག་སྤྱད་ཆེ་ཆུང་གང་ལ་གཞིགས་ནའང་དུས་རབས་བཅུ་གཅིག་རང་གི་ནང་བཅམས་པ་ཡིན་པ་ལས་བཙན་པོའི་དུས་སུ་མིན་པའི་《བཀའ་ཆེམས་ཀ་ཁོལ་མ》བྱ་བའི་ནང་གི་དུམ་བུ་གཅིག་དྲངས་ནས་ཞིབ་བསྡུར་བྱས་ཚེ་ད་ལྟའི་གླིང་སྒྲུང་གི་རྩོམ་ལུས་ཆགས་གྲུབ་ཐུབ་ནས་ཡིག་ལམ་དུ་དྲངས་པའི་དུས་རབས་ལ་ཚོད་དཔག་ཁུངས་བཙན་པོ་ཞིག་བྱེད་ཐུབ།

《ཏུན་ཧོང་ནས་ཐོན་པའི་བོད་ཀྱི་ལོ་རྒྱུས་ཡིག་ཆའི》ནང་“ ཞང་ནས་ལོ་ངམ་གྱིས་གླང་པོ་བརྒྱའ་ལ། གསེར་གྱི་མདུང་རྩེ་ཉིས་བརྒྱའ་ཐལ་བཏགས་ཏེ། རྒྱབ་ཏུ་ཐལ་བ་བཀལ་ནས། དེའི་ནང་དུ་ལོ་ངམ་གྱིས་བཀལ་ཏོ། བཙན་པོ་དྲི་གུམ་ལྡེ་བླ་གུང་རྒྱལ་གྱིས་གནམ་དུ་དྲངས་ན། ལོ་ངམ་གྱིས་མཆན་ནས་སྐེའུ་བྱུང་བས། ལྡེ་བླ་གུང་རྒྱལ་ནི་ཏི་ཙེ་གང་ཉམ་དུ་འཕང་སྟེ་གཤེགས་སོ། བཙན་པོ་དྲི་གུམ་ཡང་དེ་ཉ་བགྲོངས་ནས། ཕྱུར་ཟངས་བརྒྱའ་ཁ་སྒྲོད་ཀྱི་ནང་དུ་བཙུག་སྟེ་རྩང་ཆུའི་གཞུང་ལ་བཏང་ངོ་” ③ ཞེས་དང་། 《བཀའ་ཆེམས་ཀ་ཁོལ་མའི》ནང་དུ“ རལ་གྲི་ཀླད་ལ་བསྐོར་བས་ཁོའི་སྤྱི་བོའི་ལྷ་ཐག་དང་སྨུ་ཐག་ཆད་པས་ལྷ་སྤྲིན་འདྲི་སྤྲིན་འཁྲུགས། ལྷ་སྤྲིན་འདྲི་སྤྲིན་འཁྲུགས་པས་ཆོ་ངེའི་སྒྲ་དང་ཤུར་སྒྲ་བྱུང་། ཆོ་ངེ་དང་ཤུར་སྒྲ་བྱུང་བས་ཆུའི་ནང་གི་བ་དམར་སྣང་དམར་འཛོགས་ནས་སོལ་བའི་སྒྲེ་མོ་རལ་ཏེ་སོལ་ཚུབ་ཆེན་པོ་བྱུང་བས་དེའི་གསེབ་ན་དུང་གི་ཨ་ལོང་དང་དངུལ་དཀར་མེ་ལོང་གཉིས་དཀར་ལྷག་གེ་འདུག་པ་གཏད་ནས་མ་སངས་ཀྱིས་མདའ་བརྒྱབ་པས་རྒྱལ་པོའི་དཔྲལ་པར་ཕོག་ནས་རྒྱལ་པོ་མདར་བཀུམ་ནས། རྒྱལ་པོ་ལ་དེའི་དུས་ན་རོ་བྱུང་ངོ་” ④ ཞེས་བརྗོད་གཞི་གཅིག་ལ་རྗོད་བྱེད་ཚིག་དང་། སྒྱུ་རྩལ་གྱི་ཉམས་སྟོན་སྟངས། སྐད་ཆའི་འགྲོ་ལུགས་ཐ་སྙད

བརྡ་ཆད་གོ་བདེ་ལོས་སོགས་གང་ཅིའི་ཐད་ཁྱད་པར་ཆེན་པོ་ཡོད་པ་དང་། ང་ཚོས་བཙན་པོའི་དུས་ཀྱི་ཡིག་རྙིང་ལ་བལྟས་ཚེ་ང་ཚོ་དང་རྒྱུད་ཐག་ཧ་ཅང་རིང་པོ་འཛོལ་བའི་ཚོར་སྣང་ཟབ་མོ་ཞིག་སྐྱེར་གྱི་ཡོད་པ་དང་། དུས་རབས་བཅུ་གཅིག་པའི་ནང་གི་བརྩམས་དེབ་ལ་བལྟས་ན་གོང་གསལ་དང་མི་འདྲ་བར་ང་ཚོ་དང་རྒྱུད་ཐག་རིང་པོ་ཚོད་མེད་པ་མ་ཟད། ཡིག་གཟུགས། སྡེབ་སྦྱོར་སོགས་ཀྱི་ཐད་གླིང་སྒྲུང་དང་འདྲ་ཆེར་ཡོད་གཤིས་ད་ལྟ་རང་རེའི་འདྲིན་བྱེད་ལམ་དུ་རྒྱུ་བའི་གླིང་སྒྲུང་གི་རྩོམ་ལུས་དེ་སྤྱི་ཤོས་ལའང་དུས་རབས་བཅུ་གཉིས་ཙམ་དུ་ཆགས་གྲུབ་བྱུང་བ་ཞིག་ཡིན་པ་ལས་དུས་རབས་བཅུ་གཅིག་པའི་སྔ་རོལ་དུ་མིན་པ་མངོན་གསལ་ཆེ་སྙམ།

གསུམ།

《གླིང་གེ་སར་རྒྱལ་པོའི་སྒྲུང་》ནང་བསྟན་པའི་ཆོས་ཀྱི་གོ་དོན་ཟབ་མོ་དག་རྩོམ་རིག་སྒྱུ་རྩལ་གྱི་ཧ་ལ་བཀོད་ནས་ཤིན་ཏུ་འབྲེལ་ཆགས་དང་མཚོན་པ་བྱས་ཡོད་ཕྱིར་གླིང་སྒྲུང་ཉིད་ཀྱི་རྩོམ་ལུས་དེ་འདྲ་ཞིག་ཆགས་གྲུབ་ཐུབ་པ་དང་། ནང་བསྟན་ཆོས་ལུགས་དེ་ཁྱབ་ཁོངས་ཆུང་ཆུང་ཞིག་དང་མི་ཉུང་ཤས་ཙམ་གྱི་ཁྲོད་དུ་མ་ཡིན་པར་ཁྱབ་ཁོངས་རྒྱ་ཆེ་བ་དང་འབངས་མི་སེར་གྱི་ཁྲོད་དུའང་དར་ཆེན་པོ་བྱུང་བའི་དུས་རབས་གཉིས་བར་འབྲེལ་བ་དམ་ཟབ་ཡོད་པ་རེད།

གལ་ཏེ་ནང་པ་སངས་རྒྱས་ཀྱི་གཞུང་ལུགས་དག་བོད་ཡིག་ཏུ་བསྒྱུར་ནས་ཕུན་སུམ་ཚོགས་པོ་བྱུང་བའི་ཁར་བོད་མིའི་ནང་གི་ཤེས་ལྡན་མི་སྣས་གསར་གཏོད་ཀྱི་རང་བཞིན་ལྡན་པའི་ཕྱག་རྩོམ་འབོར་ཆེན་ཞིག་སྤེལ་བའི་ཐོག་ནང་བསྟན་ཆོས་ལུགས་དེ་ས་ཁྱབ་རྗེ་ཁྱབ་ཏུ་དར་བ་མ་བྱས་ན་འབངས་མིའི་ཁྲོད་དུ་ཆོས་ལུགས་ཀྱི་སྙིང་པོའི་ལྟ་བ་སེམ་ནས་ཆོས་ལུགས་ཀྱི་དོན་སྙིང་པོ་ཇི་མ་ཇི་བཞིན་ཤེས་རྟོགས་ཐུབ་པ་མི་སྲིད་ན་དམངས་ཁྲོད་ནས་ནང་པ་སངས་རྒྱས་ཆོས་ཀྱི་མཚོན་མདངས་རབ་ཏུ་བཀྲ་བའི་སྒྲུང་གཏམ་ཞིག་དར་ཐུབ་པ་བརྗོད་ལས་འདས་པ་ཞིག་རེད། འོ་ན་ནང་བསྟན་ཆོས་ལུགས་དེས་དུས་ནམ་ཞིག་ནས་ཁབ་རི་པའི་ཁྲོད་

དུ་དར་ནས་བོད་མིའི་བློ་ངོར་ཤན་ཞུགས་ཟབ་མོ་ཞིག་སྤྲད་དེ་མི་ཕལ་མོ་ཆེའི་བློ་ཁ་ནང་པའི་ཆོས་ལ་རིམ་པས་ཁུག་པ་རེད་དམ་ཟེར་ན་དེ་ནི་དུས་རབས་བཅུ་པའི་དུས་མཇུག་ནས་དུས་རབས་བཅུ་གཉིས་པའི་བར་ཙམ་ཡིན་དགོས་པ་ལས་དེའི་སྔ་རོལ་དུ་ཡིན་མི་སྲིད།

རྒྱལ་པོ་སྲོང་བཙན་སྒམ་པོའི་དུས་སུ་བོད་ཡིག་གསར་གཏོད་བྱས་པ་ནས་དུས་རབས་བརྒྱད་པར་སླེབས་དུས་སད་མི་བདུན་རབ་ཏུ་བྱུང་ནས་བཙུན་པའི་ཐོག་མ་སྲོལ་གཏོད་བྱས་པ་དང་། བསམ་ཡས་དགོན་བཏབ་ནས་ཆོས་གྲྭའི་ཐོག་མ་དབུ་བརྙེས་པ་ནས་དུས་རབས་དགུ་པའི་དུས་མཇུག་གམ་དུས་རབས་བཅུ་པའི་དུས་འགོ་ཙམ་བར་རྒྱ་གར་ནས་མཁས་དབང་མང་པོ་བོད་དུ་གདན་དྲངས་པ་དང་། བོད་རང་གི་རིག་པའི་མངའ་བདག་མང་པོ་བསྐྲུན་བསྒྲིངས་བྱུང་བ་དེ་ཆོས་རྒྱ་གཞུང་མང་པོ་བོད་ཡིག་ཏུ་བསྒྱུར་པ་སོགས་སངས་རྒྱས་ཆོས་ལུགས་དེ་དར་ཤུགས་ཇེ་ཆེར་སོང་བའི་རྟགས་མཚན་མངོན་གྱི་ཡོད་ནའང་། སྐབས་དེ་དུས་རིག་གནས་པའི་མི་འབོར་ཉུང་ལ་ཁྱབ་ཁོངས་རྒྱ་ཆུང་བ་དང་། བོན་ཆོས་ཀྱི་བཀའ་རྒྱའི་རང་བཞིན་གནས་ཡོད་པས་ནང་པ་སངས་རྒྱས་ཀྱི་གཞུང་ལུགས་མི་ཕལ་མོ་ཆེ་དང་ས་ཕྱོགས་ཀུན་ཏུ་དར་ཁྱབ་པའི་དགོས་ངེས་ཀྱི་ཆ་རྐྱེན་མེད་ལ། རིག་པའི་མངའ་བདག་དག་གིས་ཀྱང་བཙན་པོའི་སྲིད་དབང་སྲ་བརྟན་གཏོང་བའི་དགོས་མཁོ་དང་། བོན་ལུགས་ཀྱི་སྲོལ་བརྒྱུད་ནས་ནང་བསྟན་ཆོས་ལུགས་སྨན་ལྗོངས་ཡུལ་གྲུ་ཡོངས་སུ་དར་ཁྱབ་གཏོང་བའི་སྔད་དུ་ཁུར་དུ་བཞེས་པའི་ལས་འགན་གཙོ་བོ་ནི་རྒྱ་གར་གྱི་གྲུབ་མཐའ་སོ་སོའི་གཞུང་ལུགས་བོད་ཡིག་ཏུ་བསྒྱུར་རྒྱུ་དེ་ཡིན་པ་ལས་རྒྱ་གཞུང་ལ་ཉམས་ཞིབ་བྱས་ནས་རང་ཉིད་ཀྱི་འཆད་རྩོད་རྩོམ་གསུམ་གྱི་ལག་ལེན་བྱ་སྒྲིད་སྤེལ་རྒྱུ་དེ་མིན་ན་ནང་བསྟན་ཆོས་ལུགས་ཀྱི་གཞུང་དག་བསྒྱུར་མ་ཐག་ས་ཁྱབ་རྗེ་ཁྱབ་ཏུ་དར་མི་སྲིད་པས། གླིང་སྒྲུང་ལྟ་བུ་མང་ཚོགས་ངག་རྒྱུན་རྩོམ་རིག་ལ་ཤན་ཞུགས་དེ་བས་ཐེབས་མི་སྲིད། ང་ཚོས་ཆོས་ལུགས་ཀྱི་དགོས་མཁོ་དང་། ཆབ་སྲིད་ཀྱི་དགོས་མཁོ་ལ་བལྟས་ཀྱང་སྐབས་དེ་དུས་གླིང་སྒྲུང་དེ་ངག་རྒྱུན་དུ་དར་འགོ་ཚུགས་ཡོད་ནའང་སྣང་ཆེན་དུ་བརྩིས་ཏེ་ཡིག་ལམ་ནས་དར་ཁྱབ་གཏོང་བའི་དོན་སྙིང་མ

མཚིས་ན་སངས་རྒྱས་ཆོས་ལུགས་ཀྱི་གོ་དོན་རབ་ཏུ་ཞུགས་པའི་གླིང་སྒྲུང་གི་རྩོམ་ལུས་དེ་འདྲ་ཞིག་ཆགས་ཐུབ་ཐུབ་པ་ཏ་ཅང་དཀའ། སངས་རྒྱས་ཆོས་ལུགས་དེ་དུས་རབས་བཅུ་པ་དང་བཅུ་གཅིག་པའི་ནང་བོད་རིགས་ཀྱི་ས་ཕྱོགས་ཀུན་དུ་དངོས་སུ་ཁྱབ་གདལ་ཕྱིན་པའི་དོན་དངོས་ལ་གཞིགས་ན་ད་ལྟ་རང་རེའི་མིག་ལམ་དུ་མཚིས་པའི་《གླིང་གེ་སར་རྒྱལ་པོའི་སྒྲུང》གི་རྩོམ་ལུས་ཡོངས་སུ་གྲུབ་ནས་མིག་ལམ་དུ་འཁོད་མཐར་གཏན་འཁེལ་བྱུང་བ་ནི་ཆེས་སྔ་ཤོས་ལའང་དུས་རབས་བཅུ་གཉིས་པར་ཡིན་པ་ར་སྒྲོད་བྱེད་ཐུབ། དུས་རབས་བཅུ་པ་དང་བཅུ་གཅིག་ནང་བོད་དུ་གྲུབ་མཐའ་གཅིག་མིན་མང་དུ་བྱུང་བ་དང་། གྲུབ་མཐའ་སོ་སོས་ལྟེ་གནས་དགོན་པ་དང་དགོན་ལྷག་མང་དུ་བཏབ་ནས་ཆོས་གྲྭ་རྒྱ་ཆེར་བཙུགས་ཏེ་གཞི་གཅིག་ལས་ཆད་པའི་གྲུབ་མཐའ་སོ་སོའི་ལྟ་བ་བཤད་སྒྲུངས་དང་། ཚ་ཚ་ཟུར་ཟུར་གྱིས་རྒྱ་གཞུང་བོད་ཡིག་ཏུ་སྒྱུར་བའི་གོམ་སྟབས་རིམ་པས་དལ་དུ་སོང་ཞིང་རྒྱ་གཞུང་གི་གོ་དོན་བཤད་སྒྲུངས་དང་དེ་འདོན་སྤེལ་གྱི་འཆད་རྩོད་རྩོམ་གསུམ་གྱི་བྱ་བ་རྒྱ་ཆེར་སོང་སྟབས། སངས་རྒྱས་ཆོས་ལུགས་དར་ཤུགས་ཆེ་རུ་ཕྱིན་ཏེ་བོད་རིགས་ཀྱི་བསམ་བློ་དང་འཚོ་བ་སྤྱི་དང་འབྲེལ་བ་དམ་ནས་དམ་དུ་འགྲོ་ཡི་ཡོད་པས་དམངས་ཁྲོད་ངག་རྒྱུན་རྩོམ་རིག་ལ་ཆོས་ལུགས་ཀྱི་བསམ་བློ་མི་སྣུགས་པ་མེད་ལ། ད་ཕན་མཐོང་ཐོས་བྱུང་བའི་གླིང་སྒྲུང་ནང་ནང་པ་སངས་རྒྱས་པའི་ཆོས་ལུགས་ཀྱི་ནང་དོན་ཤུགས་ཆེན་ལྡན་པ་ཤ་སྟག་ལས་གནའ་བོའི་བོན་ཆོས་ཀྱི་ཤན་ཞུགས་ཕོན་ལྡན་པའི་སྒྲུང་དེབ་ཅིག་མེད། ད་དུང་ང་ཚོས་གཤམ་གསལ་གྱི་དོན་དངོས་ཐོག་ནས་གནད་དོན་དེ་གསལ་བཤད་ཐུབ་སྙམ།

གལ་ཏེ་དུས་རབས་དགུ་པའི་དུས་སུ་ཤེས་ལྡན་པ་ཚོས་རང་ཉིད་ཀྱི་ཁུར་འགན་རྒྱ་གཞུང་སྒྱུར་རྒྱུ་འབའ་ཞིག་མ་ཡིན་པར་རང་ཉིད་འཚོ་བཞིན་དུས་ཀྱི་ལོ་རྒྱུས་སོགས་མཚོན་པའི་དཔེ་དེབ་ལྷུགས་རྩོམ་གནང་རྒྱུར་དེ་མཚུངས་ཀྱི་སྣང་ཆེན་མཛད་ཀྱི་ཡོད་པ་དང་དམངས་ཁྲོད་དུ་རིག་གནས་དར་ཁྱབ་ཆེན་པོ་ཡོད་ན་ད་ལྟ་རང་རེའི་འདྲིན་བྱེད་ཀྱི་ཡུལ་དུ་ཏུན་ཧོང་ཡིག་རྙིང་གི་རྩོམ་སྒྲོལ་དང་མཐུན་པའི་དཔེ་དེབ་ཇི་སྙེད་ཅིག་མཐོང་རྒྱུ་ཡོད་དགོས

པ་དང་། ཁྲི་སྲོང་ལྡེ་བཙན་དང་སློབ་དཔོན་པདྨ་འབྱུང་གནས་སོགས་ལོ་རྒྱུས་ཐོག་གྲགས་ཅན་མི་སྣའི་འབྲུངས་འདས་ཐད་རྩོད་མེད་ཚད་མ་ཞིག་ཡིག་ཐོག་ཏུ་འཁོད་ཐུབ་རྒྱུར་སོམ་ཉི་ག་ལ་ཡོང་སྲིད། འོན་ཀྱང་གནའ་བོའི་ཡིག་རྙིང་དང་མཐུན་པའི་རིག་གནས་དང་རྩོམ་རིག་གི་དཔེ་དེབ་ཅིག་མཐོང་མེད་ལ། བཙན་པོ་ཁྲི་སྲོང་ལྡེ་བཙན་དང་། སློབ་དཔོན་པདྨ་འབྱུང་གནས་སོགས་ལོ་རྒྱུས་མི་སྣའི་འབྲུངས་འདས་སྐོར་ཕྱི་རབས་ཀྱི་ལོ་རྒྱུས་དཀར་ཆག་དང་། དེབ་ཐེར། ཆོས་འབྱུང་ཁག་སོགས་ནང་བཞེད་པ་འདྲ་མིན་སྣ་ཚོགས་དང་། ལོ་ཁྱད་ཆེན་པོ་ཤོར་བའི་ཚུལ་འདིར་བལྟས་ན་སྐབས་དེར་དེང་གི་སྐད་ཆའི་འགྲོ་ལུགས་དང་མཐུན་པ་དང་། སྙན་ཞིང་འཇེབས་པའི་རྩོམ་རིག་སྒྱུ་རྩལ་གྱི་ཉམས་འགྱུར་ལྡན་པའི་《གླིང་གེ་སར་རྒྱལ་པོའི་སྒྲུང་》གི་རྩོམ་ལུས་དེ་ཆགས་གྲུབ་ཐུབ་པ་ཡོང་མི་སྲིད་དོ།

བཞི།

འདིར་ཁོ་བོའི་ལྟ་བ་གསལ་བཤད་བྱེད་ཆེད་བོད་ལྗོངས་དང་། མཚོ་སྔོན། ཟི་ཁྲོན། ཀན་སུ། ཡུན་ནན་སོགས་བོད་རིགས་ས་ཁུལ་མི་འདྲ་བ་ནས་ཐོན་པའི་《གླིང་གེ་སར་རྒྱལ་པོའི་སྒྲུང་》དེབ་ནང་བྱ་རིམ་དང་དོན་རྐྱེན་སོགས་བརྗོད་སྐབས་ཚིག་ལྷུག་གི་སྒོ་ནས་བྲིས་ཡོད་པ་དང་། མི་སྣ་ཕན་ཚུན་གྱི་བཤད་པ་ཡོད་དོ་ཅོག་མགུར་གྱི་རྣམ་པ་སྤྱད་ཡོད་པས་དེ་དག་ལ་རྩོམ་ལུས་ཐད་ཐུན་མོང་གི་ཁྱད་ཆོས་ལྡན་ཡོད་གཤིས་ཕན་ཚུན་རིགས་འགྲེ་བས་རང་སྐྱོང་ལྗོངས་དང་ཞིང་ཆེན་ཁག་ལྔ་ནས་བཙལ་བསྐྲུན་བྱུང་ནས་དཔར་པའི་གླིང་སྒྲུང་དཔེ་དེབ་ཁག་མ་དྲངས་པར་མཚོ་སྔོན་མི་རིགས་དཔེ་སྐྲུན་ཁང་ནས་པར་དུ་བཏབ་པའི་《ཧོར་གླིང་གཡུལ་འགྱེད》ནང་ནས་དུམ་བུ་ཞིག་དྲངས་པ་བརྒྱུད་《གླིང་གེ་སར་རྒྱལ་པོའི་སྒྲུང་》གི་སྤྱིའི་རྩོམ་ལུས་ཀྱི་རྣམ་པ་གསལ་བཤད་བྱེད་འདོད་པ་ལགས་སོ།

《ཧོར་གླིང་གཡུལ་འགྱེད》སྟོད་ཆའི་ནང་གླིང་ལ་ཉུལ་ཞིབ་ཏུ་མངགས་པའི་བྱ་ཁྭ་ཏ་ཕྱིར་ལོག་ནས་གུར་དཀར་རྒྱལ་པོར་མཐོང་ཚུལ་རྣམས་ཞུས་རྗེས་གུར་དཀར་ཡིད་ཀྱི་སྤྲོ་བ་དབང་མེད་དུ་འཕེལ་བའི་ངང་ཚུལ་བཀོད་པ་ལ“ རྗེ་ང་བས་དགའ་གཅིག་སུ་འདྲ་ཡོད། ང་

བས་སྐྱིད་གཅིག་སུ་འདུ་ཡོད། ཧོར་སྡིག་གཙོད་ཤན་པ་རྨེ་རུ་རྩེ། ཁྱེད་ཧོན་དང་ཟེར་རྒྱུ་འདི་འདུ་ཡོད། ཟེར་ནས་གླུ་འདི་ལྟར་བླངས་སོ"⑤ ཞེས་བྲིས་ཡོད་པ་དེའི་ཁྲོད་ནས་ཟེར་ནས་གླུ་འདི་ལྟར་བླངས་སོ་ཞེས་པར་གཞིགས་ན་གོང་གསལ་ནི་མགུར་གྱི་རྣམ་པ་དང་འདྲ་ཆེར་ཡོད་ནའང་སྐབས་དེ་དུས་ཀྱི་སྐད་ཆ་ཤོད་སྟངས་ཀྱི་ཚུལ་ཞིག་ཡིན་པར་མཚོན་པ་དང་། ཡང་སྡིག་གཙོད་ཤན་པ་རྨེ་རུ་རྩེས་ཧོར་དམག་གླིང་ལ་དྲངས་ན་ཧོར་ལ་ཆག་གྲུམ་ཡོང་ཉེན་ཡོད་པས་ཅི་ནས་ཀྱང་བཟློལ་འདེབས་བྱེད་དགོས་བསམས་པའི་བསམ་ཚུལ་འགོད་སྐབས་"འཛམ་གླིང་སེར་ཆེན་རྒྱལ་པོ་དེ་སེར་པོ་ཧོར་ལ་ཕེབས་ནས། ཧོར་རྗེ་བློན་ལ་ཅི་མཐའ་གཅིག་མཐའ་དང་། ཅི་ཕུང་གཅིག་ཕུང་ཡོང་ངེས་ཡིན་པས། གུར་དཀར་ཁོ་རང་མཉམ་འཛོག་བྱེད་མིན་ཅི་འདུ་ཡང་། སླར་འགྱོད་པ་མི་སྐྱེ་བསམས་ནས་བཟློལ་འདེབས་བྱེད་པའི་གླུ་འདི་ལྟར་བླངས་པར་གདའ་འོ"⑥ ཞེས་སྐྱན་ལ་བསྟུས་པའི་ཚིག་ལྷུག་ཐོག་ནས་བྲིས་པ་དང་། མི་སྣ་ཕན་ཚུན་དོན་དངོས་གཞི་གླེང་བའི་བཤད་པ་དག་དབྱངས་སུ་གྱེར་བདེ་བའི་མགུར་གླུའི་ཚུལ་ནས་བྲིས་ཡོད་པ་དཔེར་ན་"དམག་ཁྲ་པོ་གླིང་ལ་མི་འགྲོ་ལགས། མི་འགྲོ་རྒྱ་བ་བཤད་པ་ན། གླིང་ས་མཐོང་བ་ཀུན་སྨོན་དེ། འཛམ་བུ་གླིང་གི་ལྟེ་བ་རེད། ས་དེ་ལ་དམའ་འབེབས་ཐོད་ས་མེད། འཛམ་གླིང་སེང་ཆེན་རྒྱལ་པོ་དེ། ཨོ་རྒྱན་པདྨའི་སྤྲུལ་པ་རེད། དགྲ་ལྷ་གེར་འཚོ་གཉན་པོ་རེད། རིགས་རུས་སེང་བློན་རྒྱལ་པོ་རེད། སྡོང་ས་གྲོགས་མ་དང་མཁའ་འགྲོ་རེད། རྗེ་མོ་ཡར་ཟླུག་ལྷ་ལ་ཟླུག ལྷ་ཚངས་པ་དཀར་པོའི་ཐུགས་སྲས་རེད། སྐྱིད་པ་བར་ཟླུག་གཉན་ལ་ཟླུག གཉན་སྐྱ་ལྷ་གེར་འཚོའི་ཚ་པོ་རེད། རྒྱ་བར་མར་ཟླུག་ཀླུ་ལ་ཟླུག ཀླུ་གཙུག་ན་རིན་ཆེན་ཡང་ཚ་རེད། ནག་པོ་བདུད་ཀྱི་ཁ་གནོན་རེད། སེར་པོ་ཧོར་གྱི་གཞའ་ཤིང་རེད། འདྲེ་སྲིན་རྣམས་ཀྱི་མགོ་གནོན་རེད། འཛམ་བུ་གླིང་གི་སྐྱབས་མགོན་རེད།"⑦ ཅེས་བཤད་པ་ལྟར་ཡིན། གླིང་སྒྲུང་དཔེ་དེབ་དེ་ཚོ་ཐོག་མར་ཤེས་བྱས་ཕྱུག་པའི་བཙུན་པ་བློ་གྲོས་ཅན་དག་གིས་བཙོས་སྒྲིག་དང་སྤྲུགས་ཡིག་ལམ་དུ་དྲངས་པ་ཡིན་པས་སྒྲུང་དངོས་གཞི་འགོ་ཚུགས་པའི་གོང་དང་། མཇུག་བསྡུ་བའི་སྐབས་སུ་རྩོམ་ལུས་དངོས་གཞི

དང་མི་མཐུན་པའི་སྔན་དངགས་ཀྱིས་སྤྱད་དེ་མདུན་བསུ་བ་དང་། མཇུག་བསྡུ་བའི་རྩོམ་སྲོལ་སྤྱད་ཡོད་ནའང་སྒྲུང་དངོས་གཞི་ཏྲིལ་པོའི་རྩོམ་ལུས་ཀྱི་རྣམ་པ་གོང་དུ་གླིང་སྒྲུང་རང་ནས་དྲངས་པའི་རྩོམ་ལུས་ཀྱི་རྣམ་པ་ལས་ཐལ་ཆེར་མི་འགལ་ལོ།

དུས་རབས་བཅུ་གཉིས་པའི་ནང་བོད་ཀྱི་བརྗ་སྦྱོད་ཡི་གེའི་མཚོན་སྟངས་ཀྱི་ཚད་གཞི་མཐོན་པོ་ཞིག་ལ་སླེབས་པ་དང་། རྫོང་ཁྱེད་ཚིག་གི་བརྗ་ཆད་ཁྲ་རྒྱས་སུ་ཕྱིན་ཡོད་པས་རྩོམ་ལུགས་ཚོས་ཉིད་ལྟོས་བཅས་ཀྱིས་གདན་འཁེལ་བྱུང་བ་བརྩམས་དེབ་ཁག་ལ་བལྟས་ན་ཏ་ཅང་གསལ་པོ་ཡིན། སྐབས་དེའི་སྔ་རྗེས་ནས་བཟུང་བོད་ཀྱི་མཁས་དབང་རྣམ་པའི་ཁྲིད་འཆད་རྩོད་རྩོམ་གསུམ་གྱི་སྲོལ་དར་རྒྱས་ཆེན་པོ་ཕྱིན་ནས་ལོ་རྒྱུས་དེབ་ཐེར་དང་། མི་སྣའི་རྣམ་ཐར་སོགས་ཀྱི་དཔེ་དེབ་མང་པོ་འགྲེམས་སྤེལ་བྱུང་བ་ལས《གླིང་གེ་སར་རྒྱལ་པོའི་སྒྲུང》གི་རྩོམ་ལུས་དང་ཐད་དེ་གཅིག་མཚུངས་ཡིན་པའི《རྗེ་བཙུན་མི་ལ་རས་པའི་མགུར་འབུམ》ཐོར་བུར་དངོས་སློབ་དང་ཡང་སློབ། དམངས་ཁྲིད་བཅས་ཀྱི་ཁྲིད་དུ་དར་ཁྱབ་ཆེན་པོ་བྱུང་བ་མ་ཟད། ཡི་གེར་ཡང་བཀོད་པ་ཡོད། མི་ལའི་མགུར་འབུམ་གྱི་ནང་དོན་དག་དངོས་སློབ་དང་བརྒྱུད་སློབ་ཚོས་མི་བརྗེས་པའི་གཟུངས་སུ་བཟུང་བ་དང་། ཡང་ན་ཡི་གེར་བཀོད་པ་ཕྱིས་ཀྱི་མཁས་གྲུབ་རུས་པའི་རྒྱན་མཚན་སོགས་ནས་ཐོར་བུ་ཕྱོགས་བསྒྲིག་མཛད་ནས་ཡི་གེར་བཀོད་པ་གང་ཡིན་ནའང་བརྗོད་བྱ་དང་། རྫོང་ཁྱེད་ཚིག རྩོམ་ལུས་ཀྱི་རྣམ་པ་སོགས་ཐོག་མར་གང་ཡིན་རང་གནས་སུ་བཞག་ཡོད་པ་དང་། མགུར་གླུ་དེ་དག་ཚང་མ་རྗེ་བཙུན་སྐུ་ཉིད་ནས་སྐབས་འཕྲལ་གྱི་གནས་ཚུལ་ལ་གཞིགས་ནས་དེ་འཕྲལ་ཞལ་ནས་གསུངས་པ་ཤ་སྟག་ཡིན་གཤིས་སྐབས་དེ་དུས་ཀྱི་སྐད་དང་ཡི་གེའི་འཕེལ་ཚད་དང་། མང་ཚོགས་ཀྱི་ངག་རྒྱུན་རྩོམ་རིག་གི་ཚད་གཞི་མཐོ་པོ་ཞིག་ལ་སླེབས་ཡོད་པ་མཐོང་ཐུབ་པའི་ཐོག་ནས《གླིང་གེ་སར་རྒྱལ་པོའི་སྒྲུང》གི་རྩོམ་ལུས་ཆགས་གྲུབ་ཐུབ་པའི་ཕྱོགས་ཡོངས་ཀྱི་ཆ་རྐྱེན་འཛོམས་པར་ཤེས།

《རྗེ་བཙུན་མི་ལའི་མགུར་འབུམ》ནང་བྱ་བ་འཕེལ་རིམ་དང་། མི་རྣམས་ཀྱི་བསམ་

ཚུལ་རེ་འདུག བྱེད་སྒོ་སོགས《གླིང་གེ་སར་རྒྱལ་པོའི་སྒྲུང》དང་དབྱེར་མེད་ཀྱི་ཁྱད་ཆོས་ལྡན་པ་དཔེར་ན། "ནམ་ཟླ་སྟོན་བསེར་དུ་སོང་བ་དང་། ཡར་ཏི་སེ་ལ་ཕྱིན་པའི་ཚེ། ཉ་མ་ཕོ་མོ་རྣམས་ཀྱིས་སྐོར་ར་ལ་ཐོག་གི་བར་དུ་གཞིགས་སྐྱེས་བྱས་པའི་སར་ཕྱག་དང་སྐོར་བ་མང་དུ་བྱས་ནས། བདག་ཅག་རྣམས་དང་མཇལ་ངེས་མེད་པའི་མགུར་ཞིག་གསུང་འཚལ་ཞུས་པའི་ལན་དུ་རྣལ་འབྱོར་གྱིས་ཡིན་ཚུལ་འདི་མགུར་དུ་གསུངས་སོ"[8] ཞེས་སྙན་འཇེབས་ལྡན་པའི་ཚིག་ལྷུག་གིས་མཚོན་པར་བྱས་པ་ལྟ་བུ་དང་། མི་སྣ་ཕན་ཚུན་གྱི་བཤད་པ་དང་རང་ཉིད་མཚམས་སྦྱོར་སྐབས་གླིང་སྒྲུང་ནང་ང་དང་ང་ངོ་མ་ཤེས་ན་……ང་བུ……ལྷའི་ནང་གི་ཆེ་བ་ཡིན། ཐོབ་ཐང་ལྷ་ཡི་འབྲིང་བ་ཡིན། དཔལ་ཏེང་མ་ལྷ་ཡི་ཆེ་བ་ཡིན་[9] ཞེས་པ་ལྟ་བུ་གང་སར་མཐོང་ཐུབ་པ་ཇི་བཞིན《རྗེ་བཙུན་མི་ལའི་རྣམ་མགུར》ནང་དུའང་དེ་ལྟར་གྱི་རྩོམ་ལུས་གཅིག་མཚུངས་ཡོད་པ་དཔེར་རུ་དྲངས་ན"མི་ང་དགའ་ང་ནི་ང་གཅིག་ཡིན། ང་དག་བོད་ཀྱི་རྣལ་འབྱོར་ཡིན། ང་ནི་མི་ལ་རས་པ་ཡིན། ང་ཐོས་ཆུང་གདམས་ངག་ཆེ་བ་ཡིན། སེམས་ཆུང་སྙིང་རུས་ཆེ་བ་ཡིན། གཉིད་ཆུང་སྒོམ་བསྲན་ཆེ་བ་ཡིན། གཅིག་ཤེས་ཀུན་ལ་མཁས་པ་ཡིན"[10] ཞེས་པ་ལྟ་བུའོ། དེ་བཞིན《རྗེ་བཙུན་མི་ལའི་མགུར་འབུམ》ཕུད་ད་དུང《སློབ་དཔོན་པདྨའི་རྣམ་ཐར་ཟངས་གླིང་མ》ཡང《གླིང་སྒྲུང》གི་རྩོམ་ལུས་དང་གཉིས་སུ་མེད་པའི་ཁྱད་ཆོས་ལྡན་པ་ཞིག་ཡིན། རྣམ་ཐར་དེ་བཙན་པོ་ཁྲི་སྲོང་ལྡེ་བཙན་དུས་ཀྱི་རྗེ་མོ་མཚོ་རྒྱལ་གྱིས་བརྩམས་པ་དང་། ཉང་ཉི་མ་འོད་ཟེར་མཆོག་གིས་གཏེར་བཏོན་མཛད་སྐད་ཀྱང་དོན་དམ་དུ་དུས་རབས་བཅུ་གཉིས་པའི་ནང་བརྩམས་པ་ཡིན་པ་དེའི་རྩོམ་ལུས་དང་། རྗོད་བྱེད་ཚིག་གི་སྦེབ་སྦྱོར། ཀློག་ན་ངག་བདེ་བ། བལྟས་ན་གོ་བ་ལེན་སླ་བ་སོགས་ཀྱི་ཁྱད་ཆོས་ཐོག་ནས་ཤེས་ཐུབ། 《སློབ་དཔོན་པདྨའི་རྣམ་ཐར་ཟངས་གླིང་མའི》ནང་སློབ་དཔོན་གྱི་ལྗགས་བཤད་མང་དག་ཅིག་མགུར་ཚིག་གི་ཐོག་ནས་གསུངས་ཚུལ་བཀོད་ཡོད་པ་དོན་དུ་གནས་མིན་མ་ངེས་ཀྱང་རྣམ་ཐར་ནང་དེ་ལྟར་གྱི་རྩོམ་ལུས་ཤིག་སྤྱད་ཡོད་པ་གླིང་སྒྲུང་གི་རྩོམ་ལུས་དང་རིགས་འགྲེ་ཆོག་པ་མ་ཟད། གླིང་སྒྲུང་

གི་རྩོམ་སྲོལ་གཞན་མང་པོ་དང་རིགས་འགྲེ་ཚིག་པའི་ཆ་མང་པོའང་ལྡན་ཡོད་པ་དཔེར་ན་གླིང་སྒྲུང་ནང་མགུར་ལེན་འགོ་ཚུགས་སྐབས་སྔོན་དུ་ལྷ་ཡར་མཁྱེན་གནམ་ཐེལ་དཀར་པོ་མཁྱེན། བར་མཁྱེན་བར་ཐེལ་ཁྲ་བོ་མཁྱེན། མར་མཁྱེན་ས་ཐེལ་ནག་པོ་མཁྱེན། མཁྱེན་གཟིགས་སྐྱུ་ལ་དཔལ་མགོན་མཛོད། ཞེས་མཆོད་བརྗོད་སྔོན་དུ་སོང་བའི་རྗེས་གཞི་ནང་དོན་ངོ་མ་བརྗོད་པའི་རྩོམ་སྲོལ་དེ་ལྟ་བུ་《ཟངས་གླིང་མའི》ནང་དུའང་ཡོད་པ་དཔེར་ན། "སངས་རྒྱས་ཆོས་དང་དགེ་འདུན་གསུམ། སྐྱབས་གནས་གསུམ་ལ་སྐྱབས་སུ་མཆི། བླ་མ་ཡི་དམ་མཁའ་འགྲོ་གསུམ། རྩ་བ་གསུམ་ལ་གསོལ་བ་འདེབས། ཆོས་སྐྱོང་ལོངས་སྐུ་སྤྲུལ་སྐུ་གསུམ། ཡང་དག་གསུམ་གྱིས་བྱིན་གྱིས་རློབས"[11]ཞེས་དོན་དངོས་དོན་མ་བརྗོད་གོང་དུ་མཆོད་བརྗོད་བརྗོད་ཀྱི་ཡོད་པ་སོགས་མཆོད་གཞི་མཆོད་ཡུལ་མི་འདྲ་བ་ཙམ་གྱི་ཁྱད་པར་ཡིན་ལ། དེ་ལྟར་གྱི་རྩོམ་སྲོལ་ནི་དུས་རབས་བཅུ་གཅིག་པའི་དུས་མཇུག་ཙམ་ཐོན་པའི་བརྩམས་དེབ་ནང་མཐོང་རྒྱུ་ཡོད་པ་ལས་དེའི་སྔ་རོལ་དུ་མེད་ཅེས་ཐག་གཅོད་མ་སྤྱོབས་ཀྱང་ཡིག་ལམ་དུ་འཁོད་རིགས་མ་བྱུང་བ་དོ་སྣང་ཙུང་ཟད་མཛད་པས་མཁྱེན་ངེས་རེད། མགུར་རང་གི་ཐོག་ནས་ཀྱང་དེ་གཉིས་ལ་དབྱེ་བ་མེད་པའི་རྩོམ་ལུས་ཤིག་ལྡན་ཡོད་པ་དཔེར་ན་གླིང་སྒྲུང་ནང་"ཕོ་གསར་དགྲ་རྒོལ་ཆེ་ན་ངན། ཕོ་གསར་དགྲ་རྒོལ་ཆེ་བས་ཏ། སྤྲ་དྲེ་ཁ་པོ་འཐབ་སེ་འཐབ། ཕྱི་དྲེ་སྙིང་ཁྲག་ས་ལ་ཕོ། ཏ་གསར་རྒྱུག་དགའ་ཆེ་ན་ཡོད། ཏ་གསར་རྒྱུག་དགའ་ཆེ་བས་ན། སྤྲ་དྲེ་བསིལ་མ་ལྷུང་དང་འདྲ། འདབ་ཆགས་བྱ་དང་བང་ཁ་བགོ ཕྱི་དྲེ་ཐང་དཀྱིལ་ཕ་བོང་འདྲ། ལྷགས་བརྒྱུས་བྲབས་ཀྱང་འགྲོས་ལེ་མེད། ཁལ་སར་བཀལ་དགའ་ཆེ་བས་ན། སྤྲ་དྲེ་བཞི་དོ་གོང་ཚ་ཁྱེར། ཕྱི་དྲེ་ར་གཉར་བཀལ་ནས་འདུག"[12]ཅེས་དང་། 《ཟངས་གླིང་མའི》ནང་"བྱ་རྒོད་པོས་གནམ་འཕང་གཅོད་པ་དེ། འདོད་པའི་དབང་གིས་གཟན་ལ་འབབས། ཉེ་ལ་ཟིན་པ་མ་ཚོར་རམ། སེང་དཀར་མོ་གནམ་ལ་འཁྱིང་བ་དེ། འདོད་པའི་དབང་གིས་གངས་ཟུར་འགྲིམ། བུ་ཡུག་འཚུབས་པ་མ་ཚོར་རམ། ལྷོ་ཙན་དན་ནགས་ཀྱི་རི་བཀྲ་དེ། འདོད་པའི་དབང་གིས་འཕྲང་ལ་འགྲིམ། ས་མདའ་ཐོག་པ་

མ་ཚོར་རམ། ཉ་མོ་ཆབ་ལ་འཕྱོ་བ་དེ། འདོད་པའི་དབང་གིས་གཟན་ལ་སྟོང་། རྒྱ་ལ་ཟིན་པ་མ་ཚོར་རམ། རང་སེམས་ཡེ་ནས་སངས་རྒྱས་ལ། འདོད་པའི་དབང་གིས་གཞན་ལ་བཙལ། འཁོར་བར་འཁྲུམས་པ་མ་ཚོར་རམ། མི་ལུས་རིན་ཆེན་ཐོབ་དུས་འདིར། འཇིག་རྟེན་ལས་ལ་ཡེངས་ཡེངས་ནས། མི་ཚེ་ཟད་པ་མ་ཚོར་རམ"[13] ཞེས་འཁོད་ཡོད་པ་ལས་བརྗོད་བྱ་གཙོ་བོ་འཁོར་བར་འཁྲུམས་པ་དང་། མི་ཚེ་ཟད་པ་ཕོ་གསར་དགྲ་གོལ་ཆེ་ན་ངན་ཞེས་པ་སོགས་ཡིན་པ་འཇིག་གནའ་སྔ་རྗེས་ཀྱི་ཁྱད་པར་ཡོད་པ་ཙམ་མ་གཏོགས་དོན་གཅིག་ལ་དཔེ་མང་པོ་དྲངས་ནས་གསལ་འགྲེལ་བྱེད་པ་གཅིག་མཚུངས་ཡིན་པ་ལྟ་བུ་རེད། ད་དུང་ལོ་ཆེན་མར་པ་སོགས་ཀྱི་རྣམ་ཐར་ཀྱི་རྩོམ་ལུས་དང་། གླིང་སྒྲུང་གི་རྩོམ་ལུས་གཉིས་བར་ཐུན་མོང་གི་ཁྱད་ཆོས་མང་དག་ལྡན་ཡོད་པ་དཔེ་རུ་དྲངས་ཐུབ་ཀྱང་ཡིག་རྫོབ་ལ་དོགས་ནས་གོང་གི་དཔེ་གཉིས་ཞིབ་བསྡུར་གྱིས་འཐུས་པར་བྱས་པ་དང་། མ་གཞི་དོན་གཅིག་ལ་དཔེ་མང་པོ་སྦྱོར་བའི་རྩོམ་སྲོལ་དེ་ནི་གནའ་སྔ་མོ་ནས་ད་ལྟའི་བར་རྒྱུན་སྤེལ་བྱས་པའི་བོད་མི་རིགས་ཀྱི་རྩོམ་ལུགས་རྣམ་པ་ཞིག་ཡིན་ནའང་གླིང་སྒྲུང་གི་སྐད་ཡིག་དང་རྩོམ་ལུགས་རྣམ་པ་ཞིག་ཡིན་ནའང་གླིང་སྒྲུང་གི་སྐད་ཡིག་དང་རྩོམ་ལུས་ཀྱི་ཁྱད་ཆོས་དང་། དུས་རབས་བཅུ་གཅིག་པའི་དུས་མཇུག་དང་བཅུ་གཉིས་པའི་ནང་ཐོན་པའི་བརྩམས་དེབ་ཀྱི་སྐད་ཡིག་དང་རྩོམ་ལུས་ཀྱི་ཁྱད་ཆོས་ལ་གཞིགས་ན་ད་ལྟ་རང་རེའི་འདྲིན་བྱེད་ལམ་དུ་མཆིས་པའི《གླིང་གི་སར་རྒྱལ་པོའི་སྒྲུང》གི་རྩོམ་ལུས་རྣམ་པ་དེ་ཆེས་སྔ་ཤོས་སུའང་དུས་རབས་བཅུ་གཉིས་པའི་ནང་དུ་གཟོད་གཞི་ནས་ཆགས་གྲུབ་ཐུབ་པའི་མཚོན་རྟགས་ཏ་ཙང་གསལ་པོ་ཞིག་མངོན་གྱི་འདུག་སྙམ་མོ། །

མཆན་འགྲེལ།

①《ཏུན་ཧོང་ནས་ཐོན་པའི་བོད་ཀྱི་ལོ་རྒྱུས་ཡིག་ཆ》དེབ་ངོས་43ལ་གསལ།

②《བོད་ཀྱི་ལོ་རྒྱུས་རགས་རིམ་གཡུ་ཡི་ཕྲེང་བ》དེབ་ངོས་48ལ་གསལ།

③《ཏུན་ཧོང་ནས་ཐོན་པའི་བོད་ཀྱི་ལོ་རྒྱུས་ཡིག་ཆ》དེབ་ངོས་43ལ་གསལ།

④《བཀའ་ཆེམས་བཀའ་ཁོལ་མ》དེབ་ངོས87ལ་གསལ།

⑤མཚོ་སྔོན་མི་རིགས་དཔེ་སྐྲུན་ཁང་ནས་དཔར་པའི་《ཧོར་གླིང་གཡུལ་འགྱེད》སྟོད་ཆའི་ཤོག་ངོས9ལ་གསལ།

⑥མཚོ་སྔོན་མི་རིགས་དཔེ་སྐྲུན་ཁང་ནས་དཔར་པའི་《ཧོར་གླིང་གཡུལ་འགྱེད》སྟོད་ཆའི་ཤོག་ངོས11པར་གསལ།

⑦ མཚོ་སྔོན་མི་རིགས་དཔེ་སྐྲུན་ཁང་ནས་དཔར་པའི་《ཧོར་གླིང་གཡུལ་འགྱེད》སྟོད་ཆའི་ཤོག་ངོས12ལ་གསལ།

⑧མཚོ་སྔོན་མི་རིགས་དཔེ་སྐྲུན་ཁང་ནས་དཔར་པའི་《རྣལ་འབྱོར་གྱི་དབང་ཕྱུག་ཆེན་པོ་མི་ལ་རས་པའི་རྣམ་མགུར》གྱི་ཤོག་ངོས385ལ་གསལ།

⑨མཚོ་སྔོན་མི་རིགས་དཔེ་སྐྲུན་ཁང་ནས་དཔར་པའི་《ཧོར་གླིང་གཡུལ་འགྱེད》སྟོད་ཆའི་ཤོག་ངོས59ལ་གསལ།

⑩མཚོ་སྔོན་མི་རིགས་དཔེ་སྐྲུན་ཁང་ནས་དཔར་པའི་《རྣལ་འབྱོར་གྱི་དབང་ཕྱུག་ཆེན་པོ་མི་ལ་རས་པའི་རྣམ་མགུར》 གྱི་ཤོག་ངོས385ལ་གསལ།

⑪མཚོ་སྔོན་མི་རིགས་དཔེ་སྐྲུན་ཁང་ནས་དཔར་པའི་《ཧོར་གླིང་གཡུལ་འགྱེད》སྟོད་ཆའི་ཤོག་ངོས47ལ་གསལ།

⑫སི་ཁྲོན་མི་རིགས་དཔེ་སྐྲུན་ཁང་ནས་དཔར་པའི་《སློབ་དཔོན་པདྨའི་རྣམ་ཐར་ཟངས་གླིང་མའི》ཤོག་གྲངས188ལ་གསལ།

⑬མཚོ་སྔོན་མི་རིགས་དཔེ་སྐྲུན་ཁང་ནས་དཔར་པའི་《ཧོར་གླིང་གཡུལ་འགྱེད》སྟོད་ཆའི་ཤོག་ངོས34 – 35ལ་གསལ།

⑭སི་ཁྲོན་མི་རིགས་དཔེ་སྐྲུན་ཁང་ནས་དཔར་པའི་《སློབ་དཔོན་པདྨའི་རྣམ་ཐར་ཟངས་གླིང་མའི》ཤོག་གྲངས188 – 189ལ་གསལ།

རྩོམ་ཡིག་འདི་《བོད་ལྗོངས་ཞིབ་འཇུག》1992ལོའི་དེབ་གསུམ་པར་འཁོད།

༧༡ །གངས་ཅན་རྩོམ་རིག་གི་དཔྱིད་དཔལ་སྣར་བཞད་པ།

雪域文学迎来春天

[བརྡ་ཆད་གཙོ་བོ།] རྩོམ་རིག　དཔྱིད་དཔལ་བཞད།

[ནང་དོན་གནད་བསྡུས།] རྩོམ་འདིའི་ནང་དུ་ཏང་གི་སྐབས་བཅུ་གཅིག་པའི་ཀྲུང་ཡུ་ཚང་འཛོམས་གྲོས་ཚོགས་ཐེངས་གསུམ་པའི་རྗེས་སུ་ཏང་གི་མི་རིགས་སྲིད་ཇུས་ཁྱོན་ཡོངས་ནས་དོན་འཁྱོལ་བྱུང་བས་བོད་རིགས་ཀྱི་རྩོམ་རིག་བྱ་གཞག་ལའང་དཔྱིད་ཀྱི་དཔལ་ཡོན་བཞད་པ་ལྟར་རྣམ་པ་གསར་རྒྱུང་ཞིག་ཐོན་དང་ཐོན་བཞིན་པའི་སྐོར་ཙུང་ཞིབ་ཙམ་གླེང་བརྗོད་བྱས་ཡོད།

[关键词]文学;春天

[摘　要]本文较详细地阐述了党的十一届三中全会以后党的民族政策得到全面贯彻落实,使藏族文学事业同其他各项事业一样获得新生,展现出蓬蓬勃勃发展的喜人景象。

བོད་རང་སྐྱོང་ལྗོངས་དབུ་བརྙེས་ནས་ལོ་ངོ་ཉི་ཤུ་འཁོར་བའི་དུས་འདིར། ང་ཚོས་བོད་ལྗོངས་ཀྱི་རྩོམ་རིག་བྱ་གཞག་གི་ཐད་ལ་གྲུབ་འབྲས་གང་འདྲ་ཐོབ་ཡོད་མེད་ལ་ཕྱི་མིག་ལྟ་སྐབས་ཚང་མར་དགའ་སྐྱོ་ལྷན་ཅིག་ཏུ་འགྲན་པའི་སྣང་བ་ཞིག་དབང་མེད་དུ་འཆར་ངེས་ཡིན།

མ་གཞི་བོད་མི་རིགས་ལ་གཞན་དྲིང་མི་འཇོག་པའི་རྩོམ་རིག་ཕུན་སུམ་ཚོགས་ཤིང་། བགྲངས་ཀྱིས་མི་ལངས་བ་ཞིག་ཡོད་ནའང་བར་སྐབས་དུས་ཡུན་མི་ཐུང་བ་ཞིག་གི་ནང་དུ་གེས་མི་རིགས་ཁག་ལ་འཛིན་པའི་མི་རིགས་འདྲ་མཉམ་དང་སྐད་ཡིག་འདྲ་མཉམ་གྱི་ཡང་དག་པའི་སྲིད་ཇུས་དེ་ལྷེབས་བྲིས་ཀྱི་རི་མོ་མཚར་པོ་འདྲེན་བྱེད་ཀྱི་ལམ་དུ་གྱུར་པ་དང་འདྲ་བ་ཙམ་ལས་ལག་ལེན་ངོ་མའི་ཐོག་དོན་འཁྱོལ་ཇི་བཞིན་ཚང་བ་བྱུང་མེད་པ་དང་། ལྟག་

པར་དུ་“མི་བཞི་ཤོག་ཁག་”གིས་ཐོག་དྲངས་པའི་ས་གནས་ཁག་ཏུ་ཡོད་པའི་མི་བསྒྱུར་བཏྲང་པོར་སྤྱོད་པ་དེ་ཆོས་སྤྱོད་ངན་ཚད་མེད་སྤེལ་སྐབས། གངས་ལྗོངས་ཀྱི་སྔོན་གྱི་མཁས་དབང་རྣམས་ཀྱིས་ངལ་བ་ལྷུར་བཞེས་ཀྱི་སྒོ་ནས་རང་ཅག་མི་རབས་རྗེས་མར་འཛོག་གནང་མཛད་པའི་རིན་བྲལ་གྱི་བཀའ་རྩོམ་ཇི་སྙེད་མཆིས་པ་དེ་ཚོ་མེར་འདོགས་སྣ་ཚོགས་ཀྱི་ཐོག་ནས་ལ་ལ་རྩ་བརླགས་ཤུལ་མེད་བཟོས་པ་དང་། ལ་ལ་བཙོན་གྱི་ཁྲུང་བུར་བཙུད་ནས་ད་དམ་སོ་ལྟའི་འོག་རང་ཉིད་ཀྱི་བདག་པོར་ཞབས་འདེགས་ཞུ་སྐབས་ཡེ་མེད་པའི་གནས་སུ་གྱུར་བ་དང་། ཉུང་ཤས་ཤིག་སྐབས་ལེགས་ཀྱིས་འཆི་བདག་གཤིན་རྗེའི་ཁ་ནས་ཐར་བ་ལྟར་བྱུང་ནའང་ཉེན་མཚན་ཉྫོས་པ་མེད་པར་གསང་ཡིབ་ཏུ་སྡོད་དགོས་པའི་འཇིགས་སྐྲག་གི་ངང་ཚུལ་སེམས་མེད་དཔེ་དེབ་དེ་ཚོས་ཀྱང་ཉམས་སུ་མྱོང་དགོས་པ་བྱུང་། ཀ་ལི་སུམ་ཅུ་ངོ་ཤེས་ཐུབ་ཙམ་མམ། དགོས་ངེས་ཀྱི་མི་རིགས་རང་བཙིའི་ལ་རྒྱ་ཙམ་མེད་པའི་སྐྱེ་བོ་དག་གིས་བོད་མི་ཡོངས་ཀྱིས་ཐོགས་མེད་དུ་སྤྱོད་པའི་སྐད་ཡིད་གསར་བཅོས་ཟེར་བའི་མིང་འཇིར་ནས་རང་སྣང་གང་ཤར་གྱིས་བོད་སྐད་ཀྱི་བརྗ་སྤྲོད་དང་མཐུན་པ་མི་མཐུན་པར་བཅོས་པ་སོགས་བོད་ཀྱི་རིག་གནས་སྐྱིར་མི་རྣམས་ཀྱིས་ད་ལྟའང་དྲན་པ་ཙམ་གྱིས་སེམས་ལ་སྐྱོ་ཤས་ཀྱི་སྣང་བ་འཆམ། ཁོང་ཁྲོ་དབང་མེད་དུ་སྐྱེ་དགོས་པའི་གནོར་བཤིག་གི་སྤྱོད་ངན་གྲངས་མེད་པ་ཞིག་སྤེལ་ཡོད་པས་ན་དེ་རིང་བོད་ཀྱི་རྩོམ་རིག་ལ་འཕེལ་རྒྱས་ཇི་བྱུང་སྐོར་གླེང་སྐབས་གལ་ཏེ་ཁོ་བོས་བོད་མི་རིགས་ཀྱི་རིག་གནས་ཉམས་རྒུད་ཆེན་པོ་བྱུང་བའི་དོན་དངོས་རྗེ་ལ་རི་མོ་བཀོས་པ་ལྟ་བུ་དེར་མ་ཉོས་པ་དང་། བོད་ཀྱི་རྩོམ་རིག་ལོ་རྒྱུས་ཐོག་གི་སྟོང་བསང་ངེར་གྱུར་པའི་ལོ་རྒྱུས་དུམ་བུའི་རྣམ་པ་དངོས་དེ་མཐོང་བཞིན་དུ་ད་དུང་ཨུ་ཚུགས་ཀྱིས་འུད་བསྟོད་བྱས་ཏེ་ད་ཕན་གྱི་ལོ་ངོ་ཉི་ཤུ་རྩིལ་པོ་ནི་བོད་ཀྱི་རྩོམ་རིག་གོང་དུ་འཕེལ་བའི་ལོ་ངོ་ཉི་ཤུའང་ཡིན་ཞེས་བརྗོད་ན་དེ་ནི་ལོ་རྒྱུས་ལ་འཁྱོག་བཤད་བྱས་པ་ཞིག་དང་། ལོ་རྒྱུས་དངོས་གཙོ་སྨྲ་བའི་རྩ་དོན་གྱི་ལྡོག་ཕྱོགས་སུ་གྱུར་པ་ཞིག་རང་ཡིན།

འོ་ན་ལོ་ངོ་ཉི་ཤུའི་རིང་དེར་བོད་ཀྱི་རྩོམ་རིག་ལ་བརྗོད་པར་འོས་པའི་འབྲས་བུ་ཅི་

ཡང་ཐོབ་མེད་པ་རེད་དམ་ཟེར་ན། དེ་འདྲ་ཡང་མ་ཡིན་ཏེ། ཚང་མས་མཁྱེན་གསལ་ལྟར་ཏང་གི་སྐབས་བཅུ་གཅིག་པའི་ཀྲུང་ཡུ་ཚང་འཛོམས་གྲོས་ཚོགས་ཐེངས་གསུམ་པའི་རྗེས་སུ་སྤྱི་དུས"རིག་གནས་གསར་བརྗེ་ཆེན་པོའི"ནང་དང་། "མི་བཞི་ངན་རིངས་ཚོགས་པ"གཏོར་ཕམ་བཏང་རྗེས་ལྷགས་པའི་གལ་ཆེའི་གནད་དོན་ཐག་གཅོད་ནན་ཏན་བྱུང་བ་དང་། མི་རིགས་སྲིད་ཇུས་ཚུད་པའི་ཏང་གི་ཡང་དག་པའི་ལམ་ཕྱོགས་དང་། མཛད་ཕྱོགས། སྲིད་ཇུས་བཅས་ཁྱོན་ཡོངས་ནས་དོན་འཁྱོལ་བྱུང་བས་བོད་ཀྱི་ཕྱོགས་གང་ཅིའི་བྱ་གཞག་ལ་ཡང་རྒྱལ་ཡོངས་དང་འདྲ་བའི་རྣམ་པ་བཟང་པོ་ཐོན་རྒྱུར་ཆ་རྐྱེན་དང་གོ་སྐབས་བཟང་པོ་བསྐྲུན། ལྷག་དོན་དུ་ཏང་ཀྲུང་དབྱང་གིས་བོད་ཀྱི་ལས་དོན་སྐོར་གྱི་ཡིག་ཆ་ཨང་སོ་གཅིག་པ་དང་ཨང་དྲུག་པ་སྤེལ་གནང་མཛད་པ་དང་། ཏང་གི་སྤྱི་ཁྱབ་ཧུ་ཅི་ཧྲུའུ་ཡའོ་པང་དང་རྒྱལ་སྲིད་སྤྱི་ཁྱབ་ཁང་གི་ཙུང་ལི་གཞོན་པ་དབན་ལི་སོགས་ཏང་དང་རྒྱལ་ཁབ་ཀྱི་འགོ་ཁྲིད་པ་སྤྱི་ཕྱིར་བོད་དུ་ཕེབས་ཏེ་རྒྱ་ཁྱབ་གཏིང་ཟབ་ཀྱིས་བརྟག་དཔྱད་དང་། ཕྱོགས་ཡོངས་ཀྱི་བསམ་འཆར་བསྡུ་ལེན་ཐོག་བོད་ཀྱི་གནས་ཚུལ་དངོས་ལ་གཞིགས་ནས་གལ་ཆེའི་མཛུབ་སྟོན་གནང་བ་མ་ཟད། བོད་ཀྱི་ལས་དོན་ཁག་གོང་འཕེལ་འགྲོ་བར་གནོད་འཚེ་ཡོད་པ་དང་འགལ་རྐྱེན་དུ་གྱུར་པའི་རིགས་སེལ་བའི་བྱ་ཐབས་རབ་དང་རིམ་པ་སྤེལ་གནང་མཛད་པས་བོད་ཀྱི་དཔལ་འབྱོར་འཛུགས་སྐྲུན་གྱིས་མཚོན་པའི་བྱ་གཞག་ཚང་མར་ཉེ་ལམ་ལོ་ཤས་ནང་མི་སེམས་ལ་དགའ་བ་སྐྱེས་འོས་པའི་རྣམ་པ་ཐོན་པ་དང་དུས་མཚུངས་པར་སྤྱི་ཚོགས་ཀྱི་མེ་ལོང་ལྟ་བུ་ཡིན་པའི་བོད་ཀྱི་རྩོམ་རིག་བྱ་གཞག་ལའང་སྐད་གསར་མཐོན་པོས་བསྟོད་པའི་དབྱངས་སྙན་སྒྲོག་པར་འོས་པའི་རྣམ་པ་གསར་རྒྱུང་ཞིག་ཐོན་དང་ཐོན་བཞིན་བཞིན་ཡོད།

དང་པོ།

བུ་རམ་འོ་མ་སྦྲང་རྩིའི་རོ་བཅུད་དང་མཚུངས་ཤིང་། རྩོམ་པ་པོའི་བརྩམས་དེབ་ནང་ནས་མཐོང་མི་ཐུབ་པའི་དམིགས་བསལ་ཁྱད་ཆོས་ལྡན་པའི་དམངས་ཁྲོད་རྩོམ་རིག་མྱུར་སྐྱོབ་བསྡུ་རུབ་དང་། ཕྱོགས་སྒྲིག་པར་སྐྲུན་བྱེད་པའི་ལས་དོན་ལ་མངོན་གསལ་དོད་པོའི་གྲུབ་

འབྲས་ཐོབ་ཡོད་པ་དེ་ནི་རང་རེའི་ལྗོངས་ཀྱི་རྩོམ་རིག་བྱ་གཞག་ཐད་ལ་རྣམ་པ་གསར་རྒྱུང་ཞིག་ཐོན་པའི་མཚོན་རྟགས་ཀྱི་གྲས་ཤིག་ཡིན།

རང་ཅག་བོད་མི་རིགས་ལ་བརྗོད་པ་གཙང་ལ་གོ་དོན་ཟབ་པ་དང་། ཟུར་ཟའི་བརྗ་ཚིག་རྫོ་ལ་བཞད་གད་འཕེལ་ནུས་པ། སྣན་འཇེབས་རྣ་བའི་བུ་རམ་གྱི་བྱེད་ལས་ཅན་དམངས་ཁྲོད་ངག་ཐོག་རྩོམ་རིག་རྒྱས་པར་ཆ་མཚོན་ན་གླིང་རྗེ་གེ་སར་རྒྱལ་པོའི་སྒྲུང་གཏམ་ལྟར་དང་། བསྡུས་པར་ཆ་བཞག་ན་སྐྱེ་ཕྲན་ཕོ་མོའི་བར་གྱི་བརྩེ་སེམས་མཚོན་པའི་མཛའ་གླུ་སོགས་མཐའ་ཡས་པ་ཞིག་ཡོད་པ་དེ་དག་ནི་རང་ཅག་ཁ་བ་རི་པ་རྣམས་འཛམ་གླིང་ཡང་རྩེའི་འཛོན་མའི་ཁྲོན་འདིར་བྱུང་ཞིང་འཕེལ་བ་ནས་བཟུང་རང་ཉིད་འཚོ་ཐབས་སྐྱད་རང་བྱུང་ཁམས་དང་ཡུན་རིང་འཐབ་རྩོད་བྱེད་པའི་ནང་དང་། ཐོན་སྐྱེད་ནུས་ཤུགས་ཀྱི་ཚུ་ཚད་གོང་མཐོར་ཕྱིན་ནས་རང་ཉིད་འཚོ་གནས་ལ་སྨན་པའི་མཁོ་དགོས་ཐོན་ཟས་གྱི་ནོམ་པ་ཐོན་སྐྱེད་བྱེད་ཐུབ་པ་ཕུད། ད་དུང་ཡང་འཕྲོ་ལྷག་གསོག་ཉར་དང་བརྗེ་ཆོང་བྱེད་རྒྱུ་ཡོད་པའི་རྗེས་གངས་ཅན་ས་མཐོའི་སྟེང་དཔལ་འཁོར་ཐད་དབུལ་ཕྱུག་གི་ཧེ་བག་ཆེན་པོ་ཐོན་པ་དང་འབྲེལ་འདྲ་མཉམ་གྱི་རྣམ་པ་ཡོངས་སུ་འཐོར་ཞིང་། གྲལ་རིམ་གྱི་སྤྱི་ཚོགས་བྱུང་བ་ནས་ད་ལྟའི་བར་ལོ་རྒྱུས་འཕེལ་སྐྱིབ་ཀྱི་དུས་ཡུན་ཧ་ཅང་རིང་པོ་དེའི་ནང་རྒྱ་ཆེའི་བོད་རིགས་ངལ་རྩོལ་པས་སྐབས་བསྟུན་གསར་གཏོད་བྱས་པ་ཤ་སྟག་ཡིན་གཤིས། དུས་རབས་རིམ་བྱུང་གི་ལོ་རྒྱུས་དང་། སྐབས་སོ་སོའི་སྤྱི་ཚོགས་ཀྱི་རྣམ་པ། གནམ་དཔྱད་སྐར་རྩིས། རྩོམ་རིག་སྒྱུ་རྩལ། ཚད་མ་རིག་པ། གསོ་བ་རིག་པ་ལ་སོགས་རང་བྱུང་ཁམས་དང་སྤྱི་ཚོགས་ཚན་རིག་གི་ཞིབ་འཇུག་བྱེད་པའི་ཐད་ལ་གཞལ་བྱའི་ཡུལ་ལས་འདས་ཤིང་། རྩ་ཆེའི་རིན་ཐང་ཆེན་པོ་ལྡན་ཡོད། ལྷག་དོན་དུ་དམངས་ཁྲོད་རྩོམ་རིག་དེ་དག་ལས་སྤྱི་ཚོགས་ཀྱི་འགལ་བ་སྣེ་འཁོར་ལྡན་གྲལ་རིམ་གྱི་མི་ཚོས་རིང་ལུགས་ཀྱི་དྲི་མ་ཅམ་མེད་པའི་གདུག་རྩུབ་གཉའ་གནོན་དང་། སྤྱི་ཚོགས་ཀྱི་ཆེས་འོག་རིམ་དུ་གནས་པའི་ཉམ་ཐག་དབུལ་ཕོངས་པ་དག་གི་སྣང་སེམས་མངོན་གསལ་དོད་པོས་མཚོན་གྱི་ཡོད། དེ་ལྟར་སྒྱུ་རྩལ་གྱི་ཉམས་འགྱུར་གྱིས་ཕྱུག་ཅིང་ལོ་

རྒྱུས་ཀྱི་རིན་ཐང་ཆེས་ཆེར་ལྡན་པའི་དམངས་ཁྲོད་རྩོམ་རིག་ནི་ཚང་མས་གཅེས་འཛིན་འོས་པའི་རིན་བྲལ་ནོར་བུ་ཞིག་ཡིན་ནའང་། ལོ་བརྒྱུའི་ཟང་ཟིང་གི་དུས་སྐབས་ནང་མི་རིགས་ཆེན་པོའི་རིག་གནས་ཀྱིས་གྲངས་ཉུང་མི་རིགས་ཀྱི་རིག་གནས་ཀྱི་ཚབ་བྱེད་པའི་སྲོལ་ངན་དར་བ་བཅས་ལ་བརྟེན་ནས་དམངས་ཁྲོད་རྩོམ་རིག་དེ་རིན་བྲལ་ནོར་བུར་བརྩིས་ནས་གདེང་འཛོག་གང་ལེགས་དང་འབྲེལ་བའི་མྱུར་སྐྱོབ་བསྡུ་རུབ་དང་། ཕྱོགས་སྒྲིག་པར་སྐྲུན་གྱི་སྐོར་སླེབ་བྱའི་ཡུལ་ལས་འདས། ད་ཆ་ཏང་དང་སྲིད་གཞུང་ནས་ཡིག་ཆ་ཡང་ནས་ཡང་དུ་སྤེལ་ཏེ་གྲངས་ཉུང་མི་རིགས་ཀྱི་གནའ་བོའི་རྩོམ་རིག་དང་། དམངས་ཁྲོད་ཀྱི་རྩོམ་རིག་ཕྱུན་སུམ་ཚོགས་པོ་ཡོད་པ་དེ་དག་ཐབས་བརྒྱ་ཇུས་སྟོང་གིས་མྱུར་སྐྱོབ་བསྡུ་རུབ་དང་། ཕྱོགས་སྒྲིག་པར་སྐྲུན་བྱེད་དགོས་པ་དང་། ལྷག་དོན་དུ་བོད་ཀྱི་ལས་དོན་སྐོར་གྱི་ཀྲུང་དབྱང་གི་ཡིག་ཆ་ཨང་སོ་གཅིག་པ་དང་ཨང་དྲུག་པ། ཨང་ཉི་ཤུ་རྩ་གཉིས་པ་བཅས་པའི་ནང་བོད་ཀྱི་གནའ་བོའི་རྩོམ་རིག་དང་། དམངས་ཁྲོད་ཀྱི་རྩོམ་རིག་མྱུར་སྐྱོབ་བསྡུ་རུབ་དང་། ཕྱོགས་སྒྲིག་པར་སྐྲུན་བྱེད་དགོས་པར་དམིགས་བསལ་གྱི་ནན་བཤད་གནང་བ་དང་སྦྲགས། མི་ཤུགས་དང་དངོས་ཤུགས་གང་གི་ཐད་ལའང་ཞིབ་ཅིང་ཕྲ་བ་དང་། མངོན་རྗེན་གྱི་ཕན་ནུས་ཐོན་པའི་མཇུབ་སྟོན་བཀོད་སྒྲིག་གནང་བར་བརྟེན་ཉེ་ལམ་དུས་ཐུང་ལོ་ཤས་ནང་རང་རེའི་ལྗོངས་ནས《བོད་ཀྱི་གཏམ་དཔེ་ཕྱོགས་སྒྲིག》དང་《བོད་ཀྱི་དམངས་གཞས》《བོད་ཀྱི་སྒྲུང་གཏམ་བདམས་བསྒྲིགས》《རོ་སྒྲུང》《བོད་ལྗོངས་ཀྱི་ཡུལ་སྲོལ་མངོན་པར་གསལ་བའི་མེ་ལོང》ཞེས་པ་ལ་སོགས་པས་མཚོན་བརྗོད་བྱ་རྒྱུས་བསྡུས་འདྲ་མིན་སྣ་ཚོགས་པའི་དཔེ་དེབ་མི་ཉུང་བ་ཞིག་པར་སྐྲུན་བྱས་ཟིན་པ་དང་། 《བོད་ཀྱི་རྩོམ་རིག་སྒྱུ་རྩལ》《སྤང་རྒྱན་མེ་ཏོག》《བོད་ལྗོངས་གཞོན་ནུའི་ཚགས་པར》《བོད་ལྗོངས་ཉིན་རེའི་ཚགས་པར》སོགས་དུས་དེབ་དང་ཚགས་པར་ཐོག་དམངས་ཁྲོད་ཀྱི་སྒྲུང་གཏམ་དང་། དམངས་གཞས། གཏམ་དཔེ། གབ་ཚིག་ཟློས་གར་ཆེན་པོ་སོགས་ཕྱོགས་སྒྲིག་འགྲེམས་སྤེལ་བྱས་ཡོད་པ་མ་ཟད། དམངས་ཁྲོད་རྩོམ་རིག་ཕྱོགས་སྒྲིག་གི་ལས་དོན་ཆེད་གཉེར་མཁན་བློ་མཐུན་ཚོས་

ངལ་བར་མ་འཛེམས་པར་རི་འཛོགས་ཀླུང་བརྒྱལ་གྱིས་གང་སར་བསྐྱོད་དེ་དམངས་ཁྲོད་ཀྱི་ངག་ཐོག་རྩོམ་རིག་འཐོར་ཆེན་བསྡུ་རུབ་བྱས་ཡོད་པ་དེ་དག་ད་ལྟ་ཕྱོགས་སྒྲིག་བྱེད་མུས་ཡིན་པས་མི་རིང་བར་རྒྱ་ཆེའི་ཀློག་པ་པོའི་སྤྱན་ལམ་དུ་བསྟན་རྒྱུ་གོར་མ་ཆགས། ལྷག་དོན་དུ་སྨྲ་པ་དང་མོན་པ་སོགས་རང་སྐྱོངས་ཀྱི་མཐའ་མཚམས་སུ་གནས་པའི་མི་རིགས་ཀྱི་དམངས་གཞས་དང་། གཏམ་དཔེ། ཁ་སྒྲུང་སོགས་ཉེ་ལམ་འཕྲེལ་ཡོད་མི་སྣས་བསྡུ་རུབ་བྱས་ཡོད་སྐབས་ང་ཚོས་མི་རིགས་དེ་ཚོའི་དམངས་ཁྲོད་རྩོམ་རིག་གི་རོ་བཅུད་མྱོང་བའི་སྐལ་བཟང་ཡང་ཐོབ་པར་ངེས། གོང་གསལ་རགས་རིམ་ཙམ་དཔེ་མཚོན་དུ་བརྗོད་པ་ཕུད། རང་ཅག་ཙམ་དུ་མ་ཟད་འཛམ་གླིང་སྐྱེ་བོ་ཀུན་གྱིས་གཅེས་འཛིན་བྱེད་པའི་གླིང་རྗེ་གེ་སར་རྒྱལ་པོའི་སྒྲུང་གཏམ་སྲུར་སྐྱོབ་བསྡུ་རུབ་དང་། ཕྱོགས་སྒྲིག་པར་སྐྲུན་བྱེད་པའི་ལས་ཀར་དེ་བས་མི་རྣམས་དགའ་མགུ་ཡིད་རངས་བྱེད་དགོས་པའི་འབྲས་བུ་གཡུར་དུ་ཟ་བ་ཐོབ་ཡོད།

གླིང་རྗེ་གེ་སར་རྒྱལ་པོའི་སྒྲུང་ནི་ད་ཕན་འཛམ་གླིང་རིག་མཛོད་ནང་གི་ལོ་རྒྱུས་སྙན་རྩོམ་རིང་ཤོས་ཤིག་ཡིན་པ་དེར། བར་སྐབས་གཅེས་འཛིན་བྱ་རྒྱུ་ཕར་བཞག དེ་སྔ་བསྡུ་རུབ་ཕྱོགས་སྒྲིག་ཕྲན་བུ་བྱས་ཡོད་པ་རྣམས་ཀྱང་དུག་རྩར་རྩིས་དེ་དགག་པ་རྒྱབ་སྐབས་མིང་གི་ལྷག་མ་ཙམ་དུ་གྱུར། ད་ཆ་ཏང་གི་མི་རིགས་སྲིད་ཇུས་ཀྱི་ཉིན་བྱེད་འོད་ཟེར་འཛམ་གླིང་ཡང་རྩེར་འཕྲོས་ནས་གླིང་རྗེ་གེ་སེ་རྒྱལ་པོའི་སྒྲུང་གཏམ་ལའང་གསར་སྐྱེའི་སྐལ་བ་ཐོབ་ཅིང་། 1980ལོའི་ཟླ་བ4ཚེས3ཉིན་སྐྱོངས་ཏང་ཨུད་ཀྱིས་གླིང་རྗེ་གེ་སར་རྒྱལ་པོའི་སྒྲུང་གཏམ་ལ་དག་སེལ་བྱས་པ་དང་། རྒྱང་བསྒྲགས་དང་ཚགས་པར་བརྒྱུད་གླིང་རྗེ་གེ་སར་གྱི་མཚན་སྙན་སྙར་གསོ་བྱས་པ་ཙམ་དུ་མ་ཟད། གླིང་རྗེ་གེ་སར་རྒྱལ་པོའི་ལས་དོན་འགོ་ཁྲིད་ཚོགས་ཆུང་བཙུགས་པ་དང་སྦྲགས། གེ་སར་སྲུར་སྐྱོབ་དོན་གཅོད་གསར་བཙུགས་བྱས་པར་ཆེད་གཉེར་མི་སྣ་ཉི་ཤུ་ཙམ་བསྐོ་བཞག་བྱས་ཡོད་པ་དང་། སྒྲུང་མཁན་བགྲེས་སོང་གྲགས་པ་དང་། བུད་མེད་སྒྲུང་མཁན་གཡུ་མེ་སོགས་ལྷ་སར་གནས་སྡོ་བྱེད་དུ་བཅུག་ནས་ལས་བྱེད་མི་སྣའི་ཁོངས་སུ་བསྡུར་བ་དང་། བགྲེས་སོང་གྲགས་པའི་བུ་ཕྲུག་ནང་མི་བཅུ་ལྷག་ཙམ་ལ་བབ་

བསྟུན་གྱི་ལས་ཀ་བཀོད་སྒྲིག་བྱས་པ་སོགས་གོང་རིམ་ནས་ལྷོད་མེད་ཀྱི་བྱ་ཐབས་རབ་དང་རིམ་པ་སྤེལ་བ་རྣམས་འཐོད་ཚོག་དང་ལྡེབས་བྲིས་རི་མོ་ལྟར་དུ་མ་སོང་བར་ལག་ལེན་དོན་ཐོག་ཏུ་འཁྱོལ་བ་བྱས་ཤིང་། རང་ལྗོངས་ཀྱི་གེ་སར་སྒྲུང་སྐྱབ་དོན་གཅོད་ཁང་ནས་ལོ་ངོ་ལྔ་ཙམ་གྱི་ནང་《མོན་གླིང་》དང་། 《སུམ་གླིང་》《ལྷ་གླིང་》《འབྲུང་ས་གླིང་》སྟོད་ཆ། 《འཇང་གླིང་》སོགས་རྫོང་ཁག་དང་ཡང་ན་རྒྱལ་ཁག་བརྗོད་པའི་དེབ་ལྔ་ཕྱོགས་སྒྲིག་བྱས་ནས་པར་སྐྲུན་འགྲེམ་སྤེལ་ཟིན་པ་དང་། 《འབྲུངས་གླིང་》སྨད་ཆ་དང་། 《ཕྱི་པ་རྣ་རྫོང་》《ཐར་གླིང་》སོགས་རྒྱལ་ཁག་གསུམ་དང་། རྒྱའི་སྐད་ཀྱི་རི་མོའི་ལམ་དུ་དྲངས་པའི་《མོན་གླིང་》དང་། 《སྟག་གླིང་ནོར་འགྱེད་》《ཚབ་རོང་མདའ་རྫོང་》སོགས་མི་རིང་བར་འགྲེམ་སྤེལ་བྱེད་རྒྱུ་ཡིན་པ་ཕུད། ཕྱོགས་བསྒྲིག་ཟིན་པའི་རྒྱལ་ཁག་བཅུ་ལ་ཉེ་བ་དང་། ཕྱོགས་སྒྲིག་བྱེད་མུས་ཀྱང་རྒྱལ་ཁག་བཅུ་ཙམ་ཡོད་པ་མ་ཟད། སྒྲུང་མཁན་བགྲེས་སོང་གྲགས་པ་དང་གཡུ་མེ་གཉིས་ཀྱིས་བཤད་པའི་གླིང་སྒྲུང་ཡིག་འབྲུ་ཕྱོན་བསྡོམས་ཁྲི་ལྔ་བརྒྱ་ཡས་མས་ཡོད་པ་དེར་རྒྱལ་ཁག་སུམ་ཅུ་སོ་ལྔར་དབྱེ་བ་ཉེ་ལམ་བོད་ལྗོངས་སློབ་གྲྭ་ཆེན་མོའི་ཁོངས་ཀྱི་གེ་སར་སྒྲུང་སྐྱབ་ཚོགས་ཆུང་གིས་སྒྲ་ཕབ་བྱས་ཚར་བ་དང་། ལྗོངས་གེ་སར་སྒྲུང་སྐྱབ་དོན་གཅོད་ཁང་གི་བློ་མཐུན་ཚོས་ལོ་ཤས་བསྟུད་མར་མངའ་རིས་དང་། ནག་ཆུ། ཆབ་མདོ། ལྷ་སའི་ཁུལ་གྱི་ས་གནས་ཁག་ལ་བསྐྱོད་དེ་ཤིང་པར་དང་། སྨུམ་པར། བྲིས་མ་བཅས་ཀྱི་གླིང་སྒྲུང་དེབ་གྲངས་བཞི་ཅུ་ཞེ་དྲུག་བསྡུ་རུབ་བྱས་པའི་ཁར། གླིང་སྒྲུང་ནང་གི་རྒྱལ་ཁག་གསུམ་ཡན་ཆོད་ཐུབ་མཁན་གྱི་སྒྲུང་མཁན་བཞི་བཅུ་ཐམ་པ་ཞིབ་རྩད་ཆོད་ཡོད་པ་དེ་ཚོའི་ཁྲོད་དུ་ལོ་ན་ཉེ་ཤུ་སུམ་ཅུ་མན་གྱི་སྒྲུང་མཁན་གཞོན་དར་ཁག་གཅིག་ཀྱང་ཡོད་པས་ལོ་རྒྱུས་ཀྱི་སྣ་རྩོམ་ལྷབ་ལྷབ་པོ་ཆེ་དེ་ཉུ་མཐུད་བོད་མི་དམངས་ཀྱི་ཁྲོད་དུ་རྩ་བ་བརྟན་གནས་དང་ཐར་བས་དར་ཁྱབ་ཏུ་འགྲོ་རྒྱུར་ཐེ་ཚོམ་མི་འཚལ།

ད་ཕན་དུས་ཐུང་ལོ་ཤས་ནང་རང་རེའི་ལྗོངས་ཀྱི་གླིང་གེ་སར་གྱི་གཏམ་རྒྱུད་གཙོ་བོར་བྱས་པའི་དམངས་ཁྲོད་རྩོམ་རིག་ཞུར་སྐྱབ་བསྡུ་རུབ་དང་། ཕྱོགས་སྒྲིག་པར་སྐྲུན་གྱི་ལས་

དོན་ལ་ཁ་སྐོངས་ལོ་རྒྱུས་ཐོག་ཡེ་ནས་ཐོབ་མྱོང་མེད་པའི་གཡུར་ཟའི་གྲུབ་འབྲས་ཐོབ་ཡོད་ལ། སྐད་ཀྱི་ཆར་ཡང་ཏང་གི་ཡིག་ཆ་སོ་གཅིག་པ་དང་ཨང་དྲུག་པ། ཨང་ཉེར་གཉིས་པ། ཀྲུང་དབྱང་ དྲིལ་བསྒྲགས་ཕྱུའུ་ཡི་ཡིག་ཆ་ཨང་བདུན་པའི་དགོངས་དོན་གྱི་མཇུབ་སྟོན་འོག་དང་། ཞིབ་ཕྲའི་བྱ་ཐབས་ལག་བསྟར་བྱས་པ་བཅས་ལ་བརྟེན་ནས་རང་སྐྱོངས་ཀྱི་དམངས་ཁྲོད་རྩོམ་རིག་མྱུར་སྐྱོབ་བསྡུ་རུབ་དང་། ཕྱོགས་སྒྲིག་པར་སྐྲུན་བྱེད་རྒྱུའི་ལས་དོན་དེ་རྒྱ་ཁྱབ་གཏིང་ཟབ་དང་གོང་ནས་གོང་དུ་འཕེལ་རྒྱུ་དང་སྤྲགས། རྒྱ་ཆེའི་མང་ཚོགས་ཀྱི་རིག་གནས་འཚོབ་རྗེ་ལེགས་རྗེ་འཕེལ་དུ་འགྲོ་རྒྱུ་དང་། སྤྱི་ཚོགས་རིང་ལུགས་ཀྱི་བསམ་པའི་དཔལ་ཡོན་འཛུགས་སྐྲུན་བྱེད་པ། ངེས་པར་ཡོད་དགོས་པའི་མི་རིགས་ཀྱི་ཤ་ཞེན་དང་ལ་རྒྱ་གོང་མཐོར་གཏོང་རྒྱུ། མི་རིགས་ཕན་ཚུན་བར་གྱི་མཐུན་སྒྲིལ་ལ་ཤུགས་སྣོན་རྒྱག་རྒྱུ། མེས་རྒྱལ་གོང་དུ་གཅིག་གྱུར་སྲ་བརྟན་ཡོང་བ་བཅས་ཀྱི་ཐད་ལ་གལ་ཆེའི་ཕན་ནུས་ཐོན་རྒྱུ་ངེས་ཅན་ཡིན།

གཉིས་པ།

ད་ཕན་ལོ་ངོ་ལྔ་ལྷག་ནང་དམངས་ཁྲོད་ངག་ཐོག་གི་རྩོམ་རིག་མྱུར་སྐྱོབ་བསྡུ་རུབ་དང་། ཕྱོགས་སྒྲིག་པར་སྐྲུན་གྱི་བྱ་བར་ཐོར་བྱུང་མྱོང་མེད་པའི་གྲུབ་འབྲས་གཡུར་དུ་ཟབ་ཐོབ་ཡོད་པ་ཕུད། རྩོམ་རིག་གསར་གཏོད་དང་། རིམ་བྱུང་རྩོམ་རིག་མཁས་ཅན་གྱི་བརྩམས་དེབ་བསྐྱར་སྐྲུན། རྒྱ་ཆེའི་ཀློག་པ་པོའི་རྗེ་དགའི་གྲོགས་སུ་གྱུར་པའི་དུས་དེབ་དང་ཚགས་པར་གྱི་རྣམ་གྲངས་མྱུར་བར་འཕར་སྣོན་ཡོང་བ་བྱེད་པ་བཅས་ཀྱི་ཐད་ལའང་གྲུབ་འབྲས་མངོན་གསལ་དོད་པོ་ཐོབ་ཡོད།

ཚང་མས་མཁྱེན་གསལ་ལྟར། ཏང་གི་སྐབས་བཅུ་གཅིག་པའི་ཀྲུང་ཡུ་ཚང་འཛོམས་གྲོས་ཚོགས་ཐེངས་གསུམ་པའི་གོང་བོད་ཡོངས་ལ《བོད་ལྗོངས་ཉིན་རེའི་ཚགས་པར》ཁོ་ན་ལས་དེ་མིན་གྱི་ཚགས་པར་དང་དུས་དེབ་ཀྱི་མིང་གི་དྲི་མ་ཙམ་ཡང་མེད། 1980ལོར《བོད་ཀྱི་རྩོམ་རིག་སྒྱུ་རྩལ》དུས་དེབ་གསར་དུ་བཏོན་པ་ནས་བཟུང་བོད་ལ《ཉི་གཞོན》དང་《བོད་ལྗོངས་ཞིབ་འཇུག》《ལྷ་ས་སྐྱིད་ཆུ》《བོད་ལྗོངས་མང་ཚོགས་སྒྱུ་རྩལ》《བོད་

སྔོངས་སླུ་གར》《སྟོ་ཁའི་རྩོམ་རིག་སྒྱུ་རྩལ》གཞིས་རྩེའི་《རྗེ་མོ་གླང་མ》《བོད་ལྗོངས་གཞོན་ནུའི་ཚགས་པར》《སྤང་རྒྱན་མེ་ཏོག》སོགས་དུས་དེབ་དང་ཚགས་པར་སྣ་ཕྱིར་ནོར་འཛིན་མཛེས་པའི་རྒྱན་དུ་ཐོན་པ་དང་། རང་རང་འཛོ་སྒྲིག་གི་ཉམས་འགྱུར་ཅི་དང་ཅིར་ཡང་སྟོན་པའི་དུས་དེབ་དང་ཚགས་པར་དེ་ཚོས་རང་རེའི་ལྗོངས་ཀྱི་རྒྱ་ཆེའི་རྩོམ་པ་པོའི་ཧུར་བརྩོན་རང་བཞིན་སྐྱུལ་སྤེལ་དང་། དེ་སྣ་རྩོམ་ཡིག་ཡོད་ནའང་སྤེལ་ཡུལ་མེད་པའི་དཀའ་གནད་སེལ་སྐབས་ཉེ་ལམ་ལོ་ཤས་ནང་རང་རེའི་ལྗོངས་ཀྱི་རྩོམ་རིག་བྱ་གཞག་གི་རྣམ་པར་འགྱུར་བ་གཏིང་ཟབ་ཕྱིན་ནས་ཀླུང་ནག་དྲག་པོ་ལྷུང་བའི་དུས་སྐབས་ནང་བོད་ཀྱི་རྩོམ་རིག་ཐད་སྟོང་སང་ངེར་གྱུར་པའི་རྣམ་པ་དེ་ཁྱོན་ཡོངས་ནས་འགྱུར་ལྡོག་འགྲོ་བཞིན་ཡོད།

གོང་དུ་བསྙས་པའི་དུས་དེབ་དང་ཚགས་པར་དེ་ཚོའི་ཐོག་སྤེལ་བའི་གསར་རྩོམ་རྩོམ་རིག་བརྒྱ་ཕྲག་ལ་ཉེ་བ་ཞིག་ཡོད་པ་དེའི་ཐོག་ནས་ང་ཚོས་དེང་སྐབས་བོད་ལྗོངས་ཀྱི་འཛོན་ཐང་ལྡན་ལ་བློ་གུ་ཡངས་པ་དང་། འབད་འབུངས་སྙིང་རུས་ཆེ་ལ་གསར་སྐྱུན་བྱེད་བོད་པའི་གསར་གཏོད་མཁན་རྣམས་ཀྱིས་དེང་རབས་ཅན་མངོན་འགྱུར་ཡོང་བ་དང་། ཁ་བ་རི་པའི་སྲོལ་རྒྱུན་བཟང་པོ་ཤུལ་འཛིན་དར་སྤེལ་ཐོག་ཉམས་རྒྱུད་ཚད་མེད་དུ་གྱུར་པའི་རང་གི་མི་རིགས་འདི་བཞིན་སླར་ཡང་འཛམ་གླིང་གི་སྟོན་ཐོན་མི་རིགས་ཀྱི་མདུན་གྲལ་དུ་སླེབས་ཐུབ་པའི་ཆེད་དུ་ཞུམ་མེད་འབད་འཐབ་བྱེད་པའི་བྱ་སྤྱོད་བླ་ན་མེད་པ་མཐོང་ཐུབ་པའི་ཤུགས་ལས་མི་རིགས་འདི་ཉིད་ཀྱི་རྩོམ་པ་པོའི་དཔུང་ཁག་སྟོབས་ལྡན་ཞིག་ཀྱག་ཀྱོག་གི་འགྲོ་ལམ་བརྒྱུད་ནས་འཚར་ལོངས་ཡོང་བཞིན་ཡོད་པའང་ཤེས་ཐུབ།

ད་ཆ་ཉེ་མ་སྲིན་བྲལ་ལྔ་བུའི་དུས་བབ་བཟང་པོ་ཞིག་ཤར་སྐབས། རང་ལྗོངས་སུ་ཚོགས་མི་ལྔ་བཅུ་ལྷག་ཙམ་ཡོད་པའི་རྩོམ་པ་པོའི་མཉམ་འབྲེལ་ཚོགས་པ་དང་ཚོགས་མི་བརྒྱ་ཕྲག་ལ་ཉེ་བ་ཞིག་ཡོད་པའི་དམངས་ཁྲོད་རྩོམ་རིག་ཞིབ་དཔྱོད་མཉམ་འབྲེལ་ཚོགས་པ་གསར་འཛུགས་བྱེད་ཐུབ་པ་བྱུང་བ་མ་ཟད། ཀྲུང་གོའི་རྩོམ་པ་པོའི་མཉམ་འབྲེལ་ཚོགས་པའི་ནང་བོད་རིགས་ཀྱི་རྩོམ་པ་པོ་བརྒྱད་ཙམ་དང་། ཀྲུང་གོའི་དམངས་ཁྲོད་རྩོམ་རིག་ཞིབ་

དཔྱོད་མཉམ་འབྲེལ་ཚོགས་པའི་ནང་བོད་རིགས་ཀྱི་འཕྲུས་མི་བརྒྱད་ཙམ་ཞུགས་ཐུབ་པ་བྱུང་ཞིང་། དེ་སྔ་བོད་ལ་རྩོམ་པ་པོའི་མཉམ་འབྲེལ་ཚོགས་པའི་མིང་ཙམ་མེད་པ་དང་། ཀྲུང་གོ་རྩོམ་པ་པོའི་མཉམ་འབྲེལ་ཚོགས་པའི་ནང་བོད་རིགས་ཀྱི་རྩོམ་པ་པོ་གཅིག་ཀྱང་མེད་པའི་དོན་དངོས་དེ་རྒྱུ་མཚན་ཅི་ཡིན་ན་ཆ་ལོ་རྒྱུས་རིག་པར་ཞིབ་འཇུག་མཛད་མཁན་ཚོས་དཔྱད་ཞིབ་གནང་བར་འོས་པའི་གནས་སུ་ཡང་གྱུར་ཡོད།

རང་རེའི་ལྗོངས་ཀྱི་རྩོམ་པ་པོས་དེ་རིང་གི་དུས་བབ་བཟང་པོ་འདི་ལ་གཅེས་སྲུད་དང་དམ་འཛིན་བྱས་ནས་དོན་ཟབ་མཉན་པར་སྨྲ་བའི་སྙན་རྩོམ་དང་། ཀ་བ་ཤད། གཏམ་རྒྱུད། བཅད་ལྷུག་ཅི་རིགས་པའི་རྩོམ་རིག་དུ་མ་སྤེལ་བའི་ནང་དུས་རབས་ཀྱི་སྙིང་སྟོབས་དང་། བོད་མི་དམངས་ཀྱི་གནའ་དེང་གི་འཚོ་བའི་རྣམ་པ། མང་ཚོགས་ཀྱི་སྙིང་ཁོང་གི་འབོད་སྒྲ། སྤྱི་ཚོགས་ཀྱི་དྲང་ཕྱོགས་དང་ལོག་ཕྱོགས་ཀྱི་གནད་དོན་སོགས་མཚོན་གང་ཐུབ་བྱས་ཡོད་པ་དང་། རྩོམ་རིག་དེ་དག་གི་ཁྱད་དུ་སྤུས་ཚད་མཐོ་བ་དང་། གོ་དོན་ཟབ་པ། གོང་འོག་འབྲེལ་ཆགས་པ། སྒྲིག་སྟངས་ལེགས་ཤིང་དངོས་དོན་བབ་མཐུན་གྱི་གཏམ་རྒྱུད་འཁྲིང་བའམ་ཐུང་བ་ཁག་གཅིག་ཡོད། སྤྱིར་བཏང་ནས་བཤད་ན་རང་རེའི་ལྗོངས་ཀྱི་རྩོམ་རིག་བྱ་གཞག་དང་སྤྱི་ཚོགས་རིང་ལུགས་ཀྱི་བོད་གསར་འཛུགས་སྐྱུན་གྱི་དགོས་མཁོའི་བར་རྒྱང་ཐག་གང་འཚམ་ཡོད་པ་དང་། མི་རིགས་གཞན་པའི་རྩོམ་རིག་དང་བསྡུར་ན་ད་དུང་ཞན་ཆ་ཆེ་ཙམ་གནས་ཡོད། ཡིན་ནའང་རང་ལྗོངས་ཀྱི་རྩོམ་པ་པོ་རྣམས་ཀྱིས་འབད་འབུངས་སྙིང་རུས་ཀྱིས་སློབ་སྦྱོང་བྱེད་པ་དང་ལག་ལེན་དངོས་ཀྱི་ནང་རྩོམ་རྩལ་གོང་མཐོར་གཏོང་བ། རྩོམ་རིག་གསར་རྩོམ་གྱི་བྱ་རིམ་ནང་ནན་ཏན་གྱིས་ཉམས་མྱོང་ཕྱོགས་བསྡོམས་དང་བླང་དོར་གྱི་གནས་ལ་མི་འཕྱུག་པ་བྱེད་པའི་དགེ་མཚན་ལྡན་ཡོད། འབྲེལ་ཡོད་ཚན་པས་གཙོན་དར་རྩོམ་པ་པོར་དམིགས་ནས་སློབ་སྦྱོང་འཛིན་གྲྭ་ཅི་རིགས་ཆེད་དུ་གཉེར་བཞིན་ཡོད་སྟབས་རང་རེའི་ལྗོངས་ཀྱི་རྩོམ་རིག་བྱ་གཞག་མདུན་སྐྱོད་བྱེད་པའི་གོམ་བགྲོས་མགྱོགས་སུ་ཕྱིན་ནས《གཞོན་ནུ་ཟླ་མེད་ཀྱི་གཏམ་རྒྱུད》དང་། 《མི་དབང་རྟོགས་བརྗོད》《བྱ་སྤྲེལ་

གཏམ་རྒྱུད》《ས་སྐྱ་ལེགས་བཤད》《མི་ལ་རས་པའི་རྣམ་མགུར》སོགས་ནམ་ཞར་ཡང་ཉམས་པར་མི་ནུས་པའི་གནའ་བོའི་རྩོམ་རིག་དང་འདྲ་བའི་ལོ་རྒྱུས་ཀྱི་རིན་ཐང་རྩ་ཆེ་ལྡན་པ་དང་། མི་རྣམས་ཀྱི་ཡིད་དབང་ཅིག་ཅར་འཕྲོག་པའི་སྒྱུ་རྩལ་གྱི་ནུས་པ་ཆེས་ཆེ་ལྡན་པ། འགོ་འཛུགས་ཆེ་བའི་དུས་རབས་རླབས་པོ་ཆེའི་རྣམ་པ་ཁྱོན་ཡོངས་ནས་མཚོན་ཐུབ་པ། རྒྱ་ཆེའི་སྣལ་མ་པོའི་རེ་འདོད་ལ་ཚོམ་པ་སྐྱེར་ནུས་པའི་རྩོམ་རིག་གསར་རྩོམ་འབྱུང་འགྱུར་ཐོན་ངེས་ཡིན་པར་ཐེ་ཚོམ་ཅི།

འདིར་དམིགས་སུ་བཀར་ནས་བརྗོད་དགོས་པ་ཞིག་ལ་མིང་གྲགས་ཆེ་བའི་སློབ་གྲྭ་ཆེ་མོར་བསྐྱོད་དེ་ཆེད་ལས་ཟབ་སྦྱོང་ཡེ་ནས་བྱེད་མྱོང་མེད་པ་དང་། ཐུར་ཕན་རིགས་གཞུང་ལས་རིགས་ནང་སྐན་པ་མ་གྲགས་པའི་བློ་རྟོར་དང་། འཛིགས་མེད། ཚེ་རྟོར་བཅས་ཀྱིས་རང་འཁྲིའི་ལས་འགན་ལེགས་གྲུབ་ཀྱི་ཞོར་དུ་མངོན་བརྗོད་ཀྱིས་རབ་ཏུ་སྤྱད་ཅིང་། ཐོག་མཐའ་བར་གསུམ་དུ་སྐན་ངག་གི་ལམ་ནས་དྲངས་པའི《གཞོན་ནུ་ཟླ་མེད་ཀྱི་གཏམ་རྒྱུད》རིང་པོ་དེར་བཅོས་སྒྲིག་བྱས་ནས《ཡིད་འོང་མ》ཞེས་པའི་འཁྲབ་གཞུང་དུ་བསྒྱུར་བ་དང་། བོད་ལྗོངས་གཏམ་བརྗོད་ཟློས་གར་ཚོགས་པས་འཁྲབ་གཞུང་དེ་གཞིར་བཟུང་ཁྲབ་ཚན་བཟོས་ནས་བོད་རང་སྐྱོང་ལྗོངས་དབུ་བརྙེས་ནས་ལོ་ངོ་ཉི་ཤུ་འཁོར་བའི་དུས་ཆེན་ལ་ལེགས་སྐྱེས་སུ་འབུལ་རྩིས་ཡོད་པ་རེད། གནའ་བོའི་གཏམ་རྒྱུད་རིང་པོ་དེ་ལྟ་བུར་བཅོས་སྒྲིག་བྱས་ནས་འཁྲབ་གཞུང་དུ་བསྒྱུར་བ་མ་ཟད། གར་སྟེགས་ཐོག་གནས་སྟོ་བྱེད་ཐུབ་པ་བྱུང་། དེ་ནི་རང་ལྗོངས་ཀྱི་འཁྲབ་གཞུང་གསར་བཅོས་ཁྲིད་ཀྱི་བཀྲ་ཤིས་པའི་བྱ་བ་གསར་པ་ཞིག་རེད།

བོད་ཀྱི་རྩོམ་རིག་ལོ་རྒྱུས་ཀྱི་དཔྱིད་དཔལ་སླར་བཞད་པ་སྟེ་རྩོམ་རིག་གསར་གཏོད་དང་། དུས་དེབ་ཚགས་པར། རྩོམ་པ་པོའི་དཔུང་ཁག་བཅས་ལ་ངོ་མཚར་བའི་འབྲས་བུ་ཇི་ལྟར་ཐོབ་པའི་སྐོར་རགས་རིམ་ཙམ་བརྗོད་ཟིན་ནས་ད་ནི་གནའ་རབས་དང་ཉེ་རབས་ཀྱི་རྩོམ་རིག་དཔེ་དེབ་པར་སྐྲུན་གང་འདྲ་བྱས་ཡོད་པའི་ཚུལ་རགས་ཙམ་གླེང་བར་བྱ་སྟེ།

ཁ་པོས་བོད་རང་སྐྱོང་ལྗོངས་པར་སྐྲུན་ཁང་ནས་གནའ་དུས་དང་ཉེ་རབས་ཀྱི་རྩོམ་

རིག་དཔེ་དེབ་པར་སྐྲུན་བྱས་པར་ལོ་རིམ་ལྟར་ཞིབ་རྩིས་བགྱིས་པ་ལྟར་ན། 1978ལོར་རྩོམ་རིག་རྩོད་པའི་དཔེ་སྐྲིང་པར་སྐྲུན་བྱེད་པའི་འགོ་ཚུགས་པ་དེ་ལྟར་ཡང་། སྐབས་དེ་དུས"མི་བཞི་ཤོག་ཁག"གཏོར་ཕམ་བཏང་ནས་དུས་ཡུན་རིང་པོ་སོང་མེད་པ་དང་། གཡོན་ཐལ་ཆེ་བའི་བསམ་བློའི་ཤུགས་རྐྱེན་གཙང་སེལ་བྱུང་མེད་པས་གནའ་དུས་དང་ཉེ་རབས་ཀྱི་རྩོམ་རིག་ལ་སོགས་པའི་དཔེ་སྐྲིང་པར་སྐྲུན་བྱས་པའི་གྲངས་ཚད་ཏ་ཅང་ཉུང་ཉུང་ཡིན་པ་དང་། ཐ་ན་ལོ་རྫིལ་པོའི་ནང་དཔེ་སྐྲིང་གཅིག་ཙམ་ལས་པར་སྐྲུན་བྱས་མེད་པའི་གནས་ཚུལ་བྱུང་ཡོད། 1979ལོ་ནས་བཟུང་མི་རྣམས་ཀྱི་བློ་སྒོ་ཡངས་པོར་སོང་བ་དང་། གནའ་དུས་དང་ཉེ་རབས་ཀྱི་དཔེ་ཆ་དང་། དེང་དུས་ཀྱི་བོད་ཀྱི་རྩོམ་རིག་རྩོད་པའི་རིག་གནས་སྤྱི་གོང་འཕེལ་གཏོང་བ་དེ་གཉིས་ཀྱི་བར་སྣང་ཆུང་བྱེད་ཐབས་བྲལ་བའི་འབྲེལ་བ་དམ་ཟབ་ཡོད་པར་ངོས་འཛིན་གསལ་དུ་ཕྱིན་པ་དང་དུས་མཚུངས་པར་སྐྲུན་གྱི་གྲངས་ཚད་ཀྱང་རིམ་བཞིན་མང་དུ་འགྲོ་བའི་སྐབས། 1981ལོར་གནའ་བོའི་དཔེ་དེབ་པར་སྐྲུན་གྱི་གྲངས་ཚད་དེ་དེང་སྐབས་དཔེ་དེབ་ལས་མང་བ་ཡོད་པས་བསྡུར་ཚད་དེ་གོ་བརྗེས་རྒྱག་དགོས་ཟེར་བ་སོགས་ཀྱིས་རྐྱེན་པས་དཔེ་སྐྲིང་པར་སྐྲུན་གྱི་གོམ་བགྲོས་ཤིན་ཏུ་དལ་ཞིང་། གྲངས་ཚད་ཏ་ཅང་དམའ་པོ་ཡིན།

1983ལོར་རྒྱལ་ཁབ་མི་རིགས་དོན་བྱེད་ཨུ་ཡོན་ལྷན་ཁང་གིས་པེ་ཅིང་དུ་རྒྱལ་ཡོངས་གྲངས་ཉུང་མི་རིགས་ཀྱི་དཔེ་སྐྲིང་མྱུར་སྐྱོབ་དང་། ཕྱོགས་སྒྲིག པར་སྐྲུན་བཅས་བྱེད་པའི་ལས་དོན་ཚོགས་འདུ་སྐོང་ཚོགས་མཛད་དེ་གྲངས་ཉུང་མི་རིགས་ཀྱི་དཔེ་སྐྲིང་མྱུར་སྐྱོབ་དང་། ཕྱོགས་སྒྲིག་དཔེ་སྐྲུན་བྱེད་རྒྱུའི་ལས་ཀར་ཤུགས་སྣོན་རྒྱག་དགོས་པའི་འཆད་སྐྲུལ་གནང་། ཚོགས་འདུ་དེའི་དགོངས་དོན་ལ་གཞིགས་ཏེ་ད་ཆ་རང་སྐྱོང་ལྗོངས་སུ་བོད་ཡིག་དཔེ་སྐྲིང་ཕྱོགས་སྒྲིག་དང་། ཞིབ་འཇུག པར་སྐྲུན་བཅས་བྱེད་པའི་འགོ་ཁྲིད་ཚོགས་ཆུང་དང་བོད་ཡིག་དཔེ་སྐྲིང་པར་སྐྲུན་ཁང་དངོས་སུ་བཙུགས་ཟིན་ཅིང་། བོད་ཡིག་དཔེ་སྐྲིང་ཕྱོགས་སྒྲིག་དང་པར་སྐྲུན་བྱ་རྒྱུའི་ལས་ཀ་བྱེད་བཞིན་ཡོད། ཀྱང་དབྱངས་གི་འབྲེལ་ཡོད་ཚན་པས་མཚོ་སྔོན་

མི་དམངས་དཔེ་སྐྲུན་ཁང་གི་དཔེ་སྙིང་པར་སྐྲུན་བྱེད་པའི་ལས་ཀའི་ཐད་ལ་བྱས་རྗེས་ལེགས་པོ་བཞག་པའི་སྐོར་《བོད་སྔང་ཉིན་རེའི་ཚགས་པར》ཐོག་འགྲེམས་སྤེལ་བྱས་པ་བརྒྱུད། བོད་ཀྱི་དཔེ་སྙིང་པར་སྐྲུན་བྱེད་རྒྱུར་ཟུར་ནས་སྐུལ་མ་བཏང་བ་མ་ཟད། ཆོས་ལུགས་བསམ་པའི་སྲྤགས་བཅོས་གི་ཁོངས་སུ་རྩིས་ནས་ལོ་རྒྱུས་ཀྱི་རིན་ཐང་ལྡན་པ་དང་། སྤྱི་ཚོགས་རིང་ལུགས་ཀྱི་བོད་གསར་འཛུགས་སྐྲུན་བྱེད་པར་དགོས་ཕན་ཡོད་པའི་དཔེ་སྙིང་པར་སྐྲུན་བྱེད་རྒྱུར་འགལ་རྐྱེན་དུ་གྱུར་པའི་ལུང་ཁུག་སྲིད་ཇུས་ལ་ཟུར་ནས་དགག་པ་ཚ་ནན་བརྒྱབ་པར་བརྟེན1984ལོར་བོད་ཀྱི་རྩོམ་རིག་སྒྱུ་རྩལ་སྐོར་ཚུད་པའི་དཔེ་སྙིང་པར་སྐྲུན་གྱི་གོམ་བགྲོས་མགྱོགས་སུ་ཕྱིན་ནས་ལོ་གཅིག་ཁོ་ནའི་ནང་དཔེ་དེབ་རིགས་མི་འདྲ་བ་ཁག་བཅུ་ལྷག་ཙམ་པར་སྐྲུན་བྱས་ཡོད་པས་དེ་སྔོན་ལོ་འགའ་ཤས་ཀྱི་རིང་ལ་དཔེ་དེབ་རིགས་མི་འདྲ་བ་ཁག་བཅུ་ཙམ་ཡང་པར་སྐྲུན་བྱེད་མི་ཐུབ་པའི་རྣམ་པ་དེ་འཕྱོར་ཞིག་ཏུ་སོང་བ་རེད།

གསུམ་པ།

རང་ལྗོངས་ཀྱི་རྩོམ་རིག་ཞིབ་འཇུག་དང་། དཔྱད་ཞིབ་ཀྱི་བྱ་བ་དེར་དམངས་ཁྲིད་ངག་ཐོག་གི་རྩོམ་རིག་ཕྱོགས་སྒྲིག་པར་སྐྲུན་བྱེད་པའི་ལས་དོན་དང་། སྤྱི་ཚོགས་རིང་ལུགས་ཀྱི་བོད་གསར་པའི་དུས་རབས་ཀྱི་རྩོམ་རིག་གསར་གཏོད་ཀྱི་བྱ་གཞག་བཅས་གོང་དུ་འཕེལ་བ་དང་མཚུངས་པའི་འཕེལ་རྒྱས་བྱུང་མེད་ནའང་ཐོར་གྱི་རྣམ་པ་རང་སོར་བསྡད་མེད་པར་འགྱུར་བ་གང་མཚམས་ཞིག་བྱུང་ཡོད་པ་དེའང་བོད་ཀྱི་རྩོམ་རིག་བྱ་གཞག་གི་དཔྱིད་དཔལ་སླར་བཞད་པའི་རྟགས་མཚན་ཞིག་ཡིན།

རྩོམ་རིག་གི་ཕྲུས་ཚད་གོང་མཐོར་བཏང་ནས་སྤྱི་ཚོགས་རིང་ལུགས་དང་བོད་མི་དམངས་ལ་ཞབས་འདེགས་ཞུ་བའི་སྤྱི་ཚོགས་ཀྱི་ནུས་པ་ཆེས་ཆེར་ཐོན་པ་བྱེད་དགོས་ན་ངེས་པར་དུ་གནའ་དུས་དང་ཉེ་རབས་ཀྱི་ཕུལ་བྱུང་རྩོམ་རིག་གི་སྲོལ་རྒྱུན་བཟང་པོ་རྣམས་རྒྱུན་འཛིན་དར་སྤེལ་དང་། དེང་རབས་ཀྱི་རྩོམ་རིག་གསར་རྩོམ་གྱི་ལེགས་ཆ་དང་ཞན་ཆ་འཚོལ་ཞིབ། མི་རིགས་གཞན་པའི་རྩོམ་རིག་ཁྲིད་ཀྱི་དགེ་མཚན་ལྡན་པའི་ལེགས་ཆ་རྣམས

མཚམས་སྦྱོར་བསྡུ་ལེན་དང་། ཡང་ན་རང་རིགས་ཀྱི་རྩོམ་རིག་དང་དཔྱད་བསྡུར་བཅས་བྱེད་དགོས་པ་ཞིག་ཡིན། དེས་ན་རྩོམ་རིག་ལ་ཞིབ་འཇུག་དང་། དཔྱད་ཞིབ་བྱ་རྒྱུར་མཐོང་ཆེན་བྱས་ནས་དེའི་ཐད་ཀྱི་ལས་ཀ་སྤར་བས་ལེགས་སྒྲུབ་བྱེད་དགོས་པ་དེ་ནི་རང་ལྗོངས་ཀྱི་རྩོམ་རིག་བྱ་གཞག་ཡར་རྒྱ་བཞིན་གོང་ནས་གོང་དུ་འཕེལ་ཐུབ་མིན་ལ་ཐུག་པའི་གལ་ཆེའི་གནད་དོན་ཞིག་རེད། རང་ལྗོངས་ནས་གནད་དོན་དེ་ཆེར་གཟིགས་ཏེ1979ལོར་བོད་ལྗོངས་སྤྱི་ཚོགས་ཚན་རིག་ཁང་གྲ་སྒྲིག་ཚོགས་ཆུང་བཙུགས་པའི་ཁོངས་སུ་སྐད་ཡིག་རྩོམ་རིག་ཞིབ་འཇུག་ཁང་ཆེད་དུ་བཙུགས་པར་སློབ་གྲྭ་ཆེ་གྲས་ནས་ཐོན་པའི་ཆེད་ལས་པ་དང་། སྤྱི་ཚོགས་སྟེང་ནས་རྩོམ་རིག་ཞིབ་འཇུག་གི་ལས་ཀ་དང་འཚམ་པའི་མི་སྣ་བསྡུ་རུབ་བྱས་པ་དང་། 1982ལོར་བོད་ལྗོངས་རྩོམ་རིག་སྒྱུ་རྩལ་མཉམ་འབྲེལ་ཚོགས་པའི་ཁོངས་སུ་རྩོམ་རིག་དཔྱད་གཏམ་ཨུ་ཡོན་ལྷན་ཁང་བཙུགས་ནས་ལོ་དེའི་ཟླ་བ་བདུན་པའི་ནང་ལྷ་སར་རྩོམ་རིག་གསར་རྩོམ་དང་། དཔྱད་ཞིབ་སྐོར་གྱི་བཞུགས་མོལ་སློབ་ཁྲིད་འཛིན་གྲྭ་གཉེར་བ་དང་། ཟླ་བ་བཅུ་པའི་ནང་ལྷོ་ཁར་རྩོམ་རིག་དཔྱད་གཏམ་སྐོར་གྱི་ཚོགས་འདུ་སྐོང་ཚོགས་བྱས། གོང་གསལ་གྱི་བྱེད་སྒོ་དེ་ལྟར་སྤེལ་བ་དང་ཚན་པ་ཁག་བཙུགས་སྟབས་བོད་ཀྱི་གནའ་དེང་རྩོམ་རིག་ལ་ཞིབ་འཇུག་དཔྱད་པ་བྱེད་པའི་ལས་ཀར་སྐུལ་མ་ཆེས་ཆེར་ཐེབས་ནས་ཉེ་ལམ་ལོ་ཤས་ནང་གཏམ་རྒྱུད་རིང་པོ་《གཞོན་ནུ་ཟླ་མེད་ཀྱི་གཏམ་རྒྱུད》དང་། 《བྱ་སྤྲེལ་གཏམ་རྒྱུད》《ཆར་ཤུལ་གྱི་ནགས་ཚལ》《ས་སྐྱ་ལེགས་བཤད》《སྙན་ངག་མེ་ལོང》རྩོམ་རིག་གི་ལམ་ནས་དྲངས་པའི་ལོ་རྒྱུས་མི་སྣའི་བྱུང་བ་བརྗོད་པ་《མི་དབང་རྟོགས་བརྗོད》སོགས་ཀྱིས་མཚོན་པའི་གནའ་དེང་རྩོམ་རིག་དང་། ཡང་ན་རྩོམ་པ་པོར་ཞིབ་འཇུག་དཔྱད་པ་བྱས་པའི་ཆེད་རྩོམ་དང་དཔྱད་གཏམ་མི་ཉུང་བ་ཞིག་སྤེལ་ཡོད་པས་རྒྱ་ཆེའི་ཀློག་པ་པོས་རྩོམ་རིག་བརྩམས་དེབ་དེ་ཚོ་གཟིགས་ཀློག་མཛད་སྐབས་ལེགས་ཉེས་ཕྲན་དོར་གྱི་གནད་ལ་མི་འཁྱུག་པ་བྱེད་རྒྱུ་དང་། རྩོམ་རིག་གསར་གཏོད་མཁན་ཚོས་རང་རང་སོ་སོའི་གསར་རྩོམ་ལེགས་ཉེས་ཀྱི་གནད་རྟོགས་ནས་རྩོམ་རྩལ་གྱི་ཆུ་ཚད་རིམ་བཞིན་གོང་མཐོར་གཏོང་རྒྱུར་ཕན་ནུས

ཐོན་ཐུབ་པ་བྱུང་ཡོད།

མིག་སྔའི་རང་ལྗོངས་ཀྱི་རྩོམ་རིག་ཞིབ་འཇུག་དང་། དཔྱད་ཞིབ་ཀྱི་ཁྱད་ཆོས་ངོས་ནས་བཤད་ན་གནའ་རབས་དང་ཉེ་རབས་ཀྱི་རྩོམ་རིག་ལ་ཞིབ་འཇུག་དཔྱད་པ་བྱས་པའི་ཆེད་རྩོམ་དང་དཔྱད་གཏམ་གྱི་རྩོམ་ཡིག་ཐོན་ཆེ་ཙམ་ཡོད་པ་ལས། དེང་རབས་ཀྱི་རྩོམ་རིག་གསར་རྩོམ་དང་། ལྷག་དོན་དུ་དེང་རབས་ཀྱི་ཀྲུང་གྲགས་ཆེ་བ་དང་། སྤྱི་ཚོགས་ལ་ཤན་ཤུགས་གང་འཚམ་སྤེར་ནུས་པའི་རྩོམ་པ་པོ་དང་བརྩམས་དེབ་ལ་ཞིབ་འཇུག་དཔྱད་ཞིབ་བྱས་པའི་ཆེད་རྩོམ་དང་དཔྱད་གཏམ་ནི་ཤིན་ཏུ་དཀོན་པོ་ཡིན་པ་དང་། རྩོམ་རིག་གི་བརྩམས་དེབ་རྐྱང་པར་ཞིབ་འཇུག་དཔྱད་ཞིབ་བྱས་པའི་རྩོམ་ཡིག་ཐོན་ཆེ་ཙམ་ཡོད་པ་ལས། རྩོམ་རིག་ཁྱབ་ཁོངས་ནང་གི་གནད་དོན་ཆེ་གྲས་ཏེ་རྩོམ་རིག་དང་སྤྱི་ཚོགས་ཀྱི་འབྲེལ་བའི་སྐོར་རམ། རྩོམ་རིག་གི་ལོ་རྒྱུས་འཕེལ་རིམ་ནང་རྩོམ་སྒྲོལ་ལ་འགྱུར་བ་གང་འདྲ་བྱུང་ཡོད་པ་དང་རྒྱུ་རྐྱེན་ཅི་ཡིན་སྐོར། བོད་ཀྱི་རྩོམ་རིག་དང་མི་རིགས་གཞན་གྱི་རྩོམ་རིག་དབར་གྱི་འབྲེལ་བའི་སྐོར། ཡང་ན་དེང་རབས་རྩོམ་རིག་གི་ཁྱད་ཆོས་དང་། འཕེལ་ཕྱོགས། དགེ་སྐྱོན་སྐོར་ལ་སོགས་པའི་ཐད་རྒྱས་བཤད་རྒྱས་སྤྲོས་བྱས་པའི་དཔྱད་བསྡུར་ཆེད་རྩོམ་ཏ་ལམ་རེ་ཟུང་ཙམ་ཡོད་མེད་ལའང་ངེས་པ་མི་འཚལ་བ་དང་། རྩོམ་རིག་གི་བརྩམས་དེབ་དང་། རྩོམ་པ་པོ་ངོ་སྤྲོད་རགས་རིམ་ཙམ་བྱས་པ་དང་། ཡང་ན་སྐབས་བདེ་སླ་བཅོས་ཀྱི་རྩོམ་ཡིག་མང་བ་ལས། ཞིབ་ཅིང་ཕྲ་བ་དང་གཏིང་ཚད་ཟབ་མོའི་སྒོ་ནས་ཞིབ་འཇུག་དཔྱད་ཞིབ་བྱས་པའི་རྩོམ་ཡིག་ཤིན་ཏུ་ཉུང་ངུར་ཟད། རང་ལྗོངས་ཀྱི་རྩོམ་རིག་ཞིབ་འཇུག་དང་དཔྱད་ཞིབ་ཀྱི་བྱ་བར་གནས་བཞིན་པའི་ཁྱད་ཆོས་དེར་བོད་ཀྱི་དེང་རབས་རྩོམ་རིག་དར་རྒྱས་ཕུན་སུམ་ཚོགས་སུ་གཏོང་རྒྱུ་དང་། ཁ་ལྗོངས་མི་རིགས་ཀྱི་དམིགས་བསལ་ཁྱད་ཆོས་ལྡན་པའི་སྤྱི་ཚོགས་རིང་ལུགས་ཀྱི་བསམ་པའི་དཔལ་ཡོན་འཇུགས་སྐྲུན་བྱེད་རྒྱུའི་ཐད་ལ་དགེ་མཚན་ལྡན་མེད་པ་མིན་ལ། ཆ་མི་སྙོམས་པའི་ཞན་ཆ་ཡང་མེད་པ་མིན།

དགེ་མཚན་དར་སྤེལ་དང་། ཞན་ཆ་བསལ་ནས་རང་ལྗོངས་ཀྱི་རྩོམ་རིག་ཞིབ་འཇུག

དང་། དཔྱད་ཞིབ་ཀྱི་བྱ་བར་རྣམ་པ་གསར་རྐྱང་ཞིག་ཐོན་ཐུབ་པ་བྱེད་དགོས་པ་ནི་རང་རེ་ཆེད་གཉེར་དང་། ཡང་ན་ལས་ཞོར་གྱི་ཞིབ་འཇུག་བྱེད་མཁན་ཚོའི་ཕྲག་པར་བབས་པའི་འོས་འགན་ཞིག་རེད་ལ། འོས་འགན་དེ་རིམ་པས་མངོན་འགྱུར་ཡོང་རྒྱུ་ཡིན་པ་གཤམ་གསལ་གྱི་གནད་དོན་གསུམ་ལས་གསལ་བཤད་བྱེད་ཐུབ།

དང་པོ་ནི་རང་ལྗོངས་ཀྱི་ཆེད་གཉེར་དང་ལས་ཞོར་ཟུང་དུ་འབྲེལ་བའི་རྩོམ་རིག་ཞིབ་འཇུག་གི་དཔུང་ཁག་གཞི་རྩའི་ཆ་ནས་གྲུབ་ཟིན་པ་དང་འཚར་ལོངས་ཡོང་བཞིན་ཡོད། དཔུང་ཁག་དེའི་ཁྲོད་དུ་གནའ་དེང་རྩོམ་རིག་ལ་གཟིགས་རྒྱ་ཆེ་བའི་རྒན་རབས་ཡོད་ལ། གནའ་དེང་རྩོམ་རིག་ལ་ཆ་རྒྱུས་ངེས་ཅན་དང་། འཚོ་བའི་ཉམས་མྱོང་གང་འཚམ་ཡོད་པ། དེང་རབས་ཀྱི་ཞིབ་འཇུག་ཐབས་ལམ་འཛིན་པའི་དར་མ་ཡོད་པ་མ་ཟད། སྙིང་སྟུས་ཆེན་པོས་སློབ་སྦྱོང་དང་། བརྩོན་འགྲུས་སྙོམ་མེད་ཀྱིས་ཞིབ་འཇུག་གི་བྱ་བ་ལྷུར་བླངས་ནས་འབྲས་བུའང་གང་འཚམ་ཐོབ་པའི་གཞོན་ནུ་བཅས་ཡོད་པ་དེ་ནི་རང་ལྗོངས་ཀྱི་རྩོམ་རིག་ཞིབ་འཇུག་ལ་རྣམ་པ་གསར་པ་ཞིག་ཐོན་ཐུབ་པའི་འགན་ལེན་ཡིན།

གཉིས་པ་ནི་ཞིབ་འཇུག་གི་ཁྱབ་ཁོངས་ནང་བརྒྱ་ཁ་གཅིག་གཅོད་ཀྱི་རྣམ་པ་འཐོར་ཞིག་ཏུ་ཕྱིན་ནས་འཕྲུག་ཆ་དོད་པའི་འགྲན་གླེང་གི་རྣམ་པ་གསར་པ་ཞིག་ཐོན་འགོ་ཚུགས་ཡོད། རང་ལྗོངས་ཀྱི་ཞིབ་འཇུག་མཁན་ཚོས་བོད་ཀྱི་རྩོམ་རིག་གི་ཕྱོགས་གང་ཅིའང་ཐད་ལ་ཞིབ་འཇུག་བྱས་པའི་རྩོམ་རིག་གི་ཕྱོགས་གང་ཅིའི་ཐད་ལ་ཞིབ་འཇུག་བྱས་པའི་རྩོམ་ཡིག་མི་ཉུང་བ་ཞིག་སྤེལ་ཡོད་པ་མ་ཟད། རྩོམ་རིག་གི་ཁྱབ་ཁོངས་ནང་གི་གནད་དོན་འགའི་ཐད་ལ་འཛིན་པའི་ལྟ་བ་འདྲ་མིན་སྐོར་གྱི་རྩོམ་ཡིག་འགྲེམས་སྤེལ་བྱས་ཡོད་པ་དཔེར་ན། 《གཞོན་ནུ་ཟླ་མེད་ཀྱི་གཏམ་རྒྱུད》ཀྱི་བརྗོད་དོན་སྐོར་ལ་ལྟ་ཚུལ་མི་གཅིག་པའི་དཔྱད་ཡིག་ལྔ་ཙམ《མཚོ་སྔོན་སློབ་གསོ》དང་། 《བོད་ལྗོངས་རྩོམ་རིག་སྒྱུ་རྩལ》《ཉི་གཞོན》《ལྷ་ས་སྐྱིད་ཆུ》སོགས་ཀྱི་དུས་དེབ་ཐོག་ཏུ་སྤེལ་ཡོད། འགལ་འདུའི་མདུན་བསུས་ནས་དེ་དག་ཐག་གཅོད་བྱེད་སོད་པའི་བློ་རྩལ་ལྡན་པ་དང་། ལྟ་བ་འདྲ་མིན་ཅི་མཆིས་སྨྲ་གསང་མེད་པར་

འགྲན་སློང་བྱེད་པ་དེ་ནི་རང་སྐྱོང་ས་ཀྱི་རྩོམ་རིག་ཞིབ་འཇུག་གཉེར་ཟབ་ཀྱི་ངང་གོང་དུ་འཕེལ་བའི་འགྲུལ་ཤུགས་ཡིན།

གསུམ་པ་ནི་རང་སྐྱོང་ས་ཀྱི་སློབ་གསོའི་བྱ་གཞག་རིམ་བཞིན་འཕྲུས་སྨྲ་ཚང་དུ་འགྲོ་བ་དང་གོང་འཕེལ་འབྱུང་བཞིན་ཡོད་པ་དེས་རང་སྐྱོང་ས་ཀྱི་རྩོམ་རིག་ཞིབ་འཇུག་དར་རྒྱས་ཕུན་སུམ་ཚོགས་སུ་འགྲོ་རྒྱུར་གལ་ཆེའི་ནུས་པ་ཐོན་ངེས་ཡིན། དེ་སྔ་དང་བསྡུར་ན་ཉེ་ལམ་བོད་རིགས་ཁྲིད་ནས་སློབ་གྲྭ་ཆེ་ཁག་ལ་སྐྱོད་མཁན་ལོ་རེ་ལས་ལོ་རེ་མང་བ་ཡོད་པ་དང་། ཁོང་ཚོས་སློབ་གྲྭའི་ནང་ནང་གཞིར་གྱུར་པའི་ཤེས་བྱའི་རིགས་སློབ་པ་དང་། ཚན་རིག་དང་མཐུན་པའི་ཞིབ་འཇུག་བྱེད་སྟངས་ཀྱི་ཐབས་ཤེས་ཁོང་དུ་ཆུད་པ་བྱེད་ཀྱི་ཡོད་པས། ཁོང་ཚོའི་ཁྲིད་ནས་ཁག་གཅིག་རང་སྐྱོང་ས་ཀྱི་ཞིབ་འཇུག་དཔུང་ཁག་ནང་གི་སྐྱེ་སྟོབས་ཀྱི་དཔལ་འབར་བའི་སྟོབས་ཤུགས་སུ་འགྱུར་རྒྱུ་རེད།

མདོར་ན། རང་སྐྱོང་ས་ཀྱི་རྩོམ་རིག་བྱ་གཞག་གི་དཔྱིད་དཔལ་སླར་བཞད་པ་དེ་ནི་ཧང་གི་མི་རིགས་སྲིད་ཇུས་དོན་ཐོག་ཏུ་འཁྱོལ་བའི་མཚོན་རྟགས་ཡིན་ཞིང་། གལ་ཏེ་ཧང་ཀྲུང་དབྱང་གི་བོད་ཀྱི་དམིགས་བསལ་ཁྱད་ཆོས་ལ་གཞིགས་པའི་སྲིད་ཇུས་དེ་ལྟ་བུ་ཞིག་མེད་པའམ། ཡོད་ཀྱང་ལག་ལེན་དུ་མ་འཁྱོལ་བ་ཡིན་ན་བོད་ཀྱི་ལས་དོན་ལ་དེ་རིང་ལྟ་བུའི་རྣམ་པ་གསར་པ་ཞིག་སྨྱུར་ཚད་མགྱོགས་པོའི་ངང་ཐོན་མི་སྲིད་ལ། བརླན་གཤེར་དང་བྲལ་བའི་རྩེ་ཤིང་ལྟར་རྩ་སྐམ་སྟོང་ལ་ཁད་པའི་བོད་ཀྱི་རྩོམ་རིག་བྱ་གཞག་དེ་ད་ཆ་ཡན་ལག་བརྒྱད་ལྡན་ཆབ་རྒྱུན་གྱིས་བསྐྱངས་པའི་ཀང་འཐུང་སླར་གསོས་ཏེ་གཡུར་ཟའི་འབྲས་བུ་འདོགས་པའི་འགོ་ཚུགས་པ་སྐྱེ་བོའི་འདྲེན་བྱེད་ཀྱི་ཡུལ་དུ་མངོན་སུམ་འཆར་བ་ལྟ་བུ་འདི་འདྲ་འབྱུང་མི་སྲིད་པ་ནི་རང་རེས་ལོ་ངོ་ཉེ་ཤུའི་ནང་བོད་ཀྱི་རྩོམ་རིག་བྱ་གཞག་འཕེལ་འགྱིབ་ཀྱི་སྣང་ཚུལ་ལས་གསལ་ལེར་རྟོགས་པར་ནུས་སོ།

རྩོམ་ཡིག་འདི་《བོད་ལྗོངས་ཞིབ་འཇུག》1985ལོའི་དེབ་གསུམ་པར་འཁོད།

༧༧། །སྐད་ཡིག་སྒྱུ་རྩལ་གྱིས་རྩོམ་རིག་ལ་སྐྱེར་བའི་ནུས་མཐུའི་སྐོར་གླེང་བ།

试论语言艺术对文学产生的作用

[བརྗ་ཆད་གཙོ་བོ།] སྐད་ཡིག ནུས་པ།

[ནང་དོན་གནད་བསྡུས།] རྩོམ་འདིའི་ནང་རྩོམ་རིག་གང་དང་གང་འབྲི་བར་ཚང་མ་སྐད་ཡིག་རང་ལ་བརྟེན་དགོས་པས་སྐད་ཡིག་སྒྱུ་རྩལ་གྱིས་དབེན་པའི་མི་ཞིག་ངོས་ནས་བརྗོད་ན་རང་ཉིད་ཀྱིས་བརྗོད་པར་འདོད་པའི་དོན་རྣམས་སླན་ཞིང་འཇེབས་དང་འབུར་ཏུ་མངོན་མི་ཐུབ་པའི་སྐོར་དཔེ་དང་སྦྲགས་ནས་གླེང་ཞུལ་བྱས་ཡོད།

[关键词]语言;作用

[摘　要]本文根据藏文杂志上发表的新创作品存在语义不达、逻辑性不强、或欠缺吸引读者的文学具有的语言特色等现象,对某些作者提出提高文学作品质量首先务必要过好语言关的建议。

བོད་མི་རིགས་ལ་བརྗོད་ལས་འདས་པའི་རྩོམ་རིག་འབོར་ཆེན་ཞིག་ཡོད། འོན་ཀྱང་དེ་དག་ཡོད་དོ་ཅོག་ཚང་མ་དུས་ཀྱི་ཚོད་བགམ་ཐེགས་ཐུབ་པ་ཤ་སྟག་ཡིན་པ་མ་ཡིན་པར། ལ་ལ་ཤིང་དཔར་དཔེ་དེབ་ཏུ་མ་འཁོད་ཀྱང་མི་རབས་ནས་མི་རབས་བརྒྱུད་དེ་དམངས་ཀྱི་ཁྲོད་དུ་དར་འགྲོ་བ་དང་། ལ་ལ་དཔེ་ཆ་དུས་དེབ་སོགས་སུ་བཀོད་གྱུར་ཀྱང་སྐར་མདའ་ཇི་བཞིན་ཡུད་ཡུད་དུ་མི་རྣམས་ཀྱི་ཡིད་བློའི་ནང་ནས་མིང་ཙམ་མེད་པར་ཡལ་འགྲོ་ཡི་ཡོད། རྩོམ་རིག་དེ་ཚོ་སོ་སོར་དེ་ལྟའི་ལས་དབང་མི་འདྲ་བ་དང་། མི་རྣམས་ཀྱི་བརྩིས་ཆེ་ཆུང་གི་ཁྱད་པར་ཆེན་པོ་ཡོད་དགོས་པའི་རྒྱུ་དང་རྐྱེན་གང་དང་གང་ཡིན་པའི་སྐོར་བརྗོད་ན་རྩོམ་རིག་གི་བརྗོད་པར་འདོད་པའི་དོན་གཏིང་ཟབ་ལོས་ཡིན་པ་དང་། ནང་དོན་དང་སྐབས་སུ

བབས་པའི་དུས་སྐབས་སོ་སོའི་ནང་མི་རྣམས་ཀྱི་འདུ་ཤེས་འཛིན་སྟངས་གཉིས་མཐུན་མིན་ཇི་ལྟར་ཡིན་པ་དང་། བརྗོད་བྱ་དང་མི་རིགས་ཉིད་ཀྱི་འཚོ་བའི་གོམས་སྲོལ། སེམས་ཁམས་བཅས་དང་འཚམ་མི་འཚམ་ཡིན་པ། རྩོམ་རིག་གི་སྒྲིག་གཞི་དམ་ལྷོད་དང་གོང་འོག་མཐུན་མཚམས་ལེགས་མིན་ཇི་ལྟར་ཡིན་པ། བྱ་རིམ་འཕེལ་འགྱུར་གྱི་གྱུ་རྙོག་འཛིན་ཆེ་མིན་ཇི་ལྟར་ཡིན་པ་བཅས་ཕུད། རང་ཉིད་ཀྱིས་བརྗོད་པར་འདོད་པའི་དོན་ཐམས་ཅད་གོ་བ་ལོག་སྲུབ་མི་ཡོང་བའི་ངང་སྐད་ཡིག་སྒྱུ་རྩལ་གྱི་ལམ་ནས་སྟན་ཞིང་འདེབས་ལ་གསལ་ལེ་ཕྲ་ལེར་མཚོན་དགོས་པ་དེའང་རྩོམ་རིག་སྒྱུ་རྩལ་ངོས་ནས་བཤད་ན་དེ་བས་འགག་རྩ་ཞིག་ཡིན་པར་ངེས་བསམས། རྩོམ་རིག་ནི་ཕྱིར་བཏང་གི་རྩོམ་ཡིག་ལྟར་རང་གིས་འབྲི་བར་བསམས་པ་ཡིག་ཐོག་ཏུ་སྟན་ཆ་མེད་ནའང་སྒྲ་བརྡ་འཕྲོད་ཙམ་འཕབ་ཐུབ་པ་མ་ཡིན་པར་དེར་ངེས་པར་དུ་བསམ་པའི་གོ་དོན་ཟབ་མོ་སྤྱོད་རྒྱུ་ཡོད་པ་མ་ཟད། སྐད་ཡིག་སྒྱུ་རྩལ་གྱི་རོ་བཅུད་ཀྱང་སྤྱོད་རྒྱུ་ཡོད་དགོས་པ་དང་། སྟན་འདེབས་ཀྱི་སྐད་ཡིག་སྒྱུ་རྩལ་གྱི་རོ་བཅུད་སྤྱོད་བའི་ཁྱད་རང་གིས་མི་རྣམས་ལ་སྟེར་བའི་སེམས་པའི་ཐོག་མའི་ཀུན་སློང་ཀློག་པ་པོའི་ཡིད་ཁོངས་སུ་རང་བཞིན་གྱིས་གཟུབ་ཐུབ་པའི་ནུས་པ་ཐོན་པ་བྱེད་དགོས་པ་ཡིན། བོད་ཀྱི་རིམ་བྱུང་མཁས་པ་རྣམས་པས་ཕྱག་སོར་གྱི་སྒྱུག་རྩལ་ངོམས་ཏེ་སྟན་འདེབས་ལྷབ་ཀྱུར་གྱི་རྩོམ་རིག་འབྱམས་ཀླས་པ་ཞིག་གསར་སྐྲུན་བྱས་ཡོད་ལ་དེ་དག་ནང་ནས་ཤུང་ཤས་ཙམ་དཔར་དུ་འཁོད་པ་ལས་ཕལ་མོ་ཆེ་ནི་སྐབས་དེ་དུས་ཀྱི་པར་སྐྲུན་གྱི་ཆ་རྐྱེན་དང་། ཆབ་སྲིད་དང་ཆོས་ལུགས་ཀྱི་དགོས་པའི་དབང་གིས་པར་ཤིང་དུ་འཁོད་ནས་དར་སྤེལ་ཁྱབ་གདལ་དུ་འགྲོ་ཐུབ་པ་བྱུང་མེད། འོན་ཀྱང་པར་ཤིང་ངམ་པར་དེབ་ཏུ་འཁོད་དབང་བྲལ་བའི་ཁྱད་ནས་རྩད་བྱུང་ངོ་མཚར་ཆེ་བའི་སྐད་ཡིག་སྒྱུ་རྩལ་གྱི་ལམ་ནས་རང་གི་བརྗོད་དོན་གང་ཡིན་པ་ལྷམ་མེ་ལྷང་ངེར་མཚོན་པ་བརྒྱུད་མི་རྣམས་ཀྱི་ཡིད་ཀྱི་དབང་པོ་ཅིག་ཅར་དུ་འཕྲོག་ཐུབ་པ་བྱས་ཡོད་པའི་རྩོམ་རིག་ཁག་གཅིག་ནི་གང་ཞིག་གཟིགས་བསྐལ་ཐོབ་པའི་ཀློག་པ་པོའི་ངག་རྒྱུན་ལས་ད་ལྟའི་བར་དུ་ཡོད་པ་དང་ཁག་གཅིག་ནི་གཅིག་ནས་གཅིག་གིས་བྲིས་བཤུས་བྱས་པ་བརྒྱུད་ད་ལྟའི་

བར་དུ་འཚོ་གནས་ཐུབ་པ་མ་ཟད། དཔེ་དེབ་ཏུ་ཆ་ཚང་འཁོད་ཐུབ་པ་བྱུང་ཡོད། དཔེར་ན། གོང་དུ་མགོ་བརྗོད་ལ《ཀ་ལེབ་དྲུང་ཡིག་དང་ཁོང་གིས་སེར་བྱེས་གྲྭ་ཚང་གི་ཕྱག་མཛོད་བཀྲ་ཤིས་ལ་འཕྲོ་བའི་ཀ་བཤད་སྐོར་གླེང་བ》ཞེས་བྱ་བའི་ནང་གི་ཀ་བཤད་ལས་ཕྱག་མཛོད་བཀྲ་ཤིས་ཀྱི་སྙིང་ལ་བཟོད་སྒྲགས་བྲལ་བའི་ན་ཟུག་དྲག་པོ་སྐྱེར་བའི་བརྙ་ཚིག་གི་རྡོ་མཚོན་གནད་དུ་འཕིགས་པ་འཕངས་པ་ལྟ་བུའོ། ང་ཚོས་ད་དུང་《གཞོན་ནུ་ཟླ་མེད་ཀྱི་གཏམ་རྒྱུད》དཔེ་མཚོན་དུ་བྱས་ནས་གསལ་བཤད་བྱས་ན་སྐད་ཡིག་སྒྱུ་རྩལ་གྱིས་རྩོམ་རིག་ལ་སྐྱེར་བའི་ནུས་པ་དེ་བས་གལ་ཆེན་པོ་ཡིན་པ་རྟོགས་ཐུབ།

《གཞོན་ནུ་ཟླ་མེད་ཀྱི་གཏམ་རྒྱུད》ནི་མདོ་མཁར་ཞབས་དྲུང་ཚེ་རིང་དབང་རྒྱལ་མཆོག་ནས་དུས་རབས་བཅོ་བརྒྱད་པའི་དུས་འགོར་བརྩམས་གནང་མཛད་པ་དང་། སྙན་འཇེབས་ཚིག་གི་ཕྲེང་བ་ཇི་སྙེད་པའི་ལམ་ནས་བཤད་པའི་གཏམ་རྒྱུད་ལྷབས་པོ་ཆེ་ཞིག་རེད། གཏམ་རྒྱུད་ནང་རྩོམ་པ་པོས་གསོན་ཉམས་ལྡན་པའི་གཏམ་དཔེ་མང་པོ་བཀོད་ནས་མིའི་གཟུགས་བརྙན་དང་། ཡུལ་གྱི་མཛེས་སྡོངས། བསམ་པའི་འཆར་སྒོ་སོགས་མངོན་སུམ་བཞིན་བྲིས་ཡོད་པ་མ་ཟད། བོད་ཀྱི་འབྱམས་ཀླས་གཙུག་ལག་རྒྱ་མཚོ་ཆེན་པོའི་ནང་གི་སྐྱེ་སྟོབས་ཀྱི་དཔལ་འབབ་བའི་ཚིག་སྦྱོར་དང་། མངོན་བརྗོད་སྤྱད་དེ་བསམ་པའི་པསླབ་བྱ་རབ་ཏུ་ཞུགས་པའི་གཏམ་རྒྱུད་དེ་སྙན་འཇེབས་ཤིན་ཏུ་དོད་པོ་བྲིས་ཡོད། གཏམ་རྒྱུད་དེ་བརྩམས་ནས་ལོ་ངོ་ཉིས་བརྒྱ་ལྷག་ཙམ་སོང་ཟིན་པའི་ད་ལྟའི་དུས་རབས་ཀྱི་གངས་ཅན་པས་ཀྱང་ཀློག་འདོན་བྱེད་རྒྱུར་ཐུགས་མཉེས་པོ་གནང་གིན་ཡོད་པ་དེ་ནི་གཏམ་རྒྱུད་དེར་གོ་བ་ཟབ་མོ་དང་། གྲུ་གྲུར་རྟོག་འཛིང་ཆེ་ཞིང་སྙན་འཇེབས་ཤིན་ཏུ་དོད་པའི་ཁྱད་ཆོས་འདིའི་རྐྱེན་ཙམ་གྱིས་མ་ཡིན་པར་དེའི་ནང་ཡུལ་ལུང་སྐད་ཀྱི་སྐྱོན་མེད་པར་བོད་མི་སྤྱི་ཡིས་གོ་བའི་ཕལ་སྐད་ཀྱི་རྨང་གཞིའི་ཐོག གནའ་བོའི་བོད་ཀྱི་རིག་གཞུང་ནང་གི་ཕུན་སུམ་ཚོགས་པའི་བརྡ་སྦྱོར་ཚིག་མང་དག་བཀོལ་སྤྱོད་བྱས་ཡོད་སྟབས། ཕྱིར་བོད་མི་ཡོངས་དང་སྒོས་སུ་གཞོན་སྐྱ་གསར་རྣམས་ཀྱིས་རང་རེའི་མི་རིགས་ཀྱི་གནའ་བོའི་སྐད་ཡིག་འཛིན་སྐྱོང་སྤེལ་

གསུམ་ཇི་ལྟར་བྱ་དགོས་པར་ཕན་ལྡན་གྱི་རོ་བཅུད་ལྡན་པའི་རྒྱེན་གྱིས་ཡིན། དེས་ན་པོ་བོས་གཏམ་རྒྱུད་ནང་ནས་ནམ་མཁའི་སྐར་ཚོགས་བཞིན་འོད་སྣང་རྣམ་པར་བཀྲ་བའི་ཚིག་སྦྱོར་ཁྲིད་ནས་དེང་སྐབས་དུས་དེབ་ཚགས་པར་སོགས་སུ་རྒྱུན་དུ་སྤྱོད་པ་ཉུང་ཉུང་ཡིན་པ་ཁག་གཅིག་འདེམས་བཀོད་བྱས་ན་ཕོངས་པ་ལ་དཀྱིལ་ཆེ་བ་དང་། ཁང་ཆེན་ལ་བ་གམ་དང་། རྒྱུན་ཆད་མེད་པར་གཏན་པ་མེད་པ་དང་། བརྗེད་པ་ལ་གཡེལ་བ་དང་། སྤྱོད་ཚུལ་ལ་བརྟུལ་ཞུགས་དང་། དབང་སོགས་བཟུང་བ་ལ་འཆའ་བ་དང་། ཞེན་པ་ལ་སྲེད་པ་དང་། མཁས་པ་དང་ལེགས་པ་ལ་དྲ་མ་དང་། དྲིན་ལན་ལ་ལན་ལོག་དང་། གཤིས་རྒྱུད་འཛམ་པ་ལ་དེས་པ་དང་། ཉམས་སད་ལ་བགམ་པ་དང་། དྲང་པོ་ལ་གསོང་པོ་དང་། དམའ་ས་འབབས་ལ་གཙོང་རོང་དང་། སོང་བ་ལ་དོང་བ་དང་། བྲེལ་འཚབ་འཚུབ་ལ་རིངས་པ་དང་། སྲབ་ལ་མི་ཕྱིད་དང་། བཤད་པ་ལ་བསླད་པ་(སྐབས་རེ་སྐད་ཆའི་མིང་གོ་དགོས་པ་དཔེར་ན་བསམ་པའི་བསླད་པ་ལེགས་པར་གསོལ་ཞེས་ལྟ་བུ་)དང་། འབད་པ་ལ་གཞོལ་བ་(རྒྱུ་སོགས་འབབ་པ་ལ་གཞོལ་བ་ཟེར་ཞེས་དེབ་འགར་འཁོད་འདུག་ཀྱང་གཏམ་རྒྱུད་ནང་འབད་པའི་དོན་རང་ཡིན་པར་ངེས་)དང་། བསྒྲུན་པ་ལ་མ་མནགས་པ་དང་། རྫིང་སྤྱོད་ལ་གདོལ་པ་དང་བཙང་སྤྱོད་དང་། མ་རབས་ལ་ཐ་ཆད་དང་། ཡིད་ཆེས་ལ་དང་དགའ་བ་ལ་དང་བ་དང་། ང་རྒྱལ་ལ་བསྙེམས་པ་དང་། བར་ཆད་ལ་ཉེ་ཞོ་དང་། བག་ཕེབས་པའི་གཏམ་སྨྲས་པ་ལ་ཕེབས་པར་སྨྲས་དང་། མིང་སྙན་གྲགས་ལ་གྲགས་དཀར་དང་། གད་མོའི་སྐད་ཀྱི་ང་རོ་ལ་གད་རྒྱངས་དང་། ལྷང་དོར་ལ་འཇུག་ལྡོག་དང་། མདུན་དུ་བང་སྒྲིག་པ་ལ་མདུན་བདར་བ་(མདུན་དུ་བསྟོད་པའམ་བཀྲིས་པའི་དོན་འདུག་ན་སྐབས་བསྟུན་ལ་གཞིགས་ནས་གོ་བ་ལེན་དགོས་པ་འདུག)དང་། དངོས་པོ་སོགས་སྟེར་བ་ལ་སྟོབ་པ་དང་། ཡུལ་ངེས་མེད་ལ་ག་ཤེད་དང་། ཟོལ་སྦྱོར་བཙོས་མ་ལ་གཅམ་བུ་དང་། ནན་ཏན་ལ་ནན་ཐུར་དང་། སོམ་ཉི་ཐེ་ཚོམ་ལ་ནེམ་ནུར་དང་། སྨད་པ་དང་གཤེ་བ་ལ་སྨྱོ་བ་དང་། ཟང་ཟིང་ལང་ལོང་ལ་ཡོ་ལང་དང་། སྨྲ་བའམ་ཞུ་བ་ལ་གདམས་པ་དང་། གོས་སོགས་གྱོན་པ་ལ་

མནབས་པ་དང་། བང་ཆེན་པོ་ཉར་བྱ་མ་ཧ་དང་། བཀའ་སོགས་འགལ་བ་ལ་འགོང་བ་(སྐབས་ཐོག་སླད་པ་ལའང་)དང་། འཁྲུམ་པ་ལ་འཕྲུན་པ་དང་། ད་ནི་ཞེས་པ་ད་ཀོ་ནི་དང་། བརྩོན་པ་ལ་བརྟུན་པ་དང་། བརྟག་པ་མེད་པ་ལ་གྱ་ཚོམ་དང་ཚམ་ཚོམ་དང་། ཡན་ལག་གི་ཡན་ལག་ལ་ཉིང་ལག་དང་། རང་གི་ཤ་ལ་ཉིང་ཤ་(ཚིག་མཛོད་འགར་ཉེ་དུའི་ཤ་ཟེར་བ་འདུག་པ་དག་མིན་བརྟག་པར་ཞུ་)དང་། གཡར་བ་ལ་བརྙན་པ་དང་། ཨུ་ཚུགས་ལ་ཨ་མཐས་དང་། བཟང་པོའམ་ལེགས་པ་ལ་བསོད་པ་དང་། འཕོད་པ་ལ་བསྒྲི་བ་(སྐབས་ཐོབ་ངལ་གསོ་བ་ལའང་)དང་། སྙོག་གླིགས་ལ་སྙོ་འཕར་དང་། མི་སོགས་ཀྱི་རྗེས་སུ་ཞེས་པ་ལ་ཕྱི་བཞིན་དང་། ཞབས་འདེགས་ལ་ཞམ་རིང་དང་། གོ་ཆ་དང་རྩོག་ལ་ཡ་ལད་དང་། སྟ་གོན་ལ་ཉེར་བསྒོགས་དང་། བྱ་ར་ལ་མེལ་ཚེ་དང་། ངོ་ཚ་ཞིང་ཞུམ་པ་ལ་སྒྲ་བཀོང་བ་དང་། ཧོག་དང་རྩེ་མོ་ལ་དབལ་དང་། སློན་པོ་ལ་སྔ་བོ་དང་། འགྲན་པ་དང་འཚེ་བ་ལ་མཐོ་འཚམས་དང་། མ་ཉུངས་པ་ལ་མི་བཟད་དང་། ཉེ་རིང་ལ་བསླེན་སྲེང་དང་། གོ་སྐབས་འཚོལ་བར་གླགས་འཚོལ་པ་དང་། སློ་བུར་ལ་ཐོལ་བྱུང་དང་བརྟད་པ་དང་། ཟེར་བ་ལ་འཇོར་བ་དང་། དམག་སྣར་ལ་ཕྲུམ་དང་། ལོགས་དང་ཟུར་ལ་གུད་དང་། རྟུང་པ་ལ་འཚོག་དང་། ཆུང་མ་ལ་མཆིས་བྲང་དང་། ཕུག་རོན་ལ་ཕེ་བ་དང་། བརྐྱན་པ་ལ་སྤྲ་བ་(སྐབས་ཐོབ་མཛེས་པ་ལའང་)དང་། སྲབ་ལ་འཐས་པ་དང་། གཞུ་ལ་གནམ་རུ་དང་། ཉམས་པ་ལ་རྒྱ་བ་དང་། ཕྲག་དོག་ལ་ཁོ་ལོང་དང་། འབེབས་པ་ལ་དབབ་པ་དང་། རྟམ་པ་ཚ་པོ་ལ་གཟྲ་ལུམ་ཅན་དང་། འཇིགས་སུ་རུང་བ་ལ་སྐྱིད་གཡའ་བ་དང་། ཚབས་ཆེན་ལ་ངོས་དྲག་དང་། ཆགས་སེམས་ལ་བརྐྱབ་སེམས་དང་། ལོང་བ་ལ་ལྡོངས་པ་དང་། སྙིང་པོ་མེད་པ་དང་མི་བདེན་པ་ལ་ཡ་མ་བརླ་དང་། སྲུང་པོ་ལ་མུ་ཏོ་བ་དང་། སྙོ་ཁྲལ་ལ་ཤོ་གམ་དང་། འདམ་རྫབ་ལ་ལྡན་ལྡིང་དང་། མི་གཙང་གཙོག་པ་ལ་ཕྱི་ས་དང་། ཞེན་པ་ལ་འཆེལ་པ་(སྐབས་ཐོབ་འཆད་པ་ལའང་)དང་བཅས་པ་སོགས་ལས་དཀྱིལ་ཆེ་བ་དང་། འཆའ་བ། དེས་པ། ཤོ་གམ། བྱ་མ་ཧ། བརྟུན་པ་སོགས་མཚོན་རྟགས་འཕོད་པ། དེ་ཚོ་ནི་སྐྱོགས་

སྔོན་ལོ་ཙཱ་བ་རིན་ཆེན་བཀྲ་ཤིས་ཀྱིས་སྤྱི་ལོ1476ལོར་བརྩམས་པའི་《བརྡ་གསར་རྙིང་གི་རྣམ་གཞག་ལི་ཤིའི་གུར་ཁང》ཞེས་པའི་ནང་དུ་ཡོད་པས་ཁྲི་རལ་པ་ཅན་གྱི་དུས་སུ་བཀས་བཅད་ཐེངས་གཉིས་པ་མ་བྱས་གོང་གི་བརྡ་རྙིང་ཤ་སྟག་ཡིན་པ་རྣམས་གནའ་བཟང་དེང་སྤྱོད་བྱས་ཏེ་ཕྱོགས་གཅིག་ནས་དཔེར་ན་གྲ་སྒྲིག་ཅེས་པའི་དོན་ལ་མིང་གི་རྣམ་གྲངས་ཉེར་བསྒོགས་དང་། འདུ་འགོད། སྟ་གོན་སོགས་ཡོད་པ་བེད་སྤྱོད་གང་ལེགས་བྱས་ནས་ཚིག་སྦྱོར་གྱི་བཟློས་སྐྱོན་མ་ཡོང་བ་བྱས་ཡོད་པ་དང་། ཕྱོགས་གཞན་གཅིག་ནས་མི་རབས་ཕྱི་མ་རྣམས་ཀྱིས་གནའ་བོའི་སྐད་ཡིག་ཐུན་སུམ་ཚོགས་པ་སློབ་སྦྱོང་བཙུད་ལེན་གྱིས་བོད་མི་རིགས་ཀྱི་རིག་གཞུང་ཤུལ་འཛིན་དར་སྤེལ་གཏོང་རྒྱུའི་ཐད་ཚད་མའི་མིག་དཔེ་སྔོན་ཡོད། སྐབས་འདེབས་ཤིན་ཏུ་དོད་པའི་གཏམ་རྒྱུད་དེ་རང་གི་རྗོད་ཚིག་གི་ཐོག་ནས་ད་དུང་ང་ཚོར་རང་མི་རིགས་ལ་གནའ་སྔ་མོ་ནས་གཞན་དྲིང་མི་འཛོག་པའི་སྐད་ཡིག་ཕུན་ཚོགས་ཟད་མཐའ་བྲལ་བ་ཡོད་ཅིང་། མི་རིགས་གཞན་གྱི་སྐད་ཀྱི་རི་མོའི་ལམ་དུ་འདྲེན་པའི་དཔེ་དེབ་ཡོད་དོ་ཅོག་རང་རིགས་ཀྱི་སྐད་ནས་མཚོན་མི་ཐུབ་པ་མེད་པའི་ར་སྤྲོད་བྱས་ཡོད། གཏམ་རྒྱུད་དེ་བྲིས་མའི་ཐོག་ནས་ཉམས་མེད་སོར་གནས་ཐུབ་པའི་རྒྱུ་དང་རྐྱེན་ཡང་སྐད་ཡིག་སྒྲ་རྩལ་གྱི་ཚད་གཞི་མཐོན་པོར་སོན་ཡོད་པ་དང་འབྲེལ་བ་དམ་ཟབ་ཡོད་པ་ར་སྤྲོད་བྱས་ཡོད། དེང་སྐབས་ཀྱི་རྩོམ་རིག་ཁྲིད་དུའང་《བུ་མོ་སྤུན་གསུམ》དང་། 《ཆར་ཤུལ་གྱི་ནགས་ཚལ》《མེ་ཏོག་ལྷུམ་རྣའི་ནང་གི་སླན་ཀ》《སླག་རྐོད》《ཕོ་བྲང་པོ་ཏ་ལ》《ཡུམ་ཆེན》སོགས་ཀློག་པ་པོ་ཚོས་བལྟ་ཀློག་མཇེད་རྒྱུར་དགའ་པོ་བྱེད་པའི་རྩོམ་རིག་མང་དག་ཅིག་ཐོན་ཡོད་པ་དེ་ཚོའི་ཐུན་མོང་གི་ཁྱད་ཆོས་ནི་སྐད་ཡིག་སྒྲ་རྩལ་གྱིས་རང་རང་སོ་སོའི་བརྗོད་བྱ་གཙོ་བོ་གང་ཡིན་པ་དེ་འབུར་དུ་མངོན་པ་བྱས་ཡོད་པ་རེད།

གོང་གསལ་དཔེ་མཚོན་ལས་ཤོག་སྟེ་རྩོམ་རིག་མང་པོ་ཞིག་གི་རྩོམ་རྩལ་ཤིན་ཏུ་ཞན་པ་དང་། རྩོམ་རིག་ནང་དོན་ཉམས་པ་དང་། དོན་འགལ་བ། དོན་གཅིག་པ། ཐེ་ཚོམ་ཅན། སྒྲ་རྩལ་དང་འགལ་བ་སོགས་སྐྱོན་ཆ་མང་དག་ལྷག་ཡོད་པ་དཔེར་ན《ཤག་སྒྲ་ལས་བྱུང་བའི་

འཆར་སྣང》ཅེས་བྱ་བའི་ནང་།

སྐབས་འདིར།

བསམ་བློ་སྐོར་ཕྱུར་དུ་ཕྱུར་ཏེ་ཅི་ཡང་མི་ཤེས།

" ཤག་ཤག" སྟོང་པོའི་ལོ་མས་ང་ཡི་དྲན་པ་གསོས།

ཅེས་ཁ་བྱང་ལ་གཞིགས་ན་ང་ཡི་དྲན་པ་གསོ་བར་བྱེད་པ་ནི་ཤག་ཤག་གི་སྒྲ་དེ་རང་ལས་ལོ་མ་མིན་པ་ཧ་ཅང་གསལ་པོ་རེད། འོན་ཀྱང་ཚིག་རྐང་གསུམ་པར་བལྟས་ན་ཤག་ཤག་བྱ་བའི་སྟོང་པོའི་ལོ་མ་ནི་ང་དྲན་པ་གསོ་བའི་བྱེད་པོ་ཡིན་པར་བཤད་ནས་ཡང་སླར་དྲན་པ་གསོ་མཁན་ལོ་མ་རླུང་གིས་གཡོས་པའི་སྒྲ་དེ་ཡིན་དང་ཡང་ན་ལོ་མ་ཉིད་ཡིན་པ་གསལ་པོ་མཚོན་མ་ཐུབ་ཁར། ཚིག་འབྲུ་ཡང་དག་པའི་གནས་སུ་མ་བཞག་པས" ཤག་ཤག" གི་སྒྲ་དེ་གསོམ་ཤིང་སྟོང་པོའམ། ལྗང་མའི་སྟོང་པོ་སོགས་སྟོང་པོའི་ངེས་བཟུང་གི་ཚིག་ལ་ཕྱིན་པ་དང་། ལོ་མ་ཉིད་ང་ཡི་དྲན་པ་གསོ་བ་པོར་གྱུར་ཡོད། དེ་ལྟ་བུའི་སྐྱོན་ཆ《སླག་རྐོད》ཅེས་བྱ་བའི་སྙན་རྩོམ་ནང་དུའང་མངོན་གསལ་དོད་པོ་ཡོད་པ་དཔེར་ན《སླག་རྐོད》དུ།

སླག་རྐོད་ཀྱི་དབུགས་རིང་འཐེན་པ།

ན་རླུང་གི་ཤུར་སྒྲར་སྤྲུལ་ནས།

ཞེས་པ་བྱ་བ་འཐེན་པ་དང་ཤུར་ཤུར་གྱི་སྒྲར་སྤྲུལ་པ་གཉིས་དུས་མཚུངས་སུ་སྐད་ཅིག་ཉིད་ལ་གྲུབ་པ་ཞིག་ཡིན་ནའང་སྤྲུལ་མཁན་དབུགས་རིང་ཁོ་ན་ལས་བྱ་ཚིག་འཐེན་པ་མིན་ན་ཚིག་འབྲུ་ཐ་ཕྱི་གོ་ལྡོག་པའི་སྐྱོན་དུ་ཕྱིན་ཡོད། གལ་ཏེ་དབུགས་རིང་དང་འཐེན་པ་གཉིས་གོ་རིམ་ལྡོག་ནས།

སླག་རྐོད་ཀྱིས་འཐེན་པའི་དབུགས་རིང་།

སྟོན་རླུང་གི་ཤུར་སྒྲར་སྤྲུལ་ནས།

ཞེས་བྲིས་ན་གང་ཞིག་སློག་པ་པོས་སློག་ཚེ་གོ་དོན་ཇི་བཞིན་རྟོགས་ཐུབ། ད་དུང་རྩོམ་རིག་རེ་འགའི་ནང་

ཁྱེད་

ལ་

བསྟོད་

སྨྲ་

འབུལ།

ཞེས་སྦྱིར་བཏང་བས་སྦྱིར་བཏང་གི་སྐད་ཆའང་སྐབས་རིམ་ལྟར་བསྒྲིགས་ནས་སྐད་ཡིག་སྒྱུ་རྩལ་ལས་མཚོན་པའི་སྙན་རྩོམ་ཡིན་ཁུལ་དང་། མཛེས་སྡུག་གི་ཁ་ཕྱོགས་ཞེས་ཚིག་རྒྱན་འཚམ་པོ་དང་འཇུག་པོ་མེད་པའི་སྐྱོན་ཆའི་རིགས་མི་འབྱུང་བ་ཞིག་གནས་ཡོད། ཡང་རྩོམ་རིག་རེ་འགར་བོད་སྐད་ཀྱི་བརྡ་སྤྲོད་རིག་པ་དང་ཐད་དེ་རྒྱབ་འགལ་དུ་ཕྱིན་པའི་ཕྱོགས་ཀྱང་ཡོད་པ་དཔེར་ན《ཕོ་བྲང་པོ་ཏ་ལ》ཞྭ་བའི་ནང་།

སྤྲིན་དཀར་གྱི་གསེབ་ཏུ།

རྒྱ་ཕིབས་ལ་འོད་སྣང་འཕྲོ། ཞེས་ཕྲད་ཡང་དག་པའི་སྒོ་ནས་བཀོལ་སྤྱོད་བྱས་མེད་པས་སྐད་ཀྱི་ཚོས་ཉིད་དང་མི་མཐུན་པ་དང་།

མཁའ་ལྡིང་ཁྱེད་ནི།

ནམ་མཁའི་ཏོག

བར་སྣང་གི་ཟླ།

ས་གཞི་འདི་ཡིས་ནི།

མ་སྨད་པའི་རྒྱན་དུ་གྱུར་པའི་ཕྱུགས་བསམ་གྱི་གཞོན་ནུ་རེད།

ཅེས་བྱེད་སྒྲའི་རྗེས་སུ་བྱ་ཚིག་ཐ་དད་དང་མ་དད་པ་གང་ཞིག་བཀོལ་སྤྱོད་བྱེད་དགོས་པའི་ཐད་རིག་པ་མི་གསལ་བ་དང་། ཡང་སྙིང་དཔེ་ལས་དོན་དངོས་གང་མཚོན་གྱི་ཡོད་པ་ཤེས་རྟོགས་བྱེད་ཐུབ་པ་ཤིན་ཏུ་ནས་དཀའ་མོ་ཡིན་པ་སོགས་ཀྱི་ཞན་ཆ་ཆེ་ཐག་ཆོད་གནས་ཡོད། ད་དུང་ཁོ་བོས་དེ་མཚུངས་ཀྱི་དཔེ་མང་པོ་དྲངས་ཐུབ་པ་ཡིན་ནའང་གོང་གསལ་དེ་

དག་གིས་འཕྲུས་པ་བྱུས་ནས་བརྗོད་དོན་གཙོ་བོ་ནི་བོད་མི་རིགས་ཀྱི་རྩོམ་རིག་སྤྱི་མེས་པོ་རྣམ་པའི་རྩོམ་རིག་ལྟར་དུས་ཀྱི་ཚོད་བགམ་ཐེགས་ནས་ནམ་ཞར་དུ་བོད་ཁ་བ་རི་པའི་སྤྱི་ཚོགས་གོང་འཕེལ་འགྲོ་བ་དང་སྦྲགས་ནས་རང་གི་འགྲུགས་ཤུགས་ཀྱི་ནུས་པ་ཉམས་མེད་ཐོན་པ་བྱེད་ཐུབ་པ་དགོས་ན་བསམ་བློའི་འཆར་སྒོ་དང་མཚོན་འདོད་པའི་དོན་དག་སྐད་ཡིག་སྒྱུ་རྩལ་གྱི་གྱི་ལིང་རྟ་ལ་རབ་ཏུ་བཀྱུན་ནས་གསོན་ཉམས་དོད་པོས་མཚོན་དགོས་པ་དང་། སྐད་ཡིག་སྒྱུ་རྩལ་གྱི་སྦྱངས་ཚད་མཐོ་རུ་གཏོང་དགོས་ན་ངེས་པར་དུ་རྨང་གཞིར་གྱུར་པའི་བརྡ་སྤྲོད་རིག་པ་དང་། སྡེབ་སྦྱོར་ཚིག་རྒྱན་ལ་མ་སྦྱོངས་པ་བྱེད་དགོས་པ་ཧ་ཅང་གལ་འགངས་ཆེན་པོ་ཡིན་པ་གོར་མ་ཆག་ལ། གནད་དོན་དེ་ནི་བོད་མི་རིགས་ཀྱི་ཁྱད་ཆོས་ལྡན་པའི་རྩོམ་རིག་ཡར་ངོའི་ཟླ་བཞིན་གོང་ནས་གོང་དུ་འཕེལ་རྒྱས་འགྲོ་ཐུབ་མིན་ལ་ཐུག་ཀྱི་ཡོད།

《དཔྱད་བརྗོད་མཁས་པ་འཇུམ་ཐོར》ལས་བཏུས།

༄༅། །《གཞོན་ནུ་ཟླ་མེད་ཀྱི་གཏམ་རྒྱུད》དང་《སྐྱེས་རབས་སོ་བཞི》དབར་གྱི་འབྲེལ་བའི་སྐོར་གྱི་ཐོག་མའི་དཔྱད་བསྡུར།

《雄努达美的故事》《三十四本生传》的比较研究

[བརྡ་ཆད་གཙོ་བོ།] གཞོན་ནུ་ཟླ་མེད་ཀྱི་གཏམ་རྒྱུད། སྐྱེས་རབས་སོ་བཞི། དཔྱད་བསྡུར།

[ནང་དོན་གནད་བསྡུས།] རྩོམ་འདིའི་ནང་དུས་རབས་18པའི་དུས་འགོ་ཙམ་གྱི་སྒྲུང་གཏམ་རིང་མོ《གཞོན་ནུ་ཟླ་མེད་ཀྱི་གཏམ་རྒྱུད》དང་《སྐྱེས་རབས་སོ་བཞི》དབར་དཔྱད་བསྡུར་བརྒྱུད་གཞོན་ནུ་ཟླ་མེད་ཀྱི་རྩོམ་པ་པོས་སྤང་བླང་གི་བློ་གྲོས་ལ་བརྟེན་ནས་གཏམ་རྒྱུད་ལྷབས་པོ་ཆེ་དེ་གསར་རྩོམ་མཛད་པ་ལས་སྐྱེས་རབས་སོགས་པ་སྤྱར་རྒྱ་གར་ནས་དར་བའི་སྙན་པའི་ལོ་རྒྱུས་ཁོ་ནའི་དབང་དུ་མ་ཚུད་པ་མཛད་ཡོད་པའི་སྐོར་མངོན་པ་བྱས་ཡོད།

[关键词]雄努达美的故事;本生传;比较

[摘　要]本文就18世纪初由朵噶夏仲次仁旺杰创作的《雄努达美的故事》与古印度佛学家马鸣所著《三十四本生传》藏译文进行比较研究基础上,论证了作者虽然借鉴《三十四本生传》创作了这部长篇小说,但并没有套用创作手法,而是以取舍的方法创作了符合藏民族心理特点的文学作品的情况。

མཚན་སྙན་དགུང་གི་ཉི་ཟླ་ཇི་བཞིན་འཛིག་རྟེན་གྱི་ས་ཕྱོགས་ཀུན་ཏུ་སྣང་བའི་མཛད་པ་ཅན་བོད་ཀྱི་བཙན་པོ་སྲོང་བཙན་སྒམ་པོའི་མཛངས་བློན་བདག་ཅག་བོད་མིའི་བཀའ་དྲིན་གྱི་བདག་ཉིད་ཅན་ཐོན་མི་སམ་བྷོ་ཊས་ཁ་བ་རི་པའི་སྐད་ཀྱི་རི་མོའི་སྲོལ་གཏོད་ནས་གངས་ཅན་པའི་ཤེས་བྱ་རིག་པའི་གནས་ཀྱི་སྒོ་མོ་ཕྱེ་བ་ནས་བཟུང་། དུས་རབས་རིམ་བྱུང་དུ་སྐད་གཉིས་སྨྲ་བའི་དབང་པོ་རབ་དང་རིམ་པར་བྱོན་པ་དག་གིས་དཀའ་བ་དུ་མ་ཁྱད་དུ་བསད་དེ་

རྒྱ་གར་ནས་བཀའ་བསྟན་བཅོས་ཀྱི་གཞུང་ལུགས་མང་དག་ཅིག་མི་རིགས་རང་གི་སྐད་ཀྱི་རི་མོའི་ལམ་དུ་དྲངས་པ་དེ་དག་རྟོག་འཛིང་ཆེ་བའི་གྱུ་གྱུའི་ལམ་དུ་བརྒྱུད་དེ་རིམ་པས་གངས་ལྗོངས་སུ་དར་ཁྱབ་ཏུ་སོང་སྟབས་གདོད་མའི་བོན་ཆོས་ལ་ཞེན་པའི་བོད་མི་ཕལ་མོ་ཆེ་ཡི་བློ་ཁ་རིམ་བཞིན་ནང་པ་སངས་རྒྱས་ཀྱི་ཆོས་ལ་ཕྱོགས་པ་དང་། དད་པའི་འདུན་པ་རབ་ཏུ་འཕེལ་བ་དང་སྲུགས་བཀའ་བསྟན་རྣམས་ལ་ཕྱོགས་བསམ་སྒོམ་གསུམ་བྱེད་པའི་ཧུར་བརྩོན་གྱི་རང་བཞིན་གོང་མཐོར་སོང་བ་མ་ཟད། ནང་པ་སངས་རྒྱས་པའི་ཆོས་ཀྱི་དོན་དང་འབྲེལ་བའི་ལྟོགས་རྩོམ་གཞལ་བྱའི་ཡུལ་ལས་འདས་པ་ཞིག་སྔ་ཕྱིར་ཐོན་ཡོད།

བོད་ཀྱི་རིག་གནས་ཡར་ངོའི་ཟླ་བཞིན་གོང་ནས་གོང་དུ་འཕེལ་ཏེ་མཐར་འཛམ་གླིང་རིག་གནས་བང་མཛོད་ཁྲོད་འོད་སྣང་རབ་ཏུ་འཚེར་བའི་གཅེས་ནོར་ཞིག་ཏུ་གྱུར་ཐུབ་པ་ནི་གཙོ་བོ་བོད་མི་རང་གི་བློ་གྲོས་ལ་བརྟེན་ནས་བྱུང་བ་ཞིག་ཡིན་པ་དང་། རྒྱ་གར་གྱི་གཞུང་ལུགས་བསྟན་བཅོས་དུ་མ་གངས་ལྗོངས་སུ་དར་བ་དེས་ཀྱང་ཕན་ལྡན་གྱི་ནུས་པ་ཆེས་ཆེར་ཐོན་ཡོད་པ་དེའང་ཁས་མི་ལེན་ཐབས་མེད་ཀྱི་དོན་དངོས་ཤིག་རེད། དེས་ན་མི་རིགས་དབར་གྱི་རིག་གནས་སྤེལ་རེས་བྱེད་སྐབས་ཕན་ཚུན་གྱི་རིག་གནས་དང་། མི་རྣམས་ཀྱི་དད་པ་བྱ་ཡུལ་གྱི་ཆོས་ལུགས། ཡུལ་སྲོལ་གོམས་གཤིས། རང་བྱུང་ཁམས་དང་སྤྱི་ཚོགས་ཀྱི་སྣང་ཚུལ་འདྲ་མིན་སྣ་ཚོགས་ལ་ལྟ་བ་འཛིན་སྟངས་དང་། ཐ་ན་ལོ་རྒྱུས་འཕེལ་རིམ་གྱི་གོམ་སྟབས་སོགས་ལ་ཕན་ཚུན་ཤུགས་རྐྱེན་བཟང་ངན་སྣ་ཚོགས་ཡོང་གི་ཡོད་པ་ཤིན་ཏུ་ནས་གསལ་པོ་རེད།

ཁོ་བོར་རྒྱ་གར་གྱི་ལོ་རྒྱུས་ལྟ་ཞིག་མི་རིགས་རང་གི་ལོ་རྒྱུས་ཀྱི་ཤེས་བྱའང་བྱང་ཆུད་པོ་མེད་བཞིན་དུ་ད་དུང་རྒྱ་གར་གྱི་གཞུང་ལུགས་བསྟན་བཅོས་མང་པོ་བོད་དུ་དར་རྗེས་བོད་ཀྱི་ཡུལ་སྲོལ་གོམས་གཤིས་དང་། ཆོས་ལུགས། རྩོམ་སྲོལ་རྣམ་པ། ལོ་རྒྱུས་སོགས་ལ་ཤུགས་རྐྱེན་དེ་དང་དེ་འདྲ་ཐེབས་ནས་འགྱུར་བ་འདི་དང་འདི་ལྟ་བུ་བྱུང་ཡོད་ཅེས་རྒྱས་བཤད་རྒྱས་སྤྲོ་བྱེད་པའི་སྤོབས་པ་ཡེ་ནས་མེད་ལ་བྱས་པར་གྱུར་ནའང་བཞད་གད་ཀྱི་ཡུལ་ཙམ་དུ་ཟད། འོན་ཀྱང་ཁོ་བོས་དེ་སྔོན་རང་ཅག་གངས་ཅན་པ་རྣམས་ཀྱིས་སྤོབས་པ་སྐྱེ་བར་འོས་པའི་སྣན་འཛེབས་ཀྱི་གཏམ་རྒྱུད་རིང་པོ《གསོན་ནུ་ཟླ་མེད་ཀྱི་གཏམ་རྒྱུད》ཐེངས་མང་བལྟ་ཀློག་བྱས་

པ་བརྒྱུད་《གཞོན་ནུ་ཟླ་མེད་ཀྱི་གཏམ་རྒྱུད་ཀྱི་སྒྱུ་རྩལ་སྐོར་གླེང་བ》(སྤྱི་ལོ1982ལོའི་《མཚོ་སྔོན་སློབ་གསོ》དུས་དེབ་གཉིས་པར་གསལ་)ཞེས་པ་དང་། 《གཞོན་ནུ་ཟླ་མེད་ཀྱི་གཏམ་རྒྱུད་ཀྱི་བརྗོད་བྱ་གཙོ་བོའི་སྐོར་གླེང་བ》(སྤྱི་ལོ1983ལོའི་《མཚོ་སྔོན་སློབ་གསོ》དུས་དེབ་ལྔ་པར་གསལ་)ཞེས་པའི་དཔྱད་གཏམ་གཉིས་སྤྱི་ཕྱིར་སྤེལ་བའི་རྨང་གཞིའི་ཐོག་ཉེ་ལམ་ཡང་《སྐྱེ་རབས་སོ་བཞི》དང་། 《དཔག་བསམ་ཁྲི་ཤིང་》 《འཛངས་བླུན་ཞེས་བྱ་བའི་མདོ》 ཞང་ཞོན་དེང་གིས་བརྩམས་པའི་《སྟོན་པ་ཤཱཀྱ་ཐུབ་པའི་རྣམ་ཐར》སོགས་གནའ་བོའི་རྒྱ་གར་སེར་སྐྱའི་རྒྱལ་ཁབ་ཀྱི་རྒྱལ་པོ་ཟས་གཙང་གི་སྲས་གཞོན་ནུ་དོན་གྲུབ་དགུང་ལོ་ཉེ་ཤུ་རྩ་དགུ་ལ་རྒྱལ་སྲིད་སྤངས་ཏེ་འདོད་ཡོན་དང་རྒྱང་རིང་ཁ་བྲལ་ནས་འགྲོ་བ་སེམས་ཅན་ཐམས་ཅད་ཀྱི་སྡུག་བསྔལ་མ་ལུས་པ་གཅོད་པར་བྱེད་པའི་འགྲོ་ལམ་འཚོལ་བའི་ཆེད་དུ་ལོ་ངོ་ལྔ་བཅུ་ཙམ་དཀའ་ཐུབ་སྤྱད་པའི་རྨད་བྱུང་མཛད་འཕྲིན་མངོན་པར་གསལ་བའི་དཔེ་དེབ་ཁག་བལྟས་རྗེས《གཞོན་ནུ་ཟླ་མེད་ཀྱི་གཏམ་རྒྱུད》དང་གོང་སྨྲས་གཞུང་དེ་དག་བར་བརྗོད་བྱའི་དོན་གཙོ་བོ་དང་བརྗོད་དོན་མཚོན་སྟངས་ཀྱི་རྣམ་པའི་ཐད་འོ་ཆུ་འདྲེས་པ་ལྟར་འབྲེལ་བ་དམ་ཟབ་ཡོད་པའི་ཚོར་སྣང་ཟབ་མོ་ཞིག་བྱུང་། ང་ཚོས《གཞོན་ནུ་ཟླ་མེད་ཀྱི་གཏམ་རྒྱུད》དང་། 《སྐྱེས་རབས་སོ་བཞི》 《མཛངས་བླུན་ཞེས་བྱ་བའི་མདོ》སོགས་ཕན་ཚུན་ཞིབ་བསྡུར་བྱས་ཚེ་དེ་དག་དབར་བརྗོད་དོན་གྱི་བསམ་བློ་དང་། རྩོམ་ལུགས་ཀྱི་སྒྲིག་གཞི། བརྗོད་དོན་མཚོན་སྟངས་ཀྱི་རྣམ་པ། ཐ་ན་མི་སྣ་གཙོ་བོའི་གཟུགས་བརྙན་བཀོད་སྟངས་སོགས་ཀྱི་ཐད་འདྲ་མཚུངས་ཀྱི་ཆ་མང་པོ་ཡོད་པ་གསལ་རྟོགས་ཐུབ་རྒྱུ་དང་། དེ་ལྟར་གྱི་འདྲ་མཚུངས་ཡོད་པ་ནི་སྐྱེས་དབང་ལས་བྱུང་བ་ཞིག་མ་ཡིན་པར་དེ་ནི་བོད་དུ་ནང་པ་སངས་རྒྱས་ཀྱི་ཆོས་ལུགས་དར་ཤུགས་ཆེ་བ་དང་། རྩོམ་རིག་སྒྱུ་རྩལ་གྱི་རྣམ་པ་དང་ལྡན་པའི་རྒྱ་གཞུང་མང་དག་བོད་ཡིག་ཏུ་ཕབ་བསྒྱུར་བྱས་ཡོད་པ་དེ་ཚོས་བོད་ཀྱི་རྩོམ་རིག་གི་ཕྱོགས་གང་ཐད་ལ་ཤན་ཤུགས་སྤྲད་ཡོད་པ་དང་། ལྷག་དོན་དུ་མདོ་མཁར་ཞབས་དྲུང་ཚེ་རིང་དབང་རྒྱལ་མཆོག་ཉིད་རྒྱ་བོད་ཀྱི་གཞུང་ལུགས་ལ་གཟིགས་རྒྱ་ཆེ་བའི་ཁར། ནང་པ་སངས་རྒྱས་ཀྱི་ཆོས་ལ་དད་ཞེན་ཤིན་ཏུ་ཆེ་བ་དང་། བོད་ལྗོངས་སྲིད་ཀྱི་འཕོ་འགྱུར་ལ་ཐུགས་ག་སོགས་པ། སྲིད་སྐྱོང་ཐབས་ཐད་རང་ཉིད་ཀྱི་འདོད་ཚུལ་རྣམས་སྟོན་པ

ཤཱཀྱ་ཐུབ་པའི་འཇིག་རྟེན་ལྷ་བ་དང་མཐུན་པ་སོགས་ཀྱི་དབང་གིས་བོད་ཀྱི་རྩོམ་རིག་ལོ་རྒྱུས་ཐོག་འཆར་ཡན་རིང་ལུགས་དང་དངོས་ཡོད་རིང་ལུགས་གཉིས་ཟུང་དུ་འབྲེལ་བའི་གཏམ་རྒྱུད་རིང་པོའི་སྲོལ་གཏོད་སྐབས་ཀྱི་གཞུང་རྩོམ་རིག་ཁག་ལ་དཔེ་མཚོན་ཡོད་པ་དེའང་གསལ་རྟོགས་ཐུབ།

《གཞོན་ནུ་ཟླ་མེད་ཀྱི་གཏམ་རྒྱུད》ནི་མཁས་དབང་མདོ་མཁར་ཞབས་དྲུང་ཚེ་རིང་དབང་རྒྱལ་གྱིས་སྤྱི་ལོའི་དུས་རབས་བཅོ་བརྒྱད་ཀྱི་དུས་འགོར་བརྩམས་གནང་མཛད་པའི་རབ་བཏགས་ཀྱི་གཏམ་རྒྱུད་ཆླབས་པོ་ཆེ་ཞིག་ཡིན་པ་དང་། སྐབས་དེར་བོད་འདི་ནི་ཡོ་ལང་ཟང་ཟིང་ཆེ་བའི་དུས་འགྱུར་གཅིག་རྗེས་གཉིས་སྟོན་བྱུང་བའི་དུས་ཤིག་ཡིན་ཏེ། སྤྱི་ལོ1697ལོར་དམ་པ་ཉིད་སྐུ་བསྟམས་པའི་སྐབས་རྒྱལ་དབང་ལྔ་པ་ཆེན་པོ་སྐུ་མྱ་ངན་ལས་འདས་ཟིན་པ་དང་། སྡེ་སྲིད་སངས་རྒྱས་རྒྱ་མཚོས་སྲིད་སྐྱོང་གི་ཁུར་བཞེས། དེ་ནས་སྤྱི་ལོ1705ལོར་འདོད་སེམས་ཀྱི་ཐ་ཆླབས་དྲག་ཏུ་འཕྱུར་བའི་སོག་པོ་ལྷ་བཟང་ཧན་གྱིས་ངེས་པ་དོན་གྱི་པཎྜི་ཏ་ཆེན་པོ། མི་དབང་སངས་རྒྱས་རྒྱ་མཚོ་མཚོན་གྱིས་བཀྲོངས་ཏེ་བོད་ཀྱི་སྲིད་དབང་ཕྲོགས། དེ་རྗེས་ཡང་དུར་ཁྲིད་ཀྱི་བམ་རོ་ཟ་བར་བརྟམས་པའི་ཅེ་སྤྱང་དང་གཉིས་སུ་མེད་པའི་སོག་པོ་ཇུན་གར་པ་དགའ་ལྡན་ཚེ་རིང་དོན་གྲུབ་ཀྱིས་ཡུལ་གྲུ་རྒྱ་ཆེ་ལ་ངོ་མཚར་ཁྲིད་དུ་འཕགས་པ། ཐོན་ཁུངས་སྣ་རིགས་མང་ལ་ཕྱུན་སུམ་ཚོགས་པོ་མངའ་བའི་གངས་ལྗོངས་བདག་གིར་འཛིན་རྒྱུའི་ཚུལ་མིན་ངན་སེམས་རབ་ཏུ་བཅངས་ནས་གཡོ་སྒྱུ་ཕྲ་མེན་གྱི་རིག་པ་ལ་བརྟེན་ཏེ་དཔུང་ཚོགས་ཉེ་བར་བཤམས་ཐོག་སྤྱི་ལོ1717ལོར་ལྷ་བཟང་ཧན་ལྷ་ལྡན་ཀླུ་སྦུག་ཏུ་ལྟ་ལམ་དུ་དྲངས་ཏེ་བོད་ཀྱི་སྲིད་དབང་བཙན་འཕྲོག་བྱས། ཡང་སྤྱི་ལོ1720ལོར་གོང་མའི་བཀས་མངགས་པའི་དཔོན་དམག་བོད་དུ་འཕྲོར་ཏེ་ཇུན་གར་བས་བོད་མིའི་བློ་ཡིད་འཕྲུལ་སྣང་སྡེ་སྲིད་ཀྱི་ཁྲིར་མངའ་གསོལ་ཁུལ་བྱས་པའི་སྙིང་ཤོད་སྡུག་རྩེ་བ་དང་། དེའི་སློན་པོར་གཏོགས་པ་དང་བཤེས་སུ་གྱུར་པ་ཕན་མོ་ཆེ་བཟུང་ནས་ཚར་བཅད་པ་སོགས་བོད་འབངས་རྣམས་ནི་བརྗོད་ཀྱིས་མི་ལང་པའི་སྡུག་བསྔལ་གྱི་ཚོར་བ་བཟོད་པར་དཀའ་བ་མྱོང་དགོས་པའི་དུས་འཁྲུགས་བསྐྱར་ཕྲེང་དུ་བྱུང་། དེ་འདྲའི་དུས་བབ་ཀྱི་འོག་ཏུ་གནས་པའི་མདོ་མཁར་ཞབས་དྲུང་ཚེ་རིང་དབང་རྒྱལ་མཆོག་གི་ཐུགས་བློར་དགོངས་ཚུལ་སྣ་

ཚོགས་མི་ཤར་བ་ག་ལ་སྲིད། འོན་ཀྱང་བཅོས་ཐབས་ཀྱི་དགོངས་ཚུལ་དྲག་པོ་ཡོད་ནའང་དབང་ཞུས་དང་བྲལ་སྐབས་ཁོང་གིས་ཛ་དྲག་རྙོག་འཛིང་ཆེ་བ་དང་། གཡུལ་འགྱེད་ཀྱི་རྣམ་པས་ཁེངས་པ། འབངས་མི་སེར་ལ་བཙན་གསིག་ཚད་མེད་བྱུང་བ་བཅས་ལ་བརྟེན་ནས་འཇིག་རྟེན་འཁོར་བར་སྙིང་པོ་མེད་པའི་སྐོར་སྒྲུང་གི་སྒྲིག་གཞི་དང་བརྗོད་དོན་གཙོ་བོར་འཛིན་ཏེ་《གཞོན་ནུ་ཟླ་མེད་ཀྱི་གཏམ་རྒྱུད》བརྩམས་གནང་མཛད་དེ་སྐུ་ཉིད་ཀྱིས་སྲིད་དབང་འཛུགས་རིས་ཀྱི་ཡོ་ལང་ཟང་ཟིང་དང་། དེ་ལས་བྱུང་བའི་འབྲས་ངན། འབངས་མི་སེར་ལ་འཛིན་པའི་གདུང་སེམས། རྒྱལ་སྲིད་སྐྱོང་ཐབས་ཀྱི་ལྟ་བ་སོགས་སྙན་འཇེབས་ངག་གི་གྱི་ལིང་རྩ་ལ་རབ་བསྒྱུར་ཏེ་ཕ་ལེ་ཕལ་ལེར་མཚོན་ཡོད། གཏམ་རྒྱུད་ནང་དུ་གཞོན་ནུ་པོ་མོ་གཉིས་ཀྱི་གཉེན་སྒྲིག་གི་བྱ་རིམ་དང་འབྲེལ་ནས། ཕ་མ་རྒན་རབས་ལ་ནི་བརྙས་བྱེད་ཅིང་། འཐབ་དང་འགྱེད་དང་རྩོད་ལ་དགའ་བ་དང་། བརྡེག་དང་འཚོག་དང་སེམས་ཅན་སྲོག་འཕྲོག་པའི། ལས་ལ་སྙིང་པོར་བྱེད་པའི་ངན་སྤྱོད་དང་། གཡོ་སྒྱུའི་རྣ་མཚོན་འཕྱར་བས་སྲིད་གསུམ་ལས། རྒྱལ་བར་འདོད་པའི་ལམ་སྲོལ་ངན་པ་འདི། རྣམ་པ་དུ་མའི་སྒོ་ནས་སྨད་བྱས་ཏེ། ཆོས་བཞིན་སྤྱོད་པའི་དཀར་ཕྱོགས་དགེ་བའི་ལམ། བཟང་པོར་བསྒྱུར་བ་བྱ་བའི་སྙིང་པོར་ཟུངས། ཞེས་དང་། གཞན་ཡང་དེ་དང་འདྲ་བའི་བརྗོད་ཚིག་བཟླས་བྲིས་མཛད་པའི་ཐོག་ནས་བོད་དུ་དེ་འདྲའི་སྐྱི་གཡའ་བའི་སྲིད་དབང་འཛུགས་རིས་ཀྱི་དུས་འཁྲུག་བྱུང་རྐྱེན་ནི་འདོད་སྲེད་ལས་བྱུང་བས་དེ་ཉིད་རྣམ་པ་དུ་མའི་སྒོ་ནས་སྨད་པར་བྱས་ཏེ་དཀར་ཕྱོགས་དགེ་བའི་ཆོས་བཞིན་སྤྱོད་པས་སྲིད་བསྐྱངས་ཏེ་ཡུལ་ལུང་ཆོས་དང་མཐུན་པའི་ལམ་དུ་དྲངས་ན་ད་གཟོད་ཚུལ་མིན་གྱི་དམག་འཁྲུག་ལས་རྣམ་པར་རྒྱལ་ཐུབ་པ་དང་། བོད་འབངས་ཞི་བདེ་བག་ཕེབས་ངང་འཚོ་བ་སྐྱེལ་རྒྱུ་ཡོང་བ། ཡུལ་གྲུའི་དཔལ་ཡོན་ཉིན་བཞིན་རྒྱས་པའི་བསྐལ་བཟང་གི་དུས་ཤིག་ཅི་ནས་ཀྱང་འཆར་སྲིད་པའི་སྐོར་སྙན་པའི་བརྗོད་ཚིག་གི་སྲད་བུར་བརྒྱུས་ནས་མཚོན་པའི་ཆབ་སྲིད་ཀྱི་ལྟ་བ་དེ་ནི་《མཛངས་བླུན་ཞེས་བྱ་བའི་མདོ》ལ་སོགས་པའི་ནང་བསྟན་པའི་བསམ་བློ་དང་འབྲེལ་བ་དམ་ཟབ་ཡོད་པ་རེད། 《གཞོན་ནུ་ཟླ་མེད་ཀྱི་གཏམ་རྒྱུད》ནི་གཙོ་བོ་ཆོས་དང་འདོད་དང་ནོར་དང་ཐར་པ་བཅས་སྡེ་བཞིའི་ནང་དོན་གཞིར་བཟུང་གིས་བརྩམས་གནང་མཛད་པ་དང་། 《སྐྱེ་རབས་སོ་བཞི》

དང་《མཛངས་བླུན་ཞེས་བྱ་བའི་མདོ》སོགས་ནི་གཙོ་བོ་རྒྱལ་སྲས་གཞོན་ནུ་དོན་གྲུབ་ཀྱིས་འགྲོ་བ་མ་ལུས་སྡུག་བསྔལ་ལས་ཐར་བའི་འགྲོ་ལམ་ཞིག་འཚོལ་བའི་ཕྱིར་སྤྱི་ལོའི་སྔོན་གྱི་ལོ་ལྔ་བརྒྱ་ལྷག་ཙམ་གྱི་དུས་སུ་རྒྱལ་སྲིད་སྤངས་ཏེ་དཀའ་སྤྱད་ཀྱི་བརྟུལ་ཞུགས་དང་དུ་བླངས་ནས་དགོངས་པ་ལ་བཞུགས་མཐར་སྡུག་བསྔལ་གྱི་བདེན་པ་དང་། ཀུན་འབྱུང་གི་བདེན་པ། འགོག་པའི་བདེན་པ། ལམ་གྱི་བདེན་པ་བཅས་བདེན་པ་བཞི་ཐོབ་ཚུལ་སྐོར་བྲིས་ཡོད། སྡེ་བཞིའམ་བདེན་པ་བཞི་དེ་གཉིས་ཐ་སྙད་མི་འདྲ་བ་ཙམ་ལས་དེ་དག་ནང་པ་སངས་རྒྱས་ཆོས་ཀྱི་སྙིང་པོར་གྱུར་པའི་ནང་དོན་གྲས་ཤིག་ཡིན་ལ། སྡེ་བཞིའི་ནང་གསེས་ཆོས་ཀྱི་ནང་དོན་གཙོ་བོའང་བདེན་བཞི་ཡིན་གཤིས། དེ་གཉིས་ཀྱི་ནང་དོན་ཐད་འབྲེལ་བ་དམ་ཟབ་ཡོད། བོད་རྒྱ་མཁས་པ་དག་གིས་བརྩམས་གནང་མཛད་པའི་ཆོས་གཞུང་ནང་སྡེ་བཞི་དང་བདེན་བཞིའི་སྐོར་མ་ཚད་པ་མེད་པས་དེ་དག་གིས་ཚེ་རིང་དབང་རྒྱལ་མཆོག་གི་བསམ་བློར་ཤུགས་རྐྱེན་ངེས་ཅན་ཞིག་སྤྲད་ཡོད་པ་དང་། རྩོམ་འབྲིའི་རྣམ་པའི་ཐད་ཁོང་གིས་སྡེ་བཞིའི་ནང་དོན་འཇོ་སྙིག་ཅན་གྱི་བུད་མེད་མཛེས་མ་བཞིན་སྐྱེ་བོ་རྣམས་ཀྱི་ཡིད་ལ་དགའ་བ་དཔག་མེད་སྐྱེར་བའི་རྩོམ་རིག་སྒྱུ་རྩལ་གྱི་ཉམས་དང་ལྡན་པའི་ངང་འབྲི་བའི་སྐབས་སུ་ཆོས་གཞུང་གཞན་དང་མི་འདྲ་བར་ནང་པ་སངས་རྒྱས་པའི་འདོད་ཚུལ་རྣམས་སྐན་ཞིང་འཇེབས་པའི་སྒྲུང་གཏམ་ཐོག་ནས་བྲིས་པའི་སྟོན་པ་ཤཱཀྱ་ཐུབ་པའི་སྐུ་ཚེ་ཕྱི་མོའི་མཛད་འཕྲིན་མཆོན་པའི་སྐྱེས་རབས་ཁག་ལ་དཔེ་བླངས་ཡོད་པ་གསལ་པོ་རེད་ལ། སྤྱིར་སྟོན་པ་ཤཱཀྱ་ཐུབ་པ་དང་། དམ་པ་ཚེ་རིང་དབང་རྒྱལ་རྣམ་གཉིས་འཚོ་ཞིང་གཞེས་པའི་སྐབས་ཀྱི་དུས་རབས་དང་། སྤྱི་ཚོགས་ཀྱི་ལམ་ལུགས། གནས་འཆའ་བའི་ཡུལ་སོགས་ཐད་དེ་ཐ་དད་དུ་གྱུར་པ་ཞིག་ཡིན་ནའང་སྤྱི་ཚོགས་ཀྱི་མི་རྣམས་རིམ་པར་དབྱེ་བའི་གྲལ་རིམ་དང་། མིས་མི་ལ་བཤུ་གཞོག་དང་གཉའ་གནོན་གཏོང་བའི་གནས་ཚུལ་ནི་གཅིག་མཚུངས་ཡིན་པ་དང་། ལྷག་དོན་དུ་སྟོན་པ་ཤཱཀྱ་ཐུབ་པ་འཚོ་བཞུགས་སྐབས་རྒྱ་གར་དུ་མ་ག་དྷ་དང་ཀོ་ས་ལ། ཨན་ག་སོགས་རྒྱལ་ཕྲན་རྒྱལ་ཁབ་བཅུ་ལྷག་ཙམ་པ་དེ་ཚོའི་བར་རང་རང་གི་མངའ་ཐང་རྒྱ་སྐྱེད་གཏོང་བ་དང་། རྒྱ་གར་ཡོངས་ལ་དབང་སྒྱུར་བྱེད་པའི་དབང་ཆ་ཆེན་པོ་རང་རང་ལ་ཐོབ་པའི་ཕྱིར་གཡུལ་འགྱེད་དྲག་པོ་ལན་མང་བཤམས་རེས་བྱེད་པའི་དུས་སྐབས་ཤིག་ཡིན་པ་

དང་། དེ་དང་ཕྱོགས་མཚུངས་དམ་པ་ཚེ་རིང་དབང་རྒྱལ་མཆོག་གིས《གཞོན་ནུ་ཟླ་མེད་ཀྱི་གཏམ་རྒྱུད》རིང་པོ་དེ་རྩོམ་འབྲི་མཛད་པའི་སྐབས་སུའང་བོད་དུ་དབང་ཆ་འཕྲོག་རེས་ཀྱི་དུས་འགྱུར་དམག་འཁྲུག་ཆུའི་རླབས་ཕྲེང་བཞིན་བརྡུད་མར་བྱུང་བའི་དུས་ཤིག་ཡིན་པ་གོང་དུ་ཞུས་ཟིན་པ་ལྟར་དང་། གདུག་སྤྱོས་ཀྱི་དྲི་གསུང་ཡང་འཕྱུལ་བའི་《གཞོན་ནུ་ཟླ་མེད་ཀྱི་གཏམ་རྒྱུད》རྩོམ་འབྲིའི་བྱ་བར《སྐྱེས་རབས་སོ་བཞི》དང་། 《འཛངས་བླུན་ཞེས་བྱ་བའི་མདོ》སོགས་སྐབས་དེ་དུས་ཡོ་ལང་ཟང་ཟིང་ཆེ་བའི་རྒྱ་གར་གྱི་ལོ་རྒྱུས་གནས་ཚུལ་དངོས་ཀྱི་འོག་ནས་ཐོན་པའི་དཔེ་དེབ་དེ་དག་གིས་ཁོང་གི་བློ་ཡིད་ཀྱི་སྨྲ་མོ་ཕྱེ་བར་ཕན་ལྷན་གྱི་ཤན་ཤུགས་སྤྲད་ཡོད་པའང་གོར་མ་ཆག

ལོ་རྒྱུས་ཀྱི་ཚད་བཀག་རང་བཞིན་གྱི་རྐྱེན་པས་སྟོན་པ་ཤཱཀྱ་ཐུབ་པས་འགྲོ་བ་མཐའ་དག་སྡུག་བསྔལ་གྱི་རྨ་བར་ཚུད་པའི་རྒྱུ་རྐྱེན་ངོ་མ་གང་ཡིན་པ་ཡང་དག་སྒོ་ནས་ཤེས་རྟོགས་བྱུང་མེད་ནའང་ཁོང་གིས་བདག་ཉིད་ཀྱི་འཁོར་པ་དབང་ཐང་ཆེ་བའི་རྒྱལ་སྲིད་ལ་ཞེན་ཆགས་མ་མཛད་པར་དཀའ་སྤྱད་ཀྱི་ལས་ལ་སྦྲོ་བ་ཆེན་པོས་ཞུགས་ནས་མི་རྣམས་སྡུག་བསྔལ་ལས་ཐར་པའི་བདེན་པའི་ལམ་ཞིག་གསལ་སྟོན་མཛད་པ་དེས་སྡུག་བསྔལ་སེལ་ཐབས་ལ་ཕན་ནུས་ཆེ་ཆུང་གང་འདྲ་ཐོན་གྱི་ཡོད་ནའང་དེ་ནང་པ་སངས་རྒྱས་ཆོས་ཀྱི་གཞི་རྩའི་ནང་དོན་ཞིག་ཏུ་གྱུར་པས་ནང་བསྟན་ཆོས་ལུགས་དར་ཁྱབ་ཆེ་ཞིང་གཞི་རྩ་བརྟན་པོ་ཚུགས་པའི་གངས་ལྗོངས་སུའང་མི་རྣམས་ཀྱིས་དེ་ལྟད་མེད་ཀྱི་ཡོངས་ཁྱབ་བདེན་དོན་ཞིག་ལ་བརྩི་བས་དམ་པ་ཚེ་རིང་དབང་རྒྱལ་གྱི་དགོངས་པ་ལའང་བག་ཆགས་ཟབ་མོ་ཐེབས་སྲིད་པ་མ་ཟད། ཁོང་ཉིད་དགུང་ལོ་ཆུང་ངུའི་དུས་ནས་གཡེང་བའི་ལམ་དུ་མ་སོང་བར་ཕྱག་དཔེ་དུ་མར་གཟིགས་རྟོག་མཛད་པས《སྐྱེས་རབས་སོ་བཞི》དང་། 《མཛངས་བླུན་ཞེས་བྱ་བའི་མདོ》《དཔག་བསམ་འཁྲི་ཤིང》གོ་བདེ་ཞིང་རྟོགས་སླ་བ་དང་། ནང་བསྟན་ཆོས་ཀྱི་གཞི་རྩའི་དོན་རྣམས་སྣན་པའི་སྒྲུང་གཏམ་དང་ཟུང་དུ་སྦྲེལ་ནས་ཁ་གསལ་མཚོན་པའི་དཔེ་ཆ་ཁག་ལ་གཟིགས་མ་མྱོང་བ་ཡོང་མི་སྲིད་ལ། ང་ཚོས་མཁས་དབང་ཉིད་ཀྱི་ལོ་རྒྱུས་མཚོན་པའི《བཀའ་བློན་རྟོགས་བརྗོད》དང་། བརྩམས་སྒྲུང《གཞོན་ནུ་ཟླ་མེད་ཀྱི་གཏམ་རྒྱུད》ལ་གཞིགས་ན་ཁོང་ཉིད་ནང་པ་སངས་རྒྱས་ཀྱི་ཆོས་ལུགས་ལ་རྫོངས་རྟུལ་གྱི་སྒོ་ནས་མ་ཡིན་པར

ཆོས་ཀྱི་གཞི་རྩའི་ནང་དོན་ཐོག་མེད་ཁོང་དུ་ཆུད་པའི་སྒོ་ནས་དད་ཞེན་ཆེན་པོ་བྱེད་མཁན་ཞིག་དང་། ཁོང་ཉིད་འཁོར་ལྡན་མི་དྲག་གི་ཁྱིམ་ཚང་དུ་མཚར་བའི་བུ་ཕྲུག་ཅིག་ཡིན་ནའང་འབངས་མི་སེར་གྱི་བདེ་སྡུག་ལ་སེམས་འཁུར་དང་། སྤྱི་ཚོགས་ཀྱི་འཕེལ་རྒྱིབ་ལ་དོ་སྣང་ཆེན་པོ་མཛད་མཁན་ཞིག་ཡིན་གཤིས། ཁོང་འཛིག་རྟེན་མི་ཡུལ་དུ་བལྟམས་པ་ནས་དགུང་ལོ་ཉི་ཤུ་མ་སོན་གྱི་བར་དུ་དུས་འགྱུར་ཐེངས་མང་བྱུང་ནས་སྐྱེ་བོ་མང་པོ་སྲོག་དང་བྲལ་བ་དང་། འབངས་མི་སེར་གྱི་གནས་བབ་ཞན་ལ་དུས་འགྱུར་གྱིས་སྡུག་བསྔལ་ཛ་ཆེར་སྙེར་བའི་སྣང་ཚུལ་སྤྱན་ལམ་དུ་ཤར་བས་ཐུགས་བློར་དེ་དག་འཆོས་པའི་ཐབས་ལམ་མཆོག་ཏུ་གྱུར་པ་ནི་སྟོན་པ་ཤཱཀྱ་ཐུབ་པའི་དགོངས་པ་བཞིན་རྒྱལ་སྲིད་ཆོས་བཞིན་སྐྱོང་དགོས་པ་དང་། མི་རྣམས་ཀྱང་འདོད་སྲེད་སྣང་སེམས་ལས་བྲལ་ཐབས་དང་། བྱམས་སྙིང་རྗེས་འབངས་ལ་མངའ་བྱེད་པ་ནི་དཀར་པོ་དགེ་བའི་ཆོས་དང་མཐུན་པར་དགོངས་ནས《གཞོན་ནུ་ཟླ་མེད་ཀྱི་གཏམ་རྒྱུད》དེའང་བདེན་པ་བཞི་ཚུད་པའི་སྡེ་བཞི་དང་བོད་ཀྱི་གནས་ཚུལ་དངོས་གཉིས་ཟུང་དུ་འབྲེལ་ནས་བརྩམས་ཡོད། ང་ཚོས་ལོ་རྒྱུས་དངོས་ལ་གཏུགས་ནས་བརྗོད་ན་དམ་པ་འདི་ཉིད་ཀྱི་རེ་སྨོན་ལྟར་དབང་གྱུར་པས་དོན་དམ་གྱི་བདེན་བཞིའམ་སྡེ་བཞིར་གོམས་འདྲིས་བྱས་ནས་བྲན་བཀོལ་དུ་གྱུར་པའི་ཉམ་ཐག་འབངས་མི་བསྐྱངས་པ་མེད་ལ། ཆོས་སྲིད་ཟུང་འབྲེལ་ལམ་ལུགས་ཀྱིས་འཁོར་པ་དང་དབང་ཐང་དང་ལྡན་པའི་མི་ངན་དེ་ཚོའི་ཁེ་ཕན་སྲུང་སྐྱོབ་བྱས་པའི་ལོ་རྒྱུས་ཁོ་ན་ལས་གཞན་གླེང་བའི་སྐབས་དང་བྲལ། འོན་ཀྱང་སྐབས་དེ་དུས་ལོ་ན་ཕྲ་ཞིང་སྲིད་ལ་ཐེ་ཇུས་བྱེད་པའི་དབང་ཆ་མེད་པའི་མཁས་མཆོག་ཚེ་རིང་དབང་རྒྱལ་གྱིས་རང་ཉིད་ལ་མངའ་བའི་ཡོངས་སྤྱོད་ཀྱི་ནོམ་པར་ཞེན་ཆགས་ཁོ་ནས་དུས་འདའ་བར་མ་མཛད་པར་གང་ས་ཅན་པའི་དོན་ལ་དགོངས་ཏེ《སྐྱེས་རབས་སོ་བཞི》སོགས་ནང་གི་དགེ་མཚན་ལྡན་པའི་བསམ་བློ་དང་དུ་བླངས་ནས《གཞོན་ནུ་ཟླ་མེད་ཀྱི་གཏམ་རྒྱུད》བརྩམས་ཏེ་ཉིད་ཀྱི་ཐུགས་རེ་བཟང་པོ་བཙངས་པའི་དགོངས་ཚུལ་སྨྲ་གསང་མེད་པར་མཚོན་པའི་ཀུན་སྤྱོད་དེ་ནི་དུས་ཟིང་དང་བསྟུན་ནས་རང་ལ་འཁོར་པ་དབང་གྲགས་འབྱུང་ཐབས་དོན་གཉེར་བྱེད་མཁན་དང་། ཡང་ན་སྐབས་དེ་དུས་ཀྱི་དངོས་ཡོད་དང་རང་ཉིད་བར་ཁེ་ཕྱོང་གི་འབྲེལ་བ་སྤུ་ཙམ་མེད་པའི་བསམ་འཁོར་འཛིན་ཏེ་གང་དགའ་གང་སྐྱིད་བྱེད

མཁན་ཐ་ཤལ་རིགས་དང་བསྟུར་ན་ལྷབ་བརྒྱ་འགྱུར་སྟོང་འགྱུར་གྱིས་བཟང་བ་ཞིག་ཡིན་ན་ང་ཚོས་ཅི་ནས་ཀྱང་བསྔགས་བརྗོད་བྱེད་འོས་པ་ཞིག་རེད་ལ། དེང་སྐབས་མར་ཁེ་སི་རིང་ལུགས་ཀྱི་སྒྲོན་མེའི་སྣང་བས་ལམ་སྟོན་མཛད་བཞིན་དུ་ད་དུང་དབང་འཛིན་པ་རེ་འགས་མི་དམངས་ཀྱི་རེ་འདོད་རྒྱབ་ཏུ་བསྐྱུར་ནས་ཚུལ་མིན་ལོག་ལམ་དུ་ཞུགས་པའི་དཔེ་ཡོད་ན་མར་ཁེ་སིའི་སྟོན་རོལ་ནས་བྱོན་པའི་མི་ཞིག་གིས་ཡང་དག་པའི་འཇིག་རྟེན་གྱི་ལྟ་བ་ཞིག་གི་ཐོག་ནས་བདེན་པའི་ཐབས་ལམ་འཁྲུལ་བ་མེད་པ་ཞིག་གསལ་སྟོན་མཛད་མི་ཐུབ་པ་ནི་བསམ་ཤེས་ཐུབ་པ་ལོས་ཡིན། རྒྱུ་མཚན་དེར་བརྟེན་རྩོམ་པ་པོས་ཐུགས་འདུན་བཟང་པོ་བཅངས་ནས་བརྩམས་པའི་《གཞོན་ནུ་ཟླ་མེད་ཀྱི་གཏམ་རྒྱུད》ཀྱི་དགེ་མཚན་ལྡན་པའི་ཆ་རྣམས་ཀྱང་ནག་གསུབ་ཏུ་བཏང་ན་ཤེས་པ་རྣལ་དུ་མི་གནས་པར་འཚལ་འཚོལ་དུ་གྱུར་པའི་རྙོངས་ལས་འབའ་ཞིག་ཏུ་ཟད་དོ།

སྐྱེས་རབས་ཁག་དང་《གཞོན་ནུ་ཟླ་མེད་ཀྱི་གཏམ་རྒྱུད》ཀྱི་འཇིག་རྟེན་ལྟ་ཚུལ་གྱི་བསམ་བློའི་ཐད་གཅིག་མཚུངས་ཡོད་པ་དང་། ནང་པ་སངས་རྒྱས་ཀྱི་གཞུང་ལུགས་ཏེ་འཇིག་རྟེན་ལྟ་ཚུལ་ལ་ཚེ་རིང་དབང་རྒྱལ་མཆོག་ནས་དད་མོས་ཡིད་རངས་ཚད་མེད་མཛད་བཞིན་མི་བྱེད་པར་རྗེས་སུ་དྲངས་ཀྱི་ཡོད་ནའང་《གཞོན་ནུ་ཟླ་མེད་ཀྱི་གཏམ་རྒྱུད》ནི་སྐབས་དེ་དུས་རྩོམ་པ་པོ་ཉིད་ཀྱི་འདྲེན་བྱེད་ལམ་དུ་མངོན་སུམ་གསོན་རྗེན་དུ་རྒྱུ་བའི་བོད་ཀྱི་གནས་ཚུལ་དངོས་དེ་གཞིར་བཟུང་ནས་བརྩམས་གནང་མཛད་པའི་གཏམ་རྒྱུད་རླབས་པོ་ཆེ་ཞིག་ཡིན་པ་དང་། སྐྱེ་རབས་ཁག་ནི་སྟོན་པ་ཤཱཀྱ་ཐུབ་པའི་ལོ་རྒྱུས་དང་རྒྱ་གར་ལོ་རྒྱུས་གཉིས་ཟུང་འབྲེལ་ཐོག་ནང་པ་སངས་རྒྱས་ཀྱི་གཞུང་ལུགས་ལྟ་བ་རྩོམ་རིག་སྒྱུ་རྩལ་གྱི་རྣམ་པར་བརྟེན་ནས་མཚོན་པ་ཞིག་ཡིན་པས། དེ་གཉིས་དབར་ཁྱད་པར་ཡོད་པའང་སྨོས་མེད་རེད། ང་ཚོས《གཞོན་ནུ་ཟླ་མེད་ཀྱི་གཏམ་རྒྱུད》དང་སྐྱེ་རབས་སོགས་ཕན་ཚུན་དཔྱད་བསྡུར་བྱེད་སྐབས་དམ་པ་ཚེ་རིང་དབང་རྒྱལ་གྱིས་སྟོན་པ་ཤཱཀྱ་ཐུབ་པའི་དགོངས་པ་མཐའ་དག་བསྡུ་ལེན་མཛད་རྒྱུ་ལྟ་ཞོག་འགའ་ཞིག་རྒྱབ་འགལ་མཛད་པའི་གནས་ཚུལ་ཡོད་པ་ཧ་ཅང་གསལ་པོར་མཐོང་ཐུབ། སྟོན་པ་ཤཱཀྱ་ཐུབ་པ་མཆོག་ནས་མི་གང་ཞིག་ཡིན་རུང་ཚང་མ་སྐྱེ་ཀ་ན་འཆིའི་སྡུག་བསྔལ་མྱོང་དགོས་པ་ཤ་སྟག་ཡིན་པ་ལས། འཁོར་བ་དབང་ཤུགས་ལྡན་

པས་སྡུག་བསྔལ་མྱོང་མི་དགོས་པ་དང་། ནོར་དང་དབང་གིས་དབེན་པའི་མིས་སྡུག་བསྔལ་དེ་སྤྱོད་དགོས་པའི་རྒྱུ་མཚན་མེད་པའི་ཐོག་ནས་མི་ཡིན་ཕྱིན་ཚང་མར་འདྲ་མཉམ་གྱི་ཐོབ་ཐང་ཡོད་དགོས་པའི་འདོད་ཚུལ་འཛིན་གྱི་ཡོད་པ་མ་ཟད། གདོལ་པའི་རིགས་ཀྱི་བུ་མོ་ནང་པ་སངས་རྒྱས་ཆོས་ཀྱི་སྐོར་ཞུགས་སུ་བཅུག་པའི་ཐོག་ནས་ཁོང་ཉིད་ཀྱིས་གཏོད་པའི་བསྟན་པ་སྤྱི་ཚོགས་ཀྱི་གནས་བབ་མཐོ་དམའ་ལ་དབྱེ་བ་མེད་པའི་ལྟ་བ་འཛིན་གྱི་ཡོད་པ་མཚོན་ཡོད་ལ། མགར་བའི་བུ་མོ་དང་ཕྱུག་པོའི་བུ་གཉིས་འཛོན་ཐང་ལ་གཞིགས་ནས་རང་མོས་གཉེན་སྒྲིག་བྱས་པའི་ལོ་རྒྱུས་གསུངས་པའི་ཐོག་ནས་རིགས་རུས་དབྱེ་བའི་སྲོལ་ངན་དེར་ངོ་རྒོལ་བྱེད་དགོས་པའི་དགོངས་པ་མངའ་བ་མཚོན་ཡོད་པ་དེ་ཚོ་ནི་མི་རྣམས་ཀྱི་བསམ་བློར་བཅིངས་འགྲོལ་ཐོབ་རྒྱུར་ཕན་ལྡན་གྱི་ནུས་པ་ལྡན་པ་ཞིག་ཡིན་ནའང་མཁས་དབང་ཚེ་རིང་དབང་རྒྱལ་གྱིས་དེ་ལྟ་བུའི་ལྟ་བ་ཡོངས་སུ་དོར་ནས་གཏམ་རྒྱུད་ནང་དུ་མང་པོས་བཀུར་བའི་མཆོག་གི་རྒྱལ་རྒྱུད་ལ།

དམན་པ་ཕལ་པའི་རིགས་སྐྱེས་གཞོན་ནུ་མ། བཙུན་མོར་འོས་པའི་གནས་སྐབས་ཅང་ཡོད་དམ། ཁ་དོག་མཚར་ཞེས་དུག་གི་མེ་ཏོག་ནི། ཟུག་ལྡུད་རྒྱན་དུ་རུང་བ་མ་ཡིན་ན། རྒྱལ་རིགས་སྣ་ལ་ཆེན་པོ་ལྟ་བུ་ཡིས། མཛེས་ཆགས་ཐ་མལ་དགའ་བར་སྤྱོད་དེ་ནོངས། ཞེས་བྲམ་ཟེའི་ཆོས་ལུགས་ཀྱི་རྣལ་སྲུངས་ལྟ་བ་སྤྱད་དེ་སྟོན་པ་ཤཱཀྱ་ཐུབ་པའི་དགོངས་པ་རྗེས་མེད་དུ་བཏང་ཡོད་པ་རེད། ཁོང་གིས་ནང་པ་སངས་རྒྱས་པའི་སྟོན་པའི་ཆོས་ལུགས་ཀྱི་དགོངས་པར་དད་པ་བྱེད་བཞིན་དུ་བྲམ་ཟེའི་ཆོས་ལུགས་ཀྱི་ལྟ་བའང་བེད་སྤྱད་དེ་གཏམ་རྒྱུད་ནང་དུ་དྲངས་པ་དེ་ནི་འགལ་བར་སོང་བ་ཞིག་ཡིན། འོན་ཀྱང་ང་ཚོས་དེ་ལས་གསལ་པོར་རྟོགས་ཐུབ་པ་ཞིག་ནི་སྐབས་དེ་དུས་བོད་དུ་བྲམ་ཟེའི་རིགས་དང་། རྒྱལ་རིགས། རྗེ་རིགས། དམངས་རིགས་བཅས་མིང་གི་ཐ་སྙད་དངོས་སུ་མེད་པ་ཙམ་ལས་རིགས་རུས་ཀྱི་དབྱེ་བ་ལ་མཆོག་དམན་དུ་འཛིན་པའི་ལྟ་བ་ཤུགས་ཆེན་པོ་ཡོད་པ་དང་། རྩོམ་པ་པོས་གལ་ཏེ་སྟོན་པ་ཤཱཀྱ་ཐུབ་པའི་དགོངས་དོན་ལྟར་རིགས་རུས་དབྱེ་མཚམས་གཏོར་ནས་གཉེན་སྒྲིག་བྱས་ན་དབང་སྒྱུར་ལམ་ལུགས་དེ་གངས་གཞིའི་ཆུ་བོ་རྒྱ་མཚོར་འདྲེས་ནས་བ་ཚྭ་ཅན་དུ་འགྱུར་བ་ཇི་བཞིན་ཉམས་འགྲོ་བའི་ལྟ་བ་འཛིན་གྱི་ཡོད་པ་དེ་རེད། ང་ཚོས་ད་དུང་དོན་དངོས་དེའི་ཐོག་

ནས་དབང་སྒྱུར་གྲལ་རིམ་པས་རང་གི་དབང་སྒྱུར་ལམ་ལུགས་ཀྱི་ཕན་གནོད་ལ་གཞིགས་ནས་ནང་པ་སངས་རྒྱས་པའི་ཆོས་དེ་བེད་སྤྱོད་བྱེད་ཀྱི་ཡོད་པ་དེས་ཆེ་རིང་དབང་རྒྱལ་མཆོག་གི《གཞོན་ནུ་ཟླ་མེད་ཀྱི་གཏམ་རྒྱུད》རྩོམ་འབྲིའི་བསམ་བློར་ཤན་ཤུགས་ཆེ་ཐག་ཆོད་སྤྲད་ཡོད་པ་ཧ་ཅང་གསལ་པོར་མངོན་ཐུབ།

ཡིག་འབྲུ་ཁྲི་ཉི་ཤུ་ལྷག་ཙམ་ཡོད་པའི《གཞོན་ནུ་ཟླ་མེད་ཀྱི་གཏམ་རྒྱུད》 རླབས་པོ་ཆེ་དེ་ནི་ད་ཕན་རང་རེའི་སྣན་ངག་རྩོམ་རིག་ཁྲོད་ནས་ཆེས་རྒྱས་ཤོས་ཤིག་ཡིན། གཏམ་རྒྱུད་ནང་དུ་གཟུགས་སུ་བཀོད་པའི་གཞོན་ནུ་ཟླ་མེད་དང་། ཡིད་འོང་མ། སྲིད་པ་གཞོན་ནུ། ལྷ་ལས་ཕུལ་བྱུང་། པདྨའི་མྱུ་གུ འབངས་ཁོལ་སོགས་རང་བཞིན་དྲང་བ་དང་། ཞི་དུལ་གྱི་ཀུན་སྤྱོད་ལྡན་པ། གཡོ་སྒྱུའི་རྩེ་མོར་སོན་པ་དང་། བརླང་པོར་སྤྱོད་པ། དཔའ་ཞིང་མཛངས་པ་དང་། སྟར་མའི་ཚུལ་འཛིན་པ། བློ་རིག་བཀྲ་བ་དང་བློ་བརྟུལ་གླེན་པ་ཅན་བཅས་མི་སྣ་སུམ་ཅུར་ཉེ་བའི་གཤིས་ལུགས་དང་། ཀུན་སྤྱོད། བསམ་སྤྱོར་བཟང་ངན་ཐ་དད་དུ་གྱུར་པ་རྣམས་གཉེན་སྒྲིག་ལས་བྱུང་བའི་འགལ་འདུ་དེ་རླུང་གིས་གཡོས་པའི་རྒྱ་མཚོའི་ཐ་རླབས་ཇི་ལྟར་རིམ་བཞིན་རྙོག་འཛིང་ཚ་བ་དང་ཛ་དྲག་ཏུ་སོང་བའི་ཐོག་ནས་གསོན་ཉམས་དང་ལྡན་པའི་སྒོ་ནས་བྲིས་ཡོད་པ་དང་། གཏམ་རྒྱུད་རྩིལ་པོའི་འགལ་འདུ་ཐོག་མར་བྱུང་ཚུལ་འདྲ་ཆགས་པ་དང་། བར་གྱི་འཕེལ་རིམ་ལ་མི་རྣམས་འཚབ་འཚུབ་དང་། མི་སྣའི་གནས་བབ་དང་བྱ་སྤྱོད་ལ་སེམས་ཁྲལ་དང་ཡང་ན་ཁོང་ཁྲོ། འགའ་ཞིག་དགའ་འཐོད་རེས་འགའ་སྙིང་ཚིམ་བྱེད་དགོས་པ་དང་། མཐའ་མའི་མཇུག་སྒྲིལ་སྣང་ས་དེ་དངངས་འཚབ་ཀྱིས་མནར་བའི་སྙིག་པ་པོའི་སེམས་པ་ལྷོད་ཤིག་ཤིག་ཏུ་འགྲོ་བ་བཅས་ཀྱི་སྒོ་ནས་བྲིས་ཡོད་པས་གཏམ་རྒྱུད་དེ་གཟིགས་པའི་རྗེས་ལ་ཡིད་ཀྱི་དབང་པོ་ཅིག་ཅར་དུ་མི་འགྲོགས་པ་མི་སྲིད་པའི་སྒྱུ་རྩལ་གྱི་རང་བཞིན་ལྡན་ཡོད། དམ་པ་ཆེ་རིང་དབང་རྒྱལ་མཆོག་དགུང་ལོ་ཉི་ཤུ་ཡོལ་ཙམ་ནས་གངས་ལྗོངས་རྩོམ་རིག་ལོ་རྒྱུས་ཀྱི་ཤོག་ལྷེ་གསར་པ་ཞིག་ཁ་ཕྱེ་བའི་གཏམ་རྒྱུད་རིང་པོ་དེ་ལྟ་བུ་ཞིག་བརྩམས་ཐུབ་པའི་རྒྱུ་རྐྱེན་གཙོ་བོ་ནི་སྐབས་དེ་དུས་ཡོ་ལང་ཟང་ཟིང་ཆེ་བའི་སྤྱི་ཚོགས་ཀྱི་འཚོ་བ་དངོས་ཀྱིས་དམ་པ་ཉིད་ལ་མྱོང་ཚོར་ཟབ་མོ་ཞིག་སྤྲད་ཡོད་པའི་ཁར། ཁོང་ཉིད་ལ་གཞན་ལས་འཕགས་པའི་རྩོམ་རྩལ་གྱི་ནུས་མཐུ་མངའ་བ་

དང་། དགུང་ལོ་ཆུང་ངུའི་དུས་ནས་གཡེང་བའི་ཡམ་དུ་མ་སོང་བར་སྤྲོ་བ་ཆེན་པོས་གཙུག་ལག་རྒྱ་མཚོའི་འཛིངས་སུ་ངོམས་མེད་རྐྱལ་དུ་ཞུགས་སྐབས་བློ་རྩལ་རབ་ཏུ་རྒྱས་ཤིང་། བརྡ་དག་མིང་ཚིག་གི་གནད་ཐམས་ཅད་ཐོགས་པ་མེད་པར་སྤྱོད་པའི་རང་དབང་ཐོབ་པ་བཅས་ཡིན་པ་ཕུད། རྩོམ་རིག་སྒྱུ་རྩལ་གྱི་རང་བཞིན་ལྡན་པའི་《སྐྱེས་རབས་སོ་བཞི》སོགས་སྟོན་པ་ཤཱཀྱ་ཐུབ་པའི་མཛད་པ་མཚོན་པའི་རྒྱ་གར་གྱི་གཞུང་དེ་ཚོས་ཀྱང་ཁོང་ཉིད་ཀྱི་རྩོམ་རིག་གི་བློ་སྒོ་འབྱེད་པར་ཕན་ལྡན་གྱི་ནུས་པ་ཐོན་ཡོད་པར་ངེས།

《མཛངས་བླུན་ཞེས་བྱ་བའི་མདོ》ལ་ལེའུ་ང་གཅིག་ཡོད་པ་དང་། 《སྐྱེ་རབས་སོ་བཞི》ལ་མཚན་བྱང་དུ་གསལ་བ་བཞིན་ལེའུ་སོ་བཞི་ཡོད་པ་དེ་དག་ནི་རྒྱལ་པོ་ཟས་གཙང་གི་སྲས་གཞོན་ནུ་དོན་གྲུབ་མཆོག་ནས་རྒྱལ་སྲིད་སྤངས་ཏེ་དཀའ་སྤྱད་ཀྱི་བརྟུལ་ཞུགས་ལྷུར་བླངས་རྗེས་རྒྱ་གར་གྱི་ཡུལ་གྲུ་གང་སར་བསྐྱོད་ནས་ཆོས་གསུངས་སྐབས་ཆོས་ཉན་པ་པོའི་བློའི་མཐུ་དང་འཚམ་པའི་ཆོས་ཀྱི་ནང་དོན་རྣམས་ལྷ་འདྲེ། མི་དང་། གཅན་གཟན། རི་དྭགས། ས་སྐྱོང་རྒྱལ་པོ། འབངས་མི་ཕལ་པ། ཕྱུག་པོ་སྐྱ་དྲག དབུལ་ཕོངས་མུ་ཏོ་བ་སོགས་ཀྱི་ཚེ་སྟོན་མའི་ལས་འབྲས་ཚེ་འདིར་རབ་ཏུ་སྨིན་པའི་ཚུལ་མཚོན་པའི་སྒྲུང་གཏམ་མི་འདྲ་བར་སྦྲུར་ཏེ་གདུལ་བྱའི་བློ་སེམས་ནང་བསྟན་ཆོས་ལ་འགུག་པའི་སྐོར་ཤ་སྟག་ཡིན། སྒྲུང་གཏམ་དེ་དག་ཕལ་མོ་ཆེ་ཡི་ནང་རྒྱལ་པོ་གང་རུང་ཞིག་ལ་རྒྱལ་ཚབ་ཏུ་འོས་པའི་བུ་ཕྲུག་མེད་པའི་སྐབས་ལྷ་བླ་དཀོན་མཆོག་ལ་སྨོན་ལམ་མཆོད་པ་བྱས་པའི་འབྲས་བུར་བཟའ་བཟླ་མོ་སེམས་ཅན་དང་ལྡན་པར་གྱུར་པའི་སྐོར་དང་། ཟླ་བ་ཚང་ནས་བཙའ་བའི་དུས་སུ་སྔ་བལྟས་བཟང་པོ་ཅི་རིགས་བྱུང་བའི་སྐོར། མཚན་མཁན་གྱིས་བྱད་གཟུགས་དང་སྔ་བལྟས་ལ་གཞིགས་ནས་མིང་འདོགས་པ་སོགས་ཀྱི་སྐོར་བྲིས་པའི་ཐོག་ནས་སྒྲུང་གཏམ་གྱི་བརྗོད་གཞི་འཛུགས་སྲོལ་དེ་དང་འདྲ་བར《གཞོན་ནུ་ཟླ་མེད་ཀྱི་གཏམ་རྒྱུད》ཀྱང་མིའི་མིང་གི་ཁྱད་པར་ཡོད་པ་ཙམ་མ་གཏོགས་བརྗོད་གཞི་འཛུགས་སྟངས་གོང་གསལ་སྒྲུང་གཏམ་དང་གཅིག་མཚུངས་ཡིན་པ་མ་ཟད། གཏམ་རྒྱུད་མཇུག་སྒྲིལ་སྟངས་ཀྱང་སྒྲུང་གཏམ་ཐུང་ངུ་དེ་ཚོའི་མཇུག་སྒྲིལ་སྟངས་དང་དབྱེ་བ་ཆེ་བ་མེད་ལ། ཐ་ན་གཞོན་ནུ་ཟླ་མེད་ཀྱི་བློ་རིག་བཀྲ་ཚུལ་དང་སྟོབས་རྩལ་ཆེ་ཚུལ་ཐད་ཀྱང་རྒྱ་གར་གྱི་སྒྲུང་གཏམ་དེ་ཚོའི་ནང་གསལ་བ་བཞིན།

གཞོན་ནུ་ཟླ་མེད་སློབ་པ་ལ་འགྲུས་པས་ཉི་མ་གཅིག་ལ་བསླབས་ན་གཞན་གྱིས་ལོར་བསླབས་པ་ལས་མཁས་ཏེ། རིང་པོར་མ་ལོན་པར་ཐམས་ཅད་ཁོང་དུ་ཆུད་ཅིང་རྟོགས་པར་གྱུར་ཏོ་ཞེས་པ་ལ་སོགས་ནས་མཚོན་ཡོད་པ་དང་། དེ་མིན་རྒྱ་གར་ཚ་བའི་ཡུལ་དུ་བོད་དང་མི་འདྲ་བར་སྣང་པོ་ཆེ་མང་པོ་ཡོད་པར་གནའ་རབས་རྒྱ་གར་བས་སྒྲུང་བརྡར་བྱས་ཏེ་དཔྱད་འཇུག་སྐབས་དེར་སྐབས་ཀྱི་ཐང་ཀ་འཁོར་ལོའི་དོད་དུ་བཀོལ་སྤྱོད་བྱེད་པའི་ཚུལ་དག་ཀྱང་《གཞོན་ནུ་ཟླ་མེད་ཀྱི་གཏམ་རྒྱུད》ནང་དུ་དེ་བཞིན་བཀོད་པ་སོགས་ང་ཚོས་ད་དུང་འདྲ་མཚུངས་ཀྱི་དཔེ་དེ་བས་མང་བ་འདྲེན་ཐུབ་ནའང་དཔེ་མང་པོ་འདྲེན་པའི་ངལ་བ་ལྷུར་ལེན་མ་བྱས་སོ། གོང་སྨྲས་དེ་དག་ནས་སྟོན་པ་ཤཱཀྱ་ཐུབ་པའི་མཛད་འཕྲིན་གསལ་བའི་དཔེ་དེབ་དེ་ཚོའི་རྩོམ་ལུགས་ཀྱི་རྣམ་པ་དང་སྒྲིག་གཞིས《གཞོན་ནུ་ཟླ་མེད་ཀྱི་གཏམ་རྒྱུད》ཀྱི་རྩོམ་འབྲིའི་བྱ་བར་ཤུགས་རྐྱེན་ཐེབས་ཡོད་པ་ར་སྤྲོད་བྱེད་ཐུབ། མདོར་ན《སྐྱེས་རབས་སོ་བཞི》དང་། 《མཛངས་བླུན་ཞེས་བྱ་བའི་མདོ》སོགས་རྒྱལ་སྲས་གཞོན་ནུ་དོན་གྲུབ་ཀྱི་སྐུ་ཚེའི་ལོ་རྒྱུས་མངོན་པའི་རྒྱ་གར་གྱི་རྩོམ་རིག་དེ་དག་དང་། 《གཞོན་ནུ་ཟླ་མེད་ཀྱི་གཏམ་རྒྱུད》ནང་དུ་བཀོད་བྱར་གྱུར་པའི་མི་སྣ་རྣམས་མི་གཟུགས་ཅན་དང་ལྷ་གཟུགས་ཅན་གྱི་ངང་ཕྱིས་ཡོད་པའི་ཐུན་མོང་གི་ཁྱད་ཆོས་དེར་མི་མཐུན་པའི་ལྟ་ཚུལ་ཡོང་མི་སྲིད་པར་སྙམ།

《སྐྱེ་རབས་སོ་བཞི》སོགས་བསྒྱུར་དེབ་དེ་ཚོར་ལྡན་པའི་རྩོམ་རིག་སྒྱུ་རྩལ་གྱིས་ཚེ་རིང་དབང་རྒྱལ་མཆོག་གི་རྩོམ་རིག་རྩོམ་རྩལ་གྱི་ནུས་མཐུ་གོང་མཐོར་འགྲོ་བར་ཤན་ཤུགས་ཆེན་པོ་སྤྲིན་ཡོད་པ་དང་། དམ་པ་ཉིད་ཀྱིས་ཀྱང་བསྒྱུར་དེབ་དེ་ཚོའི་ངོ་མཚར་ཉམས་འགྱུར་དང་ལྡན་པའི་སྒྱུ་རྩལ་དཔེ་ཌུ་བཟུང་སྟེ་གཏམ་རྒྱུད་རིང་པོ་དེ་བརྩམས་པ་གོར་མ་ཆག འོན་ཀྱང《གཞོན་ནུ་ཟླ་མེད་ཀྱི་གཏམ་རྒྱུད》དེ་རང་ལ་དམིགས་བསལ་གྱི་ངོ་མཚར་ཁྱད་ཆོས་སྤུ་ཙམ་མེད་པར་རྒྱ་གར་གྱི་སྒྲུང་ཐུང་དེ་ཚོའི་ཤན་ཤུགས་ཁོ་ནའི་འོག་ཏུ་ཚུད་པའི་འདྲ་བཤུས་ཀྱི་གཏམ་རྒྱུད་ཅིག་ཡིན་ནམ་མིན། དེ་ཡང《མཛངས་བླུན་ཞེས་བྱ་བའི་མདོ》ལ་སོགས་པའི་ནང་གི་སྒྲུང་གཏམ་དེ་ཚོའི་བར་སྟོན་པ་ཤཱཀྱ་ཐུབ་པས་སྐུ་ཚེའི་རིང་ཆོས་ཀྱི་མཛད་འཕྲིན་སྤེལ་བའི་དུས་ཚོད་ཀྱི་སྔ་ཕྱིའི་འབྲེལ་བ་ཡོད་པ་ཙམ་ལས། སྒྲུང་པན་ཚུན་དབར་གོང་འོག་གི་འབྲེལ་བ་སྤུ་ཙམ་མེད་པར་རང་ཚུགས་རྐྱང་པ་ཤ་སྟག་ཡིན་པ་མ་ཟད། སྒྲུང་ཐུང་དེ་ཚོ་སྟར་

རྒྱ་གར་དམངས་ཁྲོད་དུ་དར་བ་ཕྱིས་སུ་བཅོས་སྒྲིག་བྱས་ནས་ཡི་གེར་བཀོད་པ་ཡིན་སྲིད་ཀྱང་སྒྲིག་གཞི་བཀོད་སྟངས་དང་། གོ་རིམ་སྒྲིག་སྟངས། ནང་དོན་མཚོན་སྟངས། སྐད་ཆའི་འགྲོ་ལུགས་བཅས་ཀྱི་ཐད་སྟབས་བདེ་ལ་གོ་དོན་ལེན་སླ་བ། མི་སྣ་ཁུང་ལ་རྣོག་འཛིང་ཛ་དྲག་དེ་ཙམ་ཆེན་པོ་མེད་པའི་དམངས་ཁྲོད་རྩོམ་རིག་གི་ཁྱད་ཆོས་སྟར་བཞིན་གནས་ཡོད་པ་རེད། དེ་ལས་ལྡོག་སྟེ《གཞོན་ནུ་ཟླ་མེད་ཀྱི་གཏམ་རྒྱུད》ནང་གཟུགས་སུ་བཀོད་པའི་མི་སྣ་མང་ཞིང་། གཞོན་ནུ་ཟླ་མེད་དང་ཡིད་འོང་མའི་གཉེན་སྒྲིག་ལས་རྒྱལ་ཁབ་གསུམ་པོའི་བར་བྱུང་བའི་རྣོག་འཛིང་ཛ་དྲག་ཆེ་བའི་འགལ་བ་དེ་གཏམ་རྒྱུད་ཐིལ་པོའི་འགོ་ནས་མཇུག་བར་དམ་པོར་འབྲེལ་ནས་ཡོད་པ་དང་། རྫོད་བྱེད་ཚིག་གི་སྦྱོར་ལེགས་ལ་མི་རིགས་རང་གི་རྩོམ་རིག་ཁྱད་ཆོས་ཏེ་བཅད་ལྷུག་སྤེལ་མའི་རྣམ་པ་ལྡན་ཡོད་པ་མ་ཟད། 《མཛངས་བློན་ཞེས་བྱ་བའི་མདོ》སོགས་ནང་གི་སྒྲུང་གཏམ་དེ་ཚོའི་ནང་མཐོང་ཐབས་བྲལ་བའི་དཔྱུང་གི་གྲངས་ཁྲི་ཚོ་སྨན་ཚུན་གཡུལ་བཀྱེ་བའི་ཀློང་ཆེན་པོའང་མི་རྣམས་ཀྱི་མིག་ལམ་འཕྲུལ་དགོས་པ་ལྟ་བུའི་ངང་ནས་བྲིས་ཡོད་པས་གཏམ་རྒྱུད་དེ་ནི་དམ་པ་ཉིད་ཀྱི་རྩོམ་རིག་རྣམ་པ་གཙོ་བོར་བཟུང་སྟེ་བརྩམས་གནང་མཛད་པའི་ཞུལ་བྱུང་གི་རྩོམ་རིག་འགྲན་ཟླ་བྲལ་བ་ཞིག་གོ

དེ་ལྟར་ཁོ་བོས《གཞོན་ནུ་ཟླ་མེད་ཀྱི་གཏམ་རྒྱུད》དང་། 《སྐྱེ་རབས་སོ་བཞི》《མཛངས་བློན་ཞེས་བྱ་བའི་མདོ》སོགས་ཀྱི་བརྗོད་བྱ་དང་སྒྱུ་རྩལ་ཐད་དཔྱད་བསྡུར་དང་ཞུག་བྲིས་ངན་པ་དེ་བྲིས་པའི་འདུན་པའམ་དོན་སྙིང་གོང་དུ་སྨྲས་ཟིན་པ་ལྟར་ཡིན་ནའང་། ཁོ་བོ་ཉིད་ཀྱི་ཆོས་ལུགས་དང་། ལོ་རྒྱུས། རིག་གནས་ཐད་ཀྱི་ཡོན་ཚད་ཞན་སྟབས་རྩོམ་ནང་མ་འགྲིག་མ་དག་པ་དང་། ཐ་ན་རྫོངས་གླེང་ཚུལ་དུ་འགྲོ་སྲིད་པ་ཡོད་ན། "ཆང་རང་གིས་བཏུང་ན་མགོ་བོ་ན། གཞན་གྱིས་བཏུང་ན་སྙིང་ན"ཞེས་བྱ་བའི་དཔེ་ལྟར་མ་ཡིན་པར་ལྷག་མེད་དགོངས་འཆར་ལྷུག་སྟོལ་ཡོང་བའི་རེ་སྒོན་ཞུ།

རྩོམ་ཡིག་འདི《བོད་ལྗོངས་ཞིབ་འཇུག》1990ལོའི་དེབ་གསུམ་པར་འཕོད།

《གཞོན་ནུ་ཟླ་མེད་ཀྱི་གཏམ་རྒྱུད》ཀྱི་བརྗོད་བྱ་གཙོ་བོ་དང་སྒྱུ་རྩལ་སྐོར་གླེང་བ།

《雄努达美的故事》的思想性和艺术特色

[བརྡ་ཆད་གཙོ་བོ།] བརྗོད་བྱ། སྒྱུ་རྩལ།

[ནང་དོན་གནད་བསྡུས།] རྩོམ་འདིའི་ནང་དུས་རབས་18པའི་དུས་འགོར་བརྩམས་གནང་མཛད་པའི་《གཞོན་ནུ་ཟླ་མེད་ཀྱི་གཏམ་རྒྱུད》ཀྱི་རྩོམ་པ་པོས་སྤྱི་ཚོགས་འཚོ་བས་བསྟན་པའི་ཐོག་མའི་དཔྱད་གཞིར་སྙིགས་དོར་བཅུད་ལེན་དང་རྫུན་སྤང་བདེན་འཛིན་གྱི་སྣང་དོར་ཕྲ་ཞིབ་བྱས་པ་བརྒྱུད་སྐབས་དེ་དུས་ཀྱི་སྤྱི་ཚོགས་འཚོ་བ་མཚོན་པའི་བརྗོད་བྱ་གཙོ་བོ་དང་། དེ་བཞིན་དེ་མཚོན་པར་སྒྱུ་རྩལ་གྱི་རྣམ་པ་གང་དང་གང་ལྡན་ཡོད་མེད་སྐོར་ཅུང་ཞིབ་པར་གླེང་ཡོད།

[关键词]思想性；艺术特色

[摘　要]《雄努达美的故事》是藏族文学史上第一部散文诗的长篇小说。其文字优雅，可读性强，知识丰富，故事曲折而赢得读者的心。本文就作者如何对当时社会生活提供的素材进行取舍的基础上创作出这部既有思想性，又有艺术特色方面较详细地进行了阐述。

དུས་རབས་བཅོ་བརྒྱད་པའི་རྩོམ་པ་པོ་ཆེན་པོ་ཚེ་རིང་དབང་རྒྱལ་གྱིས་སྐུ་ཚེའི་རིང་སློབ་གཉེར་དང་འཆད་རྩོད་རྩོམ་གྱི་མཛད་པ་རྒྱ་ཆེར་སྤེལ་ཏེ་སོར་མོའི་འཕྲུལ་རྩལ་རབ་ཏུ་ངོམས་ནས《གཞོན་ནུ་ཟླ་མེད་ཀྱི་གཏམ་རྒྱུད》དང་《མི་དབང་རྟོགས་བརྗོད》《བཀའ་བློན་རྟོགས་བརྗོད》སོགས་བསམ་དོན་ཤུགས་ཆེན་ལྡན་པའི་རྩོམ་རིག་འབྲི་གནང་མཛད་པ་འདི་དག་ནི་ད་ཕན་རང་ཅག་གི་མིག་ལམ་དུ་དངོས་སུ་གྱུར་བ་ཆེ་རིགས་རྣམས་ཡིན་ཞིང་། དེ་དག་ལས《གཞོན་ནུ་ཟླ་མེད་ཀྱི་གཏམ་རྒྱུད》ནི་ཁོང་གི་རྩོམ་རིག་དང་པོ་ཡིན། སྙན་འཇེབས་ཚིག་གི་ཕྲེང་བ་ཇི་སྙེད་པའི་ལམ་ནས་བཤད་པའི་གཏམ་རྒྱུད་རིང་པོ་དེ་ནི་མེས་རྒྱལ་མི་རིགས་ཁག་གི་སྔོན་བྱུང་རིག་གནས་བང་མཛོད་ཀྱི་ཆ་ཤས་སུ་གྱུར་པའི་རང་མི་རིགས་ཀྱི་

གཙུག་ལག་རྒྱ་མཚོ་ཆེན་པོའི་ནང་འོད་སྟོང་གི་ཟེར་ཕྲེང་རབ་ཏུ་བཀྲ་བའི་གཅེས་ནོར་ཞིག་ཡིན། ལོ་ངོ་ཉིས་བརྒྱ་ལྷ་བཅུར་ཉེ་བའི་ལོ་རྒྱུས་ལྡན་པའི་གཏམ་རྒྱུད་འདི་ལ་རིན་ཐང་གཞལ་བྱའི་ཡུལ་ལས་འདས་པའི་རང་མི་རིགས་ཀྱི་རིག་གཞུང་དཔེ་ཆ་གཞན་དང་འདྲ་བར་རྩོལ་ངན་བརླང་པོ་སྤྱོད་པའི་ཚུལ་མིན་གྱི་ཉེས་པ་མང་དག་ཅིག་ཕོག་སྟེ་ཉེ་ལམ་ལོ་མང་པོའི་རིང་ཐ་སྙད་ཀྱི་ཤུལ་ཙམ་དུ་གྱུར་གཤིས། བདག་དང་བདག་འདྲ་བ་ལང་ཚོ་དར་ལ་བབས་པའི་གཞོན་ནུ་དག་ལ་ནི་གཏམ་རྒྱུད་དེའི་སྣང་རྗེའི་བཅུད་སྤྱོད་པའི་གོ་སྐབས་ཡེ་ནས་མ་ཐོབ། ད་ཆ་མར་ལེ་རིང་ལུགས་ཀྱི་རིག་པའི་གཞུང་ལུགས་དེ་རང་གི་རྨང་གཞིར་བྱས་པའི་འོ་སྐོལ་ཏང་གིས་རྒྱལ་ནང་མི་རིགས་ཁག་ལ་འཛིན་པའི་མི་རིགས་འདྲ་མཉམ་དང་། རིག་གནས་འདྲ་མཉམ་གི་ཡང་དག་སྲིད་ཇུས་རྣམས་ཤོག་སྟེང་གི་རི་མོ་དང་ལོགས་བྲིས་ཀྱི་ཡོངས་འདུ་ལྟ་བུའི་དབང་དུ་མ་སོང་བར་དངོས་སུ་ཕྱག་བསྟར་དོན་ཐོག་ཏུ་བཀལ་བར་བརྟེན། གཏམ་རྒྱུད་དེའང་སླར་སྐྱེའི་བསྐལ་པ་བཟང་པོ་ཐོབ་པ་ལྟར་སླར་ཡང་པར་དུ་བསྐྲུན་ནས་འགྲེམ་སྤེལ་བྱེད་ཐུབ་པ་བྱུང་བ་དང་། རྒྱ་ཆེའི་ཀློག་པ་པོ་རྣམས་ཀྱིས་ཀྱང་སྙོམ་པ་ཆུ་འདོད་ལྟར་རབ་ཐོབ་ཤིག་ཤིག་གིས་ཉོས་ཏེ་ཀློག་འདོན་བྱེད་ཀྱི་ཡོད།

སྐབས་འཇེབས་ཀྱི་དགེ་མཚན་ཕུན་སུམ་ཚོགས་པའི་གཏམ་རྒྱུད་འདི་ནི་སྟོད་མངའ་རིས་སྐོར་གསུམ་དང་། སྨད་མདོ་ཁམས་སྒང་དྲུག བར་དབུས་གཙང་རུ་བཞི་བཅས་བོད་རིགས་འཚང་བའི་ས་ཁུལ་ཡོད་དོ་ཅོག་ལ་ཁྱབ་གདལ་ཆེན་པོ་ཡོད་ལ། རྒྱལ་ཁབ་ཕྱི་ནང་གི་ལོ་ཙཱ་བ་མང་པོས་ཀྱང་རང་རང་གི་སྐད་ཡིག་ལ་བསྒྱུར་ནས་འགྲེམས་སྤེལ་བྱས་ཡོད་པ་ཙམ་དུ་མ་ཟད། བོད་ཀྱི་སྔོན་བྱུང་རིག་གནས་ལ་དོ་ཁུར་ཆེ་ཙམ་གནང་མཁན་གྱི་མཁས་པ་མང་པོས་དེ་ལ་ཞིབ་འཇུག་བརྟག་དཔྱད་མཛད་པའི་རྩོམ་ཡིག་བྲིས་གནང་ཡོད་པ་གོ་ཐོས་མང་པོ་བྱུང་ལ་འདྲེན་བྱེད་ཀྱི་ལྟད་མོར་རིག་པའང་མི་ཉུང་བ་ཞིག་བྱུང་། འོན་ཀྱང་སྐབས་འཇེབས་ཚོགས་སྒྱུར་སྡེབ་ལེགས་པའི་རྒྱན་གྱིས་རབ་ཏུ་སྤུད་ཅིང་མི་དམངས་ཀྱི་བསམ་པའི་ཉམས་འགྱུར་ཟབ་མོར་ལྡན་པའི་གཏམ་རྒྱུད་དེ་ལྟ་བུ་ལ་རང་རིགས་ཀྱི་ཁྲིད་ནས་རང་སྐད་ཀྱི་རི་མོའི་ལམ་ནས་མཐའ་དཔྱོད་མཛད་པའི་རྩོམ་རིག་སྤྱེལ་པ་རིག་པ་མ་བྱུང་། དེས་ན་ཁོ་བོས་ཞན་ཆ་དེ་སེལ་ཐབས་ལ་ཕན་འདོགས་པའི་ངལ་བ་ཕྲན་བུ་བགྱིས་ནས་རང་རེའི་མེས་པོ་རྣམས་ཀྱིས

བདག་ཅག་མི་རབས་ཕྱི་མ་ལ་ཤུལ་དུ་བཞག་པའི་རིག་གནས་ཀྱི་ཤུལ་ལམ་དེ་ང་ཚོའི་དུས་སྐབས་འདིར་མཚམས་མ་ཆད་པར་ཉམས་པ་སོར་ཆུད་དང་མི་ཉམས་གོང་དུ་འཕེལ་བ་ཞིག་བྱུང་ན་ཅེ་མ་ཉུང་སྙམ་པའི་ལྷག་བསམ་རྣམ་པར་དཀར་བའི་རེ་སྨོན་བཅངས་ཏེ་འདིར་རང་ཉིད་ཡོན་ཚད་དམན་པར་མ་བལྟོས་པར་གཏམ་རྒྱུད་དེ་གླེག་འདོན་ཞིབ་འཇུག་བྱེད་པ་བརྒྱུད་རྩོམ་པ་པོའི་བསམ་པའི་འཁོར་ཕྱོགས་རགས་ཙམ་རྟོགས་ཐབས་དང་། རྩོམ་པ་པོ་ཉིད་ཀྱིས་རང་གི་ལོ་རྒྱུས་གསལ་བར་བྲིས་པའི་《བཀའ་བློན་རྟོགས་བརྗོད》དང་དེ་བཞིན་འབྲེལ་ཡོད་ཀྱི་ལོ་རྒྱུས་དཔེ་ཆ་ཟུར་བལྟའི་དཔྱད་གཞིར་བྱས་ཏེ་གཏམ་རྒྱུད་འདིར་བསྟན་པའི་བརྗོད་བྱ་གཙོ་བོ་གང་ཡིན་དང་། སྒྱུ་རྩལ་གྱི་གྲུབ་འབྲས་གང་ཐོབ་པ་བཅས་ཀྱི་སྐོར་རང་རང་གི་དྲན་ཚུལ་གླེང་བར་བྱ་བ་འདི་ལྟ་སྟེ།

《གཞོན་ནུ་ཟླ་མེད་ཀྱི་གཏམ་རྒྱུད》འདིའི་རྩོམ་པ་པོ་ནི་རབ་བྱུང་བཅུ་གཉིས་པའི་མེ་གླང་སྟེ་སྤྱི་ལོར1697ལོ་བྱང་སྟག་ལུང་ཡུལ་དུ་སྐུ་འཁྲུངས། ཡབ་ནི་ངག་གི་དབང་ཕྱུག་ཚངས་པ་བྱ་བ། བོད་མིའུ་གདུང་དྲུག་བྱུང་བའི་ནང་ཚན་ལྟུགས་ཁམས་དཔྲ་རིགས་ལས་མཆེད་པའི་ག་ཟིའི་རིགས་བརྒྱུད་ཡིན་པ་དང་། ཡུམ་དང་དྲུང་བྱ་བ་སྤར་བོད་ལྗོངས་ཁྲི་སྐོར་བཅུ་གསུམ་གྱི་ཡ་གྱུལ་ཚལ་པ་ཁྲི་དཔོན་ནས་ཉེ་བར་བརྒྱུད་པའི་དྲུང་ན་སྤྱོད་པ་རྣམ་གྲུས་ཁང་གསར་བའི་རིགས་བརྒྱུད་ཡིན་པ《བཀའ་བློན་རྟོགས་བརྗོད》དུ་གསལ་བར་འཁོད། ཁོང་སྐུ་མ་འཁྲུངས་གོང་ཁྱིམ་ཚང་ནང་ཁྲིམས་སྒྲུར་གྱི་རྩོད་གཞི་ཆེན་པོ་བྱུང་ནས་དགོན་གནས་དང་རྫོང་གཞིས་སོགས་འཛིན་དབང་ཅེ་མཆིས་པ་ཕལ་ཆེ་བ་གཞུང་བཞེས་མཛད་སྐབས་མིང་ཙམ་ལས་མེད་པའི་སྐུ་དྲག་གི་ཁྱིམ་ཚང་ཞིག་ཏུ་གྱུར། ཁོང་དགུང་ལོ་དྲུག་བདུན་ཙམ་ནས་སེ་ར་ཐེག་ཆེན་གླིང་དུ་ཞང་པོ་རབས་འབྱམས་སྨྲ་བ་ཞིག་ཡོད་པའི་སར་གླེག་ཡིག་ལེགས་པར་བསླབས་པ་དང་། ལ་མོ་ཆོས་སྐྱོང་ཆེན་པོར་ཞུས་པའི་མིང་དུ་ཚེ་རིང་དབང་རྒྱལ་ཞེས་བསྩལ། ལོ་ན་བཅུ་དྲུག་བཅུ་བདུན་ཙམ་སོན་པའི་ཚེ་རིག་གནས་ཀུན་ལ་མཁས་པར་གྱུར་པས་ལོ་ཆེན་རྣམ་གླིང་ཚངས་གྲུས་དགྱེས་པའི་བློ་ལྡན་ཞེས་པའི་མིང་ཡང་བཏགས་གནང་མཛད། ཁོང་མི་ཆེན་སྐུ་དྲག་གི་གྲས་ཡིན་ནའང་རང་ཁྱིམ་ཚང་གི་རྒྱུ་ནོར་ལོངས་སྤྱོད་ལ་སྲེད་ཞེན་གྱིས་མ་བཞུགས་པར་དགུང་ལོ་བཅུ་བདུན་ཙམ་བར་གཞུང་སའི་བླ་རྩེས་པ་ཁྲི་རྒྱལ་

དཔལ་མགོན་དང་། སྨིན་གྲོལ་གླིང་གི་དགེ་སློང་བློ་གསལ། ལོ་ཆེན་རྣམ་གླིང་སོགས་མཁས་པ་ཆེན་པོ་དང་རང་གི་ཡབ་བཅས་བསྟེན་ནས་སྙན་ངག་མེ་ལོང་དང་། ཚད་མ་རིག་པ། སྐར་རྩིས། རི་མོ། སྒྲ་རིག་པ། སྡེབ་སྦྱོར་སོགས་གཡེང་བ་ལམ་གྱི་དབང་དུ་མ་འཕྱུན་པའི་ཡོན་ཏན་ལ་བརྩོན་པ་མ་ལྷོད་པར་འབད་པས་སྤྱངས་ཕྱིར་དུས་རབས་བཅོ་བརྒྱད་པའི་ནང་གི་མཁས་པ་ཆེན་པོ་ཞིག་ཏུ་གྱུར། ཁོང་གིས་བོད་ཀྱི་རིག་གནས་གོང་འཕེལ་གཏོང་བའི་བྱ་གཞག་ནང་སྨུབ་ཏུ་མེད་པའི་ངོ་མཚར་མཛད་རྗེས་བཞག་ཡོད་ལ། ཤིང་མོ་ལུག་སྟེ་སྤྱི་ལོ1715ལོར་ཁོང་དང་མདོ་མཁར་ཇ་བའི་སྲས་ཐུབ་མོང་བྱ་པ་ཁྲི་དཔོན་གྱི་སྲས་མོ་རྣམ་རྒྱལ་དབང་མོ་འཛིག་རྟེན་མཐུན་སྦྱོར་གྱི་གཉེན་དུ་སྦྲེལ་ཡང་མི་རིང་བར་ཐ་དད་དུ་གྱུར་ནས་མདོ་མཁར་ཇ་བའི་སྲས་ཀྱིས་བདག་གིར་བཟུང་། དེ་ནས་བཟུང་ལོ་ངོ་བཅུ་ལྔག་ཙམ་རིང་མི་རྗེང་ཡ་གྱར་གྱི་འཚོ་བས་དུས་འདའ་བཞིན་བཞུགས། ཁོང་དགུང་ལོ་བཅོ་བརྒྱད་ཙམ་ནས་སྤྱི་ལོ1762ལོར་སྐུ་འཆེའི་འདུ་བྱེད་ཡོངས་སུ་ཉམས་ནས་ལྷ་ལམ་ལ་མ་བསྐྱོད་བར་སྔ་ཕྱིར་འགན་འཛིན་གྱི་གོ་གནས་མང་པོ་རིམ་པས་བཟུང་མྱོང་ཡོད། མེ་ཕོ་སྤྲེའུ་སྤྱི་ལོ1716ལོ་སྟེ་ཁོང་དགུང་ལོ་ཉི་ཤུར་ཁ་ལོག་པའི་སྐབས་གཞིས་ཀ་བསམ་གྲུབ་རྩེའི་དཔྱ་ཁྲལ་འབབ་ཡོང་བསྡུ་བར་བསྐྱོད་པ་དང་། ལོ་དེའི་ཕྱི་མར་གཞིས་ཀ་བསམ་གྲུབ་རྩེའི་རྫོང་དཔོན་ལས་འཛིན་ཁུར་དུ་བཞེད་ནས་ལོ་གཅིག་བཞུགས། དེའི་སྐབས་ཨོ་རོད་ཧུན་གར་གྱི་དཔུང་ཤུགས་བོད་ལ་སླེབས་ནས་སྐབས་དེའི་བོད་ཀྱི་རྒྱལ་པོ་ལྷ་བཟང་ཁང་ལ་དཔུང་བཏེག་པ་འདམ་གཞུང་དུ་འཁྲུགས་པའི་རྗེས་སུ་མི་རིང་བར་ལྷ་བཟང་ཁང་ལྷ་སའི་ཀླུ་སྦུགས་སུ་མཚོན་ཆའི་ལམ་དུ་བཀྲོངས་ནས་ཨོ་རོད་ཧུན་གར་གྱིས་བོད་ཁམས་དབང་བསྒྱུར་བྱས་པ་དང་། སྟག་རྩེ་ཞབས་དྲུང་ལྷ་རྒྱལ་རབས་བརྟན་སྟེ་སྲིད་ལ་བཀོད། ལྷ་བཟང་ཁང་གི་ཉེ་གཏོགས་བོད་ཀྱི་མི་དྲག་སེར་སྐྱ་ཁ་ཤས་ཚར་བཅད་པ་དང་། བོད་རིགས་ཀྱི་རིག་གནས་ཤུལ་རྒྱུན་ལྡན་པ་མཚོན་པའི་དགོན་གནས་མང་པོ་འཇོམ་བཅོམ་དང་། གཏོར་བ་སོགས་ཡོ་ལང་ཆེན་པོ་བྱུང་། སྐབས་དེ་དུས་གཙང་ཕྱོགས་བསམ་གྲུབ་རྩེར་བཞུགས་བཞིན་པའི་ཚེ་རིང་དབང་རྒྱལ་གྱིས་གཞིས་དེར་ཡུན་རིང་འདུག་དགོས་ཤར་ན་ཉམ་ཉེས་ཇི་ཡོང་མི་ཤེས་སྙམ་ནས་ས་ཁྱི་སྤྱི་ལོ1718ལོར་བསམ་གྲུབ་རྩེའི་རྫོང་དཔོན་གྱི་ལས་འཛིན་དགོངས་ཁྲོལ་ཞུས་ཏེ་ལྷགས་རྩེ་གྲི་གུའི་རྫོང་

དཔོན་ལས་འཛིན་གྱི་ཁུར་བཞེས། དེ་རྗེས་མི་རིང་བར་ཡབ་གཅིག་ཚངས་ཆེན་སྐུ་གཟུགས་མི་བདེ་བར་གྱུར་ནས་དེའི་ཚབ་ཏུ་ཁོང་ཉིད་སྟག་རྩེ་སྡེ་སྲིད་ཀྱི་མགྲོན་གཉེར་དང་། དྲུང་ཡིག་ཉིས་སྐྱོགས་ལྷ་བུའི་ཁུར་ལེན་དགོས་པ་བྱུང་། ལྕགས་ཕོ་བྱི་བའི་སྤྱི་ལོ1720ལོར་ཆིང་རྒྱལ་རབས་ཀྱི་གོང་མ་ཁང་ཞིས་མངགས་པའི་རྒྱ་སོག་གི་དཔུང་གིས་ཏཱ་ལའི་སྐུ་ཕྲེང་དྲུག་པའི་སྤྲུལ་སྐུ་བློ་བཟང་སྐལ་བཟང་རྒྱ་མཚོ་ཨ་མདོའི་ཁུལ་གྱི་དགོན་གནས་རྗེ་སྐུ་འབུམ་བྱམས་པ་གླིང་ནས་ལྷ་ལྡན་གྱི་འཛིན་ཕོ་བྲང་ལ་སྤྱན་དྲངས་ཏེ་གསེར་ཁྲིར་མངའ་གསོལ་བ་དང་སྦྲགས་སྟག་རྩེ་སྡེ་སྲིད་བློན་འཁོར་དང་བཅས་པ་ཁྲིམས་ལ་སྦྱར་ནས་སྲོག་བཅད། ད་དུང་རིམ་པས་ཞིབ་བཤེར་བྱེད་སྐབས། དེ་དུས་སྟག་རྩེ་སྡེ་སྲིད་ཀྱི་ཞམ་རིང་ཉེ་གཏོགས་ཡིན་པའི་ཚེ་རིང་དབང་རྒྱལ་གྱི་གམ་དུའང་འགུགས་མི་ལྷག་པས་འཇིགས་པའི་ངང་ནས་རིངས་པ་རིངས་པར་རང་གཞིས་མདོ་མཁར་ལ་བྲོས་ནས་སྐབས་ཤིག་རིང་གནས་བཅས་ནས་བཞུགས། ཕྱིས་སུ་བཀའ་བློན་བཞི་ཡི་གཙོ་གྲས་སུ་གྱུར་པ་བཀའ་བློན་ཕོ་ལྷ་ཐའི་ཇེ་ཡིས་བསོད་དཀྲོལ་བྱས་པས་ཉེས་སྐྱོན་གྱིས་མ་གཅོས་ཙམ་བྱུང་། སྡེ་སྲིད་ཀྱི་གོ་གནས་མེད་པ་བཟོས་ཏེ་ཐོག་མར་བཀའ་བློན་ཏན་གཞོན་བཞི་དང་། ཕྱིས་སུ་བཀའ་བློན་ལྔ་ལས་གྲུབ་པའི་ལས་ཁུངས་བཙུགས་ཏེ་སྨན་ལྗོངས་ཡོངས་ལ་ལུང་བསྒྱུར་འགོ་བཙམས། ཆུ་ཕོ་སྟག་སྤྱི་ལོ1722ལོར་མི་དྲག་རྣམས་ཀྱི་ཤེས་ཚད་ཞིབ་དཔྱད་བྱས་ཏེ་གོ་གནས་སྤྲོད་པའི་སྐབས་ཚེ་རིང་དབང་རྒྱལ་ཤེས་བྱ་ཡིག་རྩིས་སྐྱོབས་རྩལ་བཅས་ཚང་མ་ཨང་དང་པོ་ཤ་སྟག་ཡིན་ནའང་སྡེ་སྲིད་སྟག་རྩེའི་ཉེ་གཏོགས་ཡིན་པས་རེ་ཞིག་ལས་ཚན་ཆེ་ཁག་གི་འགན་འཁུར་དུ་མ་བཅུག་པར་དྲུང་འཁོར་དཀྱུས་མའི་གྲས་སུ་བཞག ཆུ་མོ་ཡོས་སྤྱི་ལོ1723ལོར་གཞིས་ཆེན་གོང་རེ་དཀར་པོའི་དཔྱ་ཁྲལ་འབབ་ཡོང་བསྡུ་བའི་བྱེད་པོར་མངགས་པ་དང་། ཤིང་ཕོ་འབྲུག་སྤྱི་ལོ1724ལོར་ཏཱ་ལའི་སྐུ་ཕྲེང་བདུན་པའི་གནས་གཟིགས་ཀྱི་ཞམ་རིང་ལ་རི་བོ་དགེ་ལྡན་དང་བསམ་ཡས་གཙུག་ལག་ཁང་དུ་བསྐྱོད་རིང་ཡབ་ཚངས་ཆེན་སྐུ་གཤེགས་པའི་བཟང་འགྱུར་སྟབས་ཡབ་ཀྱི་དགེ་རྩ་བསྒྲུབ་སླད་ཕྱིར་ལོག མེ་ཕོ་རྟ་སྤྱི་ལོ1726ལོ་ཁོང་དགུང་ལོ་སུམ་ཅུར་ཉེ་བ་ན་བཀའ་བློན་ཕོ་ལྷ་ཐའི་ཇེ་དང་བཤེར་དཔོན་ཕོན་གྲོང་སོགས་ཀོ་འཕང་དོ་ཟླ་བྲལ་བའི་དཔོན་རིགས་ཀྱིས་མཚམས་སྦྱོར་བྱས་པ་བརྒྱུད་དོལ་འཇོ་རབ་བརྟན་པའི་སྲས་མོ་ཆེ་ཆུང་ཟུང་རིམ་པས་མདུན་

ཐབས་སུ་བླངས། དེ་དུས་བོད་ཀྱི་བཀའ་བློན་རྣམས་ཆོས་ལུགས་སྲིད་བྱུས་ལ་མི་མཐུན་པའི་འགལ་བ་བྱུང་བ་དང་། ཕྱི་ནང་གི་འབྲེལ་བའི་སྐོར་གྱི་གནད་དོན་གལ་ཆེན་འགའ་ཞིག་གི་ཐད་དགོངས་པའི་འཛིན་སྟངས་ཐ་དད་གྱུར་བ་སྐྱི་དང་། ལྷག་དོན་དུ་ཁེ་པ་ཆོས་འདོད་པའི་ཧ་ཀོད་ཀྱི་སྲུབ་མདའ་འཐེན་མ་ཐུབ་པར་ཁེ་དབང་འཕྲོག་རེས་ཀྱི་འཐབ་རྩོད་དྲག་པོ་བྱུང་བ་ལས་མེ་མོ་ལུག་སྤྱི་ལོ1727ལོར་བཀའ་བློན་ང་ཕོད་པ་དང་། ལུམ་པ་བ། སྦྱར་ར་ནས་བཅས་བགྲོས་ཐོག་བཀའ་བློན་དའི་ཆེང་བ་དུར་བསོད་ནམས་རྒྱལ་པོ་ལྷ་ས་གཙུག་ལག་ཁང་གི་ཡང་སྟེང་གཟིམ་ཆུང་ཁམས་གསུམ་དུ་དགྲོངས། དེ་དང་དུས་མཚུངས་གཙང་དུའང་བཀའ་བློན་ཕོ་ལྷ་ནས་དགྲོངས་ཕྱིར་གསང་དམག་མངགས་ཀྱང་ལྷ་སར་དོན་འགྱུར་ཅི་བྱུང་བ་ཚང་མ་ཕོ་ལྷ་ནས་ལ་གསང་བརྡ་འཁྱེར་ནས་སྙིད་ཕྱོགས་སུ་བཏེགས་པས་སླགས་མ་རྙེད། ཕོ་ལྷ་ནས་ཀྱིས་གཙང་དཔུང་བསྡུ་རུབ་དང་དའི་ཆེང་བ་དུར་གྱི་སྤུན་རྗེ་རིང་དང་མཉམ་འབྲེལ་བྱས་ཐོག་དབུས་ཕྱོགས་སུ་དཔུང་གི་ཁ་ལོ་བསྒྱུར་པ་འབྲས་ཁུད་དུ་དབུས་དཔུང་དང་ཡུན་རིང་འཁྲུགས། ཚེ་རིང་དབང་རྒྱལ་ཀྱང་དབུས་ཀྱི་རུ་དཔོན་གོ་ས་བཟུང་ནས་སྐབས་དེའི་གཡུལ་བཤམས་ཀྱི་ལས་ལ་ཞུགས་མྱོང་བ་རེད། སྤྱི་ལོ1728ལོར་ཕོ་ལྷ་ནས་གཙང་དཔུང་དང་བཅས་ལྷ་སར་འཁྱོར་ནས་བོད་ཁམས་ལ་དབང་བསྒྱུར་བའི་སྲིད་འཛིན་པ་དང་། མི་རིང་བར་ཆིང་རྒྱལ་རབས་ཀྱི་གོང་མ་ယུང་ཐེང་གིས་མངགས་པའི་དཔོན་གཉིས་དཔུང་པོ་སྟོབས་ཆེན་དང་བཅས་ལྷ་སར་འཁྱོར་ནས་ཕོ་ལྷ་ནས་ཀྱི་དགྲ་ཟླར་གྱུར་བའི་བཀའ་བློན་ང་ཕོད་པ་དང་། ལུམ་པ་བ། སྦྱར་ར་ནས་དེ་བཞིན་དེ་དག་གི་ཉེ་གཏོགས་སེར་སྐྱ་བཅུ་ལྷག་ཙམ་ལ་ཉིན་ཤས་བར་དྲི་རྩད་ནན་ཐུར་བྱས་རྗེས་པོ་ཏ་ལའི་ནུབ་ངོས་ཀྱི་བར་མ་རིའི་འདབས་རོལ་ཏུ་སྲོག་ཐོག་གི་ཁྲིམས་བཅད། སྐབས་དེ་དུས་ཕོ་ལྷ་ནས་ཀྱི་དཔུང་ལ་འགྲན་གཏོལ་བྱེད་པའི་དབུས་དཔུང་གི་རུ་དཔོན་གྲས་ཡིན་པའི་ཚེ་རིང་དབང་རྒྱལ་ལ་ཉེས་ཆད་ཅི་ཡང་མ་བྱུང་བའི་ཁར་ད་དུང་ཕོ་ལྷ་ནས་ཀྱིས་མཐོང་ཆེན་ངོ་སྤྲོད་བྱས་པ་བརྟེན་ནས་གོང་མས་ཁོང་ལ་ཇ་སག་རིམ་པ་དང་པོའི་ཐའི་ཇིའི་ཆོ་ལོ་དང་བཅས་བཀའ་བློན་གྱི་ལས་ཁུར་འཛིན་དུ་བཙུག་པ་དེ་ལ་གཞིགས་ན་དཔེ་དེབ་འགར་ཚེ་རིང་དབང་རྒྱལ་དང་ཕོ་ལྷ་ནས་བར་སྤུན་གྱི་འབྲེལ་བ་ཡོད་གསུངས་པའང་བདེན་པར་སྣམ། ས་ཕོ་སྤྲེལ་སྤྱི་ལོ1728ལོར་མི་དབང་ཕོ་ལྷ་ནས་ཀྱིས

བོད་ཁམས་ལ་དབང་བསྒྱུར་བྱས་པ་ནས་མི་ལོ་ཡོས་སྤྱི་ལོ1747ལོ་ཕོ་ལྷ་ནས་ཀྱི་འཛིང་པར་གཉན་འབུར་གྱི་ནད་དྲག་པོས་ཟིན་ནས་སྐུ་མ་གཤེགས་བར་ཚེ་རིང་དབང་རྒྱལ་ནི་གཟུགས་དང་གྲིབ་མའི་དཔེ་བཞིན་ཕོ་ལྷ་ནས་དང་བྲལ་བ་མེད་པར་བཀུར་བསྟི་ཞབས་ཏོག་དང་གཞུང་དོན་གཉེར་ནས་བཞུགས། ཕོ་ལྷ་ཐའི་ཇི་སྐུ་གཤེགས་རྗེས་ཕྱང་གི་ཚེ་ལོ་ཐམ་ག་ཕོ་ལྷ་ནས་ཀྱི་བུ་ཆུང་ཤོས་དྣ་ལའི་བ་དུར་རམ་འགྱུར་མེད་རྣམ་རྒྱལ་ཟེར་བ་ལ་བསྐལ་ནས་ཕ་དབང་བུ་ཡིས་འཛིན་དུ་བཅུག

ཕོ་ལྷ་ནས་ཀྱིས་དབང་བསྒྱུར་བའི་དུས་ཡུན་ལོ་ཉི་ཤུར་ཉེ་བའི་རིང་བོད་ཁམས་ལ་ཡོ་ལང་ཟང་ཟིང་མ་བྱུང་བར་བདེ་ལ་འཁོད་པ་དང་བོད་ས་གནས་སྲིད་གཞུང་དང་ཆིང་རྒྱལ་རབས་དབར་གྱི་བགོད་འདོམས་དང་ཁོངས་གཏོགས་ཀྱི་འབྲེལ་བ་དེ་ཤིན་ཏུ་དམ་ཟབ་ཏུ་ཕྱིན་ཡོད། འོན་ཀྱང་དྣ་ལའི་བ་དུར་གྱིས་ཕ་དབང་འཛིན་རྗེས་ཕོ་ལྷ་ནས་ཀྱི་ལམ་ཕྱོགས་ལག་བསྟར་བྱེད་མཁན་དཔོན་རིགས་ལ་རྣམ་པར་འཚེར་སྣང་བས་ཚེ་རིང་དབང་རྒྱལ་ཡང་སྐབས་ཅིག་རིང་ཞམ་རིང་གྱི་ལས་ལ་ཞུགས་དབང་ཡོད་པ་ཙམ་ལས་དོན་ཆེན་བཀའ་བགྲོས་ལ་ཞུགས་དབང་མེད་པའི་མིང་ཙམ་གྱི་བཀའ་བློན་ཞིག་ཏུ་གྱུར། ལྕགས་ཕོ་རྟ་སྤྱི་ལོ1750ལོར་གོང་མའི་བཀས་མངགས་པའི་བོད་སྡོད་ཨམ་བན་ཕུ་ཆེན་དང་ལབ་ཏུན་གཉིས་ནས་བློ་བུར་འཇབ་རྒོལ་གྱིས་འགྱུར་མེད་རྣམ་རྒྱལ་སྲོག་དང་ཕྲལ་རྗེས་ཚེ་རིང་དབང་རྒྱལ་ལ་སྤྱ་སྐོང་ནས་གོང་མ་ཆེན་པོའི་ཐུགས་རྗེས་བསྐྱངས་ཏེ་བཀའ་བློན་གྱི་གོ་སར་བཞག་པ་ཡིན།

《གཞོན་ནུ་ཟླ་མེད་ཀྱི་གཏམ་རྒྱུད》དེ་ཡང་སྔོན་དུས་གང་དུ་འབྲི་འགོ་བརྩམས་པའི་སྐོར་གཏམ་རྒྱུད་དེ་རང་གི་མཇུག་ཏུ་གྲི་གུ་བཀྲ་ཤིས་མཐོ་སྨོན་དུ་ཁྲིམས་ཀྱི་ཁ་ལོ་པར་ལུང་གིས་ཡངས་པའི་ལས་འཛིན་དུ་རེ་ཞིག་འདུག་སྐབས་དབུ་བརྩམས་པ་ཡིན་ཅེས་འཁོད་འདུག་ན། ཁོང་གྲི་གུའི་རྫོང་དཔོན་གྱི་ལས་ཁུར་འཛིན་པའི་དུས་ནི་སྤྱི་ལོ1718ལོ་ཡིན་པས་ཁོང་ཉིད་དགུང་ལོ་ཉེར་གཉིས་ཙམ་ལ་སོན་པའི་ཚེ་གཏམ་རྒྱུད་དེ་བརྩམས་འགོ་ཚུགས་པར་གོར་མ་ཆག གཏམ་རྒྱུད་དེ་མཇུག་སྒྲིལ་བའི་ལོ་དུས་སྐོར་ལ་གཏམ་རྒྱུད་དེ་རང་གི་མཇུག་ཏུ་དེའི་འགྲོས་སུ་གྱུར་པ་རྣམས་མདོ་མཁར་བཀྲ་ཤིས་རབ་བརྟན་དུ་རྫོགས་པར་བྱས་པ་ཡིན་ཅེས་འཁོད་འདུག་ནའང་ཁོང་ཉིད་གཏམ་རྒྱུད་རྩོམ་འགོ་ཚུགས་པའི་རྗེས་གཞིས་མདོ་མཁར་ལ་

ཕྱིར་ལྡོག་ཐེངས་མང་པོ་བྱས་འདུག ཡང་སྐྱིང་ཐེངས་དུས་གང་གི་སྐབས་སུ་རྫོགས་པར་བྲིས་པ་ཁ་གསལ་མི་འདུག་ལ་འདི་སྐོར་ད་ལྟ་དཔྱད་གཞི་ཁུངས་བཙན་ཀྱང་མཐོང་བ་མ་བྱུང་བས་རེ་ཞིག་ཚིག་ཐག་གཅོད་པའི་སྐལ་བ་མ་ཐོབ།

《གཞོན་ནུ་ཟླ་མེད་ཀྱི་གཏམ་རྒྱུད》དེ་ནི་དུས་རབས་བཅོ་བརྒྱད་པའི་བོད་ཀྱི་སྤྱི་ཚོགས་འཚོ་བའི་འགྲོ་སྟངས་དངོས་རྣང་གཞིར་བྱས་ནས་བྲིས་པ་ཞིག་ཡིན་ཀྱང་རྩོམ་པ་པོས་སྐབས་དེའི་སྤྱི་ཚོགས་འཚོ་བ་འདྲ་བཤུས་བྱས་པ་ཞིག་མིན་པར་འཚོ་བས་བསྐྱེད་པའི་ཐོག་མའི་དཔྱད་གཞིར་སྙིགས་དོར་བཙུད་ལེན་དང་རྫུན་སྤང་བདེན་འཛིན་གྱི་བླང་དོར་ཕྲ་ཞིབ་བྱས་པ་བརྒྱུད་བཀས་བཀོད་རྒྱུད་འཛིན་ཞིང་བྲན་ལམ་ལུགས་འོག་མི་ཆེན་སྐུ་དྲག་དང་རྒྱ་ཆེ་བའི་ཞིང་བྲན་བར་གྱི་འབྲེལ་བ་དང་། སྤྱི་ཚོགས་ཀྱི་འཚོ་བའི་རྣམ་པ། རྩོམ་པ་པོ་ཉིད་ཀྱིས་སྐབས་དེའི་སྤྱི་ཚོགས་ལམ་ལུགས་ལས་བྱུང་བའི་བྱ་བ་ལ་འཛིན་པའི་སྣང་ཞེན་གྱི་བསམ་པ་བཅས་གཏན་ཚིགས་རིག་པ་དང་མཐུན་ཞིང་སྒྱུ་རྩལ་གྱི་ཉམས་འགྱུར་དང་ལྡན་པའི་ངང་བརྗོད་པའི་རི་མོའི་ལམ་དུ་དྲངས་ཏེ་མི་རྣམས་ཀྱི་མིག་ལམ་དུ་ཁྲ་ལྷེམ་མེར་བསྟན་ཡོད། ང་ཚོས་དབྱེ་ཞིབ་ཀྱི་ལྟ་བ་མ་བཏང་པར་གཏམ་རྒྱུད་དེ་ཚར་འགའ་ཀློག་ན་རྩོམ་པ་པོའི་བསམ་པའི་བཀོད་པ་དང་། གཏམ་རྒྱུད་ཀྱི་བརྗོད་བྱ་གཙོ་བོ། རྗོད་བྱེད་ཚིག་དང་སྒྱུ་རྩལ་གྱི་ཐད་དམིགས་བསལ་གྱི་གྲུབ་འབྲས་ཅི་མཆིས་པ་གསལ་པོར་རྟོགས་ཐུབ།

《གཞོན་ནུ་ཟླ་མེད་ཀྱི་གཏམ་རྒྱུད》ཀྱི་ནང་དོན་གཙོ་བོ་ནི་རྩོམ་པ་པོའི་འཆར་སྣང་གི་རྒྱལ་ཁབ་གསུམ་སོ་སོར་རྒྱལ་རིགས་ཀྱི་སྲས་གྲུར་གྱུར་པ་རེ་རེ་ཡོད་པ་དེ་ཚེ་འཇིག་རྟེན་མཐུན་འཇུག་གཉེན་སྒྲིག་གི་དུས་ལ་བབས་ཤིང་རང་རང་རྒྱལ་སྲིད་སྐྱོང་བའི་རིགས་རྒྱུད་རིམ་པར་བསྲིང་སླད་གཉེན་འཐམས་པར་གཟས་པ་ལས་ཕན་ཚུན་གྱ་གྱུར་རྙོག་འཛིང་ཆེ་བའི་འཐབ་མོ་འཁྲུག་རྩོད་བྱུང་བའི་སྐོར་ཡིན། འདི་ཡང་སྔོན་བྱུང་བ་འདས་པའི་དུས་ན། རྒྱ་གར་འཕགས་པའི་ཡུལ་ནས་བྱང་ཕྱོགས་སུ་ས་འཛིན་གྱི་ཕྲེང་བ་རིམ་པ་འགའ་ཞིག་འདས་པའི་ས་ན་སྲིད་པའི་རྒྱལ་ཞེས་གྲགས་དཀར་གྱི་བ་དན་རིང་ནས་རིང་དུ་གཡོ་བ་དེའི་རྒྱལ་པོ་ཉི་མའི་ཟླ་གྲོས་ལ་བཙུན་མོ་ཛ་ཆ་འཛིན་ཞེས་མཛེས་པ་ལྟ་ན་སྡུག་པ། གཡེར་བ། རང་བཞིན་བཟང་ཞིང་ལེགས་པ་ཞིག་ཡོད་པ་དེར་དུས་རིང་པོ་ཞིག་གི་བར་དུ་རིགས་ཀྱི་སྲས་གྲུ་དང་མི

ལྡན་པར་གྱུར་པས་རྒྱལ་བློན་རྣམས་སྤྲོངས་ཤིང་ཡིད་ཆད་པའི་རྣམ་འགྱུར་ཅི་དང་ཅི་ཡང་སྟོན་བཞིན་པར་རྒྱལ་པོར་རིགས་སྲས་ཀྱི་རེ་བ་འབྲས་བུ་དང་ལྡན་པར་འགྱུར་སླད་རྒྱལ་རིགས་གཞན་དག་གི་བཙུན་མོའམ་བུ་མོ་ཞིག་ལུགས་བཞིན་གྱིས་འགུགས་པའམ། དཔུང་ཤེད་ཀྱིས་ཕྲོགས་ཏེ་བཙུན་མོ་གཉིས་པར་དབང་བསྐུར་བ། ཡང་ན་གཏན་པ་མེད་པའི་མཆོད་སྦྱིན་ལ་བརྟེན་པ་བགྱིས་ནས་རིགས་སྲས་ཀྱི་རེ་བ་འབྲས་བུ་དང་ལྡན་པ་བྱས་ན་ལེགས་སོགས་ལབ་གླེང་ཅི་རིགས་བྱས་པའི་མཐར་གཏན་པ་མེད་པའི་མཆོད་སྦྱིན་ལ་བརྟེན་ནས་བཙུན་མོ་རྣ་ཆ་འཛིན་པ་ལ་རིགས་ཀྱི་མྱུ་གུ་དང་ལྡན་པར་འགྱུར་བ་བྱེད་རྒྱུར་རྒྱལ་བློན་བྱིངས་བཞེད་པ་ཕྱོགས་གཅིག་ཏུ་མཐུན་པར་གྱུར་ནས་མཆོད་སྦྱིན་བྱས་པས་མི་རིང་བ་ཉིད་དུ་རྣ་ཆ་འཛིན་ལུས་སྦྲུམ་པར་གྱུར་ཏེ་ལྷ་ཡི་སྲས་འདྲ་བ་རིགས་ལྡན་གཟུགས་བཟང་ཞིག་སྐྱ་བལྟམས།

མཚན་མཁན་བྲམ་ཟེ་ལ་བསྟན་པས་ངོ་མཚར་དུ་གྱུར་ནས་གཞོན་ནུ་འདི་ནི་འཛིག་རྟེན་ན་བླ་མེད་པ་ཞིག་གོ་ཞེས་བསྔགས་པ་བརྗོད་པས་གཞོན་ནུ་བླ་མེད་བྱ་བའི་མིང་བྱུང་།

རྒྱལ་སྲས་དེས་བྱིས་པའི་དུས་ནས་ཡི་གེ་དང་ལག་རྩིས་འཕོང་རྐྱེན་རྟ་ལྷ་ལ་སོགས་པའི་ཡོན་ཏན་ཀུན་ལ་བརྩོན་འགྲུས་བརྩམས་པས་རིག་པའི་གནས་ཀུན་ལ་བློ་གྲོས་ཀྱི་འཇུག་པ་རྒྱས། ཇི་ཞིག་ན……ཡབ་ཀྱི་ཡིད་ལ་རིགས་ཀྱི་མྱུ་གུ་གཞོན་ནུ་བླ་མེད་ལང་ཚོ་དར་ལ་བབས་པས་ད་ཀོ་ནི་ཁོ་བོའི་ཡིད་དུའང་འོང་བ་དང་། ཏག་ཏུ་བདེ་བར་བྱེད་པའི་ཡོན་ཏན་དང་ལྡན་པ་ཞིག་བཙུན་མོར་དབང་བསྐུར་དགོས་དགོངས་ནས་བློན་པོ་རྣམས་བཀས་བསྐུལ་ཏེ་ཕྱོགས་བཞིར་བཙལ་བར་མངགས། བློན་པོ་རྣམས་ཀྱིས་སྲིད་པའི་རྒྱན་གྱི་ལྗོ་ཕྱོགས་སུ་བཀོད་ལེགས་འོད་སྣང་བྱ་བའི་རྒྱལ་ཁབ་ཅིག་ཡོད་པ་དེར་ནོར་འཛིན་སྐྱོང་བ་གསལ་ལྡན་དང་བཙུན་མོ་བླ་འོད་མ་ལ་བུ་མོ་མཐོང་བ་ཙམ་གྱིས་སྲིད་ལྡན་མ་ལུས་པའི་ཡིད་ཀྱི་བརྟན་པ་ཅིག་ཅར་འཕྲོག་པའི་མཛེས་མ་ཡིད་འོང་མ་ཞེས་བྱ་བ་ཞིག་ཡོད་པ་དེ་རྒྱལ་སྲས་ཀྱི་བཙུན་མོར་མངའ་གསོལ་བར་འོས་བསམས་ནས་རྒྱལ་པོ་ལ་ཞུས་པས། རྒྱལ་པོས་བློན་པོ་མཚུངས་མེད་བློ་གྲོས་ལ་བསམ་གྱིས་མི་ཁྱབ་པའི་སྐྱེས་དང་བཅས་ཏེ་རྒྱལ་པོ་གསལ་ལྡན་གྱི་གམ་དུ་ཡིད་འོང་མ་སློང་བའི་ཕོ་ཉར་མངགས། འོན་ཀྱང་གསལ་ལྡན་རྒྱལ་པོས་ཡིད་འོང་མ་དང་སྣང་བ་འབུལ་ལྡན་གྱི་རྒྱལ་པོ་བླ་བའི་བློ་གྲོས་ཀྱི་རིགས་སྲས་ལྷ་ལས་ཕུལ་བྱུང་གཉིས་མཛའ་བར་བྱས

ཏེ་རྒྱལ་ཁབ་ཟུང་ཆབས་ཅིག་ཏུ་སྐྱོང་བའི་དམ་བཅའ་བཀོད་ཟིན་པས་དེ་ལས་ཕྱོག་ན་དམོད་པའི་ཡུལ་དུ་འགྲོ་བ་དང་། གསོལ་བ་བཞིན་ཁས་མ་འཆེས་ན་འང་འཇིགས་པ་ཡོང་ཉེན་ཡོད་པ་བཅས་ཀྱི་སེམས་ཉེའི་རྒྱ་ལ་ཚུད་ནས་བུ་མོ་རང་ལ་གཏམ་ཞིག་འདྲི་དགོངས་ནས་དྲིས་པ་ན་ཡང་ཆོས་སླེམས་པའི་བུ་མོ་དེ་ནི་རྒྱལ་སྲིད་ཀྱི་ཕུན་ཚོགས་ཀུན་དུ་དོན་ཡོད་པའི་དགེ་ཕྱོགས་རྒྱ་ཆེན་པོས་ཡོངས་སྐྱོད་པའི་རྒྱལ་བུ་གཞོན་ནུ་ཟླ་མེད་ལ་མཛའ་བ་ལས་མཛེས་སྡུག་སྙིག་ཆོས་དང་ལྡན་ཡང་། བྱ་བ་ལས་ཀྱི་འཁོར་ལོར་གང་སྤྱོད་པ་ནི་ལོག་པའི་ལམ་དུ་འཁྱར་ཏེ་དཀར་མིན་གནག་པོའི་གཡོས་སྦྱོར་ལ་བརྩོན་པར་ཞུགས་པའི་རྒྱལ་བུ་ལྷ་ལས་ཕུལ་བྱུང་དེར་སུ་ཞིག་དགའ་བའི་འགྲམ་ཆུ་ལྷུང་སྙམ་ཀྱང་དེ་ལྟར་ཞུས་ན་ཡབ་ཀྱི་བཀའ་ལས་འགོང་དོགས་ཀྱིས་རང་གི་བསམ་པའི་བསྙད་པ་ཇེ་སྙེད་པ་ཟུར་ཆ་ཙམ་ལས་མངོན་པར་ཞུ་མ་ནུས་པར་བསྡད། གསལ་ལྡན་རྒྱལ་པོས་སྲིད་པའི་རྒྱན་གྱི་ཕོ་ཉ་བྱུང་ཚུལ་རི་མོའི་ལམ་དུ་བཀོད་དེ་རྒྱལ་པོ་ཟླ་བའི་བློ་གྲོས་སར་སྤྲིངས་ཡིག་ཕོ་ཉ་དང་བཅས་མངགས་པས་ཟླ་བའི་བློ་གྲོས་ཞེ་སྡང་གི་བསམ་པ་ཤིན་ཏུ་འཁྲུགས་པར་གྱུར་ནས་གཡུལ་འགྱེད་ཀྱིས་ཡིད་འོང་མ་འགུགས་རྩིས་གཟས་པ་ན་བློ་ལྡན་བློན་པོ་རྣམས་ཀྱིས་ཡིད་མཐུན་མ་བྱས་པར་སྟོན་ལ་ཡིད་འོང་མ་ཡབ་ཡུམ་གྱི་དྲུང་ན་བདེ་བཞུགས་ཡོད་མེད་ཀྱི་གནས་ཚུལ་རྟོག་ཕྱིར་ཕོ་ཉ་མངགས་ན་ལེགས་ཞེས་གྲོས་བཏབ་པ་ལྟར་ཕོ་ཉ་མངགས་པ་དེས་ཡིད་འོང་མ་ཉེ་ཞོ་མེད་པར་བཞུགས་ཡོད་པའི་སྐོར་སྙན་དུ་གསོལ་རྗེས་གཏུམ་དྲག་གི་རྒྱལ་པོ་དེས་བློན་པོ་བློ་གྲོད་ཐར་ལེགས་བྱ་བ་དཔུང་བརྒྱ་ཕྲག་དང་བཅས་བཀོད་ལེགས་འོད་སྣང་དུ་ཡིད་འོང་མ་བསུ་བར་མངགས། དེ་ཚེ་སྲིད་པའི་རྒྱན་གྱི་རྒྱལ་བློན་རྣམས་ཀྱིས་ཀྱང་ཡིད་འོང་མ་འགུགས་ཐབས་ཀྱི་གྲོས་ཞིབ་མོར་བྱས་མཐར་ན་ཚོད་ཕྲ་ཞིང་ལྡན་པ་དཔའ་བོ་སྲིད་པ་གཞོན་ནུ་མཆེས་པ་དེ་གཞོན་ནུ་ཟླ་མེད་ལ་རྫུས་ཏེ་ཡིད་འོང་མ་འགུགས་པའི་ཕོ་ཉར་མངགས། དེས་ཀྱང་བཀོད་ལེགས་འོད་སྣང་གི་འདབ་རོལ་དུ་བརྟོལ་ནས་རྒྱལ་བུ་ཉིད་ས་དེར་ལྷགས་པ་ལྟར་ཆུ་ལེན་གཡོག་མོ་ཞིག་བརྒྱུད་ནས་བུ་མོ་ལ་འཕྲིན་ཡིག་བསྐྱིངས། བུ་མོ་དེས་འཕྲིན་ཡིག་བལྟས་རྗེས་དགའ་སྤྲོ་ལྷན་ཅིག་ཏུ་འགྲན་པ་ལྟ་བུར་གྱུར་ནས་ཕྱི་རོལ་གྱི་སྐྱིད་ཚལ་རྣམས་ལ་རྩེ་དགའ་རོལ་བ་དང་རྫིང་བུར་ཁྲུས་བྱེད་པར་འདོད་པའི་ཟོལ་གྱིས་ཡབ་ཡུམ་ལ་དགོངས་འཁྲོལ་ཞུས་ཏེ་གཞོན་ནུ་ཟླ་མེད་ལ་འཁྲུལ་བའི་སྲིད་པ་གཞོན་

ནུ་ག་ལ་བ་དེར་བརྟོལ། སྲིད་པ་གཞོན་ནུས་རང་གི་གནས་ཚུལ་དང་དེར་ལྷགས་དོན་འཁྱོག་ཚིག་སྤྲང་ས་ཏེ་སྨྲོང་པོར་ཞུས་པས་ཡིད་འོང་མ་དེས་ཚེབས་ཀྱི་ཁ་ལོ་སྲིད་པའི་རྒྱུན་གྱི་ཕྱོགས་སུ་བསྒྱུར་ཏོ།

དེ་ནས་སྲིད་པ་གཞོན་ནུ་དང་ཡིད་འོང་མ་བྲན་འཁོར་དང་བཅས་པ་མཐའ་བྲལ་སྤོང་ས་ཞེས་བྱ་བ་སྦྱངམ་གྱི་ཐང་ཆེན་པོ་ཞིག་ཡོད་པ་དེར་འགྱུར་བའི་དུས་ན་སྣང་བ་འབུམ་ལྡན་གྱི་དཔུང་དང་འཕྲད། བློ་གྲོད་ཐར་ལེགས་ཀྱིས་ཁྱེད་ཅག་གཞོན་པ་བརྟེན་པ་སྐྱེ་བོའི་གྲངས་མི་ཤུང་འདི་རྣམས་རིངས་པའི་ཚུལ་གྱིས་ཡུལ་དང་ཁ་ཕྱོགས་གང་དུ་བགྲོད། ཕྱོགས་གང་ལས་འོངས། དོན་དུ་གཉེར་བ་ནི་གང་ཡིན་ཞེས་དྲིས་པས་སྲིད་པ་གཞོན་ནུས་གཡོ་སྒྱུའི་ཚིག་ལ་བརྟེན་ནས་ཕ་རོལ་བྲིད་པར་བྱས་ཏེ་སོང་ཀྱང་བློ་གྲོས་ཀྱི་གྲོགས་སུ་མངགས་པའི་འབངས་ཁོལ་བྱ་བའི་བློན་པོ་དེས་རང་མཚང་རྗེན་པར་སྟོན་པས་ཁོ་པོ་བསླུས་པར་ཤེས་ནས་གཞོན་ནུ་དེའི་རྗེས་སུ་བསྙེགས་ནས་གཡུལ་བཤམས། ཐ་ཆད་འབངས་ཁོལ་གྱི་ངན་རྟུས་འོག་སྲིད་པ་གཞོན་ནུ་གསོན་བཟུང་བྱས། ཡིད་འོང་མ་འཁྲོགས་ནས་རྒྱལ་བུ་ལྷ་ལས་ཕུལ་བྱུང་གི་བཙུན་མོར་དབང་བསྒྱུར་བག་སྟོན་བྱེད་པའི་སྐབས་མཛེས་མ་དེས་བདག་གི་ན་ཚོད་ཡོངས་སུ་མ་སྨིན་པའི་མེ་ཏོག་གསར་བུ་ཉི་ཟེར་དྲག་པོ་ཡིས། གདུངས་ན་ཉམས་ཉེས་འགྱུར་བ་ཚོས་ཉིད་ཅེས་པ་སོགས་གཡོ་སྒྱུའི་ཟོལ་སྦྱོར་ཚིག་གིས་བྲིད་པར་བྱས་ནས་སྡིག་སྤྱོད་རྒྱལ་བུ་དེ་དང་མངོན་འདོད་གསར་པའི་རྩེ་དགའི་ལས་ལས་ཕྱོལ་བར་བྱས། སྲིད་པ་གཞོན་ནུ་དེས་ཀྱང་རེ་ཞིག་ཐབས་ལ་མཁས་པའི་སྤྱོད་པ་འབའ་ཞིག་ལྷུར་བླངས་ཏེ་མཐར་རྒྱལ་བློན་ སྡེ་དང་བཅས་པ་གཞོམ་པར་བྱའོ་དགོངས་ནས་རྒྱལ་པོ་ཡབ་སྲས་ལ་ཤིན་ཏུ་གུས་པའི་ཚུལ་གྱིས་ཕྱག་བྱས། ཞམ་རིང་ལ་བསྟེན་པའི་བློ་དང་ནུས་པ་བདག་ལ་ཆ་ཙམ་ཡོད་པས་རྗེས་སུ་བཟུང་བས་འཛིན་པར་མཛོད་ཅེས་གསོལ་བ་ཇི་བཞིན་ལྷ་ལས་ཕུལ་བྱུང་གི་ཉེ་དྲུང་བློན་པོར་བཀོད། དེ་ནས་གཞོན་ནུ་དེས་རྒྱལ་ཁབ་ལ་རྒྱབ་གཏོད་བྱེད་མཁན་འབངས་ཁོལ་བྱ་བ་མི་ངན་ཐ་ཆད་དེ་སྒྲིམ་པོའི་བློ་ཡིས་བསྒྲལ། མཆོག་གི་སླང་ཆེན་སྟོབས་ལྡན་བཀུམ། ལྕགས་སྐའི་ཞུན་ཐིག་ལས་གྲུབ་རྡོ་རྗེའི་གོ་ཆ་སྦྲུབ་ཅེས་འབངས་རྣམས་ཀྱི་མཆོ་གོང་བུར་བྱས། མདའ་སོགས་མཚོན་ཆ་འཕེན་པའི་བཙན་མཁར་ས་རུལ་ཕུང་པོ་སྤུངས་རྗེས་བཞོན་པར་བརྟེན་ནས་སྲིད་

པའི་རྒྱན་གྱི་ཕྱོགས་སུ་རིངས་པ་རིངས་པར་བསྐྱོད་པའི་ལམ་བར་དུ་གཞོན་ནུ་ཟླ་མེད་ཀྱིས་ཐོག་དྲངས་སྲིད་པའི་རྒྱན་གྱི་དཔུང་དང་འཕྲད། སྟར་གྱི་ལོ་རྒྱུས་རྣམས་སྤྱོང་བོའི་ཚིག་གིས་ཞིབ་ཕྲ་ཞུས་པ་རྒྱལ་སྲས་གཞོན་ནུ་དེས་ཐོས་རྗེས་བློ་སེམས་གློང་གློང་དུ་གྱུར་ནས་སྣང་བ་འབུམ་ལྡན་གྱི་འདབསརོལ་དུ་བཅར་ནས་གཡུལ་བཤམས་ཏེ་ཕན་ཚུན་ཉིན་འགའ་འཁྲུགས། སྣང་བ་འབུམ་ལྡན་གྱི་རྒྱལ་པོ་ཡབ་སྲས་ཟུང་གིས་རྒྱུན་དུ་རང་གི་མངའ་འོག་མི་སེར་ལ་མནར་གཅོད་དང་། རང་འཁོར་བློ་ལྡན་བློན་པོ་ལ་མ་ཉེས་ཉེས་འགེལ་སོགས་ཚུལ་མིན་གྱི་བྱ་སྤྱོད་ཅི་རིགས་པ་དེ་རིགས་སྤེལ་སྐབས་བློན་འབངས་ཕལ་ཆེར་ལ་རྒྱལ་པོར་བློ་བ་རིང་དུ་སོང་བ་དང་དམག་ལ་ཞུགས་པའི་བློ་དང་བྲལ། གཡུལ་གྱི་བྱ་བ་ཡོངས་སུ་ཕམ་ནས་རྒྱལ་བུ་གཞོན་ནུ་ཟླ་མེད་ལ་མགོ་མ་བཏགས་ག་མེད་ཀྱི་གནས་སུ་གྱུར། རྗོན་ནས་ཕན་ཚུན་བློ་ཡིད་འཕྲེང་ནས་ཡོད་པའི་གཞོན་ནུ་ཟླ་མེད་དང་ཡིད་འོང་མ་གཉིས་ནི་ཉིན་བྱེད་སྣང་བ་རབ་འབར་བས། མུན་གྱིས་ཉེན་པའི་པདྨའི་ཚོགས། སྐལ་བཟང་དཔྱིད་ཀྱི་དཔལ་ཡོན་ལ། རོལ་བའི་སྐལ་བ་ཐོབ་པར་གྱུར་ཅེས་པ་ལྟར་མཇལ་འཛོམས་བྱུང་ནས། མི་ཕྱེད་མཛའ་བའི་རྩེ་གཅིག་ཏུ། རིང་ནས་སྨོན་པ་ཇི་བཞིན་དུ། ཡོངས་སུ་སྨིན་གྱུར་བག་ཡེབས་ཀྱི། སྤྲོ་བའི་རྒྱ་མཚོར་ལྷུན་གྱིས་ཞུགས། དེ་ནས་གཞོན་ནུ་ཟླ་མེད་ཀྱིས་སྣང་བ་འབུམ་ལྡན་གྱི་རྒྱལ་སྐྱོང་དབང་ཆ་སྲིད་པ་གཞོན་ནུར་མངའ་སྩལ་ནས་རང་དང་ཡིད་འོང་མ་སྲིད་པའི་རྒྱན་དུ་ཕྱི་ལོག་དང་སྤྲགས་རྒྱལ་པོ་ཟླ་བའི་བློ་གྲོས་ཡབ་སྲས་ཟུང་ཡང་ཕྱི་བཞིན་ཁྲིད།

ལོ་ཤས་སོང་རྗེས་ཡིད་འོང་མ་ཡབ་ཡུམ་མཇལ་བར་ཕྱིན་པ་དང་གཞོན་ནུ་ཟླ་མེད་ནི་རང་གིས་ཡིད་འོང་མའི་དོན་དུ་མི་མང་པོའི་སྲོག་བཅད་པར་འགྱོད་སེམས་ཆེན་པོ་སྐྱེས་ནས་ཟླ་བའི་བློ་གྲོས་ཡབ་སྲས་ཟུང་རང་ཡུལ་དུ་ལོག་ཏུ་བཏང་། རང་ཡང་ནགས་གླིང་སྟུག་པོར་གཅིག་པོར་ཕྱིན་ནས་སྒོམ་ལ་བཞུགས། སྲིད་པ་གཞོན་ནུ་དང་། ཡིད་འོང་མ་ཕྱིར་ལོག་རྗེས་སྤྱི་ཕྱིར་རྒྱལ་བུ་ག་ལ་བའི་ས་དེར་བསྐྱོད་ནས་ཆོས་དོན་གཉེར། ཆོས་དོན་ཡོངས་སུ་རྫོགས་ནས་སླར་རྒྱལ་ཡུལ་དུ་ཕྱིར་ཕེབས་ནས་རྒྱ་ཁྱབ་ཀྱིས་ཆོས་འཆད་ཉན་གནང་ནས་མངའ་འོག་བློན་འབངས་རྣམས་ཆོས་ལ་བསྐུལ། རྒྱལ་སྲིད་ཀྱང་ཡར་ངོའི་ཟླ་བཞིན་གོང་ནས་གོང་དུ་འཕེལ་བར་གྱུར། མཁས་ཆེན་ཚེ་རིང་དབང་རྒྱལ་གྱིས་ཁོངས་ཡངས་ཤིན་ཏུ་རྒྱ་ཆེ་བའི་

གཏམ་རྒྱུད་རིང་པོ་དེའི་ནང་དུ་སྲིད་པའི་རྒྱན་གྱི་རྒྱལ་སྲས་གཞོན་ནུ་ཟླ་མེད་དང་བཀོད་ལེགས་འོད་སྣང་གི་སྲས་མོ་ཡིད་འོང་མ་གཉིས་རིང་མོ་ཉིད་ནས་མཛའ་གཙུགས་གཉེན་སྒྲིག་བྱ་རྒྱུའི་རེ་སྨོན་ཤུགས་ཆེན་ལྡན་ནའང་དེ་ལ་བར་ཆད་བྱུང་སྟེ་སྡོན་ནས་འཁོན་འཁྲུས་གང་ཡང་མེད་པའི་སྲིད་པའི་རྒྱན་དང་བཀོད་ལེགས་འོད་སྣང་། སྣང་བ་འབུམ་ལྡན་བཅས་རྒྱལ་ཁབ་གསུམ་གྱི་དབར་འགལ་བ་ཟབ་མོ་ཞིག་གསར་དུ་ཆགས་མཐར། སྲིད་པའི་རྒྱན་དང་སྣང་བ་འབུམ་ལྡན་གྱི་བར་གཡུལ་འགྱེད་དྲག་པོ་བྱས་རྗེས་ད་གཟོད་གཞོན་ནུ་ཕོ་མོ་གཉིས་པོའི་རེ་སྨོན་འགྲུབ་ཐུབ་པ་བྱུང་བའི་སྐོར་བྲིས་པ་བརྒྱུད་མི་རྣམས་ཀྱིས་སྣང་མེད་དུ་གཏོང་ཐབས་བྲལ་བའི་གོ་དོན་ཟབ་མོ་ཞིག་བསྟན་ཡོད།

འཇིག་རྟེན་མཐུན་འཇུག་གི་བྱ་བ་ནི་བཙུན་པ་བྱེད་འདོད་ཀྱི་མི་མ་གཏོགས་གཞན་ཚང་མས་བརྒྱུད་དགོས་པ་ཞིག་ཡིན་ཕྱིར་རྒྱ་ཁྱབ་སྤྱི་ཚོགས་ཀྱི་རང་བཞིན་ལྡན། སྤྱི་ཚོགས་ཀྱི་ལམ་ལུགས་དང་། གཉེན་སྒྲིག་གི་སྲོལ་གཉིས་འབྲེལ་བ་དམ་པོ་ཡོད་པའི་དབང་གིས་གཉེན་སྒྲིག་གི་སྲོལ་ངེས་ཅན་ཞིག་གི་ཐོག་ནས་སྤྱི་ཚོགས་ངེས་ཅན་ཞིག་གི་ངོ་བོ་རགས་ཙམ་བརྟག་མ་ཐུབ་པ་མེད། དེང་སྐབས་ཀྱི་སྤྱི་ཚོགས་འདི་ལོ་ངོ་བརྒྱ་སྟོང་མང་པོའི་ལོ་རྒྱུས་བརྒྱུད་ནས་དཔལ་འབྱོར་དང་ཆབ་སྲིད། རིག་གནས་བཅས་གང་ས་ཅི་ཐད་ལ་འགྱུར་བ་གཏིང་ཟབ་བྱུང་ཡོད། འགྱུར་བ་དེ་དང་མཚུངས་པར་མི་རྣམས་ཀྱི་སྲོལ་རྒྱུན་འདུ་ཤེས་ལའང་འགྱུར་ལྡོག་ཆེན་པོ་བྱུང་ནས་གཉེན་སྒྲིག་སྲོལ་ཡང་སྔར་དང་མི་འདྲ་བ་ཡོད། ལྷག་དོན་དུ་རང་རེའི་སྤྱི་ཚོགས་རིང་ལུགས་ཀྱི་ལམ་ལུགས་དེའི་འོག་མི་དང་མིའི་དབར་འདྲ་མཉམ་ཡིན་པས། ཡང་ཚོད་ར་ལ་བབས་པའི་ན་གཞོན་ཕོ་མོ་ཚོས་གཞི་ཁྱུངས་མཐོ་དམའ་དང་། འབྱོར་པ་ཕྱུག་མེད། གོ་གནས་ཡོད་མེད་གང་ལའང་མ་ལྟོས་པར་རང་གི་བློ་ངོར་འཐད་པའི་སྐྱེ་བོ་དང་གཉེན་སྒྲིག་བྱས་ཆོག་པ་མ་ཟད། རྩ་ཁྲིམས་ཀྱིས་འགན་སྲུང་ཡང་ཡོད། དེ་ལས་ལྡོག་སྟེ་བཀས་བཀོད་རྒྱུད་འཛིན་གྱི་ལམ་ལུགས་འོག་མི་དང་མིའི་དབར་གྱི་འབྲེལ་བ་ནི་གཉའ་གནོན་བཤུ་གཞོག་གཏོང་མཁན་དང་གཉའ་གནོན་བཤུ་གཞོག་མྱོང་མཁན་གྱི་འབྲེལ་བ་ལས་འདྲ་མཉམ་མེད་པ་ནི་བརྗོད་མ་དགོས། གྲལ་རིམ་དེ་གཉིས་པོའི་དཔལ་འབྱོར་གྱི་གོ་འཕང་ནི་གནམ་ས་ཙམ་ཆོད་པ་ལྟར་དབུལ་ཕྱུག་གི་ཁྱད་པར་ཡོད་པས། གྲལ་རིམ་དེ་གཉིས་པོའི་རིགས་

ཀྱི་ནྱུ་གུའི་བར་ཚོ་གྲོགས་མཐུན་འཇུག་བྱུང་བ་ཤིན་ཏུ་དཀོན་པ་མ་ཟད། ཐ་ན་འགྱུར་པ་ཆེ་ཆུང་དང་། སྤྱི་ཚོགས་ནང་གོ་འཕང་མཐོ་དམའ་ཆ་འདྲ་ཡིན་ནའང་དེའི་སྤྱི་ཚོགས་ཀྱི་ལམ་ལུགས་ལ་གནོད་འཚེ་ཡོད་ན། མཛའ་མཐུན་གྲོགས་སུ་གྱུར་པའི་ན་གསོན་ཕོ་མོ་ཚོའི་རེ་བ་འགྲུབ་པར་བཀས་བཀོད་རྒྱུད་འཛིན་ལམ་ལུགས་ལ་སེམས་པ་རྩེ་གཅིག་གིས་སྲུང་སྐྱོབ་བྱེད་མཁན་སྡིག་ཅན་སྲུང་དམག་གིས་བཀག་འགོག་བྱེད་པ་དང་། འགལ་རྐྱེན་བཟོས་ཏེ་ལེགས་ན་ལམ་ལུགས་དེའི་འོག་གི་བཟུང་དམག་བྱས་ཏེ་གནས་ཐུབ་ཙམ་ཡོང་བ་དང་། སྐབས་ཉེས་ན་མི་ཤི་སྲོག་དོར་གྱི་བྱ་བ་སྐྱེ་ཤས་ཆེན་པོ་ཡོང་གི་ཡོད། མཁས་ཆེན་ཚེ་རིང་དབང་རྒྱལ་དང་དུས་རབས་གཅིག་མཚུངས་ཡིན་པ་གྲགས་པའི་བ་དན་ས་གཞིར་གཡོ་བའི་རྒྱའི་རྩོམ་པ་པོ་ཚའོ་ཞའི་ཆེན་གྱིས་བརྩམས་པའི་གཏམ་རྒྱུད《ཐོག་ཁང་དམར་པོའི་རྨི་ལམ》ཞེས་པའི་ནང་གཟུགས་སུ་གཙོ་བོ་བྱས་ནས་བཀོད་པའི་ལིན་ཏའི་ཡུད་དང་། ཛ་ཐའོ་ཡུད་གཉིས་ཉིན་མོ་མཉམ་འགྲོ་མཉམ་འདུག་དང་། མཚན་མོ་དུས་གཅིག་ཏུ་རང་གནས་ལ་ངལ་གསོ་བ་སོགས་གཏམ་དང་བློ་ཡིད་གཅིག་ཏུ་མཐུན་ཞིང་། གཟུགས་དང་གྲིབ་མ་བྲལ་མེད་ལྟར་དུ་ཕན་ཚུན་མཛའ་གཅེས་ཀྱི་འཆེང་བས་རབ་ཏུ་བཅིངས་ནའང་བཀས་བཀོད་རྒྱུད་འཛིན་གྱི་ལམ་ལུགས་དེ་དང་ཁ་བྲལ་ཐབས་མེད་པའི་ཛ་རིགས་མེས་མོ་དང་། ཛ་གྲེང་སོགས་ཀྱིས་དེ་ནི་ཁྲིམས་མེད་པའི་ལུགས་འགལ་གྱི་བྱ་བ་ཞིག་ལ་བརྩིས་ཏེ་ཁྲོ་ཤུག་ཏུ་འབྲེལ་དུ་མ་བཅུག་པར་ཁ་ཕྲལ། ཛ་ཐའོ་ཡུད་དང་བཀས་བཀོད་རྒྱུད་འཛིན་གྱི་ལུགས་སྲུང་མའི་ཚབ་མར་འོས་པ་ཞོའོ་ཐའོ་དྲའི་ཞེས་པ་གཉིས་བཙན་པོ་དབང་གིས་གཉེན་སྒྲིག་ཏུ་བཅུག་མཐར་ལིན་ཏའི་ཡུད་ནི་ལྷང་ལྷང་བག་སྟོན་རོལ་དབྱངས་ཀྱི་སྒྲ་དང་། འ་ཞུར་ཅ་ཅོའི་གད་རྒྱངས་ཀྱི་ཁྲོད་དུ་སྐྱོ་སྣང་དང་ཁོང་ཁྲོའི་ངང་ནས་ནད་མནར་གྱིས་གྲོངས། ཛ་ཐའོ་ཡུད་ཀྱང་མཐའ་མ་ཛ་ཚང་ནས་ཐོས་ཏེ་བཙུན་པ་བྱེད་དགོས་པ་བྱུང་། གལ་ཏེ་ཛ་ཐའོ་ཡུད་དང་ལིན་ཏའི་ཡུད་བཀས་བཀོད་རྒྱུད་འཛིན་ལམ་ལུགས་ཀྱི་གཞི་རྩར་གཡོ་འགུལ་ཐེབས་པའི་ཉེན་ཁ་མེད་ན་ཛ་ཚང་གི་མེས་པོ་དང་། ཛ་གྲེང་ལ་སོགས་པས་ཁོང་གཉིས་ཀྱི་བྱ་སྤྱོད་ལ་འཛེམས་པ་སྐྱེ་བ་དང་། ཁོང་ཁྲོ་ཆེན་པོ་ལངས་ཏེ་ཐབས་བརྒྱ་ཇུས་སྟོང་གིས་བཀག་འགོག་བྱེད་དགོས་དོན་ཅི་ཡོད། གལ་ཏེ་ཛ་ཐའོ་ཡུད་དང་ལིན་ཏའི་ཡུད་གཉིས་པོའི་བསམ་པ་དང་སྤྱོད་པ་རྣམས་ལ་བཀས་བཀོད་རྒྱུད

འཛིན་ལམ་ལུགས་དང་མི་མཐུན་པའི་ཆ་མེད་ན་སྐྱེ་ཕྲན་པོ་མོ་དེ་གཉིས་ལ་སྐྱོ་ཤས་ཆེ་བའི་གནས་ཚུལ་ཡོང་སྲིད་དམ། མདོར་ན་དབང་སྒྱུར་གྲལ་རིམ་པས་རང་གིས་གཅེས་པར་འཛིན་པའི་བུ་ཕྲུག་ཡིན་ནའང་དབང་སྒྱུར་ལམ་ལུགས་དང་འགལ་རིགས་ཤར་ཚེ་ཡ་ང་སྙིང་རྗེ་མེད་པའི་སྒོ་ནས་དྲག་གནོན་བྱེད་ཀྱི་ཡོད་པ་མིའི་རིགས་ཀྱི་སྤྱི་ཚོགས་འདི་གྲལ་རིམ་ཡོད་པའི་སྤྱི་ཚོགས་ལ་སླེབས་རྗེས་ཀྱི་ལོ་རྒྱུས་ཀྱིས་ར་སྤྲོད་ཁུངས་བཙན་བྱེད་ཐུབ།

བཀས་བཀོད་རྒྱུད་འཛིན་རིང་ལུགས་ཀྱི་ལམ་ལུགས་འོག་དབང་བསྒྱུར་གྲལ་རིམ་པས་རང་རང་བུ་ཕྲུག་གི་གཉེན་སྒྲིག་གི་བགྱི་བ་རྣམས་གྲལ་རིམ་ཉིད་ཀྱི་དཔལ་འབྱོར་གྱི་ཁེ་ཕན་དང་ཆབ་སྲིད་ཀྱི་དགོས་མཁོ་དང་སྟོད་མེད་དུ་སྦྲེལ་ནས་བྱེད། དེ་ལྟར་གྱི་གནས་ཚུལ་འོག་འབྱོར་ལྡན་གྲལ་རིམ་གྱི་བུ་ཕྲུག་ཡིན་ནའང་གཉེན་སྒྲིག་གི་བྱེད་སྒོ་དེ་བཞིན་རང་ཉིད་ཀྱི་གྲལ་རིམ་དེ་རང་གི་ཁེ་ཕན་ལ་ཅི་ནས་བསྟུན་དགོས་པ་ལས་རང་འདོད་གང་ཤར་དུ་བྱེད་དབང་མེད་པའི་གནས་ཚུལ་འདི་ཆེང་རྒྱལ་རབས་དུས་ཀྱི་རྒྱ་ཡུལ་དུ་ཚབས་ཆེན་པོ་ཡོད་པ་ང་ཚོས《ཐོག་ཁང་དམར་པོའི་རྨི་ལམ》གྱི་གཏམ་རྒྱུད་ལས་གསལ་པོ་ཤེས་ཐུབ་པ་ལྟར། བོད་དུའང་དེ་ལྟར་གྱི་གནས་ཚུལ་ཚབས་ཆེན་པོ་ཡོད་པ་ང་ཚོས《གཞོན་ནུ་ཟླ་མེད་ཀྱི་གཏམ་རྒྱུད》ལས་གསལ་པོར་རྟོགས་ཐུབ། 《གཞོན་ནུ་ཟླ་མེད་ཀྱི་གཏམ་རྒྱུད》ནང་གི་གསལ་ལྡན་རྒྱལ་པོས་རྒྱལ་གཞིས་ཤུལ་འཛིན་བྱེད་མཁན་གྱི་རྩ་བ་ཆད་ཉེན་ལ་ཐུག་སྐབས་རང་གི་ཤ་ཁྲག་ལས་གྲུབ་པའི་ཡིད་འོང་མ་དེའི་འདོད་བློ་དང་མཐུན་མིན་དང་། ཕྱིས་འབྱུང་བུ་མོའི་བདེ་སྡུག་གང་ཡོང་ཅི་ལའང་བསམ་གཞིགས་མ་བྱས་པར་བཙན་པོ་དབང་ཤེད་ཀྱིས་ཡིད་འོང་མ་དང་རྒྱལ་སྲས་ལྷ་ལས་ཕུལ་བྱུང་བྱ་བ་མཆོར་སྒེག་དང་ལྡན་ཀྱང་བྱམས་པ་སྙིང་རྗེའི་རོ་མི་ཕྲོ་བ། གསོད་པ་དང་། བརྡེག་པ། འཆིང་བ་ལ་སོགས་པའི་ལས་ལ་བག་ཚ་བ་མེད་པར་རང་ཤུགས་ཀྱིས་སྤྱོད་པར་བྱེད་མཁན་དེ་དང་མཛའ་བར་བྱ་རྒྱུའི་དམ་བཅའ་བཀོད་ནས་རང་གི་རྒྱལ་སྲིད་ཕ་ཚ་བུ་བརྒྱུད་ཀྱིས་འཛིན་སྐྱོང་སྤྲེལ་གསུམ་བྱེད་རེའི་དམིགས་ཡུལ་ངོ་མ་དེ་འགྲུབ་ཐབས་བྱེད་པ་དང་། རྒྱལ་སྲས་གཞོན་ནུ་ཟླ་མེད་ཀྱིས་ཡིད་འོང་མ་སློང་བར་བློན་པོ་སྐྱེས་དང་བཅས་པོ་ཉར་མངགས་ཀྱང་གསལ་ལྡན་གྱིས་རྒྱལ་སྲས་ལྷ་ལས་ཕུལ་བྱུང་དང་མི་ཕྱེད་མཛའ་གཅུགས་ཀྱིས་ཆབ་སྲིད་ཟུང་ལྡན་ཅིག་ཏུ་སྐྱོང་རྒྱུའི་དམ་བཅའ་བཀོད་ཟིན་པའི་སྐོར་

བསྐྱོད་དེ་ཁས་མ་འཆེས་པའི་ཁར་སློང་མི་གཞན་ཡང་བྱུང་ཚུལ་རི་མོའི་ལམ་དུ་འཁོད་པར་བྱས་ཏེ་སྣང་བ་འབུམ་ལྡན་གྱི་རྒྱལ་པོ་ཟླ་བའི་བློ་གྲོས་ལ་སྦྱིངས་ཡིག་ཕོ་ཉ་དང་བཅས་མངགས་ནས་ཕན་ཚུན་འཕྲེང་སེམས་རབ་ཏུ་ལྡན་པའི་སྐྱེ་ཕྲན་ཕོ་མོ་ཟུང་གི་རང་མོས་མཛའ་གཉུགས་གཉེན་སྒྲིག་གི་བྱ་བ་ལ་སླད་རྙིང་མཁྲིགས་པོས་བཀག་འགོག་བྱེད་པ། གཞོན་ནུ་ཟླ་མེད་ཀྱིས་རང་གི་གྲལ་རིམ་གྱི་གཉེན་སྒྲིག་ལུགས་སྲོལ་ལ་མ་ལྟོས་པར་རང་གི་ཡིད་བརྟེན་རུང་བའི་གཉེན་གྲོགས་འཚོལ་བའི་བྱ་སྤྱོད་དེ་ཟླ་བའི་བློ་གྲོས་ཀྱིས་གནས་དང་གནས་མ་ཡིན་པ་མ་ཤེས་པའི་བརླང་པོའི་སྤྱོད་པར་བརྩིས་ཏེ་ཁོང་ཁྲོ་ཆེན་པོ་བྱེད་པ་དེ་ཚོ་ནི《ཐོག་ཁང་དམར་པོའི་རྨི་ལམ》ནང་གི་ཇ་ཕའོ་ཡུད་དང་ལིན་ཏའེ་ཡུད་ཀྱི་གཉེན་སྒྲིག་ཐད་ལ་འཕྲད་པའི་ཡིད་ང་སྐྱོ་བའི་སྡུག་བསྔལ་དང་ཅི་ལྟ་བ་བཞིན་མི་འདུག་གམ། གོང་གསལ་གྱི་གནས་ཚུལ་ལས་གྲལ་རིམ་ཡོད་པའི་སྤྱི་ཚོགས་ནང་མི་རིགས་ཀྱི་དབྱེ་བ་མེད་པ་དང་ཡུལ་གྲུའི་ཁྱད་པར་མེད་པར་འགྱུར་ལྡན་དབང་སྒྱུར་པའི་བུ་ཕྲུག་གི་གཉེན་སྒྲིག་དང་། དབང་སྒྱུར་གྲལ་རིམ་གྱི་ཁེ་ཕན་ནི་འབྲེལ་བ་ཧ་ཅང་དམ་པོ་ཡོད་པ་མངོན་པར་མཚོན་ཐུབ།

《གཞོན་ནུ་ཟླ་མེད་ཀྱི་གཏམ་རྒྱུད》ནང་དུ་འཁོད་པའི་རྒྱལ་ཁབ་དང་མི་དག་ནི་རྩོམ་པ་པོའི་འཆར་སྣང་ལས་བཅོས་པ་ལས་སྐབས་དེའི་སྤྱི་ཚོགས་ནང་དེ་ལྟར་གྱི་རྒྱལ་ཁབ་དང་མི་བྱུང་མེད། འོན་ཀྱང་གཏམ་རྒྱུད་དེ་ནི་རྩོམ་པ་པོ་ཉིད་འཚོ་བཞུགས་དུས་ཀྱི་སྤྱི་ཚོགས་དེའི་འཚོ་བ་རྨང་གཞིར་བྱས་ནས་བརྩམས་པ་ཞིག་ཡིན་པས་ན། དེའི་ནང་མཚོན་པའི་གཏུམ་དྲག་གི་རྒྱལ་པོ་དང་། བཙན་ཤེད་ཀྱིས་གཉེན་སྒྲིག་བྱེད་པའི་བྱ་བ་དེ་འདྲ་ནི་སྙིང་གཏམ་ཙམ་མིན་པར་སྐབས་དེའི་བོད་ཀྱི་སྤྱི་ཚོགས་ནང་མངོན་སུམ་བྱུང་སྤྱོད་པ་ཤ་སྟག་ཡིན་པ་དང་། རྩོམ་པ་པོའི་སྣང་ཞེན་གྱི་བསམ་པའང་གསལ་བར་མཚོན་པ་ཞིག་རེད། རྩོམ་པ་པོས་གཞོན་ནུ་ཟླ་མེད་དང་ཡིད་འོང་མའི་གཉེན་སྒྲིག་ཐད་ལས་བྱུང་བའི་དམག་འཁྲུག་གིས་རྒྱ་ཆེའི་ཞིང་བྲན་རྣམས་ལ་བཟོད་བསྲན་མི་ཐུབ་པའི་སྡུག་བསྔལ་ཚད་མེད་སྟེར་བའི་ཐོག་ནས་ཨོ་རོད་དྷུན་གར་གྱི་དཔུང་བོད་ལ་ལྷགས་ནས་རྒྱལ་པོ་ལྷ་བཟང་ཁང་དགྲོངས་པ་དང་། གོང་མའི་བཀའ་ལུང་ལས་སྟག་རྩེ་སྣེ་སྲིད་སོགས་སྲོག་བཅད་ནས། བོད་དུ་བཀའ་བློན་ཐོག་མ་བསྐོ་བཞག་བྱས་པའི་བཀའ་བློན་ནང་ཁུལ་བར་སྲིད་དབང་འཐོག་རེས་ཀྱི་དམག་འཁྲུགས་

བྱུང་བ་དེ་དག་ལས་བོད་ཀྱི་ཞིང་བྲན་ལ་སྡོད་བཟོད་མི་བདེ་བའི་གནས་ཚུལ་ཚབས་ཆེན་བྱུང་ཚུལ་མཚོན་པ་དང་། ལྷ་ལས་ཕུལ་བྱུང་གིས་ཡིན་མིན་མ་བརྟག་པར་མངའ་འོག་འབངས་བློན་སྲོག་བསྒྲལ་བའི་བཙན་སྤྱོད་ཐེར་འདོན་བྱས་པའི་ཐོག་ནས། དུས་རབས་བཅོ་བརྒྱད་པའི་ནང་བོད་ཀྱི་མཐོ་རིམ་སེར་སྐྱ་མང་པོ་མཚོན་གྱི་འོག་ཏུ་སྲོག་བཀུམ་ཚུལ་མཚོན་པ། གཞོན་ནུ་ཟླ་མེད་ཀྱིས་བྱུང་རྒྱལ་གྱིས་དབང་ཆ་སྤྱད་ནས་མི་སྲོག་གཅོད་པའི་ཐ་ཚད་ཀྱི་སྤྱོད་པར་མ་ཞུགས་པའི་མཛངས་སྤྱོད་ཐོག་ནས་རང་གི་མི་སྤྱོད་རིང་ལུགས་ཀྱི་བསམ་པ་མཚོན་ཡོད།

《གཞོན་ནུ་ཟླ་མེད་ཀྱི་གཏམ་རྒྱུད》དེའི་ནང་གཙོ་བོ་སྐྱེ་ཕྲན་ཕོ་མོ་ཟུང་གི་གཉེན་སྒྲིག་སྐོར་བྲིས་ཏེ། བཀས་བཀོད་རྒྱུད་འཛིན་ཞིང་བྲན་ལམ་ལུགས་ལ་འགྲན་རྒོལ་བྱེད་པ་དང་། བཀས་བཀོད་རྒྱུད་འཛིན་གྱི་བཙན་ཤེད་གཉེན་སྒྲིག་ལུགས་སྲོལ་ལ་ངོ་རྒོལ་རྒྱབ་གཏོད་བྱེད་པའི་བྱ་སྤྱོད་ལ་བསྟོད་སྨྲ་ལེན་པ་མ་ཟད། གསར་སྐྱེས་ཀྱི་སྟོབས་ཤུགས་དང་རྡུལ་སྲུངས་སུ་གྱུར་པའི་སྟོབས་ཤུགས་གཉིས་བར་སུ་ཕམ་སུ་རྒྱལ་གྱི་འཐབ་རྩོད་རྣོ་ངར་ཆེན་པོ་ཡོད་པ་གསལ་པོར་བསྟན་ཡོད། ལྷག་དོན་དུ་རྩོམ་པ་པོས་ཡིད་འོང་མ་དང་ལྷ་ལས་ཕུལ་བྱུང་གཉིས་མཛའ་གཙུགས་གཉེན་སྒྲིག་གིས་རྒྱལ་ཁབ་ཟུང་ལྡན་ཅིག་སྐྱོང་བའི་དམ་བཅའ་བཀོད་སྟབས་ཕན་ཚུན་བརྗེ་དུང་ཟབ་མོས་རབ་ཏུ་བཅིངས་པའི་རྒྱལ་སྲས་གཞོན་ནུ་ཟླ་མེད་དང་ཡིད་འོང་མ་གཉིས་ཀྱི་རེ་སྨོན་ཆུ་ཡི་ལྦུ་བའི་ངང་ཚུལ་ལྟར་དུ་འགྱོ་ཉེན་ཡོད་པའི་གནས་ཚུལ་ཐོག་ནས་གཏམ་རྒྱུད་ནང་ཁྱབ་པའི་འགལ་བའི་འབྱུང་གཞི་དང་། དེ་ནས་རང་དབང་བདེ་སྐྱིད་ཀྱི་འཚོ་བ་ལ་དགའ་ཞེན་ཚད་མེད་བྱེད་པའི་ཡིད་འོང་མས་བསམ་པའི་འཐབ་རྩོད་བྱས་པའི་མཐའ་མར་ཕའི་ཕྲོག་ཏུ་སྲིད་པའི་རྒྱན་གྱི་ཕྱོགས་སུ་ཆིབས་ཀྱི་ཁ་ལོ་བསྒྱུར་བ་དང་། ལམ་བར་སྣང་བ་འབུམ་ལྡན་གྱི་དཔྱང་དང་ཕྲད་ནས་ཡིད་འོང་མ་དང་ཕོ་ཉ་སྲིད་པ་གཞོན་ནུ་འཛུ་བཟུང་བྱས་ནས་བཙན་ཁྲིད་བྱས་པ་མ་ཟད། ལྷ་ལས་ཕུལ་བྱུང་གིས་ཡིད་འོང་མར་འཁྲིགས་སེམས་རབ་ཏུ་ཆགས་པར་ཡིད་འོང་མས་སྙིན་པོའི་བློས་གཡོལ་ཐབས་དང་། སྲིད་པ་གཞོན་ནུ་དང་ཡིད་འོང་མ་གཉིས་པོས་ཐབས་ཀྱིས་རྒྱལ་ཁབ་ལ་རྒྱབ་གཏོད་བྱེད་མཁན་འབངས་ཁོལ་བསད་པ་དང་། བཙན་ཁར་གཏོར་བ། མཚོན་ཆ་གོང་བུ་གཅིག་ཏུ་སྒྲིལ་དུ་བཙུག་པ་

སོགས་དགྲ་བོ་དང་འཐབ་མོ་བྱས་ཚུལ་ཐོག་ནས་བར་གྱི་འགལ་བའི་འཕེལ་སྟངས་དང་། མཐའ་མ་གཞོན་ནུ་ཟླ་མེད་ཀྱིས་དཔུང་དྲངས་ནས་དགྲ་ངན་ཚར་བཅད་དེ་ཡིད་འོང་མ་སྐྱིབ་པ་དང་། འདོད་དོན་བཞིན་གཉེན་སྒྲིག་གི་སྐལ་བ་ཐོབ་པའི་ཐོག་ནས་འགལ་བ་མཇུག་སྒྲིལ་ཚུལ་བཅས་གྱུ་གྱུར་རྙོག་འཛིང་ཆེན་པོའི་སྒོ་ནས་བྲིས་ཏེ་གཙོ་བོ་གཞོན་ནུ་ཟླ་མེད་དང་ཡིད་འོང་མ། སྲིད་པ་གཞོན་ནུ་བཅས་རང་གི་ཐུགས་བསམ་ཞུགས་པའི་ཀུན་སྤྱོད་ལ་ཡིད་སྨོན་གྱི་སྐད་གསང་སྙན་པར་བསྒྲགས་པ་དང་། ཟླ་བའི་བློ་གྲོས་དང་ལྷ་ལས་ཕུལ་བྱུང་གིས་མཚོན་པའི་དཔའ་སྐྱུར་གྲལ་རིམ་པ་དེ་ཚོའི་ཚུལ་མིན་བྱ་སྤྱོད་ལ་ཟུར་ཟའི་མཚོན་ཆ་གནད་དུ་འཕངས་པ་མ་ཟད། དྲང་བདེན་གྱི་བྱ་གཞག་ནི་ཐ་རླབས་ལང་ཡོང་འཕྱུར་བའི་ཆུ་ཀླུང་ལྟར་སྟོབས་ཤུགས་གང་གིས་ཀྱང་འགོག་ཐབས་ཟད་པ་དང་། ན་གཞོན་རྣམས་ཀྱིས་བཀས་བཀོད་རྒྱུད་འཛིན་ཞིང་བྲན་ལམ་ལུགས་ཀྱི་བསམ་པའི་ལྷུགས་སྒྲིག་དུམ་བུར་བཏང་ནས་རང་དབང་དོན་དུ་གཉེར་བའི་བྱ་སྤྱོད་ནི་སྤྱི་ཚོགས་ལོ་རྒྱུས་གོང་དུ་འཕེལ་བའི་ཆོས་ཉིད་དང་མཐུན་པ་ཞིག་ཡིན་པས། རྒྱ་ཁྱབ་ཀྱི་རྒྱབ་སྐྱོར་ཐོབ་རྒྱུ་དང་། གསལ་ལྡན་ལྷ་བུ་ཕ་དབང་བཙན་པ་དང་། ཟླ་བའི་བློ་གྲོས་དང་ལྷ་ལས་ཕུལ་བྱུང་ལྷ་བུ་འཛིགས་པའི་དཔུང་ཚོགས་ལྡན་པས་རྩ་མེད་བཟོ་ཐབས་མེད་པའི་རྒྱུ་མཚན་གསལ་སྟོན་གཏིང་ཟབ་བྱས་ཡོད་ལ། བཀས་བཀོད་རྒྱུད་འཛིན་ཞིང་བྲན་ལམ་ལུགས་ཀྱི་ཕང་ས་མེད་ཀྱི་དངོས་པོ་བྱེད་འདོད་མེད་པའི་མི་རྣམས་ཀྱིས་ངེས་པར་དུ་རང་གི་འཐབ་རྩོད་བྱས་པ་བརྒྱུད་ནས་བུད་མེད་བཅིངས་འགྲོལ་དང་། གཉེན་སྒྲིག་གི་རང་དབང་། བདེ་སྐྱིད་ཀྱི་འཚོ་བ་བཅས་ཐོབ་པ་བྱེད་དགོས་པའི་ཕན་ལྡན་གྱི་བསླབ་བྱ་གདམས་ཡོད།

《གཞོན་ནུ་ཟླ་མེད་ཀྱི་གཏམ་རྒྱུད》རིང་པོ་དེ་དུམ་མཚམས་སྔ་ཕྱི་གཉིས་སུ་དབྱེ་ཆོག་པའི་ནང་ནས་སྔ་མ་དེའི་ནང་རྩོམ་པ་པོས་བཀས་བཀོད་རྒྱུད་འཛིན་ཞིང་བྲན་ལམ་ལུགས་འོག་བཙན་ཤེད་གཉེན་སྒྲིག་བྱེད་པར་ངོ་རྒོལ་དང་། བཀས་བཀོད་རྒྱུད་འཛིན་གྱི་བཙན་ཤེད་གཉེན་སྒྲིག་ལམ་ལུགས་ཀྱི་འཆིང་ཞགས་དེས་སྐྱེ་ཕྲན་ཕོ་མོའི་ལུས་སེམས་དམ་པོར་བཅིངས་ནས་རང་དབང་དང་བྲལ་བའི་གནས་ཚུལ་ཚབས་ཆེན་གནས་ཡོད་པ་སྙན་འཇེབས་སྒྲུང་གཏམ་ཐོག་ནས་ཐེར་འདོན་དང་། དེར་དགག་པ་ཚ་ནན་བརྒྱབ་སྟེ་གཉེན་སྒྲིག་རང་

མོས་སུ་བྱེད་པའི་བྱ་སྤྱོད་ལ་བསྟོད་སྒྲ་བླངས་པ་དང་། ཟླ་བའི་བློ་གྲོས་དང་ལྷ་ལས་ཕུལ་བྱུང་གིས་མཚོན་པའི་བཀས་བཀོད་རྒྱུད་འཛིན་ཞིང་བྲན་བདག་པོས་དབང་ཤེད་གང་ཡོད་སྤྱད་ནས་ཆབ་འབངས་ཏིལ་བཞིན་བ་ཙིར་གནོན་བྱེད་པའི་ནག་ཉེས་ཐེར་འདོན་བྱས་ནས་མི་དམངས་ཀྱི་འཐོབ་སྒྲ་མཚོན་པ་དེ་རྣམས་གཏམ་རྒྱུད་རྩོལ་པོའི་སྙིང་བཅུད་ཡིན། གཏམ་རྒྱུད་ནང་ཕྱོངས་ཀུན་ཏུ་ཕོ་ཉ་མངགས་ཏེ་དམག་གི་དཔུང་སྒྱུར་བར་འདེགས་པའི་བརྡ་སྒྲུར་བའི་ཚེ། ཆབ་འབངས་རྣམས་ཐུ་སོར་ནས་རྒྱལ་པོ་ཡབ་སྲས་ཟུང་གིས་ཏིལ་བཞིན་དུ་བ་ཙིར་ནས་མཐར་སྤྱོད་དུ་མའི་མྱོང་བ་མྱོང་དགོས་བྱུང་བས། རྒྱལ་པོའི་བཀའ་བརྡ་ལ་ཉན་དུ་མ་འདོད་པའི་སྐྱར་འདེབས་ཀྱི་ཚིག་ཤུར་ཤུར་སྨྲ་ཞིང་མི་མཐུན་པའི་མིག་ཅི་རིགས་བལྟ་བཞིན་ཡོད་ཀྱང་། རྒྱལ་པོའི་བཀའ་ལས་འགོངས་ན་ཁྲིམས་ཀྱི་ཉེས་པ་ཕོག་ཏུ་མེད་པས་རང་དབང་དང་བྲལ་བས་དམག་ལ་ཞུགས་དགོས་པ་བྱུང་ཞེས་པའི་ཐོག་ནས། དུས་རབས་བཅོ་བརྒྱད་པའི་སྐབས་ཀྱི་མཐོ་རིམ་དབང་སྒྱུར་པས་རང་གི་ཁེ་ཕན་ཆེད་དུ་ཞིང་བྲན་རྣམས་དམག་འཁྲུག་ལ་ཞུགས་འདོད་མེད་བཞིན་བཙན་པོས་བསྐུལ་བ་དང་། དམག་འཁྲུག་གིས་རྒྱ་ཆེའི་ཞིང་བྲན་ལ་བརྗོད་ཀྱིས་མི་ལང་པའི་སྡུག་བསྔལ་བཟོས་པའི་ནག་ཉེས་བགྲང་པ་མ་ཟད། ཞིང་བྲན་ཁྲིད་དུ་དམག་འཁྲུག་ལ་ངོ་རྒོལ་ཞེ་ལོག་གི་བློ་ཤུགས་ཆེན་ཡོད་པ་དང་། དམག་འཁྲུག་ལས་ཞིང་བྲན་རྣམས་ཀྱི་ཐོག་ལ་བབས་པའི་ཁྲལ་རིགས་ཇེ་མང་ཇེ་ལྗིར་འགྲོ་བ་ལས་དབང་སྒྱུར་གྲལ་རིམ་གྱི་ཁེ་ཕན་ལ་གནོད་འཚེ་ཅི་ཡང་མ་ཕོག་པར་ཐར་ཐུས་བཞིན་རོ་བརྒྱའི་ཟས་དང་། བདུད་རྩིའི་བཏུང་བ་ལ་བག་མེད་ལོངས་སྤྱོད་པའི་གནས་ཚུལ་ཞིང་བྲན་ཉིད་ཀྱིས་ཤེས་རྟོགས་ཟབ་མོ་བྱུང་སྐབས། ཁོ་ཚོས་བཙན་པོའི་དབང་འོག་ཏུ་གཡུལ་དུ་ཞུགས་བཅུག་པའི་ཚེ་དམག་སར་མཚོན་ཆ་རྫོལ་གྱིས་བཟུང་བ་དང་། གཡུལ་བསྒྲེ་བར་ཡང་རྫོལ་གྱིས་འགྲོ་བ་བཅས་ཀྱི་ཐོག་ནས་དབང་སྒྱུར་གྲལ་རིམ་བར་སྲིད་དབང་འཕྲོག་རེས་ཀྱི་དམག་འཁྲུག་ལ་བྱ་སྤྱོད་ངོ་མས་ངོ་རྒོལ་བྱེད་པའི་རྣམ་པ་མཚོན་པ་དེ་ཚོའང་གཏམ་རྒྱུད་དེའི་དགེ་མཚན་ལྡན་པའི་ཆ་ཡིན། རྩོམ་པ་པོས་ནོར་གྱི་ཕྱུག་པ་དང་དཔུང་གི་སྟོབས་སྲིད་པའི་རྒྱན་དང་ཆ་འདྲ་བའི་སྣང་བ་འབུམ་ལྡན་དམག་ཕམ་པའི་རྒྱུ་རྐྱེན་གཙོ་བོ་ཟླ་བའི་བློ་གྲོས་ཡབ་སྲས་ཟུང་གི་རྟག་རྒྱུན་ནས་འབངས་ལ་མཐར་སྤྱོད་དུ་མ་བཏང་བ་དང་། དགྲ་ལ་འཕེན་པའི་

མཚོན་ཆ་དང་པོ་ཕོ་ནར་ནང་ལ་ཟུག་སྟབས་སྐྱེ་བོ་ཐམས་ཅད་ཡིད་མ་རངས་ཤིང་། འདམ་བུ་སྟོན་པོ་བཏང་བ་ཉིད་པ་ལྟར་སྒྲིད་ལུག་ཅིང་ཁོང་དུ་ཆུད་ཅིང་གནས་པར་བརྗེས་ཏེ་མི་དམངས་ཀྱི་སྟོབས་ཤུགས་མངོན་པར་མཚོན་ཡོད། རྩོམ་པ་པོས་མི་དམངས་ཀྱི་སྟོབས་ཤུགས་ལ་ངོས་འཛིན་གང་འཚམ་བྱུང་ཡོད་པ་དང་། མི་དམངས་ཀྱི་བདེ་སྡུག་ལ་བསམ་གཞིགས་གང་འཚམ་བྱེད་པར་བརྟེན་ཁོང་གིས་དབང་སྒྱུར་གྲལ་རིམ་གྱི་ཁྲིད་ནས་མི་དམངས་ཀྱི་དབུལ་ཕོངས་ཉམས་ཐག་གི་གནས་བབས་དེ་ལ་བསྒྱུར་བཅོས་གཏོང་མཁན་ཞིག་བྱུང་ན་ཅི་མ་རུང་བསམ་པའི་བསམ་པའི་ཀུན་སློང་བཟང་པོ་བཅངས་ཏེ་གཏམ་རྒྱུད་ནང་དུའང་གཞོན་ནུ་ཟླ་མེད་ཅེས་པ་བསྐལ་བརྒྱར་ཉིད་དཀའི་རྟེན་བཟང་རྒྱལ་རིགས་ཤིག་གི་གཟུགས་བརྙན་དུ་བཀོད་དེ་རང་གི་ཐུགས་བསམ་བཅོལ་ཡོད།

གཞོན་ནུ་ཟླ་མེད་ནི་རྩོམ་པ་པོའི་ཐུགས་བསམ་ཞུགས་པའི་མི་སྣ་ཞིག་ཡིན་ཕྱིར་བསྟོད་པའི་ཚིག་གི་ཕྲེང་བས་རབ་ཏུ་བརྒྱན་ཏེ་གཟིངས་སུ་ཐོན་པར་བྱས་ཡོད། རྩོམ་པ་པོས་དང་ཐོག་ནས་གཏམ་རྒྱུད་ཀྱི་འབྲི་བྱ་གཙོ་བོར་གྱུར་པའི་གཞོན་ནུ་དེ་ སྤྱིར་བཏང་མི་ཕལ་པ་དང་མི་འདྲ་བར་ལྷའི་མཐུ་སྟོབས་ལ་བརྟེན་ནས་སྐུ་བལྟམས་པ་དང་། དེ་ལ་སོ་སྐྱེའི་སྤྱོད་ཡུལ་ལས་འདས་པའི་ཡོན་ཏན་ཚོགས་ཀྱིས་ཕྱུག་པ་དང་འཛིག་རྟེན་ཐོག་ན་གཞོན་ནུ་དེར་འགྲན་པ་བཟོད་པའི་སྐྱེ་བོ་གཅིག་ཀྱང་མེད་པས་མཚན་དུའང་གཞོན་ནུ་ཟླ་མེད་ཅེས་གསོལ་ཏེ། སློན་འབངས་ཚང་མས་དགའ་གུས་ཡིད་རངས་བྱེད་ཚུལ་བཅས་ཟླ་བའི་བློ་གྲོས་དང་ལྷ་ལས་ཕུལ་བྱུང་ལ་བསྟོས་ནས་ཁྲིས་ཏེ་རང་གི་བསམ་ཚུལ་ཡོངས་སུ་མཚོན་པ་བྱེད་པའི་གཞོན་ནུ་དེ་ལྟ་བུ་ཞིག་གིས་སྲིད་ཀྱི་ཁ་ལོ་བསྒྱུར་ནས་སློན་འབངས་ཉེ་རིང་མེད་པ་དྲིན་གྱིས་སྐྱོང་བའི་རྒྱལ་པོ་ཞིག་བྱུང་ན་བསམ་པའི་རེ་སྨོན་མཚོན་ཡོད། འོན་ཀྱང་ཞིང་བྲན་གྱི་བདེ་སྡུག་ལ་བསམ་གཞིགས་བྱེད་མཁན་གྱི་རྒྱལ་པོ་དེ་ལྟ་བུ་ཞིག་ནི་ཡོད་མི་སྲིད་ལ་བྱུང་ཡང་མེད་པས། འདི་ནི་རྩོམ་པ་པོའི་དགེ་མཚན་ལྡན་པའི་འཆར་སྣང་གི་འདུན་པ་ཙམ་ཡིན་པ་ཧ་ཅང་གསལ་པོ་རེད།

མདོར་ན་དུས་རབས་བཅོ་བརྒྱད་པའི་དུས་སུ་བོད་ཀྱི་སྤྱི་ཚོགས་ནང་གོ་གནས་མཐོན་པོར་བཟུང་བའི་འཁོར་ལྡན་དབང་བསྒྱུར་པ་ཚེ་རིང་དབང་རྒྱལ་གྱིས་རང་གི་ཤེས་ཡོན་ཡོད་དོ་ཅོག་སྤྱད་དེ་སྐབས་དེའི་བོད་ཀྱི་སྤྱི་ཚོགས་ལམ་ལུགས་ཀྱི་ནུབ་ནག་རྗེས་ལུས་ཀྱི་ཕྱོགས

འགའ་ཐེར་འདོན་བྱས་ནས་དགག་པ་བརྒྱབ་པ་དང་། མི་དམངས་ཀྱི་བསམ་པའི་གཏིང་གི་འབོད་སྒྲ་རི་མོའི་ལམ་དུ་དྲངས་ནས་མཚོན་པ་དང་སྨྲགས་རང་ཉིད་ཀྱིས་ཀྱང་དུང་སེམས་མཉམ་སྐྱེད་བྱེད་པའི་བསམ་པ་ཞུགས་པའི་གཏམ་རྒྱུད་ཉམས་པ་མེད་པ་ཞིག་བྲིས་གནང་མཛད་ཡོད་པ་དེའི་བརྗོད་བྱ་གཙོ་བོ་དང་། རྩོམ་པ་པོའི་ཡར་ཐོན་གྱི་བསམ་པ་ལ་ང་ཚོས་མར་ལེ་རིང་ལུགས་ཀྱི་དངོས་གཙོ་སྨྲ་བའི་ལོ་རྒྱུས་ཀྱི་ལྟ་བའི་ཐོག་ནས་ཡང་དག་པའི་ཚད་འབེབས་བྱས་ཏེ། རང་བབས་ཀྱི་གནས་སུ་འཇོག་དགོས་པ་ལས། ད་ལྟའི་དུས་རབས་ཀྱི་མིག་རྒྱང་ཐོག་ནས་ཁ་པོ་ཆེན་པོས་སྔོན་བྱུང་ལོ་རྒྱུས་ཐོག་གི་མི་སྣ་དང་དེ་ཚོའི་རྩོམ་དེབ་ལ་ཚད་འབེབས་བྱས་ན་ནི་ལོ་རྒྱུས་ཀྱི་དོན་དང་མི་འབྲེལ་ཞིང་སྒྲ་མཚུངས་པའི་ཀུ་རེ་བའི་ངང་ཚུལ་ལྟ་བུ་ལས་གཞན་ཅི། གལ་ཏེ་ད་ལྟའི་མི་རྣམས་ཀྱི་བསམ་པའི་ཚད་གཞི་དང་མངོན་གྱུར་སྤྱི་ཚོགས་ཀྱི་འཕེལ་རིམ་ཐོག་ནས་སྔར་གྱི་ལོ་རྒྱུས་བྱུང་བའི་བྱ་བ་དང་མི་ལ་ཚད་འབེབས་བྱས་ན་ནི་སེམས་གཙོ་སྨྲ་བའི་ལོ་རྒྱུས་ཀྱི་ལྟ་བའི་འདམ་དུ་འཁྱིངས་ཏེ། རང་མི་རིགས་སམ་སྤུན་ཟླའི་མི་རིགས་ཀྱི་གནའ་རབས་རིག་གཞུང་འཛིན་སྐྱོང་སྤེལ་གསུམ་ཚུལ་བཞིན་བྱེད་རྒྱུར་གནོད་འགལ་ཆེན་པོ་ཡོང་རྒྱུ་ཉག་གཅིག་ཡིན་པའི་ལོ་རྒྱུས་ཀྱི་བསླབ་བྱ་གཏིང་ཟབ་མོ་བྱུང་བ་ནི་སྐྱོ་པོ་ཁྲི་སྟོང་དུ་མའི་མིག་ལམ་དུ་གསལ་པོར་ཚོད་ཟིན་པས། འདིར་དམིགས་བཀར་དུ་གླེང་བའི་དགོས་པ་ཆེར་མ་མཆིས་སོ། །

གཏམ་རྒྱུད་ནང་དུ་རྩོམ་པ་པོས་ཕྱོགས་གཅིག་ནས་སྐབས་དེའི་བོད་ཀྱི་སྤྱི་ཚོགས་རྣམ་པ་དང་། མི་དམངས་ཀྱི་སྡུག་བསྔལ། དབང་སྒྱུར་གྲལ་རིམ་གྱི་གདུག་ཞིང་དྲག་པའི་གདོང་རིས་བསྟན་ནས་རང་གིས་དེ་ཚོར་འཛིན་པའི་སྡང་ཞེན་གྱི་བསམ་པ་དང་ཕྱུགས་བསམ་རེ་འདུན་མཚོན་ཡོད། ཕྱོགས་གཞན་ཞིག་ནས་སྐབས་དེ་དུས་བོད་ལ་སངས་རྒྱས་ཆོས་ལུགས་དར་ཁྱབ་ཆེན་པོ་ཡོད་པའི་དམིགས་བསལ་གྱི་ཤུགས་རྐྱེན་འོག་ལས་དབང་གི་བསམ་པ་དང་། འདི་ཕྱི་རྒྱུ་འབྲས་འཁོར་བ་ལ་སྙིང་པོ་མེད་པ་སྟེ། འཇིག་རྟེན་འཚོ་བ་ལ་དོན་མེད་པ་སོགས་གཏམ་རྒྱུད་ཀྱི་བརྗོད་བྱ་གཙོ་བོར་སྐྱོན་ཆེན་པོ་བྱས་ཡོད་པའང་བཀོད་ཡོད། རྩོམ་པ་པོས་སྐབས་དེའི་སྤྱི་ཚོགས་ལམ་ལུགས་ལས་བྱུང་བའི་ཉེས་སྐྱོན་རྣམས་ལྷ་ལས་ཕུལ་བྱུང་དང་། ཟླ་བའི་སློ་གྲོས་ལྟར་སྲིད་ཀྱི་དབང་ཆ་ཆེན་པོ་ཡོད་ནའང་བྱ་སྤྱོད་སངས་རྒྱས་ཆོས་ལུགས་དང་རྩ་

བ་ནས་མི་མཐུན་པའི་རྒྱལ་ངན་ལོག་ལྟ་བ་འགའས་བཟློས་པ་དང་། སྤྱི་ཚོགས་ཀྱི་ཉེས་སྐྱོན་དེ་དག་གཙང་སེལ་བཟློས་ནས་མི་ཐམས་ཅད་བདེ་སྐྱིད་རང་དབང་གི་འཚོ་བ་ལ་འཁོད་དགོས་ན། ངེས་པར་དུ་གཞོན་ནུ་ཟླ་མེད་གིས་དམ་པའི་ཆོས་ལུགས་གཞིར་བཟུང་ནས་སྲིད་ཀྱི་ཁ་ལོ་བསྒྱུར་དགོས་པའི་བསམ་ཚུལ་བཅངས་ཏེ་གཏམ་རྒྱུད་ནང་གི་མི་སྣ་གཙོ་བོ་གཞོན་ནུ་ཟླ་མེད་དེ་ཐོག་མར་ཡིད་འོང་མ་དོན་དུ་གཉེར་སླད་མི་ཤུགས་དང་། དངོས་ཤུགས་ཀྱི་འགྲོ་སོང་གང་ལའང་མི་འཛེམས་པར་འཇིག་རྟེན་མཐུན་སྦྱོར་གྱི་ལས་ལ་འབུངས་པ་དང་། འདོད་ཡོན་ཡོངས་སུ་གྲུབ་པའི་རྗེས་ཡང་གཞོན་ནུ་དེས་འཇིག་རྟེན་འཚོ་བ་ལ་ངེས་འབྱུང་སྐྱེས་ཏེ་ཟླ་མ་གདན་དྲངས་ནས་ཆོས་ཞུ་བ་དང་། རྒྱ་ཁྱབ་ཏུ་སྦྱིན་པ་བཏང་ནས་མི་འཁྲུམས་ངན་སློང་ཉམ་ཐག་མ་ལུས་པའི་མཁོས་རྒྱ་ཆེམ་པར་བྱས་མཐར་རང་གཅིག་པུར་ནགས་ཚལ་སྟུག་པོའི་ནང་ཤར་རེར་བསྐྱོད་དེ་སྒོམ་ལ་ཞུགས། སྒོམ་གྲོལ་མཚམས་སུ་སླར་ཕྱིར་ལྡོག་ནས་མི་མཐོང་ཚད་ལ་ཆོས་ཤོད་པ་དང་། སངས་རྒྱས་ཆོས་ལུགས་དང་མཐུན་པའི་སྒོ་ནས་རྒྱལ་སྲིད་བསྐྱངས་ཏེ། འབངས་བློན་མཐོ་དམའ་མཐའ་དག་ཕྱོགས་རིས་མེད་པ་བདེ་ལ་བཀོད་པའི་སྐོར་བྲིས་ཏེ། ལོ་ངོ་ཆིག་སྟོང་ལྷག་ཙམ་རིང་ནས་བོད་མི་དམངས་ཀྱི་ཁྲོད་དུ་དར་བ་རིམ་པས་ཆགས་གྲུབ་བྱུང་བའི་བོད་ཀྱི་ཆོས་སྲིད་གཉིས་ལྡན་གྱི་ལམ་ལུགས་ལ་ངོ་བསྟོད་བྱས་ཡོད་པ་རེད། རྩོམ་པ་པོས་གཏམ་རྒྱུད་ནང་གོང་ལྟར་གྱི་ཆོས་ལུགས་སྐོར་ཤུགས་ཆེན་བྲིས་པ་དེ་ལ་གྲལ་རིམ་གྱི་འབྱུང་རྩ་གཏིང་ཧ་ཅང་ཟབ་པོ་ཡོད་པ་རེད། སྤྱི་ལོའི་དུས་རབས་བདུན་པའི་འགོར་རྒྱལ་པོ་སྲོང་བཙན་སྒམ་པོའི་སྐབས་བོད་དུ་སངས་རྒྱས་ཆོས་ལུགས་ཐོག་མར་དར་བ་ནས། རྒྱལ་པོ་ཁྲི་སྲོང་ལྡེ་བཙན་གྱིས་སད་མི་མི་བདུན་ཞེས་བོད་དུ་རབ་བྱུང་གི་སྡེ་ཐོག་མར་ཚུགས་པའི་རྗེས་ནས་བཟུང་རིམ་བཞིན་རབ་བྱུང་གི་མི་གྲངས་ལོ་རེ་བཞིན་མ་བསྣད་པར་འཕེལ་རྒྱས་སུ་ཕྱིན་པ་དང་། དགོན་གནས་མང་པོ་བྱུང་ནས་སངས་རྒྱས་ཆོས་ལུགས་དེ་བོད་ཀྱི་སྤྱི་ཚོགས་ཀྱི་ཁྱབ་ཁོངས་ཚང་མའི་ནང་སིམ་ཡོད་པ་དང་། བོན་པོའི་ཆོས་ལུགས་ལ་དད་པ་བྱེད་མཁན་ཁག་གཅིག་ཕུད་པའི་བོད་རིགས་ཡོངས་ཀྱིས་སངས་རྒྱས་ཆོས་ལུགས་ལ་དད་པ་བྱེད་པ་མ་ཟད། དབང་སྒྱུར་གྲལ་རིམ་གྱིས་ཀྱང་ཆོས་ལུགས་དང་མི་དམངས་ཀྱི་དད་སེམས་བེད་སྤྱད་དེ་རང་གི་དབང་སྒྱུར་སྲ་བརྟན་གཏོང་བ་དང་། དབང་

སྒྱུར་གྲུལ་རིམ་བར་སྲིད་དབང་འཛུགས་རེས་ཀྱི་འཐབ་རྩོད་ཀྱང་ཆོས་ལུགས་ཀྱི་ལྟ་བའི་འགེབས་གཡོགས་འོག་བྱེད་ཀྱི་ཡོད་ན་སངས་རྒྱས་ཆོས་ལུགས་དེ་དོན་དངོས་ཐོག་སྐབས་དེའི་དཔལ་འབྱོར་རྨང་གཞི་དང་འབྲེལ་བ་དམ་ཐག་ཆོད་ཡོད་པས་ཚེ་རིང་དབང་རྒྱལ་ལྟ་བུ་དབང་སྒྱུར་གྲལ་རིམ་པའི་མཁས་ཆེན་མི་སྣ་ཞིག་ལ་ཤུགས་རྐྱེན་མ་ཐོག་པ་མེད་པ་དང་། མཐོ་རིས་ཆོས་ལུགས་མི་སྣར་ས་ཞིང་དང་། འབྲོག་ཐང་། སེམས་ཅན་སོགས་གང་ཡང་མེད་པའི་ཕོགས་གཟས་པ་ཞིག་ནས་ས་ཞིང་དང་། འབྲོག་ཐང་། སེམས་ཅན་སོགས་ཡོད་པའི་ཞིང་བྲན་བདག་པོར་གྱུར་རྗེས། རིམ་པས་སྲིད་དབང་འཛིན་ནས་ཞིང་བྲན་ལམ་ལུགས་དེ་ཆོས་སྲིད་གཉིས་ལྡན་ལམ་ལུགས་ལ་གྱུར་བ་དང་། དེ་འདྲའི་ལམ་ལུགས་སྲུ་བརྟན་གཏོང་བ་དང་ནམ་ཡང་མི་ཉམས་པར་གནས་ཐུབ་པར་འབྲེལ་བ་དམ་པོ་ཡོད་པ་དང་ཕན་ནུས་ཆེན་པོ་ལྡན་པའི་ཆོས་ལུགས་དེ་སེར་སྐྱ་གང་ཡང་རུང་བའི་དབང་སྒྱུར་གྲལ་རིམ་ནང་གི་མཁས་ཆེན་དག་གིས་བེད་སྤྱོད་མི་བྱེད་པ་དང་རང་གིས་བརྩམས་པའི་དཔེ་དེབ་ནང་མི་མཚོན་པ་ཡོང་མི་སྲིད། སྤྱིར་རང་གིས་མཐོང་སྤྱོང་པའི་བོད་ཀྱི་རྩོམ་དེབ་ཁག་ལ་བལྟས་ན་མདོ་སྨད་ཀྱི་མཁས་པ་ཆེན་པོ་དགེ་འདུན་ཆོས་འཕེལ་གྱིས་བརྩམས་པའི་བོད་ཀྱི་གནའ་བོའི་ལོ་རྒྱུས་གསལ་བའི་མེ་ལོང་《དེབ་ཐེར་དཀར་པོ》ལྟར་ཆོས་ལུགས་ཀྱི་མཚོན་མདངས་བཀྲ་མོ་མེད་པའི་དཔེ་དེབ་ནི་བརྒྱ་ལམ་ཙམ་ཡིན་པས་ན། ཆོས་ལུགས་དང་མཉམ་བསྲེས་ཀྱི་སྒོ་ནས་འབྲི་རྩོམ་བྱེད་པ་དེ་ནི་བོད་རིགས་ཀྱི་མཁས་པ་དག་ལ་ལྡན་པའི་ཐུན་མོང་གི་རྩོམ་སྲོལ་ཞིག་ཡིན་ནའང་། དབང་སྒྱུར་གྲལ་རིམ་གྱི་མཁས་པ་དག་གིས་ཆོས་ལུགས་བེད་སྤྱོད་བྱེད་པ་ནི་ཆོས་སྲིད་གཉིས་ལྡན་གྱི་ལམ་ལུགས་སྲུ་བརྟན་གཏོང་ཆེད་དང་། གྲུབ་མཐའ་ཁག་གི་མཁས་པ་ཆེན་པོ་རྣམ་པས་ཡི་གེ་སྤྱད་ནས་ཆོས་ལུགས་བརྒྱུད་བསྒྲགས་བྱེད་པ་ནི་སྟོན་པ་ཤཱཀྱ་ཤེང་གེའི་སྲོལ་གཏོད་པའི་སངས་རྒྱས་ཆོས་ལ་དད་མོས་བློ་དཀར་མཚོན་སྣད་ཡིན་པས་དེ་གཉིས་ཀྱི་དམིགས་ཡུལ་ཐ་དད་དུ་གྱུར་པས་དབྱེ་མེད་མཉམ་བསྲེས་བྱས་ན་ཤིན་ཏུ་མི་འོས་པ་འདུག རྩོམ་རིག་ནི་རང་ཉིད་ཀྱི་ཆབ་སྲིད་ལྟ་བ་དང་། ཆོས་ལུགས། ལོ་རྒྱུས་ཀྱི་ལྟ་ཚུལ། རིག་གནས་བཅས་དྲིལ་བསྒྲགས་བྱེད་རྒྱུ་དང་། དགྲ་བོ་ལ་འཐབ་རྩོད་བྱེད་རྒྱུ། རང་ཉིད་ཀྱི་མ་འོངས་པའི་རེ་འདུན་བཅས་མཚོན་པར་མེད་དུ་མི་རུང་བའི་རྣོ་དབལ་སྨྲ་གྲི་ཞིག་ལྟ་བུའི་ལག་ཆ་ཡིན་པ་ནི་

གོང་དུ་བཀོད་པའི་དཔེ་མཚོན་དེ་དག་གི་ཐོག་ནས་མཐོང་ཐུབ་ཀྱི་རེད། དོན་དངོས་ཐོག་སངས་རྒྱས་ཆོས་ལུགས་བོད་དུ་དར་རྗེས་ཡང་སྔིང་བོད་རིགས་མི་དམངས་ཀྱི་བྱ་གཞག་ལ་ཕན་ཅི་དང་གནོད་ཅི་འདྲ་བྱུང་ཡོད་ཟེར་ན། བཀྲིན་གྱི་བདག་ཉིད་རྒྱལ་པོ་སྲོང་བཙན་སྒམ་པོའི་དུས་བོད་ལ་ཡི་གེའི་སྲོལ་བྱུང་བ་ནས་བཟུང་། རྒྱ་གར་རྒྱ་ནག་གི་ཆོས་དཔེ་མང་དག་ཅིག་ཕྱི་ནང་གི་ལོ་པཎ་མང་པོས་རིམ་པར་བོད་ཀྱི་སྐད་ཡིག་ཏུ་བསྒྱུར་པས། རང་མི་རིགས་ཀྱི་རིག་གནས་དར་རྒྱས་ཕུན་ཚོགས་སུ་གོང་འཕེལ་དུ་འགྲོ་བ་དང་། མཐོ་དམའ་མེད་པའི་མིའི་ཀུན་སྤྱོད་ལ་དག་ཐེར་བྱུང་ནས་ཡ་རབས་གཤིས་བཟང་གི་རྒྱུན་འཕེལ་བར་ཤུགས་སུ་ཕན་ནུབས་འབྲེལ་བའི་ནུས་པ་ཐོན་ཡོད་པ་དང་སྤྲགས་མི་རྣམས་ཀྱི་བསམ་པར་རྫོངས་འཆར་ཅི་ཡང་སྐེར་བའི་ཞན་ཆ་འང་ཡོད། སློབ་དཔོན་དུང་དཀར་བློ་བཟང་འཕྲིན་ལས་ཀྱིས་བརྩམས་གནང་མཛད་པའི《བོད་ཀྱི་ཆོས་སྲིད་ཟུང་འབྲེལ་སྐོར་བཤད་པ》ཞེས་པའི་ནང་རྒྱལ་པོ་སྲོང་བཙན་སྒམ་པོའི་སྐབས། བོད་ལ་སངས་རྒྱས་ཆོས་ལུགས་དར་འགོ་ཚུགས་པ་དེ་ནི། སྐབས་དེའང་བོད་ཀྱི་སྤྱི་ཚོགས་དཔལ་འབྱོར་འཕེལ་རྒྱས་ཀྱི་འགྱུར་ཕྱོག་གསར་པའི་འོག་དབང་ཤུར་གྲལ་རིམ་གྱི་ཆབ་སྲིད་ལམ་ལུགས་ཐད་ལ་ཆོས་ལུགས་ཀྱི་བསམ་བློ་གསར་པའི་དགོས་མཁོ་བྱུང་བ་དང་བསྟུན་ནས་དར་སྤེལ་གཏོང་ཐུབ་པ་བྱུང་བ་ཞིག་ཡིན་པ་མ་གཏོགས། སངས་རྒྱས་ཆོས་ལུགས་རང་ཉིད་ཀྱི་རང་ཚུགས་སྟོབས་ཤུགས་ལ་བརྟེན་ནས་གློ་བུར་དུ་དར་སྤེལ་བྱུང་བ་ཞིག་མིན་ཞེས་བོད་ལ་སངས་རྒྱས་ཆོས་ལུགས་དར་འགོ་ཚུགས་པའི་ཕྱི་རོལ་གྱི་ཆ་རྐྱེན་གསལ་སྟོན་མཛད་པ་བཞིན་སངས་རྒྱས་ཆོས་ལུགས་བོད་དུ་ཡུན་རིང་བར་གནས་ཐུབ་པ་དང་སྟར་བས་དར་སྤེལ་དུ་འགྲོ་ཐུབ་པ་དེ་དབང་སྒྱུར་གྲལ་རིམ་པས་རང་གི་ཁེ་ཕན་སྲུང་སྐྱོབ་དང་སྲིད་དབང་སྲ་བརྟན་གཏོང་ཆེད་དུ་བེད་སྤྱོད་ཤུགས་ཆེན་བྱས་པ་དང་ཁ་བྲལ་ཐབས་མེད་པ་ཞིག་ཡིན། དབང་སྒྱུར་གྲལ་རིམ་གྱི་རྩ་བའི་ཁེ་ཕན་དང་འབྲེལ་བ་དམ་ཐག་ཆོད་ཡོད་པའི་སངས་རྒྱས་ཆོས་ལུགས་དེ་བོད་མི་དམངས་ཀྱི་ངོས་ནས་བཤད་ན་བསམ་པའི་ལྕགས་སྒྲོག་བཙན་པོ་ཞིག་ཡིན་པ་དང་། སྤྱི་ཚོགས་ལོ་རྒྱུས་ཀྱི་ངོས་ནས་བཤད་ན་བཀག་རྡོ་ཆེན་པོ་ཞིག་ཡིན། ཆོས་ལུགས་ཀྱིས་མི་རྣམས་ཀྱི་བསམ་པ་རྫོངས་སུ་བཅུག་ནས་དབང་སྒྱུར་གྲལ་རིམ་གྱི་ཁེ་ཕན་སྲུང་སྐྱོབ་དང་། སྤྱི་ཚོགས་ཀྱི་ཐོན་སྐྱེད་ནུས་ཤུགས་ཉམས

རྒྱུད་དུ་བཏང་ནས་དཔལ་འབྱོར་ཐོན་སྐྱེད་དང་ཚན་རིག་ལག་རྩལ་གོང་དུ་འཕེལ་བར་བཀག་འགོག་གི་ནུས་པ་ཆེན་པོ་འདོན་གྱི་ཡོད་པས་དེ་ཇི་ཙམ་དར་ཆེ་བ་ན་དེ་ཙམ་གྱིས་སྤྱི་ཚོགས་ཀྱི་ཐོན་སྐྱེད་དང་ཚན་རིག་སོགས་གོང་དུ་འཕེལ་བའི་གོམ་སྟབས་དལ་དུ་འགྲོ་རྒྱུ་ཡིན་པ་རང་རིགས་ཀྱི་ལོ་རྒྱུས་དངོས་ཀྱི་ཐོག་ནས་ཁུངས་བཙན་ར་སྤྲོད་ཐུབ། བཀས་བཀོད་རྒྱུད་འཛིན་ཞིང་བྲན་བདག་པོའི་དབང་སྒྱུར་དང་དེ་དག་གི་ཁེ་ཕན་མཚོན་པའི་ཆོས་སྲིད་གཉིས་ལྡན་གྱི་སྲིད་དབང་ལམ་ལུགས་སུ་ཞིང་བརྟན་དུ་འགྲོ་བ་ན《གཞོན་ནུ་ཟླ་མེད་ཀྱི་གཏམ་རྒྱུད》ནང་རྩོམ་པ་པོས་སངས་རྒྱས་ཆོས་ལུགས་འུད་སྒྲོག་ཚད་མེད་བྱས་ནས་མི་རྣམས་ཆོས་ལ་བསླུལ་བ་དེས་ཀྱང་སྐབས་དེའི་སྤྱི་ཚོགས་ཀྱི་དབང་སྒྱུར་པས་བཀས་བཀོད་རྒྱུད་འཛིན་ཞིང་བྲན་ལམ་ལུགས་སྲུང་སྐྱོབ་དང་སྲ་བརྟན་གཏོང་ཆེད་ཕན་ནུས་ལྡན་པ་ཞིག་ལས། རྩོམ་པ་པོ་ཉིད་ཀྱི་འཆར་སྣང་བཟང་པོ་བཞིན་གོང་འོག་ཚང་མས་ཆོས་ལ་དད་སེམས་སྐྱེན་རྒྱལ་པོ་དང་། བློན་པོ་འབངས་བཅས་གྲལ་རིམ་གྱི་དབྱེ་བ་མེད་པར་ཚང་མ་བདེ་ལ་འཁོད་ཐུབ་པའི་དུས་སྐབས་ནི་ཅི་ནས་ཀྱང་ཤར་མི་སྲིད་པ་མ་ཟད། ད་དུང་རྒྱ་ཆེ་བའི་མི་དམངས་ཀྱི་ཁེ་ཕན་ལ་གནོད་པ་བཟོད་ལས་དས་པ་ཡོད་པ་བཅས་རང་དཔོག་གིས་གཏམ་རྒྱུད་དེའི་བརྗོད་བྱ་གཙོ་བོ་གང་ཡིན་པ་ཞུ་རྒྱུ་རྫོགས་པ་བྱས་ནས། ད་ནི་གཏམ་རྒྱུད་དེ་ལ་རྩོམ་རིག་སྒྱུ་རྩལ་ཐད་ཁྱད་འཕགས་ཀྱི་རང་བཞིན་ཅི་དང་ཅི་ཡོད་པ་དང་། བདག་དང་བདག་འདྲ་བའི་སྐྱེ་ཕྲན་རྣམས་ཀྱིས་བཅུད་ལེན་འོས་པ་གང་ཞུགས་ཡོད་པའི་སྐོར་བློ་རྟུལ་ཕོ་བོས་རྟོགས་ནུས་པ་རྣམས་ཞུ་བར་བྱའོ། །

《གཞོན་ནུ་ཟླ་མེད་ཀྱི་གཏམ་རྒྱུད》ནང་གྲགས་ཅན་ཚེ་རིང་དབང་རྒྱལ་གྱིས་འཆར་སྣང་གི་རྒྱལ་ཁབ་ཆེ་ཆུང་གསུམ་གྱི་ནོར་གྱི་འབྱོར་པ་དང་། དཔྱད་སྟོབས་དྲག་ཞན་གྱི་གནས་ཚུལ། གཙོ་བོ་མི་བཅུ་ལྷག་ཙམ་གྱི་གཟུགས་བརྙན་དང་གཤིས་རྒྱུད། རྒྱལ་ཁབ་ཕན་ཚུན་དང་མི་ཕན་ཚུན་དབར་གྱི་གྲུ་གྱུར་རྙོག་འཛིང་ཆེ་བའི་འབྲེལ་བ། དེ་བཞིན་དེ་ཚོའི་བར་འགལ་འདུའི་གནས་ཚུལ་འབྱུང་ཚུལ་དང་། བར་གྱི་འཕེལ་སྟངས། མཐའ་མ་འཇུག་བསྒྲིལ་ཚུལ་བཅས་གོ་རིམ་ལྡན་ལ་བརྗོད་བྱའི་སྙིང་པོ་མངོན་པ་དང་། བར་མཚམས་གསལ་ལ་ཡིད་དབང་མི་འཕྲུལ་བ། གོང་འོག་གི་མཐུད་མཚམས་འོས་ཤིང་འཚམ་པ། བཀོད་པ་

མཛེས་ལ་ཚགས་དམ་པའི་ངང་རང་གིས་བརྗོད་པར་འདོད་པའི་བྱ་བ་དང་། དོན་རྐྱེན་མི་སོགས་སྐད་ཡིག་གི་སྒྱུ་རྩལ་ཐོག་ནས་མི་རྣམས་ཀྱི་བློ་ཡུལ་དུ་ལྷམ་མེར་ཕ་ལེར་གསལ་བ་བྱས་ཡོད་སྟབས། གང་ཞིག་གློག་པ་པོས་གློག་པའི་ཚེ་ཡིད་དབང་ཅིག་ཅར་འཕྲོག་ཏེ་ཏ་ལམ་གཏམ་རྒྱུད་ནང་དུ་བཀོད་པའི་མི་དང་། བྱ་བ། ཡུལ་ལྗོངས་སོགས་ཉིད་ཀྱིས་ཇི་མ་ཇི་བཞིན་མཐོང་བ་དང་། སྙིང་བ་ལྟ་བུ་སྐབས་རེ་དགའ་བ་སྐྱེ་དགོས་པ་དང་། སྐབས་རེ་ཡིད་སྐྱོ་དགོས་པ། སྐབས་རེ་སྡང་སེམས་སྐྱེ་དགོས་པ། སྐབས་རེ་བྲེལ་ཚབ་ལངས་དགོས་པ་སོགས་ཀྱི་འཆར་སྣང་ཅི་རིགས་ཡོང་བ་དེ་ནི་གཏམ་རྒྱུད་ཀྱི་ལྷོན་བཟང་དེར་ཐོབ་པའི་སྒྱུ་རྩལ་གྱི་འབྲས་བུ་གཡུར་དུ་ཟ་བ་ཞིག་ཡིན།

གཏམ་རྒྱུད་ནང་རྩོམ་པ་པོས་ཐོག་མར་གཞོན་ནུ་ཟླ་མེད་བལྟམས་ཚུལ་དང་འཚར་ལོངས་འབྱུང་ཚུལ་ཐུན་མོང་མ་ཡིན་པའི་གནས་ཚུལ་དམིགས་བསལ་ཞིག་བཀོད་ནས། གཞོན་ནུ་དེ་མངོན་པར་མཐོ་བ་བྱས་པ་དང་། དེ་ནས་གཞོན་ནུ་དེ་གཉེན་སྒྲིག་གི་དུས་ལ་བབས་པ་དང་བསྟུན་ནས་ཡིད་འོང་མ་རང་ཤུགས་སུ་དྲངས་པ་དང་སྨྲགས་ཡིད་འོང་མའི་ཡབ་བཀོད་ལེགས་འོད་སྣང་གི་རྒྱལ་པོ་གསལ་ལྡན་གྱིས་རང་གར་བུ་མོ་དང་སྣང་བ་འབུམ་ལྡན་གྱི་རིགས་ཀྱི་སྨྱུ་གུ་ལྷ་ལས་ཕུལ་བྱུང་གཉིས་མཛའ་བར་བྱས་ཏེ། སྲིད་ཟུང་རེས་མེད་ཆབས་ཅིག་སྐྱོང་རྒྱུར་དམ་བཅས་ཟིན་པའི་གནས་ཚུལ་བཀོད་པའི་སྐབས་དང་འབྲེལ་ནས་རྒྱལ་ཁབ་གསུམ་གྱི་ཆབ་སྲིད་དཔལ་འབྱོར་སྐོར་དང་། ཁ་གཏད་དུ་གྱུར་པའི་ཕྱོགས་གསུམ་གྱི་འགལ་བའི་འབྱུང་གཞི་སོགས་འཛིག་རྟེན་བྱ་བའི་འཕེལ་རིམ་དང་མཐུན་པའི་སྒོ་ནས་གཅིག་ལ་གཅིག་འབྲེལ་གྱིས་གློག་པ་པོ་ཚོར་ངོ་སྤྲོད་བྱས་པའི་ཁར། གཏམ་རྒྱུད་ནང་གི་འགལ་བ་རིམ་པས་གཏིང་ཟབ་ཏུ་བཏང་ནས་མཐར་ཡིད་འོང་མ་དོན་དུ་གཉེར་བའི་སྲིད་པའི་རྒྱུན་དང་། སྣང་བ་འབུམ་ལྡན་གཉིས་བར་སྐྱེ་བོ་མང་པོའི་སྲོག་དང་བྲལ་བའི་གཡུལ་འགྱེད་ཆེན་པོ་ཞིག་བྱུང་བའི་སྐོར་བྲིས་ཏེ། ཁ་གཏད་དུ་གྱུར་བའི་འགལ་འདུ་ཡང་རྩེར་སོན་པར་བྱས་ཡོད། གཡུལ་འགྱེད་ཆེན་པོ་ཞིག་བྱུང་བའི་བརྒྱུད་རིམ་ཡང་རྩོམ་པ་པོས་ཐབས་མཁས་ཀྱིས་ཕྱོགས་གང་ཅིའི་ཐད་ལ་ཆད་ལུས་མེད་པའི་བཀོད་སྒྲིག་བྱས་ཡོད་པ་ནི་འདི་ལྟར་ཏེ། རྒྱལ་པོ་གསལ་ལྡན་གྱི་རིགས་ཀྱི་སྨྱུ་གུ་ཡིད་འོང་མ་སློང་མི་ཁག་གཉིས་ནས་བྱུང་བ་དེ་

གཉིས་ཀའི་རྒྱལ་སྲིད་སྟོབས་ཆེ་ཆུང་ཆ་འདྲ་སྐབས། གསལ་ལྡན་རྒྱལ་པོས་ཕྱོགས་གཅིག་གི་རེ་བ་བསྐངས་ན་ཕྱོགས་གཞན་དེའི་དཔུང་རང་གི་རྒྱལ་ཁབ་ཏུ་དྲངས་ནས་ཉམས་ཉེས་ཆེན་པོ་ཡོང་ཉེན་ཡོད་བསམས་ཏེ། ཡིད་འོང་མ་དང་ལྷ་ལས་ཕྲུལ་བྱུང་མཛའ་གཉུགས་ཀྱི་དམ་བཅའ་བཀོད་ཟིན་པའི་སྐོར་སྲིད་པའི་རྒྱན་ལ་བཤད་པ་དང་། སྣང་བ་འབུམ་ལྡན་ལ་སྲིད་པའི་རྒྱན་གྱི་སློང་མི་བྱུང་བའི་སྐོར་འཁོད་པའི་ཕྲིངས་ཡིག་དང་བཅས་པོ་ཉ་མངགས། དེ་ལྟར་རྒྱལ་ཁབ་གཉིས་ཀྱིས་གནས་ཚུལ་ཤེས་རྟོགས་བྱུང་རྗེས། ཡིད་འོང་མ་གཞན་དབང་དུ་གྱུར་དོགས་ཀྱིས་རྟབ་རྟབ་པོར་རང་རང་སོ་སོའི་བློན་པོ་རྣམས་གྲོས་ལ་བསྐུལ་ཏེ་ཡིད་འོང་མ་ལེན་ཐབས་ཀྱི་གྲབས་གཞོམ་བརྩམས་པ་དང་། ཡིད་འོང་མ་ནི་རིང་མོ་ཉིད་ནས་གཞོན་ནུ་ཟླ་མེད་དང་མཛའ་གཉུགས་ཡོང་བའི་རེ་སྨོན་བྱེད་ཀྱིན་ཡོད་ཀྱང་། ད་ནི་བསམ་པ་བཞིན་གྲུབ་ཨེ་ཡོང་བསམས་ནས་སེམས་སྡུག་བྱེད་པའི་སྐབས་དེར་སྲིད་པའི་གཞོན་ནུས་ཐོག་དྲངས་སྲིད་པའི་རྒྱན་གྱི་བསུ་མི་འགྱོར་བས། སྒྲོ་བ་རབ་ཏུ་བརྟས་པར་གྱུར་ཏེ་བློ་ཐག་ཆོད་པོས་ཡབ་ཡུམ་གཉིས་ཀྱི་སྐོག་ཏུ་སྲིད་པའི་རྒྱན་ལ་ཕྲོས་པའི་ཐོག་ནས་རྒྱལ་ཁབ་གསུམ་གྱི་དབར་བྱུང་བའི་གྱ་གྱུར་རྙོག་འཛིང་ཅན་གྱི་འགལ་འདུའི་འཐབ་རྩོད་ཀྱི་རྒྱུ་དང་རྐྱེན་ཆད་ལྷག་མེད་པ་དང་། གོ་རིམ་ལྡན་པའི་ངང་ནས་བཀོད་པ་དེ་རྗེས་སུ་སྲིད་པ་གཞོན་ནུ་དང་ཡིད་འོང་མ་སོགས་སྲིད་པའི་རྒྱན་ཏུ་བསྐྱོད་པའི་ལམ་བར་དུ་སྣང་བ་འབུམ་ལྡན་གྱི་བློན་པོ་དཔུང་དང་བཅས་པ་དང་འཕྲད་རྒྱུ་ངེས་ཅན་ཡིན་པ་དང་། མཐའ་མ་འགལ་བའི་ཕྱོགས་གཉིས་དམར་འཛིང་ཡོང་རྒྱུ་ཡིན་པར་རྨང་རྗེ་བརྟན་པོ་ལྟ་བུར་གྱུར་ཏེ། གང་ཞིག་ཀློག་པ་པོར་ངེས་མེད་བརྟད་པའི་འཆར་སྣང་ཡ་མཚན་ཅན་མི་ཡོང་བ་བྱས་ཡོད་པ་དེ་ནི་བཀོད་པ་ཤིན་ཏུ་ལེགས་སོ། རྩོམ་པ་པོས་གོང་དུ་གསལ་བའི་སྤྱི་ཚོགས་ཀྱི་འགལ་བ་དང་དེ་སྲིད་པ་གཞོན་ནུས་ཡིད་འོང་མར་རྫུན་ཆས་སྤྲས་སུ་བཅུག་པ་དང་། རང་གིས་སྤྲིན་པོའི་བློ་ལ་བརྟེན་ནས་སྣང་བ་འབུམ་ལྡན་གྱི་བློན་པོ་བློ་རྨོངས་ཐར་ལེགས་བྲིད་པར་བྱས་ཏེ་ཐར་བའི་ཐོག་ནས་མཇུག་མ་སྒྲིལ་པར་འབབས་ཁོལ་ཞེས་པ་རྒྱལ་འཚོང་ཐ་ཆད་ཅིག་གི་གཟུགས་བརྙན་བཀོད་པ་ལས་རང་མཚན་རྗེན་པ་བརྗོལ་སྐབས། སྣང་བ་འབུམ་ལྡན་གྱི་བློན་པོས་མགོ་འཁོར་དུ་ཚུད་པ་ཤེས་ནས་རྗེས་བསྙེགས་ཏེ་གཡུལ་བཤམས། སྲིད་པའི་རྒྱན་གྱི་དཔུང་བུ་ཆུང་མང་པོ་བསད།

སྲིད་པ་གཞོན་ནུ་དང་ཡིད་འོང་མ་ཟུང་ཡང་བཟུང་ནས་སྣང་བ་འབུམ་ལྡན་ལ་ཁྲིད་པའི་དབང་གིས་ནམ་རྒྱུན་ནས་དེས་ཤིང་དཀྱིལ་ཆེ་བ། དཔའ་ཞིང་རྩལ་ཕོད་པ། བསླང་སྤྱོད་ཀྱི་དྲི་མ་ཙམ་མ་འགོས་པ་བྱུང་རྒྱལ་གྱིས་གཞན་ལ་བརྙས་བཅོས་མི་བྱེད་མཁན་གཞོན་ནུ་ཟླ་མེད་ཀྱིས་ཀུང་ཡན་ལག་བཞི་ལྡན་གྱི་དཔུང་བཏེགས་ནས། སྣང་བ་འབུམ་ལྡན་བཅོམ་ན་མ་གཏོགས་ཡིད་འོང་མ་འདྲེ་ལག་གི་སྟེར་མོའི་འོག་ནས་ཐར་ཏེ་རང་དང་མཇལ་འཛོམས་མཛའ་གཅུགས་ཡོང་རེ་བྲལ་བས་དཔུང་དྲངས་གཡུལ་བསྒྲིགས་པའི་སྐོར་གྱི་གྱུར་རྙོག་འཛིང་ཆེ་བའི་ངང་བྲིས་ནས་གཏམ་རྒྱུད་ནང་དུ་ཁྱབ་ནས་ཡོད་པའི་འགལ་བ་དེ་དེ་བས་ཛ་དྲག་ཏུ་འགྲོ་ཡུལ་མེད་པའི་གནས་སུ་སླེབས་པ་བྱས་ཏེ་སྒྱུ་རྩལ་གྱི་རྩོམ་རིག་ཅིག་ལ་ངེས་པར་དུ་ཡོད་དགོས་པའི་གོ་རིམ་ལྡན་པ་དང་། བཀོད་པ་མཛེས་པ། བང་རིམ་གསལ་བ། གོང་འོག་སྔ་ཕྱིའི་འབྲེལ་མཐུད་ཚགས་དམ་པ། གཏམ་རྒྱུད་ནང་གི་གཟུགས་བརྙན་གྱི་བཀོད་པ་སྒྲིག་པ་པོའི་བློའི་མེ་ལོང་གི་ངོས་སུ་ཁྲ་ལྷམ་མེར་གསལ་བའི་སྒྱུ་རྩལ་གྱི་ནུས་མཐུ་ཆེས་ཆེར་མངོན་གྱི་ཡོད་པ་དེ་ལས་ང་ཚོས་རྩོམ་པ་པོས་སྤྱི་ཚོགས་ཀྱི་འཚོ་བ་དངོས་དང་། འགལ་བའི་འཕེལ་རིམ་ལ་ཉམས་ཞིབ་ཟབ་མོ་ཡོད་པ་དང་། སྒྱུ་རྩལ་གྱི་བྱུང་ཚད་ཧ་ཅང་མཐོན་པོ་ཡོད་པའང་རང་ཤུགས་སུ་ཤེས་ཐུབ།

རྩོམ་པ་པོས་གཏམ་རྒྱུད་ཀྱི་བརྗོད་བྱ་གཙོ་བོ་དང་འབྲེལ་བ་དམ་ལྷོད་ལ་གཞིགས་ནས་རྒྱས་བསྡུས་ཀྱི་ཚོད་འཛིན་ཤིན་ཏུ་ལེགས་པོ་བྱས་ཡོད་པ་དཔེར་ན། སྲིད་པའི་རྒྱན་གྱིས་ཡིད་འོང་མ་གཞོན་ནུ་ཟླ་མེད་ཀྱི་བག་མར་ལེན་ཆེད། སྤྲ་ཕྱིར་ཕོ་ཉ་ཐེངས་གཉིས་མངགས་པ་ལམ་དུ་འགྲུལ་ཚུལ་སྐོར་བཞོན་པའི་ས་ཐེ་སྲིད་ལ་དེ་སྲིད་དུ་བཞོན་པ་བརྟེན་ཅིང་། དེ་ནས་རྐང་པས་སོང་སྟེ་རྒྱལ་པོ་གསལ་ལྡན་གྱི་དྲུང་དུ་བརྗོད་བར་གྱུར་ཏོ་ཞེས་པ་དང་། གཞོན་ནུ་དེ་ལ་དོན་གྱི་སྙིང་པོ་བླང་དོར་དུ་བྱ་འོས་ལེགས་པར་བསྒོམས་ཏེ་མངགས་སོ། དེས་ཀུང་རིངས་པར་སོང་བ་ལས་བཀོད་ལེགས་འོད་སྣང་གི་རྒྱལ་ཁབ་ཀྱི་འདབས་རོལ་དུ་དོན་མཐུན་པ་ཚོང་ཁེ་ཕྱོགས་སྒྲུབ་པའི་ཟོལ་ལ་བརྟེན་ཏེ་གནས་བཅས་སོ་ཞེས་ཚིག་ཉུང་ཉུང་ཞིག་གི་ཐོག་ནས་འགྲུལ་ལམ་བདེ་པོ་མེད་པ་དང་། ཕོ་ཉས་རྒྱལ་པོའི་བཀའ་དང་དུ་བླངས་ནས་དུས་འགྱངས་མ་བྱས་པར་བྲེལ་འཚུབ་འཚུབ་ཀྱིས་བསྐྱོད་ཚུལ་རང་ཤུགས་སུ་མཚོན་པར་བྱས་པ་ལས་ཕོ་

ཉས་རི་བརྒྱལ་སླུང་བཅད་ཀྱིས་ངལ་དུབ་ཅི་དང་ཅི་འདྲ་དུ་མ་ཁྱད་དུ་བསད་པའི་སྐོར་དྲི་མ་ཙམ་ཡང་བྲིས་མེད་པ་དང་། ཡང་ཡིད་འོང་མ་དེ་ཉིད་སྲིད་པ་གཞོན་ནུས་བློ་འགུགས་བྱས་པའི་འོག་ཡབ་ཡུམ་གྱི་སྐྱིག་ཏུ་བྲོས་བྱོལ་སྐབས་ལམ་བར་དུ་སྣང་བ་འབུམ་ལྡན་གྱི་དཔུང་དང་ཐུག་པས། སྲིད་པ་གཞོན་ནུས་ཕ་རོལ་བྲིད་ཚུལ་དང་། འབངས་ཕོལ་ཞེས་པས་རང་མཚང་རྗེན་པར་གཏོལ་ཚུལ། དེ་ཕྱིར་གཡུལ་འགྱེད་ཆེན་པོ་ཞིག་བྱུང་རྗེས། ཡིད་འོང་མ་བསུ་མི་དང་བཅས་པ་སྣང་བ་འབུམ་ལྡན་གྱི་རྒྱལ་ཁབ་ཏུ་བཟུང་ཁྲིད་བྱས་ཚུལ་ནི་གཏམ་རྒྱུད་ཀྱི་སྔ་མཇུག་གཉིས་ཀའི་གནས་ཚུལ་དང་འབྲེལ་བ་ཤིན་ཏུ་དམ་པོ་ཡོད་སྟབས་ཞིབ་ཅིང་ཕྲ་བའི་སྒོ་ནས་བྲིས་ཡོད་པ་བཅས་རྒྱས་པ་འབྲི་དགོས་པ་ལ་རྒྱས་བྲིས་དང་། བསྡུས་པ་འབྲི་དགོས་སར་བསྡུས་བྲིས་བྱས་རྐྱེན་གཏམ་རྒྱུད་ཀྱི་བརྗོད་བྱ་གཙོ་བོ་ཁུ་འདུས་པོའི་ངང་མངོན་པར་མཚོན་ཡོད། གཏམ་རྒྱུད་ནང་གཞོན་ནུ་ཟླ་མེད་དང་། ཡིད་འོང་མ། སྲིད་པ་གཞོན་ནུ། ཟླ་བའི་བློ་གྲོས། ཐ་ཆ་འཛིན། གསལ་ལྡན། ཉི་མའི་བློ་གྲོས། ལྷ་ལས་ཕུལ་བྱུང་། འབངས་ཕོལ་པད་མའི་སྨྱུ་གུ་ཞེས་པ་སོགས་ལོ་ཚད་མི་འདྲ་ཞིང་གོ་གནས་མི་མཚུངས་པའི་གཟུགས་བརྙན་དུ་མ་ཞིག་བཀོད་པ་དེ་ཚོའི་ངང་ཚུལ་ཀྱང་ཐད་ཀར་མ་བྲིས་པར་མིའི་ངང་ཚུལ་དངོས་དང་། པན་ཚུན་གྱི་གླེང་མོལ། གསོན་ཉམས་ལྡན་ཞིང་སྙན་འཛེབས་ཀྱི་དཔེ་རྒྱན། དམིགས་བསལ་གྱི་དོན་རྐྱེན་དང་བསྟུན་ནས་ཚད་བསྟུར་བྱས་པ་བརྒྱུད་དེ་བྲིས་སྟབས་གཟུགས་བརྙན་གསོན་ཉམས་ལྡན་པ་བྱུང་ཡོད། དཔེར་ན་རྩོམ་པ་པོས་སྣང་བ་འབུམ་ལྡན་དང་སྲིད་པའི་རྒྱན་རྒྱལ་ཁབ་གཉིས་པོས་རང་རང་སོ་སོའི་རྒྱལ་སྲས་ཀྱི་བློ་ལ་བབ་པའི་བཀོད་ལེགས་འོད་སྣང་གི་སྲས་མོ་ཡིད་འོང་མ་གཞན་དབང་དུ་འགྱུར་ཉེན་ཡོད་པ་ཤེས་ནས་མྱུར་བར་ལེན་ཐབས་ཀྱི་བཀའ་གྲོས་བྱེད་སྐབས། རྒྱལ་སྲས་གཞོན་ནུ་ཟླ་མེད་ཀྱིས་ནི་དང་པོར་འཇིག་རྟེན་ལུགས་བཞིན་ཞུགས་ཏེ་འཇམ་པོའི་ཚིག་གིས་བྲིད་པར་བྱ། བར་དུ་གཡོ་སྒྱུའི་སྦྱོར་བས་འཁྲུལ་བར་བྱ། དེས་ཀྱང་དོན་དང་ལྡན་པར་མ་གྱུར་ན་མཐར་དྲག་པོའི་དཔུང་གི་སྦྱོར་བས་ཡིད་འོང་མ་རང་གིར་བྱེད་དོ་ཞེས་པའི་དོན་འདི་ལ་བློ་གྲོས་མཐུན་པར་མ་གྱུར་རམ་ཞེས་རང་གི་བསམ་ཚུལ་འཛིན་པ་དང་། ཟླ་བའི་བློ་གྲོས་ཀྱིས་ནི་ཁྲོས་འཁྲུགས་ཀྱི་རྣམ་འགྱུར་བསྟན་ཞིང་། ཁྲོས་ཚིག་གི་ང་རོ་སྒྲོགས་པ་དང་། དཔུང་གིས་གཞན་སྡེ་མིང་གི་ལྷག་མ་ཙམ་དུ་བྱས

ཏེ། རེ་འབྲས་ལག་ཏུ་སོན་པ་དགོས་ཞེས་བརྒྱ་ཁ་གཅིག་གཅོད་ཀྱི་སྤྱོད་ཚུལ་བཟུང་བ་གཉིས་ཚད་བསྡུར་རྗེས་སླར་ཡང་། ཨེ་མ། རྒྱལ་སྲས་ན་ཚོད་ཆེས་ཆེར་ཕྲ་བ་འདི་ལྟ་བུ་ནས་བློ་གྲོས་གཞལ་དུ་མེད་པ་དེ་ལྟ་བུ་བཀའ་སྩོལ་བ་ནི་ཤིན་ཏུ་བརྟགས་འོས་ཏེ། བདག་ཅག་བློན་ཅིང་རྫོངས་སོ་ཞེས་བློན་པོས་རང་གི་རྗེ་བོ་གཞོན་ནུ་དེའི་མཛངས་སྤྱོད་ལ་དགའ་གུས་ཡིད་རངས་ཀྱི་བསྟགས་བརྗོད་བྱས་ཚུལ་དང་། སྣང་བ་འབུམ་ལྡན་གྱི་བློན་པོས་རང་གི་གྲིབ་མ་ལ་ཡང་ཡིད་ཆེས་དང་བྲལ་བར་བྱ་རོག་ལྟ་བུའི་དོགས་ངན་གྱིས། བརྟག་དཔྱད་མེད་པར་རྣམ་རྟོག་དགྲར་ལངས་ཀྱིས། སྨྱོན་པའི་བློས་གར་རྩེད་བཞིན་དཔུང་གི་ཟླུ། དོན་མེད་ལོགས་པའི་ཚུལ་མིན་བྱ་བ་ལ། ཞུགས་ཆེ་འཁོར་འབངས་མནར་སྤྱོད་དུ་ཁའི་ཁུར། ཀླི་བས་ནོན་གྱུར་སླར་འགྱོད་མི་འགྱུར་རམ། ཞེས་རང་གི་རྗེ་བོའི་བརླང་སྤྱོད་ལ་ཡིད་མི་རངས་པའི་བསྙིང་ཚིག་བརྗོད་ཚུལ་བཀོད་པའི་ཐོག་ནས་ཉིད་ཀྱི་ཐུགས་བསམ་ཞུགས་པའི་གཞོན་ནུ་ཟླ་མེད་ཀྱི་གཟུགས་བརྙན་ཆེས་མངོན་གསལ་དོད་པོས་མཚོན་པ་དང་འབྲེལ་གདུག་རྩུབ་ཤིན་ཏུ་ཆེ་བའི་བཀས་བཀོད་རྒྱུད་འཛིན་ཞིང་བྲན་བདག་པོའི་གདོང་རིས་ཇི་བཞིན་མཚོན་པར་ནུས་པའི་ཟླ་བའི་བློ་གྲོས་བྱ་བའི་རྒྱལ་ངན་ཐ་ཚད་གཅིག་གི་གཟུགས་བརྙན་གསོན་པ་ཞིག་ཀྱང་མཚོན་པ་བྱས་ཡོད། ཡང་དཔེར་ན་གཏམ་རྒྱུད་ནང་རྩོམ་པ་པོས་སྲིད་པ་གཞོན་ནུ་དང་འབངས་སོལ་ཞེས་པའི་བློན་པོ་གཉིས་ཡོད་པར་སྲིད་པའི་རྒྱན་གྱི་རྒྱལ་པོ་ཡབ་སྲས་ཟུང་གིས་ཉེ་རིང་མེད་པར་དྲིན་གྱིས་སྐྱོང་བའི་སྐོར་སྟོན་ལ་ངོ་སྤྲོད་དང་། དེ་རྗེས་བློན་པོ་དེ་གཉིས་པོ་ཤི་གསོན་གྱི་འགག་རྩར་ཐུག་པའི་སྐབས། སྲིད་པ་གཞོན་ནུ་ཞེས་པའི་བློན་པོ་དེས་ནི་རང་ངོས་ཀྱི་དཔུང་ཤིན་ཏུ་ཉུང་བ་ཡིས། བགྲང་གིས་མི་ལངས་པའི་དགྲའི་དཔུང་གི་དོ་ཟླ་མི་བཟོད་པའི་གནས་ཚུལ་འོག་བག་ཚ་བའི་རྣམ་པ་གང་ཡང་མ་བསྟན་པར་སྙིང་པོའི་བློ་དང་། དཔའ་བའི་རྩལ་གྱིས་དགྲ་དམག་དང་ཞུམ་མེད་འཐབ་རྩོད་བྱེད་པ་དང་། འབངས་སོལ་ཞེས་པའི་བློན་པོ་དེས་དགྲ་བོའི་འཇིགས་སྐུལ་བསྡིགས་པ་བཟོད་བསྲན་མི་ཐུབ་པར་མགོ་བཏགས་ཞུས་ཏེ། རང་མཚང་རྗེན་པར་བཏོན་པའི་ངང་ཚུལ་གཏན་ནས་མི་འདྲ་བ་གཉིས་ཕན་ཚུན་བསྡུར་ཏེ་བྲིས་སྟབས། ཉིད་ཀྱི་ཐོག་མའི་རེ་འདུན་བཞིན་བློན་མཆོག་ཞུམ་མེད་བརྟུལ་ཕོད་ཀྱི་གཞོན་ནུ་དེའི་གཟུགས་བརྙན་ནི་གང་ཞིག་ཀློག་པ་པོའི་མིག་ལམ་དུ་གཟེངས་སུ་ཐོན་པ་དང་། ངོ་

ཚ་ཞེ་བྲལ་གྱི་ངོ་ལོག་པ་སྐྱེ་བོའི་ནང་གི་ཐ་ཤལ་ཐ་ནག་དེའི་གཟུགས་བརྙན་དེ་ནི་ཚང་མས་ཟུར་ཟ་དམོད་པར་བྱེད་པའི་གནས་སུ་གྱུར་ཡོད།

རྩོམ་པ་པོས་གཟུགས་བརྙན་དུ་བཀོད་པའི་མིའི་གནས་བབ་དང་། གཤིས་རྒྱུད་ལ་བབས་བསྟུན་གྱིས་མིའི་བསམ་བློ་གཏོང་ཚུལ་བྲིས་པ་དེ་ཚོའང་ཤིན་ཏུ་བབས་ཆགས་ཤིང་གཞན་གྱི་བློ་ངོར་འཐད་པ་ཞིག་བྱུང་ཡོད་པ་དཔེར་ན། གཏམ་རྒྱུད་ནང་ཡིད་འོང་མ་དེ་ཡབ་ཡུམ་གྱི་ཕག་ཏུ་སྲིད་པའི་རྒྱན་གྱི་ཕྱོགས་སུ་བསྐྱོད་པའི་ལམ་བར་ངལ་དུབ་ཆེན་པོ་བྱུང་བའི་སྐབས་དང་བསྟུན་ནས། དེའི་མཚན་མོ་རྫོགས་པར་ཉེ་བ་ཐོ་རངས་ཀྱི་ཐུན་མཚམས་སུ་ཀླུང་གི་རྒྱུ་བ་གྲང་བའི་རེག་བྱ་ལྡན་པ་སྣང་བ་ན། ཡིད་འོང་མ་དེ་ཡང་སྐྱོ་ཤས་ཡིད་གདུང་ལྷག་པར་འཕེལ་བར་གྱུར་ཏེ་བསམས་པ། སྔོན་གྱི་ལས་དབང་བཙན་པོ་གང་ཞིག་གིས་ཀྱང་འགོག་ཏུ་མེད་པ། སྐྱེ་བུའི་དོན་དང་འགལ་བ་རྣམ་ཀུན་ངེས་པར་མི་གཡོ་བ་འདི་ཉིད་ཀྱི་ཕྱིར་ཁོ་མོ་ཉིན་མོའི་སྣང་བ་ལྡན་པ་ལ་མཚན་མོ་རྒྱུ་བས་གནས་མིན་དུ་ཁྲིད་པ་དང་། རྗེས་སུ་མཐུན་པར་བརྩེ་ཞིང་དུང་པའི་ཕ་མ་གཉེན་འབྲེལ། བདེ་ཞིང་སྐྱིད་པའི་ཡུལ་འཁོར་ལོངས་སྤྱོད། རྗེ་བོ་ལ་སྙིང་ཉེ་ཞིག་གུས་པར་ལྟ་བའི་བློན་འབངས་དང་བཅས་པ་ཕུན་སུམ་ཚོགས་པའི་དཔལ་གྱི་འཁྱོར་པ་ཐམས་ཅད་མཆིལ་མའི་ཐལ་བ་ལྟར་རིང་དུ་དོར་ཏེ། ཆ་མེད་ཀྱི་ཡུལ་ཀྱང་ངམ་ཐང་ཆེན་པོར་བགྲོས་པ་ལ་ཇི་མི་སྙམ་པ་བདག་གི་སྙིང་འདིར་ཅི་ཞིག་ཞུགས་སྙམ་ནས་རེ་ཞིག་ཡིད་གདུང་ཞི་བྱེད་སྨན་གྱི་ཕུལ་རང་གནས་སུ་ཕྱིར་ལྡོག་རྩིས་ཞེས་ཀྱི་ཐོག་ནས་ནམ་ཞག་རྒྱུན་དུ་རོ་བརྒྱའི་ཟས་དང་། བདུད་རྩིའི་བཏུང་བ་ལ་ལོངས་སུ་སྤྱོད་པའི་སྐལ་བཟང་སྤྱོད་ཞིང་། འདུ་བྱེད་ལང་ཚོར་རེག་འཇམ་དར་གོས་ཀྱིས་མཛེས་པར་གླུབས་ནས་སྐྱིད་ཅིང་བདེ་བའི་འཚོ་བ་བསྐྱལ་བའི་རྒྱལ་རིགས་སྲས་མོ་དེ་བྱམས་ལྡན་ཡབ་ཡུམ་བློན་འབངས་དང་ཁ་བྲལ་ནས་མི་མེད་ལུང་སྟོང་དུ་འགྲུལ་དུ་ཞུགས་པའི་ངལ་བས་མནར་པའི་སྐབས་སེམས་ལ་ཡབ་ཡུམ་ཉེ་དུ་དང་རྣམ་ཀུན་གྱི་འཚོ་བ་ལོངས་སྤྱོད་སོགས་ལྷང་ལྷང་དུ་དྲན་ཏེ་ཡིད་གདུང་ལྷག་པར་འཕེལ་བའི་ཚོས་ངེས་པ་དེ་དང་ཟུང་འབྲེལ་གྱིས་ཡིད་འོང་མ་སྐྱོ་ཤས་ཆེ་བའི་སྐབས་བསམ་པའི་གཏིང་གི་བསམ་ཚུལ་མཚོན་པ་དང་། ཡང་ཡིད་འོང་མ་དེ་བསམ་དོན་བཞིན་མ་འགྲུབ་པའི་དབང་གིས་ཤ་སྐམ་ཕྲགས་སྐམ་གྱི་སྡུག་བསྔལ་བྱུང་བའི་རྗེས།

སླར་ཡང་རང་གིས་རིང་མོ་ཉིད་ནས་སྨོན་པའི་གཞོན་ནུ་ཟླ་མེད་དང་མཇལ་འཛོམས་བྱུང་བའི་སྐབས་ཚོང་པ་ཁེ་སྤོགས་ཆེད་པ་དང་། ཞིང་པ་ལོ་ཏོག་འཁྱེར་པ་དང་། དཔའ་བོ་གཡུལ་ལས་རྒྱལ་བ་དང་། ནད་པ་ནད་ལས་ཐར་བའི་དགའ་བས་ཀྱང་མཚོན་དུ་མེད་པའི་ཡིད་དགའ་བ་དང་། བདེ་བའི་རོས་གང་བར་གྱུར་ཞེས་པའི་ཐོག་ནས་ཡིད་འོང་མའི་ཡིད་ལ་དགའ་བ་འབུམ་གྱིས་ཁེངས་པའི་རྣམ་འགྱུར་ཅི་དང་ཅི་བྱུང་ཚུལ་མངོན་སུམ་ཉམས་སུ་མཚོན་པར་བྲིས་ཡོད་སྐབས། གཟིགས་པ་པོ་སུར་ཡང་དེ་ནི་བདེན་ནོ་བསམ་པའི་བློ་ལས་ཐོག་པའི་འཆར་སྣང་ཕྲ་ཙམ་ཡང་སྐྱེར་གྱི་མེད་པའི་སྒྱུ་རྩལ་གྱི་ནུས་མཐུ་དང་ལྡན། ལྷག་དོན་དུ་གཏམ་རྒྱུད་ནང་ཚོམ་པ་པོས་མིའི་རྣམ་འགྱུར་དང་། བཟོ་ལྟ། དམངས་ཁྲོད་ཀྱི་དཔེ་རྒྱུན་སོགས་ཀྱི་རྗོད་བྱེད་ཀྱིས་བརྗོད་བྱ་རྣམས་གསོན་ཉམས་དོད་པོའི་ངང་ནས་མི་རྣམས་ཀྱི་མིག་ལམ་དུ་མངོན་སུམ་འཆར་བ་ལྟ་བུར་བསྟན་ཡོད། དཔེར་ན། གསལ་ལྡན་དང་ཟླ་འོད་མས་རང་གི་རིགས་ཀྱི་སྨྲ་གུ་གཅིག་པུར་གྱུར་པའི་ཡིད་འོང་མ་བྲོས་བྱོལ་སོང་བའི་ཚིག་དེ་ཐོས་མ་ཐག་ཡུམ་ཟླ་འོད་མ་ནི་ལྕུག་མའི་རྩ་བ་བཅད་པ་ལྟར་འཁྱིལ་ཞིང་བརྒྱལ་ལ་ཞུགས་སོ། ཡབ་གསལ་ལྡན་ནི་རང་གི་བུ་བའི་མཐའ་ལ་རྨོངས་པར་གྱུར་ཏེ་ཅི་བྱ་གཏོལ་མེད་པར་འཁྲམ་པ་ལག་པར་བརྟེན་ནས་གནས་སོ་ཞེས་པའི་ཐོག་ནས་ཟླ་འོད་མའི་སེམས་ལ་ཡིད་གདུངས་ཆེན་པོ་བྱུང་ནས་ལྕུག་མའི་རྩ་བ་བཅད་པ་བཞིན་དབང་མེད་དུ་རང་སར་འཁྱིལ་བའི་ཚུལ་དང་། གསལ་ལྡན་དེ་ནི་འཁྲམ་པ་ལག་པ་ལ་བརྟེན་ནས་རང་གི་སྔོན་བྱས་ཚུལ་མིན་བྱ་བ་ལས། ད་ལྟ་འབྲས་ངན་འདི་ལྟ་བུ་བྱུང་བ་ལ་འགྱོད་སེམས་ཀྱིས་ཡིད་འཕྲེང་ཞིང་བློ་ང་བློང་ངུ་གྱུར་པའི་སྐྱོ་གདུང་གི་ཉམས་རབ་ཏུ་མཚོན་ཡོད་ལ། སྐྱེ་ཕྲན་གཞོན་ནུ་མ་རྣམས་མཛེས་མ་དེའི་བཞིན་གྱི་དཀྱིལ་འཁོར་ལྟ་བས་མི་ངོམས་པ་ལ་མིག་གཡོ་བ་མེད་པ་རི་མོར་བྲིས་པའི་རྣམ་པ་དང་མཚུངས་པར་རྩེ་གཅིག་ཏུ་བལྟ་བར་བྱེད་ཅེས་མཛེས་ཆ་གང་ཟུང་ཞིག་གིས་མི་རྣམས་ཀྱི་ཡིད་དབང་འཕྲོག་ནས་ཧང་བསངས་པའི་རྣམ་འགྱུར་ཏེ་སྙིག་པའི་ཉམས་ཀྱི་ཐོག་ནས་ཡིད་འོང་མའི་མཛེས་སྡུག་ཡོན་ཏན་ཡོངས་སུ་རྫོགས་པའི་སྙིག་ཉམས་མཚོན་པ་དང་། ཀད་པོ་དཀྲོལ་བ་དྲས་སྟན་ལྟར་གཉེར་མས་གང་བ་ཞིག་གིས་སྨྲས་པ་ཞེས་ཤ་དང་སྦོ་ཚལ་བཏུབ་པའི་གྲུལ་དུ་རི་མོ་མང་པོ་དོད་པའི་དྲས་སྟན་དཔེར་བླངས་ནས་སྨྲ་མཁན་དེ་ནི་དམའ་མཐར་ཡང་ལོ་ན་

དྲུག་ཅུ་བདུན་ཅུ་ཙམ་ལ་སོན་པའི་རྣམ་པ་སྔེ་སྙིང་རྗེའི་ཉམས་ཀྱིས་རང་ཤུགས་སུ་མངོན་པར་བྱས་ཡོད། འཇིགས་སུ་རུང་བའི་དཔུང་ཚོགས་ཆེན་པོ་འབྲི་བའི་སྐབས། ནམ་མཁའི་རྒྱུ་སྐར་གྱི་ཚོགས་ས་གཞིར་འཐོས་པ་ལྟ་བུ་ཞེས་དཔུང་གི་བཀྲང་མང་ཐལ་གྱིས་བརྗོད་ལས་འདས་པ་དང་། དཔའ་བའི་ང་རོ་རྒྱབ་གསོད་ཀི་སོའི་སྒྲ་དབྱངས་དྲག་པོ་བསྒྲགས་པས། ནམ་མཁའ་སྟོང་པའི་ཁམས་ཀྱང་རལ་བ་སླམ་དུ་བྱེད་པར་གྱུར་ཞེས་བརྗོད་ཚིག་མང་པོ་མེད་ནའང་ལང་ལོང་གཡུལ་འགྱེད་ཀྱི་སྒྲོང་ཡངས་ཆེན་པོ་དེ་དཔའ་བའི་ཉམས་དང་འཇིགས་རུང་གི་ཉམས་ཀྱིས་རབ་ཏུ་མཚོན་ཡོད། དམག་འཁྲུག་གི་མཐའ་འབྲས་འབྲི་བའི་སྐབས་གོ་ཆ་དང་། མཚོན་ཆ། མདོར་ན་ཉག་ཕྲན་གྱི་མདེའུ་ཕྲ་མོ་ཙམ་དང་། ཐེམ་སྐས་ལ་སོགས་པའང་དཔྱ་ཁྲལ་ལ་འབབ་པས་སྟོབས་པར་བྱེད་དགོས་ཞེས་བྲིས་ཏེ། ཞིང་བྲན་བདག་པོ་ཕན་ཚུན་དབང་ཆ་འཕྲོག་རེས་ཀྱི་དམག་འཁྲུག་གིས་རྒྱ་ཆེ་བའི་ངལ་རྩོལ་མི་དམངས་ཕ་མ་བུ་བྲལ་དང་། ཁྱིམ་གཞི་ཐར་ཐོར་གྱི་སྡུག་བསྔལ་བཟོད་པར་བྲལ་བ་མང་པོ་བཟོས་པའི་མཐའ་འབྲས་དང་། དར་ཟབ་ཀྱི་མལ་ཆའི་སྟེང་ན་ཡན་ལག་བསྐྱོད་པ་ལ་མཁས་ཤིང་། བདུད་རྩི་རོ་བརྒྱའི་ཟས་ཚིམ་པར་སྤྱོད་པ་དང་། གཞོན་ནུ་མ་རྣམས་དང་དགའ་བར་བྱེད། རྩེ་བར་བྱེད། དགའ་མགུར་སྤྱོད་པ་བྱེད། ཕོ་བྲང་འཁོར་བས་ཟོལ་གྱིས་བསྟོད་པར་བྱེད་པས་དུས་འདའ་བར་བྱེད་ཅེས་གཞན་བརྟེན་འདུ་ཤེན་ལྟ་བུ་ཞིང་བྲན་བདག་པོས་ནམ་རྒྱུན་དུ་ཞིང་བྲན་གྱི་རྔུལ་ཁྲག་ལས་གྲུབ་པའི་རྒྱུ་ནོར་ལ་བག་ཚ་བ་མེད་པར་ལོངས་སྤྱོད་ཀྱིས་ཁྲིམས་མེད་ལུགས་མེད་ཀྱི་འདུ་ལོང་རྒྱས་སྤྲོད་ཀྱི་འཚོ་བ་སྐྱིལ་སྟངས་ཀྱི་རྣམ་པ་སྡེ་མི་སྡུག་པའི་ཉམས་སོགས་དངོས་པོའི་ཁྱད་ཆོས་དང་། གསོན་ཉམས་ལྡན་པའི་དཔེ་རྒྱན། སྙན་ཞིང་འཇེབས་པའི་ཚིག་སྦྱོར་སྙན་ངག་གི་ཉམས་དང་ལྡན་པའི་སྒོ་ནས་ཇི་མ་ཇི་བཞིན་མཚོན་པ་དེ་ཚོ་ནི་གཏམ་རྒྱུད་དེའི་སྒྱུ་རྩལ་ཉམས་འགྱུར་གྱི་ཁྱད་འཕགས་རང་བཞིན་ཡིན།

《གཞོན་ནུ་ཟླ་མེད་ཀྱི་གཏམ་རྒྱུད》ནང་དུ་མཆོད་སྦྱིན་གྱི་འཁོར་ལོ་རྒྱ་ཆེན་པོ་བསྐོར་བས་མི་རིང་བ་ཉིད་དུ་རྣ་ཆ་འཛིན་ལུས་སྒྱུམ་པར་གྱུར་ཏེ་མངལ་གྱི་གནས་སྐབས་ལྷ་རྫོགས་ནས་ཟླ་བ་བཅུར་ཉེ་བ་ན་རིགས་ཀྱི་མེ་ཏོག་རྒྱན་ཇི་བ་ག་དང་པོ་ཤར་བ་དང་མཚུངས་པ་ཞིག་ལེགས་བྱས་ཀྱི་དཔལ་ཡོན་དང་བཅས་ཏེ་བལྟམས་པར་གྱུར་ཅེས་དང་། གཞོན་ནུ་བལྟམས་

པ་དང་དུས་མཚུངས་པ་ཉིད་དུ་སློང་ཆེན་པོ་རྣམས་ལ་ནི་ཕྲུ་གུ་མང་དུ་བྱུང་། རྟ་མཆོག་རྣམས་ལ་ཡང་རྟེའུ་མང་དུ་བྱུང་། མ་ཧེ་ལ་ཡང་བེའུ་མང་དག་འཕེལ། ལྷོན་པོའི་རིགས་རྣམས་ལ་ཡང་བུ་མང་བར་བཙས་ཞེས་མི་རྣམས་ཧོབ་སྟེ་བལྟས་ན་ཆོས་སྡོངས་དད་ཀྱི་བསམ་པ་ཕྲུགས་ཆེན་ཞུགས་པའི་འཆར་སྣང་ཡོང་བ་ཁྲིས་ཡོད་ནའང་། ང་ཆོས་གཏམ་རྒྱུད་ཧྲིལ་པོའི་ནང་དོན་ལ་གཞིགས་ནས་རྩོམ་པ་པོས་ལྷའི་མཐུ་སྟོབས་ལ་བརྟེན་ནས་གཞོན་ནུ་ཟླ་མེད་སྐྱེ་བལྟམས་པ་དང་། སྐྱེ་བལྟམས་རྗེས་ངོ་མཚར་ཁྱད་དུ་འཕགས་པའི་ལྟས་བཟང་པོ་བྱུང་ཚུལ་ཁྲིས་པར་དཔྱེ་ཞིབ་བྱས་ནས། དེ་ནི་རྩོམ་པ་པོས་ཆོས་ལུགས་སྡོངས་དད་ཀྱི་བསམ་པར་བརྒྱུད་བསྒྲགས་བྱས་པ་ཙམ་མ་ཡིན་པར། གཞོན་ནུ་དེའི་སྟེང་ལ་རྩོམ་པ་པོ་ཉིད་ཀྱི་མདུན་མ་ཕུགས་རེ་ཞུགས་ཡོད་པ་ཤེས་ཐུབ། རྩོམ་པ་པོས་ཟླ་བའི་ བློ་གྲོས་དང་། ལྷ་ལས་ཕུལ་བྱུང་ལྷ་བུ་གཏུམ་དྲག་གི་ཞིང་ཐྲན་བདག་པོ་དང་། བཙན་ཤེད་ཀྱི་གཉེན་སྒྲིག་བྱེད་པའི་བྱ་བ་ཟང་ཟིང་ཡོ་ལང་ཆེ་བའི་དམག་འཁྲུག་སོགས་སྤྱི་ཚོགས་ནང་མཐོང་རྒྱུ་ཡོད་པ་དང་། རིག་རྒྱུ་ཡོད་པ། ཚོར་རྒྱུ་ཡོད་པ། ཉོང་རྒྱུ་ཡོད་པ་བཅས་ཀྱི་དངོས་ཡོད་གནས་ཚུལ་དང་། རྩོམ་པ་པོ་ཉིད་ཀྱི་འཆར་སྣང་ཙམ་ལས། སྤྱི་ཚོགས་ནང་རྩ་བ་ནས་ཡོད་མི་སྲིད་པའི་རྒྱལ་སྲས་གཞོན་ནུ་ཟླ་མེད་ལྟར་ཕྱུག་གི་སོར་མོ་རེ་རེས་ཀྱང་དཔའ་བོའི་སྐ་རགས་ཀྱི་བར་ནས་བཟུང་སྟེ་ཀླད་དུ་བསྐོར་བ་བསྐོར་ཐུབ་པ་དང་། ས་གཞི་ལ་བརྡབས་ནས་ར་རོས་ལྟར་བྱེད་ཐུབ་པའི་ཡ་མཚན་གྱི་གཟུགས་བརྙན་དང་བྱ་བ་ཟུང་འབྲེལ་ཐོག་ནས། རང་གི་ཕུགས་བསམ་རབ་ཏུ་ཞུགས་པའི་མི་དེ་ནི་དྲང་བདེན་གྱི་ཕྱོགས་སུ་ལངས་བསྟད་ཡོད་པས། དམངས་ཀྱི་རྒྱབ་སྐྱོར་འོག་ནམ་ཡང་མི་ཕམ་པའི་གནས་སུ་ཞུགས་ཐུབ་པ་དང་། བྱུང་རྒྱལ་གྱི་དོན་ཁོ་ན་གཉེར་བའི་ཐ་ཆད་མི་ནི་འགོག་ཐབས་བྲལ་བའི་གསར་སྐྱེས་སྟོབས་ཤུགས་ཀྱི་བརྡུང་རྡེག་འོག་ནམ་ཞིག་རྩིག་མེད་དུ་འགྲོ་རྒྱུ་ཡིན་པའི་སྤྱི་ཚོགས་ལོ་རྒྱུས་འཕེལ་རིམ་གྱི་ཆོས་ཉིད་གསལ་སྟོན་བྱས་ཡོད་པ་དང་། རྩོམ་པ་པོས་གཟུགས་བརྙན་དུ་བཀོད་པའི་ཡིད་འོང་མ་དེས་ཐོག་མར་བཙུ་དྲུག་ལང་ཚོར་མ་སོན་པར་ཁ་གཡར་ནས་ལྷ་ལས་ཕུལ་བྱུང་ཞེས་པའི་རྒྱལ་སྲས་རིགས་ངན་དེའི་འཁྲིགས་སེམས་ལས་གཡོལ་ཐབས་བྱེད་པའི་སྙིད་ལུག་གི་བསམ་པ་ལས། རྒྱལ་སྲས་རིགས་ངན་དེ་དང་འཐབ་རྩོད་བྱས་ནས་རྒྱལ་བར་བྱ་རྒྱུའི་བསམ་པ་མེད་པར། ཉེན་མཚན་

ཐོག་མཐའ་མེད་པར་ཡིད་སྡུག་བསྔལ་དང་མི་བྲལ་བ། མིག་མཆི་མ་དང་མི་བྲལ་བར་སྡོད་ཀྱི་ཡོད་པ་དང་། རྗེས་སུ་གཞོན་ནུ་མས་སྟོན་པ་ལ་གསོལ་བ་འདེབས་པ་ན་སྟོན་པའི་བཀའ་ལས་ཁྱོད་ཀྱི་དོན་སྒྲུབ་པོ་མྱུར་དུ་འོང་ངོ་ཞེས་གསུང་གི་གསང་བ་ཐོབ་པས། རང་དབང་ལ་ཞེན་པའི་མཛེས་མ་དེ་ནི་སྲིད་ལུགས་ཀྱི་བསམ་པ་རབ་ཏུ་ཡལ་ནས་རྒྱལ་སྲས་རིགས་ངན་དེར་འཐབ་རྩོད་བྱེད་པའི་བསམ་བློ་ལྷག་པར་རྒྱས་ཚུལ་བཀོད་ནས་མི་རྣམས་ཀྱིས་རང་གི་འཐབ་རྩོད་བྱས་པ་བརྒྱུད་དེ་རང་དབང་ཐོབ་པ་དང་། འཚོ་བ་ལེགས་བཅོས་ཡོང་བ་བྱེད་དགོས་པའི་དོན་ཟབ་མོ་ཞིག་དངོས་ཡོད་རིང་ལུགས་དང་འཆར་ཡན་རིང་ལུགས་ཟུང་དུ་འབྲེལ་བའི་སྒོ་ནས་ཀློག་པ་པོར་བརྗོད་སྤྲོད་བྱས་ཡོད།

《དཔྱད་བརྗོད་མཁས་པ་འཇུག་ཤོར》ལས་བཏུས།

༧༧། །རང་མོས་སྙན་ངག་གི་དགེ་སྐྱོན་སྐོར་གྱི་ཆོད་གླེང་།

试论自由诗的利弊得失

[བརྡ་ཚད་གཙོ་བོ།] རང་མོས། སྙན་ངག དགེ་སྐྱོན།

[ནང་དོན་གནད་བསྡུས།] ཆེད་རྩོམ་འདིའི་ནང་དུས་རབས་གོང་མའི་ལོ་རབས་བརྒྱད་ཅུའི་དུས་འགོ་ནས་བཟུང་《བོད་ལྗོངས་རྩོམ་རིག་སྒྱུ་རྩལ》ཐོག་རིམ་བཞིན་སྤེལ་བའི་རང་མོས་སྙན་ངག་གངས་ལྗོངས་ས་མཐོའི་སྟེང་གསར་དར་བྱུང་བའི་བརྒྱུད་རིམ་སྐོར་དང་། དེ་བཞིན་ཞིབ་ཕྲའི་རྩོམ་ལ་བློ་ཡིས་ཞིབ་དཔྱད་བྱས་པ་བརྒྱུད་རང་མོས་སྙན་ངག་ལ་བཞུགས་པའི་དགེ་སྐྱོན་དག་གསལ་སྟོན་བྱས་ཡོད་ལ་རང་མོས་སྙན་ངག་སྤུས་ལེགས་ཕྱོགས་སུ་དར་སྤེལ་བྱེད་དགོས་ན་རྩོམ་པ་པོར་ཚང་དགོས་པའི་ཆ་རྐྱེན་སོགས་གླེང་ཁྱུལ་བྱས་ཡོད།

[关键词] 自由;诗;得失

[摘　要] 本论文依据80年代初开始在《西藏文艺》上陆续发表的自由诗，探讨了它在雪域高原上兴起的历程，对具体作品进行较深入研究、剖析基础上阐明具体作品的利弊得失，并提出了高质量的自由诗创作应具备的要素。

དེང་སྐབས་བོད་ཀྱི་སྙན་ངག་རྩོམ་རིག་ཁྲོད་སྤུར་བཙན་པོའི་དུས་ཀྱི་ཡིག་རྙིང་ནང་ཐ་རེ་ཐོ་རེ་མཐོང་རྒྱུ་ཡོད་ནའང་མི་ཐལ་མོ་ཆེ་ཡིས་མཐོང་སྲོལ་མེད་པའི་སྐས་གཟུགས་ལྷུ་བུའི་རང་མོས་སྙན་ངག་བྱ་བ་ཞིག་གསར་དར་བྱུང་ཡོད། དེ་ཡི་འབྱུང་རྩ་བརྗོད་ན་ཨ་མེ་རི་ཁའི་སྙན་ངག་པ་ཧུད་ཐེ་མན་གྱིས་སྔ་སྲོལ་སྙན་ངག་གི་སྒྲིག་སྟངས་མིན་པའི་སྙན་ངག་གི་རྣམ་པ་ཞིག་ཐོག་མར་གསར་གཏོད་བྱས་པ་དང་། དུས་ཕྱིས་ཙམ་དུ་ཨུ་རུ་སུའི་སྙན་ངག་པ་མ་ཡ་ཁེ་ཧྥུ་སེ་ཀི་ཡིས་སྐས་གཟུགས་ལྷུར་གྱི་སྙན་ངག་གི་རྣམ་པ་ཞིག་ཀྱང་སྤེལ་བ་ནས་བཟུང་དར་ཁྱབ་ཆེས་ཆེར་སོང་བ་དང་། "ལྔ་བཞིའི" ལས་འགུལ་གྱི་རྗེས་སུ་སྙན་ངག་གི་རྣམ་པ་དེ་རང་རྒྱལ་དུ་དར་འགོ་ཚུགས་པ་མ་ཟད། ཀོའོ་མོ་རོ་ཡིས་ཐོག་དྲངས་པའི་སྙན་ངག་པ་མཁས་ཅན་མང་པོས་སྤྱད་སྤེལ་བྱས་པ་བརྒྱུད་རྒྱ་མི་རིགས་ཀྱི་སྙན་ངག་ཁྲོད་སྣང་ཆུང་བྱེད་ཐབས་བྲལ་བའི་གོ་བབས་བཟུང་ཡོད་པ་རེད། རང་མོས་སྙན་ངག་གི་རྣམ་པ་དེ་ཁ་བའི་ལྗོངས་སུ་དེང་

སྐབས་ལྟ་བུ་དར་བའི་ལོ་རྒྱུས་ནི་ཧ་ཅང་ཐུང་ཐུང་ཡིན་པ་དང་། ལོ་ཐོའི་མིག་ལམ་དུ་རྒྱུ་བའི་གནས་ཚུལ་ལ་གཞིགས་ན་ཆེས་སྔ་ཤོས་ཡང་སྤྱི་ལོ1984ལོ་ལས་མི་བརྒལ་བ་ཡིན། སྤྱི་ལོ1984ལོའི《བོད་ལྗོངས་རྩོམ་རིག་སྒྱུ་རྩལ》དེབ་གཉིས་པའི་ནང་《ཡུམ་ཆེན》ཞེས་པའི་རང་མོས་སྙན་ངག་གཅིག་རང་ཐོག་མར་འཁོད་པ་ལས་གཞན་དག་དེ་འདྲའི་སྙན་ངག་འཁོད་པ་མ་མཐོང་ལ། སྤྱི་ལོ1985ལོའི《བོད་ལྗོངས་རྩོམ་རིག་སྒྱུ་རྩལ》དུས་དེབ་ནང་དེ་རིགས་ཀྱི་སྙན་ངག་འཁོད་པའང་ཤུང་ཤས་ཙམ་རེད། སྤྱི་ལོ1986ལོ་ནས་བཟུང་རིམ་བཞིན་རང་མོས་སྙན་ངག་གི་གྲངས་ཚད་མང་དུ་ཕྱིན་པ་མ་ཟད། དཔེར་ན།

འདས་ཟིན་པའི་……

མངོན་འགྱུར་གྱི་……

མ་འོངས་པའི་……

ཁ་སང་དང་དེ་རིང་སང་ཉིན།

ཞེས་རང་མོས་སྙན་ངག་ཁྱད་ཆོས་གཙོ་བོའི་གྲས་ཏེ་སློག་མཚམས་ལ་གཞིགས་ཏེ་ཚིག་བཅད་ནས་སྐས་རིམ་ལྟར་བསྒྲིགས་པ་དང་། མངོན་བརྗོད་ཀྱིས་མ་སྤྱད་པར་ཐད་ཀར་བརྗོད་པ། བསླུགས་པའི་ཚེ་སློག་བདེ་བ་དང་མང་ཚོགས་ཀྱི་སྐད་ཆ་དང་མཐུན་ཆེ་བའི་ཁྱད་ཆོས་གཙོར་བཟུང་གིས་བརྩམས་པའི་སྙན་ངག་དང་། ཡང་།

ཨ་སྔོན་མཐོན་པོའི་དབྱིངས་ནས།

དུང་མདོག་ཁ་བ་བབས་སོང་།

གངས་ཅན་སྐྱིད་པོའི་ལྗོངས་ལ།

ཁ་བའི་གོས་ཀྱིས་བརྒྱན་སོང་།

ཨེ་མ། གངས་ལྗོངས་ལགས་མ་ཡུམ།

ཞེས་པ་རང་མོས་སྙན་ངག་གི་ཁྱད་ཆོས་ལྡན་ལ་བོད་ཀྱི་དམངས་གཞས་ཀྱི་མཚན་ཉིད་ཀྱང་ཡོད་པའི་སྙན་ངག་ནི།

ཆ་ཡོད་ཀྱི་ཡུལ་ན་བཞུགས་པའི།

ཡ་ཡོད་ཀྱི་དུར་བདག་བཟང་ངམ།

མི་ང་འདྲ་ང་ངོ་ཤེས་ལགས་སམ།
མི་ང་འདྲ་ང་ངོ་མ་ཤེས་ན།
ངའི་མིང་ལ་གསར་ཞེན་རྙིང་ལོག་ཟེར།

ཞེས་པ་སོགས་སྒྲིག་སྟངས་རང་མོས་སྙན་ངག་གི་རྣམ་པ་ཡིན་ལ་《གླིང་རྗེ་གེ་སར་རྒྱལ་པོའི་སྒྲུང་》གླུའི་རྩོམ་ལུགས་ཁྱད་ཆོས་ཡོད་པའི་སྙན་ངག་ཀྱང་སྤྱི་ལོ1986ལོའི་《བོད་ལྗོངས་རྩོམ་རིག་སྒྱུ་རྩལ》དུས་དེབ་ལྔ་པའི་ནང་འཁོད་པའི་《སླག་གོད》བྱ་བའི་རང་མོས་སྙན་ངག་ལྟར་དཔེ་སླག་གོད་ཀྱི་ཐོག་ནས་དེ་དང་འདྲ་བའི་དོན་གཞན་ཞིག་གསལ་སྟོན་བྱེད་པའི་རྩོམ་ཐབས་སྤྱད་པ་དང་། བྱེ་བྲག་ཏུ་དཔེར་ན།

དགུང་ཉི་མའི་ཚ་ཚེར་གྱི་མིག་གིས།
ཉམས་རྒྱུད་པའི་གངས་རི་ཡི་རྩེ་མོའི།
དཔའ་ཞུམ་མེད་བླ་སྲོག་ལ་གཟིགས་ཏེ།
དུས་གཏན་དུ་ཟད་མཐའ་ནི་མེད་པའི།
གྲང་འཁྱག་གླུང་དགུ་བརྩེགས་ཀྱི་ནང་ལས།
ཡར་འཕགས་པའི་ལམ་བུ་ནི་འཚོལ་ལོ།

ཞེས་པ་སོགས་རང་མོས་སྙན་ངག་གི་རྣམ་པ་ཡིན་པར་སྙན་ངག་མེ་ལོང་མའི་དཔེ་རྒྱན་དང་རབ་བཏགས་སོགས་གནའ་སྲོལ་སྙན་ངག་གི་ཁྱད་ཆོས་ཤུལ་འཛིན་བཀོལ་སྤྱོད་བྱས་ཡོད་པའི་སྙན་ངག་བཅས་རང་མོས་སྙན་ངག་འབྲི་སྟངས་ཡིན་པ་གང་ཞིག་ལ་རྣམ་པ་ངེས་ཅན་གྱི་བཀག་རྒྱའི་འགག་མ་ཚུད་པར་མི་རིགས་རང་ཉིད་ཀྱི་སྙན་ངག་རྩོམ་སྲོལ་ཤུལ་འཛིན་བྱས་ནས་རྒྱ་ཆེའི་ཀློག་པ་པོར་ངོ་མཚར་སྐྱེར་བའི་རྣམ་པའང་དུ་མ་ཞིག་བསྐྲུན་ཡོད་པ་དེ་དག་ནི་རང་རིགས་སྙན་ངག་རྩོམ་རིག་སྣ་མང་གྲ་རྒྱས་སུ་འགྲོ་བའི་རྟགས་མཚན་བཟང་པོ་ཞིག་དང་། ཁ་བ་རི་པའི་ཆན་དར་གཞོན་གསུམ་གྱིས་སྟོང་གཏམ་གྱི་མགྲིན་སྒྲ་མ་ཡིན་པར་ལག་ལེན་དངོས་ཀྱི་ཐོག་ནས་མི་རིགས་ཀྱི་རིག་གནས་དཔྱར་གྱི་ཆུ་གླུང་རྒྱས་པ་ཇི་བཞིན་གོང་འཕེལ་གཏོང་ཕྱིར་འབད་འབུངས་ཧུར་ཐག་བྱེད་བཞིན་ཡོད་པའི་རྟགས་མཚན་ཞིག་ཡིན་གཤིས། ང་ཚོས་སྤྲོ་སེམས་རབ་ཏུ་འཕེལ་བ་དང་། དང་བ་རབ་ཏུ་བརྟས་པའི་ངང་མདུན་བསུ་ཞུ་དགོས་པར

ངེས། རང་མོས་སྙན་ངག་གི་རྣམ་པ་རང་རེའི་སྐད་ཡིག་རི་མོའི་ལམ་དུ་དེ་རིང་ལྟ་བུ་འཕོར་ཆེན་དྲངས་པའི་ལོ་རྒྱུས་རིང་པོ་མེད་ནའང་བརྗོད་བྱའི་ནང་དོན་མཚོན་སྟངས་ཐད་སྙན་ངག་རྩོམ་རིག་གི་སྒྱུ་རྩལ་རང་བཞིན་ལྡན་པ་དང་། མི་རྣམས་ཀྱིས་བསམ་བློ་ཕྲ་ཞིབ་གཏོང་དགོས་པའི་སྤྱི་ཚོགས་ཀྱི་སྣང་ཚུལ་ཡང་མི་དག་པར་སྨུན་འཐྲིབ་པ་དང་སྦྲགས་ཀློག་པ་པོར་གོ་བསྐྱེད་སློབ་གསོའི་ནུས་པ་ལྡན་པའི་བརྗོད་དོན་གཙོ་བོར་མཚོན་པའི་ཕྱུལ་བྱུང་གི་རང་མོས་སྙན་ངག་མི་ཉུང་བ་ཞིག་སྤེལ་ཡོད་པའི་ཁྲོད་《ཡུམ་ཆེན》① དང་། 《དེ་རིང་གི་གསང་བའི་བཞིན་རས》②《གཞོན་ནུ་གྲོགས་པོ་རྣམས་ལ་ཕུལ་བའི་སྙན་ཚིག་དྲན་སྐྱུལ་ཟ་སྲ》③《ཕྱུགས་བསམ》④《སླག་གོད》⑤《ཕོ་བྲང་པོ་ཏ་ལ》⑥《ཕྱག་རྗེས》⑦《ཡུམ་ཆེན་ལ་ཕུལ་བ》⑧《དཔེ་ཆ》⑨《དཔྱིད་སྨུག》⑩《གངས་རིའི་མཉམ་ལེན་གླུ་དབྱངས》⑪ སོགས་ནི་ཚབ་མཚོན་གྱི་རང་བཞིན་ལྡན་པའི་རང་མོས་སྙན་ངག་ཁག་ཅིག་རེད། རང་མོས་སྙན་ངག་དེ་ཚོར་ལྡན་པའི་ཐུན་མོང་གི་ཁྱད་ཆོས་ནི་སྟོང་གཏམ་གྱི་བསྟོད་གླུ་འབུལ་བ་དང་། ཡང་ན་སྙིང་པོ་དེ་ཙམ་ཆེ་བ་མེད་པའི་གོ་དོན་མཚོན་བྱེད་མངོན་བརྗོད་དང་ཚིག་མཁྲེགས་བསྐྲར་ཐྲེང་བསྒྲིགས་པ་ལྟ་བུ་མ་ཡིན་པར་སྤྱི་ཚོགས་ཀྱི་འཚོ་བ་དངོས་དེ་སྙན་ངག་རྩོམ་རིག་གི་སྒྲིག་ཤིང་དུ་འགྱུར་བ་བྱས་ཡོད། སྙན་ངག་དེ་ཚོའི་ནང་སྤྱི་ཚོགས་ནང་ཡོངས་ཁྱབ་ཏུ་གནས་མུས་ཡིན་པའི་ཚབས་ཆེའི་གནད་དོན་གང་རུང་ཞིག་དམིགས་སུ་བཀར་བའམ་ཡང་ན་མངོན་བྱའི་དོན་ངོ་མ་གབ་ཐོག་དཔེའི་སྒོ་ནས་དེ་ཉིད་ཞ་ལེར་མངོན་པ་དང་། ཡང་ན་དཔེ་དོན་གཉིས་ཕན་ཚུན་སྤེལ་རེས་ངང་བརྗོད་བྱའི་དོན་ལྷམ་མེར་མཚོན་པ། ཡང་ན་འཛེམ་ཟོན་ཅི་ཡང་མེད་པར་བརྗོད་དོན་གང་ཡིན་པ་དམར་རྗེན་དུ་མཚོན་པ་བྱས་ནས་རྩོམ་རིག་གིས་སྤྱི་ཚོགས་ཀྱི་རྣམ་པ་དང་། དུས་རབས་ཀྱི་འཕོད་སྒྲ་མཚོན་དགོས་པ་དང་། མི་རྣམས་ལ་ངར་ཤུགས་སྐྱེ་བའི་སྐུལ་མ་ཐེབས་དགོས་པ། ལེགས་ཉེས་དབྱེ་འབྱེད་ཀྱི་བློ་གྲོས་འཕེལ་དགོས་པ་སོགས་ཀྱི་ནུས་པ་འདོན་སྤེལ་གང་ལེགས་བྱས་ཡོད་གཤིས། ཕུལ་བྱུང་གི་རང་མོས་སྙན་ངག་དེ་ཚོར་སྤྱི་ཚོགས་ཀྱི་རིན་ཐང་དང་ཕན་ལྡན་གྱི་སློབ་གསོ་ཞུགས་ཡོད། ང་ཚོས་རང་མོས་སྙན་ངག་དེ་ཚོ་ཀློག་པའི་ཚེ་དེ་དག་འབྲུ་རེ་རེ་དང་། ཚིག་འབྲུ་རེ་རེ་ནས་མངོན་པའི་བསམ་བློ་ནི་གཡོ་ཟོལ་གྱི་ལྷད་གཏམ་མེད་པར་རྩོམ་པ་པོ་ཉིད་ཀྱི་ཡིད་མཚོའི་དབུས་ནས་འཕྱུར་ཡོང་བའི་

དྭངས་གཙང་གི་ཆླབས་ཕྲེང་ཡིན་པ་དང་། རྩོམ་པ་པོས་སྤྲོ་སྣང་དང་སྐྱོ་སྣང་། ཡིད་རངས་དང་ཁོང་ཁྲོ། བསྟོད་པ་དང་སྨད་པ་བྱ་ཡུལ་དང་། མི་རྣམས་ཀྱིས་གླེང་མོལ་དོ་སྣང་བྱ་ཡུལ་གཉིས་ཐད་དེ་ཟུང་དུ་འབྲེལ་ཡོད་པ་གསལ་པོར་རྟོགས་ཐུབ། ཕུལ་བྱུང་གི་སྙན་རྩོམ་དེ་ཚོ་རིང་ཐུང་མི་གཅིག་པ་དང་། བརྗོད་བྱ་མཚོན་སྟངས་ཀྱི་ཐབས་ལམ་མི་འདྲ་ནའང་བསྟན་པའི་དོན་སྙིང་ལ་གོ་བ་གཏིང་ཟབ་ལྡན་རྒྱུ་ཡོད་པ་རེད། དཔེར་ན་རང་མོས་སྙན་ངག《ཕོ་བྲང་པོ་ཏ་ལ》ཞེས་པར་ཚིག་བརྒྱ་དང་བཅུ་མེད་བཞི་ལས་མེད་ནའང་མི་ཁག་ཅིག་གིས་རང་རིགས་ཀྱི་མེས་པོའི་ངོ་མཚར་ལོ་རྒྱུས་ལ་དོ་སྣང་མི་བྱེད་པ་དང་། མེས་པོའི་གསར་གཏོད་ཀྱི་རང་བཞིན་ལྡན་པའི་སྤོབས་སེམས་དང་སྙིང་སྟོབས་དོར་བ་བཅས་ཀྱི་ངོ་གདོང་དགོས་པའི་གནད་དོན་ཞིག་

སྤྲིན་དཀར་གྱི་གསེབ་ཏུ།

རྒྱ་ཕིབས་ལ་འོད་སྣང་འཁྲོ།

མདུན་ཕྱོགས་ཀྱི་སྐྱིད་ཆུ་རིང་མོ་ལ་གཟིགས་ཏེ།

དབུ་གཡུག་བཞིན་

ཤུགས་

རིང་

འཁྱིན།

ཞེས་ཕོ་བྲང་དམར་པོ་སེམས་ལྡན་མིའི་གཟུགས་སུ་བཀོད་ནས་ལོ་རྒྱུས་ཀྱི་ཆུ་བོ་དེར་སྐྱོ་སྣང་དང་གཟིགས་བཞིན་ཤུགས་རིང་འཁྱིན་པའི་ངང་ཚུལ་བཀོད་མཐར།

སྤྲིའུ་དང་བྲག་སྲིན་གྱི་རྒྱུད་པ……

དེ་རིང་གི

ཕོ་མོ་རྒན་གཞོན་རྣམས་ཀྱིས།

ཕོ་བྲང་ལ།

ཡར་འཛེགས་མར་འབབ་གནང་དུས།

རྗེ་སྐས་སྟེང་གི

ཆོས་རྒྱལ་སྲོང་བཙན་གྱི་ཞབས་རྗེས་ལ།
སྟོད་ཡལ་ཡོད་མེད།
ཐུགས་འཛོག་ཨེ་བྱུང་།

ཞེས་ཕོ་བྲང་པོ་ཏ་ལ་ཅེ་ཡི་ཕྱིར་ཤུགས་རིང་འཕྱིན་དགོས་པའི་རྒྱུ་རྐྱེན་དེ་ལྷམ་མེ་ལྷང་ངེར་མཚོན་པ་བྱས་ཡོད། སྙན་ངག་དེ་ནང་ཡིག་ཚིགས་དང་། རྒྱན་གྱིས་སྤྲས་པའི་དྲི་མ་མེད་པར་ལོ་རྒྱུས་ཀྱི་དཔང་པོ་ལྷ་བུའི་སྙིང་ཆུ་ཕོ་བྲང་དམར་པོའི་མདུན་ངོས་གཞོང་སར་ཡོད་པའི་དོན་དངོས་དང་། ཕོ་བྲང་དམར་པོས་མཐོ་ས་ནས་ཏག་ཏག་ཆུ་བོ་དེར་གཟིགས་པ་འདྲ་བའི་ཁྱད་ཆོས། སྤྲེའུ་དང་བྲག་སྲིན་གཉེན་སྒྲིག་ལས་ས་མཐོའི་མིའི་འགྲོ་བ་དར་ཚུལ་གྱི་ལོ་རྒྱུས། ཡར་འཛེགས་མར་འབབ་དང་། ཇོ་སྐས། ཞབས་རྗེས་སོགས་གོ་བདེ་རྟོགས་སླའི་ཚིག་འབྲུ་བཅས་བཀོལ་སྤྱོད་བྱས་ཏེ་སྟོད་ཡལ་ཡོད་མེད་ཐུགས་འཛོག་ཨེ་བྱུང་ཞེས་དོན་གྱི་སྙིང་པོ་སྙིག་ཟུར་འདྲའང་འཕྲུལ་བ་མེད་པར་སྙན་ངག་སྒྱུ་རྩལ་གྱི་རྣམ་པའི་སྒོ་ནས་གསལ་པོར་མངོན་ཐུབ་ཡོད།

དེ་ལས་ལྷོག་སྟེ་《ཕྱུགས་བསམ》དང་། 《གཞོན་ནུ་གྲོགས་པོ་རྣམས་ལ་ཕུལ་བའི་སྙན་ཚིག་དྲན་སྐུལ་ཛ་སྒྲ》སོགས་ནང་བརྗོད་བྱའི་ནང་དོན་གང་ཡིན་པ་སྦས་སྦས་གསང་གསང་མེད་པར་ཐད་ཀར་དྲང་ཕྱོགས་ནས་མཚོན་པ་བྱས་ཡོད་པ་དཔེར་ན་《ཕྱུགས་བསམ》ནང་དུ།

བརྗིད་ཆགས་གངས་དཀར་རི་བོའི་མཚན་སྙན།
འཛམ་གླིང་བུ་མོའི་མཛེས་རྒྱན་ལ་བཀོད་པར།
སྨུག་ཉུས།
ཧུར་བརྩོན།

གསར་གཏོད། ཅེས་ཁ་བ་རི་པའི་མཚན་སྙན་བ་དན་དེ་འཛམ་གླིང་ས་ཕྱོགས་ཀུན་ཏུ་གཡོ་བར་བྱེད་པའི་ཕྱུགས་བསམ་དེ་འདྲ་ཞིག་བཅངས་དགོས་ལ། དེ་ལྟར་གྱི་ཕྱུགས་བསམ་འགྲུབ་ཆེད་དཀའ་སྤྱག་ཅི་འཕྲད་ཀྱང་བཟོད་ཐུབ་པ་དང་། ལས་སློབ་ལ་བརྩོན་པ་མི་སྙོད་པ། ལས་གནས་ཐོག་ངོ་མཚར་ལྡན་པའི་མཛད་རྗེས་གསར་པ་སྐྲུན་དགོས

པ་དང་། གལ་ཏེ་དམིགས་ཚད་ཀྱིས་དཔེན་པ་དང་། སྟུག་ཏུས་ཏུར་བརྩོན་གྱིས་གསར་གཏོད་མ་བྱས་ན་སྨན་ལྗོངས་ཀྱི་མཚན་སྙན་འཛམ་གླིང་བུ་མོའི་མཛེས་རྒྱན་དུ་བཀོད་རྒྱུའི་གླེང་སྐབས་དང་བྲལ་བའི་བསམ་དོན་དེ་དྲང་ཕྱོགས་ནས་བསྟན་ཡོད་པ་དང་། 《གཞོན་ནུ་གྲོགས་པོ་རྣམས་ལ་ཕུལ་བའི་སྙན་ཚིག་དྲན་སྐུལ་ཇ་སྒྲ》ཞེས་པའི་ནང་"དུའང་།

སྤོས་དང་……

དབེན་གནས་དང་རི་བྲག

བྲེ་ཐང་དང་ཆུ་ཀླུང་གིས།

ཁྲིད་ཅག་གི

རྟག་སྦྱོར་བརྩོན་པ།

མྱུར་འཇུག་བློ་གྲོས།

འཐབ་འཛིང་དཔའ་ངར།

གསར་གཏོད་སྙིང་སྟོབས་སོགས་ལ་སྨུག་འདུག ཅེས་

《ཕུགས་བསམ》དང་འདྲ་བའི་དོན་རྩོམ་རྩལ་གཞན་ཡིག་གི་ཐབས་ལམ་བརྒྱུད་དེ་དྲང་ཕྱོགས་ནས་མཚོན་ཡོད། གཞན་ཡང་《ཕྱག་རྗེས》དང་། 《ཡུམ་ཆེན་ལ་ཕུལ་བ》ཞེས་པའི་རང་མོས་སྙན་ངག་གིས་གོང་དུ་སྨྲས་པའི་སྙན་ངག་ལྟར་ཤོག་གྲངས་ཀྱི་དོན་འདྲ་མཚུངས་ཀྱི་ཆོས་ཉིད་ལྡན་པའི་དཔེ་ཐོག་ནས་མཚོན་པ་དང་། ཡང་ན་འགེབ་གཡོག་གི་གསང་རས་དོར་ཅིང་དྲང་ཕྱོགས་ནས་ཐད་ཀར་བརྗོད་པའི་རྩོམ་ཐབས་མ་ཡིན་པར་ལྡོག་ཕྱོགས་ནས་བརྗོད་དོན་སྙིང་པོ་མངོན་གསལ་དོད་པོས་མཚོན་པའི་རྩོམ་ཐབས་བེད་སྤྱད་ཡོད། 《ཕྱག་རྗེས》ནང་།

པོ་ཏ་ལ།

སེར་འབྲས་དགའ།

ཡུན་རིང་གི་ལོ་རྒྱུས།

ཕུན་སུམ་ཚོགས་པའི་རིག་གནས།

ཡིད་དབང་འཕྲོག་པའི་སྒྱུ་རྩལ།

རང་གིས་ངོམས་ནས།
སྒྱུ་འཁྱེད་འཁྱེད།
མགོ་གཟེངས།གཟེངས།
ཁ་སང་ལས་རྒྱ།
དེ་རིང་མ་འགྲུབ།
སང་ཉིན་ལས་རྒྱ།
གཉིས་ལ་ཕར་འབུད།
དེ་ག་དེ་གར།
མི་ ཚེ་ རྫོགས་ སོང་། ཞེས་ རྟོག་དཀའ་བའི་ཚིག་གིས་སྤྲོས་པ་མེད་པར་མང་ཚོགས་ཀྱི་སྐད་ཆའི་རང་བཞིན་ལྡན་པའི་སྒོ་ནས་དུད་འགྲོ་ལྟར་བསམ་མེད་དྲན་མེད་ཀྱིས་ཉི་མ་གང་འཁྱོལ་བྱེད་པའི་ཐ་ཤལ་བ་དང་། མེས་པོའི་མཛད་རྗེས་ཉལ་ཁྲི་ལྟ་བུར་རྩིས་ནས་དེ་ཐོག་ཉལ་སྡོད་པ་ལས་དེ་རིང་བོད་ཀྱི་འཕེལ་གྲིབ་ལ་ངོ་འཁུར་བསམ་གཞིགས་མི་བྱེད་མཁན་མེས་པོའི་ཀ་ང་འདྲེན་པ། དེ་རིང་དུས་རབས་ཀྱི་སྙིགས་རོར་བྲུར་ཟ་འཕྲ་དམོད་ཀྱི་མཚོན་ཆ་རབ་ཏུ་འཕེན་པ་བརྒྱུད། མི་རྣམས་ལ་མེས་པོའི་ངོ་མཚར་གྱི་ལོ་རྒྱུས་ཀྱིས་དེ་རིང་དུས་རབས་ཀྱི་རྒྱུད་པའི་སྙིང་སྟོབས་མཚོན་ཐུབ་པ་མིན་ལ། ཁྱང་གིས་མ་འོངས་བོད་ལྗོངས་གསར་པ་ཞིག་སྐྲུན་པར་ཆ་རྐྱེན་བཟང་པོ་ཞིག་བསྐྲུན་ཡོད་ན་ཁ་བ་རི་པས་ལེ་ལོ་དང་། གཞན་བརྟེན། རེ་སྒུག་སོགས་བོད་གསར་འཛུགས་སྐྲུན་གྱི་འགོག་རྐྱེན་དུ་གྱུར་པའི་བསམ་བློ་ཡོངས་སུ་དོར་རྩེ་སྡུག་ཉུས་དང་། ཧུར་བརྩོན། གསར་གཏོད་སོགས་བོད་རིགས་རང་ཉིད་ལ་ལྡན་པའི་རྒྱུན་སྲོལ་བཟང་པོ་དར་སྤེལ་གྱིས་རང་ཉིད་ཀྱི་ཕ་ཡུལ་འཛུགས་སྐྲུན་བྱེད་པའི་བྱ་གཞག་ལྷབས་པོ་ཆེའི་ནང་ཞུགས་དགོས་པའི་བསླབ་བྱ་རང་མོས་སླན་རྩོམ་གྱི་གྱི་ལིང་རྟ་ལ་བསྐྱོན་ཏེ་ཤུགས་ཀྱིས་མཚོན་པ་བྱས་ཡོད་པ་དེ་ཚོར་མི་རྣམས་ཀྱིས་བསམ་བློ་ཞིབ་ཕྲ་གཏོང་དགོས་པའི་གནད་དོན་དང་། མི་སེམས་འགུལ་བའི་ནུས་མཐུ་ལྡན་ཡོད། སྤྱི་ཚོགས་ནང་གི་དགེ་མཚན་ལྡན་པའི་བསམ་བློ་དང་། བྱ་སྤྱོད། ཀུན་སྤྱོད་སོགས་དར་སྤེལ་བྱེད་པ་དང་། སྡིགས་བཙོག་གི་སྤྱོད་པ་དང་། བསམ་བློ་སོགས་ཉེས་སྐྱོན་

གཙང་སེལ་གཏོང་བར་ཕན་ལྡན་གྱི་ནུས་པ་ཐོན་པ་བྱེད་རྒྱུ་ནི་སྙན་ངག་ཚུད་པའི་རྩོམ་རིག་གི་དམིགས་ཡུལ་ཡིན་པ་སྨྲོང་མེད་རེད། རྩོམ་རིག་གིས་སྤྱི་ཚོགས་ནང་གི་ལེགས་ཉེས་མཚོན་པ་ཙམ་མ་ཟད། སྤྱི་ཚོགས་ནས་ཐོན་པའི་ཡང་མི་དག་པའི་སྤྱོང་ཕྱོགས་དང་བསམ་བློའི་ཕྱོགས་ལྷུང་གི་གནོན་ཤུགས་ལ་མ་སྟོས་པར་བླང་དོར་བློ་གྲོས་ཀྱི་དབྱེ་འབྱེད་ལ་བརྟེན་ནས་ཡང་དག་གི་ལྟ་བ་བཏོན་ཏེ་མི་རྣམས་ལ་མཛུབ་ཁྲིད་དང་བློ་འགུག་གི་ནུས་པ་ཐོན་པ་བྱེད་རྒྱུ་ནི་དེ་བས་གལ་འགངས་ཆེ་བ་ཞིག་ཡིན། རྒྱུ་མཚན་དེ་འདྲ་ཞིག་གི་ངོས་ནས་བརྗོད་ན་《གངས་རིའི་མཉམ་ལེན་གླུ་དབྱངས》བྱ་བའི་རང་མོས་སྙན་ངག་ལ་ལྡན་པའི་དོན་སྙིང་ནི་སྤྱིར་བཏང་ཞིག་ཡེ་ནས་མིན། བར་སྐབས་ཤིག་མི་ཁག་ཅིག་གིས་དེ་རིང་སྤྱི་ཚོགས་ལམ་ལུགས་འོག་གི་ཞན་ཆ་བཟུང་ནས་ལམ་ལུགས་རྙིང་པར་ཞེན་པའི་བཤད་ཤུགས་ཆེ་རུ་འགྲོ་བའི་གནས་ཚུལ་འོག《གངས་རིའི་མཉམ་ལེན་གླུ་དབྱངས》ཀྱི་རྩོམ་པ་པོས།

སྐྱ་དྲག་དང་སྤྲང་པོ།
རིགས་མཐོ་དང་རིགས་དམན།
མངའ་བདག་དང་ཁྲལ་པ།
རང་དབང་དང་གཞན་དབང་།
རིམ་གྲུས་ཀྱི་དབྱེ་བ། ཞེས་པ་སོགས་བཀས་བཀོད་རྒྱུད་འཛིན་ཞིང་བྲན་ལམ་ལུགས་ནང་གི་མི་དང་མིའི་དབར་གྱི་འབྲེལ་བ་ལས་བཤུ་གཞོག་གཉའ་གནོན་གྱི་ངོ་བོ་དྲན་གསོ་བཏང་ནས་སླར་ཡང་།

སྨུན་པའི་སྒྲིང་ན།
རྟ་བདུན་དབང་པོས།
སྤྲིན་ནག་གི་ཕུང་པོར།
གནམ་ལྕགས་དམར་པོས་རྫིག་པ་བཞིན།
ལོ་ངོ་སྟོང་ཕྲག་གི་ཚང་ནད་དང་།
རྙིང་རུལ་གྱི་དྲི་མས་བཏུམས་པའི།
ཞིང་བྲན་ལམ་ལུགས་དེ།

ལོ་རྒྱུས་ཀྱི་སྙིགས་རོར་བརྟེང་ས།

གུང་ཁྲན་རིང་ལུགས་པ།

འཛམ་གླིང་བདེན་པའི་གཉེན། ཞེས་པ་སོགས་ཀྱི་ཐོག་ནས་ཀྲུང་གོ་གུང་ཁྲན་ཏང་གིས་ཞིང་བྲན་གྱི་སྡུག་བསྔལ་སེལ་ཏེ་གུང་ཁྲན་རིང་ལུགས་ཀྱི་འགྲོ་ལམ་གསར་པ་ཞིག་གསལ་སྟོན་མཛད་པར་སྙིང་ཁོང་གི་དབུས་ནས་ཡིད་ཆེས་ཀྱི་བསྟོད་གླུ་འབུལ་བ་དང་སྨྲགས་མེས་རྒྱལ་ཁ་བྲལ་དང་། གུང་ཁྲན་ཏང་གི་དབུ་ཁྲིད་བརྩེ་མེད་དུ་གཏོང་རྩིས་བྱེད་པའི་བྱ་སྤྱོད་ལ་ཁ་བརྡུང་དྲག་པོ་བཏང་ཡོད། རྩོམ་པ་པོས་རྒྱལ་ཁབ་དང་མི་དམངས་ཀྱི་རྩ་བའི་ཁེ་ཕན་དང་འབྲེལ་བའི་དོན་ཆེན་གྱི་མདུན་དུ་ཕྱིར་བཤོལ་མ་བྱས་པར་བློ་རྩ་བརྟན་པོའི་ངང་སྙན་ངག་གི་མཚོན་ཆ་སྤྱད་དེ་དྲང་བདེན་གྱི་འཐོད་སྒྲ་སྒྲོགས་པའི་སྙིང་སྟོབས་འདི་རིགས་ནི་ཅི་ནས་ཀྱང་དར་སྤེལ་གཏོང་དགོས་པ་ཞིག་ཡིན། ང་ཚོས་ད་དུང་རང་མོས་སྙན་ངག་གི་དགེ་མཚན་མང་པོ་དྲངས་ཚོག་པ་ཡིན་ནའང་། འདིར་བློས་སྐྱོན་དུ་འགྲོ་དོགས་ནས་དེ་ལྟར་ཀྱི་ངལ་བ་མ་སྤྱད་དོ། །

རང་མོས་སྙན་ངག་གི་རྣམ་པ་དེ་རང་རེའི་སྐད་ཡིག་རི་མོའི་ལམ་དུ་དྲངས་པའི་དུས་ཚོད་རིང་པོ་སོང་མེད་པ་དང་། གོམ་འགྲོས་སྤྱོང་བཞིན་པའི་བྱིས་པ་ཇི་ལྟ་བུ་འཁྲུར་འཁྱོར་དང་གོང་དུ་འཕེལ་བཞིན་ཡོད་པ་རེད། རྩོམ་པ་པོའི་སྐད་ཡིག་གི་ཆུ་ཚད་དང་བོད་མི་རིགས་རང་གི་གཞུང་ལུགས་སུ་གྱུར་པའི་《སྙན་ངག་མེ་ལོང》མར་འདྲིས་ཆ་མེད་པ་སོགས་ཀྱིས་རྐྱེན་པས་ཞན་ཆའང་མི་ཉུང་བ་ཡོད་པ་དེ་ཚོ་རང་གར་བཞག་ན་གསར་དར་སྙན་ངག་དེ་འཕྲུས་ཚང་དུ་འགྲོ་རྒྱུ་དང་། ཚད་མཐོན་པོ་ཞིག་ཏུ་སླེབས་རྒྱུའི་འགལ་རྐྱེན་དུ་འགྱུར་སྲིད་པར་སྙམ།

《སྙན་ངག་མེ་ལོང》ནང་གི་དོན་ཉམས་པ་དང་། དོན་འགལ་བ། དོན་གཅིག་པ། ཐེ་ཚོམ་ཅན། སྒྲ་རྩལ་དང་འགལ་བ་སོགས་སྐྱོན་སེལ་ཞེས་བྱ་བ་ནི་སྐབས་དེར་གནའ་སྲོལ་སྙན་ངག་རྩོམ་ལུགས་ལ་དམིགས་ནས་བཏོན་པའི་སྐྱོན་ཆ་ཡིན་ནའང་། དེ་རིང་གསར་དར་གྱི་རང་མོས་སྙན་ངག་ཚུད་པའི་སྙན་ངག་གི་རྣམ་པ་ཡོད་དོ་ཅོག་ལ་ཡོངས་ཁྱབ་རང་བཞིན་ཡོད་གཤིས། དེར་སྣང་ཆུང་དང་། འབྲེལ་མེད་དུ་བརྩེ་བའི་རྒྱུ་མཚན་སྔ་ཙམ་མེད་ལ།

རང་མོས་སྙན་ངག་ལ་ཡོད་པའི་ཞན་ཆའང་གཞུང་ལུགས་དེའི་ནང་བསྟན་པའི་སྐྱོན་ཆ་ལས་འདས་མེད་པ་སྙམ། ཁོ་བོས་གོང་དུ་སྨྲས་པ་ཇི་བཞིན《གླག་ཀོད》ནི་ཡུལ་དུ་བྱུང་བའི་རང་མོས་སྙན་ངག་ཅིག་ཡིན། འོན་ཀྱང་《སྙན་ངག་མེ་ལོང་》མའི་ནང་བསྟན་པའི་སྡེབ་སྦྱོར་གོ་ལྡོག་པའི་སྐྱོན་ཆ《གླག་ཀོད》ནང་དུའང་གནས་ཡོད་པ་དཔེར་ན།

གླག་ཀོད་ཀྱིས་དབུགས་རིང་འབྱིན་པ།

སྟོན་རླུང་གི་ཤུར་སྦྲུལ་ནས། ཞེས་པ་ལྟ་བུ་བྱ་བ་འབྱིན་པ་དང་ཤུར་ཤུར་གྱི་སྒྲར་སྦྲུལ་པ་ གཉིས་ དུས་ མཚུངས་ སུ་ སྐད་ ཅིག་ ཉིད་ ལ་ གྲུབ་ པ་ ཞིག་ ཡིན་ ནའང་ སྦྲུལ་ མཁན་དབུགས་རིང་ཁོ་ན་ལས་བྱ་ཆོག་འབྱིན་པ་མིན་ན་དེ་གཉིས་སྔ་ཕྱི་གོ་ལྡོག་པའི་སྐྱོན་དུ་སོང་ནས་འབྲེལ་ཆགས་མེད་པའི་སྐྱོང་བ་ཞིག་ངང་གིས་ཚོར་ཡོང་གི་འདུག གལ་ཏེ་དབུགས་རིང་དང་འབྱིན་པ་གཉིས་གོ་རིམ་ལྡོག་ན།

གླག་ཀོད་ཀྱིས་འབྱིན་པའི་དབུགས་རིང་།

སྟོན་རླུང་གི་ཤུར་སྒྲར་སྦྲུལ་ནས། ཞེས་བྲིས་ན་གང་ཞིག་གློག་པ་པོས་གློག་ཆེ་དོན་ཇི་བཞིན་རྟོགས་ཐུབ་ལ་བོད་རིགས་ཀྱི་སྐད་ཆའི་འགྲོ་ལུགས་དང་མཐུན་པ་ཞིག་རེད་སྙམ། དེ་བས་ཀྱང་མངོན་གསལ་དོད་པའི་སྐྱོན་ཆ་གནས་པ་ནི《ནུབ་རླུང་གི་ལོ་ཏ》[12]བྱ་བའི་ནང་ནས་མཐོང་ཐུབ་པ་དཔེར་ན།

ཤག་སྒྲ་ལས་བྱུང་བའི་འཆར་སྣང་།

སྐབས་འདིར།

བསམ་བློ་སྐྱོག་འགྱུར་དུ་གྱུར་ཏེ་ཅི་ཡང་མི་ཤེས།

"ཤག་ཤག"སྡོང་པོའི་ལོ་མས་ང་ཡི་དྲན་པ་གསོས། ཞེས་པ་ལྟར་ཁ་བྱང་ལ་གཞིགས་ན་ང་ཡི་དྲན་པ་གསོ་བར་བྱེད་པོ་ནི་ཤག་ཤག་གི་སྒྲ་དེ་རང་ཡིན་པ་དང་། ཚིག་རྐང་གསུམ་པར་བལྟས་ན་ཤག་ཤག་བྱ་བའི་སྡོང་པོ་དེའི་ལོ་མ་ང་ཡི་དྲན་པ་གསོ་བའི་བྱེད་པོ་ཡིན་པར་བཤད་ནས་ཡང་སླེང་དྲན་པ་གསོ་མཁན་ལོ་མ་རླུང་གིས་གཡོ་བའི་སྒྲ་ཡིན་པ་ལས་ལོ་མ་མ་ཡིན་ག་ལ་སྲིད། འོན་ཀྱང་ཚིག་འབྲུ་ཡང་དག་པའི་གནས་སུ་མ་བཞག་པས"ཤག་ཤག"གི་སྒྲ་དེ་གསོམ་ཤིང་སྡོང་པོའམ། ལྕང་མའི་སྡོང་པོ་སོགས་སྡོང་པོའི་ངེས་བཟུང་གི་

ཚིག་ལ་ཕྱིན་པ་དང་། སོ་མ་ཉིད་ང་ཡི་དྲན་པ་གསོ་བ་པོར་གྱུར་ཡོད། མདོར་ན་རྩོམ་པ་པོའི་ཐོག་མའི་འདོད་ཚུལ་ཡིག་ཐོག་ནས་ཇི་མ་ཇི་བཞིན་མཚོན་མི་ཐུབ་པའི་སྐྱོན་གྱི་འབྱུང་རྩ་རྩོམ་རྩལ་ཙམ་དུ་མ་ཟད་གཙོ་ཆེ་བ་སྐད་ཡིག་གི་ཤེས་ཚད་ལ་ཐུག་ཡོད།

རྩོམ་རིག་གཞན་དང་འདྲ་བར་སྙན་ངག་བརྩམས་ནས་སྤེལ་བའི་དམིགས་ཡུལ་ནི་ཀློག་པ་པོས་བཀླག་རྗེས་ཕན་ལྡན་གྱི་ནུས་པ་ཞིག་ཐོན་པ་བྱེད་རྒྱུ་དེ་ཡིན་ན་བརྗོད་དོན་ཁ་གསལ་པོར་མཚོན་དགོས་པ་ནི་མ་ཐའི་ཆ་རྐྱེན་ཡིན་པ་དང་། གལ་ཏེ《ནུབ་རླུང་གི་ཕོ་ཉ》《ཨ་མའི་ཕྱུག་ཟུང》⑬《གསོམ་སྡོང》ལ་སོགས་པའི་རང་མོས་སྙན་ངག་ལྟ་བུ་བརྗོད་བྱ་གང་ཡིན་པ་ཇི་བཞིན་སྐད་ཀྱི་རིམ་མོའི་ལམ་དུ་འདྲེན་མ་ཐུབ་ན་སྤྱི་ཚོགས་ལ་ནུས་པ་ཐོན་པའི་སྙན་ངག་གི་རིན་ཐང་མངོན་རྒྱུ་ནི་དེ་བས་བརྗོད་པའི་སྐལ་བ་ཡོངས་སུ་ཟད་དོ། 《གསོམ་སྡོང》⑭ནང་།

སྔོས་དང་།

དགུང་དུ་བསྙེགས་པའི་ཁང་བཟང་གི་ནང་དུ།

ཁྱེད་ནི་རྒྱ་ཚའི་སྒྲོག་སླིང་དང་འདྲ་བར།

གཞུང་ལུགས་པཎྜའི་འདབ་བརྒྱ་ཡི་སྟེང་དུ།

རྐང་དྲུག་གཞོན་ནུས་མགྲིན་གླུ་དར་དེར་སྒྲོག་ན།

ཁྱེད་ནི་ཁོ་ཚོའི་གཏན་གྲོགས་སུ་གྱུར་སོང་།

གསོལ་སྟོན་བཤམས་ཏེ་དགོད་བྲ་ལྷང་ལྷང་གྲགས་ཆེ།

ཁྱེད་ནི་རོ་བཅུད་བརྒྱ་ལྡན་གྱི་མཛའ་མོ་རུ་གྱུར་སོང་། ཞེས་འཁོད་ཡོད་པ་ལས་ཚིག་རྐང་དང་པོ་གཉིས་པའི་དོན་རྟོགས་སླ་བ་ཡིན་ཡང་བར་ལ་དོན་སྤྱུར་བས་རྒྱ་ཚའི་སྒྲོག་སླིང་གསོམ་སྡོང་ཉིད་མིན་པའི་དངོས་པོ་གཞན་ཞིག་ཡིན་པ་གོ་བ་ལེན་རྒྱུ་ཡོད་པ་དང་། ཚིག་རྐང་ཕྱི་མ་དེ་དག་རྒྱུས་མངའ་ཡོད་པའི་མི་ཞིག་གིས་བལྟས་ཆོ་ཕལ་ཆེར་སྒྲོན་མའི་ཤིང་གི་དུ་བས་སྨུག་ཚ་བཟོ་ཐུབ་པ་དང་། གསོམ་སྡོང་སོགས་སུ་སྐྱེ་བའི་ཤ་མོ་ཚལ་རིགས་སུ་འགྲོ་བ་ལ་ཟེར་བ་མིན་ནམ་སྙམ་པ་རབ་རིབ་ལས་ངེས་བཟུང་ཐུབ་པ་ཏ་ཙང་དཀའ་མོ་རེད་ན་རྒྱུས་མངའ་མེད་པའི་མི་ནི་དེ་བས་སེམས་ཉིའི་དྲ་བར་ཚུད་རྒྱུ་ལས་གཞན་ཅི། ད་

དུང་ང་ཚོས་ཨ་མའི་ཕྲུག་ཟླུང་བར་སྣང་ནས་བརྒྱངས་ཏེ་འབྱམས་ཀླས་པའི་ཐང་ཆེན་དུ་གྲུབ། གཉེར་རིས་ཀྱི་ཆུ་གྲོག་རེ་རེར། བྱམས་སེམས་ཀྱི་ཆབ་རྒྱུན་ལྷུང་ལྷུང་དུ་རྒྱུ། ང་རང་དབའ་དཀར་མེ་ཏོག་གི་གཟིངས་ལ་བཞུགས་སྟེ། ཕུགས་བསམ་གྱི་མཚོ་གླིང་དུ་བསྐྱལ། བྱ་བ་དེ་བསླུགས་རྗེས་ཡང་སྙིང་དོན་དམ་གང་ཞིག་བཤད་ཀྱི་ཡོད་པ་སུ་ཡིས་རྟོགས་ནུས་སམ།

རང་མོས་སྙན་ངག་གི་ཁྱད་ཆོས་ནི་གནའ་སྲོལ་སྙན་ངག་གི་ཚད་འཛིན་ལ་མ་ལྟོས་པར་རང་མོས་ཀྱི་སྒོ་ནས་འབྲི་བ་ཞིག་ཡིན་ནའང་། སྐད་ཡིག་གི་འགྲོ་ལུགས་དང་ངེས་པར་དུ་མཐུན་པ་བྱེད་དགོས་པ་ཞིག་ཡིན། ཚིག་སྦྱོར་ཉམས་པ་དང་། བརྡ་སྤྲོད་རིག་པ་དང་འགལ་བ། བརྗོད་དོན་རིག་པ་དང་འགལ་བ། ཡང་ནས་ཡང་དུ་བཟློས་པ་སོགས་རྩོམ་རིག་གང་དང་གང་རྩོམ་པ་ལ་ངེས་པར་དུ་སྤོང་དགོས་པའི་སྐྱོན་ཆའི་གྲས་རང་མོས་སྙན་ངག་དེ་ཚོའི་ཁྲོད་དུ་མང་པོ་གནས་ཡོད་པ་ང་ཚོས་དཔེ་མཚོན་རེ་གཉིས་དྲངས་ན་གསལ་པོར་ཤེས་ཐུབ་པ་ཡིན། 《སེམས་ཀྱི་དགའ་འཐོད》[15]དུ།

ཁྱད་འཕགས་ཀྱི་གསར་གཏོད།

རླབས་ཆེན་གྱི་འགྱུར་ལྡོག

ང་མཚར་གྱི་མཛད་རྗེས། ཞེས་ཚིག་རྒྱུན་ཧ་ཅང་འཇུག་པོ་ཡོད་ཀྱང་"མཛེས་སྡུག་གི་ཁ་ཕྱོགས" ཞེས་པ་འོས་འཚམ་མེད་པའི་ཚིག་རྒྱུན་སྤྱད་ཡོད། ཁོ་བོས་བལྟས་ན་ཁ་ཕྱོགས་ལ་ཡང་དག་མིན་གྱི་གནད་དོན་ལས་མཛེས་མི་མཛེས་ཀྱི་གནད་དོན་མི་ལྡན་ཕྱིར་མཛེས་སྡུག་ལ་ཡང་དག་དང་སྐྱོན་བྲལ་ལ་སོགས་པའི་ཚིག་རྒྱུན་བཀོལ་སྤྱོད་བྱས་ན་འཇུག་ཆེ་བར་སྙམ། སྙན་ངག་ནི་སྐད་ཡིག་གི་སྒྱུ་རྩལ་ལ་བརྟེན་ནས་བརྗོད་བྱའི་ནང་དོན་མཚོན་དགོས་པ་ཞིག་ཡིན་ནའང་། 《ནྲོད་ཀྱི་ཟླ་དབྱངས》[16]ལྟར་མིང་གི་རྣམ་གྲངས་བསྟར་ཕྲེང་དུ་བསྒྲིགས་པ་དང་། 《ཐུན་ཆུང་ངའི་རེ་འདུན》[17] ལྟར་ཚིག་འབྲུ་ཡར་བཅད་དང་། ཚིག་རྐང་གི་གོ་རིམ་འཁྲུག་འཁྱོག་ཏུ་བསྒྲིགས་ནས་སྙན་ངག་ཡིན་ཁུལ་བྱེད་པ་སོགས་ནི་རང་རེའི་སྙན་ངག་གི་ཚད་གཞི་ཉམས་དམས་སུ་བཏང་བ་ཞིག་མིན་ན་སྙན་ངག་ཅེས་བྱ་བའི་གོ་དོན་དངོས་རྟོགས་ཐུབ་མེད་པར་ངེས། ལྷག་དོན་དུ་ཤོང་ཧ་ཅང་ཆུང་བའི་སྙན་ངག་གིས་བརྩམས་སྐྲུང་རིང་པོ་ཇི་བཞིན་བརྗོད་བྱའི་དོན་གཉིས་སམ་གསུམ་མཚོན་ཐུབ་པ་ཧ་ཅང་

དཀའ་མོ་ཡིན་པས་དགོས་མཁོར་གཞིགས་ནས་ཚིག་གནད་གཅིག་ཏུ་བསྡུས་ཏེ་བརྗོད་པར་འདོད་པའི་དོན་ཚད་འཛིན་ངེས་ཅན་ཞིག་ཡོང་པའི་སྐད་ངག་གི་སྒྲིག་གཞི་ལས་འབུར་དུ་ཐོན་པ་བྱེད་དགོས་པ་ནི་སྐད་ངག་སྤྱིའི་ཁྱད་ཆོས་ཡིན། འོན་ཀྱང་《ཞིང་གྲོང་》[18]གི་རྩོམ་པ་པོས་མཐའ་ཡས་པའི་ཞིང་སར་མཚན་མོ་ཡི་སྐྱི་བསེར་ཁྲིད་ནས། རྨོན་དོར་གྱི་ཟ་མར་སྟོད་མེད་འཇུས་ནས་ཞེས་ཞིང་གྲོང་གི་མིང་ཙམ་དང་མཚོན་བྱེད་ཁེར་རྐྱང་གཅིག་ལས། ཞིང་གྲོང་ལ་གྲོང་ཁྱེར་དང་། འབྲོག་ཁུལ་སོགས་དང་མི་འདྲ་བའི་དམིགས་བསལ་ཁྱད་ཆོས་གང་དང་གང་ལྡན་པའི་སྐོར་མཚོན་མེད་ལ། བྱིས་པས་ཕ་མ་ཡི་ལག་པར་འཁྱུད་ནས་སློག་བརྙན་ལ་འགྲོ་ཚུལ་དང་། རྟལ་ཆུ་ཡི་ས་བོན་ཞིང་དུ་བཏབ་ཅིང་། རྒྱུ་འཁོར་བ་ཕྱི་མའི་ཡུལ་ལ་བསྒྲིངས་པའི་སྣང་ཚུལ་ནི་ཞིང་གྲོང་ཙམ་མ་ཡིན་པར་བོད་རིགས་གནས་བཅའ་བའི་ཡུལ་གང་སར་མཐོང་ཐུབ་པའི་ཕྱིར་བཏང་ཐུན་མོང་གི་རྣམ་པ་ཞིག་ཡིན་གཤིས། དེས་ཞིང་གྲོང་གི་སྣང་བརྙན་གསལ་པོ་ཞིག་སློག་པ་པོའི་བློ་ཡིད་དུ་འཆར་ཐུས་མེད། ང་ཚོས་ད་དུང་དེ་མཚུངས་ཀྱི་སྐྱོན་ཆ་ཡོད་པའི་སྐད་ངག་འདྲེན་རྒྱུ་ཡོད་ཀྱང་ཟུར་བསྟན་ལེབ་མཐོང་གི་དཔེ་ལྟར་དེ་ཡིས་ཁྱབ་པར་བྱས་སོ།

རང་སོས་སྐད་ངག་འགའ་ཞིག་ནང་ལོ་རྒྱུས་ཀྱི་དོན་དངོས་དང་རྒྱབ་འགལ་དུ་གྱུར་པའི་གཏམ་སྙིང་དང་། ལོ་རྒྱུས་མི་སྣར་བདེན་པ་བདེན་ཐུབ་ཀྱི་གདེང་འཛོག་མ་བྱས་པར་རྩིས་མེད་དུ་གཏོང་བའི་ཚུལ་མིན་གྱི་རིགས་ཀྱང་ཡོད་པ་དེ་ཚོ་ནི་ཤིན་ཏུ་སྨད་པར་བྱ་འོས་པ་རེད། གང་ལགས་ཟེར་ན་ཡང་མི་དག་པའི་ལོ་རྒྱུས་ལྟ་བ་དར་ཁྱབ་ཏུ་སོང་ཚེ་མི་རབས་ཕྱི་མ་རྣམས་ལ་སློས་ཅི་དགོས། ད་ལྟའི་མི་རབས་ཁྲིད་ཀྱི་ལོ་རྒྱུས་ཤེས་བྱས་དཔེན་པའི་མིར་ཡང་ཕྱིན་ཅི་ལོག་གི་རྟོག་དཔྱོད་ནོར་འཁྲུལ་ཅན་ཞིག་སྐྱེར་སྲིད་རྒྱུ་ངེས་ཅན་རེད། གངས་ལྗོངས་ས་མཐོའི་སྟེང་འགྲོ་བ་མིའི་རིགས་བྱུང་བའི་ལོ་རྒྱུས་ནི་ཧ་ཅང་རིང་པོ་རེད། བོད་ཁམས་ཆེན་པོའི་བཙན་པོའི་ཐོག་མ་གཉའ་ཁྲི་བཙན་པོའང་སྤྱི་ལོའི་སྔོན་གྱི་ལོ་བརྒྱ་ཕྲག་ སྟོ་རོལ་སོང་བ་ཞིག་ཡིན་པས་བཙན་པོ་མི་ཡུལ་འཛིག་རྟེན་དུ་མ་བྱུང་གོང་ནས་ས་མཐོའི་ཐོག་མིའི་འགྲོ་བ་གནས་འཕེལ་བྱེད་བཞིན་ཡོད་པ་ཧ་ཅང་གསལ་པོ་རེད་ལ། ཉེ་དུས་ཆབ་མདོ་ཁ་རུབ་དང་ལྷ་སའི་ཆུ་བོ་ངོས་སེར་ར་དགོན་གྱི་ནུབ་ངོ། སྨྲ་ཁའི་ཁྲང་སྣ་སོགས་ནས་ཐོན་པའི་རྡོ་ཆས་གསར་

མའི་དུས་ཀྱི་དངོས་རྫས་ལ་གཞིགས་ན་གངས་ལྗོངས་ས་མཐོའི་ཐོག་འགྲོ་བ་མིའི་རིགས་བྱུང་བའི་ལོ་རྒྱུས་ལོ་ངོ་བཞི་སྟོང་གོང་དུ་དེད་ཆོག་པ་ཡིན། འོན་ཀྱང་《ཁྲུ་བྱུག་གི་སྐྱོ་གླུ》[19]བྱ་བའི་རྩོམ་པ་པོས་ལོ་རྒྱུས་ཀྱི་དོན་དངོས་ལ་མ་བལྟོས་པར་“བྲག་སྲིན་དང་སྤྲེལ་གཉིས་གཉེན་སྒྲིག་གི་ལོ་རྒྱུས་ལྡན་པའི་ས་མཐོ། ལོ་ན་ཆིག་སྟོང་སུམ་བརྒྱ་ལྡན་པའི་ས་མཐོ་” ཞེས་ནས་ད་ལམ་ད་ལྟ་སྤྱོད་བཞིན་པའི་ཡིག་གཟུགས་འདི་སྤྲོལ་གཏོད་དེ་ཤེས་རིག་དར་རྒྱས་ཀྱི་སྒོ་མོ་དབྱེ་བའི་ལོ་རྒྱུས་རིང་ཚད་དེ་དང་ས་མཐོའི་ཐོག་འགྲོ་བ་མི་བྱུང་བའི་ལོ་རྒྱུས་ཧྲིལ་པོའི་ལོ་གྲངས་གཉིས་མཉམ་མཚུངས་སུ་བཤད་ཡོད་པ་དེ་ནི་ར་རོ་ཙན་གྱི་སྐྱོན་གནམ་མིན་ན་མི་ཤེས་ཤེས་མདོག་གི་འཆལ་གཏམ་རང་རེད། དེ་དང་འདྲ་བར《དུས་རབས་ཀྱི་འགྱུར་ཁུག》[20]ནང་དུ“ཁྱེད་ནི་རྗེ་བཙུན་མགུར་མ་ལྟ་བུའི། ངོ་དགའ་ཁ་འདོན་མ་ཡིན།” ཞེས་ཚིག་ཐག་བཅད་དེ་རྗེ་བཙུན་མི་ལའི་གསུང་མགུར་ནི་མི་ལ་ངོ་དགའ་བྱེད་པའི་ཁ་འདོན་ཡིན་པར་བརྩིས་ནས་གསུང་མགུར་གྱི་ངོ་བོ་དང་སྒྱུ་རྩལ་སོགས་ནག་བསུབ་བཏང་ཡོད་པ་རེད། དོན་དངོས་ཐོག་གཙང་སྨྱོན་ཧེ་རུ་ཀས་ཕྱོགས་བསྡུས་མཛད་པའི་རྗེ་བཙུན་མི་ལའི་གསུང་མགུར་ནི་རྗེ་མི་ལས་དད་སེམས་ཀྱི་ཐུགས་བསམ་ཞིག་གི་ཆེད་དུ་སྐུ་ཚེའི་རིང་དཀའ་སྡུག་སྤྱད་ཚུལ་དང་། མཐོང་ཐོས་རིག་གསུམ་ལས་བྱུང་བའི་མྱོང་ཚོར། དེ་བཞིན་མི་རྣམས་ལ་རེ་བའི་འདུན་མ་བཅས་མགུར་གྱི་རྣམ་པའི་ཐོག་ནས་དྲངས་ཡོད་པས་མཆོད་བརྗོད་ཁ་འདོན་མིན་ལ། མི་ལའི་རྣམ་མགུར་གང་ལ་བལྟས་ཀྱང་འཚོ་བའི་ཆེད་དུ་སྐུ་དྲག་དཔོན་རིགས་དང་འབྲེལ་གཏུགས་བྱས་པའི་སྐོར་འཕོད་པ་མེད་པས་ངོ་དགའ་སྤྲེལ་ལད་ཀྱི་ཚུལ་དུ་འགྲོ་བའི་རྒྱུ་མཚན་མེད། དེས་ན་བྱ་བ་ཚང་མར་གོ་ཚོད་ནས་གླད་པ་ལྷག་དགོས་ཟེར་བའི་གཏམ་དཔེ་ལྟར་བརྟག་དཔྱད་ཞིབ་འཇུག་ཡང་དག་པ་བྱས་པ་བརྒྱུད་ད་གཟོད་རང་ཉིད་ཀྱི་བསྡོམས་ཚིག་འཇོག་དགོས་པ་ལས། བྱུང་རྒྱལ་དུ་ཡིན་མིན་གྱི་ཚིག་ཐག་བཅད་ན་རང་གཞན་སུ་ལའང་གནོད་པ་མ་གཏོགས་ཕན་སླེབས་ཏྲ་ཊ་ཙམ་ཡོད་མི་སྲིད། ང་ཚོས་གནའ་བོའི་ལོ་རྒྱུས་ཀྱི་དོན་རྐྱེན་དང་མི་སྣ་སོགས་ཐད་ཞིབ་འཇུག་བྱས་པ་བརྒྱུད་མི་མཐུན་པའི་ལྟ་བ་བཏོན་ཆོག་པ་ཡིན་ནའང་ཁུངས་བཙན་གྱི་རྒྱུ་མཚན་དང་ལྡན་པ་བྱེད་དགོས་པ་དོ་གལ་ཆེའོ།

མདོར་ན་ཁོ་བོས་གསར་དར་གྱི་རང་མོས་སྙན་ངག་དེ་དག་བལྟས་རྗེས་ཚུར་སྣང་དྲག་

པོ་ཞིག་སྤྱད་བྱུང་བ་གཅིག་ནི་རང་མོས་སྐད་ངག་གི་ཕྱུས་ཚད་གོང་མཐོར་གཏོང་བར་ཐོག་མར་སྐད་ངག་རྩོམ་པ་པོའི་སྐད་ཡིག་གི་ཤེས་ཚད་བྱུང་དུ་ཆུད་པ་ཞིག་དགོས་པ་དང་། གལ་ཏེ་མ་ཐའི་སྐད་ཡིག་གི་ཆུ་ཚད་ཞན་པའི་ཁར། ད་དུང་སྐད་ངག་ལ་ཚོད་ཚོད་བྱེད་པ་ནི་ངག་ཀུ་རེའི་ཚུལ་དུ་སོང་བར་ངེས།

གཉིས་ནི་ཤུལ་འཛིན་དང་དར་སྤེལ་གྱི་འབྲེལ་བ་ཡང་དག་པའི་སྒོ་ནས་ཐག་གཅོད་བྱེད་དགོས་པར་ངེས། གནའ་སྲོལ་སྐད་ངག་ལ་མི་རྣམས་ཀྱིས་བལྟ་ཞྙོག་བྱེད་པར་དགའ་ཞིང་དར་འཕེལ་ཤུགས་ཆེན་འགྲོ་བ་ནི་སྐད་འཛེབས་ཀྱི་རང་བཞིན་ལྡན་པ་དང་། བོད་རིགས་ཉིད་ཀྱི་སྐད་ཡིག་གི་ཆོས་ཉིད་དང་མཐུན་པའི་སྒོ་ནས་དར་སྤེལ་བྱུང་བ་ཞིག་ཡིན་པས་དེ་རིང་སྐད་ངག་གི་རྣམ་པ་ཅི་འདྲ་བ་ཞིག་གསར་གཏོད་བྱས་ཀྱང་བོད་ཡིག་ཐོག་ནས་བྲིས་ཕྱིན་བོད་སྐད་དང་བོད་ཡིག་གི་འགྲོ་ལུགས་དང་ཁྱད་ཆོས་དང་མཐུན་པ་བྱེད་དགོས་པར་སེམས།

གསུམ་ནི་མི་རིགས་གཞན་པའི་རྩོམ་རིག་རྣམ་པ་དང་རྩོམ་ཐབས་ལ་སློབ་སྦྱོང་དང་ནང་འདྲེན་བྱེད་པ་དེས་མི་རིགས་སོ་སོའི་རྩོམ་རིག་ཁྲ་རྒྱས་སུ་འགྲོ་བར་དགེ་མཚན་ལྡན་པ་ཞིག་ཡིན་པ་བོད་ཀྱི་རྩོམ་རིག་རང་གི་ཐོག་ནས་ར་སྤྲོད་ཐུབ་པ་ཞིག་ཡིན་ཡང་བླང་དོར་དབྱེ་འབྱེད་མེད་པ་དང་། འོས་འཚམ་ཡིན་མིན་ལ་མ་ལྟོས་པར་བྱུང་རྒྱལ་དུ་སློབ་སྦྱོང་དང་ནང་འདྲེན་བྱས་ཆོ་ཕན་མེད་ཀྱི་ཤན་ཤུགས་ཐེབས་ངེས་ཡིན་པ་བཅས་སོ། །

མཆན་འགྲེལ།

① སྤྱི་ལོ1984ལོའི་《བོད་ལྗོངས་རྩོམ་རིག་སྒྱུ་རྩལ》དུས་དེབ་གཉིས་པ།

② སྤྱི་ལོ1986ལོའི་《བོད་ལྗོངས་རྩོམ་རིག་སྒྱུ་རྩལ》དུས་དེབ་དྲུག་པ།

③ སྤྱི་ལོ1986ལོའི་《བོད་ལྗོངས་རྩོམ་རིག་སྒྱུ་རྩལ》དུས་དེབ་ལྔ་པ།

④ སྤྱི་ལོ1986ལོའི་《བོད་ལྗོངས་རྩོམ་རིག་སྒྱུ་རྩལ》དུས་དེབ་དྲུག་པ།

⑤ སྤྱི་ལོ1986ལོའི་《བོད་ལྗོངས་རྩོམ་རིག་སྒྱུ་རྩལ》དུས་དེབ་ལྔ་པ།

⑥ སྤྱི་ལོ1987ལོའི་《བོད་ལྗོངས་རྩོམ་རིག་སྒྱུ་རྩལ》དུས་དེབ་དང་པོ།

⑦ སྤྱི་ལོ1988ལོའི་《བོད་ལྗོངས་རྩོམ་རིག་སྒྱུ་རྩལ》དུས་དེབ་གསུམ་པ།

⑧ སྤྱི་ལོ1988ལོའི་《བོད་ལྗོངས་རྩོམ་རིག་སྒྱུ་རྩལ》དུས་དེབ་གསུམ་པ།

⑨ སྤྱི་ལོ1988ལོའི་《བོད་ལྗོངས་རྩོམ་རིག་སྒྱུ་རྩལ》དུས་དེབ་དང་པོ།

⑩ སྤྱི་ལོ1988ལོའི་《བོད་ལྗོངས་རྩོམ་རིག་སྒྱུ་རྩལ》དུས་དེབ་གསུམ་པ།

⑪ སྤྱི་ལོ1989ལོའི་《བོད་ལྗོངས་རྩོམ་རིག་སྒྱུ་རྩལ》དུས་དེབ་གཉིས་པ།

⑫ སྤྱི་ལོ1988ལོའི་《བོད་ལྗོངས་རྩོམ་རིག་སྒྱུ་རྩལ》དུས་དེབ་གསུམ་པ།

⑬ སྤྱི་ལོ1988ལོའི་《བོད་ལྗོངས་རྩོམ་རིག་སྒྱུ་རྩལ》དུས་དེབ་དང་པོ།

⑭ སྤྱི་ལོ1985ལོའི་《བོད་ལྗོངས་རྩོམ་རིག་སྒྱུ་རྩལ》དུས་དེབ་གཉིས་པ།

⑮ སྤྱི་ལོ1986ལོའི་《བོད་ལྗོངས་རྩོམ་རིག་སྒྱུ་རྩལ》དུས་དེབ་གསུམ་པ།

⑯ སྤྱི་ལོ1985ལོའི་《བོད་ལྗོངས་རྩོམ་རིག་སྒྱུ་རྩལ》དུས་དེབ་དང་པོ།

⑰ སྤྱི་ལོ1987ལོའི་《བོད་ལྗོངས་རྩོམ་རིག་སྒྱུ་རྩལ》དུས་དེབ་དང་པོ།

⑱ སྤྱི་ལོ1987ལོའི་《བོད་ལྗོངས་རྩོམ་རིག་སྒྱུ་རྩལ》དུས་དེབ་གསུམ་པ།

⑲ སྤྱི་ལོ1988ལོའི་《བོད་ལྗོངས་རྩོམ་རིག་སྒྱུ་རྩལ》དུས་དེབ་བཞི་པ།

རྩོམ་ཡིག་འདི་《ཀྲུང་གོའི་བོད་ཀྱི་ཤེས་རིག》1990ལོའི་དེབ་བཞི་པར་འཁོད།

青藏高原上人类起源及藏民族形成

[关键词]青藏高原;人类起源;藏族;形成

[摘　要]数百万年前的青藏高原具有十分宜人的气候,是古人类繁衍生息的良好场所,也是藏族的发祥地,这个过程分藏族起源的神话传说相互印证。旧、新石器时代的考古发现与相关研究更是证实藏族的起源具有鲜明本土特征。从藏族起源到藏民族形成经历了漫长的历史过程,这期间的经济政治发展与文化融合,特别是苯教和藏传佛教文化的形成与发展,都对藏民族的最终形成起到了极其重要的推动作用。

青藏高原平均海拔4000米以上,是当今世界上最高的高原,行政区划包括我国西藏和青海的全部及甘肃、四川、云南、新疆的部分地区,面积约250万平方公里,占中国陆地总面积的1/4强,也是世界上面积最大的高原。

古地理学证明,在4000万年以前,青藏高原尚是浅海低陆;1000多万年以前,海拔仍不过1000米左右,而且"是十分温暖而较湿润的亚热带气候"①,在距今1000万~200万年间,青藏高原才剧烈隆起,一直上升到现在这个高度②。在人类起源的时代,即距今大约三四百万年间,青藏高原正在大幅度上升,海拔较现在低得多,气候也较现在暖和得多,是非常适合于远古人类生活的地区。据目前已有的发现表明,至少在距今四五万年以前,青藏高原已有了人类活动。

关于藏族的起源,过去有过种种传说与推测。依据旧、新石器时代考古学的发现与藏族起源的神话传说,并结合藏族形成发展的历史进行,可以肯定藏族起源于青藏高原并经历了从多元向一体的发展过程。这个历史过程

① 徐华鑫编著:《西藏自治区地理》,西藏人民出版社,1986年版,第19页。

② 侯石柱编:《西藏考古大纲》,西藏人民出版社,1991年版,第1~23页。

以西藏的雅隆部为核心，大致分为如下几个阶段：

起源阶段。旧、新石器时代考古学的发现与研究表明，藏族的起源具有鲜明的本土特点，也具有多源、多区域向一体发展的特点；同时，又与黄土高原、华北平原及长江中上游地区的文化有明显的共同特征，说明这些地区的民族，在起源时代已有了一定的交往和联系。

民族雏形阶段。从公元前4世纪至公元7世纪的千余年间，西藏高原有"四十四小邦""十二列国"。其中以分布在象雄、阿里一带的象雄部文明发育最早，苯教及象雄文的兴起，使象雄部成为6世纪以前西藏文明发展的中心，成为西藏高原最强大一部；分布在山南雅隆河流域的雅隆部，后来居上，6世纪开始兼并统一西藏高原；分布在藏北高原的苏毗部，属古羌人的一支，是西藏高原以牧为主的强部。

大约在6世纪中叶以后，即松赞干布的祖父与父亲在位的时期，苯教在雅隆部同样占有统治地位，象雄文也得以推行。雅隆部的政治经济迅速发展，实已为松赞干布统一西藏建立吐蕃王朝奠定了基础。西藏已出现了由诸部形成同一民族的雏形，族称从雅隆部起自称蕃（博），一直延续至今。

民族形成阶段。松赞干布统一西藏之后，即着手向整个青藏高原扩张兼并。经过两三代人的努力，7世纪中叶至9世纪中叶的200年间，青藏及康区羌人各部（党项、白兰、附国等）和吐谷浑的大部以及部分汉人与回鹘人等多种来源的人们，都在吐蕃王朝的统治之下，政令统一，受同一宗教（苯教及后来居上的藏传佛教）、同一文字（藏文）的陶铸而达于民族认同，并始形成同一民族。

民族发展阶段。9世纪中叶，吐蕃王朝瓦解，但吐蕃仍以民族名称出现在中国历史上。各地区的吐蕃人，政治上不相统一，文化和民族认同却得到了发展，其中佛教与藏文的传播起了纽带作用。7～9世纪，政治上虽统一，文化与民族认同却未完全融合，在民族形成方面表现出"合而未化"的特点；10～13世纪初，政治上虽不统一，文化与民族认同仍继续发展，表现出"化而不合"的特点。另一方面，9世纪中叶至13世纪初近400年间，继续发展的吐蕃民族，与宋、辽、金、夏等王朝及汉人、回鹘、蒙古等民族的关系也在发展，所以，13 世纪中叶以后当蒙古帝国统一中国时，吐蕃积极加入了统一多民族中国形成的过程。这是藏族历史发展的必然选择。在元朝统一的中央政府支持下藏族地区得到统一，“化而不合”的政治局面变为“化而后合”的局面，不仅促进了统一多民族中国的历史进程，也促进了藏族自身历史的发展。这一历史发展的大趋势，在明朝继续保持，到清朝统一多民族国家得到确立，西藏和整个藏族与祖国的联系已发展到了空前紧密的程度。近 150 年以来，藏族人民在中华民族的反帝反封建和反对分裂祖国的斗争中，作出了不可磨灭的贡献。中华人民共和国建立以后，西藏和整个藏区和平解放，经过民主建设和社会主义建设，废除了封建农奴制度，实现了人民当家作主，政治、经济、文化等各方面迅速发展，藏族已进入与祖国各兄弟民族共同繁荣和建设有中国特色社会主义的新时代。

第一节　史前时期青藏高原的人类活动

一　数百万年前的青藏高原气候与地貌适合古人类生存

青藏高原由喜马拉雅山、喀喇昆仑山、祁连山和横断山脉等巨大的山系环抱的褶皱地块组成，面积 194.68 万多平方公里，占全国总土地面积的 20.39%，平均海拔 4000 米左右，是地球上地势最高的地区，被称为“世界屋脊”。

青藏高原的地貌轮廓并非亘古不变。它在漫长的地质发展过程中，有过海陆变迁的历史。距今大约 2 亿年至 4000 万年之间，青藏高原为一片波涛翻滚的汪洋大海，后来由于地壳的变化，海水从北到南逐渐退却①，晚新生代又受到印度大陆板块向北漂移的巨大力量挤压而逐渐升高，变为陆地，经过数千万年的地壳隆起，成为地球上地势最高的高原②。

青藏高原地区在海水退却和陆地升高的过程中，曾经有过一段气候炎热、雨量充沛、植物茂盛、动物繁多的漫长时期，为人类的出现、生存和发展

① 徐华鑫编著：《西藏自治区地理》，西藏人民出版社，1986 年版，第 19 页。

② 徐华鑫编著：《西藏自治区地理》，西藏人民出版社，1986 年版，第 19 页。

提供了条件。20世纪70年代，科学家们在西藏那曲地区的比如和喜马拉雅山北麓的吉隆等海拔4000米以上的地区发现了三趾马、大唇犀、小古颈鹿、低冠竹鼠、古猫、沙漠兽和羚羊等早新生代的动物群化石，以及桉树、桃金娘、水杉等热带型植被与雪松、棕榈、栎、藜科及亚热带山地森林草原植被型化石①；在昌都的达玛拉山上，还发现恐龙化石。根据这些情况来判断，今天高海拔、低气温的青藏高原地区，在远古时期，曾经是气候湿润炎热、海拔不高的亚热带森林和草原，是当时古人类繁衍、生息的良好场所②。

二 青藏高原的旧石器文化和古人类活动

1956年，中国地质学家在西藏的那曲县，青海的霍霍西里、沱沱河沿岸以及格尔木的三叉口等地采集到了数十件打击石器。这些石器加工简单粗糙，主要是单面加工和打击法制成的。器形种类单一，除了在自然石头上留有单面修琢和打制痕迹以外，几乎和普通天然石砾、石核没有差别。在那曲出土的石器中，科学家们首次发现其中有一件为细石核，根据石器的加工特征来看，可能属于人类智能不怎么发达的旧石器时代。石器大多分布在河谷两岸的阶地上，表明制造和使用这些工具的人逐水草而居，过着采集天然植物和渔猎的生活。

1964年，中国科学院西藏科学考察队在西藏西南定日县苏热地方，采集到大约属于旧石器时代中晚期的石器40件。1976～1983年间，中国科学院青藏高原科学考察队等单位在藏北申扎县珠洛勒，阿里地区日土县扎布，藏北多格则、尼玛等地采集到年代约为旧石器时代晚期的石器标本。石器种类有石片、单刃刮削器、双刃刮削器、尖状器、端刮器、复刃刮削器、凹刃刮削器、三角形尖状器等③。这些工具制作尽管非常简单、粗糙，但却是多功能的，既可用来切割肉食、刮削皮毛、敲开骨头等，也可用来采集、挖掘植物根茎。石器原料主要有片麻岩、石英岩、角岩、燧石、火山岩、硅质岩、玛瑙、辉

① 侯石柱编:《西藏考古大纲》，西藏人民出版社，1991年版，第1～23页。

② 侯石柱编:《西藏考古大纲》，西藏人民出版社，1991年版，第1～23页。

③ 侯石柱编:《西藏考古大纲》，西藏人民出版社，1991年版，第34～35页。

岩、碧玉等。材料选用方面因各采集点的年代距今有远近之别而有较大的差异。年代较早的苏热、珠洛勒采集点的石器主要为片麻岩和角岩,表现出对原料选用方面的盲目性和无意识性,说明使用这些原料制作工具的人,其生活年代更早于扎布、多格则等地采集到的石器的使用者;与之相反,多格则、扎布等地石器中已普遍出现了选用燧石、硅质岩等质地坚硬的材料制作的工具。材料选用方面的进步,反映了青藏高原上的人类在演化过程中发展的趋势①。

考古学家根据苏热的石器加工粗糙简单、保留更原始的特点,初步认为其年代距今约5万年,这是青藏高原上发现的古人类遗物中年代最早的。尽管发现的石器都是地面上采集到的,对各处发现的石器不能判定出准确的年代,但有的考古学家根据青藏高原各个地质年代的科学资料,并且将这些石器同青藏高原邻近的云南、贵州、四川以及巴基斯坦、印度境内发现的早期人类化石及旧石器进行比较研究,还是提出了青藏高原也是人类发祥地之一的假说②。因为青藏高原西北部首先隆起,出现了人类赖以产生和生存的环境,而青藏高原的腹地和东部其后才逐步脱离海浸。当今西藏发现的古人类各个时期活动地点,具有明显的地区差别,较早的文化遗存主要分布在青藏高原的东部和中部地区。这表明青藏高原的古人类首先发源并活动在现在的高海拔地区。

青藏高原古人类进入新石器时代以后,活动范围逐步扩大。考古学家在高原腹地的东部及南部地区发现了丰富的人类活动,遗址在西藏的林芝、墨脱、昌都、察雅、日喀则、扎达、贡嘎、拉萨及四川的阿坝、甘孜州等地发现了大量的新石器时代的石器。其中尖状器、刮削器、砍斫器等器形,与藏北苏热、扎布等石器采集点上的器形相似,而其年代距今约1万年至5万年③。这就表明了青藏高原古人类在发展过程中文化上的承继关系和连续性。石

① 侯石柱编:《西藏考古大纲》,西藏人民出版社,1991年版,第24~28页。

② 童恩正:《人类可能的发祥地—中国西南地区》,《四川大学学报》,1983年第3期。

③ 侯石柱编:《西藏考古大纲》,西藏人民出版社,1991年版,第28~55页。

器的单一功能及制陶业的发展等，又反映了新石器时代人类智能的发达程度和技术上的进步过程。

三 “猴子变人”的传说

青藏高原人类起源的传说，在藏文史籍中有种种记载。成书于11世纪的《国王遗教》记载，最初西藏高原是一片汪洋大海，许多年以后，大海逐步消退，开始显露出陆地。最初，这块美丽的陆地上，上部是雪山，为石山所环抱，其间栖息着野兽、猛禽及鹿和羚羊等；中部被树林所环抱，岩魔女、猴类、熊等动物栖息于此；下部为湖泊、青草所环抱，生活着各种牛羊和鸟类。观世音菩萨派其化身猕猴哈鲁玛达至雪域修炼。正当猕猴在定神修行时，度母神幻化为一名岩罗刹魔女前来调戏。猕猴最初未予理睬，如此过了7天，猕猴被岩罗刹魔女的痴情所打动，他来到普陀山请观世音菩萨指点。观世音令神猴回去与魔女成亲，繁衍子孙，并给了五谷以养育后代。于是神猴返回修行地，娶魔女为妻。

猕猴与魔女结婚后生的小猴既不像父猴，也不像魔女，身上无毛，没有尾巴，赤红的脸，以腥肉为食，渴了饮血。小猴一生下，魔女饿得想去食他，父猴见此情景，就将小猴带到一个水草丰茂、林木丛生、有许多鸟类猴群的地方，让小猴离开父母，独立地与猴群一起生活。一年以后，父猴前去看望小猴，猴孙已繁衍到400只，但这些猴孙生活十分艰难，个个骨瘦如柴，树上的果子已不能够维持他们的生命。父猴不忍这般惨状，再一次去普陀山拜见观世音菩萨，观世音遂把须弥山上的青稞、小麦、蚕豆、豌豆、谷米等5种粮食种子赐予神猴，让神猴拿回雪域播种，于是蕃域第一次有了粮食作物。

猴孙们由于吃了五谷，个个精神抖擞，常常游戏在外，因此该地取名为“雅隆泽当”，其意为雅隆游戏的坝子。当时猴孙们数地里麦穗颗粒，一穗结有万颗粮食，故而此地亦得名为“雅隆赤唐”，其意为“雅隆万粒粮食坝子”。这里因为有谷类生长，就出现了蕃域有史以来第一个人类定居点。

藏文史籍中还有关于青藏高原先民创制工具的传说。据《历史大全》记述，蕃域从猿到人的历程，分为7个时期，分别由魔怪到神王统辖主宰，不同时期有不相同的名称及不同的武器和器械代表。最初由黑夜叉统辖，称为“桑域简美”（朴野真纯），此时出现了弓箭等武器；第二个时期由牛魔王统辖，称为魔域九峡谷，斧、钺等出现；第三个时期由顽颈血目罗刹主宰，称为墨刹九域，出现了叉矛和抛石跳板两种新武器；第四个时期由红柔神统治，称为“神域贡塘”，以匕首为器械；第五个时期穆杰阔王占据蕃域，称为“塔昌江昌”，器械为投索绳；第六个时期由桀骜鬼统治，称为“朗当零昌”，以棍棒、投石鞭为器械；第七个时期由玛桑六氏统治，称为“博卡聂焚”，出现了箭囊、剑、铠甲和盾牌等武器。

《国王遗教》和《历史大全》所记述的上述传说，在其他藏文史籍中，也有类似的记载，比如成书于14世纪的《王统世系明鉴》记载，猕猴和岩魔女结合诞生了最早的人类，其后子孙繁衍，分别在西藏各地开垦平地，建筑城邑，直到聂赤赞普（吐蕃王系第一代赞普）自天降临，才有了君臣之分①。西藏的古代文化受佛教影响极深，远古神话传说在记述下来的过程中自然融入了佛教传说的成分，但仍然保留了青藏高原远古先民关于猴子变人的神话。值得注意的是，1990年，中国社会科学院考古研究所与西藏文管会联合在拉萨市北郊曲贡遗址，发现了一件新石器时代猴头陶塑艺术品，似可与古吐蕃人关于人类起源于猴的神话传说相互印证②。

在藏族的先民中，还有“从世界之卵繁衍人类”的传说。这是苯教关于人类起源的传说，最典型的叙述出自《朗氏家族》：五行之精形成一巨卵，卵白繁衍成6种生灵，卵黄又形成18个卵，其中大小居中者，是一个白色的卵。由卵黄再生出的18个卵，形成了18个人类的居住地，其中那个白卵繁衍了吐蕃③。意大利藏学家南喀诺布在评论这种传说时说：“作为藏民族祖先的象雄学者们，在3800年前就有了可以与当今科学家们的观点相提并论的关

① 萨迦·索南坚赞：《王统世系明鉴》，辽宁人民出版社，1985年版，第40~43页。

② 《中国文物》，1990年11月1日第一版。

③ 《朗氏家族》（藏文版），西藏人民出版社，1986年版。

于物质运动规律的深刻认识……我觉得藏民族应该为此而感到自豪①。”

第二节 藏族的族源、形成和发展

一 藏族的族源

关于藏族的族源，史籍中有西羌说、南来说、东南阿萨密与邻国之说等等。根据大量的考古发现和浩如烟海的藏文史籍的记载，目前中外学者普遍认为，藏族的族源以青藏高原的土著先民为主，并经历了一个多元一体化的过程。

（一）藏族名称的由来

藏族自称“博”“博巴”。关于“博”称谓的由来，民间和学术界有多种说法。

第一，《白史》记载：“吾等此处，以最初时在自己的语中即呼之为‘博吉域’（博境）。‘博’是‘博巴人’自己取的名。很可能是随意而立的名。”据《德乌宗教源流》记载，古时雅隆部落所在的地域名叫“博”，藏族自己称为“博巴”，最初是来自雅隆部落所在地域的人的自称。

第二，古代西藏地域内部根据不同的地理位置，把现在的西藏藏北羌塘草原称为“降”（北方），把西藏南部地方称为“珞”（南方），把西藏中部“卫”地方称为“博”。这3个地域也是古代3个部族，分别称为“降巴”“珞巴”和“博巴”。藏族最初称为“博”是由地域名演变而来的。

第三，古代先民以狩猎为生，以后逐渐以饲养牲畜来维持生存。为了得到足够的饲草，先民们分散游牧，为了加强相互联系，他们游居在喊声所及的距离内。遇有情况时，从高处大声发出“嘎伊……喂伊……”信号，即称之为“博巴”。久而久之，这种呼喊的人就叫“博”。

第四，远古时期把高寒地带专门牧养牲畜的地方称为“卓”（牧区）；把低处经营林业的地方叫做“荣”（林区）。这两者之间，气候适宜于经营农业的地方称为“博”。古代史籍称农牧民为“博卓百姓”，将农牧交换称为“博卓交

① ［意］南喀诺布：《论藏族古代史的几个问题》，《中国藏学》，1988年第2期。

易”,至今民间仍有“博卓”(农牧)、“荣卓”(林牧)等说法。古代“布杰”赞普世系出现的雅隆地方,是当时从事农业生产的中心地带,因此成为“博域”。“布杰”赞普的后裔将地名立为王名,称为“博”之赞普,把归服于“博”赞普的地方都叫做“博”①。

第五,古代藏族先民信仰“苯波”教即苯教,“苯”音随着历史的发展,逐渐变成“博”的音,藏族自称“博”是由“苯波”教的“苯”演变而来的。

第六,西藏吐蕃王朝第一代赞普,自称是从“波卧”地方来的人。“波卧”,古代藏文写作“波杰”,意为来自波卧(今波密)地方之王,以后这一王系就自称为“波杰”,演变为古代国家和民族的称呼“博”。

在汉文史籍中,还有来自古羌人中“发羌”、鲜卑人中“秃发”等说,今一般不为藏学界所取。

以上各种说法和解释,还有待专家的进一步考证和研究。

(二)从远古时期的文化遗址探索藏族的族源

1. 卡若遗址

卡若遗址位于西藏自治区东部重镇昌都西南约 12 公里的卡若林。20 世纪 70 年代末期,西藏考古工作者对遗址进行了发掘。遗址面积约 1 万平方米,已发掘近 2000 平方米。发掘出土了 27 座建筑遗址,以及铺石路、石墙、灶灰坑、大量大型打制石器、细石器、磨制石器、骨器、陶器和各种动物骨骼、粮食等遗物。经碳 14 测定,卡若遗址距今约为 4000 至 5000 年。

卡若遗址虽紧靠澜沧江等鱼类资源丰富的江河,但众多出土遗物中却不见鱼骨和捕鱼有关的网坠等工具。对此,有的考古学家推测卡若原始居民可能有不食鱼的习俗或以鱼为氏族图腾②,表明“卡若遗址的先民是属于不同系统的原始民族共同体”③。现代不少地方的藏族,还保留着禁止食鱼的习俗,这种习俗和卡若遗址中未发现鱼骨和捕鱼工具,可能有一定的文化

① 侯石柱编:《西藏考古大纲》,西藏人民出版社,1991 年版,第 39 页。

② 侯石柱编:《西藏考古大纲》,西藏人民出版社,1991 年版,第 41 页。

③ 格勒:《略论西藏的原始文化与中原地区的关系》,《民族研究》,1986 年第 3 期。

渊源关系。从建筑文化看,也有同样的渊源关系。如不依靠竖穴,而以木柱构架支撑提高空间,类似现在藏族的梁柱房屋结构方式,尤其是使用擎檐柱来承托出檐的构筑方法,仍是现在西藏地区流行的。卡若遗址所在昌都地区的藏族,至今还普遍运用这种建筑方法①。

卡若遗址的先民在创造自己地方特色的土著文化的同时,也接受和学习周边地区的文化。例如,卡若遗址的半地穴红烧土房屋、彩陶花纹、陶器造型等和黄河中上游地区的原始文化有过一定的联系,从卡若遗址发现的贝饰看,有可能同中原或华南原始文化有过接触。遗址中发掘出土的陶罐、钵、盆等的器具组合、小口高颈平底、陶器纹饰以刻划纹为主要特征,与云南元谋大墩子遗址所代表的原始文化有渊源关系。而粟类谷物的大量发现,说明了卡若先民通过甘、青地区接受了中原地区的原始农业,因为中原地区是世界上粟米的最早发源地。

2. 曲贡文化遗址

曲贡文化遗址位于拉萨北郊 5 公里的河谷边缘地带,海拔 3680 ~ 3690 米。1990 ~ 1991 年,中国社会科学院考古研究所和西藏文管会联合发掘时,发现了一些墓葬和灰坑。墓葬有石椁,葬式为曲肢葬。该遗址出土了 1 万多件文化遗物和大量兽骨。出土遗物中以打制石器数量最多,也有少量精美的磨制石器和玉器,以及极少的细石器。磨制的石器有刀镰、锛、镞、梳形器等。骨器也很多,以锥、针、镞为主,其中有一枚较为少见的针尖开孔为针鼻的骨针。装饰品主要有骨笄、陶耳坠、陶环和石环等,多是用于头部的饰物,表明曲贡遗址的先民已有较强的审美意识。

最引人注目的是,曲贡遗址下层中还出土了一枚铜镞。铜镞呈扁平形,仿自然原始的骨镞形状。经鉴定,原料为冶炼所得,不是自然铜。这枚铜镞的时代约与中原夏文化和商代前期文化相当,表明当时青藏高原的先民已

① 童恩正、冷健:《西藏昌都卡若新石器时代遗址的发掘及其相关问题》,《民族研究》,1983 年第 1 期。

经开始跨入青铜时代①。

曲贡遗址虽未发现房屋遗址,但从发现的窑穴、灰坑和文化层堆积厚度来看,足以证明这里曾经是曲贡人长期生活的定居点。从遗址采集、出土的双肩石铲、石磨盘看,无疑是农业经济的一种反映;从灰坑中出土的大量兽骨看,说明畜牧业在当时经济生活中已占有重要地位。少量网坠的出现,反映了曲贡人进行捕鱼并有食鱼的习俗,证明现在藏族中不同地区具有食鱼与否不同习俗形成于距今四五千年前。

曲贡遗址的文化具有明显的地方特点,与林芝县几处文化遗址的文化面貌基本一致;与昌都卡若遗址文化有较大的差异②;与山南地区贡嘎县昌果沟新石器时代的遗址相比较,也有不同的特征。曲贡遗址的陶器在器质、器型、制作工艺等方面,都显示出相当的进步性,表明在当时很可能是青藏高原上文化较为发达的先民的聚居区,是一种受外界影响较小的土著文化。

3. 贡嘎县昌果沟文化遗址

昌果沟文化遗址是1991年西藏考古工作者在山南地区昌果沟发现的新石器时代遗址,又是一个具有代表性的遗址。该遗址长600米,宽300米,总面积达18万平方米。遗址边缘试掘出磨制石器、细石器和打制石器标本300余件及大量陶片。陶片中可辨器形有侈口圈足碗、侈口罐、镂孔窝柄器等。陶器纹饰有网纹、弦纹、短线纹、圆圈纹、圆点纹、人字纹、十字纹等。昌果沟新石器遗址出土的陶器,与昌都卡若、拉萨曲贡遗址出土的陶器,具有不同的特征,很可能是青藏高原地区文化遗址中一种新的原始文化类型③。

4. 藏北细石器文化

考古发现表明,从中石器时代开始到整个新石器时代,青藏高原还存在着一种以藏北高原为中心、分布极为广泛的细石器文化。现已发现的细石器地点有28处,发现细石器标本1000余件。这些细石器地点,除聂拉木县

① 《拉萨曲贡遗址出土早期青铜镞》,《人民日报》,1992年1月27日。

② 侯石柱编:《西藏考古大纲》,西藏人民出版社,1991年版,第65~66页。

③ 《西藏文物普查简报》(第六期)。

的亚里村、羊圈，吉隆县马法木湖岸和卡若遗址等4处分布在藏北藏东外，其余24个地点均分布在冈底斯山和念青唐古拉山以北的羌塘地区。尽管细石器的分布地域十分广阔，但各地发现的细石器都具有共同的性质。如申扎、双湖一带的细石器与黑河(即那曲)、聂拉木以及阿里地区发现的细石器都具有相同的文化特征①。我国著名的考古学家贾兰坡教授经过对旧石器文化及细石器的起源、传播的系统研究，断定广泛分布于中国许多地区乃至亚洲许多国家与地区的细石器起源于中国的华北②；西藏的细石器，也属于从华北起源传播而来，从细石器以刮削器为主来看，当时藏北的居民生活以狩猎或畜牧为主。

在新石器文化时期，青藏高原范围至少存在着各不相同、文化面貌各异的三大支系原始居民群体。他们是：以卡若文化为代表的居住于藏东河谷区、从事定居农耕经济并兼有狩猎畜牧经济的卡若居民群体，包括从东部黄河上游地区南下的羌系居民群体；以曲贡文化为代表居住于雅鲁藏布江中、下游地区，从事定居农业和以渔业经济为主的曲贡居民群体，即卫藏土著居民群体；以细石器文化为代表，主要活动于藏北羌塘地区从事游牧和狩猎经济的藏北游牧居民群体。这三大居民群体奠定了以后藏族文明基本格局的雏形，与藏族的三大历史地理区域和三大方言区也基本吻合。即距今四五千年前创造出来的青藏高原远古先民文化奠定了现代藏文化的最初根基；青藏高原土著居民，虽然从起源时代已出现不同的支系，但在长期的发展中形成了统一的民族，藏族经历了由多元到一体的长期发展过程。同时，青藏高原的远古先民与黄河上、中游乃至华北地区的旧、新石器文化有密切的联系，与中国西南地区的新石器文化也存在一定的联系。他们相互影响，相互吸引，又保持了各自独特的文化传统；他们不是孤立发展的，他们的石器文化，必然要受到周围地区的影响，同时也影响周围地区。

---

① 侯石柱编：《西藏考古大纲》，西藏人民出版社，1991年版，第65~66页。

② 贾兰坡：《中国细石器的特征和它的传统、起源与分布》，《古脊椎动物与古人类》，1987年第16卷第2期。

(三)从藏、汉文史籍记载看藏族起源

据藏文史籍记载,随着青藏高原原始人类的逐渐繁衍,西藏出现了四大原始氏族,即色氏、穆氏、董氏和东氏。“色”是黄色的意思,因为色氏人的头发带黄色,故称“色氏”;“穆”有棕色的意思,因为穆氏人的脸色呈棕色,故称“穆氏”;“董”意为高鼻梁,故取名“董氏”;“东”有空的意思,因为他们两腮下陷,故得名“东氏”(有的藏文史书上把惹氏和柱氏加上去称为六大氏族)。

四大原始氏族后来形成西藏早先的42个姓氏,即西藏最初出现的氏族群落组织。原始氏族群落经过漫长的发展时期,随着狩猎、游牧和农业生产的进步,出现了农业氏族村落和牧业氏族部落,私有制和父系制也逐步确立。各氏族部落之间出现了掠夺和吞并,小的氏族部落融合为较大的部落成部落集团。传说最初西藏高原出现了12列国和44小邦:象雄阿尔巴之王(琼隆银根部落)、娘若切喀尔之王(年楚河罗昂部落)、吉若江恩之王(拉萨河吉部落)、俄波查松之王(拉萨河流域的森部落)、耶如之王(南木林耶部落)、贡域之王(工布部落)、娘域之王(尼洋河娘部落)、达域之王(达布部落)、秦木域之王(琼结雅隆部落)、松域亚松之王(苏毗部落)、努域之王(努布部落)等12列国,以及色、涅等44小邦。他们先后割据一方,统治着从狮泉河到尼洋河的大片地方。6世纪以前在西藏高原出现的许多较大的部落和古国中,以象雄(羊同)与雅隆悉补野为最强大,文化发展最先进。

古象雄国在汉文史籍中称为羊同,并区分大小羊同。大羊同的地域除阿里地区和藏北羌塘以外,还包括拉达克地方;小羊同是阿里地区普兰县以西的局部地方。据苯教史籍载:在2000多年前古象雄赤维色吉希日坚时,象雄分为内象雄、中象雄和外象雄三部分,即现在的阿里、拉达克等地为内象雄;卫藏等地(一说那曲、玉树一带)为中象雄;多康等地(一说今阿坝州一带)为外象雄。若按此说,古象雄这三部分地方基本包括了今天的青藏高原,其说是否可靠,有待考证。除内象雄外,中象雄和外象雄在史籍中记载甚少。

象雄国历史悠久,早于雅隆部落崛起于青藏高原,经济以狩猎、游牧为

主，兼有农业，象雄先民崇拜自然山川神灵。大约在公元前6、7世纪（一说公元前10世纪），象雄人辛饶米沃且创立了青藏高原原始宗教——苯教，使象雄文化——苯教文化的传布遍及青藏高原。大约在1世纪前后，象雄国有象雄文“玛益”（又译“玛尔”）①。古象雄地处丝绸之路的通道边沿，吸收了中西文化，是当时青藏高原文化最发达的地域。当时崛起于山南的雅隆部，也使用象雄文字，有些赞普的名字，还是用象雄语命名的。现在申扎县北部的牧民群众的土语中，还保留着许多古代象雄语②。

据《玛法木措湖历史》记载，古代象雄分为18部，曾出现过“象雄十八王”。这些王分别住在岗仁波且、群陇、布商玛、吉那、达若、达果、喀觉尔、拉达克、茄妥克等地。据《甲顿卓泽》记载，象雄共设有13个赤岱、60个俄岱，以虎、狮、凤、龙居中而立四域，并有宗一级行政单位的设置，如申扎县一带的那仓部落在古象雄国地域的中部，称为“热穷宗”。一些古象雄国的宗的城堡遗址，至今还可看到断壁颓垣③。

象雄文化对古吐蕃也有深刻的影响，公元前2世纪，象雄地方的苯教就传到了卫藏。据苯教史记载，雅隆部落第一代赞普聂墀赞普就是由雅隆部的10多位苯教徒推举就位的。雅隆部崛起后，雅隆文化逐渐赶上和超过了象雄文化。古象雄国开始衰落。7世纪初松赞干布执政时，松赞干布将其妹赛玛噶嫁予当时象雄王列木嘉（一译李迷夏），而松赞干布也娶象雄公主李图曼为妃。此后，象雄王臣服于松赞干布。到墀松德赞时，象雄为吐蕃所灭，受吐蕃统治。象雄在完全臣服于松赞干布以前，于641年（贞观十五年），曾遣使与唐朝通好④。

雅隆悉补野部又称雅隆部，汉文译写为“蕃”部或“博”部。

今西藏山南地区雅隆河流域，气候温和，雨量充沛，自然环境很适宜人

① ［意］南喀诺布：《论藏族古代史的几个问题》，《中国藏学》，1988年第2期。

② 拉堆江白：《那仓六部落概述》，《西藏文史资料》第八册，1986.

③ ［意］南喀诺布：《论藏族古代史的几个问题》，《中国藏学》，1988年第2期。

④ 杜佑：《通典》卷一百九十《大羊同》条，中华书局点校本，第5187页。

类繁衍,是吐蕃的发祥地。依据藏文史料推断,公元前2世纪(有的学者推算为公元前4世纪),聂赤赞普自天而降,到达雅隆河流域后,做了"六牦牛部"的首领①,被尊为"圣神赞普鹘提悉勃野"。②唐朝汉文文献记述:"又或云:始祖赞普自言天神所生,号鹘提悉补野,因以为姓③。"自此雅隆部有了第一代赞普。经过千年的发展,雅隆部落终于成为建立吐蕃王朝、统一吐蕃全境的核心部落。据藏文《雍仲苯教目录》记载,在悉补野部时期有称为"蕃域索卡"者,是为蕃国的开始。看来,作为地域部族,吐蕃王朝形成以前的古国王意义的"蕃"这个称谓,已经出现。《藏族简史》认为这些"说明吐蕃诸部不断合并的趋势加强"④。

雅隆部蕃人崇拜山川和日月星辰。有的学者说雅隆部信仰苯教古代"雍仲"符号,就是崇信太阳;有的学者认为古蕃人崇拜"白石"。古蕃人死后实行土葬,朗县的列山墓葬群和琼结县的藏王墓,都充分说明古蕃人实行土葬的习俗。雅隆部赞普的婚姻限制在"神龙之女"范围之内,说明当时族外世婚制建立在狭小的地域内和固定的血缘关系之上⑤。

聂墀赞普及其后六代赞普,史称"天座七王",史籍记载颇多神奇玄怪色彩。第八代止贡赞普继位,不久被杀,王位被篡夺。经过10年激烈战争,雅隆部王室夺回王位,而且兼并了一些部落,止贡赞普的次子布岱贡杰即位。此时,悉补野部经济有了很大的发展,"把木头烧成木炭,熬煮皮子,取得皮胶,挖出铁、铜、银3种金属,木头上钻孔制造出犁轭,二牛共轭把平川开成田地,引湖水入渠,田里洒下种子"⑥。当止贡赞普和布岱贡杰在位时,来自象雄部的苯教传播,而且由"仲"和"德乌"的苯教巫师护持国政⑦。此二王称

① 王尧、陈践译著:《敦煌本吐蕃历史文书》民族出版社,1980年版,第162页。

② 见唐蕃会盟碑东侧藏文碑文,1920。

③ 杜佑:《通典》卷一百九十《吐蕃》条,中华书局校点本,第5170页。

④ 《藏族简史》,西藏人民出版社,1985年版,第16页。

⑤ 《藏族简史》,西藏人民出版社,1985年版,第18~19页。

⑥ 萨迦·索南坚赞:《王统世系明鉴》,辽宁人民出版社,1985年版,第47页。

⑦ 萨迦·索南坚赞:《王统世系明鉴》,辽宁人民出版社,1985年版,第46页。

为"中丁二王"。

雅隆部先后出过"七贤人",他们在农牧业和手工业以及冶炼、建筑等方面的创造和倡导,有力地推进了雅隆经济文化的发展。在布岱贡杰时,雅隆部已掌握了农田水利、农具制造和冶炼银、锡、铜、铁的技术。到第十代赞普伊休烈时期,雅隆部的农牧业经济有了进一步的发展,雅隆文化逐步赶上并超过象雄和雅鲁藏布江、拉萨河、年楚河、尼洋河流域等其他部落和部族的文化。到第三十代赞普达布聂塞时,定都于琼结清哇达孜宫,开始统一卫藏。第三十一代世赞普朗日伦赞时(又称朗日松赞),兼并强邻,征服了一个强大的部落共同体,朝民族形成跨出了一大步①,为松赞干布进一步统一青藏高原,建立强大的吐蕃王朝奠定了基础。

在松赞干布统一青藏高原诸部之前,隋唐之际,青藏高原还有许多属于古羌人苗裔的部落和西迁鲜卑的吐谷浑部。这些部落,在青藏高原的历史上,有的可以追溯到汉、魏、两晋、南北朝时期,隋唐时期依然颇为强大,只是在吐蕃王朝兴起之后,才被吐蕃王朝兼并,其人民也多在吐蕃王朝兼并后的近200年中,逐渐被吐蕃文化所同化,成为藏族形成发展的一部分来源。关于这些部落和游牧民族的历史,藏、汉文史籍记载有基本相同之处,也有较大差别之处。对许多名称与分布,当前学术界仍持有不同见解。现分别简叙如下:

苏毗为古羌人的一支,藏语称为"孙波"、"松巴"。《隋书》卷八十三《女国》条,叙述其"王姓苏毗",故名其部为苏毗,是一个女子当权,男子"唯以征伐为务","其俗贵妇人、轻丈夫"的羌人部落。苏毗经济以畜牧为主,狩猎占很大比重。"(女)王居九层之楼,侍女数百人,五日一听朝";"女王之夫,号曰金聚,不知政事"②。《新唐书》卷二百二十一下《苏毗》条记述:"苏毗,本西羌族,为吐蕃所并,号孙波,在诸部最大……户3万。"关于苏毗的分布,汉、藏史籍所叙,颇有歧义又都比较含混,故当前研究者判断不一,大概判断

① 尼玛太:《藏民族形成的时代及其他》,《西藏研究》,1985年第3期。

② 《隋书》,中华书局标点本,第1850页。

分布于今青海玉树藏族自治州与藏北接壤地区及藏北那曲、班戈一带，以及拉萨河以东墨竹工卡、尼木等地。按《隋书》及《唐书》记载，苏毗在被吐蕃灭亡以前及之后都能与隋、唐王朝通贡，与突厥也产生过联系，松赞干布时期，苏毗被吐蕃兼并。

关于苏毗被征服一事，藏文史料是这样记载的：苏毗女王赤邦松吞并邻部年噶尔娘波以后，把年噶尔娘波的旧臣娘氏等家族降为奴隶，连同土地封授给对女王赤邦松有功的年氏。娘氏等不堪年氏的虐待驱使，上诉女王，要求解脱奴籍，遭到女王拒绝。后来娘氏等暗中联络雅隆部朗日伦赞出兵，娘氏等暗中策应，朗日伦赞派兵攻下了赤邦松的城堡，女王被杀。以后朗日伦赞被害，苏毗旧部叛乱。松赞干布即位后，再次征服了苏毗，并派重要的大臣坐镇苏毗，以后设立苏毗"如区"，并将苏毗划分为 11 个"东岱"（千户所区），成为吐蕃的"五如区"之一。有的苏毗部落被派往河、陇及西域四镇作战屯边。由于苏毗产铁，苏毗向吐蕃所纳贡物为铁器，故吐蕃称其王为"铁王"。经过吐蕃 100 多年的统治，苏毗人逐步为藏族所融合。

党项为古羌人的一支，藏语称"弥药"，分布在青海东南部和四川西北部，即东至松州，西邻叶护，南接春桑、迷桑等羌。《新唐书》卷二百二十一下《党项》条载，唐初，曾在该地设懿、嵯等 32 州，属松州都督府。后来在吐蕃势力威逼下，拓拔氏党项内徒（迁到陕、甘、宁夏交界地带）。"地乃如吐蕃，其处者皆为吐蕃役属，更号弥药。"另外，破丑氏党项，局雪山之下，亦称雪山党项。自龙朔（661～663 年）后，"并为吐蕃所破而臣属焉"。破丑氏"与吐蕃姻媛，赞普悉王之"。吐蕃对征服的羌人部落，有的授以"王"的称号。

到 11 世纪初，党项羌曾建立过西夏王朝。西夏信仰佛教，曾与西藏噶举派的楚布寺有联系，并资助楚布寺的修建。因此，西夏与西藏佛教各教派有良好的关系。元灭西夏后，西夏一支王族率部分轻骑逃到西藏昂仁一带，受到萨迦地方政权的庇护，成为后来元朝敕封的十三万户之一，称为"堆"万户①。一部分西夏余部逃到康定折多山西面的木堆地方，自称"木雅人"。其

---

① 王辅人、索文清：《藏族史要》，四川人民出版社，1980 年版，第 5 页。

首领以后成为元、明、清敕封的“明正土司”（藏语称为甲达杰布）。据一部分学者考证，居住在樟木口岸一带的夏尔巴人，自称是从东方来的木雅人，可能就是从四川甘孜州木雅地方迁徙而去的人。

白兰，据《新唐书·党项》和《册府元龟》载：“吐蕃谓之丁零，左属党项，右与多弥接。”龙朔后，“为吐蕃所臣，籍其兵为前驱”。当地出黄金、铜、铁，“其国随水草，以肉、酪为粮，颇识文字”；“地宜大麦，而多蔓青，颇有菽粟，出蜀马、牦牛”。6世纪中叶，白兰曾遣使向北周朝贡，7世纪中叶，白兰被吐蕃兼并。

多弥（难磨）也是羌人部落，史载其境于苏毗东部，在今金沙江上游通天河一带。产黄金，“役属吐蕃，号难磨”①。其地居青藏高原中央，全属平浅草原，无大山谷，四通八达，为吐蕃与唐往来必经的交通要道。

吐谷浑（阿柴）是鲜卑与羌族共建的古代游牧族群。鲜卑族是我国古代民族之一。3世纪末，鲜卑族慕容部酋长吐谷浑自辽东西迁至甘南和青海东南部，不久成为羌族的统治者，慕容部贵族和羌族酋长混合组成统治阶级，羌族平民成为被统治阶级。吐谷浑虽施行封建制度，但仍保留着极浓厚的原始社会残余②。

7世纪初叶，吐谷浑曾与唐朝发生战争，随之向唐朝臣服，并与唐和亲。吐蕃王朝征服青海，主要对象是吐谷浑。

7世纪末，吐蕃征服吐谷浑后，曾向吐谷浑境内大量移民，并派军队同当时称为“幸巴”的农民大力从事农业生产，以保证军供。吐蕃统治吐谷浑150多年后，境内的鲜卑人、羌人、氐人逐渐接受了吐蕃的宗教与文化，被吐蕃所同化而成为吐蕃民族的一部分。

在青藏高原的东部地区和四川西部，据《后汉书·西南夷传》载，秦汉时期，这一带地方曾居住有许多古代羌人部落，如“牦牛羌”、“冉駹夷”等。古代的牦牛羌地域包括今大渡河上游、康定、丹巴等地。冉駹既是族名，又是

① 《新唐书》卷二百二十一下《多弥》条。

② 范文澜：《中国通史》第四册，人民出版社，1978年版，第52～53页。

地名。《后汉书·南蛮西南夷列传》载，冉駹“其山有六夷、七羌、九氐、各有部落”，冉駹夷其聚落“皆依山居止，累石为室，高者至十余丈，为邛笼”。据有关学者考证，“邛笼”即“碉房”，为冉駹夷首创，以后为其他民族所利用。现代学者童恩正说：“在现在的阿坝、甘孜两州境内，即汉代‘冉駹’的故地，曾发现大量的石棺葬”。碉房和石棺葬保留了古代冉駹人的文化遗迹。

隋、唐时期，岷江上游一带泛称为“西山”，在西山一带有许多古羌人部落交错杂居其间。这些古羌族部落经过长期的互相争夺、同化、融合，出现了局部统一，形成了一些较大的羌人部落集团。如“西山八国”、“东女国”等，都是吐蕃统一川西北以前西山地区诸羌所建立的局部地方政权。“这些所谓‘国’，实际上是一个较大的部落群体”①。

在吐蕃兴起以后相继被吐蕃兼并，并融合于吐蕃民族的羌人部落还有附国、东女国、嘉良夷、白狼等，这些部落或部落群体被吐蕃兼并以前都有较长的历史，其中有些经济文化的发展达到了相当可观的水平，但目前学术界研究意见不一。比如附国，有人认为就是雅隆悉补野部落②，但藏学界一般不同意这种观点。对于这些部落，不再一一叙述。

以上简述，说明古代青藏高原生息着象雄人、蕃人、羌人、氐人、鲜卑人、夷人(嘉良夷)等。其中象雄文化最古老，影响所及几乎达到整个青藏高原。雅隆文化崛起，既是一支独立的文化，在一定程度上又是象雄文化的继承和发展。吐蕃统一青藏高原，又使雅隆文化扩展到其政治统治所达疆域，成为青藏高原的文化渊源的主流；同时，她又吸收青藏高原其他族、部的文化，融合为辉煌灿烂的吐蕃文化。吐蕃文化具有丰富多彩的内涵。经过长期融合和发展，藏族文化既具有共性，又具有广大博深的多元个性特征。藏民族是以青藏高原固有的四大氏族为基础，以象雄人、蕃人为主，融合青藏高原古

① 格勒：《古代藏族同化、融合西山诸羌与嘉戎藏族的形成》，《西藏研究》，1988年第2期。

② 田晓岫：《吐蕃王族族源新考》《中国藏学》，1994年第1期，并参见该文所征引岑仲勉、马长寿、格勒3位汉、藏学者的见解。

羌人和其他族部而形成的一个古老的民族，是一个多元一体的民族。

二　藏族形成和发展的历程

民族的形成最终需要各部落走向统一的过程来实现，需要一个推动社会进一步向前发展的政治实体和统率人物。从这个意义来讲，公元前2世纪雅隆部落的崛起、第一代赞普聂墀赞普的出现到松赞干布统一青藏高原期间的历次重大事件，都具有划时代的历史意义；藏民族的先民正是从那个时候开始，逐渐发展融合成为统一的民族。

（一）吐蕃第一代赞普是蕃人

随着印度佛教文化传入西藏，佛教徒对古印度有一种特殊的宗教情感。有的宗教史称："释尊尚未诞生的争劫之初，茹巴德王兵败，率众眷女装逃至雪域，繁衍生息终成吐蕃"；"吐蕃一世聂墀赞普乃释迦族一位王子"等等。这些传说带有浓厚的宗教色彩和感情，与藏族起源、发展的历史实际却完全不符：一是在敦煌古代吐蕃文书中未发现有此说法；二是这位茹巴德王在逃至雪域之前，青藏高原已有许多族落，前文叙述青藏高原的旧、新石器时代文化，已证实藏族的起源既有鲜明的土著特点，又是由多元发展为一体的；三是现代医学通过对西藏藏族白细胞抗原分布研究表明，西藏居民同尼泊尔、印度、巴基斯坦等各居民的白细胞抗原类型有极大的差别。对于吐蕃第一代赞普是释迦族一位王子的说法，众多的藏文史料也持否定态度。

公元前2世纪，雅隆部落的牧业、农业生产已达到一定的水平，出现了藏族历史上第一个由雅隆各部落公众推举的"王"——聂墀赞普。"聂"是"颈脖子"的意思，"墀"是"宝座"的意思，"赞普"是"强雄"的意思，转义是"王"的意思。聂墀赞普就是众人用颈脖子做宝座迎请之王。聂墀赞普被6个部落推为首领，称为"六牦牛部"。

作为雅隆部落的第一个王，为了震慑各个部落，提高雅隆部的凝聚力和号召力，苯教徒就把聂墀赞普说成是"天神之子"，这样既有利于赞普族系合法传承王位，也有助于雅隆部兼并、统辖其他部落，扩大势力范围。当时，有

"天神六兄弟"之说,他们是洛、聂、琼、努、赛、波6个牦牛部落,聂墀赞普把"天神六兄弟"组成了蕃噶联盟,出现了世袭的王权和专职的苯教御前巫师。这个蕃噶联盟就是"蕃国"的开始。

关于聂墀赞普的出生地和族系,著于12世纪的《德乌宗教源流》《雍布拉康目录》等书记载:"波卧(今波密县)之境有一波人莫莫尊者,怀里生有9小鬼,幼幺者称玛聂乌皮热,其舌可覆盖面之中央,手指间生蹼相连,凶狠至极,具大法力,因见过蛊,故曰逐之。波卧境具法力之苯教诸僧,举仪送小鬼,逐往'博'方,适逢'博'之寻请其王者,问曰:'汝为何人乎?'答曰:'吾乃波卧境之人。'又问曰:'汝之手指间与舌等如此奇特,尔有何法力?'其答曰:'术皆因法力和幻术过甚,故被逐之。'众曰:'乞为吾等之王,即以肩舆升之'。并言:'此乃杰·聂墀赞普也。'"由于聂墀赞普出生于波密,故在他的名字上冠以"波杰"(在古代汉文史料中被译成"悉补野")的称号,即来自波卧地方的国王之意。聂墀赞普与雅隆部人的对话,表明当时各部落间已经有一种共同的语言。同时,一个异部落的人成为雅隆部落的首领,表明当时的部落不完全以血缘关系结成群体,而是以地缘关系结成部落。这时成为"博巴"的雅隆部落集团已初步形成,后来发展为藏族的雏形。

(二)苯教的传播为藏族的形成起了凝聚作用

青藏高原先民经过漫长而艰难的历程之后,逐步由狩猎、游牧文化转变为农业、畜牧文化,在西北出现了以牧业为主、兼有农业的古象雄国。生产的发展推动了整体文化的全面发展,产生了原始崇拜的苯教。

苯教同主张万物有灵的萨满教相似,是西藏高原的原始宗教之一,最初起源于象雄西部地方,受古代波斯宗教的影响。从《苯教源流》记载来看,苯教在原始氏族社会期间,已广泛流行于今西藏阿里地区和藏北一带,后来沿着雅鲁藏布江和念青唐古拉山脉自西向东广泛地传播到整个藏区,成为藏族先民共同信仰的宗教。苯教教徒在协助雅隆悉补野部征服青藏高原诸列国、小邦,建立统一青藏高原的吐蕃王朝中,起过重大的作用。历代赞普治理国政的文化就是象雄的苯教文化。苯教文化是用象雄文来表现的,从聂墀赞普到牟尼赞普的名字,都是苯教徒用象雄语取的名。苯教一度成为吐蕃早期的主导宗教,渗透到上至赞普王室、下至普通百姓的各个角落。随着吐蕃的扩张,苯教北传到吐谷浑,东传到嘉良夷。苯教庙宇遍布于从西部阿里起至东部今阿坝州一带的广阔地域,遍及今甘、青、川、藏等藏族的地区。至今藏族群众中流行的风俗习惯,大都可以从古代苯教的习俗和祭祀仪式中追溯到根源。苯教的传播为藏族的形成和发展起到了凝聚作用。

(三)松赞干布统一青藏高原有力地推动了藏民族的发展

7 世纪初,吐蕃历史上著名的民族英雄松赞干布再次征服工布、达布、娘部和苏毗等部,兼并了象雄,逐步完成了统一吐蕃全境的大业,有力地推动了藏民族在更大范围内的形成和发展。松赞干布首先建都拉萨,推行统一管理全境的政令,派两位大臣分别对苏毗和象雄进行有效的统治,以防他们再次反叛。经过 100 多年统治,象雄人、苏毗人、白兰人、吐谷浑人和东女国人已和吐蕃融为一体。其次,松赞干布派大臣吞弥等人,经西域赴天竺,仿照天竺及和阗诸国的文字,规范了沿用至今的藏文①。松赞干布带头推广藏文。据藏文史籍记载,当时用藏文写就藏文文法,行文法令,书事记年,制定“六种大法”和历法,并翻译佛经。墀松德赞和热巴巾赞普,又先后对藏文进行规范和完善。从此,藏民族开始使用统一的文字,民族发展进入更加文明的新阶段。藏文的推广使用,对藏民族的形成和发展起了极为重要的作用。

7 世纪下半叶到 8 世纪末是吐蕃扩张的时期。吐蕃在东北部先后征服了吐谷浑和党项、白兰等鲜卑族、羌族、氐族部落,占领了唐朝的河、陇地方和西域 4 镇;在东部收服了附国、东女的地方,直抵大渡河上、中游和岷江西岸;在东南部抵达迪庆一带与南诏结盟;在南部越过喜马拉雅山,占据了喜马拉雅山南麓的边沿地带。疆域的扩张,为藏族在更大范围内的分布、融合

---

① 关于藏族文字的起源,现在有一部分藏族学者认为,在松赞干布以前藏族的先民已有文字,松赞干布所委派吞弥等人,从印度学习回来,在原有藏族先民文字的基础上,参照从印度学习的文法及构字方法,加以改造,形成了藏文;也有一些藏族学者认为吞弥等人是重新创制藏文。这一问题,还有待进一步研究,才能得出结论。

和发展奠定了基础。

公元前2世纪到7世纪形成的蕃国,简称为“蕃”。它既是藏民族的名称,也是古代地方王朝的名称。这个时期的疆域实指吐蕃本土(即西藏境内),到赤松德赞时,随着吐蕃疆域的扩张,出现了“大蕃”(即大吐蕃)的称呼。822年唐蕃会盟碑上就出现了“大蕃”,以示同唐朝称“大唐”相对等。“大蕃”的疆域实指包括今川、甘、青、滇和当时部分在喜马拉雅山南麓的藏区。史称吐蕃“尽收羊同、党项及诸羌之地,东与凉、松、茂、嶲等州相接,南至婆罗门,西又攻陷龟兹、疏勒4镇,北抵突厥,地方万余里”。著名历史学家范文澜指出:“原来寂寞无所闻的中国广大西部,因强有力的吐蕃的出现,变得有声有色了。这是吐蕃历史大进步的时期①。”的确,吐蕃统一青藏高原,对中国西部各民族的历史产生了深远的影响。

吐蕃疆域的扩张,推进了藏民族分布区域的扩大。据敦煌藏文史料记载,吐蕃曾从本土征调了一部分“东岱”(千户)和部落开赴河陇、西域4镇和川西地方作战戍边,并让士兵和随军奴隶在当地耕牧。吐蕃占领吐谷浑后,曾从本土向吐谷浑大量移民,开发农业,并将党项、白兰和吐谷浑故地改称安多,由大将噶·钦陵率军长期驻守,推行吐蕃统一的政令和使用藏文,加快安多地区的融合过程。“随着吐蕃王朝的统治,人们的活动及交往范围逐渐扩大到青藏高原的全部,同时促进了青藏高原上的苏毗、羊同、党项、白兰等族部的融合。这样,一个新的人类的共同体藏族就在青藏高原各地形成并分布开来②。”

7世纪至9世纪中叶,藏族历史上第一个统一的吐蕃王朝确立并发展。吐蕃社会经过200多年的剧烈变化和迅猛发展,形成了具有共同语言、共同地域、共同经济生活和共同心理素质的人类共同体。藏民族已基本形成。

(四)藏传佛教对藏民族形成和发展的影响

7世纪,佛教先后从中原和天竺传入吐蕃,受到吐蕃王室的重视。吐蕃

① 范文澜:《中国通史》第四册,人民出版社,1978年版,第58页。

② 《藏族简史》,西藏人民出版社,1985年版,第13页。

开始兴建寺庙，先后修建了大昭寺、小昭寺和桑耶寺等著名寺庙，翻译了大量佛教经典，对僧人赐给农田、牧场和属民，免除差税。佛教竭力为吐蕃王室服务，得到了王室的信任和支持，逐步战胜了苯教，取得了主导地位。赤松德赞下令全境信佛，并设立“僧相”，让僧人参与吐蕃政权的管理。

佛教僧人为了在吐蕃生存，在人们心中扎根，将苯教奉拜的十二丹玛神（永宁地母十二尊）改奉为佛教的护法神；把苯教的一些巫术吸收到佛教的仪轨中，从而赢得了吐蕃群众对佛教的信仰。同样苯教僧人也吸收了佛教的一些思想，改革了一些苯教的仪轨，使苯教继续在牧区发展。

吐蕃朗达玛赞普反佛以后，一些佛教徒为避开反佛的卫藏地区，进入安多、康区传播佛教。卫藏地区的佛教经过几十年的沉默后，10 世纪初，佛法又从朵甘思逐渐传入乌斯藏地区，并开始复兴起来。佛教关于“一切众生平等”和“从苦海解脱”的主张，在一定程度上反映了被压迫的农奴和奴隶祈求摆脱苦难的愿望，因此获得广大农奴对佛教的信仰。这时各地方割据的政治势力又和佛教势力相结合，形成政教结合的统治势力。大部分藏区转入封建农奴制社会，同各教派的形成几乎是同时完成的。卫藏地方实行了豁卡庄园制，各教派的首领成了封建农奴主。他们竭力争夺群众，扩大势力范围。元朝在卫藏地方所封的 13 个万户，基本上是一个教派一个万户，其中有 9 位万户长是僧人。

藏传佛教在传播佛教经典的同时，也传播了藏民族的文化。元、明、清历代中央政权用尊崇藏传佛教的方式统治藏区，客观上推进了藏民族的融合，促进了藏民族共同语言文字和共同心理的形成，成为藏民族的凝结剂，进一步促进了藏民族的发展。

藏传佛教的传播对青藏高原的“无形统治”长达 1000 多年，对藏民族的形成与发展起了催化剂的作用。佛教已渗透到藏族群众生活的各个领域，使藏民族文化的诸多方面都带有浓厚的宗教色彩。

原载于《中国民族文化大观·藏族卷》（中国大百科全书出版社，1994）

恩师钦绕诺布传略

强巴赤列撰

格桑益西译

(1984年)

[**关键词**]钦绕诺布;传略

[**摘　要**]该译文是已故著名藏医专家强巴赤列院士用藏文撰写的,关于藏医历算学院(门子康)的首任院长、十三世达赖喇嘛的保健医生钦绕诺布大师的传略及其在藏医学方面取得的硕果。译文1984年收录在东北科学出版社出版的《中国医学家荟萃》一书中,后转载于中国藏学出版社出版的《国医大师强巴赤列的藏医生涯》一书中。

阿曲巴·钦绕诺布于藏历第十五绕迥水羊年(1883年)出生于山南甲萨寺附近的一个历算世家,父名章国列(又名孜巴阿吾其),母名央吉。出生后,其父观其生日所逢星辰,知其生辰隐没于其头顶上,认为这是个吉兆,表面其子不是普通凡人,因而倍加爱护。钦绕诺布年龄稍长,就剃度出家,到山南泽当阿曲扎仓习文。在此期间,他显露出圆满的智慧、大慈大悲之品德,即对年幼者不欺压,对弱小者怜爱,对温顺者忍耐待之,对事业勤奋好进等良品。不久,因所积善业之威德,钦绕诺布从众多青年僧人中脱颖而出,被选送到拉萨药王山利众医学院学习。到拉萨后,他拜药王山利众医学院医生阿旺曲丹为师,开始学习医学著作。正如在《原理论典慧学宝树》中所讲"图安乐要抛弃学问,求学问要抛弃安乐,安乐中岂能得到学问,求学问则不会有安乐"的名言一样,为了追求学问,钦绕诺布不分昼夜奋发努力,不讲究衣食,过着清贫的生活。

那时钦绕诺布只有一件打结连起来的破旧衣服，因此，药王山的人给他取绰号为“百结者”。由于他在学习上百折不饶、奋发图强，在很短时间内便顺利通过了医书背诵、念经、法行等课程的考试。1897 年，第十三世达赖喇嘛任命斋康·强巴土旺和后藏西嘎寺的甲普·当曲白旦2 人为保健医生，并令其带徒传授，培养后继者。药王山扎仓根据达赖喇嘛谕旨，第二次挑选学徒，阿曲巴·钦绕诺布、旦巴亚培和乌堆扎瓦寺的医生楚成年扎 3 人被选中。钦绕诺布不仅拜斋康总堪布为师学习了《四部医典》及注释本《蓝琉璃》等医学著作，而且拜精通五明者措吉·多吉坚参、锡金活佛伍坚旦增加措、库奴活佛旦增坚参、匝日·吉加东增等为师学习藏医历算、语言、诗镜、文法等，他还因精通声明学而被授予“央金洁白朗措”即“妙音欢乐青年”之称号。那时，钦绕诺布每天坚持到斋康总堪布措吉·多吉坚参和锡金活佛伍坚旦增加措和匝日·吉加东增等三位大师跟前求学，从未间断。中午，他把所学东西牢记后方到街上买烧饼充饥，并在布达拉宫下的石碑前休息片刻。每次考试取得优异成绩时，他就到“吉达”饭馆就餐以示庆祝，但饮食间仍手不释卷，绝不疏怠。若所学东西中有一样没有记熟，钦绕诺布就鞭策自己昼夜背诵，且不进饮食，以示决心， 这样， 在不太长的时间内其学问大长，博通广达。

1912 年，钦绕诺布 29 岁，担任了哲蚌寺医生，并开始研究医学著作，著书立说，取得了辉煌成就。如在《医说人体绕条月亮宝镜》这部医学著作的末尾，钦绕诺布写到：“藏历铁狗年，本人年方 29 岁，开始担任哲蚌寺医生，其间本人以两个月时间在泽当康参马南侧的第二门仲家里认真研究实践了《四部医典注释蓝疏璃》等医学著作，并进行著述。在对《四部医典》的某些方面有新的领悟时就用红线标出，用蓝笔加以旁注，并送交恩师多吉坚参(强巴赤列的爷爷)审阅。恩师阅后非常欣喜地教诲于我，我牢记恩师教导进行了真实可信的修改。”钦绕诺布还著有广释根本论的《医学海洋之精华》《简述草药形状稀奇金穗》《婴儿接生法利众明目宝鉴》等著作。1913 年，夏扎大臣前往印度参加“西姆拉会议”时，恩师作为随行医生同去印度，在彼地为英国、印度等国病人看病，治愈了许多痼疾顽症，受到人们的赞扬，有的前来拍照留念，有的送来礼物。从此医学专家的大名传遍各地。此后，钦绕诺布回到西藏继续行医。1916 年，第十三世达赖喇嘛为黎民百姓的根本利益着想，投入大量财物创建了藏医历算学院（门孜康），并任命钦绕诺布为药王山利众医学院院长，兼任藏医历算学院院长。钦绕诺布大师的名声及善事传遍四方，许多有志者都前来拜师。大师从各寺院、兵营、密乘僧院、青海、阿坝，甚至不丹、锡金、克什米尔等地先后招收弟子千余人，修业以医学为主，兼授正字法、诗镜论、文法和声明学等，并根据弟子的不同情况分别讲授《菩提道炬论》《诫王书》《劝学书》《九乘要义》《三要道》等著作。

尽管钦绕诺布获得了大学者之美誉，但正如大海不厌其深一样，他又先后拜果洛活佛甲白锐白洛珠、参尼活佛甲白罗布、哲蚌康萨尔仁波切、帕崩卡·德庆尼布、拉尊仁波切、迦布吉·达玛森格之弟子晋美赤来活佛、格培活佛、甲央肯孜、左庆白追等诸贤为师，灌顶传经，苦读受训，修《四部医典》《时论》和《宇妥精义》等医学著作。

1918 年，达赖喇嘛的御医堪琼甲普巴·当曲白旦因年事已高要求辞职，钦绕诺布大师在第十三世达赖喇嘛的推荐下，受命代替其职。那时，有一本达赖喇嘛给钦绕诺布的密信以及书信抄件和回复信笺汇集成的书卷，据说现已散失。第十三世达赖喇嘛圆寂前的 1932 年，钦绕诺布大师的保健医生职务被无故罢免。直至次年，1933 年达赖喇嘛因感冒而圆寂后，钦绕诺布才领悟到罢免职务是为了避免蒙受敬献药物有误之罪，是能够使自己继续继承发扬藏医历算事业而作出的预见性的英明决策。

钦绕诺布辑著的书除上述之外，还有《显明〈四部医典〉程序母虎锐气》《广释〈详解轮〉的明月宝镜》《病名简述》《阐明医学原本总纲要义之钥匙》《〈外论〉血脉之补充》《剖刺脉道结论》《治疗老年病的经验》《南药及甲骨金石药材形状如意宝瓶》《详解草药形状医生之宝物》《简述草药形状稀有金穗》《配方功效汇总》《配方甘露宝瓶》《药味配置图标表》等著作。钦绕诺布称“此等著作为奉献给热心医学事业的初学青年而著，愿药师佛的大作《四部医典》之要义领悟透彻无误”。钦绕诺布在历算方面的著作有 1918 年写成的《历算类别要义》和《汉地历算缩论》等，并把这些著作亲自授予弟子们。

时至今日，这些著作流传仍经久不衰，广为受用。另外，为了继承和发展藏医历算，钦绕诺布还修复并重新绘制了第司·桑杰嘉措所制79幅医学卷轴画，为了学生学习之便，把脉络详图、火灸治疗法图样、体腔线条、洛扎·旦增罗布照人体所画图样、一目显现《四部医典》章节图案、时轮派世界图、日月星辰环绕运行图和诗境中难作修饰法尽善圆圈等稀奇图画绘在藏医历算大讲堂的墙上。特别是为了在实践中详细讲解和传授辨认草药的经验，每年夏季（藏历7月1日至15日），钦绕诺布同药王山的医生、藏医药的医生以及学生们（以后每隔一年同藏医药的医生和学生）一道赴多弟、森蛮拉、略那猜嘎和爷巴拉日等地采集药材，并在曲布的帐篷里让弟子们依次辨认300余种草药，根据辨认成绩赐予名次。钦绕诺布不仅继承和发扬了第司·桑杰嘉措开创的优良传统，而且主持了藏医院创建以来进行的三次大的生药材辨认考核。第一次考核邀请了斋康总堪布强巴土旺。斋康总堪布因看到考核非常严格，喜悦之情油然而生，赏赐给众医生一枚金币，授予文殊菩萨名号的传承。钦绕诺布大师不仅对藏医历算的继承和发展作出了卓越的贡献，而且非常关心教育事业。他规定对初学青年从读书写字抓起，教正字法、文法、诗境论、修饰法和梵文等课程，并在藏医历算院毕业时根据考试成绩颁发证书，使这些毕业生回到各地以后能为民众卫生事业作出有益贡献。1952年，钦绕诺布70岁高龄时写成了以菩提树为喻的《广释医学》一书，教育医生们要对医学精益求精，努力成为一个使病人脱离痛苦的良医。他在此书的“备考”一章里告诫说：不懂人体状况者恰似房东不了解房客，不懂人体性能者恰似不懂机器之奥秘，不懂发病缘故就不会分辨病症，不懂寒热之药性就等于利害混杂不分，特别是不懂药效等于亲友变仇敌，不懂疗法技艺等于黑暗里拳头无目标。故此，能灭除各种疾病，精通各种疗法，并能按照佛说经教实施的良医，应当受到恭敬。虽然一时间盛行的良药疗法、外科手术以及医疗器械使人们稀奇称赞，以至倾倒，但治疗能否得法必有厉害反映。本来各种病根及治疗法无不载明在《四部医典》里，只是因为条件所限没能发挥出其效益。人体外表上的残疾、畸形和肿块的发病根源除极少是外伤、皮破和骨损所引起之外，主要还是体内“龙”、“赤巴”、“培根”所引起。

要准确地辨别一切病症并要对症治疗，除透彻领悟上述之外，还要广泛学习其他国家的疗法及传统，方能成为一名解除病人痛苦的良医。钦绕诺布怀着一颗为众生服务的纯净心，用许多比喻来告诫医生和弟子要重视病症的辨别，不要混淆消除病根的疗法，同时要求学生学习传进来的西医注射和手术法等先进治疗技术。钦绕诺布一生著书立说，弘扬医法，发展藏医历算，布施穷人乞丐，对病人尽心竭力，始终执持了圣人之道。这正是"月亮使人除炙热，太阳使大地明亮；火之热，风之速；圣人仁爱之心，都给他人利益，均是俱生的本性"（《如意宝树》）。"时常乐意为众生谋利者是人之杰，恰似宝灯不论油有多少、灯芯的粗细，把一丝光无私地照尽为止（《智慧树》）。

1959年藏历土猪年，钦绕诺布77岁高龄时正逢西藏进行民主改革。党和人民政府非常关心和重视扩建藏医院，委任钦绕诺布大师为拉萨市藏医院院长，并选任为全国政协委员，给予了无限关怀。1962年12月24日，钦绕诺布大师与世长辞，享年80岁。

原载于《中国医学家荟萃》（东北科学出版社，1984年）

མཇུག་བྱང་།

དེ་རིང་བོད་རང་སྐྱོང་ལྗོངས་དབུ་བརྙེས་ནས་ལོ་ངོ་༥༠འཁོར་བ་དང་། བོད་ལྗོངས་སྤྱི་ཚོགས་ཚན་རིག་ཁང་དབུ་བརྙེས་ནས་ལོ་ངོ་༣༠འཁོར་བའི་སྐབས་དེར་བཀྲ་ཤིས་པ་ཞིག་ལ་བོད་ལྗོངས་སྤྱི་ཚོགས་ཚན་རིག་ཁང་གི་དབུ་ཁྲིད་ཀྱི་ཐུགས་ཁུར་ཟབ་བཞེས་འོག་ཁོ་བོས་ལྗོངས་ཕྱི་ནང་གི་དུས་དེབ་ཁག་ཏུ་སྤེལ་བའི་ཆེད་རྩོམ་དག་བསྡུ་རུབ་དང་པར་སྐྲུན་བྱ་རྒྱུ་བྱུང་བའི་གོ་སྐབས་ཐོབ་པ་དང་། སྒྲིགས་བོད་རིག་པའི་ཞིབ་འཇུག་ལས་རིགས་གཅིག་པའི་སྐྱོན་བརྗོད་ཡོ་བསྲང་ཡོང་བའི་གོ་སྐབས་ཀྱང་ཐོབ་བྱུང་བས་ངས་ཆེད་རྩོམ་ཕྱོགས་བསྡུས་པར་སྐྲུན་བྱེད་པར་རྒྱབ་སྐྱོར་གནང་མཁན་གྱི་བོད་ལྗོངས་སྤྱི་ཚོགས་ཚན་རིག་གི་དབུ་ཁྲིད་དང་། ཚན་རིག་ཞིབ་འཇུག་དོ་དམ་ཁང་གི་དབུ་འཛིན་ལས་བྱ་ཡོངས། དེ་བཞིན་ལས་ཀ་དེར་ཐུགས་ཁུར་གནང་མཁན་སློབ་དཔོན་དང་། ནང་མི། ལས་རིགས་གཅིག་པ། གྲོགས་པོ་བཅས་ལ་ལྷག་བསམ་ཟོལ་མེད་ཀྱིས་ཐུགས་རྗེ་ཆེ་ཞུ་རྒྱུ་ཡིན། ད་དུང་བོད་ལྗོངས་སྤྱི་ཚོགས་ཚན་རིག་ཁང་གི་ལས་གྲོགས་ཟླ་བ་བུ་ཁྲིད་དང་ལྷག་སྒྲོན་རྣམ་གཉིས་ནས་ལས་བྲེལ་ལ་མ་འཛེམས་པར་ཁོ་བོའི་རྩོམ་ཡིག་དང་བསྒྱུར་ཡིག་དག་དཀའ་ཚོགས་བཟོད་བསྲན་གྱིས་གློག་འཕྲུལ་ནང་བླུགས་པ་དང་པར་སྒྲིག་གནང་བར་སྙིང་ཐག་པ་ནས་ཐུགས་རྗེ་ཆེ་ཞུ་རྒྱུ་ཡིན།

后记

在西藏自治区成立50周年、西藏社会科学院成立30周年之际，我感到非常庆幸，在西藏社会科学院领导的关心下，分散发表在区内外报刊杂志上的文章现在有机会汇集起来出版，同时也得到了藏学界同行的批评指教的一个机会，因此我要向支持本论文集出版的院领导和科研处等有关部门的领导及工作人员，以及关心此事的师长、家人、同行和朋友表示真诚的感谢。同时感谢西藏社科院同仁达娃普赤和拉珍耗费时间和精力的录入排版工作。

格桑益西

2015年11月16日

༄༅། །སྐལ་བཟང་ཡེ་ཤེས་ཀྱི་དཔྱད་རྩོམ་ཕྱོགས་བསྒྲིགས།

རྩོམ་པ་པོ། སྐལ་བཟང་ཡེ་ཤེས།

རྩོམ་སྒྲིག་འགན་འཁུར་བ། བུ་ཆུང་། ཐང་ཞའོ་ལིན།

མཐའ་མའི་རྩོམ་སྒྲིག་ཞིབ་བཤེར་པ། བུ་ཆུང་།

དཔེ་སྐྲུན་ཚན་པ། བོད་ལྗོངས་བོད་ཡིག་དཔེ་རྙིང་དཔེ་སྐྲུན་ཁང་།

འགྲེམས་སྤེལ། བོད་ལྗོངས་ཤིན་ཧྭ་དཔེ་ཚོང་ཁང་།

དཔར་འདེབས་ཚན་པ། བོད་ལྗོངས་ཤིན་ཧྭ་དཔར་འདེབས་བཟོ་གྲྭ།

དེབ་ཚད། 787×960 1/16

དཔར་ཤོག 17.375

ཡིག་གྲངས། ཁྲི20

དཔར་གཞི། 2017ལོའི་ཟླ10པོར་དཔར་གཞི1བསྒྲིགས།

དཔར་ཐེངས། 2017ལོའི་ཟླ10པོར་དཔར་ཐེངས1བཏབ།

དཔར་གྲངས། 01－1,000

དཔེ་དེབ་ཨང་རྟགས། ISBN 978－7－80589－740－0

རིན་གོང་། སྒོར30.00